LE CHRISTIANISME

Du même auteur

Être chrétien
Seuil, 1978, et coll. « Points Essais », 1994

L'Église assurée dans sa vérité ?
Seuil, 1980

Dieu existe-t-il ?
Seuil, 1981

Vie éternelle ?
Seuil, 1985

**Le Christianisme et les Religions du monde :
islam, hindouisme, bouddhisme**
(en collab.) Seuil, 1986

**Une théologie pour le troisième millénaire.
Pour un nouveau départ œcuménique**
Seuil, 1989

Qu'est-ce que l'Église ?
Desclée de Brouwer, 1990

Liberté du chrétien
Cerf, 1991

Projet d'éthique planétaire
Seuil, 1991

Christianisme et Religion chinoise
(en collaboration avec Julia Ching)
Seuil, 1991

Le Judaïsme
Seuil, 1995

Credo
Seuil, 1996

HANS KÜNG

LE CHRISTIANISME

Ce qu'il est et ce qu'il est devenu
dans l'histoire

TRADUIT DE L'ALLEMAND
PAR JOSEPH FEISTHAUER

ÉDITIONS DU SEUIL
27, rue Jacob, Paris VI*e*

Titre original : *Das Christentum. Wesen und Geschichte*
Éditeur original : Piper
© original : R. Piper GmbH & Co. KG, Munich, 1994
ISBN original : 3-492-03747-X

ISBN 2-02-025799-8

© Éditions du Seuil, novembre 1999, pour la traduction française

Le Code de la propriété intellectuelle interdit les copies ou reproductions destinées à une utilisation collective. Toute représentation ou reproduction intégrale ou partielle faite par quelque procédé que ce soit, sans le consentement de l'auteur ou de ses ayants cause, est illicite et constitue une contrefaçon sanctionnée par les articles L. 335-2 et suivants du Code de la propriété intellectuelle.

*En souvenir reconnaissant
du pape Jean XXIII, évêque de Rome,
d'Athénagoras, patriarche œcuménique de Constantinople,
de Michel Ramsay, archevêque de Cantorbéry,
de Willem Visser't Hooft, premier secrétaire général du
Conseil œcuménique des Églises,
qui ont incarné de façon crédible leur paradigme du
christianisme, tout en l'ouvrant sur la grande oikoumenê
chrétienne.*

H. K.

Joseph Feisthauer, traducteur de ce livre, est décédé le 22 janvier 1998. Il tenait à remercier son épouse Christiane et sa fille Florence pour leur relecture du manuscrit, et le père Daniel Olivier, qui a relu le chapitre consacré à la Réforme. L'auteur et l'éditeur lui rendent hommage avec reconnaissance pour cette ultime traduction – à tout point de vue considérable – et pour toutes celles qu'il a assurées durant quinze ans.

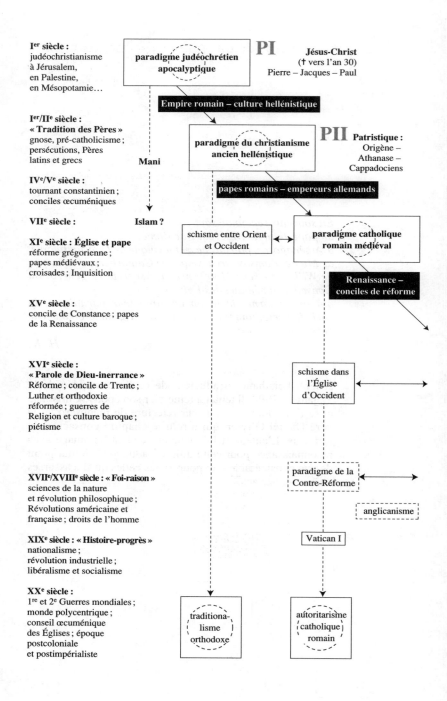

Les changements de paradigme du christianisme

La substance permanente de la foi :

Le message de « Jésus le Christ ».
L'événement décisif de la révélation : le tournant de l'histoire d'Israël avec la venue de Jésus de Nazareth.
Le « fondamental chrétien » : **Jésus**, **Messie** de Dieu et **Fils** de Dieu.

Le paradigme changeant (= P)
(macro-modèles de la société, de la religion, de la théologie) :
« Une constellation globale faite de convictions, de valeurs, d'expériences, partagées par les membres d'une société donnée » (Thomas S. Kuhn).

Augustin
Léon 1er –
Grégoire 1er

PIII Scolastique :
Thomas –
Bonaventure

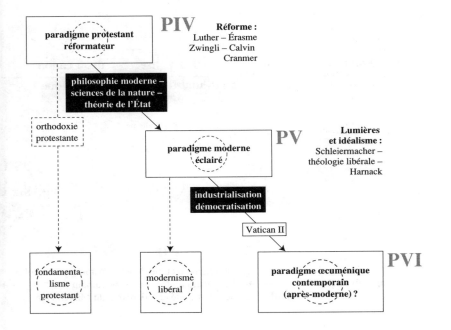

Éléments structurels dominan[ts]

	Ier-IIe siècle	XIe siècle	XVIe siè[cle]
	apôtres →	**conciles** →	**pape**
	communauté primitive	**empereur**	**empereur**
	Nouveau Testament →	**Pères de l'Église** →	**droit canon**
	apocalyptique	tradition	scolastique

Jésu[s]
(Messie e[t ...])

P I	**P II**	**P III**
paradigme judéo-apocalyptique du christianisme primitif →	paradigme œcuménique hellénistique de l'Antiquité chrétienne	paradigme catholique romain du Moyen Age →

des divers paradigmes

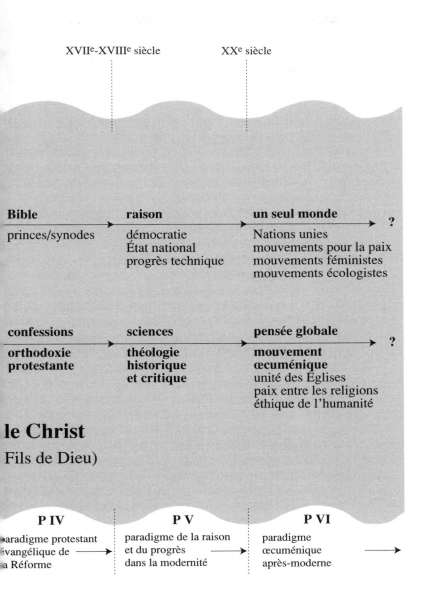

Pourquoi ce livre ?

Un gros livre, aujourd'hui, sur le christianisme ? Oui, aujourd'hui précisément ! Parce que la grave crise que traverse le christianisme appelle de manière pressante une réponse de grande ampleur. Et, disons-le d'emblée, cette réponse est radicale. Elle ne met à l'abri de la critique aucune tradition chrétienne, aucune Église, parce que, justement, elle fait radicalement confiance à la cause de l'Évangile. Elle confrontera – sans compromis ni souci d'harmonisation – le catholicisme, l'orthodoxie, le protestantisme et l'anglicanisme au message des origines, et elle leur rendra ainsi un service œcuménique. Ce livre peut et doit se montrer critique à l'égard de l'Église parce qu'il est porté par une foi inébranlable en la personne et dans le message de Jésus-Christ et parce qu'il traduit la volonté que l'Église de Jésus-Christ reste présente au IIIe millénaire.

Mais pouvons-nous encore faire confiance à la cause chrétienne ? A l'orée du IIIe millénaire n'avons-nous pas tout lieu de désespérer du christianisme ? Le christianisme n'a-t-il pas perdu en intelligibilité et en crédibilité, au moins en Europe, dans ses pays d'origine ? La tendance n'est-elle pas, aujourd'hui plus que jamais, à s'éloigner du christianisme – pour aller du côté des religions orientales, pour rejoindre toutes sortes de groupes d'engagement politique et d'expériences vécues, ou encore pour se replier, tout simplement, dans la sphère confortable de la vie privée, libre de toutes les obligations ? Pour nombre de nos contemporains, même dans nos pays « chrétiens », catholiques notamment, le christianisme n'évoque-t-il pas surtout une Église officielle, jalouse de son pouvoir et dépourvue d'esprit de compréhension, l'autorité et la dictature doctrinale d'une instance génératrice d'angoisse, les complexes sexuels, le refus du dialogue et, si souvent, des rapports méprisants avec ceux qui pensent autrement ? L'Église catholique, en particulier, n'est-elle pas souvent identifiée à la discrimination à l'égard des femmes, quand Rome voudrait interdire « définitivement » leur ordination (tout comme le mariage des prêtres, la contraception…) ? Face à une telle incapacité à opérer des révisions, l'ancienne indifférence plus ou moins bienveillante à l'égard du christianisme ne s'est-elle pas retournée, en maints endroits, en hargne, voire en hostilité déclarée ?

Mais qu'est-ce donc que « le christianisme » ? **Le christianisme existe-t-il ?** N'avons-nous pas plutôt affaire à *des* christianismes différents : le christianisme orthodoxe oriental, le christianisme catholique romain, le christianisme réformé protestant, sans parler des différents christianismes des Églises libres et des innombrables sectes et groupuscules chrétiens ? Reconnaissons-le dès l'abord : l'interrogation sur ce qu'est le christianisme éveille partout des sentiments extrêmement contradictoires. Que de choses ne met-on pas dans la rubrique « christianisme » ! ? Des chrétiens eux-mêmes éprouvent un profond malaise. Que d'institutions, de partis et d'actions, que de dogmes, de législations et de cérémonies qui portent tous l'étiquette « chrétien » ! Tout au long de l'histoire ce qui est chrétien a si souvent été négligé, bradé, trahi ! Et combien de fois n'a-t-il pas été négligé, bradé, trahi précisément aussi par les Églises ! Au lieu du christianisme, nous n'avons que des configurations ecclésiastiques ! Au lieu de la substance chrétienne et de l'esprit chrétien, nous avons le système romain, le fondamentalisme protestant ou le traditionalisme orthodoxe.

Et pourtant, plus encore que le judaïsme, le christianisme est resté une puissance spirituelle présente dans tous les continents – si menacé qu'il fût par l'oppression dans l'Est, alors communiste, ou par la société de consommation dans l'Occident laïcisé. Il est de loin la plus importante en nombre des grandes religions du monde, et ni le fascisme et le nazisme, ni le léninisme, le stalinisme et le maoïsme n'ont pu le détruire. Et bien que nombre de chrétiens ne sachent plus très bien que faire de leur appartenance ecclésiale, abandonner le christianisme, ils ne le voudraient pas. Ils aimeraient peut-être savoir ce que signifie réellement « le christianisme », ce qu'il pourrait signifier. Ils aimeraient trouver le courage, le courage d'être chrétiens aujourd'hui. C'est précisément à cela que voudrait aussi aider ce livre, si critique qu'il soit, en encourageant ainsi les forces réformatrices qu'on trouve dans toutes les Églises.

Pour moi aussi le christianisme reste ma patrie spirituelle – en dépit de l'inhumanité du système romain dont j'ai fait la douloureuse expérience. Et peut-être la présentation du christianisme par un chrétien engagé sera-t-elle même plus passionnante que la description « neutre » de spécialistes des sciences religieuses ou des différentes confessions, voire la dénonciation ou la caricature cyniquement antichrétiennes. Non, je n'ai pas abandonné l'espoir qu'il sera toujours possible, au IIIe millénaire, de vivre le christianisme de façon crédible – tout à la fois fidèle et critique –, avec des contenus de foi convaincants, sans rigidités dogmatiques, avec des orientations éthiques sans la tutelle du moralisme. **La chrétienté doit devenir plus chrétienne** – il n'y a pas d'autre perspective d'avenir pour le IIIe millénaire. Le système romain, le traditionalisme orthodoxe et le fondamentalisme protestant ne sont tous que des manifestations historiques du christianisme. Ils n'ont pas toujours existé et ils disparaîtront un jour. Pourquoi ? Ils n'appartiennent pas à l'essence de la réalité chrétienne !

Mais pour que le christianisme redevienne chrétien, une conversion s'impose : une **réforme radicale**, qui est plus qu'une mise à l'heure de la psychologie ou une remythification du christianisme. Une réforme n'est « radicale », « allant jusqu'aux racines », que si elle fait rayonner de nouveau l'**essentiel**. Mais qu'est-ce que l'essentiel du christianisme ? Il ne suffit pas, ici, de se réclamer d'expériences religieuses en faisant l'économie de tout travail de réflexion. Il faut mettre tout en œuvre pour essayer de répondre à la question : qu'est-ce qui fait tenir ensemble toutes ces Églises chrétiennes si diverses et si multiformes, tous ces siècles chrétiens si différents ? Y a-t-il – en dépit des abus et erreurs sans nombre – une **essence du christianisme** connaissable et reconnaissable, à laquelle on puisse revenir pour y réfléchir dans les différentes Églises ?

Cette interrogation a suscité beaucoup de livres, et des livres contradictoires. Le présent ouvrage reprend ce que j'avais déjà exposé en 1974 dans *Être chrétien*. En effet, on ne saurait répondre à l'interrogation sur l'essence du christianisme sans **retour aux**

orientations fondamentales de la Bible, à son document fondateur, à sa figure originelle, Jésus-Christ. Jésus, reconnu comme le Christ, est la figure fondatrice et le motif originel de toute réalité chrétienne. C'est de lui seul, à titre de figure centrale, que le christianisme tient son identité et sa signification.

Mais ce livre continue aussi *Être chrétien* en l'inscrivant dans l'histoire de la théologie et de l'Église. En effet, sans **examen critique de la tradition ecclésiale** dans ses différentes expressions confessionnelles, il n'y a pas de réponse à la question de ce qui est authentiquement chrétien durant ces deux mille ans d'histoire ambiguë de la chrétienté. Ce n'est pas le christianisme tel qu'il existe concrètement en tels lieu et temps qui est le critère de l'authenticité chrétienne, mais la proximité ou l'éloignement par rapport à son origine, son fondement et son centre.

Dans cette perspective, nous voudrions donc tenter un bilan critique de l'histoire de vingt siècles de christianisme. C'est là une entreprise prodigieusement difficile, je le sais. Et bon nombre de théologiens et d'historiens l'estimeraient proprement impossible. Il nous faut pourtant oser cette entreprise difficile si nous ne voulons pas entièrement perdre de vue la totalité du christianisme, si nous voulons comprendre le présent et ouvrir des perspectives pour l'avenir. Disons-le clairement, cet ouvrage n'est ni une présentation scientifique de l'histoire du christianisme, ni un exposé de théologie systématique sur sa doctrine. Il ose tenter une synthèse des deux dimensions, celle de l'histoire et celle de la théologie systématique : il se veut à la fois, d'une part, récit chronologique et, d'autre part, analyse et discussion objectives. Ce livre relate une histoire incroyablement dramatique et complexe, mais en même temps ce récit se trouvera sans cesse interrompu pour un regard critique à partir des origines. Nous nous interrogerons sur le prix payé par le christianisme dans telle constellation paradigmatique particulière. Nous poserons des « questions pour l'avenir », questions qui surgissent à chaque fois qu'une tradition ecclésiale s'est durcie, devenant ainsi incapable d'une véritable ouverture œcuménique. Ce livre relève ainsi d'une conception interdisciplinaire, parce qu'il fait éclater les « compartiments » stériles et tente une **approche pluridimensionnelle du christianisme**. Il se voudrait un livre œcuménique au meilleur sens du terme, porté par la conviction que les confessions chrétiennes ne survivront dans le IIIe millénaire que dans l'esprit et sous la forme d'une **véritable vie œcuménique**. Les quatre grands responsables d'Église à qui est dédié ce livre sont témoins de cette perspective.

Mais une telle entreprise ne peut être tentée que parce que, avec l'analyse des paradigmes, je dispose d'éléments de théorisation et d'un outil conceptuel qui ont déjà fait l'objet d'une réflexion méthodique dans mes autres ouvrages, *Une théologie pour le IIIe millénaire* (1987, traduction française 1989) et *Projet d'éthique planétaire* (1990, traduction française 1991) et qui ont fait leurs preuves pour établir un bilan historique dans *Le Judaïsme* (1991, traduction française 1995). C'est pourquoi nous pourrons nous dispenser ici de reconstruire dans le détail l'histoire bimillénaire du christianisme, aux différentes époques et dans les différentes aires d'expansion, avec ses courants diversifiés et ses personnalités marquantes. N'importe quel manuel d'histoire de l'Église en apprendra davantage au lecteur à ce sujet[1]. Penser en termes de paradigmes est tout autre chose : c'est comprendre l'histoire dans ses structures dominantes avec ses figures marquantes. C'est analyser les différentes **constellations d'ensemble** du christianisme, leur apparition, leur maturation et (même s'il n'est décrit que brièvement) leur durcissement. Penser en termes de paradigmes, c'est décrire la survie dans le temps présent de paradigmes rigidifiés dans un sens traditionaliste.

Pourquoi entreprendre tout cela ? Pour comprendre plus profondément le temps présent. Ce n'est pas le passé comme tel qui m'intéresse ici, mais comprendre **comment et pourquoi le christianisme est devenu ce qu'il est aujourd'hui – en considérant ce qu'il pourrait être**. Ce qui spécifie cette façon d'écrire l'histoire, ce n'est pas la pure chronologie, mais l'imbrication des époques et des problèmes.

Il a fallu renoncer à d'innombrables détails intéressants, à des anecdotes merveilleuses, ainsi qu'à des aspects importants, pour permettre l'acuité du regard indispensable à propos de formations historiques qui ne cessent de bouger. Pour chacun des paradigmes ou des grandes constellations d'ensemble – paradigme judéochrétien-apocalyptique (P I), paradigme hellénistique-byzantin-russe

(P II), paradigme catholique romain médiéval (P III), paradigme réformateur protestant (P IV), enfin paradigme moderne des Lumières (P V) –, j'ai donc dû porter tous mes efforts à faire ressortir, sur l'arrière-plan du développement historique brièvement esquissé, les conditions, les raisons, les contraintes, les constantes et les variables, pour découvrir et repérer le paradigme de l'époque dans ses traits fondamentaux. Mais les paradigmes anciens ne meurent pas avec l'avènement d'un paradigme nouveau, ils continuent à se développer parallèlement et interagissent ensuite avec lui de multiples façons. Quelques petits chevauchements sont donc non seulement inévitables, mais même utiles.

Ce livre constitue le deuxième volume « sur la situation religieuse de notre temps », conçu dans le cadre du projet *Pas de paix mondiale sans paix entre les religions*, encouragé par la Bosch-Jubiläumsstiftung et le Daimler-Benz-Fonds. Comme pour la présentation du judaïsme, je pars de l'idée qu'un examen du christianisme ne fera droit à sa réalité que s'il se développe dans une double direction : il doit **analyser** les forces spirituelles d'une histoire bimillénaire qui sont toujours agissantes aujourd'hui et donc poser un **diagnostic à la fois** historique et systématique. Cette analyse du présent devra ensuite déboucher sur une **prospective** à propos des différentes options pour l'avenir, avec des **éléments de solutions** œcuméniques pratiques. Tandis que je travaillais à ce tome, il s'est avéré que la présentation de l'histoire et des grandes traditions chrétiennes requérait à elle seule un volume de cette importance. La description de la situation présente et des attentes d'avenir sera donc traitée dans un deuxième volume.

Pour comprendre ce livre, il faut savoir aussi que la conception développée ici est l'**aboutissement d'un long itinéraire de pensée.** Ce n'est pas la première fois que l'auteur de cette étude traite des développements historiques du christianisme. Au terme de quatre décennies de recherche théologique, je suis en mesure de proposer une vision d'ensemble cohérente. On ne m'en voudra donc pas si, dans certains chapitres, je renvoie à des ouvrages antérieurs pour étayer et approfondir les idées développées ici.

Une dernière chose m'apparaît importante : conçu dans le cadre d'une université allemande, ce livre est toutefois celui d'un « citoyen du monde » dont **l'horizon se veut aussi universel que possible.**

C'est pourquoi je me suis efforcé, selon les périodes étudiées, de me situer aussi dans la perspective d'autres pays, d'où venaient les forces de changement décisives pour telle constellation historique donnée. Ce volume n'a pu aborder que de façon marginale les continents non européens, non parce qu'ils seraient moins importants ou par manque de place, mais parce que ces continents n'ont exercé de puissantes impulsions sur les chrétiens de « souche » que depuis quelques dizaines d'années. Pour moi c'est là un signe très clair (entre autres) qu'après la constellation eurocentrique des temps modernes nous sommes entrés dans une constellation polycentrique (postcolonialiste et postimpérialiste, qui s'annonçait depuis la Première Guerre mondiale et qui s'est imposée après la Seconde), la constellation « postmoderne » – ou de quelque autre nom qu'on veuille l'appeler. C'est pourquoi je traiterai plus en détail de l'influence et de la signification propres des autres continents (Afrique, Asie, Amérique du Nord et du Sud, Océanie) dans le deuxième volume annoncé. Mais il me faudra d'abord mener à bonne fin mon projet concernant la situation religieuse de notre temps et clore la trilogie annoncée avec un volume sur l'islam – si Dieu veut et me prête vie...

Tübingen, juillet 1994,
Hans Küng.

A

L'essence
du christianisme

Seuls des ignorants peuvent prétendre que toutes les religions se valent. Non, pour toute religion, et tout particulièrement pour les religions prophétiques, qu'il s'agisse du christianisme, du judaïsme ou de l'islam, il est de la plus haute importance de se poser la question : en quoi ma religion propre se distingue-t-elle d'autres religions ? Quelle est la singularité, la caractéristique spécifique, où est l'« essentiel », quelle est l'« essence » de telle ou telle religion[1] ? J'ai posé cette question à propos du judaïsme, je voudrais ici la poser pour le christianisme – dans un esprit œcuménique, sans polémique aucune contre les autres religions.

I
« Essence » et « dénaturation » du christianisme [a]

Qu'il soit bien clair que nous ne parlons pas du typique, du caractéristique, de l'essentiel de la religion pour poser la question abstraite et théorique d'une conception unitaire systématique : un système ou un régime chrétien **unique**. Nous avons plutôt en vue la question très pratique de savoir ce qui, dans le christianisme, doit être **valeur durable, engagement permanent,** ce à quoi on ne saurait tout simplement **pas renoncer**. Disons-le tout net, ce qui m'intéresse ici et qui sous-tend ma recherche n'est pas le maintien du *statu quo*, si important pour les conservateurs de toutes les religions. C'est encore moins, bien sûr, la restauration du *statu quo ante*, qu'appellent de leurs vœux et dont se font les défenseurs les restaurateurs de tous bords, catholiques romains, protestants fondamentalistes et vieux-orthodoxes. Ce qui m'intéresse – précisément pour préserver l'essentiel – c'est **la transformation, la réforme, le renouveau de la réalité chrétienne** en vue d'un *statu quo post*, en vue de l'avenir. Dans cette perspective, il convient de faire la différence entre image idéale, image hostile et image réelle du christianisme.

---

a. Les mots allemands que je traduis ici par « essence » et « dénaturation » sont *Wesen* et *Unwesen*, l'*Un* d'*Unwesen* étant proche de l'« in » ou du « dé » français. *(N.d.T.)*

1. L'IMAGE IDÉALE

Il n'y a – et il n'y a jamais eu sur terre – aucune réalisation de la sagesse politique humaine qui mérite autant un examen approfondi que l'Église catholique romaine. L'histoire de cette Église relie entre eux les deux grands âges de la culture humaine. Aucune institution ne subsiste aujourd'hui qui nous reconduise en esprit aux temps où la fumée des sacrifices s'échappait du Panthéon et où girafes et tigres couraient dans l'amphithéâtre de Flavien. Les maisons royales les plus fières de leur passé ne sont que d'hier, si on les compare à la longue théorie des princes de l'Église romaine. Cette succession, nous pouvons la remonter, sans interruption, depuis le pape qui, au XIXe siècle, a couronné Napoléon jusqu'à celui qui a couronné Pépin le Bref, au VIIIe siècle... La République de Venise est toute récente, comparée à la papauté ; mais la République de Venise a sombré, la papauté subsiste. La papauté subsiste non pas sur son déclin, comme une pure vieillerie, mais débordante de vie et de force juvénile. L'Église catholique continue à envoyer des messagers jusqu'aux confins du monde ; ils sont aussi zélés que ceux qui ont abordé jadis, avec Augustin, la côte de Kent. Elle brave toujours les rois hostiles avec le même esprit qui lui fit braver Attila.

Ses enfants n'ont jamais été aussi nombreux. L'accroissement qu'elle a connu dans le Nouveau Monde l'a plus que dédommagée des pertes dans l'Ancien. Sa souveraineté spirituelle s'étend sur tous les pays situés entre les plaines du Missouri et le cap Horn. Et dans un siècle tous ces pays compteront peut-être une population équivalant en nombre à celle de l'Europe actuelle. La communauté ecclésiale catholique romaine ne compte certainement pas moins de cent cinquante millions d'âmes. Il serait très difficile de faire la preuve que toutes les autres confessions chrétiennes réunies comptent ensemble cent vingt millions d'âmes. Rien ne laisse encore présager une fin proche de sa longue souveraineté.

Elle a vu naître tous les gouvernements et toutes les communautés ecclésiales actuellement présentes dans le monde. Rien ne nous prouve qu'elle ne survivra pas à elles toutes. Elle a connu la grandeur et l'estime bien avant que les Saxons aient posé le pied sur le sol britannique, avant que les Francs aient traversé le Rhin, à l'époque où l'éloquence grecque brillait encore à Antioche, où l'on vénérait encore les idoles dans le temple de La Mecque. Et elle subsistera peut-être encore, inébranlée dans sa puissance, quand, un jour, un voyageur néo-zélandais s'installera au milieu d'un vaste désert, près d'une arche effondrée du pont de Londres, pour enrichir son album d'un croquis des ruines de l'église Saint-Paul.

C'est en ces termes grandiloquents – nous le citons littéralement – que **Thomas B. Macaulay**[2], homme d'État et représentant éminent de l'historiographie libérale anglaise, décrivit, au siècle dernier, l'Église catholique, la plus ancienne, la plus importante et la plus puissante représentante du christianisme. Et en notre siècle aussi combien de catholiques, de non-catholiques et de convertis n'ont-ils pas admiré l'Église catholique à l'instar de l'anglican Macaulay ? Ils admirent son histoire et son organisation, uniques en leur permanence, son âge vénérable en même temps que sa vigoureuse jeunesse, son organisation efficace tant à l'échelle du monde que dans son implantation la plus locale, avec ses centaines de millions de membres, sa hiérarchie, son organisation sans faille, son culte grandiose et solennel, riche de toute sa tradition, son système doctrinal et théologique très élaboré, ses réalisations artistiques mémorables pour la construction et le façonnement de l'Occident chrétien, sa doctrine sociale moderne... Mais, on le sait aussi, des potentats et des criminels de tout genre ont pu admirer de même l'Église catholique – parmi eux Napoléon et le catholique autrichien Adolf Hitler, qui a loué et imité l'organisation, la solidité dogmatique et les fastes liturgiques de l'Église catholique[3].

Karl Adam, le célèbre théologien de Tübingen, l'un de mes prédécesseurs dans la chaire de dogmatique catholique de cette ville, cite ce texte de Macaulay dès l'introduction de son *Essence du catholicisme*, un livre qui connut de nombreuses éditions et fut traduit dans presque toutes les langues européennes. Il ajoute : « Voilà ce qui, dans le désert du temps présent, fascine notre regard : ce caractère impérissable, cette vitalité débordante, cette éternelle jeunesse de la vieille, très vieille Église[4]. » Adam fut lui-même un temps un admirateur de Hitler (« Il est venu du Sud catholique, mais nous ne le connaissions pas », qui avait donné valeur de programme à la formule : « Nationalisme et catholicisme se font pendant comme la nature et la surnature [5]. » Il écrit encore, dans les différents chapitres de son livre, même après l'expérience du nazisme et de la Seconde Guerre mondiale, comme si rien ne s'était passé, « l'idée catholique que ne peuvent affecter ni l'espace ni le temps » : l'Église, corps du Christ et Royaume de Dieu sur terre ; ses attributs essentiels ; sa revendication à être la seule source de salut ; et les vertus particulières dont elle dispose pour sanctifier les hommes.

Mais dans la réalité ? C'est dans le dernier chapitre seulement que ce théologien dogmatique passe de l'« idée du catholicisme » au « catholicisme dans sa manifestation ». Et c'est pour constater, dans un esprit de plate apologétique, que, du fait du caractère institutionnel du christianisme et de tout ce qui est « humain, trop humain » dans l'Église, « il n'est pas étonnant que le catholicisme historique ne coïncide pas toujours parfaitement avec le catholicisme idéal, que le catholicisme réel reste considérablement en deçà de son idée, qu'il n'a encore jamais été achevé, accompli dans l'histoire, mais qu'il reste toujours en devenir, en laborieuse croissance » [6]. Oui, c'est ainsi que l'on s'est représenté l'histoire du christianisme, surtout depuis l'idéalisme et le romantisme allemands (Friedrich Schleiermacher dans le protestantisme, John Henry Newman dans l'anglicanisme, Johann Adam Möhler dans le catholicisme) : comme une **réalité en croissance organique**, qui, certes, produit aussi et toujours des fruits pourris et des branches mortes, mais qui n'en est pas moins en constants développement, déploiement et perfectionnement. L'histoire du christianisme est celle d'un processus de maturation et de percée.

Pourtant, très souvent, un développement manifeste s'est avéré un développement manqué, un progrès apparemment grandiose s'est révélé en fin de compte un recul des plus néfastes. Non, une vision optimiste et idéaliste de l'histoire de l'Église, qui veut découvrir partout – dans la doctrine, l'organisation, le droit, la liturgie, la piété – une croissance organique, n'est défendable ni au nom du Nouveau Testament, ni, encore moins, en considérant la réalité de l'histoire de l'Église. Ne constatons-nous pas, en effet, des développements ratés, qui n'ont rien d'organique, des évolutions anormales, absurdes ? Qu'il suffise de penser à la fragmentation croissante du christianisme en grandes Églises et en innombrables sectes. Oui, ces présentations idéales et abstraites de l'Église, en dépit de critiques occasionnelles (rarement de Rome et du pape), sont trop éloignées de la réalité du catholicisme tel qu'il existe concrètement : qu'il s'agisse de Karl Adam ou du grand théologien jésuite Henri de Lubac dans *Méditation sur l'Église*[7], ou encore de son disciple Hans Urs von Balthasar avec le livre-programme *Sponsa Verbi* [Épouse du Verbe][8] – ce n'est pas par hasard que tous deux ont été récompensés par le cardinalat –, sans parler de la convertie Gertrud von Le Fort avec ses *Hymnes à l'Église*[9]. Qui donc voudrait encore aujourd'hui chanter des hymnes à l'Église ?

Ces idéalisations, ces mystifications et ces glorifications, où toute critique n'est certes pas absente – mais il s'agit de critiques pratiquement sans conséquences pour le système romain –, ne répondent en tout cas plus du tout à la question : « Qu'est-ce que le christianisme ? » Cette question appelle une **sincérité** sans réticence. Cette sincérité, je ne laisserai même pas Henri de Lubac, nonobstant toute l'estime personnelle que je lui porte, me l'interdire, lui qui, après ma conférence sur « la sincérité dans l'Église », à l'occasion du deuxième concile du Vatican[10], m'a dit à Saint-Pierre de Rome : « On ne parle pas ainsi de l'Église. Elle est quand même notre mère ! » Mais Eugen Drewermann, entre autres, a procédé, depuis, à une analyse radicale du complexe de la mère chez de nombreux clercs[11]. Et, trois décennies après le concile, que sont devenus tant de beaux « rêves d'Église » ? Néanmoins, tout autant que la sincérité, nous devons aussi **justice et honnêteté** à l'égard de l'Église et du christianisme. C'est pourquoi il nous faut donner maintenant le contrepoint.

2. L'IMAGE HOSTILE

« Je **condamne** le christianisme, j'élève contre l'Église chrétienne la plus terrible des accusations qu'aucun accusateur ait portée sur ses lèvres. Elle est pour moi la plus haute des corruptions concevables, [...] de chaque valeur elle a fait une non-valeur, de chaque vérité un mensonge, de chaque rectitude une bassesse [...]. J'appelle le christianisme **la** grande malédiction, **la** grande corruption intérieure, **le** grand instinct de la vengeance, pour lequel aucun moyen n'est assez venimeux, assez clandestin, assez souterrain, assez **petit** – je l'appelle **la** souillure immortelle de l'humanité... » Cette « imprécation haineuse » contre le christianisme clôt le dernier écrit de **Friedrich Nietzsche**, *L'Antéchrist*, dont il a encore lui-même décidé la publication et qui vise directement à la destruction du christianisme [12].

Au lieu d'un hymne, on a une imprécation ! Une imprécation qui ne vaudrait que pour son époque ? Une imprécation que l'histoire ultérieure du christianisme aurait rendue totalement caduque aujourd'hui ? Un christianisme que l'on peut certes maudire, mais qui ne s'est pas laissé si aisément détruire ? Caduc, Nietzsche ? Nullement ! Ces phrases reviennent aujourd'hui comme un leitmotiv sous la plume de **Karlheinz Deschner**, dans son best-seller intitulé *Une histoire des crimes du christianisme*. A la différence de Nietzsche, fils de pasteur, Deschner est issu d'un milieu catholique conservateur, il a même été étudiant en théologie (peu de temps), et il pense avoir matière pour une somme qui ne comporterait pas moins de dix volumes [13]. En présentant cette histoire critique, Deschner ne pense pas seulement à une histoire des Églises, c'est-à-dire à une « histoire des différentes institutions ecclésiastiques, des Pères de l'Église, des papes, des évêques, des hérésiarques et des hérésiologues, des inquisiteurs et des autres crapules saintes ou pas saintes, des ambitions, des violences, de la soif de pouvoir des clercs, et de leurs agissements despotiques, mais, par-delà ces réalités d'Église, à une histoire du christianisme, de ses dynasties et de ses guerres, de ses horreurs et de ses atrocités ». Tel est le programme que l'auteur se fixe lui-même dans la présentation de sa somme. Très concrètement, il veut rapporter en détail « l'imbrication inlassable entre les politiques dites profane et spirituelle avec toutes les conséquences profanes de cette religion : la criminalité dans la politique extérieure, dans la politique agraire, commerciale et financière, dans l'éducation, dans la culture, la censure, dans le maintien et la diffusion de l'ignorance et de la superstition, dans l'exploitation éhontée de la morale sexuelle, du droit matrimonial

« ESSENCE » ET « DÉNATURATION » DU CHRISTIANISME

et pénal ». Et en même temps il prend en compte « l'histoire de la criminalité cléricale, avec l'enrichissement personnel, le trafic des fonctions, la pieuse tromperie dans le culte des miracles et des reliques, les contrefaçons de toute sorte, etc., etc.[14] ».

Il y a une critique parfaitement justifiée du système ecclésiastique qui ne procède pas nécessairement d'un anticléricalisme idéologique. Les critiques les plus corrosives ne viennent-elles pas souvent d'anciens croyants amèrement déçus dans leurs espérances ? Loin de moi de ne pas prendre au sérieux l'accusation de Nietzsche contre le christianisme : il y a une quinzaine d'années déjà, je l'ai non seulement citée, mais j'en ai fait une discussion circonstanciée où je ne cachais pas mon empathie avec Nietzsche[15], et je serais aussi le dernier à ne pas prendre au sérieux les chefs d'accusation de Deschner. Il y a longtemps que j'ai abordé moi-même, également sous l'angle historique, certaines de ses problématiques critiques, comme l'attitude de l'Église à l'égard des juifs, des hérétiques et des illuminés[16], toutes les questions de réforme intérieure de l'Église et toujours, évidemment, la problématique de la papauté[17]. Comme je l'ai fait pour le judaïsme, il me faudra aussi, dans ce livre sur le christianisme, traiter de maints égarements et de maints désordres. Sur nombre de points, Deschner a parfaitement raison, et il provoque les penseurs idéologiques de l'Église à reconnaître les faits et à une prise de conscience salutaire. Et si l'Église officielle a cru pouvoir ignorer et étouffer les critiques sérieuses de théologiens bienveillants, il faut bien qu'elle prenne maintenant son parti des critiques extrêmes de « criminologues » malveillants (et de maints pamphlétaires). Ceux-ci ne cherchent pas à comprendre, ils ne pratiquent pas le discernement critique, se contentant d'accuser et de condamner en bloc.

Mais sachant que je connais tout de même assez bien l'Église de l'intérieur, on me permettra de faire remarquer que l'« histoire criminelle » du christianisme de Deschner (qui commence déjà avec le judaïsme !), souvent très critiquable dans les détails, n'apporte rien de vraiment nouveau. En particulier, l'exploitation que cet auteur – devenu historien par suite de mauvaises expériences – fait de l'histoire des papes, une exploitation grosse de scandales, est tout sauf originale. La seule chose nouvelle, de l'aveu même de l'auteur, c'est l'accumulation haineuse, dans un esprit d'« hostilité[18] », à l'égard du christianisme, de toutes les fautes et de toutes les erreurs, de tous les crimes et de tous les vices, de tous les ratés et de tous les signes de décadence, sans dire un seul mot de tout ce qui apparaît bon et lumineux dans ces deux mille ans d'histoire du christianisme. Pourquoi cette hargne, cette polémique, ces sarcasmes et ces invectives ? Pour justifier la thèse selon laquelle le christianisme est intrinsèquement criminel et pervers, qu'il est aberration, mensonge et tromperie qu'il faut détruire de façon « scientifique ». Mais Deschner ignore presque totalement la littérature théologique plus récente ; il se contente de citer des vieilleries apologétiques, dépassées depuis longtemps.

L'histoire bimillénaire de l'Église fournit évidemment de quoi remplir plusieurs tomes d'éléments grotesques, pathologiques, criminels, sans qu'apparaisse jamais sa sainteté. Rien d'étonnant à cela. C'est la tâche de toute une vie. L'auteur pourrait sans difficulté continuer, dans le même style et avec les mêmes motivations, et nous donner d'autres « histoires criminelles » : l'histoire criminelle de l'Allemagne, de la France ou de l'Amérique, peut-être aussi l'histoire criminelle de l'athéisme militant ou de la critique des religions. Mais ces histoires criminelles, qui ne voient que les ombres et qui se complaisent dans les bourbiers, ne deviennent-elles pas à la longue tout aussi insipides que les plus emphatiques « hymnes à l'Église » ? Insipides pourquoi ? Parce que celui qui, par aveuglement passionnel, ne voit que des ombres n'offre précisément qu'un jeu d'ombres chinoises. Et qui patauge délibérément dans tous les bourbiers a mauvaise grâce de se plaindre de l'état du chemin[19].

Non, ces deux types d'ouvrages – ceux qui embellissent tout dans une visée triomphaliste et transfigurent tout par piété, et ceux qui ne connaissent que l'agressivité, la polémique, qui rabaissent tout cyniquement – sont aussi déplaisants les uns que les autres, parce qu'ils ne présentent toujours que des demi-vérités. Les demi-vérités sont aussi des demi-erreurs et en aucun cas ne peuvent prétendre au sérieux de l'histoire. Certes, la haine, comme l'amour, peut rendre clairvoyant, mais souvent aussi elle aveugle. Il suffit de lire les tirades haineuses de l'ancien étudiant en théologie de Bamberg « sur la nécessité de quitter l'Église » – qui est, pour lui, le « cadavre gigantesque d'une bête monstrueuse aux dimensions de l'histoire du monde », « les restes d'un monstre »[20]. Mais un anti-Allemands de principe, un anti-Français agressif, un anti-Américains fanatique, un anti-chrétiens militant comprendront-ils la spécificité, la vérité de l'Allemagne, de la France, de l'Amérique, du christianisme – en dépit de toutes leurs observations judicieuses ? Comprendront-ils pourquoi tant d'Allemands, de Français, d'Américains, en dépit de toutes les critiques, veulent rester allemands, français, américains, pourquoi tant de chrétiens ne renoncent pas à être chrétiens ?

Non, une « chronique scandaleuse » ne suffit pas à faire de l'histoire : elle est – littéralement, d'après le grand Duden – « un recueil d'histoires scandaleuses et de ragots d'une époque ou d'un milieu ». C'est dire qu'une telle image hostile n'éclaire pas davantage ce qu'est réellement le christianisme que ne le fait une image idéale traditionnelle. Ce qui est exigé n'est ni la glorification ni la suspicion, mais une compréhension historique et critique, sincère et équitable, qui servira elle-même de fondement à un jugement théologique à l'aune des origines, du message fondateur du christianisme.

3. L'IMAGE RÉELLE : UNE DOUBLE DIALECTIQUE

A l'époque du concile, dans les années 1960, il était déjà évident à mes yeux que, pour faire droit à la réalité de l'Église, il fallait en général prendre en compte deux points de vue différenciés, qu'il convient aujourd'hui – dans le contexte de la situation religieuse de notre temps et des grandes religions du monde – d'élargir encore plus consciemment à la réalité que nous nommons « chrétienté », qui appelle aussi une approche à la fois sociologique, politique et théologique[21] : les interdépendances dialectiques, c'est-à-dire la **dialectique** entre essence et forme, et celle entre essence et dénaturation.

Essence et forme

Nous ne pouvons jamais faire totalement abstraction, dans notre conception du christianisme, de sa concrétion culturelle du moment. La chrétienté peut devenir prisonnière de l'image qu'elle s'est construite d'elle-même à telle ou telle époque. Chaque époque se fait sa propre image du christianisme, reflet d'une situation déterminée, vécue et configurée par des forces sociales et des communautés ecclésiales déterminées, conceptuellement préparée ou élaborée ultérieurement par des personnalités marquantes et des théologies déterminées.

Mais, si nous ne nous laissons pas aveugler, nous constaterons que, à travers les courants et les contre-courants repérables dans l'histoire des sociétés, des Églises et des théologies, par-delà toutes les images historiques changeantes et mouvantes du christianisme, subsiste une réalité **permanente**, à laquelle nous devrons prêter toute notre attention : des éléments et des perspectives fondamentaux qui procèdent d'une origine gardant une valeur normative. Dans l'histoire du christianisme et dans la façon dont il se comprend lui-même, nous retrouvons donc quelque chose qui perdure, une « **essence** » *(essentia, natura, substantia)*. J'ai bien conscience de tous les malentendus liés à ce mot. Mais, contre tout « essentialisme » figé, j'ajoute immédiatement : cette essence ne se révèle que dans le **changement**.

Autrement dit, il y a de l'identique, mais seulement dans le variable ; il y a du continu, mais seulement dans l'événement ; il y a du permanent, mais seulement dans des manifestations changeantes. Bref, l'« essence » du christianisme ne se révèle pas dans une immuabilité et une abstraction métaphysiques, elle apparaît sous une « **forme** » historique toujours changeante. Et pour percevoir cette « essence » originelle, permanente – non pas statique et figée, mais se réalisant dynamiquement dans l'événement –, il faut considérer la « forme » historique, qui change continuellement.

C'est seulement à cette condition, à condition de voir l'« essence » du christianisme dans la forme historique changeante, que nous saisirons le christianisme dont nous voulons faire notre point de départ dans ce livre : non pas un christianisme idéal dans les sphères abstraites d'une théorie ou d'une poésie théologiques, mais le christianisme tel qu'il existe réellement, le christianisme **effectif** au sein de cette histoire du monde. Le Nouveau Testament lui-même ne commence pas par une **doctrine** du christianisme, qu'il faudrait ensuite transposer dans la réalité, mais présente la **réalité** du christianisme, qui devient ensuite objet de réflexion. Le christianisme réel est d'abord un fait, un événement, un mouvement historique. L'essence réelle du christianisme réel se concrétise dans ses différentes formes historiques. Deux choses sont à considérer ici :

– **Essence et forme sont inséparables.** Il ne faut pas chercher à les séparer, il faut toujours les considérer dans leur unité. La distinction entre essence et forme n'est pas une distinction réelle, mais conceptuelle. En réalité, il n'y a nulle part et il n'y a jamais eu nulle part une essence du christianisme « en soi », séparée, chimiquement pure, produit d'une épure réalisée hors du flux des formes ecclésiales. Il est impossible de séparer rigoureusement le changeant et l'immuable – et cela est important dans la pratique ! Il y a, certes, des constantes permanentes, mais pas de secteurs *a priori* irréformables. L'essence et la forme ne sont pas simplement dans le rapport du noyau à l'enveloppe. Une essence sans forme est informe et donc irréelle, tout comme une forme sans essence est chimérique et donc tout aussi irréelle.

– **Essence et forme ne se confondent pas.** Il ne faut pas les mettre sur le même plan, mais il faut les considérer dans leur différence. Même si la distinction entre essence et forme est purement conceptuelle, elle n'en est pas moins indispensable, et elle trouve son fondement dans la réalité. Comment, autrement, pourrions-nous déterminer le permanent à travers les formes qu'il prend ? Comment pourrions-nous juger la forme historique concrète ? Où trouverions-nous un critère, une norme, pour déterminer ce qui est légitime dans telle ou telle forme historique empirique du christianisme ? C'est en considérant également la deuxième perspective que nous verrons précisément combien cela est important.

Essence et perversion

Nous voulons dire par là que tout le côté négatif, dont s'offusque à juste titre la critique de l'Église et que l'admiration idéalisante passe volontiers sous silence, ne correspond pas simplement à une « forme » historique du christianisme. Ce serait minimiser le mal : le positif correspondrait à l'« essence » permanente, le négatif à la « forme » éphémère ? Non, nous ne nous en sortirons pas à si bon compte : il nous faut aussi prendre au sérieux le négatif de l'Église, la « dé-naturation » du christianisme. Et la « dé-naturation » du christianisme est en contradiction avec son essence, d'où elle tire pourtant sa vie. Ce n'est pas son être légitime, mais son être illégitime, ce n'est pas son être authentique, mais son être perverti. Telle une ombre noire, la perversion du christianisme accompagne l'être du christianisme à travers toutes ses formes historiques. En un mot, **l'essence véritable du christianisme se réalise dans sa perversion.**

Il faut le dire à tous les admirateurs, mais aussi à tous les ennemis du christianisme : qui prend au sérieux le christianisme et l'Église devra compter dès l'abord avec la ténébreuse perversion du christianisme ! Le bien et le mal, le salutaire et le néfaste, l'essence et la perversion sont mélangés, tout comme l'essence et la forme, le permanent et le changeant, et l'homme ne peut en faire la balance exacte. L'essentiel lui-même est changeant. On peut aussi mésuser de ce qu'il y a de plus essentiel. Ce qu'il y a de meilleur n'est pas à l'abri du mal. Ce qu'il y a de plus saint peut aussi donner lieu à péché.

Il nous faut donc voir l'histoire du christianisme sous son signe négatif comme sous son signe positif. Nous avons beau arranger l'histoire et lui faire violence, nous constatons aussi dans le christianisme une dégénérescence et une capitulation devant l'histoire ; dans toute organisation efficace nous découvrons un appareil de pouvoir et de finances qui use de moyens très terrestres ; dans les imposantes statistiques des masses chrétiennes nous trouvons un christianisme traditionnel et superficiel, pauvre en substance ; dans la hiérarchie si bien ordonnée nous trouvons une attitude de fonctionnaire clérical, qui lorgne toujours du côté de Rome, souvent servile et imbu de lui-même, efféminé jusque dans son habillement, vivant en dehors de la réalité ; dans la solennité de la liturgie transparaît un ritualisme anti-évangélique chosifié, enlisé dans une tradition moyenâgeuse et baroque ; sous le système doctrinal d'une grande clarté dogmatique se cache une théologie scolastique figée, autoritaire, maniant des concepts surannés, une théologie qui ne prend en compte ni l'histoire ni la Bible ; les réalisations culturelles du christianisme en Occident ne vont pas sans sécularisation et détournement de la mission propre... Pour nombre d'hommes, c'est là l'Église effective, l'Église dans son existence réelle. Et c'est pour cette raison qu'ils en sont partis.

Tout cela pour dire que non seulement l'historicité en général, mais encore la contamination historique du christianisme par ce qui est antichrétien doivent rester, pour notre réflexion, une donnée fondamentale, qu'il nous faut, dès l'abord et partout, prendre en compte, sans faire de la fausse apologétique. Certains, il est vrai, quittent l'Église pour des considérations purement financières (les impôts destinés à l'Église, en Allemagne) – et il ne s'agit pas des plus pauvres ! Certains reproches faits à l'Église sont incompréhensibles, arrogants, unilatéraux, injustes, souvent tout simplement faux et parfois même iniques. A tout cela on peut répondre en ne se contentant pas d'une apologétique paresseuse, mais dans la ligne d'une apologie, d'une défense, d'une justification qui accepte des reproches justifiés, fondés [22].

C'est pourquoi, dans cette étude, je ne prendrai jamais tout simplement pour norme l'actuel *statu quo* du christianisme – il sera encore moins question de le justifier. Je m'efforcerai de procéder constamment à un examen critique, condition indispensable d'un renouveau du christianisme, toujours nécessaire – sans préjuger de la date où il se fera. J'ai déjà opté pour la même perspective s'agissant du **judaïsme**, et j'essaierai de faire pareillement pour la présentation de l'**islam**. Pour prémunir contre la frustration et la résignation qui menacent toujours les réformateurs dans toutes les religions, qui ont parfois le sentiment d'aboyer à la lune et de se heurter sans cesse à des murs, je voudrais, en procédant à une étude analytique qui ne se contente pas de démasquer à bon compte, contribuer à un diagnostic du présent, qui dénonce les insuffisances, qui désigne les responsables, qui accroisse la pression réformatrice et qui encourage les **changements structurels**. Aucune religion – ni le judaïsme, ni le christianisme, ni l'islam (sans parler des religions d'origine indienne ou chinoise) – ne peut se contenter simplement du *statu quo*. Partout se posent, dans la perspective d'un renouveau à venir, des questions parallèles.

Questions pour l'avenir

☥ Avec le temps, le judaïsme trouvera peut-être, lui aussi, un nouveau consensus ; en dépit de la dialectique inévitable entre essence et forme, entre essence et perversion, mettra-t-il à nouveau clairement en lumière ce qui reste toujours valable, ce qui engage toujours et ce à quoi on ne saurait absolument pas renoncer dans la foi juive [23] ?

☪ Quelles possibilités seront données à l'islam, contre toutes les caricatures unilatérales et en dépit de traditions souvent pesantes, de faire la différence entre ce qui est essentiel et ce qui ne l'est pas, et de mettre en lumière, de façon réaliste, par-delà toutes les images idéales et utopiques, ce qui constitue l'essentiel de la foi islamique ?

✝ Que faut-il pour que, dans le christianisme, en dépit de ses innombrables changements de forme et de toutes ses perversions, apparaisse à nouveau en toute clarté ce qu'est l'être véritable, l'essence du christianisme ?

En fonction de cet objectif, il nous faut maintenant concrétiser, quant au contenu, l'interrogation sur l'essence du christianisme, dans une perspective non abstraite et idéaliste, mais objective et réaliste : par-delà la question générale de l'**essence** du christianisme (ce qui le différencie de ses formes et de sa perversion), il nous faut maintenant répondre à la question de la **spécificité chrétienne**.

II

Le « christianisme » au feu de la contradiction

1. L'ESSENCE DU CHRISTIANISME : L'EXAMEN PHILOSOPHIQUE

L'Essence du christianisme – c'est sous ce titre que parut, en 1841, l'ouvrage d'un philosophe de 37 ans, dont l'objectif avoué était de « transformer les hommes pour que, de théologiens, ils deviennent philosophes ; de théophiles ["amants de Dieu"], ils deviennent philanthropes ; de candidats à l'au-delà, ils étudient l'ici-bas ; de valets religieux et politiques de la monarchie et de l'aristocratie célestes et terrestres, ils deviennent citoyens libres et conscients de la terre [1] ». Son nom est Ludwig Feuerbach.

La religion – une projection de l'homme (Feuerbach)

La prétention de ce livre était colossale, puisqu'il voulait une fois pour toutes frapper toutes les religions, en ramenant le religieux en général à l'humain. Le retentissement de l'ouvrage fut immense, puisqu'il convertit à l'athéisme non seulement Max Stirner et Bruno Bauer, ainsi que le jeune Richard Wagner et Friedrich Nietzsche, mais aussi Karl Marx et Friedrich Engels ! En effet, le matérialisme dialectique du système communiste présupposait partout la critique de la religion entreprise par Ludwig Feuerbach, qui devint ainsi le « Père de l'Église » de l'athéisme moderne [2]. La philosophie de Ludwig Feuerbach avait pris littéralement une dimension historique universelle.

La thèse fondamentale de Feuerbach était : « Le **mystère de la théologie**, [c'est] l'**anthropologie**[3]. » C'est dire que, dans sa foi en Dieu, l'homme extériorise et aliène en quelque sorte sa propre essence humaine, il y voit quelque chose qui existe en dehors de lui et séparé de lui-même. L'homme projette donc son essence comme une forme autonome pour ainsi dire dans le ciel, il l'appelle « Dieu » et il l'invoque. Bref, le concept de Dieu n'est rien d'autre qu'une **projection de l'homme**. « L'**Être absolu**, le Dieu de l'homme, est **sa propre essence**. La puissance de l'**objet** sur lui est donc la puissance de **sa propre essence**[4]. » Ainsi la connaissance de « Dieu » est-elle une gigantesque projection imaginaire ; « Dieu » n'est qu'un reflet de l'homme, reflet projeté et hypostasié, ce que confirment parfaitement les attributs de l'Être divin. Amour, sagesse, justice de Dieu ? Ce sont en réalité les propriétés de l'homme et du genre humain ! *Homo homini deus est*, l'homme est le dieu de l'homme, voilà tout le mystère de la religion !

Chapitre après chapitre, non sans lasser, mais avec vigueur et constance, Feuerbach assène au lecteur son nouveau Credo, en appliquant sa découverte fondamentale à tous les dogmes chrétiens : on peut pratiquement imaginer de lui-même l'explication qui sera donnée. Qu'est-ce que le mystère de l'Incarnation, le **Dieu qui se fait homme** ? Le Dieu qui s'est fait homme est seulement la manifestation de l'homme devenu Dieu. Le mystère de l'amour de Dieu pour l'homme n'est rien d'autre que le mystère de l'amour de l'homme pour lui-même... Feuerbach pensait avoir ainsi percé à jour, une fois pour toutes, l'essence du christianisme, l'essence même de toute religion. Il était convaincu que la religion, et avec elle le christianisme, s'éteindrait à mesure que l'homme se trouverait lui-même.

Une pure projection ?

A la vérité, cent cinquante ans plus tard, la situation se présente différemment. Nous constatons que les espérances de Feuerbach ne se sont pas réalisées. Cela tient aussi au fait que sa théorie, en apparence si convaincante, n'est finalement pas probante, même philosophiquement. Nous pouvons donc considérer qu'aujourd'hui la critique de la religion faite par Feuerbach, si souvent reprise et présentée sous les formes les plus variées, a elle-même été percée à jour. Car elle repose au fond sur deux types d'arguments :

1. L'argument de la projection. Tous les arguments de Feuerbach tirés de la psychologie individuelle ou sociale ne sont que des variations autour d'un même thème : la religion n'est rien d'autre qu'une projection de l'homme ou, comme le précisera Marx, dans la ligne de sa critique sociale, elle est « l'opium du peuple ». Mais a-t-on ainsi démontré de façon probante que Dieu **n'est que** projection, qu'il n'est que vague consolation trop intéressée, ou seulement une « illusion infantile », comme le dira plus tard Freud dans la même ligne de pensée ? Méfions-nous des « ne que », des « rien d'autre que »… Ces expressions entendent traduire une certitude, qui n'est cependant nullement fondée.

Il est incontestable que la foi en Dieu est justiciable d'une explication psychologique. Mais psychologie ou non, c'est ici une fausse alternative. Vue sous l'angle de la psychologie, la foi en Dieu présente toujours les structures et les contenus d'une projection, elle est toujours suspecte de projection. S'il y a bien projection, cela ne permet aucune conclusion quant à l'existence ou à la non-existence de l'objet en cause. Autrement dit, au désir de Dieu peut fort bien correspondre un Dieu réel. Et pourquoi n'aurais-je pas le droit de souhaiter que tout ne se termine pas avec la mort, que ma vie, que l'histoire de l'humanité puissent avoir un sens, bref que Dieu existe ? Ludwig Feuerbach a donc parfaitement raison : la religion, comme toute foi, toute espérance et tout amour, comporte, sans doute aucun, un élément de projection. Mais il n'est pas prouvé pour autant que la religion n'est que projection. Elle peut aussi être relation à une réalité tout autre.

2. L'argument de l'extinction de la religion. L'argumentation à partir de la philosophie de l'histoire et de la culture prédisant, sous de multiples variantes, la fin de la religion relève également d'une extrapolation de l'avenir qui est sans fondement : « A la place de la foi, voici venue l'incroyance ; à la place de la Bible, la raison ; à la place de la religion et de l'Église, la politique ; à la place du ciel, la terre ; au lieu de la prière, le travail ; au lieu de l'enfer, la misère matérielle ; à la place du chrétien, l'homme [5]. » Vraiment ? Aujourd'hui il est clair comme le jour que ni la « disparition de la religion », dépassée par l'humanisme athée (Feuerbach), ni la « mort de la religion » par l'avènement du socialisme athée (Marx), ni la « relève de la religion » par la science athée (Freud) ne se sont révélées des pronostics exacts. En fait, à l'inverse, c'est la foi (!) en la bonté de la nature humaine (Feuerbach) qui s'est avérée être une projection bien compréhensible, la foi en la société socialiste à venir (Marx) s'est révélée une vaine consolation bien intéressée, la foi en la science rationnelle s'est avérée une dangereuse illusion. Et malgré tout le sérieux que mérite la problématique du nihilisme théorique et pratique, le pronostic nietzschéen de la mort de Dieu s'est révélé erroné lui aussi. Au contraire, nous sommes confrontés aujourd'hui à la réalité – c'est là l'un des signes les plus clairs d'une nouvelle époque, après les Temps modernes – du retour de la religion, y compris dans l'ex-Union soviétique, longtemps athée, et en Chine, toujours officiellement athée.

Mais il se pourrait bien que l'avenir de la religion à l'époque postmoderne – qu'il s'agisse du christianisme, du judaïsme, de l'islam ou d'une religion indienne ou chinoise – dépende, entre autres, de la façon dont elle prendra au sérieux les préoccupations justifiées de ces grands critiques de la religion :
– La religion sera-t-elle une fois encore, à l'époque postmoderne (comme si souvent aux Temps modernes), l'expression de l'aliénation et de l'appauvrissement intellectuel, moral et affectif de l'homme – ou, au contraire, contribuera-t-elle à l'enrichir de multiples manières et à construire un véritable humanisme, pratique autant que théorique ?
– La religion redeviendra-t-elle l'« opium », le tranquillisant social, l'instrument de la vaine consolation et de la répression – ou, au contraire, sera-t-elle l'instrument d'une intelligence large et éclairée autant que d'une libération sociale ?
– La religion se révélera-t-elle « illusion », expression d'une immaturité psychique, voire d'une névrose, d'une régression – ou, au contraire, sera-t-elle l'expression de l'identité personnelle et de la maturité psychique ?
En ce qui concerne le christianisme, la question s'est encore faite

plus aiguë depuis le XIXᵉ siècle : qu'est-ce en fin de compte que le christianisme ? A cette époque, à l'apogée de l'historicisme, cette question fondamentale s'est de plus en plus imposée à la théologie. Et l'on a essayé d'y répondre en s'interrogeant à nouveaux frais sur l'« essence » du christianisme – non plus dans une perspective philosophique et spéculative, mais dans une perspective historique.

2. ESSAIS DE RECONSTRUCTION HISTORIQUE DE L'ESSENCE DU CHRISTIANISME

L'Essence du christianisme : sous ce titre parurent en librairie, en 1900, plus de cinquante ans après Feuerbach, les leçons du grand historien protestant des dogmes et de l'Église Adolf von Harnack [6].

Retour au simple Évangile (Harnack)

Comme les conférences tenues à Berlin sous ce titre devant des auditeurs de toutes les facultés, le livre de Harnack eut un succès colossal – à l'inverse d'un autre ouvrage qui marquera notre siècle, paru la même année, *L'Interprétation des rêves* de Sigmund Freud. Pourquoi ? Un savant qui connaît le développement du dogme chrétien dans toute sa complexité et qui a publié une histoire des dogmes en plusieurs volumes [7] s'efforce, sous une forme concise, limpide, compréhensible par tous, de revenir au christianisme dans ses commencements, au message chrétien dans sa simplicité, sa sobriété et sa « naïveté » des origines, de poser les questions : « Qu'est-ce que le christianisme ? Qu'est-ce qu'il a été, qu'est-il devenu [8] ? » Telles sont ses questions clés.

L'entreprise de Harnack représente effectivement une « tentative unique et audacieuse à l'égard de la théologie chrétienne, dans le sens d'une **réduction de la complexité, réduction légitimée par l'histoire,** une sorte de "dénuement" par rapport à l'hypercomplexité philosophique et spéculative, pour remettre ainsi à l'honneur, pour aujourd'hui, le noyau du message chrétien » (K.-J. Kuschel[9]). Certes, en bon représentant de l'époque moderne, Harnack restait prisonnier de sa vision eurocentrique du christianisme : « Nous espérons que la réponse à cette question projettera aussi, sans que nous l'ayons cherché, une lumière sur cette autre, plus englobante : qu'est-ce que la religion et que doit-elle être pour nous ? Cette question ne nous renvoie finalement qu'à la religion chrétienne : les autres ne nous touchent plus en profondeur[10]. »

Mais l'entreprise de Harnack a aussi conduit, entre autres, à se poser la question : depuis quand interroge-t-on l'histoire du christianisme sur l'« essence » de ce dernier ? Cette question n'est pas aussi neuve qu'il y paraît. Le théologien et historien protestant Ernst Troeltsch – il avait lui aussi réclamé une application stricte de la pensée historique, y compris en théologie[11] – se posait déjà cette question dans une importante étude intitulée *Que signifie l'« essence du christianisme »* ?[12] – pour l'époque du romantisme et de l'idéalisme, mais d'autres se l'étaient déjà posée dans la ligne de la théologie des Lumières[13].

Tout récemment, le théologien protestant Rolf Schäfer a pu montrer que le père du piétisme, Philipp Jakob Spener, parlait déjà du « christianisme » et de « sa véritable **essence** » dans un sermon de 1694 ; l'interrogation sur l'« essence du christianisme » ne relève donc pas du discours scientifique, mais du langage édifiant : il ne s'agit pas « d'une formulation des Lumières, mais d'une formulation piétiste[14] ». Le théologien catholique Hans Wagenhammer[15] apporte les précisions suivantes : l'expression « essence du christianisme » se trouve déjà en 1666 (à titre posthume) chez le piétiste luthérien Joachim Betke (« l'essence principale et substantielle du christianisme ») et une première monographie portant le titre *Essentia religionis christianae* est l'œuvre du piétiste français (labadiste) Pierre Yvon[16]. Que signifie pour nous cette constatation ?

*Une question de la Réforme, puis de l'*Aufklärung

En prenant en compte les expressions parallèles ou comparables à l'« essence du christianisme », telle la *substantia christianismi*, qui se trouve déjà chez le réformateur pacifiste strasbourgeois Martin

Bucer, avec le souci de mettre en lumière ce qui unit les chrétiens luthériens et réformés [17], deux conclusions me paraissent s'imposer.

La première : dans la mesure où parler d'une « essence » (ou de la *substantia*) du christianisme vise surtout à distinguer le chrétien du non-chrétien, c'est-à-dire de la « perversion » du christianisme, cette interrogation présuppose la **Réforme** du XVIe siècle – c'est évident objectivement parlant. Pourquoi ? La Réforme, en effet, ne pouvait se résigner à la décadence, à la perversion du christianisme qui recouvrait tout de ses scories, mais entendait retrouver l'Évangile originel. En effet, l'Évangile tel qu'il est consigné dans la Bible était tout naturellement, aux yeux des réformateurs comme du piétisme, l'**essence incontestable du christianisme**, quelle que soit exactement la définition concrète que l'on veuille bien en donner : justification, renaissance ou béatitude divine…

La deuxième conclusion est celle-ci : dans la mesure où la formule « essence du christianisme » vise un examen historique des différentes configurations, donc les « formes » du christianisme, elle présuppose l'*Aufklärung* du XVIIIe siècle. Pourquoi ? L'*Aufklärung* avait d'abord le souci de la rationalité du christianisme, mais, ce faisant, elle reconnaissait l'enracinement historique de toutes les expressions du christianisme, et, dès lors, l'**essence du christianisme** originel, tel que donné dans la Bible, en venait lui-même à **poser question**…

Depuis lors, on s'interroge explicitement – non pas dans une visée réductrice ou destructrice, mais par souci de concentration sur ce qui est authentiquement chrétien ! – sur ce qui est essentiel, décisif, caractéristique, donc sur la « substance », l'« essence » du christianisme, non plus, nous l'avons vu, dans une perspective idéaliste, mais selon une vision réaliste. Il s'agit de :

– l'être du christianisme qui subsiste sous les formes historiques changeantes ;

– l'être authentique en dépit des perversions, si énormes soient-elles ; nous pouvons ajouter : après les schismes et en prenant en compte les tendances réconciliatrices de l'*Aufklärung* ;

– l'essence commune, qui lie toutes les différentes confessions et Églises chrétiennes.

Suite aux recherches historiques, on devrait s'accorder aujourd'hui pour rejeter deux points de vue (diamétralement opposés) : le

christianisme, dans son essence, ne se réduit **ni à une religion de la raison, ni à l'essence du catholicisme** :
– ni à une religion de la raison, une religion de la nature prétendument présente à toutes les époques, comme le voulaient, en précurseurs de l'*Aufklärung* (pour sauver le christianisme dans ce qui constitue son noyau fondamental), les trois penseurs anglais que sont John Locke, dans *The Reasonableness of Christianity*[18], John Toland, dans *Christianity not Mysterious*[19], et Matthew Tindal, dans *Christianity as Old as the Creation*[20] (trois titres très significatifs !) ;
– ni l'essence du catholicisme, comme ce fut le cas, encore après la Seconde Guerre mondiale, dans un esprit préconciliaire, de deux théologiens catholiques allemands, Michael Schmaus[21] et Romano Guardini[22], dans leurs écrits sur l'essence du christianisme.

Sur quoi faire fond pour définir l'essence du christianisme, qui n'est pas une religion de la nature, mais une religion historique ? Il ne nous reste d'autre voie que de considérer l'**origine** du christianisme. Là – d'un point de vue historique – il n'y a aucun doute : par toute son origine le christianisme ne s'est jamais identifié à une religion de la nature, à une religion de la raison présente chez tout homme, encore moins à un système ecclésiastique romain. Par son origine, le christianisme est impensable sans un **nom**, le nom d'une personne bien déterminée.

3. LE CHRISTIANISME PRIS AU MOT...

Si je m'efforce de parler clairement, d'appeler les choses par leur nom et de prendre les concepts au pied de la lettre, c'est aussi pour préserver la spécificité de la réalité chrétienne contre toute extension, tout grossissement, toute caricature et toute confusion, fussent-ils effectués avec les meilleures intentions. Le concept « chrétien » a été suffisamment édulcoré, et élargi à l'envi. Je voudrais le ressaisir ici avec rigueur. Le christianisme des chrétiens doit en effet rester chrétien ; disons-le : il lui faut peut-être retrouver son caractère chrétien.

LE « CHRISTIANISME » AU FEU DE LA CONTRADICTION

Pas de christianisme sans le Christ

Si nous ne nous attachons pas à la formule « essence » ou « substance » du christianisme, mais considérons le christianisme réel, une constatation s'impose : dès avant l'interrogation du piétisme et de l'*Aufklärung* sur l'« essence » du christianisme, dès avant l'interrogation théologique de la Réforme sur le « véritable » christianisme, il y avait évidemment un christianisme « authentique » – alors même que dans l'Église primitive et dans l'Église médiévale le mot « christianisme » est utilisé assez rarement : l'on préfère parler de « foi » chrétienne ou d'« Église ». Justin, apologète chrétien du IIe siècle, philosophe et martyr, parlait, certes, du christianisme comme de la « vraie philosophie » ; cependant, il ne s'agissait pas seulement pour lui d'une théorie de la religion, mais aussi d'une pratique, d'une règle de vie.

L'histoire d'un concept ne nous intéresse guère ici. Si nous la laissons de côté pour nous tourner vers l'histoire réelle, il est parfaitement clair que le phénomène « christianisme », vieux de deux mille ans, chemin de foi et de vie, se rattache essentiellement, dès ses origines et tout au long des siècles, au nom d'un homme bien déterminé – ce en quoi il se distingue radicalement du judaïsme. Mais les théologiens préfèrent souvent tourner autour de la question de l'essence, au lieu d'appeler cette réalité par son **nom**. Quand nous disons, en allemand : « Il faut bien que l'enfant ait un nom », nous voulons signifier qu'une réalité ne peut se passer d'une origine, d'une identification, d'un fondement. La question élémentaire : « Pourquoi le christianisme est-il le christianisme ? », n'appelle qu'une seule réponse : parce qu'il trouve son **fondement** non dans tels principes, idées, axiomes ou concepts, mais dans une **personne**, que nous appelons toujours de son nom : le **Christ**. C'est évidemment une réponse tout élémentaire. Mais, nous le verrons, cette réponse élémentaire s'avère très complexe dans les conséquences qu'elle implique en théorie comme en pratique.

Le nom « christianisme » vient de « Christ » – c'est devenu le nom propre de cette personne, celui qui la distingue de toute autre. « Christianisme » n'est certes pas un mot biblique – c'est peut-être pour cela que Martin Luther encore l'utilise rarement. Le mot

« **chrétien** » se trouve déjà dans les Actes des apôtres qui rapportent que ce nom (peut-être un surnom?) est venu d'Antioche, en Syrie, où se trouvaient aussi, aux côtés des judéochrétiens qui avaient fui Jérusalem, les premiers chrétiens d'origine païenne [23]. Il se peut qu'à Antioche on ait aussi forgé le mot « **christianisme** », *christianismos* (un mot grec, comme *Christos*) – manifestement par analogie avec le mot « judaïsme », *iudaismos* [24], qui désigne, lui aussi, la doctrine et la pratique, ainsi que la communauté. « Christianisme » se trouve, en effet, pour la première fois, aux environs de 110 dans les lettres qu'Ignace – évêque de cette grande métropole syrienne, déporté à Rome lors de la persécution qui sévit sous l'empereur Trajan – écrivit aux Magnésiens au cours de son voyage : « Apprenons, à son école [celle du Christ], à vivre selon le christianisme [25] » : il différencie donc déjà nettement le « christianisme » du « judaïsme ». Il écrit même : « Quelle absurdité d'avoir sur les lèvres le nom de Jésus-Christ, et de vivre en juifs [26] ! » En latin, en revanche, le christianisme s'appelait d'abord simplement *nomen christianum*, « nom chrétien » [27].

Se concentrer sur ce qui est chrétien
sans christocentrisme étroit

On peut s'étonner que, dès le début du IIe siècle, un évêque chrétien d'origine païenne comme Ignace ne veuille déjà plus rien savoir d'un judéochristianisme, mais il est indéniable que les mots « chrétien » et « christianisme » renvoient, dès le début, à ce nom de Jésus-Christ. C'est de lui aussi que parlent tous les écrits du Nouveau Testament, et ils en parlent comme d'une personne historique ! C'est d'ailleurs ce que confirment aussi les tout premiers témoignages non chrétiens datant à peu près de la même époque :

– **Flavius Josèphe**, l'historien juif. A Rome, aux environs de l'an 90, il mentionne avec une évidente réserve la lapidation, survenue en 62, de Jacques, le « frère de Jésus, appelé Christ [28] ».

– **Pline le Jeune**, gouverneur romain de la province de Bithynie, en Asie Mineure. Vers 112, il informe l'empereur Trajan que des « chrétiens » sont accusés de nombreux crimes. D'après son enquête, il apparaît qu'ils refusent le culte de l'empereur, mais que, par ailleurs, ils se bornent, semble-t-il, à chanter des hymnes au « Christ, Dieu unique » et à observer certains commandements (ne pas voler, ne pas frauder, ne pas commettre d'adultère, ne pas mentir) [29].

– **Tacite**, le plus grand historien romain, l'ami de Pline. Il rapporte, un peu plus tard, le grand incendie qui a détruit Rome : la rumeur publique attribuait cet incendie à l'empereur Néron lui-même, mais ce dernier en avait fait retomber la responsabilité sur les *chrestiani*. Les *chrestiani* (« hommes de bien ») ? Ce mot, indique Tacite, vient d'un certain *Christus*, exécuté sous Tibère par le procurateur Ponce Pilate. Après sa mort, cette « superstition exécrable » a finalement trouvé le chemin de Rome, comme il arrive pour « toutes les choses ignobles et honteuses » ; après l'incendie, elle a même conquis dans la capitale une grande foule de fidèles [30].

D'innombrables témoignages tirés des vingt siècles du christianisme confirment ces plus anciens témoignages juifs et païens, au tournant du Ier et du IIe siècle : tous disent une seule et même chose, qui devrait aller de soi et qui n'est pourtant pas toujours évidente. Le christianisme comme « **religion** », c'est-à-dire comme **message de salut et chemin de salut**, ne se définit, dans son essence :
– ni par quelque idée éternelle (fût-ce l'idée de « justice » ou celle d'« amour »),
– ni par un dogme (fût-ce le plus solennel),
– ni par une conception du monde (fût-ce la meilleure),
mais il affirme la signification absolument décisive d'une figure humaine concrète : celle du Christ Jésus.

Oublions pour le moment (nous en parlerons en temps opportun) tout ce que l'histoire du christianisme a charrié et entassé (en fait d'Églises, de théologies, de codes canoniques, de spiritualités, de religiosité populaire), pour bien voir qu'à l'**origine** du christianisme nous ne trouvons rien d'autre qu'une personne. En cette personne et en elle seule nous tenons le **centre** permanent et solide du christianisme ; en partant de cette personne et d'elle seule nous pourrons répondre à la question de l'**essence** du christianisme.

Mon premier et unique souci est donc de me **concentrer sur ce qui fait la spécificité chrétienne**. Mais cette visée centrale n'a rien d'un **christianocentrisme étroit** ! Pour éviter dès l'abord de tomber dans ce travers et garder largement ouvert l'horizon de l'homme dans son universalité, je poserai ici, incidemment, quelques questions.

Questions pour l'avenir

☸ Une concentration sur la spécificité **juive** – Israël, le peuple et le pays du Dieu unique – peut-elle faire autrement qu'exclure d'entrée de jeu ce juif de Nazareth, au nom de qui la foi juive dans le Dieu unique a été répandue dans le monde entier ?

☪ Une concentration sur la spécificité **islamique** – le Coran, Parole et livre du Dieu unique – ne devrait-elle pas prendre en compte une discussion authentique de l'histoire et du message de ce grand prophète et messie antérieur à Muhammad, tel que le présentent les sources chrétiennes elles-mêmes, plus d'un demi-millénaire auparavant ?

✝ Une concentration sur la spécificité **chrétienne** – la confession de cet homme unique comme Christ et Fils de Dieu – conduit-elle nécessairement et d'entrée de jeu à une coupure totale avec les deux autres religions abrahamiques, ou, au contraire, à partir de ce centre de christianisme ne pouvons-nous pas tracer des lignes de jonction essentielles en direction du judaïsme et de l'islam ?

Essayons donc de définir de façon plus précise l'essence du christianisme, en tentant une approche du centre de la foi chrétienne : qu'est-ce qui constitue le centre du christianisme ? Quels sont sa forme fondamentale et son motif originel ? Quels sont les éléments essentiels qui le structurent ?

B
Le centre

Ce que nous avons dit du judaïsme vaut *a fortiori* pour le christianisme : son « centre » ne peut être confondu (dans la ligne de Hegel, par exemple) avec un « concept fondamental », une « idée fondamentale », tous les autres concepts et idées du christianisme étant simplement dus à des décisions et des développements historiques. Son « centre » ne se confond pas davantage (dans la ligne d'une orthodoxie dogmatique) avec un « principe fondamental » à partir duquel on pourrait reconstruire systématiquement toute la foi chrétienne. Qu'en est-il dès lors du « centre » du christianisme ?

I

Forme fondamentale et motif originel

Pas plus que la Bible hébraïque, le Nouveau Testament ne permet de déduire un système conceptuel homogène et une dogmatique scolastique cohérente. Même si les écrits du Nouveau Testament, à la différence de la Bible hébraïque, ont tous été rédigés en l'espace d'un siècle à peine, la critique historique a distingué dans le Nouveau Testament lui-même différentes traditions, couches et théologies. Mais là encore se pose dès lors cette question pressante : au-delà de cette diversité, n'y a-t-il aucune continuité entre ces traditions, ces couches, ces personnes et ces théologies différentes ?

1. CE QUE LES DOCUMENTS CHRÉTIENS DE L'ORIGINE ONT EN COMMUN

Le Nouveau Testament n'est-il qu'une sorte de conglomérat d'écrits totalement différents, sans aucun dénominateur commun ? Ou alors, quel est le lien réel entre les vingt-sept « livres », si différents, du Nouveau Testament[1] ?

En dépit de toute la diversité, une figure fondatrice

Il faut être aveuglé par des œillères dogmatiques pour ne pas percevoir la **diversité des genres**, le caractère contingent et dans une certaine mesure aussi les **contradictions des écrits contenus dans**

la collection appelée « Nouveau Testament » : il y a des évangiles qui rapportent surtout des discours et des miracles du passé et, par ailleurs, des lettres prophétiques qui concernent le présent et l'avenir ; des écrits doctrinaux, systématiques et détaillés, mais aussi des réponses peu élaborées à des questions posées par les destinataires. Cela va d'un billet de circonstance, qui ne couvre pas deux pages, adressé au maître d'un esclave en fuite à la narration plutôt abondante des faits et gestes de la première génération et de ses personnages principaux. Des écrits au style assez soigné, d'autres assez négligés ; les uns rédigés par des juifs parlant araméen, à en juger par leur langue et leurs idées, les autres par des judéochrétiens ou des paganochrétiens parlant grec ; les uns sont effectivement l'œuvre de l'auteur dont ils portent le nom (les lettres authentiques de Paul), les autres sont seulement attribués à tel ou tel auteur (on les appelle « pseudépigraphes ») ; les uns ont été rédigés très tôt (vers 50), les derniers longtemps après la mort de Jésus (vers 100) !...

Nous ne pouvons éluder la **question** : qu'est-ce qui fait l'unité des vingt-sept « livres » du Nouveau Testament – de leurs auteurs et des communautés dont ils témoignent ?

A suivre les témoignages, la **réponse** est extrêmement simple. C'est le nom d'un juif : **Jésus** de Nazareth, à qui ses adeptes ont conféré le titre honorifique le plus élevé que des juifs puissent décerner à un homme : *Machiah* (en hébreu), *Mechiah* (en araméen), *Christos* (en grec), qui signifie l'« Oint » ou l'« Envoyé de Dieu ». Jésus, en qui on reconnaît le Christ de Dieu, est la **figure fondamentale** qui fait l'unité de tous les récits et paraboles, de toutes les lettres et épîtres du Nouveau Testament, mais aussi des communautés judéochrétiennes et paganochrétiennes : en abrégé, dans la Bible, « Jésus-Christ ».

En revanche, il n'est fait aucune mention de Jésus de Nazareth dans les fameux rouleaux découverts entre 1947 et 1956 dans des grottes près des ruines de **Qumrân**, dans les falaises dominant la mer Morte.

Tromperie sur Jésus ?

Dès 1974, j'ai moi-même montré dans le détail, en m'appuyant sur les travaux sérieux des spécialistes en la matière, quelles étaient les ressemblances, mais aussi les différences irréductibles, entre Jésus et la communauté de ses disciples, d'une part, les Esséniens et la communauté de Qumrân, d'autre part – à l'époque, pratiquement tous les textes intéressants à ce sujet étaient connus [2]. Aussi suis-je surpris, et c'est peu dire, de constater comment une poignée d'auteurs à sensation, sans valeur scientifique, ont réussi avec l'appui des médias à abuser des millions de lecteurs et d'auditeurs en prétendant que l'Église catholique, le Vatican surtout, aurait usé de méthodes répressives pour étouffer la vérité concernant Jésus (cf. le livre *The Dead Sea Scrolls Deception* [3]). Bien que mon nom ait été cité dans ce contexte, au titre de victime de la répression vaticanesque, je ne saurais ne pas réagir vigoureusement face à ces prétendues « révélations » – et nonobstant mon combat contre l'Inquisition romaine, je me sens dans l'obligation d'apporter les éclaircissements qui suivent :

– Il n'y a jamais eu de conjuration vaticane pour étouffer la vérité de Qumrân. Si ces allégations fantaisistes ont trouvé un si large écho, c'est bien le signe d'une crise de confiance au sein de l'Église catholique : on ne fait aucune confiance au Vatican, qui se montre de nouveau répressif et autoritaire, et on l'estime capable de tout.

– Le petit comité de sept chercheurs de différentes confessions chrétiennes (mais ne comportant malheureusement pas un seul juif à Jérusalem-Est, alors jordanienne !) était d'esprit un peu étroit en même temps qu'inefficace ; il a prêté le flanc à de semblables rumeurs en se réservant la publication de tous les fragments (environ cent mille, dont beaucoup ne dépassent pas la taille d'un timbre-poste), ce qui n'a guère fait avancer la publication.

– Cette affaire témoigne en même temps de l'échec d'une théologie académique qui ne sait pas – ou ne veut pas – faire connaître les résultats de ses recherches dans un langage compréhensible à un plus large public. Mais c'est aussi l'échec des responsables dans l'Église, qui voudraient tenir à l'écart, autant que faire se peut, les communautés chrétiennes des résultats de l'exégèse et de l'histoire critiques (ce dont on n'entend pas parler dans le prêche du dimanche, on le gobe ensuite tout cru, par manque d'informations, devant la télévision!).

– Tout cela n'excuse pas les maisons d'édition et les médias qui n'ont en vue que le profit et qui font leurs affaires de la bêtise humaine, avec des écrits prétendument scientifiques répondant simplement à la soif de religieux, de mystère, d'occulte et de scandales chez les masses. On ne saurait honnêtement se réclamer de cette « tromperie sur Jésus », pas plus que de la (prétendue) mort apparente de Jésus, du (faux [4]) suaire de Turin, du voyage (entièrement imaginaire) de Jésus en Inde [5], ainsi que d'autres fantaisies et prétendues conjurations du même acabit [6], pour justifier l'abandon du christianisme. Il y faut des raisons plus solides.

Pour en venir à la **question de fond**, il est incontestable que les écrits de Qumrân représentent une importante source d'informations sur la société et la religiosité juives immédiatement avant l'entrée en scène de Jésus et avant la constitution de la première communauté chrétienne de disciples [7]. Les études sérieuses des textes de Qumrân n'opposent pas juifs et chrétiens : ils devraient au contraire les unir. Par nombre de détails, surtout linguistiques, les écrits de Qumrân nous aident à mieux comprendre le Nouveau Testament (les mots « Fils de Dieu », par exemple, se retrouvent dans un fragment de Qumrân, comme dans les Psaumes). Il en va, en fin de compte, de l'espace culturel et religieux juif qui fut la terre nourricière du christianisme.

Même si des questions demeurent quant à la fonction exacte de cette colonie, sans doute détruite par les Romains en 68 ap. J.-C., la grande majorité des chercheurs estiment à juste titre qu'il s'agissait d'une colonie d'Esséniens ou d'une secte qui entendait pratiquer dans ce désert des bords de la mer Morte sa propre observance, radicale, de la Tora. Pour la problématique du christianisme primitif, les points suivants sont importants :

– Tous les écrits de Qumrân qui nous intéressent ici ont été rédigés avant l'entrée en scène de Jésus, au IIe et au Ier siècle av. J.-C., ainsi que l'ont confirmé les tests au carbone 14 menés à bien par les autorités israéliennes en 1991 (il y a tout au plus quelques copies postérieures de textes plus anciens).

– Ni Jean le Baptiste, ni Jésus lui-même, ni son frère Jacques, ni l'apôtre Paul n'ont été en contact avec Qumrân, pour autant que nous puissions en juger par les sources dont nous disposons.

– Le nom de Jésus, notamment, n'est jamais mentionné dans aucun texte, fût-ce de façon voilée ou codée. Vouloir l'identifier avec « le Maître de justice », prêtre et fondateur d'ordre qui nous est inconnu par ailleurs, qui a exercé ses fonctions entre 150 et 100 av. J.-C., relève d'une erreur manifeste quant aux dates et à l'interprétation des textes.

– Il n'y a aucune trace de christianisme dans les écrits de Qumrân (encore moins de l'arrivée – réalisée – du Messie, *a fortiori* d'un Messie crucifié et ressuscité). Au contraire, les baptêmes par immersion répétés, les repas pris en commun, la communauté des biens et la hiérarchie qui caractérisent Qumrân soulignent de façon éclatante les différences avec Jésus et la communauté de ses disciples [8].

2. QU'EST-CE QUI FAIT L'UNITÉ DE L'HISTOIRE CHRÉTIENNE ?

L'histoire du christianisme n'est-elle qu'une suite d'idées et d'événements contradictoires, souvent arbitraires, dont rien ni personne n'assure la cohésion et l'unité ?

Toutes les contradictions n'effacent pas un thème fondamental

Il n'est pas question en effet de nier – et seul un historien de l'Église aveuglé par son idéologie pourrait prétendre les accorder et les gommer – toutes les failles, les fissures et les échecs, les contrastes et les **contradictions** dans la tradition de l'Église et surtout dans l'**histoire du christianisme**. Cette histoire a obéi à ce qui est presque une « loi » sociologique : les petites communautés se muent en organisation à grande échelle, la minorité devient majoritaire, l'Église souterraine devient Église d'État ; les persécutés prennent le pouvoir et deviennent assez souvent persécuteurs à leur tour... Quel siècle pourrions-nous qualifier d'authentiquement chrétien ? Celui des martyrs sous Néron ou celui des évêques de cour de l'Empire constantinien, celui des moines irlandais et écossais ou celui des grands politiciens ecclésiastiques du Moyen Age ?

Quelles épreuves le christianisme n'a-t-il pas traversées ! Siècles de la conversion des Barbares, jusqu'aux commencements de l'Europe et à la reconstitution de l'Empire romain par les empereurs allemands et les papes de Rome, Empire qui s'est à nouveau disloqué. Siècles des croisades, siècles de la persécution des juifs, siècles des synodes présidés par les papes et siècles des conciles réformateurs qui interpellent les papes. La chrétienté a vécu l'âge d'or des humanistes et des hommes de la Renaissance, tout comme elle a vécu la grande révolution de l'Église par les réformateurs, révolution suivie par l'Inquisition et la Contre-Réforme : époque du baroque catholique, mais aussi de l'orthodoxie luthérienne et calviniste, suivie des époques de « réveil » évangélique. Périodes d'adaptation et périodes de résistance, *Saecula obscura* et siècle des Lumières, phases d'innovation et phases de restauration, temps du désespoir et temps de l'espérance !...

Oui, ici encore la **question** s'impose à nous : qu'est-ce qui relie ces vingt siècles de l'histoire et de la tradition chrétiennes, si incroyablement contradictoires ?

La **réponse**, élémentaire là encore, ne peut être que celle-ci : c'est le nom de **Jésus**, reconnu tout au long de ces siècles comme le prophète et l'envoyé de Dieu, son représentant et son Fils. Le nom de Jésus-Christ est pour ainsi dire le « fil d'Ariane » dans le dédale toujours changeant de l'histoire chrétienne, si pleine de lézardes et de fange : il est le thème **originel** qui ne s'est jamais complètement perdu dans la tradition, la liturgie, la théologie et la piété chrétiennes, même aux pires moments de décadence.

C'est vrai aujourd'hui encore. Il suffit de poser la question : qu'ont en commun des figures aussi diverses en notre siècle que la philosophe juive Edith Stein († 1945) et le résistant Dietrich Bonhoeffer († 1945), le champion américain des droits de l'homme Martin Luther King († 1968), l'archevêque salvadorien Oscar Romero († 1980), le prêtre polonais Jerzy Popieluszko († 1984) ?

Ils étaient tous chrétiens et ont tous pris fait et cause, sans violence, sous un régime autoritaire et dictatorial, pour la défense de la dignité humaine de leurs contemporains. Ils ont tous connu la brutalité d'une mort violente, se rapprochant ainsi de leur modèle, le Nazaréen crucifié.

Voilà donc une première réponse, très générale, il est vrai, mais élémentaire et sans ambiguïté, à la question sur le **centre** du christianisme :
– Sans Jésus-Christ nous n'aurions pas le recueil des écrits du Nouveau Testament, nous n'aurions pas les communautés chrétiennes : il est la **figure fondatrice** qui relie entre elles toutes les traditions (elles ne sont tout de même pas totalement hétérogènes !).
– Sans Jésus-Christ, il n'y a pas d'histoire du christianisme et des Églises chrétiennes : il est le thème **originel** qui les relie par-delà les ruptures, il fait l'unité entre les époques historiques (qui ne sont tout de même pas totalement divergentes !).
– Le nom de Jésus-Christ, devenu un nom propre dès l'époque du Nouveau Testament, est donc **ce qui reste vrai, ce qui reste normatif** et **ce à quoi il ne saurait être question de renoncer** dans le christianisme !

*Au lieu d'un principe abstrait,
une personne concrète*

Le christianisme ne se définit donc pas par une idée impersonnelle, un principe abstrait, une norme générale, un système de pensée. A l'encontre de maintes autres religions, le christianisme tient toute sa consistance d'une personne concrète, qui est tout un chemin de vie : Jésus de Nazareth. Il est lui-même la personnification d'un nouveau *way of life*.

Jésus n'a proclamé aucune idée éternelle. Aussi ne sont-ce pas des idées éternelles qui sont au cœur du christianisme, mais une personne bien vivante et réelle. Les idées, les principes, les normes, les systèmes ont pour caractéristiques la clarté et la précision, la simplicité et la stabilité, ils se conçoivent bien et s'énoncent clairement. Mais détachés, abstraits du concret et du singulier, ils apparaissent sans couleurs et sans réalité : l'abstraction conduit presque nécessairement à l'indifférenciation, à la rigidité et à une certaine pauvreté de contenu, et le tout souffre d'une faiblesse de la pensée. Bref, les idées, les principes, les normes, les systèmes sont dépourvus du mouvement de la vie, de la perception imagée et de la richesse inépuisable de l'existence concrète, que la pensée ne peut embrasser dans sa totalité.

Jésus est tout autre chose – il est une personne concrète ! Et c'est pourquoi être chrétien doit être tout autre chose ! En témoignent non seulement le Nouveau Testament, mais toute l'histoire de ces vingt siècles du christianisme : à titre de personne concrète, Jésus n'a pas seulement donné à penser, il ne s'est pas contenté d'un discours rationnel critique, mais il a aussi toujours su faire preuve de nouveauté, d'imagination, d'émotion, de spontanéité, de créativité et d'innovation. Comme nul autre, il a permis à des hommes d'entrer en relation spirituelle existentielle immédiate avec lui : on pouvait raconter ses faits et gestes, et non se contenter de raisonner, argumenter, discuter et faire de la théologie à son propos. Et si aucune histoire ne peut être remplacée par des idées abstraites, dans le cas de Jésus il ne saurait être question de remplacer le récit uniquement par la proclamation et l'interpellation, de remplacer les images par des concepts, le saisissement et l'émotion par le concept [9]. La personne ne peut se réduire à une formule déterminée et définitive.

C'est là, précisément, ce qui fait la spécificité du christianisme : **non pas un principe, mais une figure vivante**, qui peut se révéler « attractive » au sens le plus profond et le plus englobant du terme : *verba docent, exempla trahunt* – les paroles enseignent, les exemples entraînent. Il n'est pas seulement demandé au chrétien de donner forme « chrétienne » à l'ensemble de sa vie, mais il peut mettre toute sa confiance en Christ Jésus, dont l'Esprit demeure agissant, et il peut essayer de régler sa vie sur ce modèle. C'est ainsi que Jésus lui-même, en tout ce qu'il est et signifie pour l'homme, se révèle – pour reprendre les mots de l'évangile de Jean – « **le chemin, la vérité et la vie** [10] ».

Mais qu'a donc de particulier ce nom, cette personne ? **L'histoire qu'il a engagée** ne nous offre guère de réponses ou, au mieux, des **réponses déconcertantes** : il y eut des réformateurs et des hérétiques, des saints et des crapules, des hommes pieux authentiques et des tartufes, des êtres à la moralité irréprochable et des êtres parfaitement immoraux, des puissants et des hommes sans puissance aucune ; tous se sont réclamés pareillement de lui. Seule l'**histoire des origines** peut nous apporter une réponse claire, et si nous voulons, là encore, échapper à la tentation d'un christianocentrisme étroit, il faut revenir aux documents du Nouveau Testament, réinterroger le document fondateur du Nouveau Testament pour déterminer la singularité, la spécificité, l'originalité, le caractère distinctif de la religion chrétienne. Nous sommes en quête d'une réponse concrète en même temps que brève à la question : quels sont, dans les différents documents de la foi chrétienne :

– le présupposé constant (et non pas le principe),
– la représentation fondamentale qui fait norme (et non pas le dogme),
– la force agissante (et non pas la loi) ?

Il s'agit ici des éléments structurels centraux de la foi chrétienne :

– la foi dans le Dieu unique est le présupposé constant ;
– la foi en Jésus, le Christ, est la représentation fondamentale qui fait norme,
– la foi dans le Saint-Esprit est la force toujours agissante.

II

Les éléments structurels centraux

Il est tant d'hommes qui cherchent une orientation à leur vie : d'où venons-nous, où allons-nous ? A ce questionnement répond la foi dans le Dieu unique. Tant d'hommes cherchent un point d'ancrage : à quoi nous en tenir ? A cette question répond très concrètement la foi en Jésus, l'unique Seigneur. Tant d'hommes appellent de leurs vœux le courage et la joie de vivre : où trouver la force nécessaire ? C'est la foi en l'unique Esprit qui nous gratifie de cette force.

1. LA FOI DANS LE DIEU UNIQUE

Il y a diversité de dons, mais c'est **le même Esprit** ;
diversité de ministères, mais c'est **le même Seigneur** ;
divers modes d'action, mais c'est **le même Dieu**, qui produit tout en tous.

Ainsi s'exprime l'apôtre Paul dans sa première lettre à la communauté de Corinthe[1].

L'héritage commun des trois religions prophétiques

Il est d'une importance capitale pour le dialogue fraternel qui peut s'instaurer aujourd'hui entre juifs et chrétiens de garder toujours présent à l'esprit que les chrétiens croient, eux aussi, dans le

Dieu unique d'Abraham, d'Isaac et de Jacob, le Dieu d'Israël. Il ne saurait être question de récuser le Dieu juif de la Création, de la justice et de la Loi, au bénéfice du Dieu du Christ, de l'Évangile, de la grâce et de l'amour. La jeune communauté chrétienne a rejeté et éliminé une fois pour toutes, comme une hérésie absolument irrecevable, une telle négation de la Bible hébraïque au profit d'une réduction radicale à l'Évangile de Jésus-Christ, qui serait seul digne d'intérêt : une telle réduction a pourtant été prônée dès la première moitié du IIe siècle par l'armateur Marcion, un fils d'évêque. Paul lui-même, nous venons de le lire, désavoue Marcion, qui se réclame *(a posteriori)* de Paul comme étant le seul, à son sens, qui aurait réellement compris Jésus.

Dès les origines, le christianisme se présente donc – à côté du judaïsme, puis de l'islam – comme une **religion** typiquement **prophétique**, qui se distingue ainsi des religions indienne mystique et chinoise sapientielle[2] : c'est **Dieu** qui a l'initiative décisive dans l'histoire du salut, Dieu à qui l'homme ne se trouve pas uni par nature et qui est inaccessible à tous les efforts humains, mais « devant » qui (« devant son visage ») l'homme agit et en qui il peut mettre sa confiance, dans la foi.

Ce n'est donc pas une mystique de l'union, comme en Inde, ou une harmonie du monde, comme en Chine, mais – pour parler en images – le **face-à-face** entre l'homme et Dieu qui définit dès l'abord le judaïsme, comme ensuite le christianisme et l'islam. Le christianisme, comme les deux autres religions prophétiques, est une religion de la **confrontation** entre Dieu et l'homme, entre le Dieu saint et l'homme pécheur. Mais la **Parole** que Dieu adresse à l'homme et la **foi** de l'homme en Dieu en font aussi une religion de la **communication**.

C'est pourquoi, avant de mettre en lumière la spécificité chrétienne, il faut reconnaître toutes les **similitudes avec le judaïsme et l'islam**. Ils ont en commun :

– La **foi en un seul et même Dieu**, le Dieu d'Abraham, qui se tient à l'origine de ces trois religions[3], en qui les trois traditions voient le grand témoin de l'unique Dieu vivant, à qui nous pouvons nous adresser pour nous plaindre, pour le louer et pour le supplier. Ces trois religions sont des religions de la foi.

– Une **vision de l'histoire** qui ne se déroule pas par cycles cosmiques, mais qui est **orientée** : elle commence avec la Création de Dieu, elle trouve sa confirmation dans l'action et les signes salvifiques de Dieu dans le temps, et elle est orientée vers une fin, un accomplissement par Dieu. Ce sont des religions qui développent une pensée historique.

– La proclamation toujours nouvelle de la Parole et de la volonté de Dieu par toute une série de **figures prophétiques**. Ce ne sont pas des religions mystiques, mais des religions marquées du sceau du prophétisme.

– La mise par écrit d'une révélation de Dieu, faite une fois pour toutes à l'homme ; cette révélation reste normative, sous la forme d'un **livre révélé**. Ce sont des religions de la Parole et du Livre.

– Enfin, l'éthique fondamentale d'une humanité élémentaire, qui trouve son fondement dans la volonté de Dieu : ce sont les dix commandements de Dieu (le Décalogue) ou ce qui y correspond. Ce sont des religions centrées sur l'éthique.

*Une éthique fondamentale, commune au judaïsme,
au christianisme et à l'islam*

Dans mon étude sur le judaïsme j'ai déjà souligné que les commandements et les interdictions contenus dans la Bible témoignent d'une élaboration humaine progressive. Les exigences éthiques de la Tora elles-mêmes, les « cinq livres de Moïse », ne sont pas tombées du ciel, pas plus dans leur contenu que dans leur forme [4]. Ce qui est manifeste pour l'éthique des prophètes et de la littérature sapientielle vaut aussi pour les directives de la Tora, les « cinq livres de Moïse ». Nous savons aujourd'hui que toute la longue histoire du Sinaï [5] est faite de nombreuses strates de directives divines, qui sont les reflets de différentes époques. Et les célèbres « dix commandements » eux-mêmes – les « dix paroles [6] », dont nous avons deux rédactions différentes [7] – ont connu une longue histoire : certaines directives de ce que l'on appelle la « deuxième table » (nos obligations à l'égard de notre prochain) remontent aux traditions morales et juridiques des tribus seminomades préisraélites. Le Proche-Orient ancien nous offre de nombreuses analogies. Il a fallu sans aucun doute un long temps

LES ÉLÉMENTS STRUCTURELS CENTRAUX

de pratique, de rodage et d'expérimentation pour aboutir à une formulation aussi universelle et concise du Décalogue, dans son contenu et dans sa forme, pour que l'on puisse y voir une expression adéquate de la volonté de Yahvé.

Telle est – quel qu'ait pu être l'arrière-plan historique – la signification du message du **Sinaï** : ce qui distingue Israël, et donc le judaïsme, de ses voisins, ce ne sont pas les commandements ou les interdits comme tels, pris isolément, mais la **foi en Yahvé**, qui voit dans tous ces commandements et interdits l'expression de la volonté de Yahvé lui-même. Ce qui est spécifiquement israélite, ce ne sont donc pas ces exigences fondamentales minimales elles-mêmes, qui préexistaient à la foi en Yahvé. Ces exigences sont imputées à l'autorité de Yahvé, le Dieu de l'Alliance, qui est l'« objet » de la « première table » (les obligations à l'égard de Dieu) : voilà ce qui est spécifiquement israélite.

Cette nouvelle foi en Yahvé a **des conséquences éthiques qui valent toujours** : ces exigences, comme toutes les autres listes de commandements, dans la mesure où elles sont compatibles avec la foi en Yahvé, esquissent, sous la forme la plus concise possible, la volonté de Yahvé concernant l'homme. Maintenant, c'est Yahvé lui-même qui, à travers les commandements, veille sur l'humanité élémentaire de l'homme, garantie par la « deuxième table » : respect dû aux parents, sauvegarde de la vie, du mariage, de la propriété et de l'honneur du prochain. La spécificité de la morale vétérotestamentaire (de l'Ancien Testament) ne réside donc pas dans la découverte de nouvelles normes éthiques, mais dans l'ancrage des directives traditionnelles en l'autorité de Yahvé et de son Alliance ; c'est lui qui les légitime et les garantit. L'éthique préexistante prend une signification nouvelle dans la nouvelle relation à Dieu. Cette « théonomie » (« Loi de Dieu ») présuppose le développement autonome de normes éthiques en même temps qu'elle leur confère une dynamique nouvelle : le développement se continue dans le sens d'une correction – non pas dans tous les domaines, il est vrai (mariage, place de la femme) – des normes préexistantes à la lumière de ce Dieu et de son Alliance.

L'éthique commune fondamentale

 †

Le Décalogue judéochrétien
(Exode 20,1-21)

Code des obligations musulmanes
(Coran, Sourate 17,22-38)

C'est moi le Seigneur, ton Dieu.

Au nom de Dieu, celui qui fait miséricorde, le Miséricordieux.

Tu n'auras pas d'autres dieux face à moi.

Ne place pas une autre divinité à côté de Dieu.

Tu ne te feras pas d'idole. Tu ne prononceras pas à tort le nom du Seigneur, ton Dieu.

Ton Seigneur a décrété que vous n'adoriez que lui.

Tu te souviendras du jour du sabbat pour le sanctifier.
Honore ton père et ta mère.

Il a prescrit la bonté à l'égard de vos père et mère. Donne à tes proches parents ce qui leur est dû, ainsi qu'au pauvre et au voyageur.

Tu ne tueras pas.

Ne tuez pas vos enfants par crainte de la pauvreté !... Ne tuez pas l'homme que Dieu vous a interdit de tuer.

Tu ne commettras pas d'adultère.

Évitez la fornication.

Tu ne voleras pas.

Ne touchez pas à la fortune de l'orphelin.

Tu ne porteras pas de faux témoignage contre ton prochain.

Tenez vos engagements.

Tu ne convoiteras pas la maison de ton prochain.

Donnez une juste mesure, quand vous mesurez ; pesez avec la balance la plus exacte ! Ne poursuis pas ce dont tu n'as aucune connaissance !

Tu ne convoiteras pas la femme de ton prochain, ni son serviteur, ni sa servante, ni son bœuf ou son âne, ni rien qui appartienne à ton prochain.

Ne parcours pas la terre avec insolence.

Dieu lui-même se fait l'avocat de l'humanité, du comportement authentiquement humain ! Les normes, aboutissement d'un développement autonome, fruits d'expériences humaines et de leur exploitation, ne sont plus présentées dans la Tora comme des lois impersonnelles, mais comme des exigences de Dieu lui-même. Ce « tu dois » inconditionné ne trouve pas son fondement dans une autorité des hommes ou d'un État, mais dans la Parole et la volonté de Dieu : « Ainsi parle le Seigneur, ton Dieu ! » Cela vaut surtout du Décalogue, des « dix paroles », dont une éthique de l'humanité ne saurait se passer, puisqu'il s'agit d'impératifs humains élémentaires. Dans la mesure où le christianisme a fait siens ces « dix commandements » (à l'exclusion du sabbat) et où le Coran, vers la fin de la période mecquoise, offre un condensé des principales obligations éthiques (remarquablement proche du Décalogue – à l'exception, là encore, du sabbat), nous pouvons parler, comme nous le constatons déjà dans *Le Judaïsme*, d'une **éthique fondamentale commune** aux trois religions prophétiques, qui pourrait apporter une contribution des plus précieuses à l'élaboration d'une **éthique mondiale**.

Proximité particulière avec le judaïsme

La foi dans le Dieu unique des « Pères » juifs reste le **présupposé** permanent de la foi chrétienne, qui récuse, comme la foi juive, tout dieu méchant concurrent, mais aussi toute partenaire divine féminine[8]. Dès le judaïsme postexilique, on s'adresse aussi à ce Dieu en l'appelant « **Père** »[9]. Mais cette appellation n'a aucune connotation sexiste : il n'est pas question de souligner la masculinité de Dieu et l'infériorité de la femme, qui, dans le livre de la Genèse, est créée à l'image de Dieu, tout comme l'homme[10]. Après l'effondrement des structures politiques, on entendait souligner de la sorte la fonction parentale protectrice de chef de famille. C'est l'expression de la puissance de Dieu, de la protection de Dieu, non de sa « masculinité ». En ce sens cette vision de Dieu exclut, certes, tout polythéisme, mais non pas tous traits féminins.

Cependant la parenté entre le christianisme et le **judaïsme** va bien plus loin encore. Dans la ligne des traditions de la Bible

hébraïque, la foi chrétienne reconnaît également les **trois alliances du Dieu unique**[11], qui est le Dieu de tous les hommes :
– l'**alliance noachique** avec toute la Création, dont le signe est l'arc-en-ciel (Adam est l'homme, toute l'humanité) ;
– l'**alliance abrahamique** avec l'humanité abrahamique, dont le signe est la circoncision (Abraham est le père de nombreux peuples : judaïsme, christianisme, islam) ;
– l'**alliance du Sinaï** avec le peuple d'Israël, dont les signes sont l'autel et l'arche d'alliance (Jacob est Israël, le père des douze tribus du peuple d'Israël).

Une chose est claire dès lors : parce que les chrétiens croient dans le Dieu unique de la Bible hébraïque, ils acceptent en principe les éléments structuraux centraux et les concepts clés de la foi israélite/juive[12] :
– l'**Exode** est un choix du peuple d'Israël, dont les juifs ne s'enorgueillissent pas prétentieusement, mais qu'ils considèrent comme une grâce et une responsabilité ;
– le **Sinaï** est la conclusion de l'Alliance et l'obligation qu'elle entraîne, qui trouve son expression dans le don de la Loi (Tora) ;
– **Canaan** : la promesse du pays fait partie intégrante du choix du peuple.

Une différence saute aux yeux : le christianisme reconnaît (du moins la reconnaît-il à nouveau aujourd'hui) la réalité du peuple élu et de la terre promise dans le judaïsme concret, devenu différent du christianisme. Mais il ne l'a faite sienne que sous une forme **spiritualisée** : c'est un peuple de Dieu et une terre de la promesse compris spirituellement. Cette spiritualisation est en rapport avec l'histoire concrète de ce juif singulier en qui les chrétiens reconnaissent leur Messie, leur Christ, leur Seigneur, sans toutefois abandonner pour autant leur foi dans l'unique Dieu et Père ou sans instituer un deuxième Dieu aux côtés du premier. Voyons cela de plus près.

2. LA SUITE DU CHRIST

Pour comprendre l'homme de Nazareth[13], il est essentiel de ne pas oublier que le Dieu d'Israël est aussi son Dieu ! Lui aussi se situe face à ce Dieu, ce « Père dans le ciel », comme tout juif respectueux de la volonté de Dieu. Il dit qu'il est « plus grand[14] » que lui, que « lui seul est bon[15] ». Et c'est seulement le quatrième évangile, très interprétatif, qui souligne sans se lasser l'unité de volonté et de révélation entre Jésus et le Père, ce qui, même ici, n'annule pas le face-à-face entre Dieu et Jésus[16]. Mais c'est précisément et dans ce face-à-face et dans cette unité avec Dieu, son Père, que Jésus est la figure centrale, le modèle du christianisme.

La figure centrale normative

Je me contenterai ici de résumer brièvement ce que j'ai longuement exposé dans *Être chrétien*, en m'appuyant sur les textes du Nouveau Testament : Jésus a fait sienne la **cause du Dieu d'Israël**, marquée par l'attente apocalyptique, typique de son époque, de ceux qui pensaient vivre la fin des temps, où Dieu lui-même ne tarderait pas à entrer en scène et à imposer sa volonté, à asseoir sa souveraineté, à établir son Royaume. C'est ce Royaume, cette souveraineté, cette volonté de Dieu que Jésus entend annoncer par anticipation, en vue du **salut de l'homme**, son seul critère. Aussi n'appelle-t-il pas à une observance renouvelée des commandements de Dieu, mais à un **amour** qui peut aller jusqu'au service absolument désintéressé qui ne tient pas compte du rang des personnes, jusqu'au renoncement même sans contrepartie aucune, jusqu'au pardon sans limites. Un amour qui va jusqu'à aimer l'adversaire, l'ennemi : un amour de Dieu et du prochain selon la mesure de l'amour de soi-même (« comme toi-même »).

Et c'est ainsi que Jésus **se solidarise** aussi, très concrètement et au grand dépit des gens pieux de son temps, avec les hérétiques en matière religieuse, avec ceux qui sont politiquement compromis, avec ceux qui ont failli moralement, avec les victimes de l'exploitation sexuelle, en particulier les femmes, les enfants et les malades, avec tous ceux qui se trouvent rejetés en marge de la société. Il ne se contente pas de parler, il guérit aussi les corps, mettant au service de tous ces laissés-pour-compte son charisme de guérison – même le jour du sabbat. Mesurés à l'aune de l'amour, certaines prescriptions de la Loi, certaines prescriptions alimentaires, certains préceptes relatifs à la pureté et au sabbat lui apparaissent d'importance secondaire – alors même qu'en principe il s'en tient personnellement à la Loi. Le sabbat et les autres prescriptions sont faits pour l'homme...

Il se présentait comme un homme de provocation prophétique, sans aucun doute, qui, en paroles et en actes, ne craignait pas d'exercer sa critique à l'égard du Temple lui-même et contre le commerce qui s'y était installé. Comme un homme qui faisait éclater les schémas habituels et ne se laissait embrigader dans aucun parti : il fut en conflit avec l'*establishment* politico-religieux (il n'était ni prêtre ni théologien), sans être pour autant un révolutionnaire politique (il prêchait plutôt la non-violence). Il n'était pas un tenant de l'émigration extérieure ou intérieure (il n'était ni un ascète ni un moine de Qumrân), sans être pour autant un casuiste de la Loi (il n'était pas un pharisien qui « trouve sa joie dans la Loi »). C'est en cela que le Nazaréen se distingue non seulement des grands représentants de la tradition indienne mystique et de la sagesse chinoise (Bouddha et Confucius), mais aussi des figures représentatives des deux autres religions sémitiques du Proche-Orient (Moïse et Muhammad).

Il est manifestement une grande figure de l'enthousiasme prophétique, sans fonction ni titre particuliers ; par ses paroles et ses guérisons, il pouvait prétendre à bien plus qu'un simple rabbi ou un simple prophète, au point que certains voyaient en lui le Messie. Pour se justifier dans le grand conflit où il se trouva de plus en plus pris, il ne se réclamait de nul autre que de Dieu lui-même, à qui il s'adressait volontiers avec une familiarité inhabituelle en l'appelant *Abba* (« Papa », « cher Père »). Le **conflit** était quasiment inévitable. En effet :

– sa critique de la religiosité traditionnelle de nombre de dévots était trop radicale ;

– sa protestation officielle contre l'exploitation du Temple, contre les gardiens et profiteurs du Temple était trop dure ;
– sa compréhension de la Loi centrée sur l'homme était trop provocatrice ;
– sa solidarité avec le peuple, qui ignorait la Loi, et sa fréquentation de gens notoirement en rupture avec la Loi étaient scandaleuses ;
– sa critique des cercles dirigeants, que son succès dans le peuple incommodait, était trop massive.

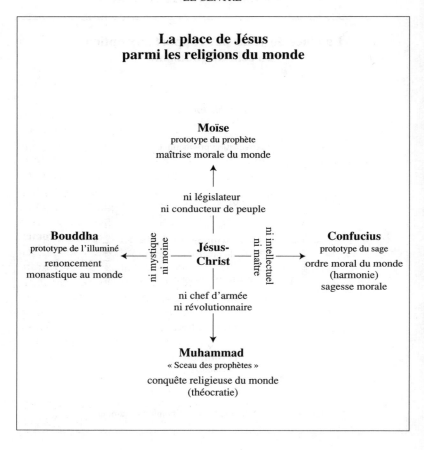

J'ai longuement traité, documents à l'appui, de ce conflit de l'homme de Nazareth, non pas avec le peuple, mais avec les autorités officielles du judaïsme d'alors, avec la hiérarchie qui l'avait livré au procurateur Ponce Pilate (selon une procédure judiciaire dont nous ne possédons plus tous les éléments d'appréciation aujourd'hui). Il pourra être utile de rappeler ici sa position par rapport aux options au sein du judaïsme de son temps.

LES ÉLÉMENTS STRUCTURELS CENTRAUX

Le scandale de la croix

Il nous faut aborder plus explicitement ici un point décisif pour l'élucidation de la spécificité chrétienne, un point qui reste difficile à comprendre non seulement pour les juifs, les musulmans et les adeptes d'autres religions, mais pour nombre de chrétiens aussi : la signification de la **croix**[17], signe de reconnaissance des chrétiens. A ne considérer que ce seul point, il est évident que l'opinion populaire, selon laquelle toutes les religions et tous leurs « fondateurs » se valent, relève d'un préjugé indéfendable. Il suffit de considérer leur mort pour que les différences sautent aux yeux : Moïse, Bouddha, Confucius sont tous décédés à un âge respectable, au terme d'une vie riche en succès, entourés de leurs disciples et de leurs adeptes, « rassasiés de vie » comme les patriarches d'Israël, après avoir joui de l'existence, comme Muhammad en son harem, dans les bras de son épouse bien-aimée. Mais Jésus de Nazareth ? Il est mort jeune, au terme d'une activité étonnamment courte, au mieux trois ans, peut-être même quelques mois seulement : il est mort trahi et renié par ses disciples et ses adeptes, raillé et bafoué par ses adversaires, abandonné de Dieu et des hommes, condamné au supplice le plus affreux et le plus hideux, celui que le droit romain réservait aux esclaves fugitifs et aux rebelles politiques, et qui ne pouvait en aucun cas être infligé à un criminel jouissant de la citoyenneté romaine : le gibet de la croix.

On comprend que, longtemps encore après l'abolition de cette peine par l'empereur Constantin, jusqu'au Ve siècle, les chrétiens aient reculé devant la représentation de Jésus sur la croix. C'est seulement au temps du gothique, au Moyen Age, que cette représentation est devenue habituelle – malheureusement trop habituelle par la suite. On comprend encore mieux que ni un juif ni un Grec ni un Romain ne pouvaient avoir l'idée de trouver un sens positif, voire religieux, à ce gibet d'infamie. Un Grec cultivé ne pouvait voir dans la croix de Jésus qu'une folie barbare, un citoyen romain la honte suprême, un juif croyant une malédiction de Dieu. Pourquoi donc est-elle devenue **signe de salut** pour les chrétiens ?

Force nous est bien de constater que si la croix est une donnée historique insupportable, atroce et incontestable, il est tout aussi indéniable que la première génération de chrétiens voyait déjà la croix de Jésus sous un tout autre éclairage. Pourquoi ? En résumé, parce que, par suite d'expériences charismatiques déterminées (apparitions, visions, paroles entendues) et en se référant à un modèle explicatif biblique, elle avait acquis la conviction que le Crucifié n'était pas resté parmi les morts, mais que **Dieu** l'avait **ressuscité à la vie éternelle**[18], qu'il l'avait **exalté**, qu'il était désormais dans la gloire de Dieu. Quoi qu'il en soit pour tel ou tel détail, en mourant il n'avait pas sombré dans le néant, mais il était entré dans la plus réelle des réalités, en Dieu même.

On ne tarda pas à chanter en l'honneur de celui qui est ressuscité des morts les chants du psautier, compris comme textes messianiques, surtout les psaumes d'intronisation. Un juif de ce temps pouvait facilement comprendre l'élévation auprès de Dieu par analogie avec l'intronisation du roi d'Israël. Tout comme ce dernier – probablement dans la ligne de l'idéologie royale de l'Orient ancien – était **institué « Fils de Dieu »** lors de sa montée sur le trône, le Crucifié l'était désormais par sa résurrection et son exaltation.

C'est sans doute surtout le psaume 110, dans lequel David chante son « Fils » à venir, qui est en même temps son « seigneur », que l'on se plaisait à chanter et à citer de la sorte. « Oracle du Seigneur à mon seigneur : Siège à ma droite ! » En effet, ce verset répondait à la question brûlante des disciples juifs de Jésus quant au « lieu » et à la fonction du Ressuscité (Martin Hengel[19]) : où était maintenant le Ressuscité ? On pouvait répondre : auprès du Père, « à la droite du Père », non pas dans une communauté de nature, mais une « communauté de trône » avec le Père. Royaume de Dieu et Royaume du Messie devenaient ainsi une seule et même réalité. « L'institution de Jésus, le Messie crucifié, comme "Fils", auprès du Père, "par la résurrection des morts", fait sans doute partie du message le plus ancien, commun à tous les porteurs de ce message : c'est par ce message que les "messagers du Messie" appelaient leur propre peuple à la conversion et à la foi dans le Crucifié, ressuscité par Dieu et élevé à sa droite, le "Messie d'Israël"[20]. »

La foi dans le Crucifié qui reste vivant par Dieu et auprès de Dieu réalise ainsi l'inconcevable : celui qui a été si honteusement exécuté se trouve confirmé par la puissance de Dieu et ce **signe d'ignominie** devient ainsi signe de la **victoire** ! Car on peut maintenant voir dans cette mort ignominieuse des esclaves et des rebelles la mort salutaire, la mort de la délivrance et de la libération ! La croix de Jésus, ce sceau sanglant apposé sur une existence vécue dans cette ligne, devient ainsi appel à renoncer à une vie marquée par l'égoïsme, appel à une vie non prétentieuse, une vie pour les autres.

Ce n'est là rien de moins qu'un **renversement de toutes les valeurs** – Nietzsche l'a bien senti dans ses invectives contre la réalité chrétienne. Mais ce renversement ne doit pas conduire à une crispation et une autodépréciation maladive, comme on l'avait manifestement appris dès son enfance au fils de pasteur qu'était Nietzsche : il fallait « ramper vers la croix ». C'est un appel au courage dans la vie quotidienne, sans angoisse, même face aux risques mortels : à travers la lutte inévitable, à travers la souffrance, à travers la mort elle-même. C'est vivre toute sa vie dans une confiance (une « foi ») inébranlable et dans l'espérance de l'accomplissement dernier, de la liberté, de l'amour, de l'humanité, de la vie éternelle enfin. Le scandale des scandales se mue ainsi en une expérience étonnante du salut, le chemin de la croix ouvre un chemin de vie pour celui qui s'engage sur le chemin de l'être chrétien.

La jeune communauté chrétienne n'est évidemment pas venue à bout d'un seul coup de ce scandale monstrueux d'un Messie crucifié – la légitimation de Jésus était une question de vie ou de mort spirituelle pour la communauté. La perplexité des disciples n'a pas été balayée sans plus par l'expérience de Pâques. Les écrits du Nouveau Testament sont traversés, dans toutes leurs stratifications, par cette **question de la croix**, et ce n'est pas par hasard que le plus ancien récit suivi concernant Jésus est celui de sa Passion. C'est avec le temps seulement que l'on en viendra à voir dans la croix même la somme de la foi et de la vie chrétiennes. En effet, les débats au sein des communautés, tout comme la justification pour ceux de l'extérieur, demandaient une réflexion approfondie, qui ne tarderait pas à faire apparaître combien la croix trace la ligne de démarcation entre la communauté chrétienne d'un côté, les juifs, les Grecs et les Romains de l'autre – la ligne de démarcation entre foi et incroyance.

A la lumière de l'expérience pascale, la peine inconsolable des disciples avait d'abord fait place à la simple conviction que tout ce qui était arrivé à Jésus s'était déroulé selon le plan préétabli par Dieu, que Jésus « devait » suivre ce chemin qui était le sien, voulu par Dieu. On trouvait des **exemples de cette idée dans la Bible hébraïque** :
– le prophète mandaté par Dieu est persécuté par les hommes ;
– le serviteur innocent souffre en lieu et place des pécheurs ;
– la victime du sacrifice prend symboliquement sur elle les péchés de l'humanité.

Toutes ces représentations ont aidé à donner lentement une signification à la terrible réalité, à l'absurdité de la croix. Il était hors de question de propager l'idée archaïque d'un Dieu sadique, assoiffé de sang, dont il faudrait apaiser le courroux, ni celle du mythe actualisé dans le rite d'un Dieu dépecé et ramené à la vie (Dionysos). Mais on voulait faire comprendre que ce qui s'était passé avec Jésus n'était pas purement arbitraire ou sans signification aucune. Tout s'était déroulé « conformément à l'Écriture » : en disant cela, on pensait à la Bible hébraïque prise comme un tout qui, si Jésus était vraiment le Messie, se devait de l'annoncer à toutes les pages.

Pour ce faire, la communauté chrétienne avait besoin de développer, il est vrai, une exégèse propre, qui voyait partout dans l'Ancien Testament le *typos* du Nouveau. Ainsi, le juste dépeint – voire crucifié – dans le chant du serviteur du prophète Isaïe [21] n'est-il pas manifestement l'une de ces figures annonciatrices du Christ ? Et ne pouvait-on pas ainsi comprendre de plus en plus la Bible hébraïque à partir de la croix et, inversement, interpréter de plus en plus la croix à partir de la Bible hébraïque ? Voilà qui faisait apparaître toujours plus nettement qu'en Jésus aussi, en lui précisément, c'est Dieu lui-même, le Dieu d'Israël, qui était à l'œuvre. On trouve une telle « théologie élaborée de la croix », dans toute sa splendeur et sous forme de récit, notamment dans le plus ancien des quatre évangiles, celui de Marc, et sous la forme de réflexion fondamentale surtout dans les lettres de l'apôtre Paul. Le discours de la croix devenait ainsi la grande réponse chrétienne à l'éternelle question de la souffrance en ce qu'elle a d'incompréhensible, surtout la souffrance de l'innocent.

LES ÉLÉMENTS STRUCTURELS CENTRAUX

Le christianisme, un humanisme radical

Ainsi se trouve défini sans ambiguïté le spécifiquement chrétien – la différence non seulement avec le judaïsme, mais avec toutes les autres religions et tous les humanismes : **le spécifiquement chrétien, c'est le Christ crucifié et néanmoins vivant !** Et la foi en ce Christ n'est pas une formule vide, pas davantage une simple doctrine. En effet :

– La foi dans le Christ se rapporte à une personne historique très concrète : Jésus de Nazareth. C'est lui qui se tient non seulement aux origines du christianisme, mais derrière toute la grande tradition chrétienne bimillénaire : est chrétien ce qui peut se réclamer du Christ.

– La foi dans le Christ ne s'exprime pas seulement dans un message, mais également dans des rites porteurs de sens : dans le baptême en son nom et dans la célébration de la Cène en souvenir de lui.

– La foi dans le Christ ouvre en même temps un chemin de vie, une orientation fondamentale, pour le présent et pour l'avenir : Jésus-Christ n'apporte, certes, pas une nouvelle Loi, mais il apporte l'amour dont il fait le critère fondamental déterminant pour la vie et pour l'agir, pour la souffrance et pour la mort des chrétiens.

Les exigences éthiques du Nouveau Testament elles-mêmes – les travaux des spécialistes du Nouveau Testament le montrent [22] – ne sont pas tombées du ciel, pas plus dans leur contenu que dans leur forme. Cela vaut pour l'éthique de tout le Nouveau Testament, mais c'est particulièrement net pour les exigences de l'apôtre Paul. On devrait s'interdire dès l'abord de parler d'« éthique » paulinienne, puisque Paul n'a pas développé de système ni de casuistique de la moralité. Pour nourrir ses exhortations (« parénèses »), il puise largement dans la tradition hellénistique et surtout juive.

On ne trouve pas chez Paul lui-même de ces listes domestiques, courantes dans l'éthique populaire grecque et romaine de l'époque (Épictète, Sénèque), faites d'admonestations pour les différents états de vie : on ne les trouve que dans la lettre aux Colossiens [23] et dans celle aux Éphésiens, qui en dépend, ainsi que dans les lettres pastorales et chez les Pères apostoliques. Mais Paul lui-même fait déjà appel à des représentations et des concepts de la philosophie hellénistique populaire de son temps. Une éthique **humaine universelle** et une éthique **spécifiquement chrétienne ne s'excluent manifestement pas**! Et même si Paul n'utilise qu'une seule fois le concept de « vertu », concept central de l'éthique philosophique, il se montre si proche en ce texte de la lettre aux Philippiens, de l'univers conceptuel grec et surtout stoïcien que l'on pourrait y voir comme un résumé de l'éthique grecque courante : « Tout ce qu'il y a de vrai, tout ce qui est noble, juste, pur, digne d'être aimé, d'être honoré, ce qui s'appelle vertu, ce qui mérite l'éloge, tout cela, portez-le à votre actif [24]. » Dans les autres catalogues de vertus et de vices [25], il est vrai, Paul s'en tient plus à la tradition juive qu'à la tradition hellénistique.

Ce qui est spécifique du christianisme [26], ce n'est donc pas la prise en compte de telle ou telle exigence éthique, qui, comme telle, serait incomparable. Les exigences éthiques que Paul reprend à la tradition juive ou hellénistique pouvaient aussi trouver d'autres fondements. Paul, dans sa synthèse ou dans son choix, ne s'appuie pas non plus sur un principe déterminé, mais il utilise différents motifs pour fonder ses exigences éthiques : le royaume de Dieu, la suite du Christ, le kérygme eschatologique, le corps du Christ, le Saint-Esprit, l'amour, la liberté, être dans le Christ. Même s'il utilise des mots clés comme « obéissance » ou « liberté », il n'en fait pas des idées directrices systématiques, mais il voit simplement, dans sa globalité indivisible, l'obligation du croyant et de la communauté croyante à l'égard de son Seigneur.

Ce qui est spécifiquement chrétien, c'est donc le fait de comprendre toutes les exigences éthiques à partir de Jésus-Christ crucifié et ressuscité. Jésus, à qui le chrétien **est** soumis une fois pour toutes par le baptême, **doit** rester le Seigneur au-dessus de lui. C'est dire que **ce qui fait la spécificité de l'éthique chrétienne, c'est la foi dans le Christ**, tout comme la spécificité de l'éthique juive, c'est la foi en Yahvé. Il nous faut comprendre et observer tous les commandements et les interdits à partir de Jésus-Christ et de son Esprit. Ainsi se confirme aussi, en sens inverse et en partant de l'éthique, que pour définir la spécificité chrétienne il ne faut pas partir d'un principe abstrait, mais de la personne très concrète de Jésus-Christ.

Mais dans cette perspective, être chrétien peut se comprendre comme un humanisme vraiment radical. Un **humanisme** parce que être chrétien englobe l'être humain dans sa totalité. Les chrétiens ne sont pas moins humanistes que les humanistes qui fondent leur humanité sans le christianisme, qui la fondent contre lui, ou dans une perspective antireligieuse, ou qui ne la fondent pas du tout. Le chrétien n'a pas à reculer devant le mot « humanisme » comme devant la peste. Mais les chrétiens représentent un humanisme **radical**. Ils ne se contentent pas, en cette vie humaine si contradictoire et si déchirée, en cette société si conflictuelle, comme le proclame un néo-humanisme idéaliste, d'acquiescer à tout ce qui est vrai, bon, beau et humain, mais ils se confrontent aussi au mensonge, au mal, au laid, à l'inhumain – qui sont tout aussi réels. Certes, le chrétien lui-même ne peut pas débarrasser la vie humaine et la société de tout cette part négative (ce serait, là encore, une dangereuse illusion, qui conduirait à vouloir faire le bonheur des hommes malgré eux, à l'esclavage des masses, au mépris de l'homme), mais il peut supporter, combattre et transfigurer ce négatif.

C'est ainsi, et ainsi seulement, que l'homme peut aussi parvenir à un vrai **bonheur** (non dépourvu de souffrance) en cette vie : non pas à travers toutes sortes d'expériences extraordinaires, en recourant aux moyens les plus artificiels, ni en cultivant une constante bonne humeur au prix d'efforts surhumains, mais par une disposition fondamentale au bonheur qui tient, même dans le besoin et dans la détresse de l'âme, dans un oui à la vie réaliste. Tout cela revient à dire qu'être chrétien, c'est chercher à pratiquer un humanisme qui sait non seulement accepter tout ce qui est positif, mais aussi surmonter le négatif, la souffrance, la faute, l'absurde, la mort, parce que le chrétien est porté par une confiance inébranlable en Dieu et qu'en fin de compte il ne se fie pas à ses réalisations et ses succès propres, mais à la grâce et à la miséricorde de Dieu.

A quoi donc servirait cette grande figure du passé si elle n'avait plus aujourd'hui ni présent ni avenir ? Comment le Christ peut-il redevenir sans cesse présent, avoir un avenir ? Comment le chrétien peut-il puiser le courage et la joie de vivre avec cette foi dans le Christ ? C'est le troisième élément structurel de la foi chrétienne qui prend ici toute son importance : la foi dans l'Esprit de Dieu, en qui et par qui Jésus vit et agit.

3. L'ACTION DU SAINT-ESPRIT

Chrétiens et juifs se retrouvent dans la foi dans le Dieu d'Abraham. Mais la foi en Jésus, le Christ de Dieu, distingue les chrétiens de tous les autres croyants et non-croyants. Un troisième élément structurel vient s'ajouter, qui marque la foi des chrétiens, tout en la reliant aussi à d'autres traditions : la puissance de l'Esprit. En effet, à partir des témoignages du Nouveau Testament, les chrétiens ne croient pas seulement en l'événement isolé d'une résurrection des morts, accomplie en Jésus, le Crucifié, mais ils croient aussi que le Ressuscité continue désormais à vivre, à régner et à agir dans l'Esprit de Dieu. Comment comprendre cela ?

Qu'est-ce que l'Esprit ?

Là encore, le mieux est de partir de la **tradition juive**. Dans la Bible hébraïque, puis aussi dans le Nouveau Testament, Dieu est Esprit, en hébreu *rouah*, mot féminin dont le sens originel est « souffle », « grondement », « vent ». Saisissable et insaisissable, invisible et néanmoins puissant, aussi indispensable à la vie que l'air que l'on respire, aussi chargé d'énergie que le vent et l'ouragan – tel est l'Esprit. Voilà qui désigne rien de moins que la **force** et la **puissance vivantes** issues de Dieu, qui sont invisiblement à l'œuvre dans l'individu comme dans le peuple d'Israël, dans l'Église comme dans le monde en général. Cet Esprit est **saint**, dans la mesure où il se distingue de l'esprit non saint de l'homme et de son monde : il est l'Esprit **de Dieu**. Pour la foi chrétienne, il est la force agissante (*dynamis*, « puissance » et non pas « Loi ») dans la chrétienté [27].

Mais gardons-nous de tout malentendu : dans le Nouveau Testament, le Saint-Esprit n'est pas – comme souvent dans l'histoire des religions – une sorte de tiers distinct de Dieu, situé entre Dieu et l'homme : il n'est pas un fluide magique, une substance surnaturelle mystérieuse, de nature dynamique (il n'est pas un « quelque chose » spirituel), pas plus qu'il n'est un être magique de type animiste (il n'est pas un être spirituel ou un fantôme). Il n'est autre que Dieu même ! Dieu lui-même dans la mesure, notamment, où il est proche de l'homme et du monde, dans la mesure où il se fait intérieur, comme la force qui saisit sans pouvoir être saisie, la force créatrice de vie, mais qui juge aussi, la grâce qui se donne mais dont on ne saurait disposer. Esprit de Dieu, l'Esprit n'est donc pas plus séparable de Dieu que ne l'est le rayon du soleil. Si l'on demande comment le Dieu invisible, insaisissable, incompréhensible se fait proche, présent, aux hommes de foi, la réponse du Nouveau Testament est univoque : c'est **dans l'Esprit** que Dieu nous est proche, à nous les hommes, il nous est présent dans l'Esprit, par l'Esprit, comme Esprit. Et le Christ ?

Rapporté à la personne du Crucifié ressuscité, cela signifie : Jésus-Christ, introduit auprès de Dieu, exalté par lui, vit aussi maintenant selon le mode d'existence et d'agir de Dieu. Aussi Paul peut-il très logiquement appeler le Christ ressuscité « l'Esprit donnant la vie [28] », dire même que « le Seigneur est l'Esprit [29] », et, inversement, parler de l'Esprit de Dieu comme de « l'Esprit de Jésus-Christ [30] ». Ce qui signifie concrètement que par l'Esprit, dans l'Esprit et comme Esprit, Jésus peut être proche de sa communauté pour l'aider, la faire avancer, la consoler, la juger – que ce soit dans le service divin ou dans le service du prochain, dans la communauté ou dans le cœur de l'individu.

Mais cette perspective christologique ne doit pas faire oublier une autre perspective tout aussi biblique : **l'Esprit de Jésus-Christ est** et demeure **l'Esprit de Dieu**. Et cet Esprit de l'englobant, de l'infini, de l'incommensurable... est à l'œuvre non seulement dans la communauté chrétienne, mais dans toute la Création, partout – ainsi que l'atteste déjà la première page de la Bible hébraïque relative aux origines [31]. D'après le Nouveau Testament aussi, l'Esprit de Dieu « souffle **où** il veut [32] », et aucune Église ne peut imposer des limites à son activité. Autrement dit, il est à l'œuvre non seulement dans la chrétienté, mais dans le monde entier. Qu'est-ce à dire ?

LE CENTRE

Il y a aussi place pour des prophètes après le Christ

Certes, l'Esprit libre de Dieu n'est pas un esprit de l'arbitraire, d'une liberté apparente, mais un esprit de la vraie liberté ; il n'est pas un esprit du chaos, mais de l'ordre juste. Il agit **quand** il veut, et aucune réglementation ecclésiastique, ni dogmatique ni pratique, ne peut le contraindre à agir ou à ne pas agir ici et maintenant. Non, l'Esprit de Dieu agit quand et où il veut, comme en cette **fête de la Pentecôte** où, selon la tradition de l'évangéliste Luc, se tint la première « réunion », à Jérusalem, des disciples de Jésus revenus (avant tout) de Galilée et où, dans un contexte enthousiaste, charismatique, s'accomplit la **naissance de l'Église** (hébreu : *kahal* ; grec : *ekklesia*, « réunion »). C'est ainsi que l'Esprit agit aussi par la suite, dans l'histoire du christianisme, et c'est ainsi qu'il doit nous faire accéder – de façon nouvelle – à « la vérité tout entière », selon les mots de l'évangile de Jean [33].

Et parce que l'Esprit de Dieu continue à agir, le Nouveau Testament reconnaît aussi la possibilité de **prophètes authentiques après la mort de Jésus** : des hommes inspirés par Dieu pour témoigner de lui et de son message, pour l'interpréter et le proclamer en fonction de temps nouveaux, de situations nouvelles. C'est ainsi que dans les communautés pauliniennes (comme il ressort de la première lettre aux Corinthiens [34]), les prophètes et prophétesses viennent immédiatement après les apôtres. L'Église primitive est édifiée non seulement sur les apôtres, mais aussi sur les prophètes [35].

Certes, la prophétie – un phénomène qui est surtout d'origine judéochrétienne – a rapidement disparu de la configuration de la plupart des communautés chrétiennes après la fin de la mission paulinienne et le recul du judéochristianisme. Mais dans la perspective qui est celle du Nouveau Testament, nous ne sommes pas fondés à récuser dès l'abord, de façon dogmatique, l'entrée en scène de prophètes, même **après** Jésus, de prophètes qui se déclarent en accord profond avec la proclamation de la volonté de Dieu. L'exemple le plus marquant dans l'histoire du monde est celui de **Muhammad** – **le** prophète pour l'islam –, qui rapporte sa révélation dans le Coran à « l'Esprit » [36] (quel que soit le sens qu'il lui donne) ; il convient de prendre très au sérieux sa révélation, notamment à titre de correctif à l'égard d'une trop grande surenchère christologique.

En mettant côte à côte la Bible – surtout l'Ancien Testament – et le Coran, et en les lisant parallèlement, on ne peut que s'interroger : les **trois religions révélées** d'origine sémitique – judaïsme, christianisme, islam – ne reposent-elles pas sur la **même base** – en particulier l'Ancien Testament et le Coran ? Dans l'un et l'autre, n'est-il pas aveuglant que c'est le seul et même Dieu qui parle ? L'« ainsi parle le Seigneur » de l'Ancien Testament ne correspond-il pas au « il dit » du Coran, le « va et proclame » de la Bible au « debout, avertis-les » ? De fait, les millions de chrétiens de langue arabe ne connaissent pas d'autre mot pour Dieu qu'*Allah* ! Ne serait-ce pas, dès lors, en raison d'un simple préjugé dogmatique que nous reconnaissons comme prophètes Amos et Osée, Isaïe et Jérémie, et bien d'autres, mais non Muhammad ?

Les relations entre christianisme et islam

Pendant de longs siècles de son histoire, le monde chrétien a méprisé le Coran et diabolisé Muhammad. Le philosophe Karl Jaspers, dont la pensée se veut par ailleurs si universelle, écrit, pour justifier son choix des quatre philosophes qui, à son sens, « ont donné la mesure de l'humain » (Socrate, Bouddha, Confucius, Jésus) : « Le seul à avoir exercé historiquement une influence comparable, Mahomet, ne les approche pas quant à la profondeur de l'être [37]. » C'est de nos jours seulement qu'une théologie œcuménique autocritique a reconnu l'importance mondiale de cet homme pour l'histoire de **la foi dans le Dieu un** – commune aux juifs, aux chrétiens et aux musulmans. Et sans vouloir effacer les différences, une théologie chrétienne peut reconnaître aujourd'hui les réalités suivantes :
– les hommes de l'Arabie du VIIe siècle ont eu raison d'écouter Muhammad ;
– ce faisant, ils se sont élevés à un tout autre niveau religieux (comparé au polythéisme clanique exclusivement orienté sur l'ici-bas), à savoir celui d'une grande religion monothéiste ;
– des centaines de millions d'hommes, du Maroc au Bangladesh,

des steppes d'Asie aux îles d'Indonésie, reçoivent de Muhammad – mieux, du Coran – une inspiration d'une grande richesse ; ils y puisent courage et force pour un nouveau départ religieux : ils se sont mis en route vers plus de vérité et une plus profonde connaissance, pour vivre et renouveler la tradition qu'ils ont reçue.

On pourrait donc poser comme fondement des **relations entre le christianisme et l'islam** [38] les propositions suivantes :

– Chrétiens et musulmans croient en un Dieu unique et, de ce fait, à une unique histoire du salut : aussi, de même que les chrétiens voient déjà en Adam, Noé, Abraham et tous les patriarches d'Israël des « chrétiens » avant le Christ, de même les musulmans reconnaissent dans ces patriarches (quoi qu'il en soit, historiquement, de la descendance d'Ismaël, non vérifiable), et en Jésus lui-même, des « musulmans » avant Muhammad.

– Pour les chrétiens, Muhammad (qui a porté témoignage à Jésus) n'est pas sans signification et il ne peut plus être récusé comme un pseudo-prophète, sous prétexte qu'il ne pourrait plus y avoir de prophètes après le Christ.

– Pour les musulmans, Jésus (à qui Muhammad lui-même a porté témoignage) a quelque chose d'important et de permanent à dire.

– Nous ne pouvons donc pas opposer le christianisme et l'islam comme deux religions totalement séparées, ils représentent des mouvements religieux étroitement entrelacés, tout comme le judaïsme et le christianisme. Ils constituent ensemble le grand courant religieux prophétique issu du Proche-Orient sémitique, qui se distingue des deux autres grands courants – le courant indien mystique et le courant chinois sapientiel (sans parler des religions de la nature). L'islam, qui veut rendre toute sa vigueur à la proclamation fondamentale du Dieu unique, s'est avéré une aide précieuse, inspirée par l'Esprit de Dieu, pour un nombre incalculable d'hommes, une aide pour vivre selon la volonté de Dieu.

La conception chrétienne de l'Esprit permet de préserver l'**identité** chrétienne tout en acquiesçant à la **pluralité** religieuse, et donc de marier la concentration sur la spécificité chrétienne et l'ouverture à l'humanité universelle. Dans cette attitude d'ouverture, le chrétien peut reconnaître l'humanité, la sociabilité et la religiosité **en tout lieu où il les rencontre** – non seulement dans le judaïsme et dans l'islam, mais aussi dans les grandes religions d'origine indienne ou chinoise, dans les religions de la nature et dans les groupes religieux et éthiques de toute nature : il peut les reconnaître **sans** d'abord les annexer au christianisme (comme « christianisme anonyme »), pas plus que les faire siens sans critique.

Mais – telle est la question de l'identité chrétienne sur un horizon d'universalité – qu'est-ce qui fait d'un homme un chrétien ?

4. QU'EST-CE QUI FAIT D'UN HOMME UN CHRÉTIEN ?

Quelle est donc en fin de compte – pour nous résumer et pour aller à l'essentiel – la différence spécifique du christianisme ? Notre introduction trop brève pour aller au cœur de la foi chrétienne se clôt sur cette question.

La spécificité dernière du christianisme

– Ce qui distingue le christianisme des grandes religions mondiales anciennes et des humanismes modernes, c'est le **Christ lui-même**. Mais qu'est-ce qui préserve notre foi de toutes les confusions entre le Christ et d'autres figures de Christ religieux ou politiques ?

– Ce qui distingue le christianisme des grandes religions anciennes et des humanismes modernes, c'est le Christ qui n'est autre que Jésus de Nazareth, homme réel, historique, qui est donc concrètement le **Christ Jésus**. Mais qu'est-ce qui préserve notre foi des confusions entre le Jésus-Christ historique et de fausses images de Jésus ?

– La spécificité du christianisme face aux grandes religions anciennes et aux humanismes modernes, ce qui le distingue en dernier ressort, c'est, littéralement, d'après Paul, « Jésus Christ et Jésus-Christ crucifié [39] ». Il est le contenu même de l'Évangile, c'est en son nom que le croyant est baptisé, c'est de sa souffrance, de sa mort et de sa vie nouvelle que fait mémoire la célébration de la Cène. La croix – tout autrement que le chandelier à sept branches *(Menora)* pour le judaïsme et le croissant pour l'islam – est pour le christianisme le symbole réel et central.

C'est pourquoi l'évangéliste Jean définit la spécificité chrétienne exactement comme Paul quand – dans un univers conceptuel très différent, il est vrai – il appelle Jésus le chemin, la vérité et la vie [40], ce qu'il illustre par les images suivantes : il est le pain de vie [41], la lumière du monde [42], la porte [43], la vraie vigne [44], le bon berger qui donne sa vie pour ses brebis [45]. « Jésus » n'est manifestement pas un nom qu'il faudrait avoir toujours à la bouche (en disant « Seigneur, Seigneur »). Il est le chemin de la vérité de la vie, qui reste à faire. Oui, dans le christianisme il en va de la **vérité**. Mais il ne s'agit pas d'une vérité rationnelle purement théorique, il s'agit d'une vérité de la foi, d'une vérité pratique qui s'enracine dans l'expérience, dans la décision et dans l'action. La vérité du christianisme n'est pas pour être « regardée », « théorisée » ; elle doit être « faite », « **pratiquée** ». Le concept chrétien de vérité n'est pas un concept contemplatif, théorique, comme le concept grec, il est opérant et pratique. C'est une vérité qui n'est pas seulement à chercher et à trouver, elle demande à être suivie et rendue vraie en toute véracité, à être confirmée et éprouvée : c'est une vérité orientée vers la pratique, qui appelle à se mettre en route, qui offre et rend possible une nouvelle vie.

Qu'est-ce qui fait d'un homme un chrétien ? Pas simplement le fait de se montrer humain, social ou religieux, mais de **chercher à vivre** cette humanité, cette sociabilité et cette vie religieuse **selon le critère et l'Esprit du Christ** – « envers et contre tout », telle est la condition de l'homme. Il nous faudra préciser ce que cela signifie. Mais demandons-nous d'abord : n'est-ce pas la confession de foi qui est fondamentale pour le devenir chrétien ?

Brèves formulations de la foi commune

La foi chrétienne n'est pas foi muette. Elle reconnaît ce qu'elle croit et confesse ce qu'elle reconnaît. Pas d'acte de foi *(fides qua creditur)* sans un contenu déterminé de la foi *(fides quae creditur)*.

LES ÉLÉMENTS STRUCTURELS CENTRAUX

Dans la mesure où cette foi, qui reconnaît et qui confesse, s'exprime, elle est tributaire de mots et de phrases. Et dans la mesure où la foi chrétienne n'est pas seulement la foi d'individus abstraits, où elle n'est jamais individualiste, solipsiste, mais foi dans ou en référence à une **communauté de foi**, elle est tributaire, pour la communication au sein de la communauté de foi, du langage fait de mots et de phrases ; elle est donc tributaire d'**énoncés de la foi**, au sens le plus large du terme.

La communauté de ceux qui croient en Christ a formulé très tôt des énoncés **communs** de sa foi. Ce sont des confessions récapitulatives de la foi dans le Christ : ce ne sont pas, à l'origine, des énoncés qui délimitent dans une visée polémique, qui définissent dans une perspective défensive, ce ne sont pas encore des définitions de la foi ou des dogmes de foi, comme l'Église en connaîtra par la suite. Mais ce sont des énoncés **récapitulatifs**, des **abrégés** qui, dans leur concision et leur laconisme, entendent résumer l'essentiel et se graver ainsi dans la mémoire : il s'agit donc de professions de foi ou de symboles de la foi.

Il importe peu, pour notre propos ici, que la visée première soit celle de la proclamation ou celle de la réponse, réponse-confession ; que leur *Sitz im Leben* concret soit le culte, la catéchèse ou l'organisation de l'Église. Il n'est pas toujours possible de déterminer, dans chaque cas, s'il s'agit plutôt d'énoncés kérygmatiques (pour annoncer la foi), catéchétiques, juridiques ou édifiants ; s'il s'agit d'acclamations communautaires comme « Amen ! », « Alléluia ! », « Hosanna ! », *« Maranatha ! »* (« Viens, Seigneur ! »), *« Abba ! »* (« Père ! »), *« Jesous Kyrios ! »* (« Seigneur Jésus ! »), ou bien de formules de louange et de reconnaissance (doxologies), en appelant au nom de Dieu, puis aussi du Christ, des arrangements hymniques *a posteriori* ; s'il s'agit de formules de bénédiction (dans le sens des formules de salutation et autres formules de bénédiction juives) ou de formules sacramentelles (formulaires liturgiques pour le baptême et la Cène, dont la terminologie est fixée), ou de formules de confession au sens strict ou analogue. Les passages d'un type de formules à un autre sont dès l'abord fluctuants, notamment le passage de l'acclamation à la doxologie et aux formules de confession proprement dites, qui ont probablement été utilisées en relation précisément avec la catéchèse et la liturgie baptismales [46].

Premières professions de foi chrétiennes

Simples :

« **Jésus** est le Seigneur »
(1 Co 12,3 ; cf. Rm 10,9).

Doubles :

« Il n'y a pour nous qu'**un seul Dieu**, le Père,
de qui tout vient et vers qui nous allons,
et un seul Seigneur **Jésus-Christ**,
par qui tout existe et par qui nous sommes »
(1 Co 8,6).

Triadiques :

« La grâce du Seigneur **Jésus-Christ**,
l'amour de **Dieu**,
et la communion du **Saint-Esprit**
soient avec vous tous »
(2 Co 13,13).

« Baptisez-les au nom du **Père**,
et du **Fils**,
et du **Saint-Esprit** »
(Mt 28,19).

Plus élaborées :

« Ce que j'avais reçu moi-même :
Christ est mort pour nos péchés,
selon les Écritures.
Il a été enseveli,
il est ressuscité le troisième jour,
selon les Écritures »
(1 Co 15,3s.).

« L'Évangile de **Dieu** […] concerne son **Fils**,
issu selon la chair de la lignée de David,
établi, selon l'**Esprit** de sainteté,
Fils de Dieu avec puissance
par sa résurrection d'entre les morts,
Jésus-Christ, notre Seigneur »
(Rm 1,3s.).

LES ÉLÉMENTS STRUCTURELS CENTRAUX

Il est incontestable, en tout cas, que nous trouvons déjà de telles **expressions lapidaires communes de la foi** dans les communautés du Nouveau Testament, qui renvoient toutes à l'événement Christ :

– Les plus brèves de ces formules de foi sont les innombrables formules **simples**, dans le texte, qui associent au nom propre de Jésus un titre donné issu du monde juif ou hellénistique : « Jésus est le Messie », « Jésus est Seigneur », « Jésus est le Fils de Dieu »[47].

– Mais nous trouvons également dès le Nouveau Testament des formules de confession **doubles**, qui parlent de Dieu et du Christ[48], ou d'autres petites professions de foi déjà plus élaborées, surtout relatives à la mort et à la résurrection du Christ[49].

– Nous trouvons aussi et enfin, de façon sporadique, dans des textes liturgiques, des confessions sous forme **ternaire** (la foi dans le Père, le Fils et l'Esprit saint[50]). Ces brèves formulations de la foi, anciennes, présentes dans le Nouveau Testament ou dans des textes ultérieurs, se sont maintenues dans les Églises jusqu'à nos jours.

Petites lois de la foi

A considérer ces premières professions de foi chrétiennes, une différence d'avec le Credo de la liturgie actuelle saute aux yeux : la place centrale revient à la croix et à la résurrection de Jésus, **non à la naissance virginale, à la descente aux enfers et à la montée au ciel**, dont il n'est question qu'exceptionnellement dans le Nouveau Testament (il n'est question de naissance virginale que dans les évangiles de l'enfance de Matthieu et de Luc ; l'Ascension n'est présente que chez Luc et la descente aux enfers n'est attestée, au mieux, que par un passage très controversé de la première lettre – non authentique – de Pierre[51]). La croix et la résurrection sont au **centre** de la foi chrétienne. La « confession de foi apostolique », longtemps attribuée aux apôtres, n'est attestée sous cette forme développée qu'à partir du IXe siècle (pour ne pas trop alourdir cet ouvrage, j'ai exposé dans un petit livre à part comment on peut comprendre, selon l'Écriture et pour notre temps, cette confession de foi toujours utilisée dans de nombreuses Églises[52]).

> **Questions pour l'avenir**
>
> ☼ **La foi dans le Dieu unique d'Israël** ne se trouverait-elle pas menacée, à la longue, dans le christianisme, si le deuxième article de foi, celui de la foi en Jésus-Christ, devait prendre toujours plus de poids et passer au premier rang ?
>
> ☪ A la longue, le christianisme n'a-t-il pas trop restreint **la foi dans l'action universelle de l'Esprit**, ce qui interdirait d'emblée toute reconnaissance de prophètes en dehors de l'Église, y compris du prophète Muhammad ?
>
> ✝ A la longue, **la foi en Jésus-Christ** elle-même ne se réduit-elle pas trop, dans le christianisme, à un énoncé de foi qu'on peut interroger, solliciter et éventuellement assortir de sanctions, si bien que la vie selon l'Esprit de Jésus-Christ passe au second plan, derrière la confession de foi correcte : ne serait-ce pas l'orthodoxie au lieu de l'orthopraxie ?

Il n'est donc pas question de contester la pertinence, aujourd'hui encore, de ces formules lapidaires, anciennes ou nouvelles, en relation, comme aux origines, avec le baptême, la catéchèse ou d'autres situations de la vie de la communauté ecclésiale. Mais il faut ajouter que ces formulations de la foi, ces professions de foi primitives n'ont jamais constitué les fragments d'un unique Credo. Elles sont trop hétérogènes, alors même qu'elles se concentrent sur l'événement Christ, sur la signification de Jésus pour la communauté des croyants : hétérogènes quant au contenu et à la forme, privilégiant tel ou tel titre, s'inscrivant dans telle ou telle série de thèmes.

Plus important encore, dans ces professions de foi primitives, il ne s'agit nullement de dogmes dans le sens que nous donnons aujourd'hui à ce terme. Elles ne se voulaient pas doctrines normatives : dans leur spontanéité, leurs variantes, leur diversité, elles ne se voulaient pas et ne pouvaient pas être des énoncés fixés, indépassables, indiscutables, de caractère définitif et obligatoire, excluant des formulations nouvelles différentes. Non, ces formules ne fondent pas la foi, elles l'expriment : ces énoncés de foi n'ont rien d'une justification normative, ils sont la libre expression de la foi de la communauté. Il est important de bien comprendre cela pour ouvrir la porte à la création de professions de foi neuves, peut-être plus compréhensibles pour des temps nouveaux – pour l'« édification » de la communauté, et peut-être aussi pour le rapprochement œcuménique entre Églises séparées [53].

Or, ces professions de foi de plus en plus développées devraient amener non seulement les juifs et les musulmans, mais les chrétiens eux-mêmes à se poser quelques questions critiques : ces confessions de Jésus-Christ, de son Dieu et Père et de l'Esprit saint ne risquent-elles pas de remettre en cause ce qui est commun, du fait de leur origine, aux trois religions abrahamiques ?

Certes, toutes les professions de foi, anciennes ou nouvelles, sont respectables, mais ce n'est pas la chose la plus importante pour l'être chrétien. Jésus n'a jamais dit : « **Répète mes paroles !** », il a dit : « **Suis-moi !** »[54]. C'est dire que Jésus n'a jamais demandé d'abord à ses disciples, hommes ou femmes, une confession de foi, mais il les a appelés à le suivre de façon très pratique. Ce qui compte, ce n'est pas de dire : « Seigneur, Seigneur ! », mais de « faire la volonté du Père, qui est aux cieux »[55]. C'est pourquoi, dans toutes ses paroles et tous ses actes, dans sa Passion et sa mort, il est la figure centrale qui doit nous guider tout au long des siècles, des débuts du christianisme jusqu'à nos jours.

Jésus-Christ, notre guide :
l'éthique spécifiquement chrétienne

Qu'est-ce qui est déterminant pour l'agir chrétien, pour l'éthique chrétienne, quel est le **critère de ce qui est chrétien**, ce qui distingue le chrétien dans la pratique, le **« propre » de l'éthique chrétienne**, qui donne lieu à tant de discussions [56] ? C'est Jésus, à titre de **personne concrète normative**, dans toute son évidence, telle que nous pouvons la percevoir et la réaliser ! Dans le contexte de mon livre antérieur *Être chrétien*, je l'ai déjà souligné : pour les chrétiens de tous les temps Jésus-Christ est le **modèle fondamental** d'une conception et d'une pratique de vie à réaliser selon des modalités en nombre indéfini. Il est en personne, en positif comme en négatif, l'invitation (tu peux), l'appel (tu dois), le défi (tu es capable de), pour l'individu et pour la société. Il permet très concrètement :

– une orientation et une attitude fondamentale nouvelles ;
– de nouvelles motivations, des dispositions et des actions neuves ;
– un nouvel horizon de sens et la détermination d'un objectif nouveau.

Le concept clé de l'éthique chrétienne, c'est la suite du Christ.

Cette **suite du Christ** distingue les chrétiens des disciples et des adeptes d'autres grands maîtres de l'humanité, dans la mesure où les chrétiens sont renvoyés en dernier ressort à cette personne, pas seulement à sa doctrine, mais à sa vie, à sa mort et à sa vie nouvelle. Un platonicien ou un aristotélicien, un marxiste ou un freudien n'auraient sans doute pas idée de se situer de la sorte par rapport à leurs maîtres. Bien que Platon et Aristote, Marx et Freud aient rédigé personnellement leurs œuvres, nous pouvons étudier ces œuvres et nous y conformer sans lien particulier à leurs personnes. Leurs œuvres, leurs doctrines sont en principe séparables de leurs personnes. Les Évangiles, en revanche, l'« enseignement » (le message) de **Jésus**, qui, on le sait, n'a pas écrit un seul mot, ne deviennent compréhensibles, ne prennent leur véritable signification qu'à partir du moment où nous les voyons dans la lumière de sa vie et de sa Passion, de sa mort et de sa vie nouvelle : dans tout le Nouveau Testament, son « enseignement » n'est pas séparable de sa personne. Pour les chrétiens Jésus est évidemment maître et modèle, mais il est en même temps beaucoup plus que maître et modèle : il est **en personne l'incarnation vivante, normative de sa cause**. Jésus est le Christ de Dieu – c'est pourquoi ceux qui croient en lui ne s'appellent pas « jésuiens », mais « chrétiens ».

Dans la mesure où Jésus reste en personne l'incarnation de sa cause, il ne doit jamais devenir un portrait vide, sans affect,

un masque sans vie, l'objet domestiqué d'un culte de la personnalité – comme ce fut le cas pour Marx et Engels dans les systèmes totalitaires. Ce Christ vivant est et reste Jésus de Nazareth, tel qu'il a vécu et prêché, lutté et souffert. Ce Christ vivant ne nous appelle :
– ni à une adoration sans conséquences, voire une union mystique,
– ni à une imitation ou une copie à la lettre,
– mais à le suivre très pratiquement, très personnellement.

Et que signifie ce suivi ? « **Suivre** » – le Nouveau Testament ne connaît précisément que le verbe [57] – signifie « marcher derrière lui » : il ne s'agit évidemment plus aujourd'hui de parcourir le pays avec lui comme du vivant de Jésus, mais bien d'entrer en relation avec lui sous le signe de la relation qu'ont vécue ses disciples, de nous attacher définitivement à lui et d'orienter nos décisions vitales d'après lui. C'est cela, suivre : **lui emboîter le pas** sur son chemin et faire notre propre chemin – chacune/chacun a son propre chemin – selon le chemin qu'il nous indique. Cette possibilité a été considérée dès l'abord comme la grande chance : pas de contrainte, mais une autorisation. Un véritable appel donc à suivre un tel chemin de vie, une vraie grâce, dont la seule condition est que nous la saisissions dans la confiance et que nous **orientions notre vie en fonction d'elle**.

La foi chrétienne est donc le fondement de cette grande religion dont la force est de pouvoir renvoyer à une figure historique normative déterminée, pour une justification détaillée et sur laquelle prennent appui une orientation, un chemin et un style de vie. En effet, le regard tourné vers Jésus-Christ, nous pouvons définir globalement en même temps que concrètement l'orientation fondamentale d'un homme, la **forme de vie**, le **style de vie** et le **chemin de la vie** – le tout parfaitement fondé, nous l'avons vu. Oui, il est indiscutable que tout le message chrétien ne vise pas seulement des décisions, des motivations, des dispositions, des actes déterminés, mais une toute nouvelle **orientation de la vie** : une conscience radicalement différente, une nouvelle attitude fondamentale, une autre échelle de valeurs, un changement radical de mentalité, un retournement de tout l'homme (*Metanoia* [58]). Tel est le sens du Sermon sur la montagne, qui est au cœur de l'éthique chrétienne.

Le sens du Sermon sur la montagne

« Le message de Jésus, tel que je le comprends, est contenu dans son Sermon sur la montagne. L'esprit du Sermon sur la montagne rivalise pour l'empire sur mon cœur, à armes à peu près égales, avec la Bhagavad-Gîtâ. C'est ce Sermon sur la montagne qui m'a fait aimer Jésus » : celui qui s'exprime ainsi n'est rien de moins que Gandhi [59]. Le Sermon sur la montagne [60], où Matthieu et Luc ont regroupé les exigences éthiques de Jésus – sentences courtes et groupes de sentences surtout issus de la source de logia Q – n'a cessé d'interpeller des chrétiens et des non-chrétiens, les jacobins de la Révolution comme le socialiste Kautsky, Léon Tolstoï comme Albert Schweitzer. Que veut être le Sermon sur la montagne ?

Une chose est sûre, il ne se veut certainement pas une **éthique renforcée de l'obéissance à la Loi**. On a parfois voulu y voir, abusivement, la « Loi du Christ » – en remplacement de la Loi juive. Mais le Sermon sur la montagne aborde précisément ce qui ne peut pas devenir l'objet d'une réglementation légale. Dans une visée très concrète, loin de toute casuistique et de tout légalisme, hors convention et avec une grande acuité, Jésus appelle l'individu à l'**obéissance à l'égard de Dieu**, qui doit embrasser toute sa vie : des appels simples, transparents, libérateurs, qui renoncent aux arguments d'autorité et de tradition, mais qui donnent des exemples, des signes, des symptômes pour une vie transformée. De grandes directives secourables, souvent volontairement outrées dans leur formulation, sans « si » ni « mais » : si ton œil entraîne ta chute, arrache-le ! Quand vous parlez, dites « oui » ou « non » ! Réconcilie-toi d'abord avec ton frère ! Il revient à chacun d'en faire l'application concrète dans sa vie.

La « justice supérieure » ou la « perfection » ne signifient en tout cas pas une multiplication quantitative des exigences. Comme il ressort des antithèses du Sermon sur la montagne [61], Jésus n'accomplit précisément pas cette obéissance à la lettre de la Loi que réclame un logion judéochrétien cité par Matthieu [62]. Cette obéissance à la lettre enlèverait en fait tout mordant à l'obéissance – dans une attitude non libérale, ultraconservatrice [63]. Son message n'est absolument pas une somme de commandements. Le suivre ne signifie pas s'acquitter d'un certain nombre de prescriptions. Ce n'est pas sans raisons que le Sermon sur la montagne culmine dans des béatitudes à l'adresse des malheureux. Le don, le don gratuit, la grâce précèdent la norme, l'exigence, la directive : tout un chacun est appelé, le salut est offert à tous, sans réalisation préalable. Et les directives elles-mêmes ne sont que les conséquences de son annonce du Royaume de Dieu. Il ne prend position que par des exemples, des signes.

C'est là le dénominateur commun du Sermon sur la montagne : **que la volonté de Dieu s'accomplisse!** L'exigence de Dieu sous-tend, outrepasse et brise les limites humaines et l'ordre juridique. Les exemples provocateurs du Sermon sur la montagne [64] n'entendent précisément pas fixer une limite légale : seulement la joue gauche, deux mille pas, le manteau – après quoi assez concédé. L'exigence de Dieu en appelle à la générosité de l'homme, elle tend à un plus. Oui, elle vise l'inconditionné, l'absence de limites, le tout. Dieu se satisferait-il d'une obéissance limitée, conditionnée, formelle – seulement parce que telle chose fait l'objet d'un commandement ou d'une interdiction ? Ce serait faire l'économie d'une réalité dernière que les dispositions légales et juridiques les plus minutieuses ne sauraient saisir et qui décide pourtant de l'attitude de l'homme. Dieu veut davantage : il ne revendique pas seulement la moitié de la volonté, mais toute la volonté. Il n'exige pas seulement la réponse extérieure, contrôlable, mais aussi l'intérieur incontrôlable – le cœur de l'homme. Il ne veut pas seulement de bons fruits, mais un bon arbre [65]. Il ne veut pas seulement l'agir, mais l'être. Il ne veut pas seulement quelque chose, il me veut moi-même et moi tout entier.

C'est là ce que signifient les merveilleuses antithèses du Sermon sur la montagne, où la volonté de Dieu se trouve confrontée au droit : non seulement l'adultère, le parjure, le meurtre, mais aussi tout ce que la Loi ne peut pas saisir, la disposition à l'adultère, la pensée et la parole non véridiques, l'attitude hostile, sont contraires à la volonté de Dieu. Tout « seulement » dans l'interprétation du Sermon sur la montagne est réduction et restriction de l'inconditionnel de la volonté de Dieu : « seulement » un meilleur accomplissement de la Loi, « seulement » une mentalité nouvelle, « seulement » un catalogue de péchés à la lumière de Jésus, le seul juste,

« seulement » ceux qui sont appelés à la perfection, « seulement » pour jadis, « seulement » pour un court laps de temps... Dans la perspective de l'ultime et du définitif, le Royaume de Dieu, Jésus appelle à une transformation radicale de l'homme. Le Sermon sur la montagne s'adresse d'abord à l'individu, il ne vise pas directement à un nouvel ordre étatique et juridique. Mais penser, dans une attitude de suffisance, qu'« on ne peut pas faire de politique » avec le Sermon sur la montagne, c'est méconnaître ses implications et conséquences pour la politique et la société, comme nous l'avons déjà vu dans notre explication sur le judaïsme [66].

Les exigences de Jésus sont **radicales**. En voici trois exemples, qu'il est facile d'appliquer non seulement aux individus, mais encore aux groupes sociaux (ethniques, nationaux, religieux aussi) :

– renoncer à nos droits en faveur des autres : faire deux mille pas avec celui qui nous a forcés à en faire mille avec lui [67] ;

– renoncer au pouvoir à ses dépens : ne pas refuser non plus la tunique à celui qui nous prend le manteau [68] ;

– renoncer à la violence en retour : présenter l'autre joue à celui qui m'a frappé sur la joue droite [69].

Ces derniers exemples montrent, encore plus nettement que ce qui précède, qu'il **ne faut pas se méprendre** sur les exigences de Jésus en y voyant des **lois absolues** à suivre à la lettre. Elles sont et restent des **appels éthiques**. Jésus ne veut pas dire qu'il est interdit de rendre une gifle, mais de rendre un coup de poing dans l'estomac. Certes, ces exemples n'ont pas non plus une signification purement symbolique. Ce sont des cas limites extrêmement frappants (souvent formulés avec une exagération typiquement orientale), qui peuvent à tout moment devenir réalité. Mais ils n'ont pas une portée juridique, comme si tel acte, et seulement cet acte-là, était exigé. Renoncer à rendre violence pour violence ne veut pas dire renoncer sans plus à toute forme de résistance. Selon les récits évangéliques, Jésus lui-même, giflé devant le Sanhedrin, n'a pas tendu l'autre joue, il a protesté. Le refus dont il est ici question n'est pas faiblesse. Les exigences de Jésus ne portent pas sur des performances éthiques, voire ascétiques, qui auraient un sens par elles-mêmes. Ce sont des appels pressants à accomplir radicalement la volonté de Dieu, dans chaque cas particulier, pour le bien

LES ÉLÉMENTS STRUCTURELS CENTRAUX

Décalogue et Sermon sur la montagne

      ✝

C'est moi, le Seigneur, ton Dieu. Tu n'auras pas d'autres dieux face à moi.	Nul ne peut servir deux maîtres [...]. Vous ne pouvez servir Dieu et l'argent. [Matthieu (= Mt) 6,24.]
Tu ne te feras pas d'idole. Tu ne prononceras pas à tort le nom du Seigneur, ton Dieu.	Et moi, je vous dis de ne pas jurer du tout, ni par le ciel [...], ni par la terre [...], ni par Jérusalem. [Mt 5,34s.]
Que du jour du sabbat on fasse un mémorial, en le tenant pour sacré.	Qui d'entre vous, s'il n'a qu'une brebis et qu'elle tombe dans un trou le jour du sabbat, n'ira la prendre et l'en retirer ? Or, combien l'homme l'emporte sur la brebis ! Il est donc permis de faire le bien le jour du sabbat. [Mt 12,11s.]
Honore ton père et ta mère.	Qui aime son père ou sa mère plus que moi n'est pas digne de moi. [Mt 10,37.]
Tu ne commettras pas de meurtre.	Et moi, je vous dis : quiconque se met en colère contre son frère en répondra au tribunal. [Mt 5,2.]
Tu ne commettras pas d'adultère.	Et moi, je vous dis : quiconque regarde une femme avec convoitise a déjà, dans son cœur, commis l'adultère avec elle. [Mt 5,28.]
Tu ne commettras pas de rapt.	A qui veut te mener devant le juge pour prendre ta tunique, laisse aussi ton manteau. [Mt 5,39.]
Tu ne témoigneras pas faussement contre ton prochain.	Quand vous parlez, dites « oui » ou « non » : tout le reste vient du Malin. [Mt 5,37.]
Tu n'auras pas de visées sur la maison de ton prochain.	Ainsi, tout ce que vous voulez que les hommes fassent pour vous, faites-le vous-même pour eux : c'est la Loi et les Prophètes [Mt 7,12.]
Tu n'auras de visées ni sur la femme de ton prochain, ni sur son serviteur, sa servante, son bœuf ou son âne, ni sur rien qui appartienne à ton prochain. [Exode 20,1-21.]	Et moi, je vous dis : quiconque répudie sa femme – sauf en cas d'union illégitime – la pousse à l'adultère ; et si quelqu'un épouse une répudiée, il est adultère. [Mt 5,32.]

> ### Questions pour l'avenir
>
> † Quelles ne seraient pas les conséquences pour la politique, la culture et la vie privée d'une prise au sérieux de ces exigences :
> – non seulement n'avoir pas d'autre(s) dieu(x) que Dieu, l'Unique, mais l'aimer « de tout son cœur », et le prochain, y compris l'ennemi, comme soi-même ;
> – non seulement ne pas invoquer en vain le nom de Dieu, mais ne pas jurer, même par Dieu ;
> – non seulement sanctifier le sabbat par le repos, mais faire activement le bien le jour du sabbat ;
> – non seulement honorer père et mère pour vivre longtemps sur terre, mais, quand la véritable vie l'exige, faire passer au second plan les attachements humains les plus naturels ;
> – non seulement ne pas tuer, mais abandonner jusqu'à toute pensée et toute parole mortifère ;
> – non seulement ne pas commettre l'adultère, mais éviter toute intention adultère ;
> – non seulement ne pas voler, mais renoncer jusqu'au droit de rétorsion pour le tort subi ;
> – non seulement ne pas porter de faux témoignage, mais avec une sincérité sans restriction dire « oui » quand c'est « oui », et dire « non » quand c'est « non » ;
> – non seulement ne pas convoiter la maison de son voisin, mais supporter même le mal ;
> – non seulement ne pas convoiter la femme de son prochain, mais éviter le divorce, alors même qu'il est légal.

d'autrui. Tout refus n'est que la face négative d'une nouvelle pratique positive.

Nous avons ici l'expression de la **radicalisation**, non seulement d'une éthique en général de l'humanité, mais aussi de l'**éthique juive**. Les dix commandements du Décalogue [70] apparaissent eux-mêmes « dépassés », « sursumés » à la lumière du message de la « justice supérieure » de Jésus, « sursumés » au triple sens hégélien du terme : dépassés et néanmoins conservés, parce que assumés sur un plan supérieur [71].

Point n'est besoin de longues phrases pour comprendre quel extraordinaire **défi** représente le Sermon sur la montagne **pour les chrétiens**. Chacun de ses énoncés devient une question posée au christianisme tout entier, aux différents groupes et Églises, et à chaque chrétien en particulier.

L'amour, accomplissement de la Loi

L'apôtre Paul – sur ce point également en étonnant accord avec le Jésus de l'histoire – n'avait-il pas raison d'être convaincu que celui qui aime a déjà accompli la Loi [72] ? Ce qu'après Augustin on peut traduire de façon encore plus saisissante : « *Ama, et fac quod vis* » (« Aime, et fais ce que tu veux ! »). Il n'est pas question d'une Loi nouvelle, mais d'une nouvelle liberté de l'amour. L'amour dont il est question ici ne doit pas être entendu d'abord comme une inclination sentimentale, émotionnelle (qu'il est impossible de ressentir à l'égard de tout homme), mais comme existence pour les autres, existence bienveillante, disposée à venir en aide. Jésus a personnifié cet amour dans tous ses enseignements et ses comportements, dans ses luttes et ses souffrances. S'il n'avait pas connu ce destin extraordinaire – une vie et une mort pour sa « bonne nouvelle », son « Évangile » –, on ne nous aurait sans doute pas transmis un texte comme le Sermon sur la montagne.

Ce message d'amour serait-il trop abstrait ? L'hymne à l'amour que Paul entonne dans sa première lettre à la communauté de Corinthe, dans la droite ligne du message de Jésus, est-il trop éthéré ? Mieux que toute casuistique, ces quelques antithèses très simples d'un auteur qui m'est inconnu pourront faire comprendre combien une autre attitude fondamentale peut transformer très concrètement notre vie :

> *Obligation sans amour rend chagrin ;*
> *Obligation par amour donne constance.*
>
> *Responsabilité sans amour fait agir sans ménagement ;*
> *Responsabilité par amour apporte sollicitude.*

Justice sans amour est dureté de cœur ;
Justice par amour donne confiance.

Éducation sans amour suscite contradiction ;
Éducation par amour donne patience.

Intelligence sans amour rend rusé ;
Intelligence par amour rend compréhensif.

Amabilité sans amour n'est qu'hypocrisie ;
Amabilité par amour est bonté.

Ordre sans amour rend mesquin ;
Ordre par amour rend magnanime.

Compétence sans amour rend ergoteur ;
Compétence par amour rend digne de confiance.

Pouvoir sans amour rend violent ;
Pouvoir par amour dispose à aider.

Honneur sans amour rend hautain ;
Honneur par amour rend modeste.

Possession sans amour rend avare ;
Possession par amour rend généreux.

Foi sans amour rend fanatique ;
Foi par amour rend pacifique.

Mais arrivé là, on s'arrête, effrayé : quel idéal grandiose – mais combien triste la réalité ! Que n'ont pas fait les chrétiens, au cours des deux millénaires passés, de cette invite, de cet appel, de ce défi de leur Christ ! C'est évident : après avoir examiné longuement la substance et le centre, les éléments structuraux centraux et la figure de proue centrale du christianisme, il nous faut regarder en face – aussi concrètement qu'il est possible dans le cadre d'un livre – son **histoire**, son histoire extrêmement ambivalente, avec ses multiples fractures.

Cependant une réflexion pour conclure et aller plus loin s'impose d'abord. Si nous gardons présents à l'esprit les développements ci-dessus, il n'est plus très difficile de déterminer ce qu'était et ce qui reste la substance de foi permanente du christianisme, à travers ses formations historiques changeantes.

LES ÉLÉMENTS STRUCTURELS CENTRAUX

Quels sont, au terme de ces réflexions, le **centre** et le **fondement**, en d'autres termes quelle est la **substance de foi** permanente de la religion chrétienne, du Nouveau Testament, de la foi chrétienne ? Réponse : quelles que puissent être les critiques, les interprétations et les réductions d'une critique biblique historique, littéraire ou sociologique, les documents chrétiens, normes de la foi, qui se sont imposés dans l'histoire ne laissent pas place au doute : le contenu central de la foi est **Jésus-Christ**, Jésus-Christ comme Messie et Fils de l'unique **Dieu** d'Abraham, celui qui reste agissant, aujourd'hui encore, par le même **Esprit** de Dieu. Pas de foi chrétienne, pas de religion chrétienne sans la confession : « **Jésus est le Messie, le Seigneur, le Fils de Dieu !** » Le nom de Jésus marque le « milieu du Nouveau Testament » (qu'il ne faut pas comprendre de façon statique).

Il est évidemment recevable de dire que c'est l'unique Dieu d'Abraham lui-même qui constitue le centre du Nouveau Testament, sa « **théocentrique** ». Mais ce qui fait la « nouveauté » du Nouveau Testament, c'est précisément que ce Dieu unique n'est jamais considéré seul, mais toujours avec celui qui l'a annoncé de façon « neuve ». Les écrits du Nouveau Testament ne gravitent pas autour des profonds « mystères de la divinité », mais bien autour de l'histoire de Jésus-Christ, ce qui n'est pas sans conséquences sur notre façon de comprendre Dieu. Pour ces juifs qui à l'époque suivent Jésus, le peuple juif (qui ne tardera pas, de toute façon, à être dispersé) et le pays juif (bientôt perdu) occupent de moins en moins la place centrale, comme expression de l'Alliance de Dieu. Le centre est Jésus, en qui l'on voit maintenant le garant de l'Alliance qui continue, dont on attend le retour comme « Messie » ou « Seigneur » (« Fils de l'homme », « Fils de David » ou tout autre titre semblable).

Sans toucher à la foi dans le Dieu unique, on définit donc **de façon neuve le centre de la foi** : le nom de Jésus devient synonyme du Royaume de Dieu qu'il a annoncé. La foi en Dieu se trouve ainsi concrétisée, personnifiée dans le Christ. Ce faisant, les chrétiens n'ont pas placé un second Dieu à côté du Dieu unique, ils ne professent pas un bithéisme en lieu et place du monothéisme. Mais l'unique Dieu d'Israël est compris autrement à travers le Christ, dernier de ses prophètes et Messie, qui est lui-même compris de façon sans cesse neuve : comme image, Parole et Fils de Dieu. En ce sens, la « théocentrique » est déterminée par la « **christocentrique** ». Le centre du christianisme est dès lors défini par le nom de Jésus-Christ, conformément à la confession de foi originelle de la communauté chrétienne primitive.

Si nous essayons de circonscrire de façon plus précise encore les éléments structuraux spécifiques et les lignes directrices permanentes de la foi chrétienne, nous pouvons – au terme de toutes les réflexions qui précèdent – les définir comme suit :
– la foi en Jésus, le Crucifié et le Seigneur ressuscité à la vie ;
– la foi dans le Dieu d'Abraham, qui nous est commun avec les juifs, que Jésus appelait son Père ;
– la foi en la puissance de l'Esprit de Dieu, qui a manifesté sa puissance en et par Jésus.

La relation singulière de Jésus-Christ à son Dieu est le point de départ séminal et le germe de cristallisation du christianisme. En dépit de tous les ratés et de toutes les résistances du peuple chrétien rapportés dès les origines, et en dépit de tous les développements et les complications de l'histoire du christianisme, cela demeurera la représentation fondamentale de la religion chrétienne, jamais abandonnée. Des chrétiens peuvent interpréter diversement ce centre constant qui met tout en mouvement, il n'en reste pas moins le fondement du christianisme :
– son **originalité** dès ses tout premiers balbutiements ;
– sa **continuité** durant toute sa longue histoire à travers les siècles ;
– son **identité** par-delà la diversité des langues, des races, des cultures et des nations.

Et même si le christianisme (tout comme l'islam) a repris le testament du judaïsme à l'échelle du monde – la foi dans le Dieu unique –, le christianisme lance néanmoins un nouveau défi, qu'en principe l'islam reconnaît aussi à sa façon : Jésus, le Messie du Dieu unique !

Ce centre – ce fondement, cette substance de la foi (dans notre présentation schématique, le changement de paradigme est toujours évoqué par un cercle barré !) – n'a évidemment jamais été donné de façon abstraite et isolée, mais il a toujours été réinterprété et réalisé pratiquement en fonction des nécessités du moment. C'est pourquoi dans la grande partie C, qui suit, intitulée « Histoire », la présentation en termes de **théologie systématique** et la présentation **historique et chronologique**, sans laquelle la première manque d'assises convaincantes, doivent être menées de front – comme ce fut déjà le cas pour la présentation du judaïsme – et il conviendra de toujours y insérer des tableaux explicatifs et des réflexions actuelles.

J'entends d'ici l'objection suivante : cette foi en Jésus-Christ est « objet » de foi, elle n'est donc accessible qu'aux yeux de la foi, qui y voient une révélation de Dieu n'allant absolument pas de soi. Certes. Mais comme concept, représentation, donnée historique importante, elle est parfaitement accessible dans les écrits bibliques : l'historien peut la circonscrire et la vérifier – qu'il y adhère dans la foi ou non. Et il en va de même de l'histoire postérieure du christianisme.

De **nouvelles constellations dessinant une époque** – constellations de la société en général, de la communauté croyante, de l'annonce de la foi et de la réflexion sur la foi – viendront sans cesse réinterpréter et concrétiser cet unique et même centre. C'est là ce que nous entendons par **paradigmes**, à la suite de Thomas S. Kuhn : « tout l'ensemble de croyances, de valeurs reconnues et de techniques qui sont communes aux membres d'un groupe donné[73] ». J'ai amplement démontré dans des publications antérieures que, et dans quelle mesure, une transposition de la théorie des paradigmes (dans le sens d'un « macroparadigme ») des sciences de la nature à la sphère de la religion et de la théologie était possible et importante[74] – et j'en ai fait la preuve dans mon livre précédent, *Le Judaïsme*.

Cette histoire du christianisme, nous le verrons, s'avérera extraordinairement dramatique : une communauté de foi, d'abord très restreinte, mais dont la croissance sera ensuite extraordinairement rapide, connaîtra, en réponse aux grands défis que ne cessera de lui lancer l'histoire du monde, toute une série de transformations religieuses fondamentales, des changements de paradigme proprement révolutionnaires. Pour terminer, toujours dans la ligne de l'intérêt que je porte aux paradigmes, qu'on me permette de citer ces mots de Sören Kierkegaard : « La chrétienté s'est débarrassée du christianisme, sans même bien s'en rendre compte ; il nous faut donc, si nous voulons arriver à quelque chose, essayer de réintroduire le christianisme dans la chrétienté[75]... »

C

Histoire

Comment un individu pourrait-il embrasser aujourd'hui deux mille ans d'histoire de la chrétienté ? Ce serait folie de ma part de prétendre, ne fût-ce qu'esquisser, une histoire du christianisme. Mais comment comprendre le christianisme sans avoir présente à l'esprit son histoire deux fois millénaire et toujours en cours ? La compréhension historique du christianisme primitif lui-même appelle déjà des réflexions fondamentales préliminaires sur l'histoire et l'historiographie.

I

Le paradigme judéo-apocalyptique du christianisme primitif

Le spécialiste en sait toujours davantage sur un domaine de plus en plus circonscrit. Des centaines d'historiens profanes et ecclésiastiques, qui fouillent tous les coins et recoins de l'histoire du christianisme, gémissent sous le poids de la complexité des détails. Le flot de données dont dispose l'histoire s'est enflé au point que le spécialiste lui-même peine pour rester informé de tous les articles et livres de référence, de tous les exposés et communications sur le sujet. S'y ajoute l'expansion explosive du traitement de l'information par les ordinateurs : plus de trois cent mille pages de texte dactylographié tiennent sur un CD-Rom de dix centimètres ! Face à ces énormes possibilités techniques du traitement de l'information, l'individu, dont les possibilités de travail sont limitées, se trouve absolument dépassé.

1. NÉCESSITÉ D'UNE ORIENTATION D'ENSEMBLE

Face à cette surinformation omniprésente, notre esprit procède à une **sélection**. Si nous voulons avoir une idée de l'histoire du christianisme, elle s'impose, bien évidemment. Le choix est nécessairement toujours fonction des centres d'intérêt de celui qui le fait : il ne doit toutefois pas être arbitraire, mais obéir à des règles claires, en fonction du domaine étudié.

HISTOIRE

Examen des constellations globales

Il faut faire un tri entre les informations indispensables, les informations utiles et les informations inutiles, entre un savoir purement informatif et l'indispensable conscience de l'orientation prise. A quoi bon une foule d'informations sans une orientation de base ?

Dans mon livre *Projet d'éthique planétaire*, j'ai déjà expliqué pourquoi la **théorie des paradigmes** me paraît un instrument approprié pour cette orientation fondamentale. Je le suppose acquis. Ni la philosophie de l'histoire idéaliste, qui fait tout entrer de force dans le système de la thèse, de l'antithèse et de la synthèse (Hegel), ni une morphologie déterministe et pessimiste des grandes cultures (Spengler), ni le panorama plus empirique et optimiste des aires de civilisation (Toynbee) ne me paraissent convenir pour une description et une analyse globales des grandes religions. Mais l'analyse historique rigoureuse des paradigmes d'une religion, **des macroparadigmes ou des constellations globales qui font époque**, peut nous permettre de procéder à ce choix en vue d'une vision d'ensemble de l'histoire du christianisme, aussi vaste et en même temps aussi précise que possible.

L'analyse des paradigmes permet notamment de faire apparaître les grandes structures et les grandes transformations historiques, par la concentration sur les constantes fondamentales en même temps que sur les variables décisives. Nous pouvons en tout cas circonscrire ainsi les ruptures à l'échelle de l'histoire du monde et les modèles fondamentaux qui en sont issus pour le christianisme et qui déterminent toujours la situation du monde chrétien.

Mais l'histoire du christianisme primitif montre précisément que ce qui compte dans l'histoire, ce ne sont pas seulement les idées et les hauts faits des héros et des puissants, des peuples et des États, la grande politique ou les batailles décisives, toutes choses caractéristiques dans l'historiographie de Grecs comme Hérodote et Thucydide, ou de Romains comme Salluste, Tite-Live et Tacite. En effet, vue sous l'angle de la politique mondiale, des « grandes figures » et des « grands événements » – qui sont encore l'objet de l'historiographie moderne au XIXe siècle, celle d'un Ranke, par exemple –, cette première phase du christianisme, brève mais déterminante, est bien décevante. L'important se situe ailleurs.

La nouvelle recherche historique

La recherche historique contemporaine, postmoderne, s'intéresse davantage à tout le reste, elle se veut plus englobante : « ... Histoire des hommes, de tous les hommes, et pas uniquement des rois et des grands. Histoire des *structures* et non des seuls événements. Histoire en mouvement, histoire des évolutions et des transformations, et non histoire statique, histoire tableau. Histoire explicative, et non histoire purement narrative, descriptive, histoire interprétative et non dogmatique[1]... », ainsi se définit le programme de la « **nouvelle histoire** » française. Se réclamant de Voltaire, de Chateaubriand, de Guizot et de Michelet, cette nouvelle approche de l'histoire s'était déjà manifestée dans le contexte de la crise de 1929, autour de la revue *Annales d'histoire économique et sociale*, publiée à Strasbourg par Lucien Febvre[2] et Marc Bloch[3], puis elle a été inspirée surtout par Fernand Braudel et son œuvre magistrale, *La Méditerranée* (1949). Ces historiens ont ouvert des voies nouvelles à la recherche historique – en s'intéressant surtout, il est vrai, à la France et au monde méditerranéen, puis au Moyen Age et aux débuts de l'époque moderne. Comme l'écrit Jacques Le Goff, le plus éminent représentant de cette école aujourd'hui, il en va d'une compréhension nouvelle (thématique et méthodologique) de « l'histoire économique et sociale, de l'histoire non européocentrée, de l'histoire des structures, de l'histoire sur la durée longue, de l'histoire des marginaux, de l'histoire du corps et de la sexualité et surtout peut-être de l'histoire des mentalités[4] ».

Il importe de montrer la fécondité de ces perspectives thématiques et méthodologiques nouvelles pour l'histoire chrétienne. Il serait insensé, en effet, de vouloir opposer ici une histoire française et une histoire allemande. Les tenants de la « nouvelle histoire » reconnaissent eux-mêmes que la revue allemande *Vierteljahresschrift für Sozial- und Wirtschaftsgeschichte* a servi de « modèle » à la phase initiale des *Annales*[5] ; et il faut aussi, naturellement, citer Max Weber parmi les ancêtres de cette approche : il portait en effet un regard historique sur la sociologie et, dès 1901, il avait souligné les liens entre religion et morale sociale [6].

Il est vrai cependant qu'en Allemagne l'histoire de l'Église, notamment, est essentiellement une histoire de l'institution ; les méthodes et les théories nouvelles lui faisaient peur ; jusque dans les années 1960, elle s'est plutôt montrée hésitante face aux avancées de l'histoire économique et sociale – même si dans le *Manuel d'histoire de l'Église* [7] en sept volumes publié sous la direction d'Hubert Jedin, historien représentatif d'une certaine ecclésiologie catholique, on trouve aussi bien des choses sur les conditions sociales, économiques et humaines de la vie religieuse, tout comme dans l'*Histoire de l'Église* en vingt et un tomes publiée par Augustin Fliche et Victor Martin [8]. La première entreprise de ce genre à se fixer pour programme une « histoire totale », à multiples niveaux, axée sur une vision œcuménique du monde chrétien, qui prendrait en compte tous ses aspects, est sans doute l'*Histoire du christianisme des origines à nos jours*, commencée en 1990 – qui devrait compter quatorze tomes et seize mille pages –, sous la direction de Michel Mollat du Jourdin et André Vauchez [9]. Elle se trouvera utilement complétée, dans la sphère linguistique allemande, par la série « Christianisme et société [10] », sous la direction de Henneke Gülzow et Hartmut Lehmann, où des auteurs comme Arnold Angenendt (« Haut Moyen Age »), Hartmut Lehmann (« L'ère de l'absolutisme ») ou Martin Greschat (« L'ère de la révolution industrielle ») par exemple peuvent rivaliser avec les chercheurs français [11].

L'historien profane ou l'historien ecclésiastique professionnel lui-même ne pourront évidemment pas mettre également à profit toutes les informations fournies par ces ouvrages d'une grande richesse. Mais ces livres sont (avec la littérature spécialisée) d'une valeur inestimable pour faire entrer dans notre analyse des paradigmes offrant le plus grand nombre d'aspects et de facettes possible sur ce qui s'est joué au long de ces vingt siècles sous l'étiquette « chrétien ». Et même s'il est totalement impossible de refléter dans les différents paradigmes l'« histoire totale [12] » que vise la « nouvelle histoire », nous pourrons toutefois dessiner les grands cadres dans lesquels devra s'inscrire une « histoire du christianisme » à l'époque postmoderne – en complément de l'histoire de l'Église traditionnelle (« moderne ») à orientation surtout institutionnelle et politique.

Le retour d'aspects refoulés

L'histoire, aujourd'hui, devrait s'efforcer de satisfaire aux critères suivants, que nous ne pouvons qu'esquisser ici :
– ne pas être seulement une histoire événementielle, accumulant des faits bruts, mais une histoire des structures, des modes de pensée et des mentalités, c'est-à-dire une histoires des idées, des mentalités et de la société ;
– ne pas être seulement une histoire politique des puissances et des institutions, de l'Église et de l'État, mais aussi une histoire de la piété, de la théologie et de la culture, prenant en compte les problèmes qu'elles posent ;
– être non seulement une histoire des grands et des puissants, des élites, mais aussi une histoire des groupes sociaux auxquels les historiens ne se sont guère intéressés jusqu'ici : les sans-pouvoir, les sans-privilèges, les petites gens, les femmes et les hommes ;
– être une histoire non seulement de la vie publique, mais encore de la vie privée : une histoire de la quotidienneté, du monde de la vie réelle des gens ;
– être une histoire non seulement du christianisme européen, mais aussi du christianisme américain, africain et asiatique : une histoire universelle ;
– être une histoire non seulement de l'Église catholique romaine à travers le monde, mais aussi de l'Orient orthodoxe, du christianisme de la Réforme et des nouvelles Églises, et cela le plus possible dans le contexte des autres grandes religions : autrement dit, une histoire œcuménique.

Une analyse des paradigmes ne peut naturellement prendre en compte ces différents aspects que de façon très limitée. Mais ce qui importe ici, c'est précisément la perspective de la « longue durée » : « Les forces profondes de l'histoire n'agissent et ne peuvent être saisies que dans le temps long [...]. Les formations essentielles de l'histoire sont des systèmes plurisèculaires[13]. » Cette nouvelle façon de concevoir l'histoire doit évidemment se garder de toutes les exagérations d'une « histoire presque immobile » (Fernand Braudel) et tenir compte des résultats décisifs de la recherche historique moderne.

Dans l'histoire du judaïsme déjà, l'exemple du roi David montre que les « grands hommes » ne sont pas seulement des figurants, et que des événements comme la conquête de Jérusalem ou, plus tard, sa destruction ne sont pas marginaux. Il n'est donc pas question de mépris de l'« événement », de la biographie, de l'histoire-récit et de l'historiographie politique ! Dans les rangs de la « nouvelle histoire » française elle-même, on reconnaît maintenant que le processus de connaissance des historiens se poursuit et l'on constate de nos jours un **retour** – très ambivalent – **d'aspects refoulés de l'histoire** : « le retour de l'événement, qui est l'aspect le plus spectaculaire ; le retour de l'histoire-récit, qui est le plus polémique ; le retour de la biographie, la chose la plus consensuelle en apparence ; le retour de l'histoire politique, le fait le plus considérable [14] ».

Cependant, encore une fois, il n'est pas question ici d'écrire une histoire du christianisme, mais de tenter – sur fond d'histoire – une **analyse** historique systématique **de ses constellations globales qui ont fait époque**. La « nouvelle histoire » elle-même souligne qu'une description positiviste (et illusoire au fond) de « ce qui a réellement été » ne suffit pas, mais que l'histoire doit aussi tirer ses critères du présent sans parti pris dogmatique. Comme Henri Lefebvre, Marc Bloch « a donné pour méthode à l'historien un double mouvement : comprendre le passé par le présent » (J. Le Goff [15]). Le lecteur appréciera dans quelle mesure nous aurons réussi à dégager, tout à la fois globalement et de manière suffisamment concrète, les différentes structures, formes et figures de l'être chrétien jusqu'à nos jours. Les objectifs du travail sont en tout cas clairs :

– nous pensons offrir non pas une vision confessionnelle du christianisme, mais une vision interconfessionnelle œcuménique ;

– nous visons non une perspective eurocentrique, mais une perspective ouverte à l'histoire universelle, avec ses grands ensembles spirituels et historiques ;

– nous poursuivons une histoire qui ne reste pas attachée au passé, mais qui prenne en compte, dans un esprit critique, le présent, de telle façon que le présent puisse être compris à partir du passé et le passé à partir du présent.

2. LA COMMUNAUTÉ PRIMITIVE

Il n'est évidemment pas facile de dire quelque chose de la vie quotidienne des premières générations de chrétiens, près de deux mille ans plus tard. Nous connaissons à peine leur vie ordinaire, leurs préoccupations quotidiennes, leurs craintes et leurs joies. Qui était donc le sujet de cette histoire ?

Des juifs issus des couches inférieures de la société

Trois aspects sont importants si nous voulons comprendre quelque chose à l'histoire de la communauté primitive [16] :
– Ce n'était pas une histoire de Romains et de Grecs, mais une histoire d'hommes issus du **judaïsme**, dans une sphère culturelle palestinienne marquée par l'hellénisme. Peu importe qu'ils aient parlé l'araméen ou le grec : ils ont transmis à toute l'Église en devenir la langue, la théologie, un monde de représentations juifs, et ils ont ainsi marqué de façon indélébile toute la chrétienté à venir, jusqu'à nos jours – y compris la chrétienté d'origine païenne qui allait prendre le relais.
– Cependant, au début, ce n'était pas l'histoire d'une couche sociale supérieure, à laquelle s'intéresse habituellement l'histoire, mais celle de **couches inférieures** : pêcheurs, paysans, artisans, petites gens, auxquels font d'habitude référence les chroniqueurs. Les premières générations de chrétiens ne disposaient pas du moindre pouvoir politique et n'aspiraient pas non plus à se faire une place dans l'*establishment* politico-religieux. Ils constituaient un petit groupe précaire, contesté et discrédité, marginal dans la société de l'époque.
– Dès ses tout débuts, il ne s'agissait pas exclusivement d'un mouvement masculin, mais d'une histoire où des **femmes** avaient aussi leur place ; elles suivaient Jésus, l'aidaient financièrement, lui et ses disciples ; elles l'ont accompagné jusqu'à Jérusalem (l'une de ces femmes, Marie de Magdala, fut la première à témoigner de

la résurrection de Jésus). La pratique d'appeler aussi des disciples femmes était contraire aux habitudes et sapait les structures patriarcales en vigueur.

Mais les débuts du christianisme n'ont jamais été d'une harmonie parfaite. Les données dont nous disposons sur les premiers chrétiens sont le plus souvent stylisées, elles ont une coloration « idéologique », elles sont choisies en fonction d'une visée évangélisatrice précise. Quand nous lisons par exemple, dans les Actes des apôtres, que « la multitude des croyants n'avait qu'un cœur et qu'une âme, et nul ne considérait comme sa propriété l'un quelconque de ses biens, au contraire, ils mettaient tout en commun [17] », Luc, qui rédige son texte deux générations après les événements qu'il relate, idéalise très probablement la scène.

Certes, **Jésus**, lui-même issu d'une famille d'artisans, parlant araméen, avait adressé son message de façon provocante aux « pauvres » : il proclamait bienheureux ceux qui pleurent, ceux qui ont faim, ceux qui sont foulés aux pieds [18]. Considéré sous l'angle de la sociologie des religions, le mouvement de renouveau provoqué par Jésus était un de ceux touchant typiquement la **population des campagnes** (et des petites villes) ; à la façon du mouvement du Baptiste et de celui de Qumrân, ses adeptes se montraient méfiants, voire hostiles à l'égard des grandes villes, marquées par l'hellénisme, en particulier à l'égard des grandes capitales riches et conservatrices. Les adversaires de Jésus se recrutaient surtout dans la couche moyenne, dans la petite bourgeoisie des villes, composée notamment de pharisiens, des gens qui s'en tenaient au primat de la Loi, ainsi que dans la mince couche supérieure, également urbaine, composée surtout de sadducéens ; ces derniers occupaient des postes lucratifs en relation avec le Temple, et le message de Jésus n'inquiétait pas seulement leur conscience religieuse, mais aussi leur conscience de classe.

Le prophète Isaïe lui-même, cité par Jésus dans sa réponse au Baptiste, comprend déjà le mot *anawim* (« **pauvres** ») dans un sens élargi : tous les opprimés, les gens battus, abattus, désespérés, malheureux. Mais quelque vigoureuse qu'ait pu être sa polémique contre les riches, Jésus, qui n'entendait pas apporter le bonheur aux gens par la violence, n'a pas prêché l'expropriation des riches, ni un « communisme de l'abondance » ou une « dictature du prolétariat ». Il ne consacre pas le primat de l'économique : « D'abord la bouffe, ensuite la morale », proclame Bertolt Brecht dans *L'Opéra de quat'sous* [19]. Dans le Sermon sur la montagne, Jésus dit exactement le contraire : « Cherchez d'abord le Royaume et la justice de Dieu, et tout cela vous sera donné de surcroît [20]. » Jésus demandait avant tout l'absence d'arrogance, une insouciance pleine de confiance, une liberté intérieure par rapport à la possession, et quiconque voulait le suivre, lui qui menait une vie libre de nomade, devait nécessairement tout abandonner. Mais il n'exigeait pas, comme le monastère essénien au bord de la mer Morte, la remise des biens à la communauté. Il accepta que Zachée ne fasse don aux pauvres que de la moitié de ses biens, il n'édictait ni lois ni règlements. Plusieurs de ses disciples, y compris ce Pierre si important pour la communauté primitive, possédaient des maisons.

Dans la **communauté primitive** également – à Jérusalem et sans doute aussi en Galilée –, des disciples de Jésus, issus probablement de divers groupements juifs (il est question de pharisiens, d'esséniens, de zélotes, de prêtres), étaient propriétaires de maisons qu'ils mettaient à la disposition de leurs frères dans la foi pour des réunions domestiques. « Les pauvres » (*anawim* ou *ebionim*) ne désigne pas la communauté primitive comme telle – les chercheurs s'accordent à peu près aujourd'hui sur ce point. La collecte organisée par Paul pour les pauvres n'est pas destinée à la communauté de Jérusalem comme telle, mais aux véritables pauvres ou nécessiteux en son sein [21]. Il y avait, certes, des cas de renonciation libre et désintéressée à toute propriété, peut-être surtout parmi les chrétiens esséniens [22], et les missionnaires itinérants de l'Église primitive devaient être libres de toute possession pour se consacrer exclusivement à l'annonce du message de Jésus, comme l'ont sans doute fait également Pierre et les Douze [23].

Mais Luc – à la différence de Paul – idéalise après coup la situation dans l'Église primitive : « Nul ne considérait comme sa propriété l'un quelconque de ses biens ; au contraire, ils mettaient tout en commun [24] », et il justifie ce comportement en citant des paroles de Jésus hostiles à toute possession, dont il a lui-même renforcé le rigorisme (comme le montre la comparaison avec Marc et Matthieu). En réalité, tout en pratiquant une authentique fraternité, la communauté primitive n'a jamais connu une renonciation généralisée à toute possession. Luc lui-même laisse transparaître dans les Actes la différence entre nécessiteux et non-nécessiteux (dans la façon de venir en aide aux veuves, par exemple)[25]. L'objectif était manifestement l'aide aux nécessiteux et le partage, non la dépossession de ses biens. On n'a pas mis en place une utopie sociale idéale, mais bien une « communauté sociale solidaire[26] ». Quel était l'horizon spirituel de cette communauté, qu'il faut aussi avoir présent à l'esprit pour comprendre son orientation sociale ?

L'attente d'une fin des temps

L'horizon spirituel, le « climat » spirituel de la communauté primitive parlant araméen, à Jérusalem (et peut-être aussi ailleurs en Palestine), peut se caractériser d'un mot : il était **apocalyptique**, orienté vers la fin des temps, ce qui signifie concrètement que les premiers chrétiens s'attendaient à une fin du monde proche. Cette première génération de chrétiens était influencée par ce mouvement de l'« apocalyptique » (« dévoilement », « révélation »), qui, depuis l'époque des Maccabées, au IIe siècle av. J.-C., avait pris de plus en plus d'ampleur parmi les juifs pieux, les *hassidim*, et qui prétendait « dévoiler » les mystères divins, surtout l'avenir, sous forme de prédictions, de testaments, de songes et de visions[27].

En ce temps-là, en effet, ces hommes de Palestine ne s'intéressaient pas, comme tant de Grecs, à la physique, à la connaissance des phénomènes terrestres et célestes, pas davantage à la métaphysique, la science des principes premiers de tout ce qui est. Ils s'intéressaient à l'**avenir**, et ce non pas au sens de « futur » (ce qui procède d'un développement à partir d'« ici-bas », de l'homme et du monde), mais au sens d'*adventus* : ce qui advient d'« en haut », ce qui fait irruption. Et la grande déception, au vu de la décadence et de la chute des Maccabées, avait fait naître la conviction, dès le IIe siècle av. J.-C., que le salut ne pourrait pas venir d'un « messie » (« oint ») davidique terrestre, mais uniquement de l'envoyé de Dieu, directement du ciel de Dieu, du Messie céleste donc, de la figure préexistante et transcendante du juge et du sauveur, le « Fils de l'homme ».

Et **Jésus** ? Même s'il n'y a pas accord entre spécialistes quant à savoir si et dans quelle mesure Jésus s'est réclamé concrètement du titre de « Fils de l'homme », il est certain que ce Jésus qui est pratiquement passé inaperçu dans le monde de son temps et dont les chroniques ne parlent pas a exercé son activité dans ce climat apocalyptique[28]. Sa pensée et sa prédication étaient marquées par une attente de la fin des temps typiquement apocalyptique, nous l'avons déjà noté plus haut[29]. Et il y a plusieurs textes fort troublants[30] qui attestent que Jésus lui-même attendait la venue **imminente** du Royaume de Dieu. Son activité inaugure déjà la fin des temps. Dans ses paroles et ses actes d'humble apparence, dans sa façon de s'adresser aux pauvres et aux malheureux, à ceux qui pleurent, à ceux qui sont foulés aux pieds, et dans ses actes qui portent secours aux malades et aux pécheurs, il annonce déjà le Royaume attendu, où il n'y aura plus place pour la culpabilité, la souffrance et la mort.

Jésus s'est toujours refusé, il est vrai, à fixer une « échéance » précise[31]. Il n'avait cure de satisfaire la curiosité humaine concernant la date et le lieu de l'avènement du Royaume de Dieu, le dévoilement d'événements et de mystères apocalyptiques sensationnels, la prédiction du déroulement exact du drame de la fin des temps. Si l'apocalyptique n'est pas au centre de la prédication et du comportement de Jésus – ce centre, on le sait, est le Royaume de Dieu lui-même –, elle n'en reste pas moins son horizon, le cadre de tous ses outils de compréhension et de toutes ses représentations. Voilà qui est incontestable aux yeux de l'exégèse actuelle.

Il est tout aussi incontestable que la **communauté primitive** est marquée par des représentations apocalyptiques dans toute sa pensée et son action, dans toute sa mentalité[32]. Et c'est sur le fond de cet horizon spirituel qu'il faut comprendre non seulement sa théologie, mais aussi sa vision de la sexualité et du mariage, de la prière et de l'ascèse, de la vie et de la mort. Pour dépeindre les événements derniers – dans l'Apocalypse de Marc déjà[33] –, elle a repris des thèmes apocalyptiques traditionnels qui lui ont servi notamment à interpréter ses propres expériences relatives à la destruction de Jérusalem. Mais cette attente apocalyptique de la première génération des disciples apparaissait déjà accomplie de deux façons : par la résurrection (l'exaltation) de Jésus et par l'expérience de l'Esprit.

HISTOIRE

Expériences extatiques de l'Esprit

Pour les disciples de Jésus, cette attente apocalyptique s'était concrètement intensifiée. Ils en avaient fait la douloureuse expérience vécue : lui qui avait proclamé et annoncé la venue du Royaume de Dieu, il avait été exécuté, comme abandonné par Dieu. Mais avaient-ils pour autant abandonné toute foi et toute espérance dans le Royaume de Dieu ? Après le choc de l'arrestation et de l'exécution, des femmes juives (à Jérusalem ?) et des hommes (en Galilée ?) avaient connu diverses expériences extatiques, une série de visions et de paroles entendues, qui avaient fait naître en eux la conviction que Jésus était vivant. Quelles que soient aujourd'hui les tentatives d'explication historique et psychologique de ces phénomènes – de la part des exégètes et des spécialistes en sciences religieuses [34] –, les disciples juifs, hommes et femmes, ne voyaient pas dans ces expériences des interprétations issues de leur propre esprit, mais des révélations offertes par Dieu – le tout sur l'horizon des espérances de résurrection et des modèles d'interprétation transmis par le judaïsme (par exemple, disparition d'Hénoch et d'Élie, résurrection de martyrs, légendes de montée au ciel pour Moïse et Isaïe). Celui qui a été ainsi abaissé et torturé, Dieu ne l'a pas abandonné à la mort, mais il l'a **ressuscité à la vie**. Et où est-il maintenant ? Ils sont convaincus que celui qui a été ainsi condamné et exécuté par le procurateur romain Ponce Pilate, de connivence avec les autorités juives, a été élevé par Dieu, il demeure désormais dans la gloire céleste auprès de Dieu et il règne – comme l'annonçait déjà le psaume 110 – sur le monde, assis à la place d'honneur, « à la droite de Dieu », jusqu'à son retour pour le Jugement. Oui, il est maintenant le porteur des espérances du Royaume de Dieu à venir : celui qui montre le chemin, le sauveur et le juge du monde. Là est la source de toute christologie : en dépit de la mort sur la croix, Dieu, par la résurrection, a établi « Seigneur et Messie [35] » ce Jésus qui avait annoncé son Royaume, comme son plénipotentiaire.

Sous la conduite de Pierre, les disciples de Jésus, qui avaient fui lors de son arrestation, s'étaient en tout cas à nouveau regroupés, à Jérusalem. Le **récit de la Pentecôte** dans les Actes, l'effusion de

LE PARADIGME JUDÉO-APOCALYPTIQUE

l'Esprit de Dieu [36] – quelle que soit la réalité historique qui se cache derrière les phénomènes manifestement extatiques de la glossolalie et du ravissement –, témoigne de l'esprit enthousiaste de fin des temps dans lequel se constitue la première **communauté messianique** – le jour de la fête et du pèlerinage juif de la Moisson, la « fête des Semaines » (sept semaines et un jour après la Pâque), que les chrétiens appellent « fête de la Pentecôte » (du grec *pentekostê*, « cinquantième jour »). La jeune communauté faisait ainsi l'expérience de l'Esprit de Dieu, qui ne se manifestait plus dans le temps présent selon les représentations juives traditionnelles, et bon nombre de ceux à qui l'Esprit avait ainsi été donné se mirent à prophétiser.

La jeune communauté chrétienne n'est pas seulement fille de l'apocalyptique, pas plus que l'apocalyptique n'est un fruit de cette jeune communauté. Les deux phénomènes sont interdépendants. On se fortifiait dans la foi au retour de celui que Dieu avait ressuscité à la vie : il reviendrait comme juge du monde pour accomplir la seigneurie de Dieu déjà inaugurée et établir définitivement le Royaume de Dieu. En attendant, dans ce temps intermédiaire, il fallait annoncer son message ; son nom était la marque et le fanal du Royaume à venir, dont on pouvait « dès à présent » faire l'expérience dans l'Esprit, mais qui n'était « pas encore » manifeste, « pas encore » réalisé. Il s'agissait de se décider pour lui dès à présent. Mais cette décision pour Jésus – une question d'importance, toujours actuelle depuis lors – signifiait-elle prendre congé de la communauté juive, de la nation juive ? Nullement.

3. LE MILIEU CHRÉTIEN – TOUJOURS MARQUÉ PAR LE JUDAÏSME

Point n'est besoin de longs développements pour comprendre que la première génération de ceux qui croyaient dans le Nazaréen, en qui ils voyaient le Messie, resta totalement **intégrée dans le judaïsme** [37] – tout comme Jésus lui-même, sa famille et ses premiers disciples, hommes et femmes.

HISTOIRE

Qui sont les judéochrétiens ?

Le groupe des disciples qui avaient fui après l'exécution de Jésus et qui s'étaient à nouveau retrouvés sous l'impulsion de l'expérience de la résurrection était composé de juives et de juifs parlant l'araméen, qui se considéraient comme un groupe au sein du judaïsme, un groupe restant extérieurement uni au monde du judaïsme et du reste d'abord regardé comme une « secte » juive. On appelle aujourd'hui ses membres « **judéochrétiens** » (dans toute la force du terme). Cette première communauté de chrétiens :
– partageait avec tous les juifs la croyance juive dans le Dieu unique des Pères *(Chema Israël)*,
– s'en tenait à l'Écriture sainte *(Tanach)*,
– observait la Loi (Tora) : circoncision [38], sabbat [39], fêtes [40], règles de pureté et règles alimentaires [41],
– fréquentait le Temple [42], offrait les mêmes sacrifices et utilisait dans ses prières les mêmes psaumes et hymnes que les autres juifs.

La jeune communauté messianique qui, dans la foi, reconnaissait dans le Nazaréen le véritable Messie espérait le voir accepté en fin de compte par tout le peuple d'Israël. Elle se sentait appelée à continuer la prédication de Jésus en son nom. Sa mission se limita d'abord à ses compatriotes juifs. Elle entrait, certes, toujours en opposition avec le judaïsme officiel qui rejetait farouchement Jésus, en qui il ne voyait qu'un violateur de la Loi et un faux messie. Ce différend à propos de Jésus de Nazareth, de son message provocateur, de son comportement non conventionnel et de sa mort atroce, contenait évidemment en germe la scission.

Il est en effet plus qu'évident que **toute la vie de la communauté primitive**, non seulement sa pensée, mais aussi bien sa pratique, son culte commémoratif et ses fêtes, **gravitait essentiellement autour de lui, Jésus, le Crucifié ressuscité par Dieu**. Il incarnait à la fois la continuité et (en raison de son rejet par l'*establishment* politico-religieux) la discontinuité par rapport au judaïsme officiel de l'époque. Ils l'avaient connu personnellement, c'est lui qu'ils confessaient, c'est à lui qu'ils ont décerné par la suite divers titres juifs, comme « Fils de David », « Fils de l'homme », « Messie », « Christ », « Fils de Dieu ».

LE PARADIGME JUDÉO-APOCALYPTIQUE

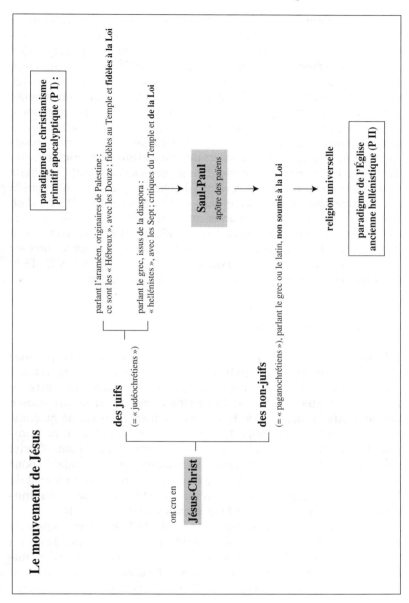

Ce qui compte ici, ce ne sont pas ces « titres » isolés comme tels ni les différentes représentations qu'ils véhiculent. Ce qui est déterminant ici, c'est que dès ce premier paradigme apocalyptique encore tout imprégné de judaïsme, la figure centrale n'est nul autre que Jésus lui-même, qui est dès le début au centre de toutes les représentations dans les différents écrits du « Nouveau » Testament : il est la figure centrale qui fait le lien entre les différentes traditions, c'est lui qui les centre, au sens littéral du terme. C'est ainsi que la **proclamation théocentrique du Royaume de Dieu par Jésus** s'est muée tout naturellement en **proclamation christocentrique de Jésus, le Christ** : l'évangile prêché par Jésus devient l'évangile de Jésus. Toute l'histoire antérieure de Dieu auprès de son « peuple élu » est de plus en plus relue dans une lumière nouvelle : c'est en Jésus qu'elle a atteint un sommet nouveau, définitif ; en Jésus nous est donné un critère nouveau à partir duquel nous pouvons aussi juger de façon nouvelle les relations que Dieu établit avec **tous** les peuples (les peuples païens, non juifs). Et il ne s'agit pas là de la foi d'individus isolés, mais de la foi d'une communauté.

La nouvelle communauté de foi

Point n'est besoin d'attendre Paul : dès le début, en ce premier paradigme apocalyptique judéochrétien, le Crucifié qui est ressuscité apparaît comme ce qui distingue les chrétiens des juifs de l'époque : **Jésus-Christ** est le **centre constant** et la **substance permanente** de la foi et de la vie chrétiennes. Sans lui on ne comprend rien aux tout débuts du christianisme, sans lui on ne comprend pas les époques ultérieures de la chrétienté. Jésus-Christ reste incontestablement la norme permanente toujours valable pour le christianisme – même s'il a souvent été ignoré et trahi au long de l'histoire de l'Église. C'est sur lui que se règle la foi de la communauté, c'est lui que rappellent ses signes sensibles de la foi.

La **foi** – comprise ici à partir de la Bible hébraïque comme la **confiance** inconditionnelle, inébranlable, en Dieu, telle que Jésus l'a vécue à titre exemplaire – était aussi l'assise de la chrétienté primitive. Cette foi ne la distinguait pas encore de celle des autres frères et sœurs juifs. « Que ta volonté soit faite » : cette demande du juif Jésus est le roc originel juif de la foi ; c'est pourquoi juifs et chrétiens pourraient réciter ensemble le Notre-Père, sans aucun problème. Mais les juifs qui reconnaissent en Jésus le Messie ne tarderont pas à constituer leur propre **communauté de croyants**. Leur confession du Crucifié, en qui leur foi leur fait reconnaître le Messie, les distingue de toutes les autres attentes antérieures du Messie dans le judaïsme et les conduira finalement à constituer leur propre communauté de croyants, la communauté de ceux qui **croient dans le Christ**. C'est cela – et rien d'autre – qui définit originellement ce que l'on appellera d'un autre nom, « Église ». La **foi dans le Christ** – comme réponse de l'homme au message du Christ – était déjà, dans le cadre du paradigme chrétien primitif, le **fondement de la communauté nouvelle** : cette communauté était portée par la conviction que le Ressuscité était en quelque sorte l'« agent » de Dieu [43] (dans le judaïsme d'après l'exil, on le croyait déjà à propos de la Sagesse de Dieu, de certains patriarches importants ou d'anges !), avec qui la communauté chrétienne, sur fond d'expériences spirituelles profondes, entretient une relation extrêmement vivante. L'expression commune de cette foi était la **confession** de Jésus comme « Christ », des **hymnes** à la louange de celui qui a été exalté, des **prières** au Christ « Seigneur », des **prophéties** qui sont maintenant considérées comme paroles de ce même Christ exalté, le fait, enfin, de se réclamer de son **nom**.

Se réclamer de son nom ? Ici se pose la question : comment devient-on membre de cette communauté de foi ? A partir de quand en fait-on partie visiblement ? Et qu'avait à faire Jésus avec ce nouveau signe de la foi ? Il s'agit de deux **symboles fondamentaux** de la foi : le baptême et la célébration de la Cène.

Ce qui distingue la communauté : le baptême

On fait partie de cette communauté quand on a témoigné visiblement et publiquement de sa foi par un **rite d'initiation** : le **baptême**[44]. C'est le **premier symbole fondamental** de la nouvelle communauté de foi. Ce signe lui-même, à première vue, ne coupait pas encore les disciples de Jésus de leur passé juif. Le judaïsme, en effet, connaissait depuis longtemps des formes de baptême. Des juifs baptisaient leurs prosélytes – cet usage est du moins attesté un peu plus tard – essentiellement dans une perspective juridique et rituelle. Dans le monastère de Qumrân, on « baptisait » également : il s'agissait là, il est vrai, d'autobaptêmes, de bains par immersion à visée expiatoire, répétés quotidiennement. D'après les Évangiles synoptiques [45] Jésus n'a pas pratiqué lui-même le baptême, pas plus qu'il ne l'a explicitement exigé de ses disciples de son vivant [46]. Mais, comme d'autres, il s'était lui-même fait baptiser par Jean « le Baptiste » [47], pour qui le rite du baptême, une fois pour toutes, symbolisait déjà le repentir de l'homme qui regrette ses péchés et s'ouvre à une nouvelle vie face à Dieu [48]. Le baptême de Jean paraît donc bien avoir été le modèle du baptême chrétien, puisqu'il se voulait déjà baptême de conversion pour le pardon des péchés dans la perspective de la fin des temps. La conversion définitive de l'homme trouvait son expression et son authentification dans la plongée dans l'eau purificatrice, réalisée par le Baptiste (non par le baptisé lui-même), et ce une fois pour toutes, sans possibilité de répétition. Cet unique baptême de pénitence, dans la perspective de la fin des temps, était sans doute la création originale de Jean, appelé à juste titre « le Baptiste ».

Même si l'ordre de baptiser, donné par Jésus après la Pâque, n'est pas historique, la communauté se sentait **autorisée par Jésus et par son message à baptiser**. Il n'y a pas eu, il est vrai, d'« institution » formelle d'un rite baptismal, mais il n'y a pas eu non plus de chrétienté sans baptême. Les premiers témoignages remontent aux tout premiers temps après la mort de Jésus [49]. Le substantif « baptême » *(to baptisma)* est spécifique du langage chrétien – contrairement au verbe « plonger », « baptiser » *(baptizein).* La communauté baptise maintenant en souvenir non seulement du baptême de Jean, mais du propre baptême de Jésus, elle baptise **au nom de Jésus**, ainsi qu'en témoignent les Actes [50] et Paul [51]. Que signifie ici « au nom de Jésus » ? Dans le contexte hébreu, le « nom » est un concept juridique exprimant l'autorité et le statut légal. Le croyant doit s'en remettre entièrement à lui, au Seigneur exalté, se placer sous sa protection et son autorité. Le baptême lui vaut le pardon des péchés, la participation à sa vie, à son Esprit, à sa filiation divine.

En ce sens, la formule, attestée seulement dans l'évangile de

Matthieu, « **au nom du Père, du Fils et du Saint-Esprit** [52] » n'est que le développement du contenu de la formule christologique « au nom de Jésus », expression des éléments structuraux de la foi chrétienne : le baptême se donne au nom de celui (le Fils) en qui Dieu lui-même (le Père) est avec nous par son Esprit (le Saint-Esprit). Rien n'est dit ici d'une « unité » de ces trois entités très différentes, qui ne sont pas situées au même niveau.

La célébration de la Cène constitue et garantit l'unité de la communauté

Qu'est-ce qui assure l'unité de la communauté ? La célébration commune de la Cène a sans doute été un élément central [53]. Les premiers chrétiens se réunissaient régulièrement dans des « maisons » particulières pour la prière et la « **fraction du pain** », et « ils prenaient leur nourriture dans l'allégresse et la simplicité de cœur » [54]. L'« institution », pour ainsi dire juridique, d'une Cène par Jésus lui-même est tout aussi problématique que l'« institution » formelle d'un baptême. Dans l'évangile le plus ancien, celui de Marc, Jésus n'invite pas à répéter son geste. Mais il est indubitable, au vu des sources, que Jésus a célébré avec ses disciples une sorte de **repas d'adieu**, un dernier repas avant sa mort. Les témoignages de différents écrits du Nouveau Testament qui attestent cet événement sont inhabituellement nombreux et concordants. Nous disposons de quatre variantes [55], dont celle de la première lettre aux Corinthiens, rédigée vers 55, particulièrement importante. Elle est la plus ancienne et renvoie à une tradition qui remonte à Jésus lui-même et qui a pu être contrôlée par des témoins oculaires encore vivants [56].

Mais nous ne sommes pas autorisés à arracher ce dernier repas de Jésus à la situation concrète qui était la sienne pour en faire un repas d'institution sacramentelle en bonne et due forme. Il faut le comprendre dans la ligne de toute une série de repas que Jésus a célébrés avec ses disciples. En effet, si l'acte symbolique du baptême de pénitence était caractéristique du Baptiste, pour Jésus c'était le repas de fête pris dans l'allégresse, à travers lequel on célébrait l'appartenance commune au Royaume à venir. Et, sous le signe de la grâce et du pardon offerts d'avance, les laissés-pour-compte et les déclassés, les « publicains » et les « pécheurs » n'en étaient pas exclus. Dans l'attente du Royaume à venir et de son départ, Jésus voulait une nouvelle fois prendre un tel repas avec les siens, qui coïncidait peut-être (d'après Marc, non d'après Jean) avec le repas pascal rituel ou, en tout cas, se situait déjà dans l'aura de la Pâque juive s'il avait été célébré la nuit précédente.

Les **paroles** prononcées par **Jésus** à cette occasion ne sont pas tombées du ciel, à titre de paroles sacrées d'institution. Elles trouvent assez bien leur place dans le déroulement d'un repas festif rituel juif, tel que le pratiquent toujours de nombreuses familles juives.

– La **parole sur le pain** fait suite à la prière précédant le repas principal, où le père de famille prononce la prière de louange sur la galette de pain, la déchire ou la rompt, et partage les morceaux de pain entre les convives.

– Puis vient la **parole sur le vin**, à la suite de la prière d'action de grâces après le repas, où le père de famille fait passer la coupe avec le vin pour que chacun y boive [57].

Jésus n'a donc pas inventé un rite nouveau, mais, en une heure dramatique, il a osé donner un sens nouveau au rite ancien. Il a associé à l'**ancien acte symbolique** une **parole symbolique nouvelle**. En référence à sa mort violente imminente, il a fait du pain rompu et du vin rouge sang des **signes prophétiques**, qui, en cet instant, symbolisent très profondément ce qu'il a été, ce qu'il a fait, ce qu'il a voulu : le sacrifice, le don de sa vie. Comme ce pain, son corps lui-même sera rompu ; comme ce vin, son sang sera versé : « Ceci – mon corps, ceci – mon sang ! » Le « est » qui suscitera de si vives controverses entre les Églises chrétiennes était très vraisemblablement absent en araméen (Jésus parlait l'araméen populaire). Dans les deux cas, ce qui est signifié, c'est sa personne dans sa totalité et le don qu'il fait de sa vie. Et tout comme le père de famille en partageant le pain et le vin fait participer à la bénédiction de la table ceux qui mangent et boivent, Jésus fait participer les siens à son corps livré dans la mort (« corps » ou « chair » signifient toujours « tout l'homme » en hébreu ou en araméen) et à son sang répandu pour « beaucoup » (un « beaucoup » inclusif : pour « tous »).

LE PARADIGME JUDÉO-APOCALYPTIQUE

Le départ du Maître avait été annoncé au cercle des disciples, et pourtant les expériences de la mort et de la résurrection fonderont de façon nouvelle la communauté des membres unis entre eux et avec lui : jusqu'à ce que se renouvelle dans le Royaume de Dieu la communauté de table. C'est ainsi que prit place, en toute simplicité et de façon très compréhensible, à Jérusalem ou ailleurs, une **célébration du souvenir** (en grec : *anamnesis*, en latin : *memoria*), une **célébration de reconnaissance** (en grec : *eucharistia*) : souvenir de la foi reconnaissante, participation aux effets salutaires de l'unique et permanent sacrifice que Jésus a fait de sa vie. Ce repas fut appelé très tôt « **repas du Seigneur** [58] » ou, justement, « **eucharistie** », « action de grâces » [59]. Tel est le **deuxième symbole fondamental** de la nouvelle communauté de foi, outre le baptême. Un repas du souvenir et de l'action de grâces, qui devait être en même temps un repas d'alliance et de communauté, un signe et une image du repas d'accomplissement dans le Royaume de Dieu. L'acclamation araméenne *« Marana tha ! »* (« Seigneur, viens ! ») sera même retenue plus tard dans le culte en grec [60].

Soulignons-le encore une fois : la foi dans le Dieu un et unique (et en son Esprit) attestée dans la Bible hébraïque étant présupposée, **Jésus le Christ** – la foi en lui et, à titre d'expression sensible de cette foi, le baptême en son nom et le repas en souvenir de lui – constitue dès le début le **centre constant** et la **substance permanente** du christianisme. C'est elle qui sous-tend la prodigieuse dynamique du christianisme primitif.

Mais nous pouvons aussi maintenant définir plus précisément quelques **caractéristiques** de la **constellation judéochrétienne**, qui garderont leur importance même après la destruction du Temple, en l'an 70 :
– l'horizon apocalyptique, dans l'attente de la fin des temps, que les juifs qui suivaient Jésus partageaient avec nombre de juifs en général ;
– l'attitude juive devant la vie, avec le respect de la Loi rituelle mosaïque, surtout de la circoncision, du sabbat et des fêtes, des lois de pureté et des prescriptions alimentaires ;
– enfin, la théologie juive, avec ses motifs apocalyptiques, ses spéculations concernant la sagesse…

Or cette attente d'une fin proche sera déçue. Il est donc clair, ne fût-ce que pour cette raison, qu'une simple restauration du christianisme primitif conduirait à une impasse. La « fin des temps » de l'attente du Royaume de Dieu imminent fera place au « temps intermédiaire » de l'Église. De l'Église ? Jésus a-t-il seulement voulu une Église ? Ce n'est pas là une question de pure rhétorique, mais une question très sérieuse, surtout aux yeux de ceux pour qui l'Église est chose sérieuse.

4. FONDER UNE ÉGLISE ?

L'homme de Nazareth, sans fonction ni dignité officielles, avait annoncé le Royaume de Dieu, mais il n'avait pas cherché à créer une communauté particulière, différente d'Israël, avec sa propre confession de foi et son culte, sa propre constitution et ses propres ministères. Autrement dit, Jésus avait mis en branle un grand **mouvement collectif orienté vers la fin des temps**, et les Douze, avec Pierre, étaient pour lui des signes de la plénitude des tribus d'Israël à restaurer. Jésus n'avait pas songé à fonder un grand organisme religieux : nous n'avons aucune parole publique de Jésus qui proposerait un programme de fondation d'une Église, d'une communauté d'élus. A lire les Évangiles, il n'a pratiquement jamais prononcé le mot « Église ».

Qu'est-ce qu'une Église ?

L'« **Église** », dans le sens d'une communauté religieuse différente d'Israël, est déjà manifestement l'affaire de communautés judéochrétiennes **après la mort de Jésus** : elle est non pas fondée par Jésus, mais née en référence à lui, le Crucifié et le vivant. C'est seulement depuis Pâques, en effet, sous l'impulsion de l'expérience de la résurrection et de l'Esprit, qu'existe une communauté orientée vers la fin des temps. Ce qui la fonde n'est pas d'abord un culte propre, une constitution propre, une organisation propre avec des ministères déterminés, mais c'est uniquement, nous l'avons vu, la confession de ce Jésus en qui la foi voit le Messie, confession scellée par le baptême et célébrée par le repas festif en souvenir de lui.

La communauté de ceux qui croient dans le Christ – c'est ainsi que nous avons défini brièvement l'**Église**[61]. *Congregatio* ou *Communio Christifidelium* : la communauté de ceux qui se sont engagés pour la personne et la cause de Jésus-Christ et qui en témoignent comme espérance pour tous les hommes. Dès lors, donc, que l'Église trahit la cause du Christ, au lieu de la servir et de la faire valoir, elle pèche contre son être même, elle devient un non-sens ! Son nom même indique combien l'Église se doit d'être au service de la cause de son Seigneur. Les mots *Kirche* en allemand, *church* en anglais, *kyrka* en suédois (cf. *cerkov* en slave) ne viennent pas de *curia*, comme le croyait Luther. Ils viennent sans doute, par l'intermédiaire des Goths, de la forme byzantine populaire *kyrike*, qui signifie « appartenant au Seigneur *[kyrios]* », « la maison ou la communauté du Seigneur ». Les langues latines (*ecclesia*, *iglesia*, *chiesa*, « église ») renvoient directement au mot du Nouveau Testament, *ekklesia*, qui signifie, en grec profane, « **réunion** », la réunion politique du peuple. Mais dans le Nouveau Testament, ce mot renvoie à la notion de *kahal* de la Bible hébraïque et à sa traduction grecque (dans la Septante), qui est l'expression solennelle pour la « réunion convoquée par Dieu [Yahvé] ».

En reprenant cette dénomination, la communauté judéochrétienne exprime donc une grande prétention – au sein du judaïsme –, celle d'être la **véritable** réunion de Dieu, la **véritable** communauté de Dieu de la fin des temps, qui se réunit maintenant au nom et dans l'Esprit du Messie confirmé par Dieu, donc la *kahal* de Jésus. *Kahal-ekklesia* signifie dans le Nouveau Testament à la fois le **déroulement de la réunion** et la **communauté réunie et constituée** elle-même. C'est dire qu'il n'y a pas de communauté, pas d'Église sans réunion ! La réunion concrète pour le service divin était déjà considérée dans le paradigme judéochrétien comme la manifestation, la représentation, la réalisation de la communauté de Jésus qui vient de naître.

Ainsi se trouve établie une fois pour toutes la norme : *ekklesia* ne renvoie absolument pas, à l'origine, à une superorganisation abstraite et lointaine de fonctionnaires situés au-dessus de l'assemblée concrète, mais elle signifie originellement une communauté réunie en tel lieu, à tel moment et pour telle action. Elle n'a rien d'une association religieuse baignant dans l'autosatisfaction, mais elle est une communauté qui constitue avec les autres une communauté inclusive. Toute **Église locale** incarne pleinement **l'Église dans son ensemble.** Elle dispose de tout ce dont elle a besoin, là où elle est, pour le salut des hommes : l'annonce de l'Évangile, le baptême, le repas du Seigneur, les différents charismes et services. Chaque communauté particulière, tous ses membres sont fondés à se considérer comme le peuple de Dieu, le corps du Christ, le temple de l'Esprit.

La place des femmes

Jésus lui-même a relativisé les « Pères » et leurs traditions, il a appelé des femmes dans le cercle de ses disciples [62], et il a même proclamé son estime pour les enfants : c'est dire que les hiérarchies patriarcales ne peuvent pas se réclamer de Jésus. Il n'a pas non plus exigé le célibat de ceux qu'il appelait à le suivre. Une loi du célibat ne peut pas trouver sa justification dans les paroles ou les attitudes de Jésus, et la Bible hébraïque n'appréciait guère le célibat. Les apôtres étaient et sont restés mariés (Paul se considère lui-même comme une exception [63]). On aurait pu qualifier de **démocratique**, au meilleur sens du terme, l'Église du paradigme judéochrétien (en tout cas elle n'est ni aristocratique ni monarchique) : une **communauté érigée dans la liberté, l'égalité et la fraternité.** Cette Église, en effet :

– n'était pas une institution de pouvoir, voire d'inquisition, mais une communauté d'hommes et de femmes libres ;

– n'était pas une Église de classes, de races, de castes ou de fonctionnaires, mais une communauté de personnes fondamentalement égales ;

– n'avait rien d'un empire doté d'un gouvernement patriarcal, avec le culte de la personnalité, mais était une communauté de frères et de sœurs. De sœurs ? Voilà qui appelle quelques éclaircissements.

Compte tenu de l'état actuel des recherches, il ne fait plus aucun doute que non seulement dans le cercle des disciples de Jésus, mais dans la communauté primitive comme telle, des **femmes** ont joué un rôle nettement plus important que cela n'apparaît directement dans les sources néo-testamentaires. Nous devons notamment à Elisabeth Schüssler Fiorenza, spécialiste américaine du Nouveau Testament, d'avoir étudié précisément les textes de ce dernier dans la perspective d'une « théologie féministe ». Ses recherches confirment que le mouvement judéochrétien originel de Jésus était une « communauté de disciples égaux, qui sont appelés à une même pratique d'intégration et d'égalité, disciples hommes et femmes [...]. La majorité de ces femmes n'étaient pas riches comme les philosophes de l'école cynique, qui pouvaient renoncer à leurs propriétés et à leur situation sociale et culturelle, pour "devenir libres de toute possession". Elles se recrutaient plutôt parmi les démunies, les affamées, les gens des campagnes qui ployaient sous le fardeau. C'étaient des collectrices d'impôts, des pécheresses, des enfants, des femmes vivant de la pêche, des ménagères qui avaient été guéries de leurs infirmités ou libérées de leurs esprits mauvais. Ce qu'elles proposaient n'était pas un autre style de vie, mais une autre attitude : elles étaient celles qui n'avaient pas d'avenir, mais elles avaient maintenant une espérance ; elles étaient les "rejetées", les marginales de la société, mais elles avaient maintenant une communauté [64]. »

Il est possible que dans la communauté judéochrétienne originelle il y ait même eu des femmes parmi les prédicateurs itinérants charismatiques. Historiquement c'est aussi peu vérifiable que la thèse selon laquelle « les femmes eurent un rôle déterminant dans l'extension du mouvement de Jésus aux non-juifs [65] ». On se montrera donc très prudent pour ne pas conclure à partir de quelques textes isolés (celui qui concerne la Syrophénicienne en Mc 7,24-30, par exemple) à « une responsabilité historique [66] », voire à un « *leadership* des femmes [67] ». Cela vaut aussi pour le rôle de Marie-Madeleine, qui a sans doute été la figure féminine la plus importante dans l'entourage immédiat de Jésus.

Il n'en demeure pas moins vrai que l'activité de Jésus a donné naissance à une communauté de disciples considérés comme égaux, ce qui pourrait n'être pas sans portée critique pour la situation de l'Église aujourd'hui. Et si le mouvement de Jésus n'a pas eu le souci d'une critique explicite du patriarcat, Elisabeth Schüssler Fiorenza a tout de même raison d'écrire : « Nul n'est exclu. Tous sont invités. Les femmes aussi bien que les hommes, les prostituées tout autant que les pharisiens. La parabole du festin nuptial force l'auditeur à reconnaître que la *basileia* inclut tout le monde. Elle avertit que seuls ceux qui ont été invités les premiers, et ont ensuite décliné l'invitation, seront exclus. Ce n'est pas la sainteté des élus, mais l'intégrité de tous qui est au centre de la vision de Jésus. C'est pourquoi ses paraboles prennent aussi des exemples dans le monde des femmes. Ses guérisons et ses exorcismes rendent aux femmes leur intégrité. Sa proclamation d'un "renversement eschatologique" – beaucoup de premiers seront les derniers et les derniers seront les premiers – s'applique aussi aux femmes et à la situation d'infériorité que leur imposent les structures patriarcales [68]. »

Cependant, bien que tous les membres de cette Église primitive aient été fondamentalement égaux, bénéficiant fondamentalement des mêmes droits et soumis aux mêmes obligations, il **ne s'agissait pas d'un égalitarisme indifférencié**, d'une mise au pas et d'une homogénéisation qui auraient nivelé la diversité des dons et des services. Au contraire, la communauté primitive de Jérusalem, qui n'avait, selon Luc, qu'« un cœur et une âme [69] », faisait place à des personnalités contrastées, des positions diverses, des fonctions différenciées.

Des structures provisoires, sans « hiérarchie »

D'après les textes il ne fait aucun doute qu'il y a eu, dès le début, des **structures provisoires** dans la communauté – en dépit de l'attente d'une fin apocalyptique imminente : il y a eu surtout le cercle des **Douze**, mais aussi le cercle des **Sept**, que les Actes appellent « hellénistes ». Nous pouvons en conclure qu'à Jérusalem même, après la mort de Jésus, la communauté de ses disciples ne comptait pas que des juifs parlant l'araméen, mais aussi une part non négligeable de **juifs hellénistiques parlant le grec**.

Le conflit au sujet du service quotidien des veuves, rapporté en Ac 6,1, semble en tout cas refléter déjà, dans la communauté primitive elle-même, une nette coupure entre les « hellénistes » et les « Hébreux ». De plus, selon toute apparence, ces deux groupes judéochrétiens disposaient chacun de leur propre synagogue et tenaient leurs propres assemblées domestiques, où on lisait l'Écriture dans leurs langues respectives – hébreu ou grec. Ces judéochrétiens dont la langue maternelle était le grec étaient issus du milieu socioculturel urbain de la diaspora juive hellénistique ; parce que plus cultivés, et sans doute aussi intellectuellement plus actifs, ils étaient probablement dirigés par le cercle d'Étienne (les Sept, qui portaient tous des noms grecs), qui était sans doute relativement indépendant face au cercle des apôtres représentant les « Hébreux » (les Douze, qui représentaient les douze tribus d'Israël). C'est dire aussi que les Sept n'étaient pas de simples préposés aux pauvres, subordonnés aux Douze, comme le suggèrent les Actes de Luc une génération plus tard. Il faut sans doute y voir plutôt le « collège de direction d'un groupe de communautés indépendantes », qui menaient déjà leur activité missionnaire à Jérusalem.

Apôtres ? Les Douze ou même les Sept n'étaient pas les seuls apôtres : étaient considérés comme tels tous les **témoins et messagers** originels, ceux qui, au titre de premiers témoins annonçaient le message du Christ, fondaient et dirigeaient des communautés. Dans le cadre du judéochristianisme, il n'est guère possible d'affirmer que ce titre d'apôtre ait aussi été attribué à des femmes. Il en sera autrement dans la sphère paganochrétienne. Il est sûr, en revanche, que dès les tout débuts, le judéochristianisme lui-même a eu ses **prophétesses** aux côtés de ses **prophètes** – on l'oublie trop volontiers : à côté d'Agabos, de Judas et de Silas, les Actes nomment expressément les quatre filles de Philippe ; à côté d'eux, il y avait en outre des évangélistes et des collaborateurs en tout genre, là aussi hommes et femmes.

Fonctions ? On n'aurait pas eu l'idée d'appeler ainsi les différents services et vocations dans l'Église d'alors. Le Nouveau Testament évite précisément le recours aux termes profanes pour définir les « fonctions » dans l'Église, non sans raisons. En effet, ils expriment des relations de pouvoir que la communauté chrétienne n'entendait pas reprendre à son compte. On fait appel à un autre terme générique, un mot très courant qui n'a rien de religieux, qui évoque plutôt des situations d'infériorité, en tout cas rien qui rappelle l'autorité, la supériorité, le pouvoir, la dignité et la position de force : ***diakonia***, « **service** », originellement le service à table. Jésus lui-même avait manifestement défini la norme immuable en servant ses disciples à table. Cela seul peut expliquer la fréquence du terme qui revient dans six variantes différentes : « Si quelqu'un veut être grand parmi vous, qu'il soit votre serviteur [à table]. »

Et la **hiérarchie** comme **pouvoir saint** ? Ce serait bien le dernier terme qu'on aurait songé à utiliser, au début des temps chrétiens, pour désigner les services dans l'Église ; ceux-ci devaient précisément éviter tout style autoritaire et toute prétention de pouvoir. Ce terme ne sera introduit que cinq siècles plus tard, par Denys (le « Pseudo-Denys »), soi-disant disciple des apôtres. Certes, dans l'Église il y a place pour une autorité et un pouvoir, mais dans l'Esprit de Jésus ils ne doivent jamais être institués en vue d'une domination (et pour le maintien de privilèges), mais pour le service et le bien de tous. Le Nouveau Testament n'autorise qu'un service ecclésial, un mot qui ne devrait jamais voiler la soif de pouvoir derrière les gesticulations d'humilité cléricale.

Il y a même davantage : dans le contexte des fonctions au service de la communauté, le Nouveau Testament évite aussi soigneusement – et on ne peut manquer d'en être frappé – le mot « **prêtre** », au sens qu'il a habituellement dans l'histoire des religions, celui du prêtre qui offre le sacrifice *(hiereus, sacerdos)* ; il évite tout titre renvoyant à un culte sacré – au bénéfice de termes profanes – pour définir des fonctions. Certes, le mot « prêtre » est utilisé pour les dignitaires juifs ou païens, mais jamais précisément pour les responsables de services dans les communautés chrétiennes. C'est pourquoi aussi les Églises protestantes l'évitent le plus souvent.

Le mot français « prêtre » *(Priester, prete, presbitero, priest)* – bien qu'il renvoie habituellement au sacerdoce cultuel de type sacral – vient originellement du titre désignant le plus ancien de la communauté, et non pas un rôle cultuel, si bien qu'on peut le remplacer adéquatement, comme le font quelques Églises, par « **presbytre** » ou « **ancien** », éventuellement *presbyter parochianus*, « **curé** ». De tout temps, pour autant que nous disposions de témoignages, chaque communauté juive a eu à sa tête un *zeken*, un presbytre, un ancien. Dès les années 40, la communauté primitive de Jérusalem avait sans doute ses propres anciens, sans que rien ne soit dit de leur institution. Il y avait aussi déjà, probablement, l'**imposition des mains** ou **ordination**, elle aussi issue de la tradition juive, qui signifie l'envoi mandaté de tels membres de la communauté pour un service particulier. Dans les Actes, Luc en fait mention pour la première fois dans le contexte du choix des sept hellénistiques.

Rien ne nous permet de vérifier historiquement s'il y avait déjà à Jérusalem une constitution propre, avec des anciens se réclamant d'une certaine autorité, d'abord sur l'Église locale, puis sur toute l'Église, dès avant le départ de Pierre et la prise en charge de la communauté de Jérusalem par Jacques. Le collège des presbytres est peut-être né de la distance croissante d'avec les origines, de la disparition des Douze, du développement de la communauté, de la présence d'anciens, membres confirmés de la communauté, et peut-être aussi du danger croissant d'hérésie. Mais il nous faut essayer de répondre à la question : qu'en est-il exactement de Pierre et de Jacques, de Jean et finalement aussi de Paul, noms auxquels sont attachés les premiers conflits dans la chrétienté primitive ?

5. LES PREMIERS GRANDS CONFLITS

D'après le Nouveau Testament une chose est sûre : ce Simon à qui Jésus lui-même a peut-être déjà donné le surnom de « Rocher » (*Kepha* en araméen, *Petros* en grec [70]), ce pêcheur issu de Bethsaïde et marié à Capharnaüm, était incontestablement – même si par la suite on a enjolivé son rôle –, du temps même de l'activité publique de Jésus, le **porte-parole des disciples** [71], ce qui lui valut d'être nommé à la tête du cercle des Douze [72].

Pierre se tourne vers les Gentils

Pierre était le *primus inter pares* : le **premier parmi des égaux**. Les deux premiers évangiles ne l'idéalisent absolument pas : il voue un dévouement passionné à Jésus, mais il est changeant et hésitant. Il reste un homme, qui se trompe et qui pèche, il n'a rien d'un héros ou d'un génie. Il fait preuve d'incompréhension, de pusillanimité, on ne peut pas compter sur lui et il prendra finalement la fuite : tout cela est rapporté sans enjolivures, comme pour les autres disciples. Seul Luc, qui idéalise également la communauté primitive, présentée en modèle, atténue ou supprime certains traits dont on pourrait s'offusquer : il omet la phrase où Jésus traite Pierre de Satan [73], il raccourcit la scène de Gethsémani en faveur des disciples, il tait la remarque sur la fuite des disciples et met dans la bouche de Jésus des observations étonnamment positives sur Pierre et ces derniers [74].

Une autre chose est sûre, historiquement parlant : Pierre a aussi été le **premier témoin de la résurrection** de Jésus [75] – après Marie-Madeleine et les femmes –, et ce premier témoignage de Pâques pouvait parfaitement lui valoir d'être considéré comme « le Rocher de l'Église ». Mais nous pouvons affirmer tout aussi sûrement – les exégètes catholiques eux-mêmes le reconnaissent aujourd'hui [76] – que la célèbre parole sur **Pierre, appelé « le Rocher »** sur lequel Jésus construira son Église [77], renvoie à l'araméen, mais n'a pas de parallèle dans les autres évangiles et n'est pas une parole du Jésus terrestre ; c'est une formation de la communauté palestienne, postérieure à Pâques, ou peut-être de Matthieu lui-même. Ni les discours des Actes rédigés par Luc, ni les lettres de Pierre (dont il n'est pas l'auteur), qui ont pris place dans le Nouveau Testament, ne nous permettent de déterminer ce qu'étaient les croyances et la prédication du Pierre historique.

Certes, Pierre a pris de plus en plus d'importance dès le Nouveau Testament, à titre de modèle de la foi dans le Christ et de l'unité de l'Église faite de juifs et de païens (c'est l'« exemplarité de Pierre [78] »). D'après les premiers chapitres des Actes, il est d'abord resté le porte-parole incontesté des disciples. Mais Pierre ne jouissait pas d'une autorité exclusive, encore moins d'une juridiction de type monarchique. Historiquement il nous faut constater que jusqu'au concile des Apôtres de Jérusalem (vers 48), Pierre **a assumé la direction de la communauté primitive de Jérusalem conjointement** avec le cercle des Douze [79], et plus tard dans le collège des trois « colonnes [80] » – Jacques (c'est lui maintenant qui est nommé en premier !), Pierre et Jean.

LE PARADIGME JUDÉO-APOCALYPTIQUE

A Jérusalem, Pierre apparaissait comme un représentant de ce judéochristianisme tolérant, qui témoignait la plus grande sympathie à la mission de Paul auprès des païens – à l'inverse, par exemple, de ces judéochrétiens qui jetaient le trouble en Galatie, ayant exigé des chrétiens d'origine païenne la stricte observance de la Loi et ayant appelé sur eux la colère de Paul. Au concile des apôtres on était parvenu à une entente officielle, entre les trois « colonnes » de Jérusalem et Paul, quant à la répartition de la mission : Dieu a agi en Pierre pour l'apostolat des circoncis [81], en Paul en faveur des païens [82]. C'est ainsi que Pierre s'est consacré à une **mission auprès des juifs, respectueuse de la Loi**, mission qui donnera naissance en divers endroits de l'Empire à des communautés judéochrétiennes.

Qu'en est-il de **Rome**? Pierre n'a-t-il pas été dans la capitale du monde de l'époque, avec les conséquences que l'on sait pour l'histoire de l'Église? Pierre, il est vrai, est le seul des Douze dont nous soyons sûrs qu'il a exercé une mission en dehors de Jérusalem, même si nous ignorons quel fut l'itinéraire de ses voyages et que nous ne disposons pas d'une chronologie précise. Le séjour de Pierre à Antioche (en 49-50 sans doute) est attesté par Paul [83], et une visite à Corinthe où existait peut-être un groupe judéochrétien est parfaitement possible [84]. En revanche, rien n'est dit dans tout le Nouveau Testament de l'éventuelle présence de Pierre à Rome. Et il n'est pas davantage question d'un « successeur » de Pierre précisément à Rome. La logique même de l'image du rocher rend d'ailleurs la chose peu vraisemblable [85] : la foi de Pierre doit rester le fondement permanent de toute l'Église !

Et pourtant, la tradition attestant la présence de Pierre à Rome – la lettre dite de Clément [86] (vers 96) et Ignace d'Antioche [87] (des témoignages qui sont encore exempts de toute exploitation par la politique ecclésiastique) – est si ancienne, si unanime et surtout si incontestée qu'il nous faut admettre historiquement que Pierre était à Rome vers la fin de sa vie et qu'il est sans doute mort martyr lors de la persécution de Néron. Même si les recherches archéologiques ne peuvent pas identifier sa tombe sous la basilique Saint-Pierre, « les spécialistes s'accordent de plus en plus pour reconnaître que Pierre est allé à Rome et qu'il y est mort martyr », lit-on dans le texte adopté en commun par les luthériens et les catholiques des

États-Unis en 1974, avec, il est vrai, une précision significative : « Mais nous ne disposons d'aucun témoignage digne de confiance attestant que Pierre ait jamais été à la tête de l'Église de Rome ou qu'il en ait été l'évêque. Le Nouveau Testament ne nous dit rien d'une succession de Pierre à Rome [88]. »

Nous reviendrons plus en détail sur les conséquences théologiques et historiques de la tradition romaine relative à Pierre. Mais relevons dès à présent ce que Paul Hoffmann, spécialiste catholique du Nouveau Testament, dit de l'« élaboration d'une conception épiscopale monolithique comme fondement de la structure hiérocratique ultérieure de l'Église » : « Le charisme personnel est remplacé par le charisme de fonction, l'institution devient à elle-même sa propre porteuse et garantie, elle devient "institution de la grâce" – ce processus conduira, dans le cours ultérieur de l'histoire de l'Église, à la première bureaucratie rationalisée de l'histoire du monde, avec l'Église médiévale ; et enfin, au XIXe siècle, elle aboutira – légalisée par la proclamation du dogme de la primauté de juridiction du pape – à l'élaboration d'une bureaucratie dictatoriale, qui caractérise aujourd'hui le catholicisme tel qu'il existe dans la réalité [89]. »

Jacques en faveur de la conjonction avec la synagogue

Ce n'est toutefois pas Rome (l'inscription de la basilique du Latran est triomphale, mais fausse : « *caput et magistra omnium ecclesiarum urbis et orbis* », « chef et maîtresse de toutes les Églises sur terre »), mais **Jérusalem** qui était la **capitale et la communauté mère de la première chrétienté**. Au plus tard après le concile des apôtres et surtout après le départ de Pierre, c'est un autre homme qui est devenu de plus en plus la figure centrale à Jérusalem : **Jacques**, le « frère du Seigneur », ainsi appelé parce qu'il était probablement le plus âgé des quatre cousins germains de Jésus [90] – à ne pas confondre avec Jacques, fils de Zébédée, le frère de Jean, qui faisait partie des Douze et qui avait été exécuté par Hérode Agrippa vers 43 [91]. Jacques, le frère de Jésus, avait, comme ses autres frères, d'abord eu honte de ce marginal [92] et, dans la controverse dont Jésus fut l'objet dans sa ville natale de Nazareth, il ne s'était pas mis de son côté [93] ; il n'avait manifestement cru en Jésus qu'après Pâques. On lui reconnaît une expérience propre d'apparition du Christ [94]. Au concile des apôtres, il avait généreusement contribué au compromis avec Paul : dispense faite aux croyants issus du paganisme d'observer les lois rituelles juives, mais pour les croyants d'origine juive observance stricte et inconditionnelle de la Loi [95]. Les judéochrétiens et les paganochrétiens devaient cohabiter dans une même et unique communauté ecclésiale et les judéochrétiens pouvaient rester dans la synagogue d'où ils étaient issus – dans l'espoir d'une conversion de tout Israël au Messie Jésus.

Ce frère de Jésus, tout à la fois strict défenseur de la Loi et pondéré, personnellement irréprochable, devint donc, après le départ de Pierre, suite à la persécution sous Agrippa Ier, dans les années 40, conjointement avec d'autres anciens partageant les mêmes idées, le **chef de la communauté primitive**. Comme tel, il jouissait d'une autorité débordant sa région et il resta aussi par la suite la figure normative pour le judéochristianisme. Simon-Pierre était vénéré comme « le Rocher », Jacques était « le Juste ».

Selon l'historien juif Josèphe [96], prêtre et témoin oculaire, « le frère de Jésus appelé le Christ, du nom de Jacques, ainsi que quelques autres [judéochrétiens] » furent condamnés entre la mort du procurateur Festus et l'entrée en fonction de son successeur, Albinus. Ce fut probablement en l'année 62, et le Tribunal juif suprême *(Synedrion)*, sous la présidence du grand prêtre sadducéen Hanna II, l'accusa probablement de « violation de la Loi », le condamnant donc à la **mort par lapidation**, le châtiment pour les délits religieux graves. Des pharisiens (« ceux qui étaient considérés dans la ville comme ayant une pensée particulièrement conforme à la Loi et s'obligeant à une stricte observance de cette Loi ») protestèrent contre cette condamnation à mort d'un innocent. Il se peut que Jacques ait fait figure de leader d'un mouvement messianique susceptible d'avoir des effets déstabilisants sur la politique ; il portait le poids non seulement de sa parenté avec Jésus, mais de l'accueil et de la tolérance de Paul, le représentant d'une mission auprès des Gentils se dispensant de la Loi. Peu après, Paul lui-même sera arrêté à Jérusalem pour avoir « violé la

Loi » (et « profané » le Temple [97]) et, au terme d'un procès de deux ans à Césarée, deux ans après Jacques, il sera exécuté à Rome, en l'an 64.

L'exécution de leur chef Jacques et de ceux qui étaient proches de lui représentait pour la communauté primitive « une catastrophe [...] dont elle ne se remettra pas » : « Les adeptes du parti de l'élite sacerdotale voyaient en Jacques et en ses amis un danger religieux et politique comparable à celui qu'avait représenté Jésus pour le peuple trente-deux ans auparavant » (M. Hengel [98]). Pour nombre de judéochrétiens, Jacques passera dans la légende et deviendra de plus en plus une figure idéalisée et absolutisée. La lettre qui lui est attribuée corrige sur plusieurs points Paul. Selon l'évangile aux Hébreux, un écrit non canonique (à ne pas confondre avec la lettre aux Hébreux, canonique), Jacques – en contradiction avec toutes les autres sources – aurait non seulement pris part au dernier repas de Jésus, mais aussi bénéficié de la première apparition du Ressuscité.

Cependant la persécution eut des **conséquences fatales** pour les relations de la jeune communauté chrétienne avec les autorités juives : les exécutions, d'abord du judéochrétien hellénistique Étienne (et la fuite de Jérusalem des autres judéochrétiens hellénistiques), puis de Jacques, fils de Zébédée, par lapidation, ont certainement contribué fortement à la rupture entre juifs et judéochrétiens. La persécution, puis – après la catastrophe de 70 – l'exclusion de la synagogue se sont soldées par la séparation définitive d'avec la synagogue. L'**excommunication des chrétiens** par l'*establishment*, qui est maintenant pharisien, a précédé la persécution des juifs par les chrétiens [99]. Là sont les racines historiques de l'antijudaïsme, qui est déjà le fait des judéochrétiens – quelque déplorable qu'il soit –, qui a trouvé son expression dans l'évangile de Matthieu, puis, surtout, dans celui de Jean. D'où la question : et Jean ?

Excommunication par la synagogue :
la communauté de Jean

Selon les travaux les plus récents, l'auteur de l'évangile de Jean, rédigé en grec, était lui aussi juif : un **juif hellénistique**, profondément enraciné dans la Bible hébraïque et dans la tradition de sagesse juive, écrivait pour une communauté en majorité judéo-chrétienne, mais comprenant aussi des membres d'origine païenne, à qui il expliquait les notions et les usages juifs [100]. Il est frappant que, contrairement au nom de Pierre, celui du troisième homme le plus influent à Jérusalem, Jacques, connu et très estimé dans toutes les communautés, est intentionnellement omis et, qui plus est, que les frères de Jésus sont même tous présentés comme incroyants, dans une scène mémorable [101].

N'oublions pas qu'à l'époque de la rédaction de l'évangile de Jean, vers l'an 100, plus de trente ans donc après l'exécution du frère de Jésus, la voie de Jacques à Jérusalem – confession du Messie Jésus et participation au culte et à la vie de la synagogue – s'était avérée une impasse. En effet, à cette date **l'excommunication des chrétiens par les juifs était déjà entrée en vigueur** : il y avait eu le fatal « anathème contre les hérétiques », prononcé après la guerre entre Romains et juifs et la destruction du second Temple par un « concile » dominé par les pharisiens, à Yamnia (près de Jaffa), anathème encore répété au début de toute célébration dans la synagogue [102]. Cet anathème visait aussi d'autres hérétiques, il est vrai, mais ses conséquences furent fatales aux disciples juifs du Nazaréen, explicitement cités : ils se voyaient désormais exclus du culte et de toute la vie de la synagogue, ce qui eut pour eux non seulement des conséquences religieuses, mais aussi des effets sociaux et économiques décisifs. « Les relations anciennes furent totalement rompues, toute fréquentation à titre personnel ou social fut interdite et toute aide exclue [103]. »

Pourquoi donc **Jacques**, le frère du Seigneur, est-il constamment **passé sous silence dans l'évangile de Jean**, voire indirectement discrédité ? Christian Dietzfelbinger, exégète à Tübingen, s'est posé cette question et a proposé une réponse convaincante [104]. Ces démarcations d'avec les frères de Jésus, accusés d'incroyance, ne visent pas les frères historiques de Jésus, déjà morts à cette date, mais les groupes judéochrétiens qui se réclament encore de Jacques et de sa voie. L'auteur de l'évangile de Jean, en effet, vit dans une communauté où cette exclusion de la synagogue est devenue réalité [105] ; de son côté, elle récuse désormais tout lien avec la synagogue, puisque celle-ci n'admet plus aucune annonce du message de Jésus, qu'elle se montre hostile à l'égard de la communauté chrétienne, se situant ainsi du côté de ce « monde » méchant, rempli de ténèbres, hostile à Jésus. Une atmosphère de peur règne sans doute dans la communauté de Jean : la « peur des juifs [106] ». De critique à l'égard de Jésus, la synagogue lui est maintenant devenue hostile.

Une entente entre la communauté chrétienne et la synagogue n'est donc plus possible pour l'auteur du quatrième évangile : « La croyance en Jésus et l'appartenance à la synagogue ne sont plus conciliables et si, jadis, elles pouvaient être compatibles, le non continu de la synagogue à Jésus et à la communauté de Jésus interdit désormais toute possibilité d'entente [107]. » C'est ainsi que la communauté johannique **oppose son propre non au non de la synagogue au Messie Jésus**. Face à la synagogue, la communauté johannique se considère comme la communauté nouvelle, intérieure, spiritualisée, la communauté de la nouvelle ère, tout entière concentrée sur Jésus, lumière du monde et bon pasteur. La manne de l'Exode, le don de l'eau à la fête des Tabernacles ou l'Esprit de la fin des temps – tout est maintenant rapporté à Jésus, qui tient aussi lieu de Loi et de Temple. En lieu et place de la Tora, Jésus est « le chemin, la vérité et la vie ». C'est par lui seul que l'on peut aller au Père [108]. Et selon l'évangile de Jean, Jésus n'est pas condamné à mort par les Romains comme un agitateur politique, mais par les autorités juives pour le crime religieux de blasphème.

Il n'est plus guère possible de déterminer dans quelle mesure la **christologie très élevée** de la communauté johannique, par comparaison avec la tradition synoptique manifestement jugée insuffisante – Jésus est le Fils de Dieu céleste, préexistant auprès de Dieu dès avant Abraham – et sa vision également très élevée de l'Eucharistie (Jésus, pain de vie), ont contribué à l'excommunication par la synagogue ou en ont été la conséquence. Il est sûr que ces affirmations christologiques étaient purement et simplement blasphématoires aux yeux du judaïsme orthodoxe. Nous trouvons déjà un écho très clair de ce reproche dans l'Évangile, où il ne s'agit plus d'un conflit avec la Loi (sabbat), mais d'une mise sur un pied d'égalité de Jésus avec Dieu : « Dès lors les juifs n'en cherchaient que davantage à le faire périr, car non seulement il violait le sabbat, mais encore il appelait Dieu son propre Père, se faisant ainsi l'égal de Dieu [109]. » Ce qui dans l'Évangile apparaît comme un reproche à l'adresse de Jésus est le reflet du rejet de la communauté par « les juifs » : « Ce n'est pas pour une bonne œuvre que nous voulons te lapider, mais pour un blasphème, parce que toi, qui es un homme, tu te fais Dieu [110]. »

Mais était-ce là vraiment un blasphème ? On dira : dès le célèbre prologue de l'évangile de Jean est affirmée la préexistence de Jésus. Mais qu'est-elle, cette préexistence ? Réponse : dans le prologue, en tout cas, il n'est pas question de la préexistence du Fils, mais de celle du *Logos*, du Verbe.

Préexistence du Logos *dans l'évangile de Jean*

La plupart des exégètes pensent aujourd'hui que l'auteur du prologue a utilisé un texte plus ancien, sans doute un hymne **judéo-hellénistique** ; celui-ci, tout à fait dans la ligne du judaïsme, avait pour objet non pas un être divin, un « Fils » préexistant, mais Dieu et son *Logos*, sa Parole, sa sagesse dans la Création et dans la Révélation. L'auteur chrétien du prologue n'a pas modifié ce texte sur le Verbe qui est auprès de Dieu depuis le commencement, mais il termine sur une « **pointe** » chrétienne : « Et le Verbe est devenu chair et il a habité parmi nous [111]. » Pour l'auteur chrétien, c'est « le sommet du prologue [112] », qui n'a rien perdu ainsi de son universalité : le Verbe de Dieu reste vie et lumière des hommes [113] ; le Verbe de Dieu était et est déjà présent dans la Création, il agit partout. Mais maintenant il s'est rendu visible et perceptible parmi nous en la personne d'un homme.

Cette « pointe » chrétienne n'a donc pas d'autre objectif que de repérer concrètement, dans l'histoire, le Verbe universel de Dieu : Jésus de Nazareth est le Verbe devenu chair, le *Logos* de Dieu en personne, **la sagesse de Dieu sous forme humaine.** Le juif Philon d'Alexandrie, contemporain de Jésus, avait déjà appelé « Dieu » et « Fils de Dieu » le *Logos* stoïcien universel, mais, fidèle à un strict monothéisme, il l'avait subordonné, comme « deuxième Dieu », à Dieu en tant que tel *(ho théos)*. Mais l'évangéliste Jean est le premier à avoir identifié les titres de *Logos* et de Fils de Dieu avec une personne concrète, avec le Jésus terrestre, et à avoir ainsi conféré au titre de « Fils de Dieu » une plénitude personnelle qu'il n'avait pas chez Philon et qui était inacceptable pour des juifs [114].

Mais il ne faut jamais oublier non plus que la sagesse de Dieu n'agit pas seulement en Jésus, mais partout au milieu des hommes. Leonhardt Goppelt, un spécialiste du Nouveau Testament, s'est attaqué à cette problématique difficile : « Le *Logos* du prologue **devient** Jésus ; Jésus est le *Logos* fait chair, mais non le *Logos* comme tel [115]. » Et Hans Conzelmann montre que ce qui intéresse Jean, ce n'est pas une christologie de la préexistence, mais une christologie de la mission et de la Révélation : « Ni la préexistence (Jean ne rapporte aucune conversation céleste du Fils avec le Père avant son incarnation), ni l'événement de l'incarnation (il n'y a pas de naissance d'une vierge !) ne sont dépeints. Ils subissent la "réduction" johannique la plus radicale. Les seules choses dépeintes sont celles qui se sont passées après l'Incarnation, l'entrée de Jésus dans le monde. La préexistence et l'Incarnation constituent le repoussoir [*Folie,* en allemand : "tain d'un miroir"] de cette description : elles définissent la provenance invisible [116]. »

Nous ne disposons que depuis peu d'une présentation d'ensemble de la **problématique de la préexistence**, qui prend en compte aussi bien l'état de la question dans l'Ancien et le Nouveau Testament que les tentatives de solution systématiques actuelles (de Harnack et Barth à Rahner et Moltmann). Dans son important ouvrage *Geboren vor aller Zeit ?* [Né avant tous les temps ?] [117], Karl-Josef Kuschel, théologien de Tübingen, a fait ressortir l'essentiel [118] : dans l'évangile de Jean, on ne peut pas parler d'une autodéification par Jésus, pas plus que d'une déification par ses disciples. Les quelques affirmations d'une préexistence du Fils de Dieu ne relèvent précisément pas d'une mythologisation ou d'une spéculation conceptuelle, mais elles sont au service d'une affirmation de la mission, à visée sotériologique, familière aux juifs depuis plusieurs siècles : le Sauveur vient de Dieu. La christologie de Jean n'est pas une christologie de la préexistence, mais une christologie de la mission et de la Révélation, où les affirmations d'une préexistence ont pour fonction de souligner l'importance du Sauveur et Messie Jésus de Nazareth [119]. C'est dire que « ce qui compte dans les écrits johanniques, ce n'est pas les affirmations sur la préexistence de Jésus en elle-même et pour elle-même, pas plus que les spéculations sur des entités divines existant de toute éternité ou la pensée d'une préexistence de l'homme Jésus au sens temporel, mais l'affirmation

LE PARADIGME JUDÉO-APOCALYPTIQUE

fondamentale pleine de confiance : l'existence de Jésus-Christ "dans le monde" relève de l'initiative de Dieu [120] ».

Mais comment comprendre dès lors **l'unité entre le Père et le Fils**, que l'évangile de Jean souligne précisément avec force ? Réponse : quand l'auteur écrit que le Père et Jésus sont « un [121] », « il ne s'agit pas d'énoncés métaphysiques sur une unité entre le Père et le Fils », pas plus que dans d'autres énoncés johanniques semblables (K. H. Schelkle [122]). Il ne s'agit pas encore d'une unité selon les catégories de l'ontologie hellénistique, mais – dans une perspective non métaphysique, mais personnelle – d'une « unité d'effectuation » (J. Gnilka [123]), d'une « unité d'action » (E. Mussner [124]), d'une unité de révélation : « Celui qui m'a vu [moi, l'homme] a vu le Père [Dieu] [125]. » C'est pourquoi, contre toute théologie engagée dans des spéculations métaphysiques (à la Karl Barth), Kuschel écrit à juste titre qu'en **soulignant l'unité**, Jean ne s'engage « ni dans des spéculations mythologiques ni dans des conceptualisations métaphysiques sur la divinité de Jésus, l'être divin ou la nature divine [126] ». Les exégètes catholiques et protestants s'accordent aujourd'hui sur ce point : « Jean ne s'interroge pas sur la nature et l'être métaphysiques du Christ préexistant ; il ne s'agit pas pour lui de reconnaître deux personnes divines préexistant à l'Incarnation, qui seraient unies dans l'unique nature divine. Ce schéma de représentation est totalement étranger à Jean. Lui est tout aussi étrangère la représentation d'une "génération intra-divine" [127]. »

De quoi s'agit-il donc, positivement, chez Jean ? Il s'agit, pour lui, de « confesser que la Parole présente auprès de Dieu de toute éternité, le Verbe de Dieu et donc Dieu lui-même est devenu homme en Jésus de Nazareth ; Jésus **est** en personne le Verbe éternel de Dieu, non parce que des hommes croient en lui ou affirment qu'il l'est, mais parce qu'il l'est de par Dieu. Jésus **est** le Fils éternel de Dieu, non parce que des hommes l'auraient compris ainsi ou l'auraient rendu plausible, mais parce qu'il l'est, qu'il l'a "toujours été" de par Dieu [128] ». Cette explication ne fait pas encore éclater structurellement le cadre conceptuel de ce que peuvent croire des juifs et des judéochrétiens. Au contraire, la **christologie du judéochrétien Jean** reste encore totalement inscrite dans l'horizon de compréhension juif de son temps. Elle fait **partie du paradigme judéochrétien originel**.

Mais qu'en est-il alors de l'apôtre Paul, dont la christologie très élaborée est souvent rendue responsable du déracinement des chrétiens de leur terre nourricière juive ?

La foi du juif Paul en continuité avec Jésus

Quoi que nous puissions être amenés à dire de la position de l'ancien pharisien de la tribu de Benjamin à l'égard de la Loi juive, nous ne pourrons comprendre Paul qu'à partir de ses origines juives. Sa théologie reste parfaitement en continuité avec le message de Jésus et reste donc pleinement enracinée dans le terreau juif.

Nous ne comprendrons rien aux grands thèmes de la théologie paulinienne si nous oublions cette continuité. Paul partage avec Jésus :
– l'attente du Royaume de Dieu imminent ;
– la reconnaissance du caractère pécheur de l'homme ;
– l'appel à la foi et à la conversion ;
– la croyance en l'action de Dieu dans l'histoire ;
– la foi dans le Dieu d'Israël comme Dieu de tous les peuples ;
– la foi comprise comme confiance inconditionnelle faite à Dieu et la conviction que le pécheur sera justifié en vertu de cette confiance en Dieu, sans qu'il l'ait mérité par ses actes ou sans qu'il puisse le mériter par son obéissance à la Loi ;
– l'amour de Dieu et du prochain comme accomplissement effectif de la Loi : obéissance inconditionnelle à Dieu et existence désintéressée pour nos prochains.

Dans sa reformulation géniale du message de Jésus – qu'il interprète maintenant à la lumière de la mort et de la résurrection de Jésus –, Paul n'a pas forgé un nouveau système, il n'a pas créé de nouvelle « **substance de la foi** ». En juif qu'il est, il a construit sur ce fondement, qui, selon ses propres paroles, a été posé par Dieu une fois pour toutes : **Jésus-Christ** [129]. Celui-ci est origine, contenu et norme critique de toute prédication, y compris celle de Paul. A la lumière d'une situation toute différente, après la mort et la résurrection de Jésus, il ne représente pas une autre cause, mais bien toujours la même : la **cause de Jésus**, qui n'est rien d'autre que la cause de Dieu et la cause de l'homme – mais scellée maintenant par la mort et la résurrection, bref la **cause de Jésus-Christ**[130]. Ce Jésus-Christ dont il a fait l'expérience vivante est pour Paul origine et critère de la nouvelle liberté, le centre immuable et la norme de ce qui est chrétien.

Dans la **substance de la foi**, Paul ne se distingue donc en rien des judéochrétiens, qui veulent s'en tenir à la loi de Moïse. Il place, lui aussi, au centre de sa foi :
– la foi en Jésus, le Messie-Christ de Dieu, qu'il nous revient de suivre dans la pratique ;
– le baptême en son nom ;
– la célébration de la Cène en souvenir de lui.

Mais dans sa christologie précisément, Paul ne s'est-il pas nettement éloigné du judaïsme ? Ne trouvons-nous pas chez Paul la représentation d'une préexistence personnelle de Jésus, Fils de Dieu, ce qui est quelque chose d'inouï dans le judaïsme et qui entre en conflit avec le monothéisme juif ?

Préexistence du Fils chez Paul ?

Karl-Joseph Kuschel a aussi examiné pas à pas la prétendue « christologie de la préexistence » de l'apôtre **Paul**, en tenant compte de l'état actuel des recherches exégétiques, et il constate ceci[131] :
– Paul n'a précisément pas mis à profit – et c'est étonnant – pour sa christologie les énoncés sur la préexistence qui étaient « déjà là » dans l'apocalyptique et dans la théologie sapientielle juives.
– En reprenant un texte comme l'hymne des Philippiens[132], qui est sans doute le premier texte du Nouveau Testament comportant un énoncé christologique sur la préexistence, il n'a pas mis l'accent sur l'origine céleste, mais bien sur l'abaissement et sur la croix.
– Dans toute sa christologie, Paul n'a jamais montré le moindre intérêt pour l'explicitation du « mode d'être » céleste du Christ auprès de Dieu.
– Au contraire, du début à la fin de sa théologie, l'apôtre développe une pensée, sur un horizon apocalyptique (attente d'une fin imminente), tout entière concentrée sur le Crucifié ressuscité.

Kuschel conclut en ce qui concerne Paul :

> **La christologie authentique de Paul ne contient pas d'affirmations sur un être de Jésus avant le monde ou avant le temps comme tel** (soit dans le sens d'un énoncé direct sur « l'être auprès de Dieu » avant son apparition sur la terre, soit dans le sens d'une médiation propre dans la Création, voire dans le sens d'une identification avec Dieu), même si Paul n'éprouvait aucune difficulté à reprendre à son compte une affirmation de la préexistence issue de la communauté hellénistique. Des affirmations de la préexistence n'ont pas, comme telles, de signification pour lui. A prendre le mot dans son sens strict, le terme de « préexistence » ne peut conduire qu'à des malentendus s'agissant de la théologie paulinienne ; il est inutilisable et on devrait désormais éviter de l'employer. Les confessions de Paul se rapportent à l'origine, à la provenance et à la présence du Christ à partir de Dieu et en Dieu, mais non à une « existence » temporelle avant le monde comme telle [...]. Pour Paul, le Christ est la Sagesse de Dieu en personne qui a été crucifiée, non la Sagesse préexistante personnifiée [133].

Sur ce point Paul ne sort pas du cadre de la christologie judéochrétienne en général. Quand il écrit que Dieu a « envoyé » son Fils [134], il ne s'inscrit pas dans un schéma de pensée mythologique d'existence-préexistence, mais dans un schéma prophétique, familier aux juifs depuis plusieurs siècles : de même que Dieu a envoyé les prophètes, il envoie maintenant, en cette fin des temps, le sauveur définitif, Jésus-Christ le Messie. L'exégète hollandais Bas Van Iersel écrit très justement :

> Il est probable que la mission du Fils doit être comprise avec les prophètes envoyés par Dieu auparavant comme toile de fond. L'intention est alors qu'un prophète ne suffit plus à Dieu, mais qu'il envoie son propre Fils qui dépasse les prophètes. Envoyé du ciel ? Ceci n'est pas dit une seule fois, comme c'est bien le cas par exemple en Sg 9,10 en rapport avec la Sagesse. Il n'est jamais dit non plus – comme en Sg 7,7 concernant la Sagesse – que ce Fils était auparavant auprès de Dieu. Au contraire, le Fils qui est envoyé est né sous la Loi, c'est-à-dire à un moment où la Tora était déjà en application, et il est né d'une femme (Ga 4,4), et il est envoyé quand vient la plénitude du temps *(ibid.)*. Ce que Paul écrit au sujet de l'envoi du Fils ne se rapporte absolument pas à une

situation d'avant le commencement de l'histoire, mais à un événement qui suit la naissance de Jésus et qui précède sa résurrection. Envoyé de la part de Dieu, Jésus, en tant que le propre Fils de Dieu, a révélé plus au sujet de Dieu et il a réalisé plus de desseins de Dieu que chaque prophète [135].

Il n'y a donc pas trace chez Paul, pas plus que chez Jean, d'une véritable christologie de la préexistence et donc encore moins d'un Dieu qui serait « trois en un ». La théologie **christocentrique** de Paul reste fondée et trouve son couronnement dans une théologie strictement **théocentrique** : son modèle conceptuel n'est **pas** la **mise sur un pied d'égalité** du Père, du Fils et de l'Esprit, **mais** le **mouvement** de Dieu vers l'homme, « de Dieu par Jésus-Christ dans l'Esprit », et le mouvement de l'homme vers Dieu, « par Jésus-Christ dans l'Esprit vers Dieu ». Il faut le souligner, bien que Paul, par sa mission auprès des païens libérés de la Loi, ait déjà inauguré le tournant paradigmatique vers le christianisme des païens, à aucun moment sa christologie n'a ébranlé le monothéisme juif. Souvent, pour distinguer les différents « rôles » et fonctions du Père, du Fils et de l'Esprit, il emploie trois prépositions différentes (par exemple : « de Dieu », « par le Christ », « dans l'Esprit »), ou encore il leur attribue des qualités et des activités différentes. Paul n'utilise pas volontiers le mot « **Seigneur** » pour parler de Dieu même, parce qu'il utilise le plus souvent ce mot pour désigner le « Seigneur » Jésus – afin de destituer les nombreux seigneurs et dieux de la terre. A l'inverse, Jésus n'est pratiquement jamais appelé « **Dieu** ».

Dieu ? Pourquoi donc n'est-il jamais question du Dieu « un et trine » ? Le Nouveau Testament ne devrait-il pas parler de ce Dieu « trois en un » ou « trinitaire », de la « Trinité », s'il s'agit là, comme le prétendent bien des théologiens, du « mystère central » du christianisme ? Mais où, dans le Nouveau Testament, est-il question d'une trinité ?

6. LA FOI DES JUDÉOCHRÉTIENS

Dans la **communauté judéochrétienne originelle**, la foi dans le Dieu unique allait tellement de soi que la pensée d'une concurrence par un autre être divin était exclue dès l'abord. Que le Crucifié ait été élevé par Dieu auprès de Dieu et qu'il occupe maintenant la place d'honneur « à la droite de Dieu » (dans la droite ligne du psaume 110), que la résurrection l'ait élevé au rang de « Seigneur et Messie »[136] et qu'il soit maintenant celui qui montre le chemin, le sauveur et le juge du monde qui doit venir, tout cela n'était pas considéré dans le paradigme judéochrétien – y compris chez Paul et chez Jean – **comme faisant concurrence à la foi dans le Dieu unique, mais comme sa conséquence**. Jésus-Christ est la personnification de la seigneurie et du Royaume de Dieu, dont nous pouvons dès à présent faire l'expérience dans l'Esprit. Le signe sensible de la foi est le baptême, d'abord « au nom de Jésus », et finalement aussi – développement liturgique de la formule christologique dans la communauté de Matthieu – « au nom du Père, du Fils et du Saint-Esprit » : le baptême se fait d'après le nom et au nom de celui (le Fils) en qui le Dieu unique lui-même (le Père) est avec nous par son Esprit (le Saint-Esprit). Mais il n'y a pas de doctrine trinitaire dans le Nouveau Testament.

L'absence de doctrine trinitaire
dans le Nouveau Testament

Les formules triadiques ne manquent pas dans le Nouveau Testament, mais pas un mot d'une « unité » de ces trois entités très différentes, d'une unité à un même niveau divin. Il y a, certes, dans la première lettre de Jean, une phrase (appelée *comma Johanneum*) qui, après avoir cité l'Esprit, l'eau et le sang, en vient à évoquer le Père, le Verbe et l'Esprit qui sont « un »[137]. Mais l'exégèse historico-critique a révélé que cette phrase était un ajout du IIIe ou du IVe siècle, en provenance d'Afrique du Nord ou d'Espagne, et il n'a donc servi à rien aux autorités inquisitoriales romaines de chercher à défendre l'authenticité de cette phrase encore au début de notre siècle [138].

Autrement dit, pour parler clair et net, dans le judéochristianisme, et même dans tout le Nouveau Testament, nous trouvons certes la **foi en Dieu le Père, en Jésus le Fils et en Dieu Esprit saint**, mais **aucune doctrine d'un Dieu unique en trois personnes (ou modes d'être)**, aucune doctrine d'un Dieu « trois en un », d'une « trinité ». Mais comment le Nouveau Testament comprend-il les relations entre le Père, le Fils et l'Esprit ?

Il n'y a sans doute pas de texte plus intéressant dans le Nouveau Testament pour comprendre la relation entre Père, Fils et Esprit que les paroles d'Étienne, le premier martyr, rapportées par Luc dans les Actes. Étienne a une vision : « Rempli de l'Esprit saint, il fixa les ciel : il vit la gloire de Dieu et Jésus debout à la droite de Dieu. "Voici, dit-il, que je contemple les cieux ouverts et le Fils de l'homme debout à la droite de Dieu" [139]. » Il est donc question ici de Dieu, de Jésus, le Fils de l'homme, et du Saint-Esprit. Mais Étienne ne voit pas une sorte de divinité à trois visages, encore moins trois hommes de même stature, pas non plus un triangle symbolique, comme celui qui figurera dans l'art chrétien occidental plusieurs siècles après.

– Le **Saint-Esprit** est du côté d'Étienne, il est en lui. L'Esprit, force et puissance invisible issue de Dieu, le remplit tout entier et lui ouvre les yeux : « dans l'Esprit » le ciel s'ouvre à lui.

– **Dieu** lui-même (*ho theos* : « le » Dieu comme tel) reste caché, il n'a pas forme humaine ; seule sa « gloire » (en hébreu *kabod*, en grec *doxa*) est visible : elle est la gloire et la puissance de Dieu, la splendeur lumineuse qui sort entièrement de lui.

– **Jésus** enfin, visible comme le Fils de l'homme, se tient debout (et nous savons déjà ce que signifie cette formule) « à la droite de Dieu », c'est-à-dire en communauté de trône avec Dieu, ayant même pouvoir et même seigneurie ! Exalté comme Fils de Dieu et accueilli dans la vie éternelle de Dieu, il est le représentant de Dieu pour nous, et en même temps, comme homme, il est le représentant des hommes devant Dieu.

HISTOIRE

Que signifie croire dans le Père, le Fils et l'Esprit ?

Dans la ligne de l'Écriture, on pourrait définir ainsi les relations entre le Père, le Fils et l'Esprit :
– Dieu, le Père invisible, **au-dessus** de nous ;
– Jésus, le Fils de l'homme, comme Parole de Dieu et Fils, **avec** nous ;
– l'Esprit saint, comme force et amour de Dieu, **en** nous.

L'apôtre **Paul** voit les choses de façon très comparable : Dieu lui-même opère le salut **par** Jésus-Christ **dans** l'Esprit. Et nous-mêmes, de notre côté, nous devons adresser notre prière **à** Dieu **dans** l'Esprit **par** Jésus-Christ : les prières s'adressent à Dieu le Père lui-même *per Dominum nostrum Jesus Christum*. Le pouvoir, la puissance, l'Esprit de Dieu appartiennent à ce point à Jésus, à titre de Seigneur exalté par Dieu, qu'il est non seulement saisi par l'Esprit et qu'il ne possède pas seulement l'Esprit, mais qu'en raison de la résurrection il est entré lui-même dans le mode d'exister et d'agir de l'Esprit. Et dans l'Esprit, il peut être présent aux croyants : présent non physiquement et matériellement, mais pas non plus de façon irréelle ; il est présent comme réalité spirituelle dans la vie de l'individu et de la communauté croyante, surtout dans le service divin, dans la célébration de la Cène, avec la fraction du pain et le partage du calice en mémoire d'action de grâces pour lui. C'est pourquoi la rencontre de « Dieu », du « Seigneur » et de « l'Esprit » est finalement pour le croyant une seule et même rencontre ; elle est l'action propre de Dieu lui-même, ainsi que l'exprime Paul dans la formule de salutation, par exemple : « La grâce du Seigneur Jésus-Christ, l'amour de Dieu et la communion du Saint-Esprit soient avec vous tous [140] ! »

On pourrait de même parler du Père, du Fils et de l'Esprit dans les discours d'adieu chez **Jean** ; l'Esprit y prend les traits personnels d'un « tuteur » et d'un « aide » (c'est là le sens d'« un autre paraclet », qui n'est pas un « consolateur » [141])... L'Esprit est comme le représentant sur terre du Christ exalté. Il est envoyé par Dieu au nom de Jésus. C'est pourquoi il ne parle pas de lui-même, mais nous rappelle seulement ce que Jésus lui-même a dit.

LE PARADIGME JUDÉO-APOCALYPTIQUE

Il devrait donc être clair que, d'après le Nouveau Testament, **la question clé n'est pas celle de la doctrine trinitaire**, déclarée « mystère » impénétrable *(mysterium stricte dictum)* de l'unité ontologique de trois entités bien différentes, mais la **question christologique** : comment faut-il exprimer, en fidélité à l'Écriture, la relation de Jésus (puis, par voie de conséquence, de l'Esprit) à Dieu lui-même ? A aucun moment, en tout cas, ne doit être remise en question la foi dans le Dieu unique, que le christianisme partage avec le judaïsme et avec l'islam : en dehors de Dieu, il n'y a pas d'autre dieu ! Mais pour entrer en dialogue avec les juifs et les musulmans, il faut précisément avoir compris que le **principe d'unité** n'est manifestement pas, dans le Nouveau Testament, la « nature » *(phusis)* divine commune à plusieurs entités, comme le pensera la théologie du concile de Nicée au IVe siècle. Pour le Nouveau Testament, comme pour la Bible hébraïque, le principe d'unité est, sans ambiguïté aucune, **le Dieu un** (*ho theos* : « le Dieu », c'est-à-dire « le Père »), d'où tout procède et à qui tout retourne.

Quand le Nouveau Testament parle du Père, du Fils et de l'Esprit, il ne s'agit donc pas d'énoncés métaphysiques, ontologiques, sur Dieu en soi et sur sa nature intime, sur l'être intérieur statique de Dieu qui se suffit à lui-même et qui nous est toutefois accessible. Il s'agit au contraire d'énoncés christologiques concernant le salut, sur la façon dont **Dieu se révèle lui-même** dans ce monde par Jésus-Christ : il s'agit de l'action dynamique et universelle de Dieu dans l'histoire, de sa relation à l'homme et de la relation de l'homme à lui. Malgré la grande diversité des « rôles », il y a donc une **unité** entre le Père, le Fils et l'Esprit, à titre notamment **d'événement et d'unité de révélation** : Dieu lui-même devient visible par Jésus-Christ dans l'Esprit. Telle est donc la structure de pensée qui a trouvé place dans le cadre du paradigme judéochrétien, structure qui n'apparaîtrait pas nécessairement étrangère à un juif d'aujourd'hui – à la différence d'un « Dieu trois en un ».

On ne sera donc pas étonné de constater que la première communauté judéochrétienne a toujours insisté par la suite sur cette réalité historique que le Messie et Seigneur Jésus de Nazareth n'a pas été un être divin, un deuxième Dieu, mais un homme issu d'hommes. On ne sera pas étonné de voir qu'elle s'est toujours montrée réticente à l'égard des développements doctrinaux à partir du IIe siècle, quant à la représentation de la préexistence de Jésus-Christ. Eusèbe, historien de l'Église qui est issu du paganochristianisme et qui ne comprend rien au judéochristianisme, fait encore état, aux IIIe-IVe siècles, de cercles judéochrétiens ne voulant pas admettre que Jésus-Christ « a préexisté comme Dieu, *Logos* et Sagesse [142] ». Aussi ne pouvons-nous manquer de nous poser la question : si le Jésus de l'histoire n'a pas proclamé sa propre préexistence (on ne trouve chez lui qu'une christologie implicite) et si la communauté judéochrétienne elle-même (qui offre une christologie explicite) n'a pas fait place à une doctrine de la Trinité, d'où vient donc cette doctrine ? Réponse : elle est un produit du grand changement de paradigme, du passage du paradigme apocalyptique du christianisme primitif au paradigme hellénistique de l'Église ancienne. Nous en traiterons plus loin.

Pour terminer, nous posons la question : comment se poursuit l'histoire du judéochristianisme ? Quel fut le sort de la communauté de Jérusalem et des autres communautés judéochrétiennes qui constituaient – ne l'oublions pas – la communauté chrétienne des origines ?

7. LE SORT DES PREMIERS CHRÉTIENS D'ORIGINE JUIVE

Eusèbe rapporte dans son *Histoire ecclésiastique* [143] que la **communauté** judéochrétienne **primitive de Jérusalem a quitté** cette ville après l'exécution de Jacques, avant la guerre des juifs contre les Romains en l'an 66, et qu'elle s'est installée à **Pella**, au-delà du Jourdain. On a contesté ce fait [144].

La fin de la communauté primitive de Jérusalem

Mais pourquoi exclure d'emblée une émigration si nous considérons que Jésus lui-même a refusé énergiquement d'être choisi pour

« roi », c'est-à-dire comme leader d'une insurrection ? Le Sermon sur la montagne est tout le contraire d'une idéologie de soulèvement national contre l'Empire romain, c'est un message de non-violence. Il se situe dans la ligne de l'attitude des prophètes Isaïe et Jérémie, qui avaient explicitement mis en garde contre la guerre, contre toute révolte armée visant des puissances étrangères beaucoup plus fortes. Et alors que le chef de l'Église primitive, Jacques, et d'autres avaient été exécutés par les autorités juives, les chrétiens auraient dû combattre à leurs côtés dans une révolte contre Rome contraire à leurs convictions ?

D'après des travaux plus récents [145], il est au contraire plausible que du moins des fractions importantes de la communauté primitive aient émigré de Jérusalem en Transjordanie, avant la guerre des juifs contre les Romains, une guerre qui était de toute façon vouée à l'échec :

> La menace et la profonde insécurité qui pesaient sur la communauté de Jérusalem, notamment sur ses membres les plus « en vue », depuis l'exécution de Jacques, le frère du Seigneur [et d'autres chrétiens ?], pendant la vacance du poste de procurateur romain en 62, ont conduit à la décision de tourner le dos à la ville et d'émigrer en terre étrangère la plus proche, la Décapole. Il se peut donc qu'en l'an 62 même un grand nombre de chrétiens de Jérusalem [et d'autres judaïsants ?] aient quitté la région soumise aux autorités juives et aient rejoint – peut-être en passant par Jéricho et la vallée du Jourdain – la ville de Pella, qui fait partie de la Décapole, où ils s'installèrent [pour la plupart ?]. [J. Wehnert [146].]

Nous ne pouvons plus déterminer dans quelle mesure des membres de la communauté primitive sont restés à Jérusalem ou y sont retournés après la guerre. La liste des évêques fournie par Eusèbe [147] ne compte pas moins de quinze « évêques » judéochrétiens à Jérusalem – tous circoncis (peut-être compte-t-il parmi eux des presbytres et des parents de Jésus) – jusqu'en cette fatale année 135 qui, après une nouvelle révolte juive, vit la destruction totale de Jérusalem, la dispersion de tous les juifs, le changement du nom de la ville en *Aelia Capitolina* et donc aussi **la fin de la communauté judéochrétienne de Jérusalem** et de sa primauté dans la jeune chrétienté. C'en était fait de son aura aux yeux des chrétiens d'origine païenne. Des historiens modernes de l'Église n'ont pas craint de qualifier le judéochristianisme de « période paléontologique » pour le discréditer. Ont-ils raison ?

L'histoire ténébreuse du judéochristianisme

Il est vrai que l'histoire du judéochristianisme pendant les siècles suivants constitue l'un des **chapitres les plus obscurs** de l'histoire du christianisme. Pourquoi [148] ? Les raisons principales sont les suivantes :

– tandis que l'« archéologie » européenne s'est d'abord cantonnée exclusivement à l'Antiquité gréco-romaine, la patrologie chrétienne a longtemps vu dans le judéochristianisme (sans esprit critique et dans le prolongement des textes des Pères de l'Église dénonçant les hérésies) une réalité homogène et uniformément hérétique ;

– les théologiens des premiers siècles, de langue grecque ou latine, ne s'intéressaient déjà guère aux manuscrits rédigés dans une langue sémitique, mais voici que venaient s'ajouter à l'hébreu et à l'araméen le syriaque, l'arabe et plus tard l'éthiopien ;

– les communautés judéochrétiennes limitrophes de l'Empire romain, entrées en contact avec des sectes baptistes et gnostiques juives, furent d'emblée soupçonnées d'hérésie ;

– une grande partie des écrits a été perdue, les communautés judéochrétiennes de la région du Tigre et de l'Euphrate n'ayant pas eu la chance des gens de Qumrân au bord de la mer Morte ou des gnostiques de Nag Hammadi en Égypte, dont les écrits ont été conservés, comme on sait, grâce au climat sec du désert.

C'est ainsi que pour les communautés judéochrétiennes du Proche-Orient nous ne disposons souvent – en exagérant à peine – que de quelques rares documents sur un siècle entier, et nous en sommes donc bien plus réduits à des conjectures que pour l'Église occidentale, pour laquelle nous disposons souvent de plusieurs milliers de pages sur une décennie. Et tandis que Simon-Pierre est cité environ 190 fois dans le Nouveau Testament, Saul-Paul environ 170 fois, Jacques, quant à lui, n'est cité que 11 fois (3 fois seulement dans les Actes), ce qui, de l'avis d'un certain nombre d'exégètes contemporains, témoigne d'une éviction du judéochristianisme (et des frères de Jésus) de l'Église chrétienne d'origine païenne. Est-il vrai, comme le prétendent également des historiens de l'Église traditionnelle, que le judéochristianisme ne tarda pas à devenir une **secte hérétique** ? Les chercheurs ne contestent en tout cas plus aujourd'hui la survie, même après la chute de Jérusalem en 70, d'une mouvance judéochrétienne, et nombre de spécialistes se vouent à la tâche passionnante de repérer **les traces les plus anciennes** du judéochristianisme avec ses nombreuses ramifications [149].

On reconnaît aujourd'hui généralement que la **source de logia (paroles) appelée « Q »** (abrégée ainsi dans les travaux de recherche, traduite par un heureux hasard de l'araméen en grec et intégrée dans les évangiles de Matthieu et de Luc), qui a conservé des paroles de Jésus des tout premiers temps, est d'origine judéo-chrétienne [150]. Sont également issus du milieu judéochrétien l'**évangile de Matthieu** (rédigé vers 80, peut-être à Antioche), l'**épître de Jacques** et l'**évangile de Jean** (vers 100) – précisément parce que, nous l'avons vu, le conflit avec les « juifs » est encore plus aigu que chez Matthieu. Mais trouve-t-on aussi des traces du judéochristianisme en dehors du Nouveau Testament ?

A la recherche de traces du judéochristianisme

Viennent s'ajouter aux écrits du Nouveau Testament les **trois évangiles judéochrétiens non canoniques** (reconstitués à partir de fragments des Pères de l'Église) : l'évangile des Hébreux, l'évangile des nazoréens et l'évangile des ébionites ; ce dernier pourrait bien être apparenté à l'évangile de Matthieu, mais, comme l'évangile le plus ancien (Marc), il renonce à l'histoire de l'enfance et comprend la filiation divine de Jésus à partir de la descente du Saint-Esprit lors du baptême [151]. Si l'on peut se fier à l'hypothèse de Louis Martyn, un spécialiste américain du Nouveau Testament, des judéochrétiens semblent même avoir encore conduit une mission auprès des païens, en exigeant l'observance de la Loi [152]. Il se pourrait que ce soient eux qui se cachent déjà derrière les **opposants à Paul en Galatie** (à Philippes aussi) ; ils voient manifestement le

Christ à la lumière de la Loi divine [153] – au lieu de voir, comme Paul, la Loi à la lumière du Christ ; et, parce qu'ils observent la Loi (circoncision, fêtes, règles de pureté), ils se prétendent les véritables fils d'Abraham [154]. Un autre écrit judéochrétien, ***L'Ascension d'Isaïe*** (100-130), est également révélateur : un groupe de prophètes, sur horizon apostolique, attribuent au prophète Isaïe des révélations et expriment justement de la sorte leur fidélité à Jésus, en qui ils reconnaissent le Messie [155].

D'autres pièces de la tradition paraissent aussi témoigner de la **persistance de judéochrétiens** qui se réclament de Pierre ou de Jacques au lieu de Paul, et qui ne sont pas encore contaminés par la gnose ; ces pièces ont été intégrées dans un **roman chrétien** (attribué à Clément de Rome, d'où leur dénomination de « Pseudo-Clémentines ») **où il est question de retrouvailles** (la conversion du Romain Clément, accompagnateur de Pierre en Palestine et en Syrie, et les retrouvailles avec sa famille qu'il croyait morte) : outre les « prédications de Pierre » *(kerygmata Petrou)*, il y a surtout les « ascensions de Jacques » *(anabathmoi)* [156].

L'arrière-plan est constitué ici de judéochrétiens de langue grecque, sans doute en Transjordanie dans la deuxième moitié du IIe siècle, qui pratiquent le baptême au nom de Jésus, mais qui continuent à observer la Loi de Moïse (y compris sans doute la circoncision). Ils vénèrent Jacques comme chef de la communauté de Jérusalem et condamnent Paul, dont la mission affranchie de la Loi aurait empêché l'éventuelle conversion de tout le peuple juif au Messie Jésus. Ce qui sépare cette communauté judéochrétienne de la nouvelle grande Église d'origine païenne, c'est son insistance sur l'observance de la Loi, mais ce qui la distingue du courant majoritaire du judaïsme, c'est sa foi en Jésus, qui est un prophète comme Moïse et qui s'identifie au Messie que tant de juifs ont attendu [157].

Il y a, par ailleurs, en Syrie des communautés judéochrétiennes fidèles à la Loi ; elles sont attestées par la ***Didaskalia*** [Instruction] des apôtres. Dans la vallée du Jourdain et sur le cours supérieur de l'Euphrate, on trouve les adeptes d'**Elchasaï**, qui constituent une secte judéochrétienne, mais de tendance gnostique et syncrétiste.

Des synodes chrétiens ont été amenés à prendre position contre les usages judéochrétiens, manifestement répandus encore à l'époque du tournant constantinien : en Espagne, le synode d'Elvire (vers 305), en Asie Mineure le synode de Laodicée (entre 343 et 381). Et vers la fin du IVe-début du Ve siècle, Jérôme rapporte encore l'existence d'une petite communauté judéochrétienne de **nazaraei** *(nazareni)* – qui n'est manifestement pas encore séparée de la grande Église – à Beröa (Alep, en Syrie) : ils reconnaissent en Paul l'apôtre des Gentils, mais utilisent manifestement un évangile de Matthieu en hébreu[158].

Toujours est-il que nous sommes infiniment mieux renseignés sur les chrétiens d'origine païenne du Proche-Orient – du point de vue de l'orthodoxie chalcédonienne, ils seront eux aussi considérés plus tard, pour la plupart, comme « hérétiques » (en tant que monophysites ou nestoriens) – que sur cette chrétienté d'origine juive qui, après la chute de Jérusalem, a gardé d'anciennes façons de croire et de vivre et qui a sans doute toujours son centre en Palestine et dans les régions avoisinantes ; mais elle a aussi des adeptes jusqu'à Rome, en Égypte, en Mésopotamie et dans le sud de l'Arabie. D'après nos sources patristiques, qu'il convient de lire avec un esprit critique, il faut en tout cas distinguer **différents groupements**, dans différentes régions et porteurs de noms différents, même s'il est difficile de reconstruire historiquement ce qui se cache réellement derrière ces noms[159] : tandis que le mot « nazoréens » (qui rappelle le « nazoréen » Jésus) renvoie à l'appellation hébraïque ou araméenne des chrétiens par les juifs (à distinguer sans doute des « nasaréens », une secte préchrétienne), le mot « ébionites » (les « pauvres » devant Dieu) correspond à l'autodésignation d'un groupe judéochrétien déterminé (il n'y a pas eu d'« Ébion ») ; les « cérinthiens », les « symmaquiens » et les « elchasaïtes » renvoient à des personnes (Cérinthe, Symmaque, Elchasaï).

*Héritiers hérétiques ou légitimes
de la chrétienté primitive ?*

Nous avons déjà décrit dans le chapitre sur le contexte juif et le centre chrétien ce qui nous permet de qualifier tous ces groupements de **judéochrétiens** au sens strict : les judéochrétiens incarnent – pour faire bref, là encore – **cette forme du christianisme** dont les membres (pour la plupart d'origine juive) **ont lié leur foi en Jésus, le Messie, à l'observance des lois rituelles juives**. Ces judéochrétiens entendaient suivre Jésus en observant la Loi. Ces chrétiens, ces juifs, qui restaient aussi assez souvent en contact avec la grande Église et célébraient parfois simultanément le sabbat et le dimanche, voulaient conserver la théologie et le mode de vie typiquement juifs.

Ces communautés judéochrétiennes, ignorées très tôt par les chrétiens d'origine païenne, de formation classique, étaient appelées à être méprisées et finalement – parce qu'elles ne pouvaient pas suivre les développements de la christologie hellénistique, de plus en plus éthérés et complexes – **considérées comme hérétiques** : d'abord par des évêques comme Ignace d'Antioche, qui avait déjà exclu catégoriquement, dès 110, tout lien entre la foi dans le Christ et les pratiques juives[160], puis, vers 180-185, par Irénée de Lyon, qui écrivait lui aussi en grec et qui rangeait explicitement les judéochrétiens – qu'il confondait allégrement avec les ébionites (c'est chez lui que ce nom apparaît pour la première fois) – parmi les « hérétiques »[161].

Avant lui pourtant, un Père de l'Église, **Justin le Martyr** (Hégésippe aussi), lui-même originaire de Palestine (Naplouse), qui était bien informé sur le judaïsme et qui avait fait état, vers le milieu du IIe siècle, de ces judéochrétiens, avait encore une vision bien plus nuancée du judéochristianisme aux formes si diverses. Il évitait le mot « hérétique » et faisait une nette différence entre, d'une part, le grand nombre des **judéochrétiens orthodoxes**, qui conservaient, il est vrai, les lois rituelles juives et la circoncision, sans prétendre, pas plus que Paul ou le concile des apôtres, les imposer aux Gentils, et, d'autre part, les **judéochrétiens légalistes**, inacceptables de son point de vue, qui voulaient imposer la Loi comme nécessaire au salut, y compris aux chrétiens d'origine païenne. Selon Justin, les judéochrétiens reconnaissent en Jésus le Messie-Christ, mais ils voient en lui « un homme issu d'hommes », « choisi » pour être le Messie-Christ[162]. Mais affirmer cela, était-ce déjà hérétique ? En Orient, en tout cas, on se montre moins négatif à l'égard du judéochristianisme – c'est le cas d'Origène et d'Eusèbe, par exemple : pour une part, on le connaît encore par expérience personnelle. Il faut attendre Épiphane de Salamis, le spécialiste des hérésies, pour voir figurer, dans sa célèbre présentation de quatre-vingts hérésies datée des années 374-377 (appelée *Panarion*), plusieurs groupements judéochrétiens qu'il a connus personnellement ou à travers des textes qui se sont perdus. Il est difficile de vérifier historiquement ce qui se cache réellement derrière chacun de ces noms d'hérésies ! Des nazoréens il ne dit que ceci : « Les nazoréens reconnaissaient certes en Jésus le Fils de Dieu, mais ils vivaient par ailleurs en totale conformité avec la Loi juive [163]. »

Cet énoncé ne peut pas être hérétique, ne fût-ce que parce que les premiers disciples de Jésus, la plus grande partie de la communauté primitive et tous les missionnaires chrétiens que nous connaissons étaient juifs, plus exactement – nous l'avons vu – judéochrétiens (que pouvaient-ils être d'autre ?). Et ils s'en sont tenus en principe à la Loi et à la circoncision ; ils ont représenté une **christologie typiquement juive** qui alliait, de façon éclairante, la foi dans le Messie et l'observance de la Loi et qui ne serait étiquetée « hérétique » que plus tard (parce que prétendument « naturelle » ou « adoptianiste »). On a distingué sept types de christologies judéochrétiennes, qui ne s'excluent absolument pas les uns les autres [164]. Trois christologies d'« en bas » : royale (Jésus comme « fils de David »), prophétique (il est le « nouveau Moïse ») et sacerdotale (Jésus « grand prêtre ») ; quatre christologies d'« en haut » : celle du « Fils de l'homme », celle du Christ situé au-dessus de tous les anges, celle du « Fils de Dieu » et celle du « Verbe de Dieu » – toutes ces représentations ayant un fond clairement juif.

La christologie commença en effet, on le sait, modestement, d'« en bas », à partir de la perspective des disciples juifs de Jésus ; pas de hautes spéculations métaphysiques, mais de simples questions : « Qui donc est cet homme [165] ? », et : « De Nazareth peut-il sortir quelque chose de bon [166] ? » Si l'on voulait condamner *a posteriori* tous les chrétiens d'avant le concile de Nicée en fonction de ce concile, les judéochrétiens ne seraient pas les seuls hérétiques, mais aussi bien presque tous les Pères de l'Église grecs le seraient (au moins hérétiques objectivement parlant) ; ils enseignaient en effet tout naturellement une **subordination** du « Fils » au « Père » (c'est la doctrine appelée « subordinatianisme », qui sera considérée comme hérétique par le concile de Nicée selon le critère, postérieur, d'une « identité de substance », (« homo-ousie », « consubstantialité »). Dès lors la question se pose presque nécessairement : si la norme n'est plus le Nouveau Testament mais le concile de Nicée, qui donc, dans l'Église ancienne des premiers siècles, pourrait encore se réclamer de l'orthodoxie ?

Quel que soit le jugement que l'on portera sur telle ou telle source judéochrétienne, les travaux actuels mettent davantage en lumière la **continuité** entre le judéochristianisme et les débuts de la communauté chrétienne primitive, et ils y voient moins une distorsion hérétique. Les judéochrétiens apparaissent comme les **héritiers légitimes de la communauté primitive,** tandis que le reste du Nouveau Testament reflète pour l'essentiel la vision du christianisme, d'origine païenne, défendue par Paul et ses disciples.

Georg Strecker, exégète à Göttingen, qui a bien mérité de la recherche concernant les judéochrétiens, met très bien en lumière l'importance théologique actuelle du judéochristianisme pour les relations entre chrétiens et juifs :

> Dans l'universalité de ses manifestations, qui ne se limitent pas aux temps les plus anciens, mais qui se sont diversement concrétisées jusqu'à nos jours, le judéochristianisme se révèle être un pont entre la Synagogue et l'Église. Face à la Synagogue, il témoigne que l'événement Jésus accomplit les promesses faites aux Pères et que la volonté de Dieu révélée dans l'Ancien Testament se réalise. Face à l'Église, il fait valoir l'héritage juif et représente ce à quoi Israël peut toujours prétendre. Si le judéochristianisme ne saurait être identifié avec une christologie ébionite « naturelle » (nous y trouvons également la représentation de la préexistence), il peut, en faisant retour aux fondements historiques de la foi chrétienne, aider dans la grande Église et hors de l'Église à ne pas trop céder à la tentation du docétisme et de la spiritualisation [167].

Le judéochristianisme agit donc comme un correctif critique contre une christologie trop éthérée, exposée au danger du docétisme et de la spiritualisation !

Depuis Épiphane, il est vrai, le judéochristianisme est étiqueté comme hérétique, en Orient aussi. Et en 386-387, Jean Chrysostome se fait un devoir de donner huit sermons antijuifs à Antioche [168], où il s'en prend à des chrétiens qui se montrent attirés par le culte de la synagogue, par les fêtes et les usages juifs (y compris la circoncision). Mais après la première moitié du Ve siècle, les traces du judéochristianisme semblent se perdre de plus en plus. Les tendances syncrétistes deviennent plus fortes. Que sont donc devenus les groupements judéochrétiens ? Ni le judaïsme ni la grande Église ne peuvent les avoir totalement absorbés.

Deux pistes – que nous ne pourrons pas suivre de façon plus détaillée ici – conduisent aujourd'hui en Afrique et en Inde :

– En **Éthiopie**, le christianisme monophysite officiel semble reposer sur un paradigme judéochrétien antérieur, ainsi que j'ai pu l'observer à une fête de l'Épiphanie, lors d'une visite à Addis-Abeba : vénération de l'arche d'alliance de Moïse *(Tabot)* ; langue liturgique d'origine sémitique ; prêtres qui chantent des psaumes et dansent au son du tambour et des trompettes ; parallèlement au baptême, il y a la circoncision ; célébration du dimanche et du sabbat ; enfin, prescriptions particulières concernant le jeûne et l'alimentation (interdiction de la viande de porc)[169].

– Dans le **sud de l'Inde** vit un groupe ethnique particulier de 70 000 hommes environ, appelés « chrétiens tekkumbagam ou sothistes », dont la tradition locale d'un Thomas de Cana (Canaan ?) rapporte qu'ils sont venus au Kerala avec 72 familles chrétiennes de Syrie ou de Mésopotamie, en l'an 345 : des judéochrétiens qui croyaient en Jésus, le Messie pour les juifs, alors que les chrétiens qui vivaient déjà au Kerala étaient des disciples de l'apôtre Paul[170].

Mais une troisième piste était encore plus riche de conséquences à l'époque. Il y avait, en effet, le noble Perse **Mani** (en grec *Manes*, *Manichaios*, 216-276), qui, à la suite de Zarathoustra, du Bouddha et surtout du Christ compris dans un sens gnostique, voulut fonder une nouvelle religion « chrétienne » mondiale ; celle-ci s'étendit et devint effectivement, aux IIIe-IVe siècles, un concurrent sérieux du christianisme de l'Atlantique à la Chine, du Caucase à la mer indienne : c'est le **manichéisme**, dualiste et ascétique. Mais on a découvert de nos jours – d'après la tradition transmise par le bibliographe arabe Ibn an-Nadim et d'après le Codex grec de Mani trouvé à Cologne[171] – que **dans sa jeunesse Mani avait fait partie de la secte des elchasaïtes** : « Par l'intermédiaire du judéochristianisme, Mani a subi des influences juives, comme l'attachement à la Loi et la pensée apocalyptique », dit Alexander Böhlig, le spécialiste de Mani à Tübingen, à l'occasion d'un congrès sur le Codex de Cologne : « Les baptistes, au milieu desquels Mani a grandi, étaient des elchasaïtes. Ils faisaient remonter leur loi à Elchasaï [...]. Le caractère légal du judéochristianisme explique le caractère légal du manichéisme [172]. » Les elchasaïtes font donc la jonction entre d'un côté le baptisme palestinien et le judéochristianisme, de l'autre le manichéisme. Mais il y a encore une autre piste, beaucoup plus importante, et qui conduit beaucoup plus loin.

8. LE JUDÉOCHRISTIANISME ET LE CORAN

Une autre influence, plus surprenante, du judéochristianisme nous occupera plus longuement, dans une perspective œcuménique précisément. Si nous pouvons faire confiance aux travaux des spécialistes, les communautés judéochrétiennes, avec leur théologie, pourraient bien avoir exercé une influence qui serait d'importance universelle – en dépit de tous les dénigrements et les confusions et par-delà les tentatives d'élimination : cela se passe en Arabie, par l'intermédiaire du mouvement de réforme monothéiste déclenché par le **prophète** arabe **Muhammad**, six cents ans après la mort de Jésus et trois cents après le concile de Nicée.

Le judéochristianisme dans la péninsule Arabique ?

Depuis longtemps les chercheurs chrétiens eux-mêmes discutent de relations souterraines entre le judéochristianisme et le message coranique [173]. Dès 1926, le grand exégète protestant **Adolf Schlatter** écrivait dans son *Histoire de la chrétienté primitive* :

> L'Église judaïque ne s'était toutefois éteinte qu'en Palestine, à l'ouest du Jourdain. Des communautés chrétiennes de mœurs juives survécurent, en revanche, dans les régions orientales, dans la Décapole, dans le Basan, chez les Nabatéens, en bordure du désert de Syrie et jusqu'en Arabie, totalement coupées du reste de

la chrétienté, sans communion avec elle [...]. Le juif ne fut plus pour le chrétien qu'un ennemi et l'Église fit sienne la mentalité grecque, qui fermait les yeux sur les massacres des généraux Trajan et Hadrien – un châtiment bien mérité pour les juifs méchants et méprisables. Ses leaders eux-mêmes, qui vivaient et enseignaient à Césarée, tels Origène et Eusèbe, restent étonnamment silencieux sur la fin de Jérusalem et de son Église. Les renseignements qu'ils nous fournissent sur la communauté judaïque qui a survécu à la ruine de Jérusalem sont tout aussi maigres. Ces chrétiens, parce qu'ils ne se soumettaient pas à la loi des autres communautés chrétiennes, étaient hérétiques et s'étaient donc séparés d'elle.

Mais il ajoutait :

Aucun des leaders de l'Église impériale ne se doutait qu'un jour viendrait où cette chrétienté méprisée par eux ébranlerait le monde et renverserait une grande partie du système ecclésiastique qu'ils avaient édifié. Ce jour vint quand Muhammad reprit à son compte l'héritage jalousement préservé par les chrétiens judaïsants, leur conscience de Dieu, leur eschatologie annonciatrice du jour du Jugement, leurs mœurs et leurs légendes, et qu'il entreprit un nouvel apostolat au titre d'« envoyé de Dieu »[174].

Monothéisme, donc, au lieu du dogme trinitaire, christologie du serviteur au lieu de la christologie des deux natures : Adolf von Harnack[175] et, plus tard, Hans-Joachim Schoeps[176] avaient déjà discuté et corroboré cette thèse de l'influence du judéochristianisme sur le Coran. Des chercheurs contemporains comme Christopher Buck en arrivent eux aussi à cette conclusion : « Au fil du temps, les ébionites, conjointement avec les baptisés sabéens, semblent avoir pénétré l'Arabie. Cette fécondation conduit à l'hypothèse que le Coran refléterait une prophétologie ébionite[177]. » Georg Strecker écrit qu'il est « incontestable » que « l'**islam** n'était pas seulement ouvert à des influences juives et chrétiennes, mais aussi judéochrétiennes, même s'il s'agit là d'un domaine de recherche encore largement inexploré »[178]. Le **paradigme judéochrétien** originel pourrait donc avoir survécu sous une forme ou une autre. Mais y a-t-il vraiment un lien avec le Coran ? Il faut noter, quelle que soit la réponse, que plus d'un siècle sépare la communauté judaïsante du Coran (IVe-Ve siècles).

S'agissant d'un **pont éventuel entre le judéochristianisme et le Coran**, on ne pensera pas directement aux nazoréens du christianisme primitif. Depuis Harnack, on pense à des judéochrétiens marqués par le gnosticisme, comme les elchasaïtes, que des travaux récents tendraient à identifier avec les « sabéens » nommés dans le Coran [179]. Quoi qu'il en soit, il paraît difficile aujourd'hui de contester l'existence d'un corpus judéochrétien écrit en langue arabe. Non seulement Julius Wellhausen [180] a réussi à identifier les ibadiens de Hira et d'Anbar, ainsi que quelques personnalités du monde de la poésie, mais les allusions à des livres liturgiques arabes chrétiens sont suffisamment nombreuses – Carsten Colpe, spécialiste des religions à l'université de Berlin, en donne un bon aperçu d'ensemble [181] – qui attestent la présence de communautés chrétiennes dans la péninsule Arabique : il semble y avoir eu des traductions arabes du psautier et des Évangiles.

Mais Colpe a, de plus, fait une découverte surprenante : la célèbre désignation du prophète Muhammad, « **Sceau des prophètes** [182] », se trouve déjà dans un des premiers écrits du plus ancien Père de l'Église latine, l'*Adversus Judaeos* de Tertullien (avant 200) [183], où il désigne naturellement Jésus-Christ [184]. Le prophète Muhammad s'est-il réclamé du titre « Sceau des prophètes » lors de discussions avec des judéochrétiens ou des manichéens ? Colpe écrit :

> Il n'est pas nécessaire d'aller jusqu'à déclarer globalement judéochrétiennes les tribus juives avec lesquelles Muhammad est entré en guerre à Médine. Mais il n'y a pas de doute que dans la péninsule Arabique le judaïsme était représenté par une variante que nous sommes autorisés à désigner comme judéochrétienne. Il se peut que ce soit ce judéochristianisme qui a reçu le titre « Sceau des prophètes » et il peut avoir été utilisé, comme partout dans le judéochristianisme, pour garantir une identité confessionnelle déterminée [185].

On pourrait encore trouver bien d'autres traces. Colpe lui-même suit une **première** trace quand, sur la foi d'un texte d'histoire de l'Église rédigé entre 439 et 450 par le Byzantin Sozomène, celui-ci fait état de judéochrétiens qui fondaient précisément leur légitimité sur leur descendance d'Ismaël et de sa mère (Agar) – c'étaient donc des ismaélites ou hagaréniens :

Ainsi se dessine une « confession » orientale judéochrétienne plus ancienne que celles des nestoriens et des jacobites ; elle subsistera plus tard à côté de ces dernières, notamment parmi les Arabes. D'après leur type, il se peut qu'ils aient été des juifs à qui Muhammad doit sa connaissance des traditions juives – des juifs avec des *midrashim*, mais sans Talmud, qui sont en même temps des chrétiens vénérant Jésus et Marie, mais sans christologie comportant les deux natures ou, au contraire, monophysite. Un tel judéochristianisme est aussi pensable dans la péninsule Arabique, notamment à Médine. Il peut avoir été porteur de traditions bibliques, ou interprétant la Bible, du type de celles que nous trouvons dans le Coran [186].

Des chercheurs juifs comme S. M. Stern et S. Pines ont trouvé une **deuxième** piste dans un manuscrit arabe d'Abd al-Javar (Gabbar), qui exerçait son activité à Bagdad au Xe siècle, ou encore d'un érudit musulman plus ancien, manuscrit qui pourrait être une relecture d'un texte judéochrétien des Ve-VIe siècles. Il comporte une histoire ancienne de la communauté chrétienne, déplore la cassure entre judaïsme et christianisme, critique la « romanisation » de la chrétienté, tout en prétendant respecter la tradition originelle, non encore corrompue, de la communauté de Jérusalem, telle qu'elle a été fondée par les premiers disciples de Jésus, qui croyaient qu'il était un homme et non un être divin et qui observaient les commandements de Moïse [187]. Nous avons là le témoignage d'un judéochristianisme pour la sphère palestinienne syrienne comme pour les sphères arabe et babylonienne – un judéochristianisme resté vivant en tout cas jusqu'en plein VIIe siècle [188].

La parenté entre les images de Jésus
dans le judéochristianisme et dans le Coran

Il ne faut peut-être pas chercher à trop préciser, en fin de compte, quelles furent les dettes historiques de la genèse du Coran, de quelle importance elles furent et par rapport à quels groupes chrétiens. Une chose paraît incontestable : **les analogies profondes entre l'image de Jésus dans le Coran et une christologie marquée par le judéochristianisme** restent déconcertantes ; les parallèles sont irrécusables et appellent une explication historique.

Dans son étude approfondie de l'image de Jésus dans le Coran, Claus Schedl a osé présenter une première tentative d'explication. Résultat :

> L'Église hellénistisque n'a certes pas développé de christologie du serviteur de Dieu telle qu'elle se trouve esquissée, sous forme fragmentaire, dans les Actes des apôtres, mais pour la chrétienté syro-sémitique d'Orient, la désignation de Jésus comme serviteur, *'abd*, semble bien avoir été la formule christologique dominante dans les confessions de foi. Aussi, quand Muhammad privilégie le titre de serviteur dans sa proclamation concernant *'Isâ* (Jésus), il ne fait que reprendre une idée du christianisme primitif en la purifiant des interprétations erronées contemporaines, mais il évite les définitions ontologiques plus précises – comme l'on s'y attendrait dans la ligne de la pensée hellénistique occidentale [...]. On devrait renoncer, dès lors, à reprocher à Muhammad de n'avoir qu'une connaissance fragmentaire du christianisme. Il est certain que dans le Coran, il n'a cure des décisions dogmatiques des conciles de l'Église occidentale. Mais la vision d'ensemble qui ressort de notre analyse des textes semble bien montrer qu'il connaissait parfaitement la structure fondamentale de la christologie syro-sémitique et qu'il l'a développée selon sa ligne propre. Un dialogue islamo-chrétien qui se veut fructueux devra partir de ces données fondamentales[189].

Ces relations historiques ouvrent effectivement des perspectives étonnantes pour le dialogue entre juifs et musulmans. Il faut, certes, rassurer dès l'abord le partenaire du dialogue de religion musulmane : ce regard sur l'histoire n'entend pas raviver l'ancienne apologétique dont usaient les chrétiens pour réduire le Coran à des sources juives ou judéochrétiennes et à leur relecture « hérétique ». Depuis l'époque du dernier Père de l'Église, Jean Damascène, les chrétiens disqualifient volontiers l'islam, présenté comme une « hérésie chrétienne ». Non, ce n'est pas remettre en question l'**authenticité de la Révélation coranique**[190] que de jeter des ponts en direction des traditions chrétiennes, pas plus que la reconstruction de toutes les sources juives imaginables ne dilue la Révélation chrétienne. Nous ne faisons donc pas état ici de ces parallèles et de ces analogies pour démontrer la supériorité du christianisme ou mettre en doute l'authenticité de la Révélation coranique, mais pour mettre en lumière la parenté entre le christianisme et l'islam, parenté qui représente pour tous les partenaires du dialogue tout à la fois une exigence et une chance.

Réfléchissons un instant seulement à ce que cela pourrait signifier pour un dialogue entre juifs, chrétiens et musulmans que les chrétiens puissent considérer Muhammad comme un « apôtre judéochrétien » de l'unique et vrai Dieu, un apôtre de tonalité arabe, dont le jour était venu « quand il reprit à son compte l'héritage jalousement préservé par les judéochrétiens, leur conscience de Dieu, leur eschatologie annonciatrice du jour du Jugement, leurs mœurs et leurs légendes, et qu'il entreprit alors un nouvel apostolat au titre d'"envoyé de Dieu"[191] », pour citer, une fois encore, Schlatter.

Chances pour un dialogue interreligieux

Si certains signes ne trompent pas, malgré les énormes difficultés politiques et les tensions ethnico-religieuses, voire les guerres, de nouvelles possibilités de dialogue théologique s'ouvrent à nous ; ils pourraient faire voir sous un autre éclairage les différences entre les trois grandes religions monothéistes, des différences trop connues, qu'il n'est pas question de nier.

Le dialogue judéo/chrétien a lui aussi fait un pas décisif quand juifs et chrétiens ont commencé, ensemble, à prendre au sérieux pour leur foi les traits fondamentaux juifs permanents de la figure et du message de Jésus (après une longue histoire d'anathèmes réciproques, des siècles durant). Pour le dialogue islamo/chrétien – dont il faut souhaiter qu'il s'ouvre au plus vite –, il conviendrait de faire fructifier les implications de la prise de conscience d'une **parenté entre christianisme et islam originels** : il s'agirait de ne plus voir dans la perception de Jésus par le Coran une hérésie musulmane, mais en terre arabe une christologie avec une coloration chrétienne primitive ! Pour les trois religions prophétiques, ces perspectives, il faut en avoir conscience, seraient d'abord extrêmement inconfortables. Mais si nous voulons parvenir à une entente, il faudra bien répondre à ces questions pressantes.

C'est beaucoup demander, il est vrai, aux trois religions abrahamiques. Mais cette prise de conscience inconfortable de la parenté

Questions pour l'avenir

† Les chrétiens sont-ils encore autorisés à en appeler inconsidérément à la christologie très élaborée des conciles hellénistiques et à la poser en norme pour tous les « enfants d'Abraham », pour la foi en Jésus, l'envoyé de Dieu ? Quelle importance accordent-ils à la **judéité de Jésus** de Nazareth, quelle valeur lui reconnaissent-ils pour leur foi ? Dans quelle mesure sont-ils disposés à prendre au sérieux la christologie bien plus originelle des disciples juifs de Jésus et des communautés judéochrétiennes primitives, qui trouve aussi son reflet dans le Coran ?

֍ Les juifs sont-ils autorisés aujourd'hui à exclure sans plus, dans une visée polémique, la figure de Jésus et à l'ignorer pour la vie de la foi juive ? Quelle signification peut avoir aujourd'hui Jésus, y compris pour la foi des juifs, si on le prend au sérieux **au titre de dernier grand prophète du peuple juif**, avec des traits juifs qui demeurent, comme le fait aussi le Coran ?

☾ Les musulmans peuvent-ils encore se satisfaire aujourd'hui de la critique de la christologie hellénistique (prétendument incompatible avec le monothéisme) ? Sont-ils disposés à considérer aussi l'importance de Jésus dans la **perspective du Nouveau Testament**, pour accéder ainsi à une compréhension plus approfondie de la figure authentique de Jésus et éviter les étroitesses et les visions unilatérales ?

entre christologie judéochrétienne et christologie coranique pourrait s'avérer très féconde. Ces perspectives représentent **une chance pour les trois religions prophétiques** – de cela aussi il faut avoir bien conscience :
– Une chance pour les **juifs** : ils peuvent s'en tenir sans restric-

tion à leur foi dans le Dieu unique des Pères, d'Abraham, d'Isaac et de Jacob. Et ils peuvent néanmoins reconnaître dans le Nazaréen un grand fils d'Israël et se situer par rapport à ce dernier des grands prophètes, qui, pour l'amour de Dieu et des hommes, a relativisé la valeur absolue de l'ascendance, du sabbat et de la Loi, et qui, à travers son message et son destin, s'est avéré le successeur de Moïse et cependant « plus que Moïse ».

– Une chance pour les **chrétiens** : ils n'auraient rien à retrancher de leur foi en Jésus, l'unique Messie ou Christ de Dieu. Et ils seraient pourtant en mesure d'expliquer leur perception de la « filiation » de façon plus compréhensible pour les juifs et les musulmans : en effet, dans la ligne de la Bible hébraïque et de la communauté judéochrétienne, cette filiation n'évoque aucune « génération » de nature sexuelle, physique, pas plus que métaphysique ou ontologique, mais bien l'« investiture » et l'intronisation de Jésus, par Dieu même, comme « Messie » (« Roi »), « avec puissance [192] », du fait de sa résurrection.

– Une chance pour les **musulmans** : ils pourraient s'en tenir résolument à leur foi dans le Dieu un et unique et à l'impossibilité d'un « compagnonnage » ou d'un « partenariat » d'un être terrestre avec Dieu. Et ils pourraient cependant chercher à accéder, à partir du Nouveau Testament, à une compréhension plus large de Jésus, l'« envoyé de Dieu », la « Parole », le « Messie » de Dieu qui, selon le Coran, a été élevé par Dieu.

II

Le paradigme œcuménique hellénistique de l'Antiquité chrétienne

Un **paradigme** – pour rappeler encore une fois la définition de Thomas S. Kuhn[1] – est « un ensemble ou une constellation globale constituée d'attitudes, de valeurs, de techniques, partagées par les membres d'une communauté donnée[2] ». Un **changement de paradigme** est le remplacement d'un paradigme en vigueur jusque-là par un nouveau.

Si l'on essaie, comme j'entends le faire dans mon analyse de la « situation religieuse de notre temps », d'appliquer la théorie des paradigmes à l'histoire et à la réalité présente des religions du monde, on en viendra presque spontanément à distinguer trois types de paradigmes :

– les **microparadigmes** : ce sont des changements de paradigme sur des questions de détail – le passage, par exemple, de la célébration du sabbat (ou du sabbat et du dimanche) à celle du dimanche seul ;

– les **mésoparadigmes** : ce sont des changements de paradigme dans des secteurs particuliers – le passage d'une christologie apocalyptique (le Christ, la fin des temps) à une christologie des débuts du catholicisme (le Christ, milieu du temps), par exemple ;

– les **macroparadigmes** : ces changements de paradigme affectent la théologie, l'Église, la société comme telles – ainsi le passage du judéochristianisme au christianisme issu du paganisme.

Il est clair que ce dernier changement, qui se dessine dès l'époque du Nouveau Testament, signifie le remplacement d'un macroparadigme, qui inclut d'innombrables méso- et microparadigmes. Les conflits et querelles auxquels ce passage donne lieu sont l'expression de la créativité et de la vitalité. Des changements de paradigme aussi fondamentaux ne relèvent bien sûr jamais uniquement de personnes, d'événements et de symptômes isolés, de théologies, d'écoles théologiques et de théologiens particuliers. Des personnes isolées (qu'il s'agisse de théologiens ou d'hommes d'Église) peuvent néanmoins, à titre de catalyseurs, jouer un rôle proprement révolutionnaire. De fait, le premier théologien – il ne sera pas le dernier – à avoir joué un rôle déterminant dans un changement de paradigme fut, sans aucun doute, le prédicateur du Christ qui se situe tout à la fois en continuité et en discontinuité par rapport au judéochristianisme : Saul-Paul.

1. PAUL, L'INITIATEUR DU CHANGEMENT DE PARADIGME

Dans le domaine religieux notamment, les changements de paradigme ne sont en général pas soudains. Il faut un long temps de maturation pour qu'un nouveau macroparadigme s'impose historiquement. Le **paradigme œcuménique hellénistique Saul (P II)**, qui prend le relais du paradigme apocalyptique (P I) de l'Église primitive dans presque tout l'Empire romain, n'est pas seulement « là » à partir des IIIe-IVe siècles ; en réalité, il s'est trouvé ébauché dès le Ier siècle par des personnes et des circonstances diverses.

La personne de l'apôtre Paul a joué un rôle primordial, sans aucun doute. Mais des judéochrétiens hellénistiques avaient préparé le chemin à Paul (surtout l'apôtre Barnabé de Chypre) : ils avaient fui Jérusalem après le martyre d'Étienne et s'étaient établis à **Antioche** (aujourd'hui Antakya), la capitale de la double province romaine de Syrie et de Cilicie ; c'était la troisième ville de l'Empire après Rome et Alexandrie, un centre commercial international, qui contrôlait les routes reliant l'Asie Mineure, la Mésopotamie et l'Égypte[3]. Là, des judéochrétiens se tournèrent directement vers des païens pour leur annoncer leur message. C'est ici que fut fondée la **première communauté mixte**, réunissant des chrétiens issus du judaïsme et d'autres issus du paganisme[4]. C'est là que ceux qui croyaient dans le Christ furent appelés pour la première fois « chrétiens » (en grec *christianoi*, « gens du Christ »)[5].

Ce n'est donc pas un hasard si la ville d'Antioche est devenue le centre de la mission chrétienne auprès des païens. Avec elle se dessine déjà un changement de paradigme socioculturel – de milieu et de langue – sur lequel Gerd Theissen [6] surtout a attiré l'attention :
– tandis que le mouvement de Jésus palestinien était surtout d'origine rurale, le christianisme devient maintenant un **phénomène urbain** (vers la fin de l'époque antique, *pagani*, « habitants des villages », devient synonyme de « derniers païens ») ;
– tandis que le judéochristianisme pouvait s'en tenir aux anciennes langues populaires, parlées à la campagne (dans la sphère syro-palestinienne, l'araméen), les chrétiens d'origine païenne, habitants des villes, utilisaient la langue véhiculaire commune, le **grec de la koinê**.

Jadis pharisien, maintenant apôtre

Mais **la théologie et la mission de Paul**, de très loin le plus efficace de tous les apôtres du christianisme primitif, devaient jouer un rôle capital dans le changement de paradigme qui se dessinait au sein du christianisme. Comme nous l'avons vu à propos du paradigme judéochrétien, toutes ses racines sont juives, mais il est aussi imprégné d'esprit hellénistique. En raison de son activité infatigable au service de la spiritualité et de la théologie aussi bien que de la mission et de la politique ecclésiales, Paul, l'apôtre des Gentils, inaugure maintenant le premier grand changement : le passage du judéochristianisme (pour partie de langue araméenne et pour partie de langue grecque) à un christianisme d'origine païenne parlant exclusivement le grec (et ensuite le latin). C'est sur ce fond que s'inscrit le célèbre conflit qui oppose Paul à Pierre à Antioche [7].

Nous pouvons considérer ici comme acquis ce que nous avions à dire dans *Le Judaïsme* sur le profil théologique de l'apôtre Paul (surtout en ce qui concerne son attitude à l'égard de la Loi) et sur le conflit qui l'opposa à l'*establishment* juif de son temps [8] : le juif Paul – de stricte éducation pharisienne – a d'abord sévi, avec un grand zèle pour Dieu et pour sa Loi, contre les communautés chrétiennes ; mais ensuite, après un changement radical suite à une révélation du Christ, il s'est senti appelé, mandaté pour la mission

LE PARADIGME ŒCUMÉNIQUE HELLÉNISTIQUE

auprès des païens. Des spécialistes juifs eux-mêmes prennent aujourd'hui au sérieux l'« authenticité de l'expérience de conversion de Paul[9] », autant que celle des prophètes d'Israël : la **conversion du pharisien Saul, fidèle à la Loi, à la foi en Jésus-Christ** dont il a fait l'expérience visionnaire vivante – une christophanie, qu'il considère comme l'équivalent des expériences de résurrection des apôtres. Pour lui cette conversion représentera bien plus qu'un simple changement de paradigme au sein du judaïsme.

En effet, conséquence décisive de son expérience de conversion, Paul se considéra appelé à prêcher Jésus, le **Messie d'Israël, comme Messie du monde entier, des juifs et des païens**. Bien qu'étant lui-même judéochrétien, il estimait que l'observance de la Loi rituelle juive, la Halakha, ne s'imposait plus à lui dans tous les cas : l'homme n'est pas « justifié » devant Dieu quand il a scrupuleusement accompli toutes les « œuvres de la Loi ». Ce qui est décisif, c'est la confiance inconditionnelle (« croire » : *pistis*) en Dieu, l'abandon confiant à sa volonté – peu importe finalement, pour cela, que l'on observe ou non les commandements juifs spécifiques de la Loi rituelle, la Halakha. Ce faisant, Paul minait ni plus ni moins la fonction salvifique exclusive de tout le système halakhique : il se réclamait, lui, du Dieu qui a ressuscité celui qui avait été crucifié au nom de la Loi, le confirmant ainsi Messie et Seigneur.

Il n'est pas étonnant que, dès qu'il arrivait quelque part, Paul était suspecté d'apostasie par l'*establishment* juif, qui lui manifestait son hostilité. Pourtant, l'idée d'abroger sans plus la Halakha n'avait jamais effleuré Paul. Lui-même s'y tenait quand il était avec des juifs. A cause de l'Évangile, il voulait « devenir tout à tous » : toujours lié « à la Loi du Christ[10] » (la loi de l'amour). Paul ne voulait évidemment pas davantage remplacer la foi juive dans le Dieu unique par une foi chrétienne en deux dieux. Jésus, élevé au rang de Dieu par l'Esprit de Dieu, il le voyait toujours subordonné à l'unique Dieu et Père, comme le Messie du Dieu unique, comme son Christ, son image, son Fils. Son christocentrisme reste donc fondé et culmine aussi en retour dans un théocentrisme : « de Dieu par Jésus-Christ » – « par Jésus-Christ à Dieu »[11]. En ce sens, la christologie de Paul est conciliable sans plus avec le monothéisme juif. Mais une autre donnée fut déterminante.

Vers une religion mondiale

Paul voulait à tout prix donner également accès à la foi dans le Dieu universel d'Israël aux païens qui ne faisaient pas partie du peuple élu, sans qu'ils aient à se soumettre au préalable à la circoncision et avec elle aux règles de pureté juives, aux prescriptions alimentaires et à la loi du sabbat, qui les déconcertaient. C'est dire qu'un païen doit pouvoir devenir chrétien sans se faire d'abord juif, sans devoir ensuite accomplir les « œuvres de la Loi » spécifiques [12]. Cette perception théologique et cette pratique missionnaire de Paul représentèrent très tôt, pour la toute jeune chrétienté, une **révolution aux conséquences universelles** – dans une perspective historique à long terme :

– Grâce à Paul, la mission chrétienne auprès des païens (qui existait déjà avant lui) a connu un **succès** éclatant dans tout l'Empire (jusqu'en Espagne ?), contrairement à la mission judéochrétienne hellénistique.

– Grâce à lui, on aboutit à une authentique **inculturation** du message chrétien dans le monde culturel hellénistique.

– Grâce à lui, la petite « secte » juive s'est finalement épanouie en **religion mondiale**, unissant plus étroitement l'Orient et l'Occident que n'avait réussi à le faire Alexandre le Grand lui-même.

Il faut le dire : sans Paul, pas d'Église catholique, pas de patrologie grecque ni latine, pas de culture chrétienne hellénistique, pas de « tournant constantinien ». Il faut maintenir néanmoins que cela ne fait pas de Paul le véritable « fondateur du christianisme », comme certains, incorrigibles, continuent à le prétendre, hélas, sans arguments nouveaux [13]. Non, c'est Jésus-Christ, le Crucifié et le Ressuscité, qui est et reste la figure fondatrice, pour tout le Nouveau Testament et pour Paul lui-même. C'est son message qui est le fondement du christianisme. Mais Paul est responsable de ce que, en dépit de son monothéisme universel, ce ne soit pas le judaïsme – qui déploie également à l'époque une intense activité missionnaire, y compris précisément à Antioche – qui est devenu une **religion universelle de l'humanité**, mais le christianisme.

LE PARADIGME ŒCUMÉNIQUE HELLÉNISTIQUE

Le nouveau paradigme hellénistique
des chrétiens d'origine païenne

Paul n'est pas le fondateur du christianisme, mais bien le **premier théologien chrétien**, qui explique et pratique avec un grand génie théologique ce que Jésus pratiquait de fait et ne disait qu'implicitement. Paul, citoyen romain de Tarse (Asie Mineure), ayant bénéficié d'une formation hellénistique, non seulement tire profit de sa formation et de son exégèse rabbiniques, mais fait appel aussi à des concepts et des représentations du **monde hellénistique ambiant**. A cette époque, ce dernier n'était pas seulement vacillant, en crise, comme l'a longtemps prétendu la recherche historique ; au contraire, à maints égards il était en pleine efflorescence, dans un monde bigarré de cultes, de sectes, de religions. Nous avons vu que la théologie de Paul reste en continuité avec le message de Jésus. Pourtant, dans ses lettres – nous n'avons malheureusement pas sa catéchèse originelle ! –, la tradition concernant Jésus apparaît d'abord sous un éclairage plutôt déconcertant. Pourquoi ? Elle est refondue, retraduite dans de tout autres perspectives, d'autres catégories et représentations : elle est transplantée dans une tout autre vision d'ensemble, dans un autre **paradigme**, le paradigme **hellénistique** précisément !

Pour Paul, encore une fois, l'« **essence** » **du christianisme**, ce qui le distingue du judaïsme et de toutes les autres religions, est et reste le **Christ Jésus lui-même** – voilà qui ne fait aucun doute. En effet, c'est précisément au titre de Crucifié qu'il se distingue de tous les autres personnages ressuscités ou exaltés, des dieux vivants et des fondateurs de religions déifiés, des Césars, des génies, des seigneurs et des héros de l'histoire du monde. En même temps, la foi dans le Jésus concret en tant que Christ de Dieu nous vaut l'ouverture universelle qui permet à tous les hommes de trouver Dieu par Jésus-Christ. Là est la nouveauté : ce n'est plus l'appartenance à un peuple (élu) déterminé qui est décisive, mais la foi uniquement. Cela seul explique pourquoi **le christianisme ne représente pas seulement un autre paradigme au sein du judaïsme, mais**, en fin de compte, **une religion différente, qui ne peut toutefois pas se passer du sol nourricier juif**, après que Jésus a

été récusé comme Messie d'Israël par la grande majorité du peuple d'Israël, alors qu'il a été accepté par de nombreux païens.
Ce qui distingue Paul des judéochrétiens, ce n'est donc pas la substance de la foi, mais un paradigme totalement différent. Les conséquences de ce premier changement de paradigme, interne au christianisme, qui fait passer du judéochristianisme au paganochristianisme marqué par la culture hellénistique, ne tardent pas à se révéler au grand jour. Car le nouveau macroparadigme inclut plusieurs changements dans le domaine des mésoparadigmes : un changement de paradigme dans l'intelligence de la Bible, de la Loi, du peuple de Dieu.

1. Une nouvelle **intelligence de la Bible** :
– Les judéochrétiens avaient déjà inauguré une relecture rétrospective de la Bible hébraïque, pour l'interpréter en fonction du Messie Jésus. On a reporté sur lui des titres bien juifs, comme « Messie », « Seigneur », « fils de David », « Fils de l'homme », « Fils de Dieu » aussi (utilisé parfois dans la Bible hébraïque pour désigner le roi d'Israël et tout le peuple); on exprime de la sorte sa signification pour Dieu et pour les hommes.
– Les chrétiens d'origine païenne, on le comprend aisément, lisaient l'Ancien Testament dans leur propre contexte, marqué par l'hellénisme. Comme son contemporain et son aîné Philon d'Alexandrie, lui aussi juif hellénistique de la diaspora, Paul avait déjà privilégié une interprétation allégorique, symbolique, de la Bible hébraïque et reconnu le primat de l'« esprit » sur la « lettre ». Les chrétiens d'origine païenne n'avaient que faire de concepts et de titres juifs comme « fils de David » ou « Fils de l'homme ». Aussi se concentraient-ils sur un titre accoutumé chez eux : « Fils de Dieu » (utilisé pour désigner l'empereur et d'autres héros), qui par la suite, après le Nouveau Testament, sous l'influence de l'ontologie grecque hellénistique, serait de plus en plus compris comme se référant à une « nature ».

2. Une nouvelle **intelligence de Dieu** :
– Les judéochrétiens (surtout ceux de culture hellénistique) avaient déjà commencé – en accord avec l'attitude de Jésus lui-même à l'égard du sabbat – à prendre les prescriptions rituelles ou

cérémonielles moins au sérieux que les commandements éthiques, en attachant une valeur toute particulière à l'amour actif.

– Mais les chrétiens d'origine païenne, eux, ne se sentaient absolument plus liés à la Loi cérémonielle juive : ils ne voyaient pas l'obligation de la circoncision ni de la Halakha rituelle.

3. Une nouvelle intelligence du **peuple de Dieu** :
– Les judéochrétiens, tout en se sentant membres du peuple d'Israël par la naissance et en vertu de la circoncision, avaient déjà pris leurs distances par rapport au Temple et à la Loi ; c'était notamment le cas pour ceux qui parlaient grec.

– Les chrétiens d'origine païenne, qui n'appartenaient pas de tout temps au peuple élu, estimaient décisive pour cette appartenance non pas la naissance, mais la foi en Jésus-Christ, scellée lors du rite d'initiation qu'est le baptême au nom de Jésus.

Paul, on le sait, n'était pas seulement un théologien d'une intelligence aiguë, mais aussi un organisateur d'une efficacité exceptionnelle ; c'était non seulement un théoricien de l'Église, mais aussi un praticien de l'Église, un fondateur d'Églises, un leader apte à diriger les Églises. Dès ce moment, les chrétiens ne vivaient pas seuls et pour soi, mais se retrouvaient en assemblées ; ils constituaient des communautés qui avaient besoin d'une structure ou d'une constitution concrète. Là encore – sur la question de la constitution de l'Église –, on reconnaît un changement de mésoparadigme (également induit par Paul).

2. LA CONSTITUTION DE L'ÉGLISE HIÉRARCHIQUE

Les communautés imposent en général aux hommes des devoirs, des services, des fonctions, et dès le Nouveau Testament nous trouvons toute une série de fonctions différentes : pour la prédication, les fonctions d'apôtre, de prophète, d'enseignant, d'évangéliste et de pasteur ; puis, au titre de services d'assistance, les fonctions de diacre et de diaconesse, de dispensateur d'aumônes et de soins, de veuve au service de la communauté ; enfin, pour la direction de la communauté, les fonctions de premier converti, de président, d'épiscope, de pasteur...

Église charismatique chez Paul

Toutes ces fonctions dans la communauté (qui ne sont pas seulement des « postes » déterminés), Paul y voit des dons de l'Esprit de Dieu et du Christ glorifié – et c'est sur les communautés pauliniennes que nous sommes, de loin, le mieux renseignés. Celui qui exerce de telles fonctions est autorisé à se sentir **appelé par Dieu à un service particulier dans la communauté**. Paul désigne un tel don de l'Esprit d'un seul mot grec : ***charisma***. L'exégète protestant Ernst Käsemann [14] a très bien mis en lumière la dimension charismatique de l'Église chez Paul : les charismes, les dons de l'Esprit, ne sont pas seulement, pour lui, les manifestations extraordinaires très prisées de nos jours dans les communautés du Renouveau charismatique (glossolalie, guérison des malades), mais aussi des dons et services très quotidiens et pour ainsi dire « privés » : dons de consolation, d'exhortation, de science, du message de sagesse, de discernement des esprits. Ces dons ne sont précisément pas le fait d'un cercle restreint : chez Paul, il ne saurait être question ni de cléricalisme ni d'enthousiasme. Au contraire : **tout** service qui, de fait (qu'il soit permanent ou non, privé ou public), contribue à l'édification de la communauté est un charisme à ses yeux, un service **ecclésial**. Au titre de service concret, il mérite reconnaissance et soumission. **Tout** service, officiel ou non, dispose donc à sa façon d'autorité s'il est accompli au bénéfice de la communauté, dans l'amour.

Mais comment réussissait-on, dans les communautés pauliniennes, à maintenir **l'unité et l'ordre**, qui n'étaient que trop souvent menacés par les rivalités entre différents groupes, par un comportement chaotique de tel ou tel, par des pratiques moralement douteuses ? La correspondance que Paul entretient avec ses communautés est sans ambiguïté à cet égard : il voulait instaurer l'unité et l'ordre non pas en nivelant les différences, en uniformisant, en hiérarchisant, en centralisant. A ses yeux, l'unité et l'ordre étaient plutôt garantis par l'action de l'unique Esprit, qui ne fait pas don à chacun de tous les charismes, mais qui offre à chacun *son* charisme (selon la règle : à chacun le sien !), charisme dont il ne faut pas faire un usage personnel, mais qu'il faut mettre au service des autres (selon la règle : ensemble les uns pour les autres !) et dans l'obéissance à l'unique Seigneur (selon la règle : il faut obéir au seul Seigneur !). Celui qui ne se déclare pas disciple de Jésus et qui n'use pas de ses dons pour le bien de la communauté – c'est ainsi, notamment, que se fait le discernement des esprits ! –, celui-là n'a pas l'Esprit de Dieu. Un comportement solidaire, une entente collégiale, une prise de parole participante, la communication et le dialogue – tels sont, dans la vie de la communauté, les signes de l'Esprit de Dieu, qui coïncide avec l'Esprit du Christ.

Dans le paradigme **judéochrétien**, la communauté s'était donné – nous l'avons vu – des structures provisoires dans l'attente d'une fin apocalyptique proche : les Douze, les Sept, les apôtres, les prophètes, les anciens, les évangélistes. **Paul** – qui attend, lui aussi, la venue prochaine du Christ – connaît également dans ses communautés des services d'ordre et de direction[15]. Mais dans sa liste des charismes, les dons d'« assistance » et de « direction » viennent loin derrière les apôtres, les prophètes et ceux qui sont chargés d'enseignement – ils viennent en avant-dernière (!) position, immédiatement avant le don le plus fortement relativisé, celui de la glossolalie ou don des langues sous le coup de l'enthousiasme[16]. Pour autant que nous puissions en juger aujourd'hui, **les services d'ordre et de direction se sont d'abord instaurés de façon autonome** dans les communautés fondées par Paul. Pas un mot en tout cas d'une institution juridique (Paul pouvant s'autoriser d'un « mandat apostolique ») des différents services de la communauté. Un examen des lettres pauliniennes – de celles dont l'authenticité n'est pas discutée – met en lumière les caractéristiques significatives suivantes[17]. Dans les communautés pauliniennes il n'y avait :

– **pas d'épiscopat monarchique** : le mot *episkopos* n'apparaît qu'une seule fois, dans la formule de salutation de l'épître aux Philippiens, où il est question d'épiscopes (et de diacres) au pluriel[18] (comme c'est également le cas dans les Actes, à la différence des épîtres pastorales) ;

– **ni de presbytérat** : les lettres authentiques de Paul ne men-

HISTOIRE

Organisation de la communauté apostolique
Communauté judéochrétienne primitive de Jérusalem
autour de l'an 48

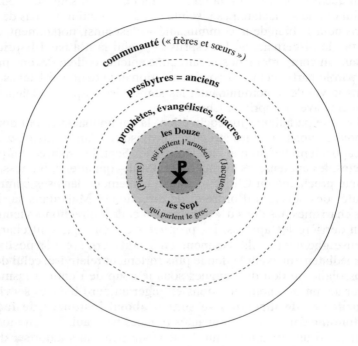

« Lorsqu'ils [Paul et Barnabé] arrivèrent à Jérusalem, ils furent accueillis par la communauté ainsi que par les apôtres et les anciens » (Actes 15,4).

« Moi [Paul], je montai [à Jérusalem] à cause d'une révélation et j'expliquai l'Évangile à la communauté, et en particulier aux notables, l'Évangile que j'annonce aux païens… » (Galates 2,2).

« Et ils reconnurent la grâce qui m'a été confiée. Aussi Jacques, Kephas et Jean, qui passent pour être des "colonnes", nous donnèrent-ils la main en signe de communion… » (Galates 2,9).

« En ces jours-là des prophètes descendirent de Jérusalem à Antioche » (Actes 11,27).

tionnent pas une seule fois des presbytres ou un presbyterium (à la différence des Actes et des épîtres pastorales) ;
– **ni d'ordination** : il n'est jamais question d'une imposition des mains préalable pour les porteurs de charismes (à la différence, là encore, des Actes et des lettres pastorales). Paul est néanmoins convaincu que ces communautés chrétiennes d'origine païenne sont elles aussi, à leur façon, des Églises accomplies et pleinement équipées. C'est précisément à la communauté conflictuelle de Corinthe, où il n'y a manifestement ni épiscopes, ni diacres, ni presbytres (sinon Paul se serait adressé à eux au vu de certaines situations délicates), que l'apôtre écrit : « En lui [le Christ] vous êtes déjà devenus riches en tout [...], de sorte que vous n'êtes pas en manque de charismes [19]. »

Mais, dans les premiers temps, nous ne trouvons nulle part un épiscopat monarchique, pas plus dans les Actes que dans les communautés pauliniennes et dans la *Didachê* [20]... D'après la *Didachê* (« enseignement » des apôtres), le plus ancien règlement de la communauté chrétienne primitive (vers 100), ce sont avant tout les prophètes et les chargés d'enseignement, en second lieu seulement les évêques et les diacres qui célébraient l'Eucharistie [21]. La communauté d'Antioche n'était manifestement pas dirigée par des épiscopes et des presbytres, mais par des prophètes et des chargés d'enseignement, et cette affirmation a une forte probabilité historique [22]. A Rome non plus, à l'époque de la lettre aux Romains, la communauté n'était manifestement pas encore dirigée par des presbytres et des épiscopes. Quoi qu'il en soit, Paul ne connaît pas encore un office institutionnalisé de la même façon partout, dans toutes les communautés, dont il faudrait être investi pour être habilité à célébrer l'Eucharistie. Certes, dans sa plus ancienne lettre, celle aux Thessaloniciens, il fait état de « ceux qui se donnent la peine de vous diriger [23] », mais rien de tel dans les deux importantes épîtres aux Corinthiens : Stéphanas et sa famille s'étaient mis spontanément à la disposition de la communauté [24]. C'est dire que les communautés pauliniennes étaient encore dans une large mesure des associations de libres services charismatiques, ce qui ne signifie pas que ces services ne conféraient aucune autorité. Au contraire, ces services charismatiques spontanés de la communauté, ceux aussi, notamment, de riches femmes qui mettaient leurs

Organisation charismatique de la communauté
La communauté pagano-chrétienne de Corinthe
d'après Paul (autour de l'an 55)

« Car en tout vous avez été enrichis […] de sorte que vous ne manquez d'aucun charisme… » (1 Corinthiens 1, 5-7).

« A chacun est donnée la manifestation de l'Esprit en vue du projet commun » (1 Corinthiens 12,7).

« Et il y a ceux que Dieu a établis dans la communauté premièrement comme apôtres, deuxièmement comme prophètes, troisièmement comme docteurs… » (1 Corinthiens 12,28).

« Dieu d'ailleurs peut faire abonder sur vous toutes sortes de grâces, pour que vous ayez en tout temps tout en abondance… » (2 Corinthiens 9,8).

maisons à la disposition de la communauté, conféraient une autorité : on pouvait demander l'obéissance. En effet, le service authentique ne dépend pas pour Paul du statut d'une fonction déterminée, mais de la façon dont cette fonction est exercée.

Conflits sur la place de la femme

Si l'Église du paradigme judéochrétien pouvait déjà être qualifiée de démocratique, au meilleur sens du terme, c'est-à-dire une communauté dans la liberté et l'égalité entre personnes qui se considèrent comme frères et sœurs, à plus forte raison en était-il ainsi des **communautés pauliniennes**, voilà qui ne fait aucun doute. Nous en trouvons l'expression la plus claire et la plus impressionnante dans la phrase que Paul écrit à sa communauté de Galatie : « Car vous tous qui avez été baptisés dans le Christ, vous avez revêtu le Christ. Il n'y a plus ni juifs ni Grecs, ni esclaves ni hommes libres, ni hommes ni femmes. Car tous vous êtes un dans le Christ Jésus [25]. » Oui, il n'y a aucun doute, Paul, dans ses lettres, s'adresse explicitement à des femmes comme à des *synergoi*, ce qui signifie littéralement « collaboratrices », au sens ici de « collègues ».

Il suffit de lire les **salutations personnelles à la fin de l'épître aux Romains** pour voir combien nombreuses étaient les femmes qui participaient activement à la prédication de l'Évangile : dix des vingt-neuf personnes auxquelles s'adresse Paul sont de sexe féminin [26]. La première nommée est **Phœbé**, qui est en mission officielle auprès de l'Église de Cenchrées. Elle est appelée « diaconesse » : on peut en conclure qu'elle a dirigé une communauté domestique [27]. Une place particulière revient à **Junia**, que Paul associe à Andronicus, pour les qualifier tous deux d'« apôtres éminents », qui ont même appartenu au Christ avant lui [28]. « Apôtre » (le grec ne connaît pas de féminin à ce mot) est le qualificatif le plus élevé qui soit pour Paul. Il se peut – comme le note à juste titre Ulrich Wilckens – qu'elle ait appartenu au groupe restreint des missionnaires leaders, à qui revenait, « en tant qu'"apôtres" une autorité exceptionnelle, un groupe que Paul n'a rejoint qu'après coup. Ce groupe était plus large que celui des Douze [29] ».

Le tableau d'ensemble est en tout cas sans ambiguïté : de plusieurs de ces femmes qu'il évoque, Paul dit qu'elles « se sont donné de la peine » pour l'Évangile – son expression favorite pour signifier l'engagement apostolique [30]. D'après l'épître aux Philippiens, des femmes comme Évodie et Syntychê – pleinement égales à Paul et aux autres collaborateurs masculins – « ont lutté pour l'Évangile [31] ». Leur querelle, évoquée par Paul, était manifestement si importante à ses yeux qu'il les exhortait à vivre en parfait accord. Une place particulière revient aussi à une femme comme **Prisca**, citée plusieurs fois avec son mari Aquila dans les lettres de Paul et dans les Actes [32]. Ils possédaient sans doute une maison à Éphèse, où se réunissait une communauté domestique [33], et on peut aussi supposer que, plus tard, à Rome, elle a dirigé un groupe communautaire dans sa maison. Si Prisca est en général nommée avant son mari Aquila, c'est certainement parce que cette femme avait une importance particulière comme missionnaire et fondatrice d'Église.

Nous avons vu qu'est aussi attestée, sans contestation possible, l'activité de **prophétesse**, même si le Nouveau Testament ne nomme plus ainsi aucune personne individuelle dans la sphère chrétienne issue du paganisme. Paul connaît lui aussi de telles prophétesses. Certes, il veut imposer le port d'un voile pour le culte aux femmes qui s'expriment en prophétesses à Corinthe, mais, ce faisant, il confirme leur droit à s'exprimer librement au sein de l'assemblée communautaire : « Toute femme qui prie ou prophétise le chef non voilé fait honte à son chef [34]. » Il ne fait donc aucun doute que la communauté telle que la conçoit Paul, et qui, selon la lettre aux Éphésiens, « est intégrée dans la construction qui a pour fondation les apôtres et les prophètes [35] », a été une **Église où avaient aussi leur place les apôtres femmes et les prophétesses**. Et on peut conclure avec Elisabeth Schüssler Fiorenza :

> Les textes pauliniens et les Actes nous permettent de mettre en évidence que les femmes étaient parmi les missionnaires et les responsables les plus éminents des débuts du mouvement chrétien. Elles étaient des apôtres et des ministres au même titre que Paul, certaines étaient ses collaboratrices. Elles enseignaient, prêchaient et participaient à la course pour l'Évangile. Elles ont fondé des églises domestiques et, en tant que bienfaitrices influentes, ont pu user de leur crédit en faveur d'autres missionnaires et chrétiens [36].

Mais à Corinthe se dessinent déjà les premiers **conflits** relatifs à la prédication publique par des femmes, et Paul lui-même adopte une attitude ambiguë : bien qu'il défende le droit des femmes à s'exprimer, il fait pourtant siens, pour imposer le port du **voile**, des arguments issus d'une polémique antiféministe du judaïsme de l'époque [37], qu'il renforce en faisant appel à la christologie : l'homme est le chef de la femme, le Christ le chef de l'homme [38]. Quelques décennies plus tard, certains textes dénieront totalement aux femmes le droit de prendre la parole dans l'assemblée. La phrase si malheureuse : « Que les femmes se taisent dans les assemblées ! », est même glissée dans cette lettre aux Corinthiens [39], bien que trois chapitres plus haut Paul leur ait explicitement reconnu le droit de prophétiser. Cette interdiction de la parole trouvera ensuite son expression la plus rigoureuse dans les lettres dites pastorales, qui se réclament de l'autorité de l'apôtre des Gentils, mais qui sont plus récentes : « Que la femme écoute l'instruction en silence, en toute soumission. Je ne permets pas qu'une femme enseigne ou fasse la loi à l'homme [40]. »

Tout cela montre que la confession de foi chrétienne primitive de Paul en Galates, qui affirme l'égalité entre hommes et femmes « dans le Christ », n'a pas toujours et partout été traduite en actes. Il y a aussi toujours eu des **forces à l'œuvre qui visaient à restreindre l'égalité de traitement** entre juifs et Grecs, entre hommes libres et esclaves, **entre hommes et femmes**. C'est cette tendance qui a fini par s'imposer, si bien que peu à peu les femmes nommées dans le Nouveau Testament sont elles-mêmes tombées dans l'oubli ou ont vu leur importance rabaissée. Dans l'Occident latin, n'a-t-on pas fait, des siècles durant, de **Junia**, apôtre éminent dans l'épître aux Romains, un homme, « Junias » [41] ? De même, on fera plus tard de Thècle d'Iconium, disciple des apôtres, qui prêche et baptise (elle n'est pas nommée, il est vrai, dans le Nouveau Testament), une ascète retirée du monde [42]. Ou encore, **Marie-Madeleine**, qui, dans les synoptiques, apparaît encore comme une figure de premier plan parmi les femmes de Galilée, n'est déjà plus nommée la première parmi les femmes qui se tiennent au pied de la croix dans l'évangile de Jean : elle cède la place à Marie, la mère de Jésus [43], que l'on ne trouve précisément pas au pied de la croix dans les synoptiques. Certes, dans l'évangile de Jean, Marie-Madeleine sera ensuite « le premier témoin de la résurrection [44] », et elle sera honorée plus tard du titre d'« apôtre des apôtres [45] ». Mais on ne voulait plus en tirer des conséquences pour le droit des femmes à prêcher l'Évangile au même titre que les hommes. La question de la place de la femme témoigne d'un refoulement progressif des structures originellement « démocratiques » et « charismatiques » dans les débuts du christianisme, d'un processus d'institutionnalisation qui jouera désormais de plus en plus en faveur des hommes.

Institutionnalisation :
y a-t-il une succession apostolique ?

A la longue, une **institutionnalisation** était inévitable, même dans les communautés pauliniennes, après l'instauration, très tôt, d'une certaine institutionnalisation dans la tradition palestinienne, comme nous l'avons vu, **par emprunt au judaïsme du collège des anciens et du rite de l'imposition des mains**. Les Actes des apôtres de Luc, rédigés dans les années 80, et à plus forte raison les lettres pastorales encore plus tardives – elles constituent le pont le plus important vers l'épiscopat monarchique à venir – témoignent aussi, dès les communautés pauliniennes, d'une nouvelle étape dans l'institutionnalisation (ordination par imposition des mains, mais pas de différence encore entre évêques et presbytres quant à la fonction et au titre [46]). Cela vaut aussi pour la communauté de Corinthe, à la structure si charismatique, où le système des presbytres-évêques commence aussi à s'imposer – probablement pas sans résistance (première lettre de Clément). D'autres communautés (dans le cercle de Matthieu ou de Jean) présentent toujours, vers la fin du Ier siècle, des structures de type « fraternel » : à la fin de l'époque néo-testamentaire, la **multiplicité** – qu'il n'est pas possible d'harmoniser – **dans la constitution des communautés et dans les caractéristiques de leurs ministères** (tantôt charismatiques, tantôt institutionnalisés) est grande, sans pour autant détruire l'unité des communautés entre elles.

Il fallait exploiter les résultats de la recherche historique en s'appuyant sur les textes de l'Écriture dans toute leur complexité.

LE PARADIGME ŒCUMÉNIQUE HELLÉNISTIQUE

C'est à partir de là seulement que nous pouvons essayer de répondre aux questions plus systématiques, plus théologiques. Toute une série de problèmes en paraissent d'autant plus insolubles : devant le résultat de la recherche historico-critique concernant l'ordonnancement des communautés, pouvons-nous encore parler d'une « succession apostolique », de cette succession apostolique dont se réclament aujourd'hui les dignitaires orthodoxes, catholiques et même, pour une part, protestants, afin de légitimer leurs pouvoirs sans partage et imposer leurs exigences ? Il convient à ce propos de distinguer plusieurs aspects :

1. Le mot clé est « **apostolat** ». Parmi les services officiels permanents des communautés, une **fonction** et une **importance fondatrice** reviennent à l'apostolat, nous l'avons déjà vu dans le contexte du paradigme judéochrétien. Les apôtres (qui ne se limitent aux Douze – les « douze apôtres » – qu'à partir de l'évangile de Luc) sont les témoins et les messagers originels qui précèdent tous les ministères de l'Église, à l'égard desquels toute l'Église et chaque membre en particulier restent donc redevables. Ils ont, en effet, prêché le message du Christ au titre de premiers témoins, ils ont été les premiers à fonder et diriger des Églises, tout en ayant le souci de l'unité entre elles. C'est donc sur eux – et sur les prophètes – qu'est construite l'Église.

2. Autre mot clé : la « **succession apostolique** » **de l'Église**. Dans son principe, la succession n'est pas simplement l'affaire de ceux qui remplissent telle ou telle fonction déterminée, c'est l'affaire de toute la communauté des croyants et celle de chaque chrétien. Cela signifie que l'Église comme telle et chaque chrétien individuellement doivent toujours s'efforcer de rester positivement en continuité avec les apôtres, c'est-à-dire, concrètement, qu'ils doivent veiller à rester en accord avec le **témoignage apostolique** (qui nous est transmis par le Nouveau Testament) et continuer sans rupture le ministère **apostolique** (construction de la communauté et témoignage missionnaire dans le monde). La succession apostolique est donc d'abord une succession par rapport à la foi et à la confession apostolique, ainsi que par rapport au ministère et à la vie apostoliques.

3. Autre thème clé : la « succession apostolique » des évêques.
Ces réflexions fondamentales faites, comment peut-on parler encore d'une « succession apostolique » particulière des évêques ? La réponse historique s'avère d'emblée fort décevante : il **n'est pas possible de vérifier que les évêques sont les successeurs des apôtres** (voire du collège des Douze) **dans un sens direct et exclusif**. Au titre de premiers témoins directs et premiers envoyés de Jésus-Christ, les apôtres ne pouvaient dès l'abord être remplacés et représentés par des successeurs, quels qu'ils soient. Une série ininterrompue d'« impositions des mains » des apôtres à nos évêques aujourd'hui, une chaîne ininterrompue de successions (telle que la reconstruisent des listes de succession ultérieures) n'est pas historiquement vérifiable.

On peut parler, néanmoins, d'une **succession apostolique particulière et fonctionnelle** des divers ministères de direction dans l'Église. Pourquoi ? Parce que les ministères de direction – évêques comme presbytres/prêtres, que l'on peut distinguer d'un point de vue juridique et disciplinaire, mais non d'un point de vue théologique et dogmatique, parce que identiques à l'origine – continuent de façon particulière la mission **de direction et de fondation des Églises**. C'est ainsi que l'appel au service de l'Église par les leaders de la communauté (les évêques) – avec la participation cependant de la communauté – est devenu à juste titre le processus normal (mais non exclusif).

C'est dire que la « succession apostolique » **particulière** des évêques (et des prêtres) consiste à diriger et à fonder des communautés/Églises, mais que cette fonction ne doit avoir d'autres racines que la prédication de l'Évangile. Ces ministères ne doivent pas « éteindre [47] » les autres charismes, mais les encourager. Les **prophètes** et les **docteurs** (chargés de l'enseignement) ont leur propre autorité originelle [48]. L'ordination par imposition des mains, telle qu'elle finit par s'imposer, n'est pas un rite d'une efficacité automatique ou mécanique ; elle présuppose et appelle la foi, qui doit être agissante dans l'esprit apostolique. Cela n'exclut nullement la possibilité de manquements et d'erreurs chez les dirigeants de l'Église. C'est pourquoi ces derniers ont toujours besoin du contrôle de la communauté des croyants. Mais comment se poursuit cette évolution ?

Concentration sur le seul évêque

La **constitution presbytérale-épiscopale**, qu'ont conservée jusqu'à nos jours non seulement les Églises orthodoxes orientales, mais encore les Églises catholique, anglicane et méthodiste, ainsi que quelques Églises luthériennes, n'est le fait ni d'un hasard ni d'un reniement, mais fait partie du changement de paradigme inauguré par Paul, du passage au paradigme hellénistique, et elle est donc la conséquence d'une évolution historique. Cette structure fonctionnelle a incontestablement été d'une grande importance et, dans l'ensemble, couronnée de succès : il serait néanmoins contraire à l'histoire de s'en tenir aujourd'hui, comme si de rien n'était, à l'explication dogmatique traditionnelle, qui voulait que la constitution de l'Église repose sur une « institution divine » ou une « institution par Jésus-Christ », qu'elle relève donc d'un droit divin *(jus divinum)*.

Les recherches historiques montrent sans ambiguïté aucune que cette conception de l'Église concentrée sur l'évêque est le fruit d'un long **développement historique** qui ne va pas sans poser problème [49], un développement qui s'est fait de façons très diverses dans différentes régions.

Phase 1 : les **presbytres-évêques**, liés à un lieu, s'imposent comme les leaders et finalement les **seuls dirigeants de la communauté** (y compris pour la célébration eucharistique), face aux prophètes, aux docteurs et autres porteurs de charismes (qui se déplacent souvent). Ce qui fait problème, c'est que la « communion » *(communio)* de **tous** les croyants fait de plus en plus place à une « collégialité » *(collegium)* de groupes de ministères déterminés **face** à la communauté, si bien que se dessine très tôt un divorce entre « clercs » et « laïcs ».

Phase 2 : l'**épiscopat monarchique d'un seul évêque** dans une ville s'impose de plus en plus dans les communautés face à un grand nombre de copresbytres : d'abord dans l'Antioche syrienne, chez Ignace, premier témoin du triple ordre de l'évêque, des presbytres

Organisation en trois ministères
La communauté pagano-chrétienne d'Antioche d'après Ignace (vers 110)

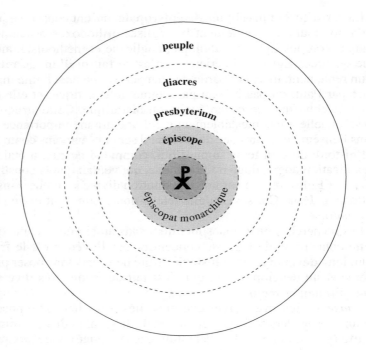

« Obéissez tous à l'évêque comme le Christ Jésus au Père, et au presbyterium comme à chacun des apôtres ; gardez vos diacres aussi bien que la Loi de Dieu ! Personne ne doit agir sans en référer à l'évêque pour ce qui concerne l'Église. Une Eucharistie célébrée en présence de l'évêque ou d'un de ses délégués doit être considérée comme valide. Où apparaît l'évêque, là doit être la communauté, de même là où est le Christ, là est l'Église catholique. En l'absence de l'évêque, on n'a pas le droit de baptiser ni de faire des agapes ; ce que l'évêque estime bon, cela plaît aussi à Dieu – pour que tout ce que vous faites soit sûr et valide […] Il est bon de reconnaître Dieu et l'évêque. Qui honore l'évêque est honoré devant Dieu ; qui agit dans le dos de l'évêque sert le diable » (Ignace, lettre aux chrétiens de Smyrne, 8,1s. ; 9,1).

et des diacres. Certes, ce qu'Ignace dit de l'évêque n'était encore à l'époque, à bien des égards, qu'un pieux souhait ; l'Eucharistie était manifestement encore souvent célébrée sans évêque. Mais ce qui posait déjà problème dans cette évolution, c'était le passage de la communion des différents évêques ou presbytres à la collégialité de l'**unique** évêque, avec son presbyterium et ses diacres, ce qui aboutit au divorce définitif entre le « clergé » et le « peuple ».

Phase 3 : avec l'expansion de l'Église des villes vers la campagne, l'évêque, chef d'une communauté urbaine, devient le **chef de tout un secteur de l'Église**, d'un diocèse, etc. ; c'est l'évêque au sens actuel, pour qui on historicise, formalise et extériorise aussi la « succession apostolique » en établissant des listes de succession. Ce qui pose problème ici, c'est qu'à côté de la collégialité des évêques et des presbytres la collégialité des évêques monarchiques entre eux (le collège des évêques) prend de plus en plus d'importance, mais aussi, du moins en Occident, la communion avec l'évêque de Rome.

La lente ascension de l'évêque de Rome

Nous avons déjà vu, en traitant du paradigme judéochrétien (P I), que dans tout le Nouveau Testament il n'est jamais fait mention d'un **évêque de Rome** (ou de Pierre à Rome) [50]. Plus surprenant encore, **dans les sources les plus anciennes après le Nouveau Testament il n'est pas davantage question d'un évêque à Rome** :

– **Ignace d'Antioche** [51] (vers 110), qui se montre si préoccupé par l'Église (il est le premier à parler d'« Église catholique »), par l'unité de la communauté et son Eucharistie, par la défense contre les « hérésies » (judéochrétiennes ou docètes), s'adresse déjà explicitement, dans ses lettres à des communautés d'Asie Mineure, à des évêques monarchiques et se fait le défenseur de ce type d'épiscopat (à l'image de Jacques ?), avec des arguments théologiques ; mais dans sa lettre à la communauté de Rome, qui, selon son expression, « préside à l'amour », il ne s'adresse précisément pas à un évêque – tout comme Paul avant lui.

– L'écrit le plus ancien de la communauté romaine elle-même

(adressé à la communauté de Corinthe, vers 96), dont on peut attribuer la rédaction à un certain **Clément** (selon une affirmation de Denys de Corinthe, vers 170, attestée par Eusèbe), ne comporte aucune allusion à un évêque monarchique, ni pour Rome ni pour Corinthe.

– Puisque, dans le premier quart du IIe siècle, les communautés occidentales (à Philippes, en Macédoine, par exemple, selon la lettre de **Polycarpe**) ne connaissent toujours pas d'épiscopat monarchique, à la différence d'Antioche et de l'Asie Mineure, certains historiens pensent que « cette institution, venue d'Orient, pourrait ne s'être imposée que progressivement en Occident » (Martin Hengel [52]).

Quand donc, à Rome, cette grande ville avec ses nombreuses églises locales, un **évêque monarchique** s'est-il détaché pour la première fois des autres épiscopes et prêtres ? Il n'est plus possible de le déterminer. Les données dont nous disposons sur les successeurs de Pierre – la plus ancienne liste d'évêques de Rome se trouve chez Irénée, qui ne désigne toutefois pas Pierre mais Lin comme premier évêque de Rome (Pierre **et** Paul lui auraient transmis le ministère épiscopal) – sont des reconstructions du IIe siècle, qui ont peut-être récupéré des noms romains encore connus. Nous ne pouvons affirmer l'existence d'un épiscopat monarchique que bien plus tard – à partir du milieu du IIe siècle (l'évêque Anicet). Les données dont nous disposons sur l'Église romaine et ses évêques restent très fragmentaires jusque vers le milieu du IIIe siècle : la première datation précise relative à un pontificat romain est celle de l'abdication de Pontien, le 28 septembre 235.

La communauté de Rome n'en avait pas moins, dès le début et tout naturellement, une **haute idée d'elle-même** [53] et jouissait, à juste titre, d'une **haute considération** [54]. Pourquoi ?

– Elle était la communauté de la capitale de l'Empire.

– Elle était ancienne et aisée.

– Elle abritait les tombes des deux principaux apôtres, Pierre et Paul [55].

– Elle était connue pour ses activités caritatives (« elle préside à l'amour [56] »).

– Dans la lutte contre la gnose, elle s'est montrée la gardienne de la tradition apostolique, ainsi que l'atteste Irénée de Lyon [57].

LE PARADIGME ŒCUMÉNIQUE HELLÉNISTIQUE

Et même si, pendant des siècles, ni la communauté ni un individu n'avaient prétendu à une quelconque primauté, Rome n'en était pas moins devenue de fait – depuis la destruction de Jérusalem et de sa communauté judéochrétienne en 135 – l'Église leader du christianisme. C'est on ne peut plus symbolique du **changement de paradigme**, du passage de la constellation judéochrétienne (P I) à la constellation paganochrétienne (P II) : **Jérusalem fait place à Rome** (avec d'autres villes de l'Empire païen), qui devient désormais la principale porteuse du christianisme et de sa tradition. Dans l'*Aelia Capitolina* (Jérusalem) elle-même, il n'y a plus, maintenant, qu'une communauté chrétienne issue du paganisme.

Caractéristiques structurelles du paradigme de l'Église ancienne

Si nous jetons un coup d'œil rétrospectif sur l'évolution complexe de la jeune communauté chrétienne d'origine païenne durant le Ier siècle de son existence, nous pouvons mettre en lumière les **caractéristiques structurelles dominantes** suivantes du nouveau paradigme annoncé par Paul – la substance de la foi demeurant la même :
– au lieu d'une communauté composée de juifs, nous avons maintenant une communauté ecclésiale composée de juifs et de païens, et en fin de compte uniquement de **païens** ;
– au lieu de l'araméen, c'est le **grec** qui est maintenant la langue dominante – c'est en grec aussi que nous sont parvenus tous les textes du Nouveau Testament ;
– au lieu d'un enracinement dans la campagne palestinienne du Proche-Orient, nous avons maintenant l'inculturation dans la **culture hellénistique et romaine** ;
– au lieu de Jérusalem, c'est **Rome** qui est maintenant le centre et l'Église leader du christianisme ;
– au lieu d'une communauté dirigée par les presbytres, nous avons maintenant une **Église presbytérale-épiscopale** de plus en plus institutionnalisée.
Oui, la hiérarchisation des presbytres et des épiscopes à trois niveaux (évêque, presbytre, diacre), au terme d'une histoire longue

et complexe, a fini par s'imposer dans la chrétienté postapostolique
– pour des raisons qui restent somme toute valables aujourd'hui.
Elle ne peut en tout cas pas se prévaloir d'être universelle, comme
notre analyse du paradigme l'a précisément montré. Mesurée à
l'aune des intentions de Jésus lui-même (service mutuel) et des
idées-forces de la première communauté judéochrétienne (pas de
hiérarchie, mais diaconie mutuelle), à celle aussi de la constitution
charismatique des communautés pauliniennes (à chacun son charisme !), elle n'est pas une valeur absolue, même si les évêques
n'aiment guère entendre ce discours.

Paul Hoffmann, spécialiste du Nouveau Testament, définit très
justement les conséquences négatives de cette évolution :

> Le prix à payer pour la « survie (hyper)puissante » de l'Église des
> origines et de l'Église masculine est notamment le discrédit jeté sur
> la femme, la régression de la communauté adulte, le large refoulement des dons charismatiques en faveur d'une fonction dirigeante
> qui accapare toutes les compétences, la coupure entre clercs et laïcs
> dans l'Église, la substitution d'une tradition de plus en plus pétrifiée à l'annonce prophétique – jusqu'à tous ceux qui – nombreux –
> ont été sacrifiés au nom de l'« unité de l'Église » ou de la « pureté
> de la doctrine » pour le maintien du système. En fin de compte cela
> aboutit à la perte de l'unité de l'Église [58].

Il percevra sans peine la force œcuménique éclatante d'une telle
constatation, celui qui connaît les stratégies de légitimation et d'argumentation vieilles de plusieurs siècles mises en œuvre par les
Églises pour la défense de leurs positions doctrinales et de leur
pouvoir. C'est pourquoi il importe de poser quelques questions critiques qui montrent quelle pourrait être l'importance œcuménique,
pour l'avenir, de ce constat historique, même s'il n'est pas question de reproduire de façon anachronique les structures communautaires du Nouveau Testament.

Dans les réflexions qui suivent il nous reviendra donc d'être toujours particulièrement attentifs à la relativité historique de tels ou
tels développements et des formes de constitution auxquelles ils
ont donné naissance. Puisque, d'après le Nouveau Testament lui-même, d'autres possibilités existent, **toute Église devra rester
ouverte à d'autres options**. Et aucune Église n'est autorisée à

Questions pour l'avenir

- **Les Églises orthodoxes en Orient** sont-elles bien avisées, pour l'avenir, de continuer à considérer la hiérarchisation de l'Église à trois niveaux (évêque, presbytre, diacre), manifestement postbiblique, comme si elle était à tous égards immuable ? Ne devrait-on pas, à l'avenir, se tourner davantage vers l'Évangile lui-même que vers les Pères (pour la plupart des évêques) ? L'Évangile, sur tant de questions relatives à la constitution et à la discipline de l'Église (mariage des évêques, ordination des femmes), nous laisse la plus entière liberté.

- **L'Église catholique en Occident** a-t-elle un avenir si elle s'accroche à son système absolutiste et centralisateur, qui a mis fin, de fait, au Moyen Age, à la hiérarchisation ecclésiale entre prêtres et évêques – qui avait bien fonctionné en Occident un millénaire durant – pour essayer de régler toutes les questions de dogme, de morale et de discipline ecclésiastique par un pape, souverain absolu, dirigeant tout à partir du centre romain ?

- **Les Églises de la Réforme** devront-elles nécessairement, à l'avenir, se montrer intransigeantes sur le *statu quo* de leur hiérarchie ecclésiale ? L'ancienne hiérarchisation entre prêtres et évêques n'a-t-elle pas, pour une large part, fait place, d'abord par nécessité (les princes faisant office d'« évêques de remplacement »), puis par principe (comme *summ-episcopi*), à une « Église des princes », puis à des systèmes d'autonomie locale (Église locale), régionale (Église provinciale) ou nationale (Église nationale) – le tout au prix d'un provincialisme ecclésial sans lien avec l'Église dans son ensemble ?

- **Les Églises de tradition orthodoxe et catholique** peuvent-elles continuer à dénier aux Églises de tradition réformée la validité de leurs ministères et de leurs célébrations eucharistiques sous prétexte d'une prétendue absence de succession apostolique ? La constitution paulinienne et paganochrétienne de l'Église n'ouvrait-elle pas d'autres voies pour le ministère de direction et pour la succession apostolique des chefs d'Église ? A lire le Nouveau Testament, quelqu'un pourrait prendre la direction d'une Église parce que d'autres membres de la communauté l'y appelleraient ou en raison d'un charisme de direction ou de fondation de communauté surgissant spontanément...

stigmatiser d'autres conceptions de l'Église sous prétexte qu'elles ne seraient pas chrétiennes, non évangéliques, non ecclésiales. L'Évangile lui-même doit rester le seul critère de la vérité ou de la non-vérité d'une évolution dans l'Église, et il conviendra d'examiner soigneusement s'il s'agit d'une *evolutio contra evangelium* (une évolution contraire à l'Évangile), d'une *evolutio secundum evangelium* (une évolution conforme à l'Évangile) ou d'une *evolutio praeter evangelium* (une évolution à côté de l'Évangile). L'analyse paradigmatique nous permettra précisément de relativiser, à partir de l'« absolu » lui-même, des développements dans l'Église tenus pour absolus, de remettre en question, à partir de la volonté originelle de Dieu (dont témoigne l'Évangile), les dispositions prétendument sanctionnées par Dieu, pour insuffler ainsi au dialogue œcuménique entre les Églises chrétiennes à la fois une dynamique d'évolution et une fidélité aux origines.

Mais au terme de ces brèves réflexions intermédiaires, il nous faut revenir à la suite de l'histoire de la jeune Église chrétienne d'origine païenne, que nous ne pourrons évidemment pas raconter en détail, mais qu'il nous faut analyser dans la perspective du développement ultérieur de ce paradigme.

3. PERSÉCUTION DES CHRÉTIENS ET CONTROVERSES SUR LA FOI

Qui, dans l'Empire romain, cent ans après l'exécution du Nazaréen sous Ponce Pilate, aurait donné une chance au christianisme de se faire sa place dans le monde gréco-romain, avec ses innombrables religions et philosophies, ses milliers de temples, ses théâtres, ses arènes et ses gymnases [59] ?

Une minorité persécutée

Dans l'introduction de sa célèbre *Histoire de la décadence et de la fin de l'Empire romain* en sept volumes, l'historien britannique

LE PARADIGME ŒCUMÉNIQUE HELLÉNISTIQUE

Edward Gibbon écrit, en parlant de l'époque d'après Néron et Dioclétien (de façon sans doute un peu trop optimiste) :

> Au IIe siècle de l'ère chrétienne l'Empire romain englobait la plus grande partie de la terre, notamment la partie civilisée de l'humanité. Les frontières de cette monarchie étendue étaient garanties par une considération déjà ancienne et par un courage discipliné. L'influence douce, mais puissante, des lois et des mœurs avait progressivement consolidé l'union des provinces. Leurs habitants pacifiques jouissaient et abusaient des avantages de la richesse et du luxe. On préservait autant l'image d'une constitution libre que le respect qui lui convenait. Le Sénat romain paraissait détenir l'autorité suprême et s'était désisté de tout pouvoir exécutif en faveur des empereurs. Pendant une période heureuse de plus de quatre-vingts ans, l'administration publique avait été régie par la vertu et les capacités de Nerva, de Trajan, d'Hadrien et des deux Antonins [60].

C'est de cette époque (112 exactement) que date la première mention romaine officielle des chrétiens, la lettre déjà citée de **Pline** à l'empereur Trajan (Pline était gouverneur de la province de Bithynie, sur la mer Noire, où les chrétiens étaient déjà nombreux, y compris à la campagne) : selon cette lettre, maints temples seraient vides et la viande destinée aux sacrifices serait devenue pratiquement invendable. Les chrétiens se refusaient effectivement à rendre un culte aux dieux officiels et à l'empereur. Mais **le refus du culte de l'État et de son idéologie était un crime contre l'État** *(« crimen laesae Romanae religionis »).* En ce sens aucun chrétien n'était à l'abri d'une accusation et d'un châtiment. Pline écrit froidement qu'il a fait exécuter quelques chrétiens qui n'étaient pas citoyens romains, mais qu'il en a envoyé d'autres à Rome pour y être jugés. A part cela – et tel est l'objet de son courrier –, il n'a pu constater aucun des crimes qu'on leur impute. De nombreuses rumeurs circulaient à leur sujet les accusant d'athéisme et de trahison de l'État, d'inceste (en relation avec l'*agapê*?) et de cannibalisme (en relation avec l'Eucharistie?) au cours de leurs réunions nocturnes. Ces hommes se réunissaient habituellement à jour fixe (certainement le dimanche), avant l'aube, pour chanter en chœurs alternés des hymnes (des psaumes?) « au Christ comme à un dieu » et ils s'engageaient par serment (les promesses du baptême?) à ne pas commettre de vol, de brigandage, d'adultère, à ne pas manquer à la foi jurée, à ne pas nier un dépôt réclamé [61].

La célèbre réponse de l'empereur **Trajan** (appelée *Rescrit de Trajan*) est la première réglementation de droit public connue concernant les procès faits aux chrétiens ; il définira en principe la politique des empereurs suivants, jusqu'au milieu du IIIe siècle : il ne faut pas tenir compte des dénonciations anonymes, il ne faut pas rechercher ceux qui en sont la cible. Si on les dénonce et qu'ils passent aux aveux, il faut les punir, mais celui qui nie être chrétien et qui adresse des supplications aux dieux obtiendra le pardon – il ne faut donc punir que les récalcitrants. Les empereurs n'estimaient pas les chrétiens – encore peu nombreux – suffisamment dangereux pour l'État pour penser devoir ordonner une persécution générale.

Les **persécutions des chrétiens** [62] – la première en l'an 64, sous Néron (de nombreux chrétiens furent exécutés au titre de boucs émissaires pour l'incendie de la ville de Rome orchestré par Néron lui-même), et la deuxième en 81-96, sous Domitien (il avait décrété obligatoire le « serment » prêté au génie de l'empereur) – ne furent pas systématiques ni continues jusqu'en 250, mais restèrent locales et sporadiques. Aussi l'Église n'était-elle pas partout refoulée dans les catacombes : cette image d'une Église des catacombes est une vision « romantique ». On célébrait de toute façon l'Eucharistie dans des maisons privées. Mais la persécution de Néron constituait un précédent fatal : on pouvait être condamné du simple fait d'être chrétien – qu'on soit homme ou femme, libre ou esclave ! Oui, être chrétien représentait désormais un risque parce que la foi chrétienne supposait une décision. Être chrétien signifiait le cas échéant être prêt à être martyr, à « porter témoignage » pour la foi chrétienne : par la souffrance, par la torture (et pour les femmes en étant livrées à la prostitution), et finalement par la mort. Mais il faut se garder là aussi d'idéalisation. Il y eut, indubitablement, de nombreux procès de chrétiens, mais le nombre des « martyr(e)s » – le mot est de plus en plus utilisé au sens fort de « témoins par le sang » –, comme Ignace, Polycarpe et Justin, Blandine, Perpétue et Félicité, demeure restreint. Par ailleurs, ils valaient une grande publicité au christianisme. Les « confesseurs » (hommes et femmes) qui survivaient à la persécution faisaient aussi l'objet d'une haute considération. Le chrétien devait pouvoir affronter le martyre, mais non le provoquer – et c'est ainsi que l'on se comportait dans les faits.

Les premiers théologiens chrétiens

Cette situation précaire vit naître ce que l'on appelle les « apologies », les premiers textes de la littérature chrétienne [63]. Il faut bien voir à ce propos que les rares « **apologistes** » chrétiens, comme Quadratus, Aristide, Justin et d'autres, se trouvaient dans une situation plutôt désespérée avec leurs plaidoyers, transmis parfois à l'empereur, face aux incompréhensions, aux attaques et aux calomnies païennes. Leur impact « médiatique » et politique sur la société du moment fut d'abord faible. Mais à l'intérieur de l'Église il fut d'autant plus grand. Ces auteurs, qui écrivaient tous en grec, sont, en effet, les **premiers écrivains chrétiens** : ils offrent pour la première fois une « littérature » chrétienne, car, à la différence des auteurs du Nouveau Testament et des « Pères apostoliques » qui suivront (Ignace, Polycarpe et quelques autres [64]), ils ne rédigent pas seulement des écrits (surtout des « lettres ») à usage interne, mais des textes destinés au grand public pour présenter un christianisme crédible, en faisant appel aux concepts, aux représentations et aux méthodes hellénistiques compris par tous. Ils ne se contentent pas de citer l'Écriture, mais apportent des arguments philosophiques ! Ces défenseurs du christianisme deviennent ainsi les **premiers théologiens chrétiens** – après Paul – qui déclenchent, au sein de la communauté ecclésiale, un mouvement spirituel et intellectuel d'hellénisation tel qu'on n'en a jamais connu jusque-là.

Très tôt, il est vrai, se différencient, au sein du christianisme, des attitudes contrastées à l'égard de la **philosophie** grecque, attitudes que l'on retrouvera tout au long des siècles : tandis que Théophile et Tatien, et ensuite Tertullien, un Nord-Africain de langue latine, se montrent très réticents, Athénagore et Justin, comme plus tard les Alexandrins Clément et Origène, se montrent favorables à la philosophie. **Justin** [65] surtout s'avérera des plus importants pour l'avenir : nous connaissons déjà cet homme originaire de Palestine, qui a ensuite pratiqué officiellement la philosophie à Rome (avant d'être exécuté, vers 165). Il est le seul apologiste à avoir bénéficié d'une formation philosophique. Intelligent et énergique, il porte son argumentation dans quatre directions : contre les moqueries des intellectuels, la répression par l'État, l'hostilité des juifs et les querelles des hérétiques. Il sait utiliser la métaphysique platonicienne, l'éthique stoïcienne et la critique hellénistique des mythes pour démasquer le polythéisme, l'immoralisme des mythes (les comportements immoraux des dieux) et du culte (sacrifices sanglants, adoration des animaux) du paganisme, où il ne voit que superstition et œuvre des démons, mais il se réclame aussi de grands philosophes comme Héraclite et Socrate, « chrétiens avant le Christ [66] » – tout cela pour présenter le christianisme que Justin entend maintenant annoncer comme la seule **vraie philosophie** universelle. Le christianisme est devenu pour lui une sagesse qui fait droit à la raison, qui accomplit les plus anciennes annonces des prophètes, qui a suscité de courageux martyrs et d'intrépides confesseurs et qui ne s'est pas répandu en vain, en un temps très court, dans toute l'*oikoumenê* (en fait déjà de la mer Caspienne et de la mer Noire à l'Espagne et à la Grande-Bretagne).

Ce qui prendra une importance toute particulière, c'est la façon dont Justin – qui, nous l'avons vu, n'a pas coupé les ponts avec les judéochrétiens – pense tout à la fois le Dieu des philosophes et le Dieu créateur de la Bible. Il reprend en même temps un concept clé populaire de la mentalité hellénistique, le ***Logos***[67], qui se trouve déjà sous forme d'hymne dans le prologue de l'évangile de Jean, sous sa forme juive de « Verbe » (« Sagesse ») : le *Logos* qui était « auprès de Dieu dès le commencement [68] ». Le *Logos* est maintenant compris comme la raison divine qui, à titre de « *Logos* répandant sa semence [69] » *(Logos spermatikos)*, implante en tout homme la semence de la vérité et qui, « vraie lumière, illumine tout homme [70] ». Ce *Logos* ne s'est pas seulement révélé à travers les prophètes d'Israël, mais aussi à travers les sages de la Grèce ; ensuite, il est vraiment « devenu chair [71] » en Jésus-Christ et il a pris forme humaine. Si dans les autres hommes il n'est que faiblement et obscurément reconnaissable, il est désormais reconnaissable en Jésus-Christ, clairement et sans ambiguïté.

Nous avons là, sans nul doute, une conception grandiose, porteuse d'avenir, qui garde au Christ la révélation en chair et en os du

Logos divin, sa place centrale dans le christianisme, tout en essayant de rendre justice à d'autres philosophes, poètes et historiens, qui participent tous du *Logos* divin [72]. Une chose, en tout cas, est incontestable dès le début de ce processus d'hellénisation de l'Évangile : par « christianisme » on entend désormais de moins en moins la marche existentielle à la suite de Jésus-Christ, mais – dans un mouvement de rétrécissement intellectuel – l'acceptation d'une doctrine sur Dieu et sur Jésus-Christ, sur le monde et sur l'homme. La christologie du *Logos* fera passer de plus en plus à l'arrière-plan le Jésus de l'histoire au bénéfice d'une doctrine de foi, et finalement d'un dogme au sujet du « Dieu fait homme », un dogme proclamé par l'Église.

Faut-il mélanger ou marquer les limites ?

Mais sur cette apologétique chrétienne des Romains cultivés s'interrogeaient déjà, de même que des critiques célèbres du christianisme, comme Galien et Celse au IIe siècle, Porphyre au IIIe et plus tard encore Julien « l'Apostat », au IVe [73] : une telle religion a-t-elle **une chance de s'imposer dans l'Empire romain** ? En mettant les choses au mieux, le christianisme aura cette chance :
– s'il s'inscrit dans l'ordre social romain existant ;
– si (étant « malheureusement » un rejeton du judaïsme, sans conserver, il est vrai, la Loi juive) il reprend totalement à son compte la grandiose culture hellénistique ;
– si, puisqu'il s'agit bien, finalement, d'une nouvelle religion, il ne récuse pas la vieille religion d'État romaine, s'il se montre tolérant à l'égard des autres religions, s'il ne suscite pas de troubles et ne mine pas la morale ;
– s'il s'en tient ainsi aux mœurs et usages qui se sont transmis de génération en génération ;
– si, enfin, il reconnaît les dieux auxquels l'Empire doit sa grandeur et sa force.
Le christianisme se voyait ainsi contraint, qu'il le veuille ou non, de s'établir dans ce monde. L'abandon du paradigme judéochrétien apocalyptique était la réponse à la nouvelle situation culturelle, sociale et politique. Des théologiens qui, aujourd'hui encore, de

façon très anachronique, plaident pour l'« apocalyptique » devraient prendre en compte cette simple constatation : **l'attente apocalyptique d'une fin proche**, qu'entretenaient la communauté primitive et Paul comme beaucoup de juifs, **ne s'était pas réalisée** (et elle aussi serait toujours déçue par la suite). Après la mort de Paul et la destruction de Jérusalem – l'époque de la rédaction des Évangiles et d'autres écrits du Nouveau Testament –, que pouvaient faire les communautés chrétiennes si ce n'était s'installer **durablement** dans le monde de l'Empire romain ?

En témoignent déjà dans le Nouveau Testament, vers la fin du Ier et le début du IIe siècle, surtout les écrits lucaniens, les lettres pastorales et la deuxième épître de Pierre, ainsi que, d'une façon différente, l'évangile de Jean : la vision apocalyptique du christianisme, orientée vers la fin des temps imminente, a été insensiblement dépassée – abstraction faite des espérances « chiliastiques » fort terrestres, très répandues dans le peuple, selon lesquelles viendrait un règne messianique de « mille ans » sur terre avant le Jugement dernier. Cette vision fait place maintenant à une **conception de l'histoire du salut** : Jésus-Christ n'est pas simplement la fin des temps, mais le « milieu du temps [74] ». Entre lui et l'avènement du Royaume de Dieu se situe un temps intermédiaire manifestement assez long : le **temps de l'Église** [75]. D'Église composée de juifs, cette Église est devenue, nous l'avons vu, une Église composée de païens. Elle commence dès lors, sans plus guère se soucier de ses origines juives, à s'helléniser, à s'institutionnaliser et s'installer de plus en plus [76].

Mais cet éloignement du judaïsme et cette pénétration de plus en plus forte de l'Église et de la théologie dans le monde hellénistique romain posent cette **question fondamentale**, qui n'a pas perdu toute signification aujourd'hui :

– Le christianisme ne devait-il pas, à l'exemple de la religion d'État romaine, reprendre simplement à son compte tout l'héritage des religions et se **mélanger** ainsi à d'autres religions du monde hellénistique : proposer un « syncrétisme » qui serait un « amalgame » des religions ?

– Ou, au contraire, le christianisme devait-il se **démarquer** totalement de ces religions, pourtant fascinantes à maints égards, de ces cultes (« mystères ») et de ces doctrines pleines d'énigmes qui, en Syrie comme en Égypte, étaient fortement influencés par la pensée orientale (avec peut-être même des racines indiennes) ?

La gnose : le salut par la connaissance

La tendance de l'époque et l'intérêt de l'État romain portaient au syncrétisme, et l'un des slogans du temps – dans la Corinthe de Paul déjà – était **gnosis** ! Mais *gnosis* était plus qu'un slogan. La *gnosis* (comme le gnosticisme en français et le *gnosticism* en anglais) était un des grands mouvements religieux de l'Antiquité tardive, qui promettait à une élite une connaissance salvifique des mystères de l'homme, du monde et de Dieu.

Dès le Ier siècle chrétien s'étaient constitués, dans les provinces orientales de l'Empire romain, différents groupes dotés d'une orientation, d'écoles et de systèmes gnostiques [77]. Nous n'en sommes plus réduits aujourd'hui, pour nous en faire une idée, aux descriptions et réfutations des Pères de l'Église, d'Irénée (vers 140-200) notamment [78]. En 1945-1948, près de la petite ville actuelle de **Nag Hammadi**, en Haute-Égypte, on fit la découverte sensationnelle d'une collection de manuscrits gnostiques et non gnostiques en langue copte ; ils dataient de la deuxième moitié du IVe siècle, mais avaient été rédigés d'abord en grec, aux IIe-IIIe siècles. Nous disposions ainsi pour la première fois d'une petite bibliothèque de 13 volumes, comportant 51 écrits différents (de 1 153 pages en tout), qui restituent la « vision du monde » de gnostiques – gnostiques non chrétiens ou chrétiens, gnostiques christianisés ou chrétiens devenus gnostiques [79] ? La plus grande partie en tout cas était chrétienne. Nag Hammadi est en effet le territoire de l'ancienne Chenoboskion, où Pacôme (cité dans une lettre) avait fondé, en ce même IVe siècle, les premiers monastères pour des moines chrétiens, dont certains emportèrent probablement leurs rouleaux dans le désert. Ces rouleaux ont peut-être été enterrés, s'il faut en croire une lettre pascale anti-hérétique d'Athanase, patriarche d'Alexandrie, traduite en 367 en copte et portée à la connaissance des moines égyptiens.

Beaucoup de **questions historiques** posées par la gnose sont longtemps restées controversées : existait-il déjà une gnose avant et en dehors du christianisme (ce que confirment au plus tard les écrits de Nag Hammadi non influencés par le christianisme) ? Ce magicien du nom de Simon dont parlent les Actes était-il le premier gnostique (ce que prétend Irénée, mais qui n'est pas prouvé) ? Faut-il compter Marcion parmi les gnostiques (ce qui est une question de définition) ? Le Nouveau Testament lui-même aurait-il déjà été influencé par la gnose (ce qui n'est pas exclu pour les épîtres et l'école de Paul, pas plus que pour les écrits johanniques) [80] ? Ce qui est incontesté, c'est que la gnose a été florissante avec Basilide d'Alexandrie et surtout avec l'Égyptien Valentin, qui enseignait à Rome vers le milieu du IIe siècle, et qu'elle a connu pour ainsi dire son apogée au IIIe siècle, avec la religion mondiale syncrétiste de Mani [81].

D'où vient la gnose ? Elle a probablement des racines juives : d'un côté, l'apocalyptique juive, qui avait dès le début intégré des éléments du dualisme et de la pensée eschatologique iranienne et, de l'autre côté, la doctrine juive de la Sagesse, qui, avec le temps, avait connu une orientation vers le scepticisme. Mais elle puisait aussi dans la pensée grecque éclairée et, du point de vue philosophique, surtout dans le platonisme moyen, auquel elle empruntait son dualisme et son idée de la chute/remontée. C'est ainsi que la langue, le vocabulaire, les concepts, bref tout l'habillement extérieur de la gnose était grec hellénistique. Mais le dualisme gnostique se distinguait du dualisme judéo-iranien et du dualisme grec platonicien par son **hostilité marquée à l'égard du monde, de la matière, du corps**.

Vue à travers l'optique des gnostiques eux-mêmes, qu'il s'agisse de leurs écrits iréniques ou polémiques, le caractère de la gnose apparaît évidemment bien mieux qu'à travers les descriptions et les citations souvent tendancieuses des Pères de l'Église qui la combattent. Il faut bien voir ici que **les frontières entre la communauté ecclésiale et la gnose** sont longtemps restées **floues** pour une foule de chrétiens et de chrétiennes. La gnose ne s'est pas confondue d'emblée avec l'hérésie. Dans le Nouveau Testament lui-même on trouvait déjà des traditions (surtout le prologue de l'évangile de Jean et l'hymne de la lettre aux Philippiens) que pouvaient revendiquer des chrétiens et des chrétiennes à orientation gnostique [82]. Au IIIe siècle encore, de nombreux gnostiques ont vécu et exercé leur activité au sein de la communauté ecclésiale. La gnose, en effet, est d'abord **une forme de pensée, une attitude et une mentalité religieuse** d'hommes et de femmes en quête de « connaissance », quête qui n'est pas répandue dans le seul christianisme. Les gnostiques sont ceux qui entendent interpréter la tradition de la communauté chrétienne à leur façon, très personnelle. Klaus Koschorke a montré que les gnostiques chrétiens, qui n'étaient guère reconnaissables comme tels de l'extérieur, cherchant plutôt à influencer de l'intérieur la masse des chrétiens, se considéraient eux-mêmes comme « le cercle intérieur, le centre spirituel de la grande Église » : le christianisme gnostique « ne s'est donc pas constitué par *opposition*, mais comme niveau *supérieur* par rapport au christianisme du commun, en présupposant ce dernier et en s'appuyant sur lui [83] ». La foi des chrétiens de l'Église ne fut donc pas récusée dès l'abord, mais relativisée. Il ne faut pas la considérer comme absolue et exclusive : elle est le chemin de salut inférieur, provisoire, pour les *simplices*, le « simple » peuple.

C'est ainsi que nous observons « déjà au début du christianisme l'influence réciproque de ce dernier et de la gnose [84] ». Les théologiens gnostiques infiltrés dans les communautés chrétiennes ont tenté, sous des formes très diverses, d'intégrer dans le christianisme des matériaux issus des sphères grecque, juive et iranienne. Le christianisme ne devait pas rester une religion populaire centrée sur le culte et organisée hiérarchiquement, mais s'élever au rang de religion intellectuelle, réfléchie, d'une très haute spiritualité, religion élitiste de « ceux qui savent » : « religion à mystères » hellénistique, que l'on pouvait vivre, dont on pouvait faire l'expérience et sur laquelle on pouvait réfléchir personnellement. Avec la gnose nous avons donc affaire à une tradition philosophico-théologique à orientation ésotérique, réservée au « petit nombre » (essentiellement des intellectuels, surtout dans les grandes villes hellénistiques d'Orient et à Rome, entourés de disciples des couches inférieures). Nous ne sommes donc pas autorisés aujourd'hui à y voir un large courant – dévalorisant ainsi le christianisme de la communauté ecclésiale –, comme si la tradition de la grande Église n'avait procédé qu'à un « petit choix de sources déterminées [85] ». Voilà qui renforcerait inutilement la façon de voir de ceux pour qui la devise de la recherche sur la gnose sonne de toute façon comme « tout est gnose ».

Pourquoi la gnose avait-elle plus d'effet sur certaines personnes de ce temps-là que le message biblique ? La réponse est claire : la gnose prétend avant tout fournir une réponse décisive à la question lancinante sur la situation de l'humanité – l'**origine du mal** et tout le processus concernant Dieu et le monde. Selon la gnose, l'origine du mal ne doit pas seulement être cherchée, comme dans la Bible, dans la propension de l'homme au mal, mais dans la chute progressive (diversement expliquée) de la plus haute divinité elle-même. Le dieu créateur inférieur qui en est issu, le démiurge ignorant, a créé, par ses actes souverains, ce monde méchant, éloigné de Dieu, dans lequel subsistent des étincelles du monde divin et lumineux des origines, étincelles enfermées dans le corps de l'homme. Certes, les systèmes gnostiques chrétiens des IIe-IIIe siècles étaient très divers, mais leur « idée centrale » était celle de la **descente** et de la **remontée de l'étincelle divine**[86]. Les modèles de pensée et d'explication du monde des gnostiques sont donc marqués par une conception pessimiste, dualiste, d'un Dieu transcendant, inconnu, insaisissable (entouré d'une « foule » d'anges, d'êtres célestes et d'hypostases), et d'un monde visible, au pouvoir de forces mauvaises, de la matière mauvaise, du corps, qui est la prison de l'âme ou de l'étincelle lumineuse.

Mais ce dualisme cosmologique et anthropologique hostile au monde ouvrait sur une perspective pleine d'espoir. La gnose, en effet, promettait en même temps un **chemin conduisant au salut** et offrait une **connaissance** (et d'autres moyens) qui libérerait l'homme des contraintes de la vie terrestre et de sa compromission avec les puissances du monde. Autolibération donc ? Non, car c'est seulement grâce à l'appel à se réveiller lancé par un sauveur, par une prédication missionnaire ou par une doctrine ésotérique que l'âme étourdie, endormie par de méchants démons, parvient à briser les ténèbres de l'ignorance et à accéder à la connaissance de soi. Et cette connaissance de soi se définit précisément par la connaissance de la partie lumineuse divine (« esprit », « âme ») qui constitue l'être authentique de l'homme. L'objectif est donc de permettre à l'étincelle divine de quitter le monde mauvais de la matière pour faire retour dans la patrie lumineuse divine. C'est ainsi que débute une « remontée de l'âme », toujours fortement menacée par les puissances qui gouvernent le monde, ou encore un

LE PARADIGME ŒCUMÉNIQUE HELLÉNISTIQUE

« **voyage de l'âme** » à travers les sphères supraterrestres pour retourner dans cette unité divine qu'un dieu créateur inférieur, arrogant, a brisée tout au début en créant le monde.

Dans bon nombre d'écrits gnostiques, une place importante revient à une **figure de sauveur** (parfois de plusieurs), qui existait peut-être déjà avant le christianisme ou en dehors de lui, ou qui était un produit du christianisme : un sauveur qui, à titre de figure de lumière, partage le sort de l'étincelle lumineuse, qui lui est apparenté de par sa nature, et qui la rapatrie dans le monde de la lumière. Mais la gnose ne connaît pas de « mythe du sauveur » uniforme, comme le supposait encore Rudolf Bultmann (à la suite de Wilhelm Bousset et de Richard Reitzenstein). Les écrits de Nag Hammadi obligent à renoncer à cette hypothèse, puisqu'ils témoignent de conceptions très diverses de ce sauveur, libérateur, révélateur, messager...

Ce qui est décisif pour les gnostiques, c'est que nous pouvons déjà faire l'expérience du salut et nous y engager ici et maintenant, même s'il ne s'accomplit définitivement que par la séparation de l'étincelle de lumière libérée du corps dans la mort. L'arrière-plan du dualisme gnostique constitue ainsi une vision unitaire moniste. Le salut est compris comme retour de l'âme libérée du monde et du corps dans son état préexistant, purement spirituel, et non pas, comme dans les écrits du Nouveau Testament, comme nouveau commencement historique de l'homme par Jésus-Christ, comme libération de l'âme du péché !

Il faut ajouter que ces gnostiques, d'une si sublime spiritualité, n'en proposaient pas moins des **moyens très matériels pour préserver l'âme des dangers qui la menacent pendant son voyage** – un système étonnant, peut-être, mais sans doute efficace pour gagner des adeptes : des signes de reconnaissance et de protection (« sceaux »), des formules magiques, des amulettes et des cérémonies funéraires (où l'on communiquait des mots de passe). Beaucoup étaient certainement fascinés aussi par la description du monde offerte par ces systèmes qui comportaient souvent des couples de pôles opposés : la dualité sexuelle humaine trouvait ainsi à s'exprimer dans des couples complémentaires (syzygies) tout autrement que dans la conception d'un Dieu masculin. Le masculin et le féminin apparaissent dès lors assumés à égalité dans la divinité, ce qui porte certains interprètes aujourd'hui à penser que l'idée d'un sacerdoce féminin trouverait un meilleur fondement dans la gnose que dans le christianisme orthodoxe. Nous imaginons sans peine que pour beaucoup d'hommes et de femmes de ce temps-là, gens cultivés ou non, il pouvait être très séduisant de se laisser embarquer dans des « révélations particulières », des mythes, des traditions secrètes et des systèmes du monde, ainsi que dans des rites mystérieux et des pratiques magiques, plutôt que de s'en tenir à la simplicité des Évangiles, des commandements et des rites de l'Église.

La gnose se voulait une réponse à l'origine du mal et un chemin permettant de se libérer d'une vie d'angoisse et de désarroi, de souffrance et de mort. Il ne s'agissait pas d'abord d'une « philosophie théorique de la religion », comme le croyait l'initiateur de la recherche sur la gnose, Ferdinand Christian Baur, historien de l'Église à Tübingen. Il s'agissait essentiellement de **questions existentielles** – à maîtriser d'abord par la pensée –, ce qu'ont déjà mis en évidence Hans Jonas et Rudolf Bultmann [87]. Face à l'apathie politique et à la stagnation culturelle sans nom, surtout dans la partie orientale de l'Empire romain, la gnose – grâce aussi à la religiosité de l'Orient qui avait pénétré dans la culture hellénistique – ouvrait sur une attitude existentielle susceptible de vaincre l'aliénation et d'offrir une issue permettant d'échapper aux contraintes politiques et sociales. En ce sens, une protestation sociale trouvait aussi son expression dans la gnose.

Les gnostiques n'entendaient pas – à la différence du « grand nombre » dans la grande Église – s'en tenir simplement à une règle de foi déterminée et à un choix de textes sacrés, à des rituels fixés et à la hiérarchie de l'Église. Ils s'en prenaient à la doctrine ecclésiastique de Dieu et de la Création, à la christologie, à l'ecclésiologie et à la doctrine des sacrements. Ils voulaient emprunter, de leur côté, le chemin de la solitude et de l'intériorité, qui les amenait à accepter uniquement ce qui se trouvait confirmé par leur propre expérience religieuse. Ce faisant, ils ne défendaient pas, comme les Pères de l'Église l'ont souvent prétendu à tort, une « théologie essentialiste du salut », comme si les gnostiques, substantiellement liés au monde de la lumière, avaient été des « sauvés par nature », qui n'auraient eu besoin ni de la grâce ni de la mise à l'épreuve.

LE PARADIGME ŒCUMÉNIQUE HELLÉNISTIQUE

Non, les mœurs d'un gnostique se devaient d'être entièrement conformes à l'état d'illuminé du gnostique. Il lui fallait faire moralement ses preuves jusqu'à son entrée dans le *plêrôma*, la « plénitude ».

Certains s'interrogeaient aussi, de fait : la simple « **foi** » (*pistis* en grec) de la communauté chrétienne ne serait-elle pas une forme élémentaire, préalable, de la « **connaissance** » supérieure, radicalement spirituelle ? Et face à l'intervention souvent autoritaire d'évêques, de presbytres et de diacres de l'Église institutionnelle, une réaction n'était-elle pas justifiée ? N'était-on pas autorisé à se réclamer d'intuitions religieuses personnelles, d'expériences spirituelles et d'une éthique de la liberté[88] ? Les recherches les plus récentes nous ont ouvert les yeux et ne nous autorisent plus à voir dans les spéculations, pratiques et systèmes de la gnose uniquement leurs aspects extraordinaires, abscons et non chrétiens ! Nous ne comprenons que trop bien aujourd'hui que certains gnostiques aient rejeté la représentation d'une naissance virginale de Jésus, au sens biologique, ou celle d'une résurrection corporelle de Jésus, dans son sens le plus littéral, parce qu'ils ne voyaient là que foi naïve...

Le danger de la gnose :
mythologisation et syncrétisme

Mais les interprètes les plus bienveillants de la gnose eux-mêmes ne peuvent pas passer sous silence le péril qu'elle représente **pour le christianisme** : sans se soucier des origines pourtant clairement historiques et non mythologiques du christianisme, dans une attitude de mépris de la simple foi de l'Église, de la foi des simples « croyants », certains *pisticoi*, « gnostiques » chrétiens, « initiés » – valentiniens, basilidiens, ophites (adorateurs du serpent), avec leurs groupes et sous-groupes parallèles et concurrents – ont cherché à transformer le message chrétien, ancré dans l'histoire, en une **théologie mythique** ; ils faisaient appel à tous les mythes, images, métaphores, symboles et rites imaginables. Ils promettaient une spiritualisation radicale et une libération des entraves terrestres, en faisant preuve d'une tendance le plus souvent ascétique et hostile au monde (parfois aussi libertaire, mais cette tendance n'est pas attestée à Nag Hammadi). La foi judéochrétienne des origines ne courait-elle pas le danger, dès lors, de disparaître, comme aspirée par un syncrétisme hellénistique absorbant tout ?

Il n'y avait évidemment rien à redire contre une présentation sans cesse renouvelée de la réalité chrétienne, et les théologiens antignostiques eux-mêmes, comme Irénée et Origène, qui ont sans doute appris de la gnose, ne manquent pas d'originalité. Mais la spéculation théologique peut-elle se développer sans limites ? Le Christ serait-il, par exemple, le grand Seth, fils d'Adam, revenu sur terre ? Pouvait-on se permettre n'importe quelle allégorie, la symbolique la plus arbitraire et les acrobaties conceptuelles les plus bizarres ? Contrairement à ce que nous lisons dans le livre de la Genèse, peut-on s'autoriser à faire de Dieu, le Créateur, un être inférieur hostile, qui envie aux hommes la « connaissance » salvifique ? Face à ce Dieu prétendument jaloux, faut-il aller jusqu'à donner raison au serpent du paradis qui conduit à la « connaissance », qui serait porteur d'une révélation primitive salvifique, qu'il ne faut pas cesser d'accomplir encore aujourd'hui ? Et faut-il dès lors ridiculiser toute l'histoire juive, puisqu'elle est l'œuvre de ce dieu créateur ?

Le **danger de syncrétisme** était bien réel : la jeune communauté chrétienne devait-elle, le cas échéant, accepter plus d'un Dieu et Sauveur, accepter de vrais dieux et des sauveurs d'autres religions aussi, accepter un Dieu Mère aux côtés du Dieu Père ? Et la foi dans le Père, le Fils et l'Esprit devait-elle faire place à la foi en une unité triple, Père, Mère (ou Épouse) et Fils ? Avec, donc, une mythologisation du couple, qui placerait aux côtés du Christ céleste une partenaire, la Sagesse céleste considérée comme la Mère de toutes choses ? A-t-on le droit, par exemple, contrairement à ce que disent les Évangiles (dont la lecture fait partie du culte de la communauté ecclésiale), de supposer que le Christ, à titre d'homme spirituel, ne pouvait absolument pas souffrir et n'a donc pas été crucifié (même si ce thème n'a sans doute été introduit qu'après coup dans maints textes gnostiques) ?

Certes, nous n'avons pas le droit de juger les représentations gnostiques en fonction de la christologie ultérieure de l'Église. Nous verrons que le christianisme primitif et antique faisait place à une compréhension très diversifiée de la relation de Jésus à Dieu. Nous pouvons néanmoins faire nôtre, aujourd'hui encore, la réaction négative des Pères de l'Église à la **christologie gnostique**, si, avec Kurt Rudolph, spécialiste de la gnose, nous considérons les points suivants [89] :

1. La christologie gnostique a procédé à une historicisation de la figure gnostique du Sauveur ; cela s'est traduit en même temps par une **mythologisation** de la figure du Christ : une mythologisation qu'il est impossible de minorer. Effectivement, « cet aspect a été décisif pour empêcher que la gnose puisse, avec le temps, être accueillie au sein de la pensée chrétienne, même s'il y a eu – jusqu'à nos jours – des tentatives en ce sens [90] ».
2. Pour mettre sous le même dénominateur l'aspect mythique et l'aspect historique, les théologiens gnostiques ont procédé à une « division du Sauveur chrétien en deux essences totalement disjointes » : tandis que le Jésus de Nazareth terrestre et éphémère « assume, en tant qu'apparition terrestre éphémère du Christ, la charge évoquée de révélateur des enseignements gnostiques », le Christ céleste éternel est « un être de lumière, un être supérieur, qui, dès le début, demeure auprès du "Père" dans le *plêrôma* ; il est désigné le plus souvent comme son "image", comme celui qui est auto-engendré, comme "Fils" ou "Premier Né" (ou identifié à ces derniers). A ce titre, il joue un rôle dans le monde de la lumière… » [91].
3. Le dualisme de la gnose hostile au monde, qui dévalorisait totalement ce qui était terrestre et corporel, allait si loin dans certains systèmes que l'on n'arrivait plus à reconnaître dans le Christ qu'une **apparence de corps**. Il y a, certes, des textes de Nag Hammadi qui reprennent une vision du Christ proche de celle de l'évangile de Jean, vision qui ne peut pas être suspectée de docétisme. Mais il y a aussi des textes de Nag Hammadi où Jésus lui-même prend la forme de Simon de Cyrène et assiste à la **crucifixion** en riant : « Ce n'est pas sur moi qu'ils ont frappé avec le roseau. C'est un autre qui a porté la croix sur ses épaules, Simon. C'est un autre qu'ils ont couronné d'épines. Quant à moi, je me riais, dans les hauteurs, de la richesse [vaine] des archontes [puissances qui règnent sur le monde] et de la semence de leur erreur et de leur gloire futile. Et je riais de leur ignorance [92]… »

4. Si la crucifixion n'est pas la crucifixion de Jésus, on comprend aussi que pour les gnostiques la **résurrection** du Christ s'est déjà accomplie avant ou en même temps que la crucifixion – la libération de l'esprit et l'anéantissement de la chair ne faisant qu'un. Dès lors la gnose visait à **vider le christianisme de sa substance** : « "Rédemption", "crucifixion" et "résurrection" étaient des processus symboliques de portée cosmique aux yeux des gnostiques et relevaient donc d'interprétations toutes différentes, qui n'apparaissent souvent que lors d'un examen plus approfondi. C'était un des aspects qui faisaient la preuve de la dangerosité de la doctrine gnostique pour la compréhension orthodoxe du christianisme [93]. »

Y aurait-il donc une **double vérité** dans l'Église : une vérité compréhensible par tous, pour le peuple, et une vérité ésotérique pour ceux qui savent ? Dès le départ, la principale critique à l'encontre de la gnose fut qu'il existait souvent une opposition radicale entre le texte du Nouveau Testament et la « connaissance » gnostique. « Tout en tenant aux fidèles le même langage que nous, ils ont des pensées non seulement différentes, mais à l'opposé des nôtres et toutes remplies de blasphèmes [94] », écrit Irénée. Non, il n'y a rien à redire contre une foi qui veut savoir et un savoir croyant ; Paul parle souvent de la connaissance ou de l'intelligence de la foi et l'évangile de Jean établit quasiment une équivalence entre foi et connaissance. La **foi** peut être la condition de la connaissance et la **connaissance** la condition de la foi. Mais d'après le Nouveau Testament, la connaissance ne doit pas s'élever au-dessus de la foi et subsumer dialectiquement la foi dans le savoir, comme cherchera également à le faire Hegel dans sa philosophie de la religion [95].

Dans ces conditions, l'existence des gnostiques au sein des communautés s'avérait de plus en plus difficile. Puisqu'ils se considéraient eux-mêmes comme les « élus », les « enfants de la lumière », les « spirituels », les « hommes libres », voire la « race inaltérable de Dieu », la « semence » du monde de la lumière et donc la « race de Seth », il n'est pas étonnant qu'ils aient également constitué leurs propres **communautés**. Nous pouvons supposer qu'elles rassemblaient tout à la fois des intellectuels élitaires (ceux qui « savent » et qui dirigent) et une communauté relativement inculte :

c'étaient des « associations cultuelles » (des sociétés) de structure charismatique, avec une discipline de l'arcane (du secret de l'initiation), plutôt que des « Églises » à organisation hiérarchique. Ce qui est sûr, c'est que, chez les gnostiques, les **femmes**[96] pouvaient remplir des fonctions qui leur étaient interdites dans l'Église officielle : elles n'étaient pas seulement prophétesses, docteurs et missionnaires, mais aussi responsables liturgiques pour les prières, les hymnes et la prédication, et même pour le baptême et l'Eucharistie, dans la mesure où les gnostiques, fondamentalement hostiles aux manifestations cultuelles, célébraient de tels rites. Dans un fragment de Nag Hammadi, il est fait mention, en tout cas, du baptême et de l'Eucharistie, comme aussi d'ablutions, d'onctions d'huile, de repas cultuels et de rites relatifs à la mort... Il se peut que l'idée d'une fraternité des sauvés ait servi de fondement éthique à la vie en commun : fraternité en vue non pas de l'organisation de la vie communautaire dans le monde, mais de la libération de l'existence dans le monde.

Il nous faut mettre en garde ici contre une **idéalisation de la gnose** – aux dépens précisément de la communauté de l'Église. Si la femme est mise sur un pied d'égalité avec l'homme dans la pratique et dans le culte, nous trouvons aussi, dans plusieurs textes, une nette dévalorisation de la femme, une diabolisation même du féminin et une condamnation du mariage. Face à l'idéal de la bisexualité qui est reconnue pour une part à l'Être suprême lui-même, la faute de la séparation des sexes est souvent imputée à la femme (Ève). Dans quelques textes, il faut même que la femme devienne homme pour pouvoir entrer dans le *plêrôma*.

C'est pourquoi – en dépit de la réhabilitation de la gnose par les recherches récentes – la question se pose : la jeune chrétienté n'était-elle pas acculée à se **démarquer** des spéculations, des synthèses et des compilations gnostiques ? Ou bien devait-elle, sous prétexte de connaissance supérieure, faire place, dans les communautés, à toutes les représentations mythologiques et religieuses imaginables, en provenance des sphères religieuses et culturelles les plus diverses ? L'amalgame et la métamorphose gnostiques n'auraient-ils pas transformé l'héritage monothéiste du judaïsme en un paganisme syncrétiste ? La communauté chrétienne ne se serait-elle pas dissoute en innombrables groupes et groupuscules gnostiques ? Toute religion, il est vrai, est aussi un produit syncrétique : concrètement, il n'y a pas plus de religions « pures » qu'il n'y a de races « pures ». Mais il subsiste une différence essentielle entre un changement de paradigme, où la substance de la religion en question subsiste indemne, et une coalescence et une fusion de religions, avec un changement non seulement du paradigme, mais aussi de la substance même de ces religions : nous sommes là en présence du **syncrétisme** à proprement parler.

A ce défi, qui mettait malgré tout en danger l'existence même du christianisme, venant d'une religiosité au fond « parasitaire », les **Pères de l'Église** – évêques, théologiens et évêques théologiens – de la fin du IIe et du IIIe siècle ont apporté la réponse décisive pour leur époque : en langue grecque, après Irénée de Lyon, ce sera son « élève » Hippolyte de Rome (environ 160/170-238) ; dans la sphère latine il y aura surtout Tertullien de Carthage (environ 160-220). En dépit de leur partialité et de leur construction d'une *successio haereticorum*, on ne devrait pas leur dénier toute tolérance et les taxer simplement de cléricalisme. La recherche a parfois tendance à tomber d'un extrême dans l'autre. Après s'en être remis aveuglément à l'image des gnostiques donnée par les Pères de l'Église, on ne devrait pas, maintenant – avec le même manque d'esprit critique – la récuser par principe. Les docteurs de l'Église d'Irénée à Clément et à Origène, qui avaient encore l'expérience concrète des gnostiques, maniaient pour une part de façon très nuancée l'héritage culturel antique et la théologie gnostique, et gardaient de la vision du monde gnostique, examinée à la lumière du message chrétien originel, les idées utilisables. Les doctrines gnostiques donnèrent une impulsion très positive à l'élaboration doctrinale des Pères de l'Église. C'est ainsi qu'Irénée complétait déjà la typologie paulinienne Adam/Christ par la typologie Ève/Marie (nous reviendrons plus explicitement sur Clément et sur Origène). Dans l'ensemble, pourtant, les Pères de l'Église se prononcèrent contre un amalgame ou une synthèse sans discernement avec un culte étranger, et ils plaidèrent à juste titre pour un profil théologique, éthique et spirituel spécifique aux chrétiens.

Sous l'angle théologico-politique, cela signifiait que **le christianisme n'avait pas le droit de s'intégrer**, à l'aide de spéculations gnostiques, **dans le système religieux syncrétiste de l'État, qui**

était le modèle dominant. D'un double point de vue, on tenait à préserver l'héritage juif et on se défendait contre tout compromis du christianisme avec une autre religion ou philosophie :
– Face à la multiplicité des dieux, on tenait à l'affirmation du **Dieu unique**, qui ne souffre pas d'autres dieux à ses côtés, même pas le dieu-empereur, ou (pour les femmes) Isis et (pour les hommes) Mithra. Et le Christ Jésus, représentant de ce Dieu unique, vénéré comme tel dans les hymnes, ne doit en aucun cas être ravalé au rang d'un dieu du panthéon païen, pas plus qu'il ne doit être ravi dans les hauteurs d'une spéculation totalement incontrôlable et d'une imagination débordante.

– Face à la décadence morale du Bas-Empire, surtout dans les grandes villes, on s'en tenait à l'*ethos*, aux commandements stricts du Dieu d'Israël, que l'on martelait inlassablement. Par ailleurs, on ne réclamait pas d'abord la « connaissance » philosophique, mais un engagement décidé en faveur des nécessiteux, la fourniture d'aliments aux pauvres, les soins donnés aux malades et l'inhumation des morts. L'Église ne connaissait pas de mots de passe magiques pour l'entrée dans un ciel à nombreux étages. La gnose, qui se détournait du monde pour se tourner vers l'au-delà, se désintéressait plus de la société qu'elle ne s'intéressait à son organisation, elle prenait ses distances intérieures à l'égard des rapports de forces existants plus qu'elle ne cherchait à réformer la société. L'hostilité de la gnose à l'égard du monde permettait de tirer des conséquences tantôt ascétiques, tantôt libertines. Dans la communauté ecclésiale, on essayait en général de tenir le juste milieu entre abandon au monde et hostilité au monde, entre libertinage et ascétisme. C'est ainsi que le christianisme a pu devenir un large mouvement de masse, tandis que la gnose stagna et disparut au plus tard au VIe siècle.

Il est vrai qu'au fil de cette évolution de la communauté ecclésiale l'accent mis sur le monothéisme et la morale conduisit à l'intellectualisme et au moralisme, dont il fallait payer le prix : la spécificité chrétienne se trouva trop refoulée. Et en rejetant la gnose, le christianisme perdit aussi quelque chose de ce que pouvaient offrir d'authentiques alternatives : concernant l'origine de l'autorité, par exemple, l'égalité des droits de la femme, la relation aux autres religions. On refoula trop rapidement certaines choses qu'il fallut ramener à la conscience plusieurs siècles après. **Quelques idées restèrent longtemps vivantes et agissantes**, jusque dans la dogmatique chrétienne (dans la doctrine christologique des deux natures, par exemple), mais leur influence se fit surtout sentir, par l'intermédiaire du manichéisme, dans l'islam, et finalement, au Moyen Age, chez les cathares du sud de la France et chez les bogomiles de Bulgarie. Mais une seule des anciennes sectes gnostiques réussit à survivre jusqu'à nos jours : la secte baptiste des mandéens (que les musulmans appellent « sabéens », « baptistes »), qui compte environ quinze mille adeptes dans le sud de la région de l'Euphrate et du Tigre.

Y avait-il une autre issue que l'élimination de la gnose syncrétiste ? Elaine Pagels elle-même, qui idéalise très fortement la gnose en procédant à une sélection tendancieuse, pour l'élever au rang de préfiguration d'un christianisme alternatif, démocratique-féministe-écologique, le concède à la fin de son livre sur les Évangiles gnostiques : « Si le christianisme était resté polymorphe, il aurait très bien pu disparaître comme les douzaines de cultes religieux rivaux de l'Antiquité. Je pense que nous devons la survie de la tradition chrétienne à la structure organisatrice et théologique mise en place par l'Église naissante [97]. » Cependant, une chose est sûre : le christianisme lui-même connut d'abord une grande diversité et il lui fallut du temps pour accéder à une organisation plus structurée. Se pose dès lors la question : de quelle structure organisatrice et théologique s'agit-il ?

Trois régulateurs : la règle de la foi,
le canon, la fonction épiscopale

Comment la jeune communauté chrétienne s'est-elle défendue contre ce flot de sagesse gnostique ? Réponse : non pas par la violence en tout cas, mais par des **critères** clairs et nets (en grec *canon* : « critère », « règle », « principe directeur »). Ces principes **régulateurs** existaient déjà de fait, et nous les connaissons. Mais maintenant, alors que nous arrivons à la deuxième moitié du IIe siècle, on les dresse explicitement **contre l'hérésie**, pour définir l'« Église catholique » – appelée aussi explicitement désormais la « grande

Église » ; dorénavant, se réclamant des apôtres (déjà très idéalisés), on les déclare, sans autre forme de procès, « apostoliques ». L'évêque de Lyon **Irénée**, qui écrit en grec, et **Tertullien** de Carthage, rhéteur, juriste et créateur du latin ecclésiastique, montrent le chemin à suivre à la grande Église du IIIe siècle. Cette délimitation des frontières passe par trois processus parallèles :

– La **confession de foi** – professée par les chrétiens à l'occasion du baptême – devient maintenant la **règle de foi** (*canon pisteos* en grec, *regula fidei* en latin) : la **règle de vérité** (*canon aletheias* en grec, *regula veritatis* en latin), qui est un condensé des principaux événements de l'histoire du salut ; c'est un premier régulateur. La confession de foi du baptême en latin était devenue très tôt, à Rome précisément, une confession ternaire dans le Père, le Fils et l'Esprit : elle sera de plus en plus élaborée jusqu'à devenir, aux IVe-Ve siècles, notre « confession apostolique » actuelle [98]. Cette règle de foi devient aussi de plus en plus le critère d'explication de la Bible, bien qu'elle-même ne trouve son fondement que dans la Bible et ne puisse être expliquée que par elle. C'est à partir de là que se développent les dogmes de l'Église ancienne, surtout relatifs au Christ et à la Trinité, tandis que d'autres secteurs ne sont pas doctrinalement « dé-finis », « dé-limités ».

– On reste attaché à l'**Ancien Testament** (la Bible hébraïque dans la traduction grecque de la Septante), mais on fixe maintenant un **canon du Nouveau Testament** : un corpus « canonique », donc officiel, des Écritures saintes, choisies selon le critère de l'origine apostolique – un deuxième régulateur. La jeune communauté chrétienne ne se laissa donc pas entraîner dans le rejet de l'Ancien Testament (la « Loi » du mauvais et méchant Dieu créateur) en faveur du Nouveau Testament (c'est-à-dire l'« Évangile » du Dieu bon et sauveur). Ce rejet avait été proposé par un admirateur inconditionnel de Paul, du nom de Marcion, natif d'Asie Mineure, qui récusait en même temps toute explication symbolique et allégorique de la Bible hébraïque. Marcion, qui voulait limiter le canon à l'évangile de Luc et à quelques lettres de Paul, fut excommunié à Rome en 144 – ce qui donna naissance à l'époque à une puissante Église marcionite. Mais dans le cadre de la liturgie de la grande Église, on lisait depuis longtemps les trois ou les quatre évangiles et les lettres de Paul. On considérait comme des écrits canoniques les évangiles et les lettres venant (réellement ou par hypothèse) des apôtres ou de disciples des apôtres, ainsi que les Actes des apôtres et l'Apocalypse de Jean[99]. Mais un autre facteur de régulation vint s'ajouter à la règle de la foi et au canon biblique : dans les cas litigieux – c'est ainsi que raisonne surtout Irénée[100] –, on se tournait vers les Églises les plus anciennes, où les apôtres avaient œuvré.

– Le ministère **épiscopal** monarchique, depuis longtemps foyer de l'unité de l'Église, devient maintenant un ministère **doctrinal**; il se différencie aussi de plus en plus de celui des autres presbytres, car il devient de plus en plus compétent pour la gestion des ressources (de plus en plus importantes de l'Église); on lui demande aussi de décider de la juste doctrine apostolique, sur la foi d'une **succession** prétendument ininterrompue depuis les apôtres – il devient ainsi un troisième régulateur. J'ai clairement indiqué quelle fut la problématique historique qui conduisit à l'évolution vers l'épiscopat monarchique. Le système des fonctions à trois degrés, qui s'était mis en place progressivement, avec toujours plus de responsables professionnels, s'était imposé partout avec le temps. Il conduit maintenant à un système provincial (constitution métropolitaine), qui reconnaît une dignité particulière aux évêques des capitales des provinces de l'Empire et la plus haute dignité à ceux des trois plus grandes villes (Rome, Alexandrie et Antioche). Les synodes provinciaux, d'abord extraordinaires, puis convoqués régulièrement, étaient de fait des synodes dominés par les évêques. On constitua des listes d'évêques pour déterminer la tradition la plus sûre – Rome, capitale de l'Empire, qui abritait les tombes des deux principaux apôtres, pesait à cet égard d'un poids particulier. « **Tradition** » (en grec : *paradosis*, en latin : *traditio*) devient maintenant un mot clé. En même temps que les docteurs charismatiques disparaissent aussi les prophètes; la dernière flamme du prophétisme de l'Église primitive fut celle – nous y reviendrons – de ce que l'on a appelé le « montanisme ». Cette évolution ne pouvait évidemment que conduire à un **pouvoir considérablement accru de l'évêque**. Serviteur de la communauté, il allait devenir de plus en plus son chef, avec pouvoir de lier et de délier; il prétendait à lui seul réunir les fonctions de docteur, de grand prêtre et de mystagogue, à qui revenait toute décision. Dès lors s'établit institutionnellement cette opposition déjà préfigurée plus tôt entre le « clergé » et les « laïcs » ; ces derniers, abstraction faite de leur approbation lors de l'élection de l'évêque, perdirent pratiquement tous les droits qui leur revenaient originellement au titre de « sacerdoce saint »[101]. Mais dans un premier temps on s'en accommoda très bien, puisque, dans le système de la société antique, l'évêque devenait de plus en plus un *patronus* ou un « protecteur », dont la « clientèle » attendait de plus en plus l'intervention non plus seulement pour le ciel, mais aussi sur cette terre. A l'époque postconstantinienne, la rédaction de lettres de recommandation et de suppliques, ainsi que l'arbitrage dans les litiges devinrent l'une des occupations principales de l'évêque (un Augustin s'en trouvait souvent accablé).

Ces trois instances – la règle de foi normative, le canon biblique et l'office doctrinal de l'évêque – permettaient en tout cas de déterminer à tout moment, dans la grande Église catholique ainsi verrouillée, où trouver la doctrine authentique, la doctrine des apôtres. Avec l'introduction de la **règle de foi**, du **canon**, du **ministère épiscopal**, le **paradigme œcuménique de l'ancienne Église non divisée** disposait de ses trois **critères classiques** ! Ce nouveau paradigme avait pris définitivement le relais du paradigme apocalyptique judéochrétien. Et l'Église catholique romaine médiévale qui se constitua ultérieurement conserva également ces principes régulateurs – même s'ils étaient alors chapeautés par la papauté. La Réforme allait remettre en question le troisième (le ministère épiscopal), les Lumières le deuxième (le canon des Écritures) et finalement aussi le premier (la règle de foi). Ils n'en ont pas moins gardé et gardent aujourd'hui encore une grande importance pour la plupart des Églises, même s'ils ont été corrigés à maints égards.

Mais dans la perspective de la réflexion qui est la nôtre ici se pose la question : comment cette Église, ainsi consolidée à l'intérieur, se comporte-t-elle vis-à-vis de l'extérieur, face aux problèmes de la société romaine hellénistique ? La façon dont les chrétiens vivaient était plus importante que ce qu'ils croyaient aux yeux du monde païen qui les entourait. « Le christianisme est aussi l'Antiquité » (Jacques Fontaine), il est inséré dans le monde de l'Antiquité tardive, certes. Mais le christianisme n'est pas seulement l'Antiquité, il est aussi un « événement vécu de la nouveauté »

(Karl Prümm), et il fait preuve d'une force novatrice capable de transformer la société.

4. LES CHRÉTIENS SONT-ILS AUTRES ?

La position des chrétiens concernant les questions sociales concrètes était claire :
– Même s'ils récusaient le culte de l'empereur, les chrétiens avaient un comportement parfaitement **loyal** à l'égard de l'État – d'après la formule de Jésus : « Rendez à César ce qui est à César[102] », et celle de l'apôtre Paul, qui reconnaissait aux autorités de l'État une fonction voulue par Dieu pour lutter contre le mal et qui appelait donc à l'obéissance au pouvoir de l'État et au paiement des impôts[103].

– Aux premiers siècles, les chrétiens ne remirent pas en cause (pas plus que les esclaves eux-mêmes) l'institution de l'**esclavage**, si profondément ancrée dans la société : la société romaine était structurée moins par un système de classes que par un système de patronat – le patron et ses clients. Puisque devant Dieu ne devrait valoir aucune différence de race, de nation, de sexe ou de situation sociale, et qu'une égale dignité revient à tous les hommes, on requérait seulement un traitement fraternel des esclaves, qui pouvaient devenir prêtres et diacres (et même évêque de Rome, dans le cas de l'affranchi Calixte). L'émancipation des esclaves elle-même, largement pratiquée dans les communautés au début, ne réussit pas à s'imposer à la longue.

– On se montra d'abord réticent à l'égard du **service militaire** : on pensait en général que le soldat n'était pas tenu de quitter l'armée après sa conversion et son baptême, mais celui qui était déjà baptisé ne devait pas entamer une carrière dans l'armée. Les clercs, notamment, devaient éviter l'armée et d'autres professions inconvenantes. On récusait en général des professions qui impliquaient culte des idoles, permissivité sexuelle, superstition, astrologie, pratiques magiques, surtout celles de gladiateur, d'acteur et d'artiste.

LE PARADIGME ŒCUMÉNIQUE HELLÉNISTIQUE

– On se montrait également strict en matière de **morale conjugale** : on reconnaissait les chrétiens à leur fidélité conjugale, au rejet du divorce et surtout du remariage. Mais le célibat restait un libre choix, un choix par ascèse. Les évêques et les prêtres n'étaient pas, au départ, tenus au célibat.

La révolution de velours

Il ne fait aucun doute que, par-delà les communautés particulières, le christianisme s'est avéré une **force morale** qui transforma la société. Pour **Peter Brown**, le grand spécialiste de la période patristique de Princeton, qui, alors même qu'il s'intéresse à la « vie privée », n'entend précisément pas séparer « vie privée » et « vie publique », le changement social qui intervient avec le christianisme se définit d'abord par un nouvel idéal éthique : un comportement qui ne se contente pas de se conformer à une loi, à un usage, à une morale de classe, mais qui jaillit du cœur de la personne, un comportement qu'il faut sans cesse soumettre à examen, qui jaillit d'un **cœur simple**, entier, non frelaté – le regard tourné vers le Christ et le prochain. Ce n'est pas, comme dans le paganisme, avec la morale des classes païennes supérieures, qui avaient pour habitude de dépenser une somme importante pour « leur » ville, pour son prestige et le leur – une sorte de feu d'artifice d'un jour (« *Panem et circenses !* » : « Du pain et des jeux ! »). Mais c'était la morale quotidienne de quiconque a plus de moyens que les autres et qui fait preuve d'une solidarité continue, régulière, avec les souffrants et les pauvres : « La substitution, en fin de compte, à un modèle de société urbaine qui soulignait le devoir des "bien-nés" de "nourrir" *leur* ville, d'un modèle fondé sur la notion de solidarité implicite des riches à l'égard des pauvres dans le malheur, demeure un des plus clairs exemples du changement du monde classique en un monde postclassique christianisé[104]. »

Un **chrétien** – dans ce monde, mais pas de ce monde – ne pouvait donc pas être totalement à l'unisson de la société antique : il gardait son **profil propre**. Et la **solidarité sociale** des chrétiens, qui, en raison de leur foi commune dans le Christ, se considéraient comme « frères » et « sœurs », sans considération de race, de classe et de culture, restait étonnante pour nombre de ceux qui les voyaient vivre de l'extérieur ; beaucoup se sentaient attirés par elle. En effet, les communautés chrétiennes développaient non seulement à maints égards leurs propres structures, mais aussi des comportements dont l'impulsion originelle remontait à Jésus : la prise en charge organisée des pauvres, des malades, des orphelins, des veuves, des voyageurs, des prisonniers, des nécessiteux et des personnes âgées – rendue possible par des dons exceptionnellement généreux (le plus souvent collectés à l'occasion du culte), gérés et distribués par l'évêque.

La célébration en commun de l'Eucharistie, qui ne faisait aucune discrimination entre les personnes, ainsi que l'hospitalité à l'égard des chrétiens étrangers renforçaient la conscience communautaire. La vie droite (ortho-praxie) était toujours plus importante à cette époque que la doctrine droite (ortho-doxie), et elle fut certainement l'une des causes principales du succès inespéré du christianisme. Par-delà toutes les polémiques verbales, la tolérance en matière de doctrine était encore relativement grande. C'est en fait par une **révolution de velours** que le christianisme s'est lentement imposé dans l'Empire romain. Ou, comme l'écrit le spécialiste de patrologie d'Oxford Henry Chadwick, le « paradoxe du christianisme » de ce temps, c'est qu'« il représentait un mouvement religieux révolutionnaire, sans idéologie politique consciente ; il visait à conquérir la société dans toutes ses couches, mais en même temps son indifférence à l'égard des rapports de forces en ce monde était l'un de ses traits caractéristiques »[105]. Pour Chadwick l'influence humanisante du christianisme se fit surtout sentir sur les points suivants :

– importance attachée à la conscience individuelle et affirmation de la valeur de chaque individu ;
– aspiration à une société plus juste, avec une plus grande égalité entre les hommes, tous enfants d'un même Dieu ;
– mise en place, à grande échelle, d'institutions de bienfaisance pour les nécessiteux, les orphelins, les veuves et autres exclus de la société ;
– croyance en un plan divin se réalisant dans l'histoire et en la possibilité d'une véritable transformation de l'individu et de la société[106].

Voyons tout cela d'un peu plus près.

Ce qui changeait

L'institution ecclésiale elle-même a connu de nombreux changements au cours des premiers siècles chrétiens, des changements que nous considérons souvent aujourd'hui comme relevant du christianisme « primitif », mais qui sont en fait d'origine plus tardive et même, pour une part, païenne :

– Pour le **baptême**, qui, le plus souvent, n'est pas encore conféré aux enfants, mais aux adultes, on commence à introduire un temps de préparation plus long (le catéchuménat), ce qui conduit souvent (parce que le baptême remet les péchés) à le retarder le plus possible, jusque peu de temps avant la mort. La cérémonie du baptême se fait de plus en plus riche : exorcismes surtout et **onction** d'huile après le baptême, qui évoluera plus tard en sacrement distinct, donnant naissance à la **confirmation**.

– La **célébration de la Cène**, désormais le matin et ouverte aux seuls baptisés (discipline de l'arcane, silence face aux non-baptisés), se trouve complétée par une **liturgie officielle de la parole de Dieu**, à l'image du culte juif (lecture de l'Écriture, psaumes, hymnes, prières, homélie). Tandis que la liturgie du christianisme primitif était sans sacrifice, on interprète maintenant de plus en plus la célébration eucharistique comme un **sacrifice**. On voit ce sacrifice non seulement dans les offrandes apportées par les fidèles et disposées sur l'autel (pour soi-même et pour les pauvres), mais aussi dans la formule de la prière eucharistique avec l'offrande du pain et du vin, du corps et du sang du Christ par l'évêque ou par le prêtre. Les agapes (repas d'amour), originellement liées aux célébrations eucharistiques dans la soirée, disparaissent progressivement, voire sont éliminées à cause d'abus.

– Tandis qu'originellement les réunions liturgiques se tenaient dans des **maisons privées**, dès le IIIe siècle on dispose de quelques **maisons de Dieu** (« églises »). Les constructions chrétiennes caractéristiques seront les **basiliques** – utilisées jusque-là pour toutes sortes d'usages officiels. La **table** eucharistique devient de plus en plus un **autel sacrificiel**, qui est aussi tenu pour « saint » en dehors de la célébration eucharistique.

– Dans les **sépultures** antiques, souvent souterraines (« catacombes »), nous trouvons déjà les débuts d'une **peinture** chrétienne ancienne très symbolique, ainsi que des sarcophages sculptés. Cette peinture ne reprend pas seulement des motifs juifs ou gréco-romains, elle développe aussi sa typologie chrétienne propre : les orants (ceux qui prient), le poisson, Jésus en bon pasteur (jeune homme imberbe), différentes scènes de l'Ancien et du Nouveau Testament, mais pas de représentation de la Passion.

— Dès les IIe-IIIe siècles, on vénère les **martyrs** et les **reliques** : culte des tombes, nombreuses chapelles en l'honneur des martyrs, des apôtres, des patriarches, des archanges, et toujours une croyance massive dans les miracles (d'où la conservation d'ossements de saints, l'usage d'amulettes). Les saints chrétiens supplantent de plus en plus les héros et les dieux païens.

Le résultat est que, malgré toute la **distance** qu'il prenait à l'égard de la culture hellénistique, le christianisme pouvait de moins en moins échapper, avec le temps, à une adaptation pratique à la situation ambiante. Cela valait surtout en matière de discipline ecclésiastique. Le christianisme primitif ne connaissait, en règle générale, qu'une **seule pénitence**, non renouvelable : celle précédant le baptême qui remettait tous les péchés. Dès le début, la sanction d'une faute morale grave était l'excommunication, l'exclusion de la *communio*, et à cette époque cette excommunication s'étendit aussi de plus en plus aux déviations doctrinales.

A la longue, il devint néanmoins inévitable d'accorder une **deuxième pénitence** en cas de manquements graves — la pénitence à vie d'abord, puis pour un temps déterminé. Après un long temps de pénitence très stricte, avec exclusion de l'Eucharistie, le pénitent était finalement réadmis dans la plénitude de la communauté ecclésiale — ne pouvaient être pardonnés, au départ, les trois péchés mortels que sont le meurtre, l'adultère (la fornication) et l'apostasie. Mais la sagesse pastorale, telle qu'elle s'exprima surtout dans l'Église de Rome au IIIe siècle, conduisit à réadmettre dans la plénitude de la communauté ecclésiale d'abord les adultères, puis aussi — compte tenu du grand nombre de ceux qui étaient tombés *(lapsi)* lors de la persécution de l'empereur Dèce — les apostats. En Afrique du Nord, l'évêque Cyprien imposa, lors d'un synode réuni à Carthage en 251, qu'on laisse la réintégration de ceux qui étaient tombés à la discrétion du seul évêque — il s'opposait ainsi à des martyrs et des confesseurs trop disposés au pardon et à une révolte des prêtres. Le pouvoir de l'évêque s'en trouva évidemment considérablement accru ! A la même époque, l'évêque de Rome Corneille s'opposa au rigorisme du presbytre Novatien, un homme très intelligent et très rigoureux en matière de mœurs, ce qui conduisit à la fondation d'une Église hérétique répandue à travers tout l'Empire, l'Église des « purs » *(catharoi)* ; elle survécut en Occident jusqu'au Ve siècle et en Orient jusqu'au VIIe.

Les femmes, grandes perdantes de l'histoire

L'Église chrétienne d'origine païenne s'est affirmée contre la première grande menace extérieure (les persécutions) et face à la première grande crise intérieure (la gnose). Mais depuis le travail fondamental de **Walter Bauer** sur l'orthodoxie et l'hérésie dans le christianisme le plus ancien[107], nous savons qu'il n'est pas si facile – dans une perspective strictement historique – de classer les auteurs chrétiens en vainqueurs et perdants, en « orthodoxes » et « hérétiques ». Nous savons en effet aujourd'hui que la théologie et l'histoire de l'Église ont été elles aussi écrites le plus souvent par les vainqueurs aux dépens des perdants – avec pour critère le dogme ou la politique ecclésiastique. Les perdants, du point de vue de cette histoire traditionnelle de l'Église, ce ne sont pas seulement les quelques « hérétiques » réhabilités par l'historiographie plus récente[108]. Des pans entiers de la chrétienté font partie de ces perdants : par exemple, nous l'avons vu, les judéochrétiens, déjà considérés pour la plupart comme hérétiques dès les IIe-IIIe siècles. Perdante, l'est également – comme nous allons le voir de façon plus précise – toute « l'autre moitié » de la communauté chrétienne, **les femmes**.

L'histoire traditionnelle n'a que trop longtemps négligé la question des femmes, porteuses, elles aussi, de l'histoire : elles sont devenues un champ d'étude privilégié pour cette autre forme d'« histoire moderne », évoquée au début de la partie C. Si les **sources** nous renseignant sur le sort fait aux femmes étaient déjà **pauvres** dans le christianisme primitif, la situation est presque désespérée pour le christianisme de l'Église antique. Nous avons, certes, de multiples textes de nombreux Pères de l'Église *sur* les femmes, mais nous disposons de peu de témoignages issus *des* femmes elles-mêmes : nous disposons en tout et pour tout de quatre écrits sûrs, mais très différents, rédigés par des femmes [109]. Nous avons par ailleurs quelques allusions dispersées et fragmentaires dans des textes rédigés par des hommes qui traitent le plus souvent d'autres questions.

On se plaît à mettre en exergue les nombreuses affirmations des Pères grecs, en particulier, sur **l'égale dignité devant Dieu de l'homme et de la femme** : ils sont tous deux créés à l'image de Dieu, ils ont les mêmes capacités et les mêmes devoirs éthiques et spirituels ; les premiers témoins de la résurrection de Jésus ont été des femmes. Mais il est clair aussi, à l'inverse, que le christianisme a manifesté très tôt **des tendances hostiles au corps et dépréciatives à l'égard des femmes** – et pas seulement dans le monachisme, qui les a toutefois singulièrement cultivées. Même un théologien aussi ouvert sur le monde que Clément d'Alexandrie, qui, dans l'esprit du stoïcisme, se fait l'avocat de l'égalité entre hommes et femmes, qui se montre plutôt réservé à l'égard d'une continence sexuelle totale toute la vie durant et qui ne considère nullement le célibat comme l'idéal de vie le plus élevé du christianisme, n'en prône pas moins la subordination de la femme à l'homme.

L'histoire de l'interprétation du Nouveau Testament et des écrits du christianisme antique a ici son langage propre. Et c'est précisément sur la « question de la femme » qu'on voit le plus clairement combien l'interprétation des faits dépend des orientations idéologiques de telle ou telle époque. On a longtemps légitimé tout naturellement la soumission des femmes prônée par l'Église comme relevant de la Révélation divine et de la tradition sacrée, et quelques clercs, définitivement en retard, à Rome, en Angleterre et ailleurs, tiennent toujours ce langage. Dans le monde chrétien, la tendance est plutôt aujourd'hui à souligner les affirmations positives des Pères de l'Église *sur* la femme et à reconnaître au christianisme un mérite particulier dans l'émancipation de celle-ci. Où est la vérité ?

L'historien **Klaus Thraede** a fait un bref inventaire des matériaux dont nous disposons ; il a attiré l'attention sur ce point décisif :

certes, la participation des femmes à la vie des communautés des
IIe-IIIe siècles paraît avoir été importante, mais l'Église n'a pas pris
cela en compte pour traiter la femme à égalité ; des théologiens
orthodoxes ont plutôt cherché à circonscrire l'émancipation de la
femme :

> A mesure que s'imposent en son sein les idéaux ascétiques [...], le
> christianisme orthodoxe se montre manifestement rétrograde, y
> compris dans sa critique stéréotypée des produits de beauté, de
> l'hygiène et de la mode [...]. Dans son attitude éthique fonda-
> mentale – contrairement à l'idée assez répandue aujourd'hui
> selon laquelle le christianisme aurait favorisé l'émancipation de la
> femme –, la grande Église reste bien en deçà de la situation qui
> était celle de l'époque impériale (pour une part aussi en deçà des
> doctrines philosophiques ; c'est l'héritage de la prédication morale
> préchrétienne hostile à l'émancipation de la femme qui l'em-
> porte) [110].

Mais pour ne pas en rester aux témoignages des Pères de l'Église
sur la femme et comprendre un peu quel était le monde dans lequel
vivaient les femmes et comment elles se percevaient elles-mêmes,
il faudrait relire d'un œil neuf, pour une part à « rebrousse-poil »,
toute la **littérature** patristique : une entreprise extrêmement difficile. En effet, même si l'on s'en tient aux canons et aux règlements
ecclésiastiques, aux traités d'ascèse et aux récits hagiographiques,
il faut se livrer à un travail minutieux et fastidieux, à la recherche
de traces historiques **pour reconstruire la vie réelle des femmes
et leur perception d'elles-mêmes**. Dans le cadre du projet de
recherche de l'université de Tübingen sur « la femme et le christianisme », **Anne Jensen**, une théologienne catholique, a fait œuvre
de pionnière à cet égard. Je peux donc me réclamer ici des principaux résultats de ses recherches [111]. Elle s'est efforcée à juste titre
de dépasser une histoire de l'Église traditionnelle, où domine la
« vision des vainqueurs », c'est-à-dire qui reprend sans critique
la délimitation des frontières telles que les traceront les siècles à
venir, entre la grande Église et les « hérétiques » [112].

La comparaison des quatre **histoires de l'Église** ancienne qui
font autorité, celles d'Eusèbe, de Socrate, de Sozomène et de Théo-
doret, entreprise pour la première fois par Anne Jensen [113], aboutit à

une conclusion univoque : les informations que nous fournit Eusèbe, l'évêque de Césarée, sur les trois premiers siècles nous en apprennent bien davantage sur la participation active des femmes à la vie ecclésiale que les trois auteurs postérieurs, qui nous renseignent sur les IVe et Ve siècles. Ces derniers ont nettement tendance à **marginaliser les femmes** et à **en parler de façon anonyme**. Curieusement, ces histoires de l'Église ne nous disent rien de femmes menant une vie ascétique autonome ; nous savons pourtant, par d'autres sources, qu'elles jouissaient d'une grande autorité spirituelle. Eusèbe et les témoins qu'il cite, en revanche, ne font pas mention des diaconesses ou de celles qui les ont précédées, les « veuves » reconnues par l'Église pour le service de la communauté. Mais le fait qu'aux siècles suivants nous rencontrons de plus en plus de ces femmes ayant reçu l'ordination ne témoigne nullement d'une revalorisation du travail actif féminin au service de la communauté. La confrontation critique avec d'autres sources montre que l'institution du diaconat témoigne plutôt d'une tendance à prendre des mesures restrictives, même si elle laisse ouvert un certain champ d'activité à la femme au sein de l'Église. Il en va de même des communautés de « vierges », placées de plus en plus sous surveillance épiscopale, que l'on préfère manifestement aux femmes menant une vie ascétique autonome.

Des femmes à redécouvrir :
martyres, prophétesses, docteurs

Dans le cadre du panorama d'ensemble qu'Anne Jensen a présenté en s'appuyant sur les histoires anciennes de l'Église, elle a aussi examiné certains groupes de femmes particulièrement importants aux premiers temps du christianisme. L'exploitation des récits concernant des **martyres**[114] mène à la conclusion que là aussi les hommes l'emportent en nombre, mais que les femmes, quand elles sont signalées, sont considérées comme leurs égales. Méritent à cet égard une attention particulière les actes des martyrs du procès de Lyon, en 177, dont l'esclave Blandine occupe le centre, et ceux du procès de Carthage (203) contre Perpétue et Félicité, sur lequel Perpétue a pris des notes même pendant sa captivité – l'un des rares témoignages, à cette époque, d'une femme sur elle-même. L'analyse théologique de ces documents montre que l'on voyait dans ces femmes, qui avaient confessé leur foi et risqué leur vie en témoignage du Christ, des témoins de la résurrection qui tenaient leur force de l'Esprit, au même titre que les confesseurs hommes. Beaucoup de membres de la communauté leur reconnaissaient le droit, en temps de persécution, de réadmettre dans la communauté ecclésiale des chrétiens qui avaient renié leur foi. Il faut de toute façon mettre en garde ici contre une généralisation : la pratique égalitaire de groupes isolés de cette « Église confessante » n'était que partiellement représentative de la chrétienté de l'époque.

Dans les premiers temps du christianisme, les **prophétesses** surtout étaient considérées comme des témoins habilités par l'Esprit [115]. Nous sommes confrontés ici une nouvelle fois au montanisme déjà cité, un mouvement prophétique apparu en Phrygie au IIe siècle, lié aux noms des prophétesses Prisca et Maximilla et à celui de Montanus. Il n'y a sans doute guère de tendances du christianisme antique qui aient été autant dénigrées et combattues, à travers la lecture non critique des textes polémiques postérieurs, que cette « Nouvelle Prophétie » – ainsi que se dénommait lui-même ce mouvement, qui se développa en Église autonome. Mais l'examen des documents anciens, à propos des faits qui se cachent derrière la polémique, ainsi que celui des rares paroles du prophète qui nous soient parvenues ont montré que la dénomination moderne de « montanisme » est doublement erronée : d'abord parce qu'elle ne reconnaît pas la place centrale qui revient aux dirigeantes spirituelles de ce mouvement et non à Montanus, l'« avocat » des prophétesses – à qui revient l'organisation qui permet au mouvement de tenir –, mais aussi et surtout parce qu'elle suggère un « chef » pour un mouvement qui n'avait précisément pas de chef, car il représentait une attitude d'orientation charismatique et égalitaire. D'après les sources dont nous disposons, c'est sans doute **Prisca** qui fut la personnalité la plus importante de la Nouvelle Prophétie. Nous retrouvons donc, ici encore, les **traces d'une véritable pratique égalitaire entre hommes et femmes** dans les communautés du IIe siècle. Ce qui est surtout frappant, c'est que la polémique ultérieure a pris pour cible de ses critiques l'activité des femmes comme telle.

L'étude des femmes qui exerçaient officiellement dans les communautés les fonctions de **docteur**, de responsable de l'enseignement, montre précisément combien il peut être fécond de dépasser la « vision des vainqueurs » dans la présentation de l'histoire [116]. Pour les comprendre, il faut les resituer dans le cadre des mouvements liés à la gnose. On peut alors redécouvrir et estimer à sa juste valeur **Philomène**, une théologienne presque oubliée aujourd'hui, mais de grande importance ; elle dirigeait une école dans la Rome du IIe siècle et faisait concurrence à rien de moins que Marcion lui-même. Adoptant une position modérée entre gnose et grande Église, cette enseignante et prophétesse défendait une conception radicalement spirituelle (sans participation corporelle) de la résurrection, sans tomber pour autant dans un docétisme christologique. L'idée que la Création ait été le fait d'un démiurge met certes le Dieu créateur bon à distance du mal dans le monde, mais ne conduit pas à un dualisme radical, qui rejetterait le monde et la matière comme mauvais. Philomène contribuait donc à préparer le chemin à la nouvelle synthèse entre la pensée juive et biblique et la pensée philosophique hellénistique, qui se ferait dans l'Antiquité tardive. Cependant, dès le IVe siècle, mais encore bien plus dans les histoires de l'Église rédigées à l'époque moderne, l'initiatrice de cette école se trouve placée dans l'ombre de son élève Apelles, qui a consigné par écrit ses enseignements et les a propagés.

A considérer les résultats de la recherche actuelle sur la situation des femmes, nous avons devant les yeux une image certainement plus complexe que celle à laquelle nous nous attendions. Tout comme les travaux d'Elisabeth Schüssler Fiorenza pour l'époque du Nouveau Testament, les recherches d'Anne Jensen font aussi apparaître des contradictions :

– Les femmes participaient bien plus activement à la propagation du christianisme que ne pourraient d'abord le laisser penser les sources à coloration trop masculine.

– En même temps, nous trouvons partout à l'œuvre des forces qui tendent à empêcher la mise sur un pied d'égalité des deux sexes. La résistance à la réalisation authentique d'une attitude égalitaire augmente.

Des formes de vie alternatives pour les femmes – et leurs revers

Anne Jensen a montré que les nombreuses mesures de répression de l'activité ecclésiale des femmes n'avaient guère de succès au début, car les Romaines de culture hellénistique devenues chrétiennes n'étaient pas disposées à se laisser faire. Même si elles n'avaient pas accès aux fonctions politiques, elles n'en étaient pas moins littéralement « émancipées » : elles n'étaient plus sous la *manus* (« main », dans le sens de « pouvoir » et de « protection ») d'un mari, c'étaient des partenaires libres et économiquement indépendantes, pour autant qu'elles jouissaient d'une certaine fortune. Les femmes des couches supérieures pouvaient donc disposer librement d'elles-mêmes, même dans le cadre du mariage. Cette situation explique pourquoi les sources dont nous disposons n'énoncent nulle part que les femmes auraient espéré une amélioration de leur « condition féminine » en passant au christianisme.

Beaucoup de femmes encore ou à nouveau célibataires décidaient toutefois de renoncer à une vie familiale traditionnelle. Aussi les **veuves** jouaient-elles désormais un rôle important dans les communautés, mais bientôt aussi les **vierges**, des jeunes femmes donc, qui, dès l'abord, n'entendaient pas se marier. Certes, le choix de la continence était un phénomène général à l'époque ; il n'était donc spécifique ni des femmes ni des chrétiens. Ces chrétiennes qui avaient librement choisi le célibat créèrent cependant à l'intérieur des Églises des organisations qui n'avaient pas leur équivalent, à si grande échelle, dans l'hellénisme de l'époque. En dehors du christianisme, c'étaient presque toujours des personnes isolées qui opposaient un refus aux rôles traditionnels d'épouse et de mère. Le christianisme permettait désormais des **formes de vie alternatives** à de larges groupes de femmes, qui ne se définissaient plus à partir de leur déterminisme biologique. L'institutionnalisation garantissait tout à la fois une assistance matérielle et un fort degré de reconnaissance sociale. L'enfermement de la femme dans un rôle social déterminé se trouvait ainsi brisé et transcendé. Ce furent sans aucun doute les chrétiennes elles-mêmes qui jetèrent les fondements de ces nouvelles formes de vie féminine, et aujourd'hui encore les femmes sont nettement plus nombreuses que les hommes à choisir une voie alternative au mariage, dans les monastères, les communautés et les associations les plus diverses. Cette nouvelle conception de la féminité, qui se libère de la finalité purement biologique de la femme, a représenté une **contribution importante à l'histoire de l'émancipation**.

Certes, cette relativisation du rôle assigné jusque-là aux sexes pose elle-même des problèmes spécifiques. Seul le **renoncement radical à la sexualité** permettait en effet de s'arracher au déterminisme biologique. Et la femme non épouse et non mère ne trouvait une reconnaissance sociale dans le christianisme qu'à condition de choisir ce renoncement sexuel pour des **motifs religieux ascétiques**. Mais c'est sur ce point que surgissent les **conflits**. Pourquoi ? Les motivations des femmes qui décidaient de renoncer à la vie familiale habituelle étaient manifestement de natures diverses. Pour les unes, en effet, le renoncement à la vie sexuelle signifiait en même temps le renoncement radical à toute vie mondaine, et cette forme de vie était la mieux acceptée par l'Église, elle faisait l'objet de ses louanges. Mais d'autres renonçaient à la vie sexuelle pour être libérées des contraintes biologiques et se consacrer à d'autres tâches. Cependant, beaucoup estimaient que c'était là viser à un rôle « masculin » et aux prétentions à la direction de la communauté qui y étaient liées. On pouvait, certes, le tolérer dans des cas exceptionnels, mais, comme phénomène de masse, l'Église l'a manifestement toujours considéré comme dangereux. C'est ainsi que l'on en arrive à des réactions ambivalentes :

– La **solution** « **positive** » fut la construction théologique du/de la *parthenos* « asexué(e) » (la vierge/l'homme vierge), donc le dépassement radical du sexe, qui devait conduire en théorie à la parfaite égalité des droits entre hommes et femmes, et en pratique à des relations de transparence parfaite, sur le modèle des relations entre frères et sœurs. Une hiérarchie des sexes n'était pas pensable dans ce modèle. Le dépassement du sexuel ici visé ne relevait donc pas immédiatement d'une hostilité au sexe, mais pouvait aisément y conduire.

– La **solution** « **négative** » fut celle d'une forme spécifique de mépris de la femme, qui n'allait pas tarder à l'emporter dans le mouvement ascétique. L'angoisse face à une pulsion que l'on risque de ne pas maîtriser amène l'image négative de la tentatrice. Cette tendance s'imposa de plus en plus dans l'Église antique et conduisit au principe de la séparation des sexes. Et c'est le début d'une interaction réciproque fatale : dans l'Église impériale, la pensée hiérarchique étouffe de plus en plus les tendances égalitaires du christianisme primitif et déteint sur l'ascétisme. Inversement, le pessimisme sexuel croissant se répercute aussi, en dehors des monastères, sur toute l'Église et la société. Les femmes célibataires elles-mêmes, qui entendaient participer activement à la vie ecclésiale, sont finalement presque totalement éliminées de l'état clérical. C'est la pensée hiérarchique qui l'emportera dans la définition des relations sexuelles – et il faudra attendre les mouvements de l'époque moderne, en marge de l'Église, pour que la mentalité égalitaire regagne du terrain au sein du christianisme. Peut-on dès lors parler d'une émancipation de la femme par le christianisme à l'époque de l'Église antique ?

Une émancipation de la femme par le christianisme ?

Selon Anne Jensen, deux thèses courantes se sont révélées fausses ; elles ne représentent au fond que la variante apologétique féministe et la variante conservatrice-antiféministe d'une même conclusion mensongère : 1) les hérésies étaient prétendument plus hostiles aux femmes que la grande Église ; 2) l'Église s'est vue dans l'obligation d'interdire l'enseignement aux femmes parce qu'elles étaient plus réceptives aux mouvements hérétiques. Un examen plus attentif des sources conduit plutôt à cette autre conclusion : dans les Églises « hérétiques » combattues par la grande Église, une mentalité authentiquement égalitaire n'a pas pu se maintenir longtemps non plus. C'est dire que dans l'Antiquité tardive **la ligne de démarcation entre l'hostilité et la sympathie à l'égard des femmes ne recouvre ni les frontières des religions ni celles des confessions.**

Autre constatation importante : l'apologétique chrétienne traditionnelle transfère volontiers le reproche d'hostilité à la sexualité sur les païens, et se réclame, pour ce faire, de l'héritage biblique. Mais là non plus on ne peut s'en tirer à si bon compte. La tendance à se retirer du monde qui se fait jour dans la chrétienté primitive n'est pas simplement un héritage de l'hellénisme. Son attente de la fin du monde et du Jugement proches a considérablement renforcé cette tendance. C'est particulièrement net pour l'**idéal de la continence** : tandis que dans l'Antiquité tardive non chrétienne la décision de mener une vie ascétique pouvait rester en définitive une question de préférence individuelle, la **doctrine de l'Église** donne progressivement la **préférence au célibat** pour des raisons touchant à l'histoire du salut. Cela conduit directement à une dépréciation du sexuel et indirectement à une dévalorisation des femmes, que l'on définit de plus en plus, dans une vision unilatéralement biologique, comme des êtres sexuels – dans la mesure où elles ne vivent pas dans la continence.

Il est incontestable que l'idéal d'humanité de l'Antiquité soulignait déjà l'égale dignité humaine de tous les hommes, la même dignité revenant aux hommes et aux femmes, aux esclaves et aux maîtres, aux pauvres et aux riches. On aurait donc pu s'attendre à une alliance entre la mentalité égalitaire antique et la mentalité égalitaire chrétienne. Pourquoi donc l'évolution historique a-t-elle suivi un autre cours ? D'autres facteurs sont sans doute entrés en jeu. L'extension du christianisme ne peut pas expliquer à **elle seule** la discrimination croissante du sexe féminin dans l'histoire de la chrétienté occidentale.

Il semble donc plus judicieux de s'interroger d'abord sans préjugé : **qu'est-ce qui a empêché une véritable émancipation des femmes dans l'Église antique ?** Parmi les différents facteurs qui ont pu intervenir, trois apparaissent particulièrement importants – et ils vont malheureusement devenir déterminants pour le paradigme hellénistique de l'Église ancienne :

– l'adoption de **structures hiérarchiques** : dans les Églises comme dans l'Empire romain, la mentalité égalitaire et les intérêts du pouvoir politique entrent en concurrence ; le principe d'égalité ne l'emporte que dans la sphère privée, tandis que la suprématie masculine s'impose surtout dans la sphère sacramentelle ;

– l'**hostilité à l'égard du sexe** : elle n'est pas spécifique du christianisme, mais représente un phénomène commun à toute l'Antiquité tardive ; elle trouvera toutefois son expression la plus marquée dans la sphère chrétienne ;

– la **dévalorisation de la culture** : la culture était un idéal hellénistique que le christianisme n'abandonna pas au départ, mais il allait souvent être ensuite, notamment pour les femmes – un objet de mépris. Cela contribua puissamment à ne voir dans les femmes que des « corps ».

L'argument de la tradition aujourd'hui

Comment apprécier cette tradition hostile aux femmes si nous la comparons à l'attitude fondamentale de Jésus, à celles de la communauté judéochrétienne de Palestine ou encore des communautés paganochrétiennes pauliniennes ? Ce que nous constatons est sans ambiguïté aucune : les hiérarchies verticales entravent de plus en plus les sentiments de fraternité entre frères et sœurs, cultivés par Jésus et par les premiers chrétiens. On emprunte à une tradition ancienne l'hostilité à l'égard du sexe et on la propage au détriment des femmes, bien que rien de tel ne se trouve dans la prédication de Jésus – tout au plus une relativisation du mariage et de la famille au bénéfice du Royaume de Dieu. La prédication de Jésus, il est vrai, ne s'intéresse guère à la culture : point n'est besoin de culture pour entrer dans le Royaume de Dieu. Mais Paul se présente déjà comme un judéochrétien cultivé, tout comme les rédacteurs (anonymes) des lettres aux Éphésiens et aux Hébreux, entre autres, qui témoignent d'une théologie très élaborée et donc d'une grande culture. Mais une dévalorisation de la culture ne saurait pas davantage se réclamer de Jésus – sans parler de Paul et d'autres auteurs. Et certainement pas une dévalorisation de la culture qui se traduirait par une « interdiction d'enseigner » faite aux femmes, ou qui servirait d'alibi pour définir les femmes exclusivement en fonction de leur rôle sexuel.

Quelle fut donc la portée du christianisme pour l'émancipation de la femme dans l'Église antique ? Réponse : le christianisme n'a pas opéré la libération de la femme, mais il aurait pu et dû l'encourager autrement qu'en proposant des formes de vie alternatives. Au lieu de quoi, les IIe-IIIe siècles préparent la voie à une hostilité croissante à l'égard des femmes dans la doctrine et la pratique de l'Église des siècles suivants. Alors que dans la société antique tardive l'émancipation de la femme est déjà acquise pour une bonne part, « les interdits propagés dans tout l'Empire concernant les ministères dans l'Église attestent depuis le IIIe siècle des pratiques de plus en plus défavorables aux femmes ; l'orthodoxie politique et dogmatique marche main dans la main dans la lutte contre l'émancipation des femmes, que ce soit dans l'Église ou dans la société [117] » (K. Thraede).

Il aurait pu en aller autrement, car l'héritage de l'humanisme antique tout comme le message de l'Évangile avaient frayé la voie à une autre direction. Mais il faut le souligner aujourd'hui : si la situation que nous venons de décrire pouvait encore être « compréhensible » pour le christianisme du modèle hellénistique de l'Église ancienne, il devient totalement incompréhensible qu'une discrimination des femmes, ouverte ou latente, puisse subsister aujourd'hui encore dans des Églises chrétiennes en se réclamant de la « tradition de l'Église ». C'est pourquoi se posent là encore des questions pour l'avenir [118]. Ces questions s'adressent surtout à l'Église orthodoxe et à l'Église catholique.

Il est une chose que les femmes elles-mêmes ne devraient jamais oublier : la domination des hommes, qui s'est imposée dans l'Église du paradigme antique hellénistique, puis surtout dans le paradigme catholique romain médiéval, aurait été difficilement pensable sous cette forme sans l'**interdiction du mariage faite aux clercs** (célibat ecclésiastique imposé aux seuls évêques dans les Églises orientales, mais également aux prêtres et aux diacres dans l'Église catholique romaine) qui ne se trouve nulle part dans le Nouveau Testament. Peter Brown écrit très justement :

> Sur ce point la chrétienté a choisi le « grand refus ». Au cours des siècles où le rabbinat acquiert sa prééminence dans le judaïsme précisément en acceptant le mariage comme un critère quasi obligatoire de sagesse, les dirigeants des communautés chrétiennes s'orientent dans une direction diamétralement opposée : l'accès aux postes de direction dans la communauté chrétienne est identifié au célibat quasi obligatoire. Il est rare qu'une structure de pouvoir se soit érigée avec une telle rapidité et une telle acuité de tracé sur la base d'un acte aussi intime que le renoncement sexuel [120].

Questions pour l'avenir

• De quel droit les Églises orthodoxe et catholique refusent-elles aux femmes l'égalité de traitement pleine et entière avec les hommes, y compris pour les ministères de l'Église ? Ne faudrait-il pas remettre en question, à partir de l'attitude de Jésus dès l'origine et de la communauté chrétienne primitive [119], des structures de légitimation théologique traditionnelles, comme le fait qu'une femme ne saurait être « symbole du Christ » ? Au vu des fonctions dirigeantes exercées par des femmes dans l'Église primitive (Phœbé, Prisca) et de la position entièrement modifiée aujourd'hui de la femme dans l'économie, les sciences, la culture, l'État et la société, convient-il de retarder indéfiniment l'accès de la femme à la prêtrise ? Jésus et l'Église primitive n'étaient-ils pas en avance sur leur temps dans leur valorisation de la femme, et les Églises qui refusent toujours d'ordonner des femmes ne restent-elles pas loin derrière l'Évangile et la pratique d'autres Églises ?

• La communauté ecclésiale méthodiste fut la première, en 1980, à choisir une femme pour lui confier la charge d'évêque ; elle fut suivie par la communion anglicane des États-Unis en 1989, puis par l'Église luthérienne d'Allemagne en 1992. De quel droit des représentants des Églises catholique et orthodoxe proclament-ils qu'une telle pratique risque de poser des problèmes sérieux et de créer des difficultés pour le « dialogue » œcuménique ? Le « dialogue » œcuménique entre les Églises peut-il se faire aux dépens de l'égalité des femmes ? Tout au contraire, les Églises qui refusent aux femmes les fonctions d'évêque et de prêtre ne devraient-elles pas réviser, en faisant leur autocritique, leur propre pratique à la lumière de l'Évangile et de la tradition de l'Église primitive ?

• Ne serait-il pas temps pour les Églises orthodoxe et catholique de reconnaître que les Églises évangélique et anglicane sont plus proches de l'Évangile dans leur façon d'aborder le

→

> problème de l'accession des femmes aux fonctions ecclésiales ? Se réclamer d'«Églises sœurs» conservatrices, n'est-ce pas un alibi pour freiner les réformes dans sa propre Église ? Ne serait-il pas temps, dans l'esprit de l'Évangile, de mettre fin à la pratique de discrimination, de mépris et de déconsidération des femmes, et de leur garantir dans l'Église aussi la dignité qui leur revient et la position juridique et sociale à laquelle elles ont droit ?

5. CHANGEMENT DE PARADIGME EN CHRISTOLOGIE

Selon Henry Chadwick, Celse, philosophe d'Alexandrie au IIIe siècle, fut le premier à reconnaître la force de la jeune chrétienté, en l'occurrence que « cette communauté apolitique, quiétiste et pacifiste avait entre ses mains la capacité de transformer l'organisation sociale et politique de l'Empire romain [121] ». Il ne fallut rien de moins que la tête la plus brillante de l'Église chrétienne de ce IIIe siècle pour répondre de façon convaincante à Celse et à sa vaste justification philosophique et théologique de la religion polythéiste traditionnelle : ce fut **Origène** [122], si admiré et si contesté, citoyen de l'Alexandrie égyptienne, la ville de la science. Dans un de mes ouvrages, *Les Grands Penseurs chrétiens*, j'ai consacré un long chapitre à Origène – je m'en tiendrai donc ici aux seules données nécessaires pour comprendre son rôle.

Origène, le premier représentant d'une théologie scientifique

Origène, le seul vrai génie parmi les Pères grecs, rempli d'une insatiable soif de savoir, doté d'une vaste culture et d'une prodigieuse capacité de travail (la liste de ses écrits, établie par Eusèbe, aurait compté deux mille livres), faisait de la théologie parce que sa grande passion était la réconciliation définitive du christianisme et de l'hellénisme, plus exactement la « **sursomption** » *(Aufhebung)* **de l'hellénisme dans le christianisme**. Mais cette christianisation de l'hellénisme entraînait aussi une hellénisation du christianisme. Aussi la théologie d'Origène ne représente-t-elle pas un changement de paradigme, mais l'**accomplissement du paradigme paganochrétien inauguré par Paul**.

« Accomplissement », qu'est-ce à dire ici ? Origène est un chrétien convaincu qui n'en reste pas moins un Grec (comme en témoigne Porphyre, le biographe de Plotin, un admirateur qui est toutefois exaspéré par lui) ; c'est un pacifiste qui récuse le service militaire pour les chrétiens, mais fait preuve de loyauté à l'égard de l'autorité de l'État (sauf en matière de foi). Il a créé, mieux, il a vraiment incarné le **premier modèle d'une théologie scientifique** – avec d'importantes répercussions sur toute la vie chrétienne antique. Tout à la fois critique et constructif, cet esprit universel, qui trouvait partout des matériaux précieux pour sa pensée, s'efforça de retravailler tous les projets et élaborations théologiques antérieurs, y compris des gnostiques. C'est ainsi que ce penseur plein de piété s'avéra le représentant par excellence du christianisme antique, son plus grand érudit, que l'on peut considérer – les spécialistes de patrologie sont unanimes là-dessus – comme l'inventeur de la théologie en tant que science. Charles Kannengiesser, un spécialiste français, peut écrire : « Origène a fondé la **pratique** adéquate pour cette forme de théologie et il a fondé la théorie **méthodologique** dont elle avait besoin. On se demande seulement si la création d'un nouveau paradigme doit toujours apporter une aussi grande nouveauté que l'a fait le génie d'Origène[123]. »

Membre à part entière de la communauté ecclésiale tout en restant en permanence en dialogue avec les intellectuels païens et juifs de son temps, Origène a su ouvrir des voies nouvelles, dans un langage compréhensible, non seulement pour l'apologétique chrétienne (dans son ouvrage *Contra Celsum* il réfute phrase par phrase le philosophe païen) et l'exégèse biblique (commentaires et homélies sur tous les livres de l'Écriture), mais aussi pour la compréhension théologique systématique du message biblique.

En ce qui concerne l'accomplissement du paradigme paganochrétien hellénistique, on peut encore apporter les précisions qui suivent. Origène a ouvert des voies nouvelles dans la **présentation systématique du christianisme** : probablement en réponse à une critique qui s'est exprimée au grand jour, Origène, le plus grand philologue de l'Antiquité chrétienne, interrompt son travail sur l'*Hexapla* (l'édition de la Bible en hébreu et en grec, sur six colonnes, avec une critique textuelle) et son puissant commentaire de la Genèse, pour exposer ses conceptions théologiques dans une grande esquisse systématique. Son idéalisme s'inspire de Platon et son caractère évolutif du Portique. Ce *Traité des principes* (en grec : *Peri archon* ; en latin : *De principiis*) traite des principes fondamentaux de l'être, de la connaissance, des doctrines chrétiennes. A cause de quelques thèses trop audacieuses (surtout sur la préexistence des âmes et la réconciliation plénière à la fin des temps), ce traité valut à Origène de devenir un théologien contesté, d'être accusé d'hérésie et finalement condamné – avec des conséquences catastrophiques pour son œuvre ; celle-ci ne nous est parvenue que sous forme fragmentaire (son *Peri archon* nous est surtout connu dans la traduction latine de Rufin). Origène établissait pourtant une distinction très nette entre les *dogmata* de la tradition ecclésiale, auxquels il faut se tenir, et les *problemata*, les questions ouvertes : concernant ces dernières, il réclamait déjà pour le théologien, contre les évêques, la liberté de pensée, qu'il mettait lui-même en pratique [124].

Le christianisme, la plus accomplie de toutes les religions

Origène avait tellement à cœur de concilier la foi chrétienne et la culture hellénistique que **le christianisme apparaît comme la plus parfaite de toutes les religions**. Il expose cette conception dans un premier système doctrinal théologique, qui entend s'appuyer sur l'Écriture sainte, mesurée à l'aune de la tradition de foi des apôtres et de l'Église : plutôt qu'une première « dogmatique », nous avons là une première « doctrine de foi chrétienne » [125]. La cohérence des thèses sur différents thèmes était signe de vérité pour ce penseur très profond. Dans les quatre parties (livres) de ses

Principes, Origène présente la totalité du christianisme sous trois grands chapitres : Dieu et ses déploiements ; la chute des esprits créés ; la rédemption et la restauration (la quatrième partie traite de l'interprétation allégorique de l'Écriture). A partir des « éléments et fondements » du christianisme, Origène élabore ainsi une « totalité cohérente et organique »[126], une grande synthèse. Celle-ci relève d'une pensée philosophique grecque dans la mesure où tout paraît suivre le schéma platonicien gnostique de la chute et de la remontée, et de la séparation entre idées éternelles et manifestations temporelles.

Il peut ainsi voir dans l'histoire de l'humanité – tout à fait dans la ligne de son prédécesseur Clément d'Alexandrie – un **processus éducatif** grandiose, continuellement ascendant : **c'est la pédagogie *(paideia)* de Dieu envers les hommes** ! C'est dire que l'image de Dieu anéantie en l'homme par la faute et le péché est restaurée dans le Christ par la providence et l'art pédagogique de Dieu lui-même. L'homme est ainsi conduit à sa perfection par un plan de salut parfaitement défini. Dans le Christ « a commencé l'union de la nature divine et de la nature humaine, pour que la nature humaine, par son unité étroite avec la nature divine, devienne elle-même divine[127] ». Selon cette *oikonomia*, l'**incarnation de Dieu** lui-même est la **condition de la divinisation de l'homme** !

L'instrument qui permet la mise en œuvre de cette conception systématique est l'**interprétation allégorique** de l'Écriture. Comme des philosophes grecs l'ont fait avant lui pour les mythes (ceux d'Homère surtout) et comme l'a fait au tournant de notre ère le juif Philon d'Alexandrie pour les cinq livres de Moïse, Origène explique en substance l'Ancien et le Nouveau Testament non pas de façon historique, mais **allégorique**, c'est-à-dire symbolique, imagée, spirituelle. Il le fait non seulement parce que l'Écriture, prise à la lettre, apparaît souvent indigne de Dieu, immorale et contradictoire – des critiques qu'avaient déjà formulées très tôt les gnostiques et Marcion à l'encontre de la Bible hébraïque –, mais encore parce qu'il pense que c'est ainsi seulement qu'il peut sonder la Bible dans toute sa profondeur et dans tout son mystère, comme parole inspirée de Dieu, lieu de la présence du *Logos*. Pour lui, tout dans l'Écriture a un sens « spirituel », alors que tout n'a pas un sens historique. Tout comme le cosmos et l'homme, qui sont faits de

corps, d'âme et d'esprit, l'Écriture a, elle aussi, une **triple signification** [128] :
– le sens somatique littéral et historique (l'homme « somatique » ne voit dans le Christ qu'un simple homme) ;
– le sens psychique et moral (l'homme « psychique » ne voit en Jésus que le sauveur historique de son temps) ;
– le sens pneumatique, allégorique et théologique (l'homme « pneumatique » contemple dans le Christ le *Logos* éternel, qui est auprès de Dieu dès le commencement).

Si l'on veut apprécier historiquement l'œuvre d'Origène, ce médiateur culturel par excellence, on constate que tout ici est très différent de tout ce que nous avons pu dire du judéochristianisme – encore bien vivant à cette époque. Il s'agit ici d'une nouvelle « constellation globale des convictions, des valeurs et des types de comportement », totalement différente de l'ancienne constellation judéo-apocalyptique et formulée maintenant en termes **hellénistiques** ; c'est le paradigme « moderne » – dirions-nous aujourd'hui – conforme à cette époque hellénistique. « Représentant exemplaire, à titre individuel, de l'ouverture sans entraves de la foi chrétienne à la culture générale à laquelle il appartenait, Origène, avec les capacités singulières qui étaient celles de son génie, a fait l'expérience de ce qui devait devenir le paradigme de toute l'Église à la génération suivante : **l'intégration de la "modernité" dans la théologie chrétienne** [129]. »

Les caractéristiques de la nouvelle constellation – canon biblique, tradition de foi ecclésiale, fonction de l'évêque, ainsi que la pensée du platonisme moyen et du néo-platonisme –, tout cela constitue également le cadre herméneutique de l'interprétation allégorique de l'Écriture par l'Alexandrin ; il porte à une tout autre hauteur le texte biblique et, indubitablement, il lui trouve souvent une signification qu'il n'avait pas. Mais à la longue son interprétation spirituelle pneumatique s'imposera largement dans la théologie occidentale et orientale – y compris contre l'école d'Antioche, dont l'interprétation reste plus sobre, plus littérale et plus historique, et qui se réclame avant tout de Lucien de Samosate. En lieu et place du modèle apocalyptique de l'attente de la fin du monde proche, emprunté au judaïsme, il y a désormais, pour la première fois sous une forme aussi accomplie, la vision de l'histoire du salut où Jésus-

LE PARADIGME ŒCUMÉNIQUE HELLÉNISTIQUE

Christ se situe au milieu du temps (cette conception était préparée par les deux écrits de Luc, son évangile et les Actes des apôtres). L'incarnation de Dieu dans le Christ est à la charnière de l'histoire du monde, on y voit le drame de Dieu et du monde. Mais cette vision nouvelle ne va pas sans poser question.

Un glissement problématique du centre

La pensée d'Origène témoigne à n'en pas douter d'un **déplacement du centre de gravité** de la pensée chrétienne sous l'influence d'un hellénisme marqué par le néo-platonisme. Ce déplacement se dessinait depuis longtemps, mais maintenant il devient manifeste. Même s'il vaut mieux éviter d'aller aussi loin qu'Adolf von Harnack, qui voit dans l'« incorporation de la christologie du *Logos* dans la foi de l'Église » – et comme article fondamental, en l'occurrence – la véritable « métamorphose de la foi en une doctrine de foi marquée par la philosophie grecque »[130], on ne peut cependant éviter de poser des questions critiques :

– Quel est pour Origène le problème fondamental auquel se trouve confronté l'homme ? C'est le dualisme radical entre le cosmos spirituel et le monde matériel, entre Dieu et l'homme, un dualisme que ne connaissent sous cette forme ni l'Ancien ni le Nouveau Testament.

– Quel est alors, pour le système de pensée d'Origène, l'événement de salut central dans cette histoire du salut ? C'est le dépassement de cette différence infinie entre Dieu et l'homme, entre l'esprit et la matière, entre le *Logos* et la chair par l'homme-Dieu Christ, là encore sous une forme qui est étrangère au Nouveau Testament.

De quel prix s'est payée cette nouvelle orientation ? Ce ne sont plus, comme chez Paul, chez Marc et dans tout le Nouveau Testament, la croix et la résurrection de Jésus qui constituent le centre de la théologie chrétienne. Ce sont, pour une bonne part, des questions spéculatives qui occupent maintenant le centre : comment trois « hypostases » (trois « sujets-substances ») sont-elles compatibles avec l'unique divinité ? Comment penser l'incarnation du *Logos* divin et donc le dépassement de la faille platonicienne entre le

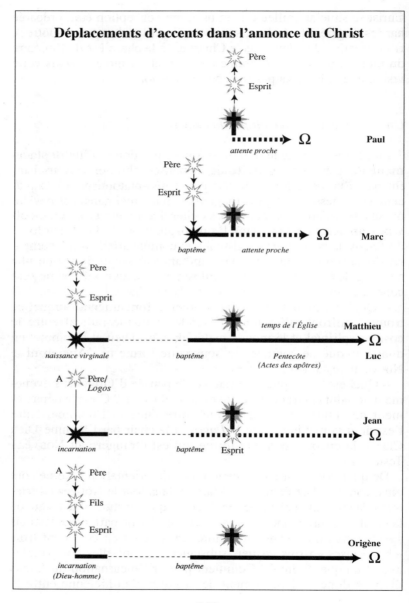

monde vrai, idéal, céleste... et le monde trompeur, matériel, terrestre ? Comment décrire Jésus, le « Dieu-homme » *(theo-anthropos)* : Fils de la Vierge et « Mère de Dieu » *(theo-tokos)*, qui, comme homme, doit pouvoir manger et boire, mais qui, comme Dieu, ne peut pas avoir à faire ses besoins ni ressentir une pulsion sexuelle ? Quelle image embrouillée et défigurée du Christ, si différente de celle du message primitif !

Il est incontestable que dès les premiers Pères grecs, le centre d'intérêt de la théologie s'est déplacé de l'histoire du salut concrète du peuple d'Israël et du rabbi de Nazareth vers un grand système du salut, et donc du Vendredi saint – jamais passé sous silence, certes – (et de Pâques) vers la Nativité (et l'Épiphanie), vers la préexistence du Fils de Dieu (sa vie divine avant tous les temps) et donc vers les trois « hypostases » (appelées « personnes » en Occident) dans la divinité.

Origène était fermement convaincu que dans toute sa théologie – son exégèse, son apologétique et sa théologie systématique – il n'avait fait que déchiffrer et décoder la Sainte Écriture qu'il aimait passionnément. Mais il n'avait pas conscience à quel point il demeurait lui-même prisonnier d'une vision du monde philosophique bien déterminée. Aujourd'hui encore, l'orthodoxie orientale reste convaincue, comme d'une chose allant de soi, que la doctrine orthodoxe des Pères de l'Église coïncide purement et simplement avec le message du Nouveau Testament et qu'une continuité sans faille rattache ainsi les Églises orientales à l'Église primitive – comme s'il n'y avait jamais eu aucun changement de paradigme !

Si l'on examine de plus près le développement de la christologie hellénistique et l'élaboration d'une doctrine spéculative de la Trinité, telle qu'elle se dessine chez Origène, on ne peut que s'interroger : s'agissant du centre même de la foi chrétienne, ce paradigme hellénistique s'est-il effectivement contenté d'expliquer le message biblique ou, au contraire, le message du Nouveau Testament n'a-t-il pas été contaminé par des concepts et des représentations hellénistiques ? Mais n'oublions pas dans quelle situation difficile se trouvait la jeune chrétienté à cette époque.

> **Questions pour l'avenir**
>
> ☗ Par rapport au judaïsme : font-ils encore droit à la Bible hébraïque, ces théologiens chrétiens qui – surenchérissant sur son inspiration par Dieu – y voient un livre porteur de mystères chrétiens très profonds, qu'ils s'essaient à dévoiler grâce à la méthode allégorique et symbolique, au point qu'ils pensent même pouvoir découvrir dans l'Ancien Testament une trinité du Père, du Fils et de l'Esprit ?
>
> † Par rapport au christianisme : n'est-ce pas défigurer le message primitif de Jésus et la prédication néo-testamentaire de Jésus le Crucifié, le Christ de Dieu ressuscité et présent dans l'Esprit, quand, dans la théologie, dans la littérature et dans la piété chrétiennes, le centre d'intérêt se déplace de la croix et de la résurrection vers la naissance et la « manifestation », vers la préexistence même du Fils de Dieu et sa vie divine à tous les temps ? N'est-ce pas transformer dès l'abord l'Évangile, la « parole de la Croix », en doctrine triomphaliste, en « théologie de la gloire » ?
>
> ☪ Par rapport à l'islam : est-ce faire droit à la Bible hébraïque et au Nouveau Testament que de faire entrer de force l'histoire du salut, racontée dans les livres bibliques, dans un système dogmatique de plus en plus compliqué, qui divisera déjà l'Église un siècle après Origène et qui l'enfoncera dans des querelles sans fin, d'où le succès foudroyant de l'islam porteur de son message si simple – proche du judaïsme ! – du Dieu unique, de son prophète et Messie Jésus et de Muhammad, le « Sceau des prophètes » ?

Les persécutions à l'échelle de l'Empire

A la mort d'Origène – qui avait été arrêté, torturé et finalement remis en liberté dans le cadre d'une nouvelle persécution des chrétiens –, le monde chrétien, surtout répandu jusque-là dans la partie orientale de l'Empire et qui à Rome même continuait à parler grec, ne représentait toujours qu'une minorité relativement peu importante. Au IIIe siècle, le culte le plus répandu était celui de Mithra, en provenance de la sphère indo-iranienne : c'était un culte solaire qui pouvait se concilier avec le culte de l'empereur, mais non avec l'hellénisme. Il en allait tout différemment du christianisme. Ne disposait-il pas, depuis Origène, de la puissance et des méthodes de pensée de la philosophie hellénistique ? N'avait-il pas aussi reçu maintes impulsions de la piété syncrétiste hellénistique – pour la compréhension du baptême, par exemple (avec le baptême des enfants qui se répandait de plus en plus), et de l'Eucharistie (comprise comme un sacrifice) ? N'avait-il pas aussi mis en place, en s'inspirant de l'Empire, une discipline de plus en plus stricte et une organisation de plus en plus serrée ?

La question se pose maintenant pour beaucoup : le christianisme, religion qui pénétrait de plus en plus l'Empire, n'avait-il pas, malgré tout, l'avenir pour lui ? Aucun doute : en associant foi et science, théologie et philosophie, Origène avait accompli le **tournant théologique** qui allait rendre possible le **tournant culturel** (lien entre christianisme et culture) ; à son tour, celui-ci a préparé le **tournant politique** (lien entre Église et État). Il est étonnant qu'on en soit déjà là quelque cinquante ans après la mort d'Origène – en dépit des vives réactions de l'État païen, qui se font désormais plus violentes.

Les persécutions des empereurs Dèce (249-251) et Valérien (253-260), qui avaient compris le danger du christianisme pour l'État païen et cherchèrent à l'éradiquer en prenant des mesures touchant tout l'Empire, furent les premières non plus sporadiques et régionales, mais générales ; elles valurent une décennie de terreur aux chrétiens. L'édit de Valérien en 258, surtout, avait renforcé pour toutes les provinces de l'Empire des édits antérieurs : peine de mort immédiate pour les évêques, les prêtres et les diacres ; peine de mort aussi pour les sénateurs et les chevaliers chrétiens, si la perte de leur rang et la confiscation de leurs biens ne leur faisaient pas prendre conscience de leur erreur ; pour les femmes de qualité, perte des biens et éventuellement bannissement ; pour les employés de la cour impériale, confiscation des biens et travaux forcés sur les terres impériales ; confiscation de tous les édifices ecclésiastiques et de toutes les tombes. Les victimes furent nombreuses en ces années ; parmi elles des figures comme Cyprien, l'évêque de Carthage, grand défenseur des droits de l'évêque local contre l'évêque de Rome, qui revendiquait un pouvoir de plus en plus important...

Mais en dépit de toutes ces mesures coercitives, les persécutions furent un fiasco. Gallien, le fils de Valérien, se vit contraint, en 260/261, de rapporter les décrets antichrétiens. Suivirent quarante années de paix, où le christianisme fut toléré en fait sinon en droit, et où il put se répandre de plus en plus en Mésopotamie, en Perse et en Arménie, en Afrique du Nord et en Gaule, voire en Germanie et dans les îles britanniques. Il trouvait de plus en plus un écho favorable, y compris auprès des gens cultivés et aisés (voire à la cour impériale et dans l'armée), qui voyaient là une forme plus philosophique et spirituelle de vénération de Dieu, sans sacrifices sanglants, sans statues de dieux, sans encens ni temples.

Cette période de paix relative fut l'une des conditions qui permirent la floraison de la théologie ecclésiale, sans laquelle une large discussion et une théologie élaborée n'auraient guère pu se développer. C'est précisément au centre de la christologie que devait se parachever ce changement de paradigme lourd de conséquences.

Le tournant vers la métaphysique hellénistique

Rappelons-nous la foi des communautés chrétiennes au début. Elles croyaient :

– que l'homme Jésus, le Crucifié, a été ressuscité par Dieu à une vie nouvelle et institué Messie, régnant sur terre en Seigneur exalté par Dieu ;

– que Dieu, le Dieu d'Abraham, d'Isaac et de Jacob, est ce même Dieu que Jésus appelle son Père ;

– que le pouvoir de l'Esprit, pouvoir qu'il a acquis dans et par Jésus, est l'Esprit de Dieu, qui non seulement pénètre toute la Création, mais octroie aussi force et consolation à tous ceux qui croient en Jésus et confessent qu'il est le Christ.

C'est pourquoi nous avons parlé de trois éléments structuraux essentiels et de trois lignes directrices permanentes de la foi chrétienne, qui avaient déjà trouvé leur expression dans le Nouveau Testament sous forme de confessions de foi – à un seul article (en Jésus-Christ), à deux articles (en Dieu et en Jésus-Christ), à trois articles (en Dieu, en Jésus-Christ, dans l'Esprit)[131]. Mais l'importance du **changement de paradigme, y compris pour le centre de la foi chrétienne**, trouve son expression la plus claire dans cette foi donnée dès le début : « Père, Fils, Esprit » – ainsi de la formule baptismale triadique de la tradition de la communauté matthéenne. C'est ce centre que déjà l'Église paganochrétienne du Ier siècle intègre et comprend dans le cadre d'une autre grande constellation. Et c'est seulement à condition de saisir ce changement de paradigme en christologie que l'on peut comprendre :

– pourquoi la croyance dans le Messie a séparé non seulement les chrétiens et les juifs, mais aussi les paganochrétiens et les judéochrétiens ;

– pourquoi la foi dans le Christ a également conduit à des scissions au sein des Églises paganochrétiennes d'Orient, et pourquoi s'est creusé dès le Ier millénaire un profond gouffre entre les Églises d'Orient et d'Occident, gouffre qui a amené, au IIe millénaire, le schisme définitif.

L'évolution s'est faite comme suit : cette christologie du judéochristianisme, qui, le plus souvent, ne savait rien d'une préexistence du Fils de Dieu, est devenue de plus en plus marginale après la destruction de Jérusalem ; à l'inverse, le prologue de Jean, avec ses affirmations sur la préexistence et l'incarnation du Verbe, s'imposait de plus en plus, et il était devenu porteur d'histoire, de l'histoire des dogmes. Le **changement de paradigme** est incontestable dès l'instant où Justin et les premiers apologètes chrétiens du IIe siècle établissent une relation entre le concept du *Logos* johannique, judéo-hellénistique, et la métaphysique grecque du *Logos*, même s'ils entendent ainsi mettre en lumière et la foi dans le Dieu unique et l'importance de Jésus-Christ. Pourquoi ? Parce que le point de départ de la christologie s'est déplacé du Christ terrestre et exalté au Christ préexistant. Le grand historien des dogmes Friedrich Loofs a parfaitement raison quand il écrit, dans une perspective critique :

Les apologètes [...], en considérant comme allant de soi la transposition du concept de Fils sur le Christ **préexistant**, ont ouvert la voie au problème christologique tel qu'il s'est posé au IVe siècle ; ils ont déplacé le point de départ de la réflexion christologique (passant du Christ historique à sa préexistence), ils ont relégué dans l'ombre la vie de Jésus au profit de l'Incarnation ; ils ont relié christologie et cosmologie, et ils n'ont pas su la rattacher à la sotériologie [132].

Qu'est-ce qui caractérise exactement ce changement de paradigme en christologie, changement qui l'emporte avec les apologètes et connaît son premier apogée avec Origène ? Les historiens des dogmes ont diversement mis en lumière ce que les dogmaticiens eux-mêmes n'ont généralement pas assez pris au sérieux. Trois aspects doivent être soulignés :

– Au lieu du schéma salvifique apocalyptique **dans le temps**, orienté vers l'avenir (vie terrestre - Passion, mort et résurrection de Jésus - retour), on s'inscrit maintenant dans un mode de pensée qui procède principalement de haut en bas, selon un **schéma cosmique spatial** : préexistence - descente - remontée du Fils de Dieu et Sauveur.

– Abandonnant le langage biblique concret (*logia* ou paroles de Jésus, récits, hymnes, confessions baptismales), on explique maintenant la relation de Jésus à Dieu en **termes ontologiques**, avec les concepts de la métaphysique hellénistique de l'époque. Des notions grecques comme *hypostasis*, *ousia*, *physis*, *prosopon*... ou latines comme *substantia*, *essentia*, *persona*... dominent désormais la discussion.

– Au lieu de considérer l'action de révélation dynamique de Dieu par son Fils dans l'Esprit, au sein de l'histoire de ce monde, le centre de gravité de la réflexion se porte sur une **contemplation** plutôt statique **de Dieu en soi, dans son éternité et sa nature « immanente » la plus intime**, et donc sur la question de la préexistence des trois figures divines. Le problème théologique décisif n'est plus, comme dans le Nouveau Testament : quelle relation Jésus, le Messie, entretient-il avec Dieu ? Il devient de plus en plus : quelles relations unissent, dès avant tous les temps, le Père, le Fils et l'Esprit ?

Un seul exemple suffira ici pour montrer le changement de perspective : la différence entre la confession de foi (sans doute déjà antérieure à Paul) de l'introduction de la lettre aux Romains et la célèbre formule christologique d'Ignace d'Antioche, environ deux générations plus tard ! Elles parlent toutes deux du Christ **Fils de Dieu**, mais d'une façon nettement différente :

– La confession **paulinienne**, comme le célèbre texte du discours de Pierre dans les Actes [133], esquisse brièvement l'histoire de Jésus, en partant d'en bas, de l'homme Jésus, de la lignée de David, établi Fils de Dieu par sa résurrection : Paul a été mis à part par Dieu pour « l'évangile de son Fils, issu de David selon la chair, établi Fils de Dieu avec puissance selon l'esprit de sainteté, en suite de sa résurrection des morts, Jésus-Christ notre Seigneur [134] ».

– **Ignace**, en revanche, proclame déjà tout naturellement que Jésus-Christ « était de toute éternité auprès du Père, et qu'il est apparu à la fin des temps [135] ». Il va déjà jusqu'à ne faire qu'un entre Dieu et Jésus et parle de Jésus comme du « Dieu fait chair », ce qui le conduit à des formulations aussi paradoxales que celle-ci : « Un seul est le médecin, dans la chair comme en esprit, né et non né, Dieu venu dans la chair, vie véritable dans la mort, de Marie autant que de Dieu, d'abord sujet à la souffrance, puis incapable de souffrance, Jésus-Christ notre Seigneur [136]. »

Il est incontestable que, par la suite, la **christologie de l'exaltation** (élévation du Messie humain au rang de Fils de Dieu, christologie à deux niveaux) à coloration originellement judéochrétienne, **qui part d'en bas** et qui est centrée sur la mort et sur la résurrection, se trouve, de fait, de plus en plus **évincée** par une **christologie de l'Incarnation, qui part d'en haut** (christologie du *Logos*) ; celle-ci renforce ontologiquement la perspective de l'évangile de Jean ou de quelques énoncés sur la préexistence et sur la médiation du *Logos* dans la Création, que nous trouvons dans les hymnes des lettres aux Colossiens et aux Hébreux : préexistence et incarnation du Fils de Dieu, dont le dessaisissement et l'abaissement sont la condition de son élévation ultérieure auprès de Dieu. On peut aussi dire que pour la christologie « ascendante » la filiation divine signifie, dans la ligne de l'Ancien Testament, un choix et une adoption comme Fils (dans l'exaltation, le baptême, la naissance). Elle est maintenant complétée, voire remplacée par une **christologie « descendante »**. Pour elle la filiation divine signifie une **généra-

tion dans l'être de niveau supérieur – qu'on va essayer de préciser de plus en plus en recourant aux concepts et aux représentations hellénistiques. Que n'a-t-on pas ainsi introduit dans la façon de lire le Nouveau Testament et légitimé comme « apostolique » !

A l'avenir, il s'agira moins, en fait, du statut et du pouvoir de Jésus-Christ compris dans le sens de la Bible hébraïque que de son **origine** comprise dans le cadre de la pensée hellénistique. Des concepts comme l'être, la nature, la substance, l'hypostase, la personne, l'union prennent une importance croissante. Mais comment exprimer dans ce nouveau cadre conceptuel les relations entre le Père et le Fils (et finalement aussi l'Esprit) ? On prend de plus en plus conscience du problème théologique fondamental qui se pose, du fait que, d'un côté, on traite et on prie le Christ en Dieu, mais de l'autre côté, par fidélité à la tradition juive, on veut à tout prix s'en tenir à l'unité et l'unicité *(monarchia)* de Dieu. La seule solution semble être celle d'une stricte subordination du *Logos* (Fils) à Dieu et de l'Esprit au *Logos*, même si tous deux sont censés participer de la *substantia* divine. Comment concilier tout cela ? On se querellera longtemps à ce sujet.

Le combat pour l'orthodoxie

Si l'on s'en était tenu au Nouveau Testament, on se serait épargné les difficultés notoires qui surgissent maintenant à propos de la relation de trois personnes « en » Dieu, toutes ces spéculations autour des chiffres 1 et 3. Mais la **spéculation autour du chiffre 3** était dans l'air du temps. Le mot grec *trias* se trouve déjà chez l'apologète Théophile d'Antioche, au IIe siècle (mais il renvoie à Dieu, au *Logos* et à la Sagesse [137]), tandis que le latin *trinitas* se rencontre pour la première fois chez l'Africain Tertullien, au IIIe siècle. Chez ce dernier, on trouve aussi pour la première fois la formule des trois *personae* en une *substantia* [138], mais elle n'avait guère d'influence sur la théologie grecque intellectuellement dominante. Nombre de religions et de systèmes philosophiques de ce temps étaient fascinés par le chiffre 3, si bien que l'idée d'une trinité intradivine s'imposa aussi dans la théologie chrétienne :
– à cause de la force d'attraction qu'exerce déjà le nombre pre-

mier 3 dans la symbolique des nombres des pythagoriciens (une multiplicité dans une unité ordonnée et fermée) ;
– à cause de la signification (manifestement quasi magique) de ce « nombre saint entre tous » dans le mythe, dans l'art, dans la musique, dans la littérature, mais aussi dans la vie quotidienne (« trois fois ») ;
– à cause des divinités allant par trois, non seulement dans l'ancienne Babylonie et en Égypte, en Inde et en Chine, mais surtout dans la sphère hellénistique : à Delphes, dans le culte de Dionysos, dans la religion d'Asklepios, dans le culte de l'empereur ;
– à cause des triades métaphysiques dans la gnose (Père-Mère-Fils ; Dieu-Décision-Raison) ou dans le néo-platonisme (l'Un-l'Esprit-l'Ame du monde).

Cette dernière triade était particulièrement importante : la connaissance philosophique de l'époque, dans sa formulation néo-platonicienne, estimait nécessaires trois hypostases en Dieu. **Origène** jouera là encore un rôle décisif – dans le sens du développement, maintenant « scientifique », d'une doctrine trinitaire. Il a posé les fondements de la spéculation, d'une grande exigence intellectuelle, qui conduiront, avec le temps, à un appareil conceptuel de plus en plus complexe. Origène, en effet, s'est approprié la doctrine néo-platonicienne de l'**hypostase** (en latin : *substantia*)[139] pour définir philosophiquement les relations entre le Père, le Fils et l'Esprit. Il n'hésite pas à interpréter les trois « quiddités » comme trois hypostases, c'est-à-dire trois entités dotées d'une existence autonome, qui ne se situent pas au même niveau, qui sont même clairement subordonnées les unes aux autres :
– Le Père seul est « Dieu au sens strict » (écrit avec l'article : *ho theos*) ou, comme le dit Origène, *autotheos* : « Dieu même ».
– Le Fils (comme le *Logos* dans le prologue de Jean) est seulement *theos* (« Dieu » écrit sans article) ; il n'est précisément pas Dieu le Père, mais participe de Dieu. Le Fils n'est pas créé, encore moins simplement adopté, mais il est engendré par Dieu, comme l'éclat de la lumière est sans cesse engendré par la lumière elle-même[140].
– Dans cette façon de comprendre le Père et le Fils (et l'Esprit), c'est sur l'Être éternel de Dieu qui se suffit à lui-même que porte essentiellement la réflexion, tandis que l'humanité et l'histoire de

Jésus se trouvent assez négligées. Il en va du mystère de Dieu en soi et non pas d'abord de l'action de Dieu dans le monde, de la révélation de Dieu pour nous.

Ce qui était originellement en marge dans la foi et la confession de foi prend désormais la place centrale et se trouve ainsi exposé à la controverse. Des systèmes philosophiques spéculatifs différents entraînent la chrétienté dans une **crise de l'orthodoxie** de plus en plus violente, et cela aura des conséquences catastrophiques. En effet, Origène ne détenait pas le monopole de la scène théologique. Nous sommes extrêmement mal documentés, il est vrai, sur cette deuxième moitié du IIIe siècle après Origène, et ces années restent pour les historiens une époque plutôt obscure. Il en est ainsi non seulement parce que nous ne disposons souvent que de témoignages très fragmentaires et que nous ne savons pas dans quelle mesure tels personnages que nous connaissons sont les porte-parole de communautés (plus ou moins importantes), mais :

– premièrement, nombre de théologiens autonomes (comme Paul de Samosate) ont été condamnés comme hérétiques, bien qu'ils aient été parfaitement orthodoxes à leur façon, ainsi qu'en témoigne leur réhabilitation par des historiens de notre siècle ;

– deuxièmement, la plupart des ouvrages d'« hérétiques » (y compris plusieurs d'Origène après sa condamnation) ont été détruits, si bien que nous en sommes réduits aux citations souvent tendancieuses et sélectives de leurs adversaires ;

– troisièmement, les termes hellénistiques en usage à cette époque avaient plusieurs significations et étaient souvent employés dans des acceptions contraires : *hypo-stasis*, par exemple (que le mot latin *sub-stantia* ne recouvre pas de toute façon, si ce n'est en référence à l'étymologie), pouvait être employé pour Dieu même (une seule hypostase divine, donc) ou pour Dieu le Père et le Fils (deux hypostases), et aussi pour le Saint-Esprit (trois hypostases divines).

Qui fera le décompte de tous ceux qui seront impliqués dans les controverses relatives à la « vraie foi », à l'« orthodoxie » – ce mot non biblique qui revient de plus en plus fréquemment dans le langage de l'Église au tournant du IVe siècle ? Inutile d'énumérer ici toutes les personnes et les écoles, de définir leurs positions et d'esquisser leur évolution. N'importe quelle histoire des dogmes leur consacre de longs chapitres [141]. Il ne faudrait cependant pas oublier qu'au IIIe siècle encore on s'opposait vigoureusement à toute doctrine hellénistique relative au *Logos* et aux hypostases – au nom notamment de l'héritage juif. Il en va de la foi dans le Dieu un et unique, que des théologiens grecs défendaient eux aussi énergiquement au nom de la *monarchia*, de la « souveraineté sans partage » ou de l'« unicité » de Dieu. C'est pourquoi on parle, en des termes qui prêtent souvent à confusion, du « monarchianisme » ; celui-ci désigne des variantes opposées, qui ont toutes deux déclenché de graves troubles ecclésiaux et politiques à Rome, avec plus de virulence encore dans le peuple :

– La **christologie adoptianiste** (des deux Théodore de Byzance, puis aussi, de l'avis d'un de ses adversaires, de Paul de Samosate, évêque d'Antioche) voit en Jésus un homme ordinaire, mais remarquable par son extraordinaire crainte de Dieu, qui a été « reçu », « adopté » comme Fils de Dieu lors de son baptême (ou déjà avant) (Paul associe à cette doctrine celle d'un *Logos* divin impersonnel, venant de l'extérieur, ce qui suscite une violente critique).

– Pour la **christologie modaliste** (de Noêtos et de Sabellius), le Christ et le Père sont identiques : ce sont seulement des modalités, des énergies, des noms, des visages, des rôles, des manifestations du Dieu unique. Mais si le Christ n'était qu'un mode de manifestation (voire un masque) du Père, faisait-on déjà remarquer à l'époque dans une perspective critique, le Père lui-même se serait incarné et aurait souffert (« patripassianisme »), ce que contredisent formellement les Évangiles, où Jésus prie le Père et remet son esprit entre ses mains avant de mourir.

La plupart des théologiens notables de la deuxième moitié du IIIe siècle s'en tenaient à la ligne de la théologie du *Logos* et de la doctrine des trois hypostases d'Origène, comprise en un sens subordinationniste : le *Logos* est subordonné au Père. La christologie modaliste (« sabellianiste »), sans véritable fondement biblique, et la christologie adoptianiste, qui pouvait plus facilement se réclamer de la Bible, ont toutes deux été condamnées comme hérétiques, parce que inconciliables avec la règle de foi.

6. LE TOURNANT CONSTANTINIEN ET LES QUERELLES CHRISTOLOGIQUES

Toutes les persécutions – y compris celle qui eut lieu sous l'empereur Dioclétien, au début du IVe siècle – n'avaient pas réussi à éradiquer le christianisme ; l'État romain n'avait donc pas d'autre possibilité que la tolérance et la reconnaissance. Le paradigme paganochrétien hellénistique de l'Église antique, dont la construction théologique, ecclésiale, culturelle avait pris tant de décennies, allait accéder maintenant en quelques années à la reconnaissance politique. Le lien entre foi et science, entre théologie et philosophie, entre Église et culture allait conduire logiquement au lien entre le christianisme et l'Empire.

De la persécution à la tolérance : Constantin

La tolérance et la reconnaissance, préparées par un édit de l'empereur Galère avant sa mort, en 311, ont été confirmées par le nouvel Auguste, du nom de **Constantin**. Non-chrétien lui-même, mais farouche homme de pouvoir, il avait attribué sa victoire sur l'usurpateur romain Maxence au pont Milvius au Dieu des chrétiens et au signe de la croix – non sans superstition, une pratique très répandue dans l'Antiquité tardive. L'année suivante, en 313, il édicte à Milan une Constitution – conjointement avec le corégent oriental Licinius – garantissant une **liberté religieuse totale** dans tout l'Empire. Ce faisant, Constantin ne se conduit ni en chrétien fervent ni en hypocrite. Il agit plutôt en homme d'État qui intègre audacieusement le christianisme dans sa politique de pouvoir. Dans ses campagnes militaires, il ne se séparera plus désormais de son précieux étendard au monogramme du Christ (dont chaque détachement possède une copie). Il ne tarde pas à favoriser le christianisme de diverses façons. En 315, il abolit le supplice du crucifiement (si choquant pour les chrétiens) ; en 321, il décrète le dimanche jour férié légal et il autorise l'Église à accepter des legs ;

en 324, il remporte la victoire sur Licinius, qui partageait l'Empire avec lui et qui était plus favorable au paganisme. En 325, Constantin règne seul, ce qui signifie pratiquement que le christianisme peut s'épanouir dans tout l'Empire, bien qu'en politicien réaliste et avisé Constantin tolère toujours les autres cultes.

L'**Empire universel** dispose à nouveau d'une **religion universelle**, une religion qui offre son aide caritative à de nombreux miséreux et qui convie tout un chacun à placer son espoir dans l'immortalité. Il serait en tout cas erroné de n'attribuer la « victoire » du **christianisme** qu'à son organisation ecclésiale caritative globale et solidement implantée localement, ou seulement à son adaptation à la société de l'Antiquité tardive. Le monothéisme chrétien s'imposait incontestablement, face au polythéisme riche en mythes, comme position plus progressiste, plus éclairée; et l'éthique élevée des chrétiens, dont témoignaient les ascètes et les martyrs jusque dans la mort, s'avérait supérieure à l'éthique païenne. Le christianisme proposait des réponses claires aux problèmes de la culpabilité et de la mort. La religion chrétienne, à la différence des religions païennes, prenait appui sur un livre, la Bible, livre de profonds mystères qui, avec un sérieux moral tellement supérieur à celui des mythes des dieux, dévoilait l'histoire du salut des débuts de la Création à la fin des temps. Cette nouvelle religion était centrée sur l'idée grandiose de l'incarnation du Fils de Dieu en ce monde corrompu. Et, dans la pratique, elle était portée non seulement par la prédication et la catéchèse, mais aussi par des mystères saints comme le baptême et le repas du Seigneur, qui se voulaient libérateurs, face à la peur angoissante des démons, notamment, et qui promettaient le salut éternel.

On imagine avec quel soulagement et quelle joie est accueilli ce revirement historique dans la chrétienté persécutée et opprimée jusque-là (un événement comparable à ceux que vivra l'Europe de l'Est en 1989). Mais, spectacle navrant aussi (là encore comparable aux événements d'après 1989) : quand la liberté religieuse tant attendue est enfin acquise, les tensions religieuses, depuis longtemps à l'œuvre au sein de la chrétienté, apparaissent au grand jour, tensions qui viennent surtout de la christologie hellénistique, notamment de la doctrine des trois hypostases d'Origène.

La **grande crise** éclate peu après le tournant constantinien, quand un prêtre d'Alexandrie, aussi fervent que conscient de sa valeur, prédicateur adulé, **Arius** (en grec *Areios*), s'élève contre son évêque Alexandre, digne disciple d'Origène ; on l'a accusé auprès de ce dernier d'introduire des doctrines nouvelles. Sont en cause la question dogmatique du Christ et le mode de sa préexistence, qui deviennent le présupposé d'une certaine conception de la rédemption. Il nous faut ici regarder d'un peu plus près cette controverse, si riche en conséquences.

Le Christ – Dieu ou demi-dieu ?

La question fondamentale pour Arius est celle du Dieu unique, qui, pour lui, dans la perspective du moyen platonisme qui est la sienne, demeure dans une transcendance absolue : sans devenir, non engendré, éternel, sans commencement et immuable [142]. Tout à fait dans la ligne d'Origène, Arius reconnaît, lui aussi, trois hypostases en Dieu, subordonnées les unes aux autres. Mais en raison de son monothéisme sans concession, seule la première hypostase, Dieu lui-même, est incréée ; la deuxième, le **Fils**, est **créée**, non pas dans le temps, il est vrai, corrige-t-il, mais « avant tous les temps ». C'est ainsi qu'il se retourne, en suivant une argumentation très philosophique, contre la doctrine d'Origène et de l'évêque Alexandre, qui affirment la « simultanéité » du *Logos* préexistant et du Père [143]. Ce qui fait le plus scandale, c'est sa phrase souvent citée (mais qu'il est difficile de retrouver dans l'original) : « Il y eut [un temps] où il [le Fils] n'était pas [144]. » Pour Arius, le Fils est certes là « avant tous les temps » (et en cela il se distingue fondamentalement de toutes les autres créatures créées « dans le temps »), mais il n'est pas incréé, il n'est pas éternel, puisqu'il a été créé par le Dieu éternel : il est la créature la plus noble et la plus importante de Dieu.

Pour Arius, le Fils est bien l'être intermédiaire divin le plus grand et l'instrument de la création du monde, mais en cela il est précisément essentiellement différent du Père : **il n'est pas consubstantiel au Père** (*homo-ousios*, « de même nature » [145]), il est d'une autre nature que le Père. C'est de cette façon qu'Arius veut précisément défendre le plus énergiquement le monothéisme.

Son Dieu, substance transcendante intouchable, non engendrée, sans commencement, éternelle, immuable, ne peut pas engendrer de Fils au sens propre. Le Fils ne peut être appelé « Dieu » que de façon analogique, en vertu de la grâce du Père, qui lui donne seulement part à sa divinité comme il en fait part à toutes les créatures. Voilà qui explique pourquoi, selon Arius, le « Père » est en fin de compte « inconnaissable » pour ce « Fils » ; le « Fils » ne connaît donc pas le « Père » au plus profond de son être. Le *Logos* n'est pas Dieu au sens strict (il n'est pas *ho theos*), mais la première créature et, comme tel, créateur du monde [146]. Mais cela explique aussi pourquoi le Fils est capable de changement, pourquoi il peut « devenir » et pourquoi c'est lui et lui seul qui peut s'incarner et s'abaisser dans la chair. En l'homme, ce *Logos* prend même pour Arius la place de l'âme humaine et il s'unit sans intermédiaire à la chair *(sarx)* ; nous avons donc réellement affaire à une christologie du *Logos/sarx*. Le *Logos* fait homme est ainsi le rédempteur et le modèle sublime de tous les hommes.

Il serait certainement erroné de faire porter à Arius la responsabilité de toutes les confusions qui suivront – on a dit de lui qu'il était l'hérétique le plus maudit de son siècle. Arius fait apparaître au grand jour ce qui était depuis longtemps un problème fondamental dans le paradigme hellénistique : plus on tendait à situer Jésus, à titre de Fils, au **même niveau d'être** que le Père – tout autrement que dans le paradigme judéochrétien –, plus des théologiens faisaient appel à des **catégories relatives à la nature** pour circonscrire cette relation, et plus il leur devenait difficile de concilier de façon convaincante le monothéisme et la filiation divine de Jésus !

Le principal adversaire d'Arius fut le diacre **Athanase**[147], qui était le bras droit de l'évêque Alexandre avant de devenir lui-même évêque d'Alexandrie ; c'était un homme à la foi solide, un théologien à orientation pastorale et un « politique » combatif au service de l'Église. Il ne s'agissait pas seulement de théologie philosophique pour lui, mais de piété, de pratique religieuse, de monachisme, d'ascèse, de salut. Il attachait lui aussi une grande importance à l'unicité de Dieu, mais le **salut par Dieu** et donc l'**unité entre le Père et le Fils** lui paraissaient encore plus importants. Il était convaincu qu'adjoindre à Dieu une seconde hypostase ou substance à vénérer comme divine – un *deuteros theos*, un « deuxième Dieu », en quelque sorte – reviendrait à réintroduire subrepticement le polythéisme hellénistique. Qu'est-ce en effet que cet être créé intermédiaire entre Dieu et le monde, en vue de la création du monde, sinon un être mythologique aussi inutile qu'absurde ? Et Dieu ne serait donc pas Père de toute éternité, il ne deviendrait Père que par la création du Fils ? Pour Athanase, ce dieu-là n'est plus le Dieu chrétien !

Comment s'accomplira en Jésus le salut de l'homme, qui introduira l'homme dans la vie divine, et que devient la certitude du salut en Jésus si celui-ci n'est qu'une créature et non pas l'**homme-Dieu** ? Le Fils ne saurait être rédempteur s'il n'**est** pas un avec Dieu et si Dieu n'est pas entré dans l'humanité ! Et l'idée de salut, entendue de façon réelle, physique – Dieu lui-même divinisant l'homme, l'adoptant et lui conférant l'immortalité – est absolument déterminante pour Athanase, comme l'exprime si bien sa phrase célèbre (en référence à Irénée) : « Il [Dieu] s'est fait homme pour que nous soyons divinisés [en grec : *theopoiethomen*] [148]. » Pour Athanase, c'est l'incarnation de Dieu et la divinisation de l'homme qui distinguent le christianisme et du judaïsme, et du paganisme. C'est en se concentrant sur l'Incarnation et sur la divinisation qu'il encourage puissamment le monachisme, lequel prend une importance de plus en plus grande dans l'Égypte de son temps. La position dont Athanase se fait le porte-parole s'oppose donc clairement à celle d'Arius, et la controverse appelle une décision.

L'avènement de l'orthodoxie :
les conciles de l'Église antique

Les théologiens et les évêques n'étaient pas seuls à s'engager dans cette controverse : toutes les couches de la population, chrétiens et non-chrétiens, cultivés ou incultes, y participaient passionnément. Cette controverse ecclésiastique, qui enflammait tout l'Orient, contrariait fortement l'**empereur Constantin** lui-même, car elle risquait de diviser à nouveau spirituellement l'Empire qu'il avait enfin réussi à réunifier politiquement. Au terme de vaines tentatives de conciliation à Alexandrie, se souvenant du synode

LE PARADIGME ŒCUMÉNIQUE HELLÉNISTIQUE

épiscopal qu'il avait côtoyé de près quelques années auparavant à Arles, il convoqua en 325 les évêques de l'Empire ; persécutés il n'y avait pas si longtemps encore, ils pouvaient maintenant utiliser la poste impériale pour se réunir en synode impérial, en « **concile œcuménique** ». Constantin mit à leur disposition la somptueuse salle de son palais de **Nicée**, à proximité de la résidence impériale de Nicomédie [149]. D'Occident vinrent, outre son conseiller, l'évêque Ossius de Cordoue, deux prêtres romains seulement, qui représentaient l'évêque de Rome, un représentant de l'évêque de Carthage, un évêque calabrais, un évêque gaulois et un évêque de Pannonie.

Il était donc clair d'entrée de jeu que celui qui **aurait le dernier mot à ce concile œcuménique** – à celui-ci et aux suivants ! – serait non pas l'évêque de Rome, comme le voudront les idéologues futurs d'une papauté absolue, mais bien l'**empereur**, et lui seul. Non seulement c'était lui qui avait convoqué le concile, mais c'est lui qui le dirigea par l'intermédiaire d'un évêque mandaté à cet effet, avec l'assistance de commissaires impériaux, et c'est encore lui qui en établit le calendrier et le clôtura. Il entérina les décisions du concile en en faisant des lois de l'Empire. Constantin utilisa notamment ce premier concile pour **adapter l'organisation de l'Église à celle de l'État** : aux provinces impériales devaient répondre les provinces ecclésiastiques, avec leur métropolite et leur synode provincial (pour l'élection des évêques surtout). Une organisation patriarcale coiffant les provinces se dessine aussi dès ce premier concile, qui reconnaît une dignité particulière aux patriarcats de Rome, d'Alexandrie, d'Antioche et aussi, au même rang, Jérusalem (qui n'est plus judéochrétienne, mais hellénistique). Autrement dit, l'Empire a maintenant son **Église impériale** !

Aux yeux du stratège politique qu'était Constantin, il était évident que l'Église impériale ne pouvait se contenter des confessions de foi plus ou moins divergentes des Églises locales ou provinciales. Elle avait besoin d'une **confession de foi œcuménique** univoque, qui deviendrait **loi de l'Église et loi de l'Empire** pour toutes les Églises. Il pensait que cela seul pouvait assurer l'unité de l'Empire, selon la devise : un Dieu, un empereur, un empire, une Église, une foi ! Eusèbe, théologien et historien de l'Église attaché à la cour impériale, rédigea un projet. Mais, dans la ligne d'Athanase (et de quelques Orientaux), il entendait souligner plus clairement que le concile lui-même l'égalité de rang ontologique entre Dieu le Père et Jésus-Christ. On ne pouvait donc tolérer ni un rabaissement du Christ au rang de simple créature ni une conception de Dieu qui n'inclurait pas la spécificité chrétienne (Dieu est depuis toujours le Père de ce Fils). Il fallait souligner que Dieu n'est pas l'obscur fondement originel et incompréhensible des néo-platoniciens, il n'a pas seulement révélé une partie de lui-même, mais s'est révélé sans réserve en Jésus-Christ. Celui-ci connaît tout du Père et donc en lui le Père est présent, sans restriction aucune : le Dieu et Père lui-même, sans origine, incréé, éternel, vivant. Le Christ n'est pas un deuxième dieu ou un demi-dieu aux côtés du vrai Dieu, par lui le vrai Dieu lui-même est présent : « **Dieu de Dieu, lumière de lumière, vrai Dieu né du vrai Dieu, engendré, non pas créé**, de la substance [en grec : *ousia*] du Père [150]. » C'est seulement parce que dans le Christ il en va de Dieu, qu'il est vraiment Dieu, que le salut de l'homme, sa participation à la divinité et à sa vie éternelle deviennent réalité par le Christ. Pour bien souligner cela, plusieurs énoncés d'Arius sont explicitement condamnés et Arius lui-même est excommunié.

L'introduction du mot *homo-ousios* (« **de même nature** » ou « de même substance » que le Père) devait souligner l'unité entre le Christ et Dieu ; elle remplaçait toute subordination dans la ligne d'Origène et des théologiens antérieurs par une stricte unité, qui met le Fils au même rang que le Père : le Fils partage avec le Père l'unique et même nature (le concile n'avait rien dit de l'Esprit saint, ce qui n'allait pas tarder à susciter de vives discussions !). *Homo-ousios* est incontestablement un mot non biblique, emprunté au néo-platonisme et à la gnose, un mot qui avait été condamné par un important synode antérieur et qui, pour des raisons théologiques ou politiques, avait finalement été imposé au concile par l'empereur lui-même (peut-être à l'instigation de l'Occidental Ossius) ; il évitait par ailleurs une prise de position unilatérale. Nous avons là un concept « scientifique » porteur de connotations matérialistes (*ousia* : « substance », « matière »), qui peut être source de malentendus et induire en erreur. Après le concile, Athanase lui-même (évêque d'Alexandrie depuis 328) a relativisé le mot et ne l'a guère employé pendant des années. Plus tard il accepta aussi le concept rival *homoiousios* (« de nature semblable »), à condition que l'on ajoutât *kata panta* (« en tout »). Ce qui importait pour lui, ce n'était pas ce mot, comme s'il témoignait magiquement de l'orthodoxie, mais la réalité du salut. Mais pour nous se pose maintenant la question du bilan de ce concile.

L'hellénisation de la christologie

Le concile a-t-il résolu les problèmes ? Si on se contente d'une formule, certainement. Mais a-t-il apporté une solution à la question théologique comme telle et à celle de l'unité de l'Église ? Les troubles continuèrent, ainsi qu'en témoigne le destin changeant d'Athanase. Une chose devrait couler de source : l'**hellénisation du message chrétien** (qui débute déjà dans le Nouveau Testament) a atteint un premier sommet, et un sommet officiel, avec le concile de Nicée, comme l'a bien établi Adolf von Harnack. Les historiens des dogmes (surtout catholiques, comme Alois Grillmeier) qui essaient de distinguer dans les faits deux types d'hellénisation, l'un bon, orthodoxe, et l'autre mauvais, hérétique, ne sont pas très convaincants. A en croire un tel schéma, le concile de Nicée aurait en fait déshellénisé le christianisme, parce qu'il n'a pas emboîté le pas aux spéculations néo-platoniciennes sur la divinité et ses émanations, sur les déploiements du divin qui descend dans le monde ; Nicée se serait ainsi retourné contre la pensée hellénistique néo-platonicienne d'Arius et de ses hypostases. Et ce seraient dès lors Arius et les hérétiques qui auraient « hellénisé » pour les raisons inverses. Non : un tel schéma apologétique apparaît beaucoup trop dogmatique pour correspondre à la réalité historique.

Si l'on prend pour critère le Nouveau Testament, il est indéniable que le concile de Nicée est resté attaché au message néo-testamentaire et qu'il ne l'a pas totalement hellénisé. Mais il est tout aussi incontestable que le concile est demeuré prisonnier de concepts, de représentations et de schémas de pensée hellénistiques, totalement étrangers à Jésus de Nazareth et à la communauté primitive. Le passage du paradigme judéochrétien apocalyptique au paradigme hellénistique de l'Église antique s'exprime ici massivement.

Il y a une différence énorme entre une « **communauté autour du trône** » eschatologique de Dieu avec son Christ, **après** la vie terrestre de ce dernier, par sa résurrection et son exaltation telles que les proclame le Nouveau Testament, et une « **communauté de nature** » déjà existante avant la vie terrestre de Jésus, déjà donnée avant tous les temps, c'est-à-dire de toute éternité, comprise comme une communauté ontologique entre un Dieu Père et un Dieu Fils. Dans cette perspective, le concept johannique du *Logos*, de la Parole de Dieu, n'apparaissait pas lui-même sans danger aux yeux de certains pères du concile – parce que les ariens pouvaient en faire un usage ambigu. C'est ainsi que, dans la confession de foi proposée au concile par l'évêque Eusèbe de Césarée (d'ailleurs suspect d'arianisme), le mot *Logos*, qui prêtait bien moins à confusion, fut supprimé et remplacé par « Fils » de Dieu. Mais il s'avéra que plus le Fils était mis à égalité d'être avec le Père et plus on recourait à des catégories de la nature pour définir cette relation, plus il devenait difficile de penser conceptuellement la distinction entre Jésus et Dieu en même temps que son unité avec Dieu. Il ne restait plus d'autre ressource, dès lors, que d'en appeler à un mystère conceptuel, que Jésus n'avait pas prêché et qui n'était pas attesté par les apôtres, mais que les théologiens avaient produit en transposant les énoncés bibliques à un autre niveau.

Encore une fois, le concile a-t-il résolu le problème? C'est du moins ce qu'on a pensé par la suite. Mais, dans les faits, la conséquence fut d'abord un salmigondis incroyable de groupes et de courants et un demi-siècle de querelles – où l'on fit usage d'armes théologiques autant que politiques. Constantin lui-même mena jusqu'à sa mort, en 337 (peut-être avait-il reçu le baptême peu de temps auparavant), une « politique de paix » tolérante à l'égard des païens, tout en cherchant à intégrer dans l'Église les orthodoxes et les ariens. Mais les fils de Constantin, qui se partagèrent l'Empire, surtout Constance (qui régnait sur l'Orient), menèrent au contraire une politique fanatique et intolérante à l'égard des païens : superstition et sacrifices passibles de la peine de mort, arrêt des sacrifices et fermeture des temples... On appelait la populace chrétienne à prendre les temples d'assaut. La tentative de restauration païenne de Julien « l'Apostat » (361-363), avec l'aide d'une Église d'État néo-platonicienne copiant le modèle chrétien, resta un épisode sans lendemain. A l'intérieur de l'Église, les fils de Constantin soutenaient le plus souvent la position arienne ; celle-ci était parfois majoritaire parmi les évêques orientaux qui faisaient autorité. Ces querelles portaient aussi désormais sur la question de l'identité de nature du Saint-Esprit, énergiquement contestée par de nombreux évêques, appelés « pneumatomaques » (« ceux qui combattent l'Esprit »).

Religion d'État et recours au pouvoir d'État contre les hérétiques et les juifs

C'est l'empereur **Théodose le Grand** (379-395), Occidental et nicéen convaincu, qui fixera définitivement la politique de l'Église dans la controverse arienne. Son édit sur les religions, *Cunctos populos* [Tous les peuples], n'édictait cependant pas des mesures législatives générales contre les juifs et les païens, il visait avant tout les ariens. C'est seulement vers la fin de son règne, en 392, qu'il édicta « l'interdiction générale, qui ne pourra plus jamais être révoquée, des cultes et sacrifices païens, les contrevenants étant passibles de châtiment pour *laesae maiestatis* [151] ». Le christianisme devient ainsi, de fait, **religion d'État**, l'Église catholique devient **Église d'État** et l'hérésie devient **crime contre l'État**.

Comme la mémoire de l'Église peut être courte ! En moins de cent ans, l'**Église persécutée** était devenue l'**Église persécutrice** ! L'ennemi de l'Église est aussi désormais l'ennemi de l'Empire et il sera châtié en conséquence. En 385, Priscillien, prédicateur espagnol laïque, ascète exalté, est exécuté à Trèves pour hérésie, avec six de ses compagnons – mauvais présage pour les siècles chrétiens à venir. Pour la première fois, des chrétiens tuent d'autres chrétiens à cause de divergences dans la foi. En dépit de protestations venant de différents côtés, on s'y habitue vite. Léon le Grand se déclare déjà satisfait de ces procédés.

Effectivement, l'Église apporta sa contribution à toutes les mesures législatives coercitives contre les ariens et contre les païens, les aggravant même par de nouvelles destructions de temples. Des évêques (aussi éminents que Jean Chrysostome) y participaient. On accéléra la **christianisation de la vie publique** : le Sénat romain abjura solennellement les croyances anciennes (même si certains membres de familles sénatoriales restèrent encore longtemps païens), il enleva l'autel de la *Victoria adveniens* de la salle des séances et abrogea tous les privilèges dont jouissaient les prêtres païens et les vestales. Les Jeux olympiques furent interdits et Gratien, qui partagea le trône impérial avec Théodose les premières années, abolit le titre de *Pontifex maximus* pour le grand prêtre romain, si bien qu'à partir du ve siècle l'évêque de Rome allait pouvoir le revendiquer sans provoquer de réactions.

Le christianisme pénètre maintenant non seulement les institutions politiques et les convictions religieuses, mais aussi la pensée philosophique et la culture artistique. Une **inculturation** d'une profondeur et d'une étendue telles qu'il n'en connaîtra guère de semblable au fil des paradigmes ultérieurs ! Le paganisme disparaît de plus en plus de la vie publique des villes et ne survit plus que chez quelques individus de culture philosophique dans les grandes villes, et à la campagne chez les « villageois » *(pagani)*.

Mais la constitution de l'Église chrétienne en Église d'État frappa surtout durement le **judaïsme**, qui avait survécu aux catastrophes de 70 et de 135 (destruction du Temple et de la ville de Jérusalem) et qui subsistait dispersé dans l'Empire romain. On avait oublié que l'Église chrétienne avait été jadis portée par la vigueur de sa racine, selon l'expression de Paul. A partir de l'antijudaïsme de l'État païen s'installa progressivement, plus ou moins ouvertement, un **antijudaïsme chrétien d'Église** spécifique[152]. Cet antijudaïsme fait malheureusement partie, lui aussi, du paradigme de l'Église hellénistique antique. Et le taire ne serait pas rendre service au dialogue entre les religions.

Pourtant, certains **Pères de l'Église** avaient encore appris de maîtres juifs l'hébreu et l'exégèse biblique, et le premier théologien chrétien à faire un travail scientifique, **Origène**, ce génie, directeur d'une école de catéchistes d'Alexandrie, vivait au milieu de juifs, entretenait des relations amicales avec eux et les défendait face aux païens, même si, dans ses homélies, il les blâmait vigoureusement pour avoir récusé le Messie Jésus. Mais d'où vient, se demandera-t-on, que l'antagonisme entre juifs et chrétiens soit devenu de plus en plus acerbe, au point que dès le IIe siècle se sont multipliés les ouvrages résolument antijuifs, ***adversus Judaeos*** (Barnabé, Méliton de Sardes, Tertullien, Hippolyte...)[153] ?

On a écrit des bibliothèques entières à ce sujet, et dans *Le*

Judaïsme j'ai traité explicitement des origines de la séparation totale entre juifs et chrétiens [154]. Pour comprendre ce développement fatal, nous nous contenterons d'énumérer ici, sans commentaire, quelques **facteurs** importants, aux intrications multiples, qui furent responsables de l'**antijudaïsme spécifique de l'Église** :

1. Éloignement progressif de l'Église par rapport au sol nourricier vétérotestamentaire et hébreu, du fait de l'hellénisation et de la dogmatisation du message chrétien.

2. Revendication de plus en plus exclusive de la Bible hébraïque (seulement sous sa version grecque de la *Septuaginta*, la Septante) par une Église qui ne lui reconnaissait plus sa valeur intrinsèque, mais l'utilisait presque exclusivement en recourant à une interprétation typologique et allégorique, pour légitimer sa propre existence voulue par Dieu.

3. Rupture du dialogue entre l'Église et la synagogue, qui s'isolaient mutuellement, le dialogue faisant place, le plus souvent, à un monologue apologétique.

4. La responsabilité de la mort de Jésus sur la croix était rejetée désormais de façon générale sur « les juifs », tous les juifs. Leur abandon et leur dispersion étaient considérés désormais comme une juste malédiction de Dieu, proférée sur un peuple maudit.

Dès la seconde moitié du IIe siècle, Méliton de Sardes, évêque d'Asie Mineure, a ce mot terrible et ravageur (issu d'une christologie à la fois non juive et antijuive), qui sera si lourd de conséquences dans l'histoire : « Écoutez, toutes les races parmi les peuples : un meurtre jusque-là inouï a eu lieu à Jérusalem [...]. Dieu a été tué, le roi d'Israël a été éliminé par la droite d'Israël [155]. » Ainsi est née l'accusation qui fait des juifs des « déicides ». On ne vise déjà plus ici à convertir les juifs, mais à lutter contre eux.

Le tournant constantinien de 312-313 lui-même n'avait pas signifié directement pour le judaïsme une détérioration de son statut. Les termes employés par Constantin pour parler des juifs étaient sans aucun doute très désobligeants (surtout quand il s'adressait à l'Église – peut-être sous l'influence de ses conseillers chrétiens ?). Mais ce serait une « erreur » – comme le constate G. Stemberger, qui entend corriger les jugements trop entiers qui parlent de la fin de la tolérance à l'égard des juifs – « de présenter Constantin comme un adversaire résolu des juifs », d'autant plus que « les lois édictées par Constantin n'ont pas signifié une réelle détérioration de la situation des juifs ; à certains égards, leurs privilèges ont même été fortifiés »[156].

Le véritable tournant dans la politique impériale à l'égard des juifs ne viendra qu'un siècle après la mort de Constantin. **Théodose le Grand** (379-395) avait déjà interdit la conversion aux cultes païens. Sous l'empereur **Théodose II** (401-450), on s'en prend directement au judaïsme. Des **lois d'exception** (*Codex theodosianus* de 438) excluent de fait le judaïsme de la sphère sacrale, à laquelle ne donnent accès que les sacrements de l'Église. Et parce que les juifs, après la naissance d'une **Église impériale**, récusent aussi, logiquement, l'idéologie impériale à coloration chrétienne (l'empereur chrétien et son pouvoir devenant l'image de la souveraineté céleste de Dieu !), l'Église impériale reprend à son compte, en bonne et due forme, l'antijudaïsme spécifiquement païen, que viennent puissamment renforcer des motifs chrétiens.

L'Église ne se souvient plus qu'elle a elle-même été persécutée. Au contraire, cette même Église chrétienne qui, sous l'Empire romain, il n'y a pas si longtemps, n'était encore qu'une minorité sans droits, persécutée, s'appuie maintenant sur l'État pour faire du judaïsme – jusque-là *religio licita* (« religion autorisée ») – un corps social aux droits réduits. Il n'est pas question, il est vrai, de l'éliminer, comme les hérésies, mais il faut l'écarter des sphères de vie chrétienne et l'isoler socialement. D'où les **premières mesures répressives** : interdiction des mariages mixtes pour les prosélytes (convertis au judaïsme) ; interdiction pour les juifs d'occuper des postes de fonctionnaires ; interdiction de construire ou d'agrandir des synagogues ; interdiction de tout prosélytisme. Cette dernière interdiction contraint précisément le judaïsme, qui était jusque-là une religion missionnaire active et couronnée de succès, à une funeste fermeture sur soi et à s'autoreproduire, ce qui facilitera plus tard l'accusation de « race juive » ! Les tendances rabbiniques à l'auto-isolement (pour des raisons halakhiques) et les pratiques discriminatoires des chrétiens (pour des raisons politico-religieuses) se renforcent ainsi mutuellement et conduisent à un isolement total du judaïsme dans l'Empire finissant.

Les juifs vivent maintenant sur le territoire de l'Empire tout en étant pratiquement mis au ban de l'Empire. Aussi nombre d'entre eux considèrent, plus encore que jadis, leur situation comme celle d'une *gola*, d'un véritable exil, ce qui ravive leur espérance dans le proche avènement du Messie sauveur. Si des théologiens et des évêques comme **Augustin** se reconnaissent encore un devoir missionnaire à l'égard des juifs (pour Augustin, à l'encontre de la thèse courante du déicide, il reste aux juifs, malgré leur faute, l'espérance de la conversion), d'autres, comme **Ambroise** de Milan, empêchent la reconstruction des synagogues, tandis que des évêques comme **Chrysostome** à Constantinople, adoptent déjà, dans leurs prédications contre les juifs, le style qui sera plus tard celui des fanatiques de l'antijudaïsme [157]. La synagogue ? Un lieu d'opposition à la Loi, un quartier du mal, un bastion du diable... Les juifs ? Des amateurs de ripailles, qui ne pensent qu'à festoyer, des riches cupides qui, inaptes au travail, sont tout juste bons à être abattus (!). Mais malgré toutes les dispositions prises à son encontre, le judaïsme reste une religion vivante, partout présente dans l'Empire. A cette époque, à Constantinople, il y a même encore des chrétiens (*ioudaizantes*, chrétiens judaïsants ou judéo-chrétiens) qui fréquentent la synagogue les sabbats et les jours de fête, et participent volontiers aux cérémonies juives, même en d'autres circonstances.

Le couronnement de la religion d'État :
le dogme de la Trinité et du Christ

Assurée dans sa foi par la confession de Nicée, l'Église chrétienne se doit maintenant de continuer à développer sa doctrine. Cela s'impose déjà pour des raisons de politique impériale. Dans son édit sur les religions *Cunctos populos*, Théodose le Grand, Espagnol orthodoxe, avait engagé dès 380 « tous les peuples » de son empire à accepter la foi des Églises romaine et alexandrine en l'unique divinité du Père, du Fils et du Saint-Esprit, d'égale majesté en leur Trinité sainte *(trinitate)*. C'est cette foi que fixera définitivement, pour mettre fin à la controverse arienne, un autre concile, contre ceux qui ne veulent voir dans le Saint-Esprit qu'un « serviteur » ou une « créature ».

Dès 381, l'empereur convoque un concile oriental dans sa capitale; on l'appellera plus tard **deuxième concile œcuménique de Constantinople**[158]. Ce concile condamne les ariens, les semi-ariens (les pneumatomaques), les apollinaristes et d'autres hérésies, et se prononce pour l'**égalité de nature entre le Saint-Esprit et Dieu** (sans employer le mot *homoousios*). On complète la confession de foi : « [Je crois] en l'Esprit saint, le Seigneur, qui vivifie ; qui procède du Père et qui avec le Père et le Fils est conjointement adoré et glorifié [159]. » Cet ajout a peut-être été repris d'un *Symbolum romano-nicaenum,* d'un symbole *(credo) de* Nicée romain, œuvre d'un synode romain [160]. C'est plus tard seulement que cette confession de foi a été appelée « Credo de Nicée-Constantinople », toujours en usage dans la liturgie. Et l'arianisme ? Il survécut plusieurs siècles, surtout parce que les Goths occidentaux, admis dans l'Empire un an après le concile et convertis par Wulfila, étaient et restèrent ariens, et transmirent leur foi arienne aux autres tribus germaniques...

Il convient cependant de relever les différences : alors qu'au concile de Nicée, en 325, on parlait d'une unique substance ou hypostase en Dieu, au concile de Constantinople, en 381, on part de trois hypostases : le Père, le Fils et l'Esprit. Les spécialistes de l'histoire des dogmes ont beaucoup discuté pour déterminer si le passage de la théologie de l'unique hypostase à celle des trois hypostases relève seulement d'un changement de terminologie ou s'il témoigne aussi d'un véritable changement du modèle de représentation – ce qui paraît plus vraisemblable (le schisme temporaire à Antioche entre les anciens et les nouveaux orthodoxes en est un indice). Il est sûr, en tout cas, que c'est seulement après le deuxième concile de Constantinople que l'on peut parler d'un **dogme de la Trinité**.

Le concile lui-même avait connu de vives tensions entre les Égyptiens (alliés à Rome) et les délégués d'Asie Mineure, qui étaient désormais les ténors de la démarche « scientifique » et qui pouvaient se réclamer de la tradition d'Origène. Trois théologiens, qui étaient aussi des évêques célèbres de Cappadoce, en Asie Mineure, avaient en effet développé la doctrine classique de la Trinité : Basile le Grand, l'homme d'Église le plus en vue en Orient après la mort d'Athanase, en 373, son ami Grégoire de Naziance et son frère plus jeune, Grégoire de Nysse. Ces **trois Cappadociens**

LE PARADIGME ŒCUMÉNIQUE HELLÉNISTIQUE

réussirent à accorder la foi d'Athanase avec la théorie d'Origène. Leur nouvelle interprétation de Nicée leur valut d'être appelés « nouveaux orthodoxes », ou encore « néo-nicéens ». Au terme d'une réflexion christologique très complexe, souvent contradictoire et en tout cas laborieuse, ils réussirent après Nicée à finalement imposer leur langage nouveau : Dieu possède **une nature divine** (une substance, *ousia*, *physis*), mais en **trois hypostases** (trois personnes, subsistances, *prosopa*).

Le Credo du Concile

Je crois en **un seul Dieu**,
le Père tout-puissant, créateur du ciel et de la terre,
de l'univers visible et invisible.

Je crois en un seul Seigneur, **Jésus-Christ**, le Fils unique de Dieu,
né du Père avant tous les siècles :
il est Dieu, né de Dieu, lumière, née de la lumière,
vrai Dieu, né du vrai Dieu,
engendré, non pas créé, de même nature que le Père ;
et par lui tout a été fait.
Pour nous les hommes, et pour notre salut, il descendit du ciel ;
par l'Esprit saint, il a pris chair de la Vierge Marie, et s'est fait homme.
Crucifié pour nous sous Ponce Pilate,
il souffrit sa passion et fut mis au tombeau.
Il ressuscita le troisième jour, conformément aux Écritures,
et il monta au ciel ; il est assis à la droite du Père.
Il reviendra dans la gloire, pour juger les vivants et les morts ;
et son règne n'aura pas de fin.

Je crois en **l'Esprit saint**, qui est Seigneur et qui donne la vie ;
il procède du Père et du Fils ;
avec le Père et le Fils, il reçoit même adoration et même gloire ;
il a parlé par les prophètes.

Je crois en l'Église, une, sainte, catholique et apostolique.
Je reconnais un seul baptême pour le pardon des péchés.
J'attends la résurrection des morts, et la vie du monde à venir. Amen.

Confession de foi de Nicée-Constantinople

Cette formulation devenue classique se trouvait déjà chez Origène et avait été transposée en latin par Tertullien : « une substance, trois personnes » (seulement dans l'*événement* de la Révélation et étroitement subordonnées les unes aux autres). Elle plut donc aussi aux **Latins**. Mais, pour ces derniers, le point de départ le plus évident était l'unité substantielle, tandis que la multiplicité était le mystère ; pour les **Orientaux**, à l'inverse, la trinité des hypostases divines était le point de départ assuré, et l'unité représentait le mystère. Comme Origène, les Cappadociens intègrent dès l'abord le **Saint-Esprit** dans la divinité, en reliant la confession de l'*homoousios* à l'énoncé des trois hypostases, non subordonnées les unes aux autres (comme Origène), mais absolument de même rang dans l'unique *ousia*, dans l'unique nature de Dieu. Chacune des hypostases a sa particularité, son propre mode d'existence, son signe distinctif : le Père est « non engendré », le Fils est « engendré » et l'Esprit saint « procède » (on ne trouva pas de terme spécifique). C'est à partir de là seulement que l'on peut vraiment parler d'un **Dieu un-trine** dans la chrétienté. Mais le principe de l'unité, l'*archê*, était à nouveau, plus explicitement qu'à Nicée, la monarchie du Père. C'est de lui seul, comme de la terre nourricière de la divinité, que procède aussi l'Esprit.

Cependant, les décisions de Nicée et Constantinople ne mirent pas fin aux querelles théologiques. Celles-ci continuèrent. Désormais il en allait directement de la personne de Jésus-Christ. La grande « solution » cappadocienne, consignée dans la confession de Nicée-Constantinople, annonçait déjà une nouvelle controverse dans l'Église. Cette controverse allait donner lieu à toute une série d'autres conciles et conduirait finalement à une scission définitive dans l'Église orientale.

Quel était le problème ? Il se posait déjà, en fait, avec la formulation de Nicée : si le Fils est de même nature que le Père, qu'en est-il, **dans l'unique Jésus-Christ, de la nature divine et de la nature humaine** ? Il y avait évidemment à ce sujet les modèles les plus divers. Apollinaire de Laodicée, un contemporain connu, maître des trois Cappadociens et anti-arien déclaré, avait affirmé que dans le Christ le *Logos* divin épousait bien une « chair » humaine et une « psyché » humaine, mais non pas un « esprit » humain. Le *Logos* divin prenait en effet la place de l'esprit humain, ce qui parlait à nombre d'hommes religieux de l'époque : Jésus est entièrement Dieu, avec une enveloppe humaine ! Mais dire que le *Logos* prenait la place de l'esprit humain revenait à nier, aux yeux de la plupart des théologiens, la pleine humanité, la pleine nature humaine du Christ. Aussi cette doctrine fut-elle condamnée par plusieurs synodes d'Orient et d'Occident. Mais le problème posé par Apollinaire n'était pas résolu pour autant : comment, dans le Christ, « deux » pouvaient-ils être « un » ? On était devant un nouveau « mystère », comme celui du « trois-un », de la Trinité.

Au début du Ve siècle, la question christologique se trouva prise dans les violentes luttes pour le pouvoir que se livraient les patriarcats de Constantinople et d'Alexandrie pour le primat dans l'Église d'Orient et dans les rivalités correspondantes des écoles d'Antioche et d'Alexandrie. Ces querelles prirent à nouveau des proportions dramatiques, et nous n'entrerons pas ici dans le détail des désordres et confusions qu'elles entraînèrent. Il suffira de tracer les lignes de démarcation que fit éclater au grand jour, en 428, la polémique de Nestorius, le patriarche de Constantinople, contre Cyrille, le patriarche d'Alexandrie :

– Cyrille, le patriarche d'Alexandrie, et l'**école alexandrine** défendaient en fait une **unité** et une divinité pleine et entière de la personne du Christ ; le *Logos* a revêtu la nature humaine comme un habit, la nature humaine se fond même dans la nature divine, si bien qu'il ne subsiste qu'une « unique nature » (d'où le terme « monophysisme ») : la nature divino-humaine. On peut dès lors appeler Marie *theo-tokos*, « Mère de Dieu ». Cette solution paraissait la plus « spirituelle » et la plus populaire.

– Mais Nestorius, patriarche de Constantinople, et l'**école d'Antioche** ne voulaient rien savoir d'une unité substantielle ; ils se firent les défenseurs inconditionnels d'une **différence** entre les natures divine et humaine en Jésus-Christ. C'était pour eux la condition *sine qua non* de la pleine humanité du Christ. Cette solution paraissait la solution « scientifiquement » la plus claire. En parlant de « Mère de Dieu » (au lieu de « mère du Christ »), on se ridiculisait dans l'annonce du message.

Cyrille était un politicien sans scrupule, sans complexe, prêt à imposer sa position à un nouveau concile, au prix de n'importe quelle manipulation. En 431, au **concile d'Éphèse**[161], qui était entièrement sous son influence, il fit condamner son rival de Constantinople et avec lui la théologie d'Antioche, sans même attendre l'arrivée de Nestorius. Le concile, tout à fait dans la ligne de la christologie monophysite de Cyrille, récusa aussi pour Marie le titre de « mère du Christ » et la définit comme « **Mère de Dieu** », ce qu'elle est toujours dans le dogme de l'Église. Nestorius et les siens répondirent – comme on pouvait s'y attendre – par une condamnation inverse (et la déposition) de Cyrille. Le monde chrétien était à nouveau menacé d'une profonde division : aussi, convoquant un nouveau concile à Éphèse, l'empereur Théodose II poussa-t-il les deux parties à se réconcilier, sans parvenir toutefois à vider la querelle. En 449 se réunit une fois encore un concile à Éphèse ; Dioscure, le successeur de Cyrille, aussi avide de pouvoir que lui, terrorisa les pères du concile avec ses hordes de moines et destitua les théologiens d'Antioche les plus représentatifs (aussi le pape Léon parla-t-il non de *concilium*, mais de *latrocinium*, « brigandage »).

Un revirement politique à Constantinople allait bientôt modifier la situation, il est vrai. L'impératrice Pulchérie et son mari, Marcien, montèrent sur le trône, bien décidés à faire prévaloir à nouveau le pouvoir impérial traditionnel sur les Églises, contre les prétentions ecclésiastiques à l'accaparer. En accord avec le pape Léon Ier, ils décidèrent de renverser Dioscure d'Alexandrie, qui se conduisait trop « en pape », et convoquèrent en 451 un nouveau concile, à **Chalcédoine**[162]. Ce concile ne reconnaît comme œcuméniques que les synodes de 325 (Nicée), de 381 (Constantinople) et de 431 (Éphèse) – aussi est-il considéré comme le **quatrième concile œcuménique**. Dioscure fut destitué au terme d'un procès ignominieux. La voie était dès lors libre pour l'empereur. Il put dicter au concile les énoncés christologiques qui lui paraissaient clairs, et cela à partir d'un texte du pape Léon. Ainsi ce n'est ni la position de Cyrille ni celle de Nestorius qui l'emportèrent, mais plutôt la christologie occidentale, latine, de Tertullien, de Novatien et d'Augustin. C'est à elle que la chrétienté doit l'essentiel de la formule du concile de Chalcédoine, qui deviendra classique : « Un seul et même Fils, notre Seigneur Jésus-Christ, le même parfait en divinité et parfait en humanité, le même vraiment Dieu et vraiment homme, composé d'une âme raisonnable et d'un corps, consubstantiel au Père selon la divinité, consubstantiel à nous selon l'humanité. Un seul et même Christ Seigneur [...] en deux natures, sans confusion, sans changement, sans division, sans séparation [163]. » Ces quatre dernières précisions visent aussi bien les extrémistes alexandrins (« sans confusion, sans changement ») que Nestorius (« sans division, sans séparation »).

Mais l'adhésion du concile à ces formules issues de la christologie latine n'empêcha pas ce même concile, là encore à l'instigation de l'empereur, d'infliger une défaite sensible dans la sphère politique à l'évêque de Rome, qui était déjà trop puissant et qui se trouvait ainsi conforté théologiquement. Le canon 3 du deuxième concile œcuménique de Constantinople, en 381, avait déjà posé les fondements de la position de force de l'évêque de la nouvelle Rome : « L'évêque de Constantinople vient immédiatement après l'évêque de Rome, quant à l'honneur qui lui est dû, puisque Constantinople est la nouvelle Rome [164]. » Mais le célèbre canon 28 de Chalcédoine (jamais reconnu par l'ancienne Rome, nous y reviendrons) reconnaît aussi maintenant à la « Sainte Église de Constantinople », la « **nouvelle Rome** », la **même primauté** qu'à l'ancienne Rome − une primauté qui, pour les deux sièges, ne trouve pas son fondement théologique en Pierre, mais son fondement politique dans leur statut de capitales de l'Empire. Ainsi se sont constitués entre 381 et 451 les **cinq patriarcats classiques**, dans l'ordre suivant : Rome, la nouvelle Rome (Constantinople), Alexandrie, Antioche et − enfin − Jérusalem ! Nous avons là aussi un indicateur sans ambiguïté du changement de paradigme qui est intervenu. L'évêque de Constantinople (maintenant Istanbul) porte toujours le titre de « patriarche œcuménique ».

*Questions dans l'intérêt
du rapprochement œcuménique*

Mais, se demandera-t-on aujourd'hui, le concile de Chalcédoine a-t-il **atteint son objectif**? Adolf von Harnack ne voit dans la formule de Chalcédoine qu'un compromis purement extérieur, fait de négations : « Les quatre déterminations nues [sans mélange]

[...], qui sont censées tout résoudre, [...] manquent de contenu concret, de "chaleur". Du pont que doit être pour le croyant sa foi, du pont de la terre au ciel, elles forment une ligne plus ténue qu'un cheveu, sur laquelle les adeptes de l'islam penseront entrer un jour au paradis [165]. » Mais le concile de Chalcédoine ne prétendait-il pas remplacer l'Évangile ? Non. Pour ce concile aussi, le Nouveau Testament restait le fondement. Cependant, on ne saurait accepter sans autre forme de procès l'apologétique triomphaliste de l'Église catholique, qui voit dans le dogme de 451 « le fruit mûr et pour ainsi dire l'aboutissement de tous les efforts entrepris au siècle précédent pour exprimer adéquatement le contenu de la Révélation au sujet de la personne du Christ [166] ». Même un dogmaticien comme Karl Rahner, dont la pensée se situe consciemment à l'intérieur du système, s'est cru obligé de poser la question provocatrice, à l'occasion du mille cinq centième anniversaire : « Chalcédoine – fin ou commencement [167] ? »

Depuis, la discussion sur la théologie de compromis de Rahner s'est poursuivie, et les résultats ne sont plus jugés à partir d'un point de vue purement dogmatique, on en intègre aussi de bien plus larges. La formule christologique trouvée à Chalcédoine *(« vere homo – vere Deus »)* a fourni un fondement dogmatique durable à l'Église byzantine comme à l'Église occidentale, et il sera important même pour la liturgie. Comme dans la doctrine de la Trinité, il s'agit là, en christologie, d'une formule qu'on peut accepter exclusivement comme un « mystère », tout simplement incompréhensible pour la raison ! Cependant, cette formule n'a nullement mis fin aux querelles. Au contraire !

– Les **disputes christologiques** autour de Chalcédoine **continueront** des siècles durant, dans la sphère byzantine comme dans la sphère occidentale. Les discussions relatives à une ou deux natures dans le Christ, très mêlées de politique et de diplomatie, vont devenir des disputes autour d'« une ou deux énergies », puis d'« une ou deux volontés » dans l'unique Christ (querelle « monoergiste » et « monothéliste »). Des tensions et des tiraillements croissants entre Byzance et Rome s'y mêlent. Une « formule d'union » *(hênotikon)* impériale, approuvée par Acace, le patriarche de Constantinople, reconnaît le patriarche monophysite d'Alexandrie et conduit à une première division en bonne et due forme entre la Rome d'Orient et celle d'Occident (c'est le schisme acacien, qui durera trente-cinq ans, de 484 à 519).

– Aux querelles christologiques se mêlent de plus en plus des questions de politique ecclésiastique. Ces querelles, en effet, ne sont pas seulement une des expressions de l'antagonisme entre l'Église d'Orient et l'Église d'Occident, mais elles traduisent aussi les ressentiments nationaux, notamment ceux des Égyptiens et des Syriens, contre la domination byzantine. Finalement, les empereurs eux-mêmes ne parviennent plus à imposer l'unité. Au contraire, **l'Église impériale elle-même éclate**.

Plusieurs Églises chrétiennes anciennes et importantes n'ont toujours pas reconnu, aujourd'hui, le concile de Chalcédoine, trop marqué par la théologie occidentale. Ces **Églises non chalcédoniennes**[168] restent toujours séparées de l'Église orthodoxe byzantine orientale tout autant que de l'Église romaine occidentale. Il s'agit :

1. de l'Église monophysite copte d'Égypte ;

2. de l'Église syrienne nestorienne, qui s'est ensuite surtout implantée en Perse, mais aussi en Inde (les « chrétiens de saint Thomas ») et en Asie orientale, jusqu'à Pékin ;

3. des Églises arménienne et géorgienne, qui sont passées plus tard au monophysisme.

Passons une fois encore en revue toute cette évolution. Les Églises chrétiennes ne pouvaient évidemment pas éviter de prendre des décisions à propos de leurs formulations doctrinales. Mais à quel prix ? Réfléchissons un instant.

– La théologie qui s'est exprimée dans les conciles a conduit à **s'éloigner considérablement du Nouveau Testament**. En quatre siècles, on est passé de la formule baptismale triadique simple et facile à comprendre de Matthieu à une spéculation trinitaire d'une extrême complexité, qui ne pouvait cependant « résoudre » le problème de l'unité de trois « entités » que de façon purement logique et formelle, grâce à des distinctions verbales. **Le spécifiquement chrétien n'est pas le triadique** : ce qui est spécifiquement chrétien concerne le Christ. Non, ce n'est pas une doctrine, qui doit faire l'objet de spéculations, ce n'est pas un dogme du Christ, qu'« il faut croire », c'est, nous l'avons vu, en réfléchissant sur l'essence et le centre du christianisme[169], Jésus-Christ lui-même, qu'il nous est donné de suivre sur le chemin qui conduit à Dieu, son Père, sous la motion du Saint-Esprit. Pour la théologie, la seule chose qui compte, c'est la relation du Fils, du Père et de l'Esprit telle que la décrit l'Écriture. Pour l'interprétation des conciles de Nicée, d'Éphèse, de Constantinople et de Chalcédoine, la norme ne saurait être sans plus une ontologie hellénistique, mais bien le seul Nouveau Testament. Les pères conciliaires entendaient aussi s'en tenir inconditionnellement au monothéisme (en y associant la divinité de Jésus), et ils se seraient retournés dans leur tombe si, à la façon de théologiens modernes, on avait assigné à leur théologie de la Trinité une position intermédiaire (logiquement impossible pour eux) entre le monothéisme et le polythéisme.

– La théologie s'est aussi éloignée de la **prédication proche du peuple**. La doctrine trinitaire était devenue une voltige conceptuelle faisant appel à toutes les ressources de l'intelligence, une sorte de « mathématique supérieure de la Trinité », à laquelle théologiens et prédicateurs eux-mêmes ne portaient pas grand intérêt ; pourtant, l'on continuait à la présenter à l'homme raisonnable comme un *mysterium stricte dictum*, qu'il lui revenait d'accepter sans rechigner, au prix d'un *sacrificium intellectus* (« sacrifice de la raison »)[170]. Aujourd'hui encore, du moins dans la liturgie latine, les prières ne s'adressent jamais à la « Trinité », mais à « Dieu, le Père tout-puissant, par Jésus-Christ dans l'Esprit saint ». Or les théologiens traditionalistes orthodoxes, catholiques et protestants s'immunisent contre tout questionnement raisonnable du dogme de la Trinité par ce verdict irrationnel : « C'est du rationalisme ! » Les chrétiens sont toutefois de plus en plus nombreux à se demander si cette spéculation grecque, qui a tenté audacieusement, à des hauteurs vertigineuses, de dévoiler le mystère de Dieu, n'est pas du même ordre que la tentative d'Icare, le fils de Dédale, ancêtre des artisans athéniens, que ses ailes de plumes et de cire ont porté trop près du soleil – d'où sa chute.

– Les décisions conciliaires ont précipité la chrétienté dans un chaos inouï, où se trouvait toujours impliquée la politique de l'Église. Elles ont abouti à des **schismes** et des **persécutions contre les hérétiques**, dont l'histoire des religions n'a pas d'exemple. La chrétienté, se reniant elle-même, passait ainsi de la situation de minorité persécutée à celle de majorité persécutrice.

LE PARADIGME ŒCUMÉNIQUE HELLÉNISTIQUE

Au nom de Jésus-Christ, qui prêchait la non-violence et la paix, on persécuta et on exécuta ceux qui professaient une foi différente ; non seulement on détruisit et on éloigna des biens culturels (des livres !) et des trésors artistiques inestimables, mais on les fit entièrement disparaître. Et aujourd'hui encore la chrétienté reste divisée en Églises différentes. Cette division a débuté avec les premiers conciles, quand les ariens furent exclus de l'Église puis persécutés, et quand, après le concile de Chalcédoine, on exclut également toute une série d'Églises de la communauté ecclésiale.

Si tant est que Jésus de Nazareth doit rester le critère ultime, cette évolution doit conduire les Églises chrétiennes à la critique, la conversion et le renouveau. Aussi des questions se posent-elles pour l'avenir.

Questions pour l'avenir

✝ Les concepts d'origine philosophique devenaient de plus en plus pointus, les différences entre écoles de plus en plus subtiles, les explications de plus en plus compliquées, les garde-fous dogmatiques de l'orthodoxie, dont on faisait des lois d'État, étaient de plus en plus nombreux. Mais les malentendus, les partis, les divisions, les synodes dirigés les uns contre les autres et les évêques s'excommuniant mutuellement se multipliaient aussi. En une nouvelle époque de l'histoire du monde, au lieu de se contenter de répéter les dogmes hellénistiques, ne serait-il pas indiqué de faire porter l'essentiel de nos réflexions, d'une façon renouvelée, sur le message néotestamentaire lui-même et de le réexpliquer, de façon neuve, à nos contemporains chrétiens, comme l'avaient fait à juste titre les théologiens hellénistiques pour leur temps ?

🕎 La chrétienté hellénistique – bien qu'elle reste attachée à l'Ancien Testament – paraît s'être beaucoup éloignée de son sol nourricier juif. Et de nos jours encore les juifs ne peuvent

→

faire autrement que d'interpréter la distinction entre l'unité de Dieu (« une nature ») et une trinité réelle en Dieu (« trois personnes ») comme une remise en question, de fait, du monothéisme. Comment attendre d'un juif qu'il acquiesce jamais aux conciles de Nicée à Chalcédoine, à la christologie des deux natures et à la théologie des trois personnes ? Ne faudrait-il donc pas, s'agissant de concepts comme « Fils de Dieu », et de la relation de Jésus à Dieu, se souvenir à nouveau et de façon neuve du contexte hébreu originel et des racines bibliques juives du christianisme ?

C Nicée a souligné si fortement et si exclusivement le divin en Jésus qu'il n'y avait plus guère de place pour l'humain. Le problème de la personnalité distincte du Fils a été résolu de façon trop formelle, guère satisfaisante, en distinguant le Fils qui est engendré, du Père non engendré qui engendre le Fils. Le Christ de l'histoire cédait la place au Christ du dogme, les Évangiles aux doctrines de foi de l'Église, l'orthodoxie de la doctrine et de la liturgie prenait le pas sur la suite du Christ. L'islam, qui reconnaît en Jésus un prophète, qui voit même en lui le Messie, mais récuse la christologie hellénistique, comprend moins que jamais comment nous pouvons encore parler d'un homme historique et d'une vie humaine personnelle. Ne faudrait-il pas, pour comprendre Jésus, repartir d'« en bas » et le prendre autant au sérieux comme homme que le Coran, pour comprendre à partir de là comment en lui la sagesse divine a pris forme humaine ?

Deux raisons nous ont poussé à traiter avec un certain luxe de détails – trop, peut-être, pour certains – de cette problématique théologique et christologique :
1. L'édifice dogmatique constitué aux IVe-Ve siècles dans le paradigme hellénistique est resté d'une importance décisive des siècles durant, non seulement pour l'Église d'Orient, mais aussi bien pour l'Église d'Occident.

2. Après la crise de légitimation de l'autorité impériale au
IIIe siècle, la christologie du Fils unique du Père, élaborée à cette
époque, allait fonder la nouvelle légitimation de l'Empire au
IVe siècle : l'autocrate impérial devient l'ami et le représentant du
Christ. Le dogme christologique devient ainsi un élément constitutif
pour la théologie et pour l'Église comme pour l'empereur et pour
l'État en ce monde byzantin antique et néanmoins nouveau qui est
en train de se mettre en place.

7. BYZANCE, LIEU DE NAISSANCE DE L'ORTHODOXIE

Le paradigme **hellénistique** est le **paradigme œcuménique de
l'Église antique**, de toute l'Église antique, en Orient et en Occident.
En dépit de l'importance que garde Rome, l'ancienne capitale
impériale, ses centres de gravité – les Églises « apostoliques », fondées par des apôtres, puis les patriarcats, les conciles, les centres
d'enseignement et les monastères – se situent surtout en Orient.
Après le transfert de la capitale impériale sur les rives du Bosphore, c'est à partir de cet **empire d'Orient** que ce paradigme se
transmettra pendant un bon millénaire encore – jusqu'à la chute
de la Rome orientale et, avec elle, de l'Empire romain lui-même,
en 1453.

*Byzance, deuxième Rome,
prend valeur normative*

Pendant de longs siècles, le paradigme hellénistique de l'Église
antique fut surtout porté, politiquement et culturellement, par la
Rome d'Orient. En Occident, nous le verrons, la culture antique
sombra pour l'essentiel en même temps que l'État romain. Pendant
ce temps les évêques de Rome, désormais appelés « papes », travaillaient résolument à assurer leur indépendance à l'égard de la

Rome orientale et à asseoir leur pouvoir autocrate sur l'Église d'Occident. Cette suprématie des papes, en même temps que la théologie spécifiquement latine d'un Augustin et finalement l'hégémonie politique des Germains, allait représenter la principale condition d'apparition d'une nouvelle constellation dans l'histoire du monde : le paradigme latin, spécifique de l'Église catholique romaine (P III) ; il allait percer au XIe siècle avec la réforme grégorienne, et conduirait en même temps à la séparation définitive des Églises d'Occident et d'Orient.

Mais avant de nous intéresser à l'histoire de l'Occident, il nous faut d'abord prolonger notre analyse du paradigme hellénistique de l'Église antique (P II), dans le développement qu'il a connu jusqu'à nos jours ; il sera transmis avant tout, désormais, par l'Église d'Orient et vaillamment défendu à l'extérieur comme à l'intérieur. La situation difficile du point de vue de la politique et de l'enseignement, qui a longtemps prévalu pour l'orthodoxie orientale aux époques récentes, explique peut-être qu'elle ait témoigné relativement peu d'intérêt pour la Rome orientale, et qu'à l'exception de quelques problèmes spécifiques elle ait en général abandonné la recherche sur ce sujet à des historiens profanes [171].

Le 11 mai 330, l'empereur Constantin avait inauguré sa nouvelle capitale : **Constantinople**, située sur le Bosphore, sur le site d'une ancienne ville grecque appelée *Byzantion*, francisé en « Byzance », d'où le nom moderne de l'empire d'Orient. Ce nouveau centre n'avait pas été choisi au hasard : il était plus proche du Danube et de l'Euphrate, c'est-à-dire des frontières de l'Empire soumises aux attaques des Germains et des Perses ; il était plus proche aussi des régions qui étaient maintenant les plus prospères, plus proche, enfin, des centres religieux d'Orient. Encore en Europe et cependant porte de l'Asie, au carrefour d'importantes routes commerciales, Constantinople était la nouvelle manifestation, la démonstration de la puissance romaine, ainsi que le bastion de la défense du monde chrétien en Orient. A dessein, même le plan de la nouvelle capitale imitait celui de l'ancienne Rome ; la ville avait son propre Sénat et les familles sénatoriales les plus en vue, ainsi que l'administration impériale, s'installaient sur les rives du Bosphore. Constantin l'appelait désormais orgueilleusement la « seconde Rome », par la suite on dirait aussi la « nouvelle Rome », pour

LE PARADIGME ŒCUMÉNIQUE HELLÉNISTIQUE

signifier qu'elle était la « continuation de Rome », ce qu'allait confirmer solennellement, nous l'avons vu, le concile œcuménique de Constantinople, en 381. En 395, après la mort de Théodose, **l'Empire fut définitivement scindé en un empire d'Occident et un empire d'Orient**. Les frontières passaient par un pays qui s'appelle Yougoslavie en notre siècle et où, ces dernières années, l'antagonisme entre Orient et Occident, entre catholicisme romain et orthodoxie byzantine, s'est violemment exacerbé, alors même que jadis elle avait été le théâtre d'échanges culturels féconds (ainsi des moines occidentaux de l'Adriatique avaient dirigé la construction d'églises byzantines). Au début, les institutions de l'Empire byzantin restèrent romaines, la langue officielle demeura le latin. Mais – à l'exception de quelques provinces occidentales latines – la population, la langue populaire, la culture et plus encore la religion étaient grecques. Au fil des siècles, l'empire d'Occident, du fait de son alliance avec les Francs, deviendrait un empire **germanique**, tandis que l'empire d'Orient, autour de Byzance, deviendrait un empire **grec**, regardant de moins en moins vers Rome et l'Occident et de plus en plus vers l'Orient et l'Asie, d'où surgissaient sans cesse de nouvelles menaces.

Les habitants de l'Empire romain d'Orient s'appelaient *Romaioi* (« Romains »). Ils considéraient, en effet, leur empire d'Orient comme l'héritier direct de l'Empire romain, tandis que l'empire d'Occident se désintégrait de plus en plus sous la poussée des invasions germaniques, avant de s'effondrer définitivement en 476. Le **paradigme hellénistique (P II) de l'Église antique était sauvegardé** : au début, la nouvelle capitale chrétienne remplaça simplement l'ancienne capitale païenne. Cette substitution ne répondait-elle pas totalement au plan de la Providence divine ? Telle sera bientôt la nouvelle idéologie : la nouvelle Rome a été élue pour assumer l'hégémonie mondiale de l'ancienne Rome et pour exercer désormais cette domination sous le signe du Christ. Un **État véritablement dépositaire du salut** : cette nouvelle Rome chrétienne, libérée des démons de la Rome païenne, non seulement a la meilleure administration politique pour diriger le monde, mais est aussi dépositaire de la seule vraie foi.

Qu'est-ce donc qui constitue Byzance comme ville et comme empire ? La vie, la culture et tout le développement de Byzance relè-

vent de trois « sources principales » : si l'on enlève un de ces trois éléments, Byzance devient impensable, écrit Ostrogorsky, grand spécialiste de l'histoire byzantine, né à Saint-Pétersbourg [172]. De quels éléments s'agit-il ? Ce sont trois éléments qui témoignent clairement de la permanence du paradigme hellénistique de l'Église antique :
– la structure étatique romaine ;
– la culture grecque ;
– la foi chrétienne.

La **foi** – élément central dans le monde chrétien – n'est plus, en premier lieu, comme dans le Nouveau Testament, confiance croyante (en Dieu, en Jésus-Christ), mais avant tout **rectitude de la foi, orthodoxie**, conviction de la justesse d'énoncés de foi particuliers édictés par l'Église et sanctionnés par l'État. Les mots « orthodoxie » et « orthodoxe » sont absents du Nouveau Testament, mais ils sont devenus très populaires au IVe siècle. C'est l'« orthodoxie » qui distingue l'Église byzantine du christianisme primitif (P I) et finalement aussi d'autres Églises. Elle deviendra son nom propre.

On ne comprendrait rien à l'orthodoxie orientale actuelle en ignorant la Byzance orthodoxe. Alexandre Schmemann, théologien russe mort trop tôt, à qui je suis très redevable pour ma compréhension de l'orthodoxie, l'a exprimé plus clairement que quiconque : « En un sens, il faut considérer la période byzantine comme la période décisive dans l'histoire de l'orthodoxie, celle où s'est cristallisée la vie ecclésiale. Du point de vue de l'histoire, l'Église orthodoxe moderne est l'Église de Byzance qui a survécu depuis cinq siècles à l'Empire byzantin [173]. » L'orthodoxie orientale connaîtra évidemment, elle aussi, des développements dans sa liturgie, sa théologie, son iconographie, sa piété et son droit, avec moult orientations inédites. Mais de même que la forme concrète de l'Église catholique d'Occident est restée déterminée jusqu'à nos jours par la Rome médiévale, de même **la forme concrète de l'Église orthodoxe d'Orient est toujours restée marquée par Byzance**. Si nous faisons abstraction de l'histoire particulière des Églises non chalcédoniennes, nous pouvons relever les constantes suivantes :

– la liturgie porte toujours la marque de Byzance ;
– la théologie reste de structure byzantine ;

- l'iconographie suit les normes byzantines ;
- la piété reste d'inspiration byzantine.

Ce dernier point mérite une attention particulière.

Coexistence du paganisme et du christianisme

Il serait évidemment parfaitement illusoire d'imaginer qu'avec Constantin le monde de l'Empire romain était devenu chrétien en un jour. A l'époque de Constantin, la grande majorité de la population de l'Empire était encore païenne. Toutes les études récentes sur l'Antiquité tardive – et de nos jours on s'intéresse aussi de plus en plus à la vie privée et pas seulement à la vie publique [174] – montrent qu'en Orient notamment **le christianisme et le paganisme** – même abstraction faite des nombreux groupes et sectes hérétiques – **ne se faisaient absolument pas face comme des blocs rigides**, mais qu'ils coexistaient et s'interpénétraient [175]. Constantin n'avait-il pas fait preuve d'une sage tolérance à l'égard des cultes païens et permis la construction de nouveaux temples païens, à Constantinople même ? Si l'influence politique directe du paganisme n'a cessé de reculer par la suite, celui-ci n'en constitua pas moins, jusqu'au VIᵉ siècle, le fondement de la culture. La raison principale, très simple, en est que les Pères de l'Église eux-mêmes, de formation « classique », n'entendaient en général pas renoncer à cette formation dans le cadre de l'Église, et cette formation classique, à laquelle continuait d'aspirer toute l'élite, était inséparable de la littérature, de la rhétorique, de la science, de la philosophie et de l'art païens. On ne pouvait accéder à cette culture sans avoir connaissance du monde des dieux gréco-romains.

Il n'est donc pas étonnant qu'au début le **système païen d'enseignement et de culture** soit resté intact. Il exerça même une attraction nouvelle sur les chrétiens après le bref intermède de Julien l'Apostat, qui voulait en exclure les chrétiens. Bien que la philosophie chrétienne, tout comme sa poésie et son histoire, ait été tout entière à orientation interne, les leaders spirituels de l'Église s'y entendaient pour « démocratiser » la philosophie païenne – qui ne s'adressait auparavant qu'à une certaine élite – et la mettre à profit pour l'édifice entièrement nouveau de la foi chrétienne. Cette formation était donc importante aussi pour les chrétiens, au moins à titre de propédeutique, ce qui n'enlevait rien à la position normative permanente de la Bible et de la tradition ecclésiale. Ainsi, la plupart des enfants chrétiens fréquentaient les écoles païennes, et les chrétiens se pressaient dans les anciennes villes de culture : surtout Athènes et Antioche (jusqu'au grand tremblement de terre de 526, et à la conquête et la déportation par les Perses en 540), mais avant tout Alexandrie, où les chrétiens se joignaient aux païens pour écouter, entre autres, Hypatie, célèbre philosophe néoplatonicienne que la populace chrétienne lapida en 415/416...

Nombre de structures sociales et de formes de vie extérieures païennes restèrent donc relativement inchangées, notamment en Orient, aux IVe et Ve siècles. Les classes supérieures de la société considéraient toujours le travail comme indigne d'elles. Et tandis que les élites chrétiennes elles-mêmes s'adonnaient à une vie de luxe et de plaisir, dans les classes inférieures païens et chrétiens ne se rattrapaient que trop souvent en méprisant le travail et en cherchant leurs aises. En Orient, la culture de l'Antiquité tardive était encore moins menacée par les « Barbares ».

Et l'**Église** ? Les privilèges conférés par l'empereur à l'Église, aux évêques et au clergé ne modifièrent guère, d'abord, la situation des élites, et dans la culture populaire aussi – au grand scandale du clergé – subsistaient nombre de coutumes païennes (théâtre, combats de gladiateurs, courses de chars, bains) et de pratiques superstitieuses (amulettes, présages). Si impressionnante qu'elle apparaisse, l'Église du IVe siècle reste marginale, a pu écrire l'un des meilleurs connaisseurs de l'Antiquité tardive, l'historien et patrologue anglais Peter Brown : « Marginale par rapport au *saeculum*, à un "monde" dont les principales structures évoluent sous la pression puissante du pouvoir et du besoin de sécurité et de hiérarchie. Le christianisme est périphérique par rapport à ce *saeculum*, même s'il est à présent la foi nominale des puissants [176]. » Mais qu'est-ce qui fait l'unité de la communauté chrétienne ? Brown écrit : « une espérance bien particulière [177] ». Dans le culte, où, face à l'évêque et au clergé, tous sont égaux, il n'y a donc pas place pour la hiérarchie et la structure du monde. Là tous les chrétiens, sans différence aucune, sont confrontés à trois thèmes nouveaux pour lesquels l'Église, et elle seule, a compétence, des thèmes qu'elle prêche aussi aux puissants et grâce auxquels elle finira tout de même par « christianiser » la société de l'Antiquité tardive : le péché (tous sont pécheurs !), la pauvreté (tous doivent donner !) et la mort (tous doivent s'attendre à la mort !). Les obligations qui en découlent sont toutes d'une importance capitale pour assurer le salut éternel de l'âme [178]. Mais on assiste à une « christianisation progressive de l'espace et du temps », comme l'a bien montré R. A. Markus [179]. Ainsi certaines fêtes, certaines coutumes matrimoniales et funéraires s'imprègnent progressivement d'esprit chrétien. Un calendrier chrétien, avec de nombreuses fêtes de martyrs et de confesseurs, remplace le calendrier païen et, grâce aux reliques, les églises deviennent des sanctuaires chrétiens, que reliera bientôt un réseau de routes de pèlerinage qui se superposera à la topographie des sanctuaires païens. Ainsi, c'est de moins en moins l'assimilation de la culture profane, mais de plus en plus la fuite hors du monde, l'**ascétisme**, qui devient le signe distinctif du christianisme authentique. La **pénitence publique** est de moins en moins pratiquée. Une confession publique de ses péchés ? Cela ne peut plus se faire désormais devant une petite communauté, mais doit prendre place devant une large assemblée – avec, éventuellement, des conséquences sociales fatales ! Ainsi se développe en Orient, en sourdine pour commencer, une **confession privée** : d'abord de moine à moine, puis la libre confession de laïc à moine (et non à prêtre) ; il n'y a pas d'obligation donc, mais une possibilité opportune. Cependant, pour beaucoup le plus important de tout ce que l'Église apporte de nouveau est le **réseau social** mis en place par une Église de plus en plus riche pour venir en aide aux masses appauvries par une économie latifundiaire et pressurées par les impôts. L'Orient offre surtout de nombreux lieux d'accueil aux pauvres, aux veuves et aux orphelins, aux immigrés, aux malades, aux lépreux et aux vieillards.

Il ne faudrait pas fermer les yeux sur le revers de la médaille : l'Église devenait elle-même la plus grande **propriétaire terrienne**. Ainsi, loin de combattre cette tare de l'économie de l'Antiquité tardive, elle ne faisait que l'accroître, contribuant par là même à enfoncer les masses dans la misère. Propriétaire de latifundia, elle pratiquait aussi l'**esclavage** à grande échelle. Elle était maintenant bien moins soucieuse que nombre de païens, influencés par l'éthique stoïcienne dès avant le tournant constantinien, d'améliorer la situation légale des esclaves ou même de les libérer. Mieux : si jadis un esclave (ainsi l'affranchi Calixte) pouvait même devenir évêque de Rome, Léon le Grand interdit de choisir pour évêque un esclave. Et tandis qu'en Occident, sous les Germains, la situation des esclaves s'améliorait plutôt, à Byzance l'esclavage continua à exister jusqu'à la chute de l'Empire – dans le cadre d'un État « chrétien » et d'une Église « chrétienne », régis maintenant l'un et l'autre par un empereur « chrétien ».

Théocratie et théologie politique

Constantin le Grand resta le modèle de tous les Césars, empereurs et tsars chrétiens. C'est dire que le centre de l'*Imperium christianum*, qui réunit l'État et l'Église, n'est ni un évêque ni le pape, mais l'*Imperator romanus*. Bien que « laïc » (Constantin ne fut d'ailleurs baptisé que peu avant sa mort), c'est l'empereur plus que n'importe quel clerc qui a le dernier mot, fût-ce dans l'Église, même s'il ne s'immisce pas « papalement » dans ses affaires quotidiennes. Constantin était convaincu que l'empereur était plus près de Dieu que n'importe quel évêque. Dans la droite ligne de l'empereur-dieu de la Rome ancienne païenne, l'empereur chrétien se considère comme **le représentant de Dieu sur terre**. C'est Dieu, et personne d'autre, qui lui a confié le pouvoir. L'empereur va jusqu'à se considérer maintenant comme **l'ami du Christ, le Fils consubstantiel de Dieu** (Nicée). Il a le pouvoir et le devoir de soumettre tous les hommes à la véritable Loi de Dieu et du Christ. L'empereur remplit ainsi une sorte de fonction apostolique, et on reconnaît en lui le confesseur de la vraie foi (sans qu'il soit infaillible, cependant) [180].

Nul n'a fondé plus tôt l'idéologie chrétienne impériale, ne l'a mieux propagée et finalement inculquée plus profondément dans la conscience historique, nul n'a marqué plus profondément la conception de l'État et de l'Église de l'orthodoxie orientale (des Byzantins, puis aussi des Slaves du Sud et de l'Est) qu'**Eusèbe de Césarée** († 339). Ce n'est pas un hasard s'il fut le disciple d'Origène, le grand pionnier, s'il a eu accès à son importante bibliothèque de Césarée et si, après avoir témoigné quelque sympathie à l'arianisme, il fut promu théologien de cour de Constantin, avec accès aux archives de l'État.

Si l'on veut rendre justice à Eusèbe[181], il ne faut pas oublier ce que cela représentait pour une génération qui, comme lui, avait encore vu exécuter toute une série de martyrs dans sa propre ville, de voir maintenant le christianisme devenir *religio licita* (« religion autorisée ») dans l'Empire. Il était compréhensible, dès lors, que dans son *Histoire ecclésiastique* (rédigée autour de 324/325, à la veille du concile de Nicée, alors qu'on venait juste de commencer la construction de la basilique Saint-Pierre à Rome), il fasse converger et culminer toute l'histoire antérieure du monde chrétien, sous la providence bienveillante de Dieu, dans la personne de l'empereur chrétien. Dans ses autres écrits et panégyriques également, Eusèbe ne tarit pas d'éloges à son égard. Comme d'autres de ses contemporains, il ignore tout d'un statut spécial de l'évêque de Rome, à plus forte raison d'une cession de la ville de Rome et de la moitié occidentale de l'Empire au pape (*Donatio Constantini*, *Donation de Constantin*, dont on sait aujourd'hui qu'il s'agit d'un faux datant du VIIIe/IXe siècle !).

Eusèbe, le père de l'histoire de l'Église et de la théologie de cour, est aussi devenu le **père de la théologie politique**, qui se révèle désormais comme le vernis religieux de l'idéologie de la classe dominante et du souverain lui-même. Pour l'apologie que fait Eusèbe, avec son *Basilikon* (« Discours à l'empereur », 335), de la construction fastueuse de l'église du Saint-Sépulcre à Jérusalem, contre la critique de ses contemporains, il invoque la divinité du *Logos*, mais c'est encore la plus innocente de ses mystifications, car le faste s'étale maintenant massivement dans l'Église du pauvre Nazaréen et du riche empereur. Il est plus grave qu'Eusèbe, dans sa *Vie du bienheureux empereur Constantin* (rédigée après la mort de Constantin, en 337) s'attarde avec complaisance – à la différence des historiens classiques grecs et romains – sur les traits religieux de l'empereur (un « nouveau Moïse » qui conduit l'Église à la liberté), mais qu'il reste muet sur les aspects négatifs de sa personne et de sa politique. En cela, il a malheureusement fait école auprès des théologiens et historiens chrétiens de cour, dans l'Église d'Orient comme dans celle d'Occident.

Mais ce qui sera le plus important pour l'histoire du monde, c'est que, dès son *Histoire ecclésiastique*, Eusèbe a exalté à ce point la **fonction de l'empereur, comme gardien et protecteur providentiel de l'Église** (il est l'*episkopos* qui veille sur les affaires « extérieures » de l'Église), que l'on pourra en tirer facilement toutes sortes de conclusions canoniques et théologiques. La position du souverain romain absolu était de toute façon une position de pouvoir excessif. Constantin en fera la démonstration face à l'Église qu'il aura libérée, pour convoquer de sa propre autorité plénière le premier concile œcuménique dans sa résidence de Nicée et pour le diriger, par l'intermédiaire de ses fonctionnaires, jusque dans la formulation de la confession de foi. Constantin, puis ses successeurs ont exercé à l'égard de l'Église une *potestas suprema*, un **primat de juridiction**, même si Jean Chrysostome et nombre de théologiens byzantins leur ont dénié le pouvoir sur l'Église. Ils détenaient en fait un triple pouvoir impérial :
– le pouvoir suprême législatif : la convocation, la direction et la ratification des conciles œcuméniques ; les décisions conciliaires devenaient lois de l'État ;
– le pouvoir suprême judiciaire : ils étaient l'instance d'appel pour les évêques déposés par des synodes provinciaux ;
– la surveillance administrative : ils nommaient les patriarches, souvent confirmaient l'élection épiscopale, s'ingéraient dans les affaires des communautés locales.

Cependant, il est difficile de continuer à affirmer pour autant ce qu'Anton Michel pensait avoir prouvé, sur la foi de centaines de sources de tout genre, et ce que Franz Dölger (qui a jeté les fondements de l'étude des documents byzantins [182]) a résumé ainsi : « A Byzance, dès le début, l'empereur – successeur du divin Constantin le Grand, "représentant du Christ" – a été le seul maître de l'Église, et ce dans tous les domaines, dans son organisation et dans son administration, dans sa législation et dans son appareil judiciaire, jusque dans les questions spirituelles les plus internes de l'Église [183]. » C'est là une interprétation trop catholique. Il est plus conforme à la pensée grecque byzantine de parler de l'empereur comme de la copie de l'original divin. Mais il reste incontestable que la **souveraineté de l'empereur**, déjà perceptible partout dès avant Constantin, y compris dans l'Église, est caractéristique du **paradigme hellénis-**

tique byzantin ; en effet, après Constantin, l'hellénisme et l'Église d'État paraissent se trouver liés par la **théocratie de l'empereur des Romains** : l'humanité est unie dans la foi chrétienne, unie en un corps politique sous l'autorité de l'empereur.

L'épanouissement de l'Église d'État sous Justinien

Le VIe siècle signe la **fin irrévocable du paganisme** : la culture chrétienne s'impose totalement, non sans contrainte. L'Empire romain chrétien d'Orient s'étend, au début, des Balkans et du Danube à la Syrie, l'Égypte et la Libye, en passant par la Grèce et l'Asie Mineure ; par la suite, la migration des peuples germaniques l'amène à céder nombre de territoires aux « Barbares ». Au VIe siècle, **Justinien Ier** (527-565) fut le successeur le plus marquant de Constantin ; originaire de Macédoine, imprégné de culture latine, il « restaura » l'Empire en bonne et due forme : en politique étrangère, reconquête des territoires perdus ; en politique intérieure, réforme de l'administration et du droit. Les guerres de Justinien contre les Vandales (en Afrique du Nord), contre les Goths orientaux (en Italie) et contre les Goths occidentaux (en Espagne) ont à nouveau étendu l'Empire romain – même si ce ne fut que de façon transitoire – à toute la sphère méditerranéenne.

Mais Justinien, partisan déclaré de l'orthodoxie, a également parachevé **le processus qui devait aboutir à un empire grec orthodoxe**. Quelques dates seulement seront évoquées :

– 527. Hérétiques et païens (« Hellènes ») sont dépouillés de leurs fonctions publiques, de leurs titres honorifiques, privés du droit d'enseigner et de percevoir des rémunérations publiques.

– 528. Justinien ordonne pour la première fois de rassembler toutes les lois en un corpus qui, en traduction grecque, deviendra la nouvelle référence pour la justice (il sera appelé plus tard *Corpus juris civilis*).

– 529. Fermeture de l'école philosophique d'Athènes, dernier pilier de l'autonomie culturelle païenne, et nombreux baptêmes forcés de païens à Constantinople et en Asie Mineure.

– 535. Avec la publication des *novellae* légales justiniennes, le grec devient la langue officielle (ce passage à la langue grecque relève sans doute aussi d'une stratégie politique).

– 537. A Constantinople, qui, avec ses trois cent mille habitants, est maintenant le centre symbolique de l'Empire, on entreprend la construction d'Hagia Sophia, la plus grande église du monde chrétien, qui deviendra l'église du couronnement des empereurs. (Elle inaugure, dans l'architecture orientale, la marche triomphale de la coupole, qui est, avec ses mosaïques, le but de la prière, l'image et la porte du ciel pour les croyants.)

– 553. Cinquième concile œcuménique de Constantinople, convoqué suite à de nouvelles querelles christologiques (querelle du théopaschisme, puis des « trois articles »). Il élève l'interprétation monophysite que faisait Cyrille de la définition de Chalcédoine au rang de seule interprétation légitime, mais ne parvient cependant pas, en dépit de toutes les faveurs qui leur sont accordées, à recueillir l'assentiment des monophysites.

Avec Justinien (à qui l'histoire a conféré le titre de « Grand »), l'**Église d'État byzantine** s'est pleinement imposée et organisée politiquement, juridiquement et culturellement – allant jusqu'à priver de toute ressource financière le système éducatif païen, à réglementer les programmes d'enseignement et à confier les écoles à des chrétiens. En effet, depuis la restauration justinienne en particulier, on était convaincu à Byzance que la seconde Rome n'était pas seulement l'égale de l'ancienne, mais que **la nouvelle Rome était politiquement supérieure à l'ancienne**. Contrairement à la Rome occidentale, ville morte qui s'était effondrée sous le choc des assauts barbares, qui avait été pillée et largement détruite, Byzance n'était-elle pas, sans conteste, la nouvelle Rome, vivante et permanente ? Avec Justinien, l'idée d'un Empire romain en habits chrétiens avait sans aucun doute connu son apogée.

Cette idéologie d'une *renovatio* n'était pas seulement celle des dirigeants, mais aussi bien celle du peuple, tout bonnement incapable d'imaginer un meilleur système de gouvernement que la monarchie, désormais sous forme chrétienne. Car le peuple était à ce point attaché à sa propre idéologie d'une Église d'État qu'il ne pouvait absolument pas imaginer que l'évêque de l'ancienne Rome – sujet de l'empereur, même s'il était, de fait, sans maître impérial ! – pourrait avec le temps développer sa propre idéologie de l'Église et de l'État. Car l'empereur apparaissait comme le souverain et le protecteur incontesté de l'Église.

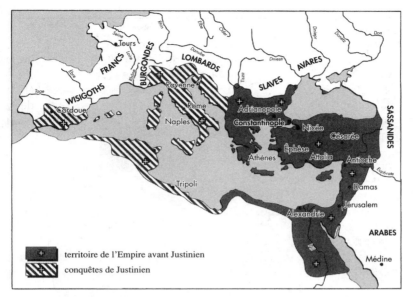

L'empire de Justinien Ier *(autour de 565)*

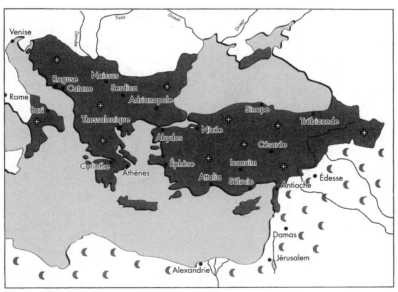

L'empire de Basile II *(autour de 1025)*
Cartes d'après G. Ostrogorsky, *Geschichte des byzantinischen Staates*
(Histoire de l'Empire byzantin), Munich, 1963.

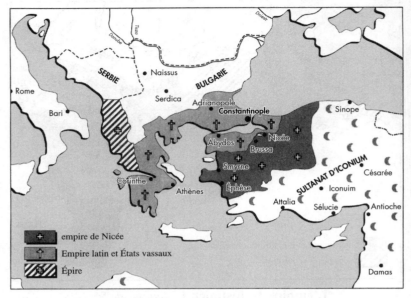

L'Asie Mineure et les Balkans *(autour de 1214)*

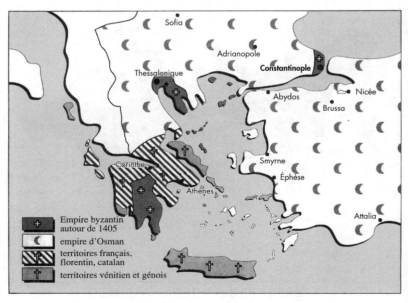

La chute de l'Empire byzantin *(aux XIVe-XVe siècles)*

LE PARADIGME ŒCUMÉNIQUE HELLÉNISTIQUE

« *Symphonie* » de l'Empire et de l'Église

On peut comprendre qu'en Orient un pape n'ait pas pu émerger comme rival politique de l'empereur. Les fonctions du **patriarche de Constantinople** se réduisaient pratiquement à la sphère spirituelle : garantie de la pureté de la doctrine et réglementation du culte, au sens étroit. Avant le couronnement d'un empereur, il revenait, certes, au patriarche de s'assurer de l'orthodoxie du souverain. Ainsi se développa – même en dehors de l'administration autonome de l'Église – au moins un embryon de contre-pouvoir, que des patriarches marquants comme Photius ou Cérulaire sauraient utiliser.

L'esprit de l'époque appelait une « **symphonie** » (« harmonie ») de l'Empire et de l'Église impériale, et le mot allait devenir la devise de Byzance. Mais cette « symphonie », c'était le plus souvent l'empereur qui en écrivait la partition et qui la dirigeait. Successeurs des empereurs romains divinisés, tout en répondant au modèle chrétien décrit par Eusèbe, qui faisait d'eux des véhicules immédiats de la grâce, les « autocrates » chrétiens se considéraient comme reproduisant la souveraineté absolue de Dieu sur toute la « terre habitée », l'*oikoumenê*. Au titre de vicaire terrestre du *Pantocrator*, Justinien se dénommait orgueilleusement *Cosmocrator*, « Seigneur du monde ». Le royaume terrestre était ainsi une reproduction du Royaume céleste. La pensée grecque platonicienne, qui se mouvait dans les catégories du « haut » (invisible) et du « bas » (visible), avait relayé depuis longtemps la pensée juive apocalyptique et son schéma du « maintenant » et de l'« à venir ».

En somme, ce qui se développe en Orient **n'est pas**, comme ce sera le cas en Occident, un **État chrétien**, **mais** une **Église d'État**.

– En Occident, Ambroise, puis d'autres à sa suite estiment qu'en matière de foi et de biens ecclésiastiques l'empereur, en tant que chrétien, est **soumis** aux évêques. Aussi l'expansionnisme des papes romains, dont Byzance, pendant longtemps, n'a pas pris sérieusement acte, a conduit, avec le temps, à un antagonisme prononcé entre l'Église et l'État (« État de Dieu » et « État du monde »), pour aboutir finalement à un système de « **papalisme** », où l'Église est entièrement alignée sur le *papa* (« pape »).

– En Orient, au contraire, s'est instaurée l'unité entre pouvoir d'État et juridiction suprême de l'Église, puis l'unité entre Église, État et peuple, unité qu'en Occident on a coutume d'appeler « **césaropapisme** », une étiquette qu'il est préférable d'éviter. L'empereur est-il en même temps pape ? L'empereur n'est pas prêtre et ne peut se réclamer, comme un pape moderne, de l'infaillibilité. Plutôt qu'un système de dépendance unilatérale prévaut une **interdépendance** entre pouvoir de l'Église et pouvoir de l'État. A la différence du pape d'aujourd'hui, l'empereur ne dispose pas d'un pouvoir absolu en matière de doctrine de l'Église, et plus d'une fois il échouera à imposer ses positions dogmatiques (en faveur du monophysisme ou de l'union avec Rome, par exemple). Et un empereur qui serait infidèle à l'orthodoxie serait considéré comme un tyran.

Malgré tout, dans la pratique, les empereurs n'ont pas beaucoup de complexes à adopter une conduite « plus papiste que le pape », non seulement en convoquant des papes à Constantinople, mais aussi en déposant sans autre forme de procès des patriarches récalcitrants. Pour eux ne vaut pas seulement le mot d'ordre du Nouveau Testament : « Un seul Seigneur, une seule foi, un seul baptême », mais aussi, comme le voulaient Constantin et Justinien : « Un seul Empire, une seule Loi, une seule Église. » Dans l'union étroite, « harmonieuse », « symphonique », de l'Église et de l'État, l'État et son représentant suprême, haussés au-dessus de tous les autres hommes par un rituel élaboré et une symbolique sacrée affinés au fil des siècles, l'emportent. Cette prééminence est restée une **caractéristique du paradigme hellénistique byzantin** – de Byzance à Moscou, où le tsar disposera même du pouvoir absolu. Cette Église d'État ne représente cependant que l'aspect extérieur de l'orthodoxie, pour ainsi dire. Qu'est-ce qui la définit de l'intérieur ?

La liturgie, épine dorsale vivante
de l'Église orthodoxe

L'**Église œcuménique des premiers siècles** reste une Église qui ne se conçoit pas d'abord comme une grande organisation hiérarchique, à direction centrale, mais comme la grande communauté de ceux qui croient dans le Christ, répandue dans toute l'*oikoumenê*, toute la « terre habitée ». Cette communauté vivante trouve son expression concrète dans les églises locales et épiscopales, surtout dans le culte.

Le pouvoir supérieur de l'État ne doit en effet pas nous faire oublier qu'à travers tous les changements de toutes les époques, la **liturgie** restera la **plus grande force de l'Église orthodoxe**, pour ainsi dire son épine dorsale vivante, celle qui lui permettra de traverser les temps difficiles et de s'adapter aux différentes nations. Le centre de cette liturgie n'est pas la « répétition non sanglante » du sacrifice de la croix de Jésus (ainsi que l'entendra le Moyen Age occidental), mais le festin nuptial messianique du Seigneur exalté, festin qu'il partage avec sa communauté. C'est une liturgie dont la tonalité fondamentale n'est pas celle de la pénitence et du pardon des péchés, mais celle de la joie pascale et de la jubilation suscitées par la présence du Seigneur. Une liturgie qui n'est donc pas célébrée à genoux, comme en Occident, les mains jointes, les doigts entrecroisés (« liés », comme on disait dans l'ancien germain), ou joints (créant le symbole de la « flamme »), mais en principe debout, les bras pendant le long du corps ou les mains levées vers le ciel, parfois aussi les mains en croix (le tout accompagné – cela aussi est byzantin – d'innombrables signes de croix, génuflexions, prostrations et baisements d'objets sacrés).

La pensée de la rencontre personnelle du croyant avec le Seigneur ressuscité avait donné naissance, dans les premiers siècles, à toute une série de formes liturgiques spontanées et très diversifiées (souvent des prières eucharistiques improvisées). Cette liberté et cette diversité originelles seront ensuite de plus en plus restreintes, il est vrai. Après le tournant constantinien se développeront, autour des grandes métropoles, des **familles liturgiques**[184] :
– à partir d'Alexandrie se développeront la liturgie grecque de saint Marc, ainsi que les liturgies copte et éthiopienne ;
– à partir d'Antioche, la liturgie grecque de saint Jacques, les liturgies syriennes occidentale et orientale ;
– à partir de Constantinople, la liturgie byzantine, ainsi que la liturgie arménienne.

Ces liturgies orientales étaient aussi différentes que leurs Églises, mais, malgré la diversité des langues et leurs particularités, elles se développèrent toutes dans le cadre du paradigme hellénistique (P II). Elles se différencièrent de plus en plus nettement de la liturgie romaine, diffusée à partir de Rome, qui allait surtout marquer l'empire des Francs et engendrer son propre paradigme liturgique (P III).

Plus tard, comme Rome en Occident, Constantinople en Orient pousse à l'uniformité liturgique – notamment pour des raisons politiques, bien sûr. Et de même que la liturgie citadine romaine s'imposa dans tout l'Empire romain d'Occident, puis dans l'Empire franc, la liturgie citadine byzantine s'imposa dans tout l'Empire romain d'Orient et dans la plupart des royaumes slaves. Jusqu'au Xe siècle, c'est surtout la liturgie de Basile le Grand qui semble avoir été en usage dans la sphère byzantine ; elle fut relayée de plus en plus par la liturgie de Jean Chrysostome, en provenance d'Antioche.

Ce rappel de la liturgie est important, car celle-ci témoigne de la vie intérieure de l'Église dans le système de l'Église d'État. En effet, même si, après le tournant constantinien, ces Églises s'institutionnalisèrent de plus en plus et s'adaptèrent, selon le vœu de Constantin, à l'organisation de l'unique Empire, elles ne répondaient cependant pas du tout au modèle d'une Église homogène, strictement organisée d'en haut sous l'autorité d'un évêque suprême. Elles constituaient une *koinonia*, une *communio*, une **communauté d'Églises**, dont l'unité et la cohésion n'étaient pas comprises d'abord en termes juridiques et institutionnels, mais en termes sacramentels et spirituels. Elles formaient donc une **fédération** d'Églises, dans laquelle les nombreux évêques des villes se sentaient liés collégialement, sous les ordres des métropolites et des patriarches, en liaison, certainement, avec l'évêque de Rome. Ils considéraient ce dernier comme l'évêque de l'ancienne capitale impériale et reconnaissaient en lui le premier des patriarches *(primus inter pares)*, non pas en vertu d'une « promesse » ou d'une « procuration » particulières, mais parce que Rome abritait les tombes des deux principaux apôtres, Pierre et Paul. Cependant, nombre de ces Églises d'Orient étaient elles-mêmes des fondations apostoliques et, en ce sens, des *sedes apostolicae*, des « sièges apostoliques » : Jérusalem, Antioche et Alexandrie, ainsi qu'Éphèse, Thessalonique ou Athènes. Des apôtres avaient directement transmis la foi à ces villes, qui n'avaient donc pas eu besoin de Rome (comme la plupart des Églises germaniques postérieures) ou de Byzance (comme la plupart des Églises slaves ultérieures).

Mais notre vision flatteuse de l'orthodoxie ne doit pas nous empêcher de relever que **la liturgie et la conception de l'Église orthodoxe de cette époque n'étaient déjà plus celles de l'Église primitive apostolique** (P I). Pourquoi ? Qu'il suffise de penser à la position du clergé en général – à côté d'évêques tout-puissants. Le paradigme judéochrétien, nous l'avons vu, laissait une liberté totale pour l'organisation concrète des fonctions ecclésiales, dans la mesure où elles correspondaient à un service et non à un pouvoir. Exercer un ministère ecclésial particulier représenta longtemps une lourde charge assortie de graves risques. Beaucoup en payèrent le prix, y compris de leur sang en temps de persécution. Dès avant Constantin, tout cela avait déjà changé, avec des pouvoirs accrus pour l'évêque et aussi, indirectement, pour le clergé. Mais le tournant constantinien donna lieu à une évolution qui allait élever de plus en plus le clergé au rang de classe sociale spécifique.

Le clergé devient une classe sociale

Le mot juif hellénistique « **laïc** » *(laikos)* signifie, pour un Grec la masse non instruite, pour un juif l'homme qui n'est ni prêtre ni lévite. Ce mot est absent du Nouveau Testament, mais on le trouve dans la *Lettre de Clément*[185], du début du IIe siècle. Dans ce texte, il signifie le simple croyant, par opposition aux grands prêtres, aux prêtres et aux lévites. A partir du IIIe siècle, le mot devient d'usage courant dans toute l'Église.

Le mot grec *klêros*, en revanche, signifiait originellement « lot », « part », et l'Église préconstantinienne l'utilisait déjà pour désigner ceux qui avaient part au presbytérat, puis aussi d'autres responsables. Chez Origène, *klêros* désigne déjà sans ambiguïté **ceux qui exercent des fonctions dans l'Église, pour les distinguer du peuple**[186]. Après Constantin on passe de plus en plus de la distinction biblique entre « peuple » *(laos)* (sacerdotal) et « non-peuple » *(ou-laos)*[187] à la séparation entre « peuple » (laïcs) et « prêtres » (clergé)[188].

En fait, après Constantin on assiste à un étonnant **retour à l'Ancien Testament** – jusque dans les textes liturgiques, désormais de plus en plus fixés pour le cérémonial, les vêtements des prêtres, la disposition de la maison de Dieu[189]. Partout on remonte à la symbolique du Temple et d'un culte au Temple, que Jésus lui-même avait pourtant relativisé et que la communauté chrétienne primitive d'origine païenne avait ignoré, que le monde chrétien postconstantinien n'a jamais vu de ses yeux, mais qu'il prend maintenant pour modèle en le transfigurant. Comme si, ainsi que le supposait déjà Justin, le Temple et le culte au Temple avaient été ravis au peuple juif à titre de châtiment, pour être donnés à l'Église, « nouveau peuple de Dieu » et « véritable Israël ». En voyant Hagia Sofia, dont on venait d'achever la construction, Justinien se serait exclamé : « Salomon, je t'ai surpassé ! » En Syrie et en Géorgie, on donna le nom de Sion à certaines églises. Le christianisme – qui était maintenant une religion reconnue en concurrence avec d'autres et dont le culte n'était fixé jusque-là qu'à grands traits – voulait peut-être aussi, comme le soupçonne Fairy von Lilienfeld, se présenter avec un *nomos* concret (*nomos* : « loi » ou « observance religieuse », qui réunit l'idée de rite et de droit ecclésiastique), donc avec une organisation rituelle stricte.

La tension entre l'Église et le monde (qui devient lui-même de plus en plus « chrétien ») s'était en tout cas de plus en plus déplacée vers l'intérieur de l'Église : elle était devenue une tension entre le « clergé » et les « laïcs » ! Le clergé se vit de plus en plus reconnaître une position particulière dans la société, jusqu'à devenir une classe sociale à part. Trois processus s'entremêlent ici pour **parachever le changement de paradigme dans le statut du ministère ecclésial** : la professionnalisation, les privilèges et le célibat.

a) Dans le paradigme judéochrétien apocalyptique, la plupart des ministères dans l'Église étaient **extraprofessionnels** : l'apôtre Paul lui-même gagnait sa vie – selon la tradition – en tissant la toile. Désormais, les ministères ecclésiastiques supérieurs deviennent de plus en plus une **occupation à plein temps**. Être évêque, mais aussi presbytre ou diacre, est maintenant une **profession**. Résultat : les dons des croyants ne vont pas seulement aux pauvres, mais doivent aussi de plus en plus permettre au clergé de vivre ; et on préfère parfois choisir des évêques fortunés qui pourront ensuite léguer leurs biens à l'Église. Les Églises s'enrichissent, ce qui

LE PARADIGME ŒCUMÉNIQUE HELLÉNISTIQUE

encourage les jeunes à prendre la relève des anciens dans le clergé, mais moins une vie vraiment ecclésiale, comme de nombreux abus ne tarderont pas à le montrer. Le clergé se distingue maintenant « fondamentalement » des laïcs, grâce à l'ordination, qui comporte l'imposition des mains (épîtres pastorales), et à l'onction. Un presbytre ne peut plus désormais être ordonné que par un évêque, un évêque par le métropolite (auquel s'associent les évêques voisins). Les degrés sont de plus en plus nombreux au sein du clergé, en fonction de l'ordre reçu – ordres mineurs, ordres majeurs. Il y a enfin, aux côtés du clergé, surtout dans les communautés plus importantes, toute une série d'emplois bureaucratiques, et parfois des centaines de musiciens, de brancardiers et de fossoyeurs rattachés à l'église – tous ces gens représentant aussi un pouvoir politiquement mobilisable.

b) Dans le paradigme judéochrétien apocalyptique, la plupart des ministères ecclésiastiques **ne bénéficiaient pas d'une position privilégiée** dans la société : au contraire, leur foi dans le Christ représentait plutôt un handicap, et il leur fallait souvent compter avec les dénonciations, les discriminations et pire encore. Or, après Constantin, le clergé bénéficie de plus en plus d'un **statut privilégié**. Cela signifie :
– **des privilèges liés à ce statut** ; cela commence déjà sous Constantin, où les clercs sont dispensés d'impôts et disposent pour une part de leur propre juridiction (arbitrage, droit d'intercession et droit d'asile) ;
– **des symboles de ce statut** ; à partir du Ve siècle, la tonsure, ce cercle rasé au sommet de la tête, emprunt aux moines (un héritage des prêtres d'Isis ?), gagne dans le clergé, puis des vêtements particuliers (encore vigoureusement rejetés par le pape Célestin Ier en 428) ;
– **la solennité du culte** ; vêtements liturgiques somptueux, calices et autres objets précieux ; un cérémonial enrichi d'usages repris à l'Ancien Testament et au paganisme (après les avoir récusés au début) : cierges allumés, fumées d'encens (contre les démons), processions des rogations, enfin chants d'église (l'église ayant sa propre *schola*) dans les basiliques grandioses, ornées de mosaïques précieuses...

Tout cela devait contribuer à élever, de fait, le clergé au-dessus du peuple, qui « assistait » de plus en plus passivement au culte célébré solennellement « pour » le peuple par ce clergé. On abandonnait généreusement au peuple un « culte inférieur », tel qu'on ne le trouvait jadis que dans le paganisme polythéiste : saints, anges et surtout Marie, « patrons » ou médiateurs du salut, que l'on invoque ; reliques et commerce des reliques ; vénération des images et pèlerinages en Palestine, à Rome et à Tours.

c) Dans le paradigme judéochrétien apocalyptique, la plupart des ministres de l'Église étaient **mariés** ; le célibat au service des hommes, vécu de façon exemplaire par Jésus et Paul, ne relevait pas d'une loi, mais d'un charisme, c'est-à-dire d'une vocation librement choisie. Désormais, le **célibat** s'impose peu à peu au clergé supérieur – un phénomène qu'il importe de resituer dans le contexte de l'Antiquité tardive, qui connaît un extraordinaire développement de l'ascèse. A cette époque, en effet, des modes de vie ascétiques se retrouvent dans le judaïsme comme dans l'hellénisme. Le Portique surtout se faisait l'avocat de la discipline et de la modération dans les relations sexuelles. Si l'homme gaspillait trop sa force, pensait-on, il courait le danger de perdre de sa virilité – une vertu cardinale chez les anciens Romains – et de s'efféminer…

Dès le IIIe siècle s'instaura la coutume pour les évêques, les presbytres et les diacres, jusque-là normalement mariés (y compris à Rome, naturellement), de ne plus se marier **après leur ordination** – s'ils se mariaient, ils devaient renoncer à leur fonction. Si l'on veut comprendre pourquoi il fallait se marier *avant* la première ordination (au diaconat), il faut relire les règles de pureté du livre du Lévitique et les instructions destinées aux prêtres dans les livres des Chroniques. Des prescriptions de l'Ancien Testament relatives au « pur » et à l'« impur » constituent la toile de fond de comportements des Églises orthodoxes, de leurs évêques et de leurs prêtres.

A partir du IVe siècle les positions se durcissent. On voit se multiplier les tentatives d'imposer l'abstinence sexuelle même aux clercs mariés. Tandis que des synodes occidentaux (le premier de tous, le synode d'Elvire, en Espagne, en 306/312, va dans ce sens rigoriste) font leurs ces exigences, le concile de Nicée s'y refuse. Et il est significatif de l'évolution différente en Orient et en Occident : sur ce point aussi, l'Orient s'en tiendra davantage aux dispositions de l'Église primitive. Aujourd'hui encore l'Orient s'en tient au second synode *in Trullo* de 691/692, qui s'est tenu dans le palais impérial *(hullos)* de Byzance, sous Justinien II. Il continue à autoriser l'ordination d'hommes mariés qui, une fois ordonnés, pourront avoir des relations sexuelles – et il en est ainsi, aujourd'hui encore, contrairement à l'Occident, où depuis le XIe siècle tout le clergé séculier se voit imposer par des papes rigoristes le renoncement de principe au mariage (le célibat au sens propre). L'Orient n'exige pas la séparation de l'épouse (qui doit donner son accord) des candidats à l'épiscopat, ce qui ne tient pas théologiquement et aura des conséquences pratiques fatales. A la longue, cette réglementation conduisit en effet à choisir les évêques presque exclusivement parmi les moines. En Orient, le célibat reste toujours l'affaire des moines, qui ont choisi librement cette forme de vie. Les prêtres veufs ne peuvent toutefois pas se remarier.

Le changement de paradigme dans le statut du ministère ecclésiastique a donc des conséquences considérables pour l'esprit et la structure de l'Église. Il ne s'agit pas seulement ici de la nécessaire adaptation culturelle. Ce changement aboutit à des glissements substantiels dans la conception du ministère ecclésiastique : outre la création d'une classe sociale, on assiste à une **sacralisation du ministère ecclésiastique**, qui se retrouve dans l'Ancien Testament avec sa séparation entre le « pur » et l'« impur », mais qui est étrangère au Nouveau Testament. Où lit-on dans le Nouveau Testament que le ministre est un saint, séparé des autres hommes, élevé au-dessus des chrétiens ordinaires comme médiateur entre eux et Dieu, au point que l'ordination puisse apparaître plus importante que le baptême ? Pas même dans les épîtres pastorales (plus tardives). Dans l'orthodoxie, le baptême apparaît finalement comme une sorte de « commencement », de « germe » de la vie chrétienne ; seule la consécration monastique ou l'ordination sacerdotale engendre réellement une « nouvelle créature ».

Avec un prétendu fondement « christologique » du ministère ecclésial, on pense, à tort, pouvoir se réclamer de certains énoncés pauliniens et passer par-dessus la communauté chrétienne pour isoler le leader de l'Église de sa communauté ; on voit alors en lui un « second Christ » et un « médiateur ». Cette conception est en contradiction flagrante avec l'affirmation néo-testamentaire de l'unique médiation du Christ et du sacerdoce universel des croyants. Selon le Nouveau Testament, tous les croyants ont part au sacerdoce du Christ, tous accèdent à une position particulière dans le monde en raison de leur foi et de leur baptême, afin de vivre selon l'Évangile, pour le monde et pour le prochain. Des questions se posent dès lors, et pas seulement à l'orthodoxie, qui reconnaît, certes, le « sacerdoce royal » de tous les croyants, mais ne lui fait guère place dans la vie de l'Église. Des questions se posent aussi en partant des perspectives juive et musulmane.

Questions sur l'avenir du ministère spirituel

† Si le **ministère ecclésial** n'était pas exercé à plein temps au début et s'il n'était pas nécessairement considéré comme une profession, n'est-il pas pensable qu'à l'avenir il puisse redevenir une activité non professionnelle ? Elle pourrait aussi ne pas être à vie, mais pour un temps seulement.

Si le ministère ecclésial ne s'accompagnait pas, au début, d'un statut social, pourquoi ne redeviendrait-il pas le service d'un homme parmi les hommes, sans privilèges ni symboles particuliers liés au statut ?

Si, au début, le ministère ecclésial, y compris pour les évêques et les prêtres, n'impliquait pas le célibat et s'il en est toujours ainsi, au moins pour les prêtres, dans les Églises orientales, le célibat ne pourrait-il pas redevenir dans l'Église occidentale aussi une option librement choisie ?

Si, donc, au début, le ministère ecclésial n'était pas sacralisé et si le ministre n'était pas élevé au-dessus des autres hommes comme une « personne sainte » et un médiateur auprès de Dieu, ne pourrait-on pas dépasser le cléricalisme, infondé dans la Bible, qui règne aujourd'hui ?

☰ Depuis la destruction du second Temple, le judaïsme n'a plus de prêtres, mais pour ainsi dire des spécialistes de la religion. Or les **rabbins** ne sont pas des personnages sacrés, ils

LE PARADIGME ŒCUMÉNIQUE HELLÉNISTIQUE

sont seulement des connaisseurs de la Bible (de la Tora) et de la tradition (Michna, Talmud), et surtout de la Loi religieuse, qui embrasse tout (Halakha). Ils peuvent parfaitement exercer ce ministère conjointement avec une profession et ne sont en aucun cas isolés du peuple par le célibat. Le danger d'un « cléricalisme » est-il pour autant écarté dans le judaïsme ? Ces spécialistes de l'interprétation de la Loi religieuse n'imposent-ils pas souvent aux hommes un système légal qui embrasse tout – non pas une orthodoxie, certes, mais une orthopraxie, qui peut elle aussi devenir un fardeau ?

☾ A la différence du judaïsme, l'islam n'a jamais eu de prêtres, mais, comme le judaïsme, des hommes instruits de la religion : pour les sunnites ce sont les **oulémas**, pour les chiites les **mollahs**. Eux aussi connaissent l'Écriture (le Coran) et, chez les sunnites, la Tradition (Sunna), et, là encore, surtout la Loi religieuse (Charia). Eux aussi peuvent exercer ce ministère parallèlement à leur profession, et ils sont aussi mariés. Mais tout danger de « cléricalisme » est-il écarté pour autant dans l'islam ? Là aussi ces connaisseurs de la religion peuvent en arriver à prescrire à tout un peuple un mode de vie concernant les moindres détails – une attitude qui relève plus de la tradition que du Coran –, en ne renonçant pas, le cas échéant, à recourir à tous les moyens dont dispose l'État pour imposer à tous le « système » islamique.

Voilà pour le clergé en général. En ce qui concerne les « **laïcs** » et leur morale, on parle volontiers du rigorisme de l'orthodoxie en matière d'érotisme et de sexualité. Mais à y regarder de plus près, on constate :

> L'abîme entre la moralité publique et privée, d'une part, et les normes de l'autorité ecclésiastique, d'autre part, est aussi profond à Byzance que presque partout ailleurs […]. L'orthodoxie ne mettait pas beaucoup de zèle à interdire la littérature érotique. Tout au long de l'histoire de Byzance, des livres ont souvent été mis à l'Index, brûlés, en tout cas explicitement interdits de lecture, mais il s'agis-

sait presque exclusivement d'ouvrages qui n'étaient pas en accord avec le dogme orthodoxe. Pas un seul de ces textes, semble-t-il, ne peut être qualifié d'érotique ou relevant d'une littérature de détente proche de l'érotisme [190].

Il en allait tout autrement avec le **monachisme**. Au début les moines n'étaient pas des clercs, mais être séparés du monde par la foi et le baptême ne leur suffisait pas : ils entendaient quitter le monde. Le monachisme – comme le culte des images qui lui est lié – est né en Orient, où il a conservé jusqu'à nos jours une importance cruciale. Et puisque le monachisme, comme le culte des images, fait partie intégrante de l'orthodoxie orientale, il nous faut en traiter brièvement ici.

8. CARACTÉRISTIQUES DE L'ÉGLISE D'ORIENT : MONACHISME ET CULTE DES IMAGES

Le monachisme [191] n'est pas une invention chrétienne, pas plus que juive (Qumrân !), mais une ancienne **institution indienne**. Les Upanisad voient déjà dans le renoncement l'une des plus hautes vertus. Le monachisme sera ensuite au cœur du bouddhisme, qui, dans ses origines et son noyau central, est une religion monastique : ceux qui ont suivi le Bouddha et ont accepté de se plier à sa doctrine étaient pour la plupart des ermites et des moines itinérants, puis il y eut aussi des cénobites (vivant en communauté dans des monastères). C'est à des moines que s'adressent les soutras du Bouddha Gautama, même si, indirectement, son message s'adresse aussi aux laïcs.

Ce qu'était et ce que voulait être
originellement le monachisme

Si nous passons maintenant du monachisme bouddhique indien à l'histoire du monachisme chrétien, nous pouvons relever d'étonnantes **similitudes entre les spiritualités bouddhique et chré-**

tienne, alors même qu'elles se situent sur des horizons très différents[192]. Les moines combattants avaient été anéantis lors de la seconde guerre judéo-romaine, en 135, et avec eux avait disparu le monachisme **juif** de Qumrân, sur la mer Morte. Nous ne savons rien, par ailleurs, d'un monachisme **judéochrétien**. On s'est donc toujours demandé si la naissance du monachisme en Égypte (en même temps qu'en Syrie et en Asie Mineure) ne pourrait pas s'expliquer par des influences **indiennes**. Depuis Alexandre le Grand s'étaient effectivement instaurés des échanges commerciaux et culturels entre l'Inde et l'Égypte. Il n'est donc pas étonnant que la première mention du Bouddha dans des sources chrétiennes remonte à 200, dans les *Stromates (Stromata)* de Clément d'Alexandrie, que nous avons déjà cité et qui voulait montrer que la gnose chrétienne représente un idéal supérieur à toute autre gnose : « En Inde, il y a aussi ceux qui suivent les commandements de Bouddha, qu'ils vénèrent comme un Dieu à cause de sa sainteté sans pareille[193]. » Mais il est difficile de déterminer quelle a pu être exactement l'influence de l'Inde dans la vallée du Nil et dans le monde hellénistique en général. Les influences de la gnose et surtout du pessimisme manichéen, par l'intermédiaire de la philosophie hellénistique, de la théologie ascétique et de la mystique de l'âme d'Origène, sont plus manifestes. Il nous faut donc laisser ouverte la question de la dépendance historique, mais il convient tout de même de signaler que la vie de Bouddha a été largement répandue dans le christianisme oriental sous le couvert de la légende de Barlaam et Josaphat[194].

Mais le monachisme chrétien ne se trouve-t-il pas déjà en germe dans la communauté primitive ? La communauté des biens, la pauvreté et le célibat n'étaient-ils pas déjà des idéaux de la chrétienté primitive, apostolique ? Même abstraction faite de la généralisation et de l'idéalisation dont témoignent ces textes, il faut bien comprendre que ni la communauté des biens, ni la pauvreté ou le célibat à eux seuls ne sont caractéristiques du monachisme. Dans l'Antiquité classique, on trouvait déjà des tendances à la solitude et à l'autosuffisance. Il y avait des ascètes païens (par exemple les cyniques, autosuffisants) et des ascètes juifs (les « thérapeutes » égyptiens, selon Philon)[195]. Il n'est donc pas étonnant qu'il y ait aussi eu des ascètes chrétiens, dans les villes et villages antiques, dès le IIe siècle, et en plus grand nombre encore au IIIe siècle. Ils renonçaient au mariage, se contentaient d'un minimum de biens et se consacraient à la prière et aux « œuvres de charité ». Mais cet ascétisme – qui n'avait pas encore de règle, d'habit particulier ni de caisse commune – ne revêtait pas encore la forme du monachisme.

Ce qui caractérise le moine, en effet, c'est le **retrait du monde** dans la solitude – telle n'était pas l'attitude de la communauté primitive. Le moine (du grec *monachos,* « vivant seul ») est celui qui vit seul dans le monde; on peut aussi l'appeler « anachorète » (celui qui a « fui » le monde pour le désert, qui s'est retiré du monde), ou encore « ermite » (du grec *eremos,* « désert » : « habitant du désert »). La tradition érémitique, anachorétique et monastique conduit donc à une prise de distance critique, à se retirer du monde (y compris de la communauté ordinaire des chrétiens) pour se réfugier en bordure des villages ou même des villes, et plus tard dans la solitude totale du désert, souvent en groupes qui se réunissent autour de figures « paternelles ». Le combat contre les démons y tient une place extraordinaire, du moins à en croire Athanase [196] : le désert, en effet, était souvent considéré comme le lieu où s'étaient réfugiés les démons païens, qu'il fallait combattre.

Mais, d'un autre côté, la fuite au désert signifiait que ceux qui quittaient ainsi le monde entretenaient une relation nouvelle, particulière, avec le ciel [197]. Le désert n'est pas seulement un lieu d'exode, où sont tapis des démons, mais aussi un lieu de recueillement, de proximité avec Dieu. Cette **autre forme de vie** montrait aux hommes de la société de ce temps qu'on pouvait vivre dans la solitude, se suffisant à soi-même, ne dépendant que de soi, réellement libre. Il ne s'agissait pas seulement de mortifier le corps, de vaincre la faim et de triompher des besoins sexuels, mais aussi et surtout de prendre complètement ses distances à l'égard de son ancienne communauté sédentaire. La « mort sociale » était le prix à payer pour commencer une nouvelle vie, une vie de contrôle de soi et de mortification, pour devenir un « nouvel Adam ». Pour le monde païen de l'Antiquité c'était une approche totalement nouvelle du divin qui se développait dans l'Antiquité chrétienne tardive des IVe-Ve siècles. Ce n'était plus l'approche naturelle et confortable des prêtres païens, par exemple, qui pensaient qu'il suffisait d'invoquer la divinité toujours proche. Il s'agissait plutôt ici d'un accès au ciel qui n'avait plus rien de proche, d'une approche du Dieu caché, fruit d'un combat pénible contre les démons et surtout contre notre propre nature pécheresse. Le moine chrétien représente donc quelque chose comme un « saint » d'un genre nouveau ; dans la mesure précisément où il récuse le pouvoir du monde, il est gratifié d'un pouvoir spirituel qui ne procède pas, comme chez les « amis de Dieu » païens, de transes, de songes et de visions, mais qui est le fruit d'efforts ascétiques de tous les instants. Les moines n'ont pas seulement des visions passagères de réalités de l'au-delà, mais le don permanent d'explorer les cœurs des hommes ici et maintenant. Une **nouvelle élite spirituelle** d'« amis de Dieu » chrétiens est en train de naître, qui finira par développer sa propre organisation et sa propre législation, sa littérature, son art et son architecture.

Quelle est l'**origine de l'érémitisme chrétien** ? Historiquement, nous en retrouvons les traces dès 300 – en Égypte, dans cette Égypte rurale si différente de la ville hellénistique d'Alexandrie, si cultivée, dans ces villages que la pression croissante des impôts avait appauvris, où régnaient la misère et l'insécurité. Là vécut un homme du nom d'**Antoine**. Jadis propriétaire terrien aisé, mais analphabète, il avait longtemps séjourné à l'écart du village, dans une tombe, puis dans une citadelle abandonnée, enfin dans une région sauvage, montagneuse et rocheuse, où il menait son combat contre les « démons de la sensualité » et où venaient à lui ceux qui avaient besoin de consolation, de conseil, d'aide. Après la mort d'Antoine (vers 356, il aurait vécu plus de cent ans), Athanase rédigea une biographie idéalisée, tissée de légendes, de ce « Père du désert » *(Vie d'Antoine)*. Le combat contre les démons, les miracles et le rejet de l'hérésie arienne (et peut-être aussi gnostique ?) y tiennent la plus grande place. C'est l'évangile du jeune homme riche [198] qui aurait poussé Antoine à distribuer ses biens aux pauvres et à aller vivre dans la solitude.

D'autres imitèrent Antoine, et les paroles de ces Pères vénérés du désert (les *Apophtegmata patrum,* ou *Apophtegmes des Pères*) sont les premiers balbutiements d'une littérature monastique qui comprendra lettres spirituelles, biographies et traités de morale. Il en ressort que ces Pères du désert se considéraient comme les successeurs des prophètes du désert (outre Amos, surtout Élie et Jean-

Baptiste, patrons de nombreuses églises du désert). Les moines protesteraient souvent, par la suite, contre la richesse et la splendeur de la liturgie dans les églises des villes, mais par ailleurs ils ne s'adressaient pas au peuple comme tel, mais plutôt à chaque individu.

Le livre d'Athanase avait rapidement rendu l'**érémitisme populaire** en Orient, bien plus tard seulement en Occident. Des milliers de moines partirent pour le désert, obéissant souvent à une situation de détresse sociale (et privant en même temps l'État romain impopulaire de ressources financières, administratives et productives). Les colonies d'ermites et les monastères ne tardèrent pas à se répandre également en Palestine et en Syrie, où l'on aboutit à des formes étranges : les « stylites » qui vivaient sur une colonne ; les « sans-sommeil » *(akoimêtes)* qui se relayaient pour une adoration perpétuelle ; les « thaumaturges »[199], ou faiseurs de miracles. Normalement ces moines n'étaient pas clercs. Ils étaient souvent issus de la paysannerie illettrée qui ne comprenait pas le grec. Beaucoup étaient d'authentiques chercheurs de Dieu, certains étaient financièrement ruinés ou fuyaient les impôts, d'autres étaient des psychopathes ou des criminels en fuite...

Mais le **cénobitisme**, la vie en **communauté monastique** organisée, devint encore plus populaire. En raison de son caractère discipliné, humain, social... il marqua finalement plus le monachisme chrétien que les ermites, car il pouvait être vécu aussi bien par des femmes que par des hommes. C'est l'ancien conscrit **Pacôme** (292-346), issu d'une famille de paysans coptes, contemporain d'Antoine, qui – au vu du grand nombre de moines itinérants – inaugura pour la première fois, dans le sud de l'Égypte, sur les bords du Nil, une vie monastique parfaitement structurée, avec une discipline rappelant celle de l'armée romaine : elle reposait sur l'obéissance inconditionnelle à un supérieur, l'obligation de la pauvreté et de la chasteté, le silence (un idéal de vie égyptien) et de rudes travaux manuels. Les neuf monastères d'hommes que Pacôme finit par avoir sous ses ordres et les deux monastères de femmes sous les ordres de sa sœur Marie, comprenant en tout plusieurs milliers de membres, représentèrent la plus importante organisation monastique du monde chrétien antique. La *Vie d'Antoine* par Athanase, les paroles des Pères, les règles monastiques de

LE PARADIGME ŒCUMÉNIQUE HELLÉNISTIQUE

Pacôme et les vies de l'abbé Chenouda et de ses disciples sont restées jusqu'à nos jours les plus importants écrits des **coptes**, cette population de chrétiens égyptiens habitant là depuis toujours, si différents des immigrés grecs (souvent ressentis comme arrogants), et qui ont transmis le copte, dernière étape de la langue égyptienne [200].

Mais c'est **Basile** le Grand, évêque de Césarée, qui contribua le plus à fournir un fondement théologique au monachisme, face à l'individualisme spirituel, aux tendances à la rupture et, souvent, à l'exhibitionnisme des moines : il insista pour qu'on prenne pour modèle l'Évangile et qu'on mette en avant l'amour effectif du prochain. C'est lui aussi qui rédigea une **règle ferme** pour les moines : noviciat, vœux, obéissance stricte au supérieur, avec châtiments à la clé et contrôle de l'ascétisme outrancier. Sa règle a servi de lecture spirituelle dans tous les monastères orthodoxes, et son autorité s'est ainsi imposée dans tout l'Orient, si bien qu'il n'y a pas eu et qu'il n'y a toujours pas d'ordres différents. Le concile de Chalcédoine, en 451, a finalement intégré le monachisme dans l'organisation ecclésiale et l'a placé sous la supervision des évêques.

Le règne de Justinien, au VIᵉ siècle, fut l'âge d'or des fondations monastiques, mais l'Orient n'en conserva pas moins une culture portée par les laïcs – à la différence de l'Occident. Jean Cassien, un moine intelligent et modéré, originaire de la Dobroudja, qui avait longtemps séjourné en Égypte, contribua, avec ses *Institutiones*, à installer le monachisme en Occident (notamment à Marseille), tandis que **Benoît de Nursie**, au VIᵉ siècle, donna sa forme au monachisme occidental grâce à la règle bénédictine (en utilisant l'anonyme *Regula magistri* [Règle du maître]). Les **éléments déterminants de la vie monastique** étaient et restent :
– un **espace de vie commune** dans l'habitation, les lieux de travail et de prière ;
– l'**uniformité** dans l'habillement, la nourriture, l'attitude ascétique ;
– une **règle écrite** pour assurer la cohésion de la communauté ;
– et donc l'**obéissance** aux supérieurs [201].

On imagine sans peine les **tensions** qui ne cessaient de surgir **entre le monachisme et l'épiscopat**, du fait que les moines se tenaient à l'écart de l'Église locale et de son culte, qu'ils pratiquaient une ascèse excessive ou exprimaient des revendications hostiles à la hiérarchie. La séparation d'avec les communautés affaiblissait ces dernières, mais assez souvent des hordes de moines rustauds formaient les troupes de choc de certains évêques (d'un Cyrille d'Alexandrie, par exemple) pour détruire les temples païens et les soutenir dans les conflits avec les « hérétiques ». Mais ce qui s'avéra encore plus inquiétant pour l'avenir, c'était l'idée que le monachisme incarnait la plus haute forme de la vie chrétienne, tout simplement inaccessible aux gens mariés menant une vie active dans le monde. Mais quel jugement de valeur la théologie nous conduit-elle à porter sur le monachisme ?

Il s'agissait, certes, pour les moines de suivre Jésus à la lettre. Mais sur nombre de points n'auraient-ils pas été mieux fondés à se réclamer de Jean-Baptiste ? Dans le **Nouveau Testament** nous ne trouvons en effet rien qui puisse faire penser à une invitation de la part de Jésus à « se retirer dans la solitude ». L'appel de Jésus est : « Suivez-moi ! » – ce qui ne signifie précisément pas un retrait du monde. Les Évangiles rapportent, il est vrai, que Jésus lui-même, après son baptême par Jean, a été conduit au désert par l'Esprit de Dieu, où il aurait vécu quarante jours (déjà ce nombre symbolique) parmi les animaux sauvages, où les anges l'auraient servi et où il aurait été tenté par Satan [202]. Mais quelle que soit la valeur historique de ce récit, qui entend peut-être présenter Jésus comme le « nouvel Adam », le fait est que Jésus ne resta pas dans le désert, il ne devint pas un « Père du désert ». Il a, certes, vécu en célibataire, mais n'a pas mené publiquement une vie de pénitence ; il n'a pas prôné un dualisme pessimiste ni une hostilité gnostique à l'égard du corps. Il a appelé des femmes à le suivre et il n'est pas fait état de combats intérieurs incessants et effrayants contre des démons qui se présentent sous forme de bêtes sauvages, de satyres ou de femmes tentatrices (faut-il y voir le refoulement des pulsions ?), comme on nous le raconte au sujet des ermites. Il n'est pas question d'une obligation du silence ou de l'obéissance à l'égard d'un supérieur, pas plus que d'efforts acharnés d'ascèse et d'automortification en vue de trouver accès auprès de Dieu et d'acquérir une nouvelle identité.

Quant à la « perfection », la réponse de Jésus à celui qui pose cette question (le jeune homme riche) est encore plus frappante : il

LE PARADIGME ŒCUMÉNIQUE HELLÉNISTIQUE

ne l'envoie pas dans le monastère juif de Qumrân, sur les rives de la mer Morte, qui est connu en ce temps-là et où il pourrait mener une « vie communautaire » dans la plus stricte observance de la Tora. Non, aux yeux de Jésus le **monachisme ne peut relever que d'un charisme**, d'un appel personnel particulier en vue du Royaume de Dieu [203]. Ce n'est donc qu'**une** forme de vie parmi d'autres qui s'offre aux disciples du Christ, comme l'a très justement souligné Paul, en référence à Pierre, aux frères de Jésus et à d'autres apôtres mariés [204], mais ce n'est pas la forme la plus haute d'imitation du Christ pour tous les chrétiens. Jésus lui-même n'a pas prôné une spiritualité coupée du monde, comme allait le devenir de plus en plus la spiritualité orthodoxe sous l'influence des moines. Il est vrai que dans la littérature classique, que le monachisme orthodoxe et oriental ancien a toujours utilisée pour son édification [205], on n'enseigne nulle part une autojustification de l'homme devant Dieu par des œuvres de piété ou d'ascétisme ; cette justification est radicalement rejetée par un homme comme Paul, à la suite de Jésus. Cette idée ne s'est fait jour que dans la théologie orthodoxe moderne (sous l'influence du catholicisme ?).

Rien ne put arrêter la marche triomphale du monachisme, et la Palestine devint la terre d'élection des moines (saint Sabas, mort en 532, y dirigeait sept communautés d'anachorètes). Les moines vécurent d'abord relativement isolés, en marge de l'Église et de la société, et les monastères restèrent le plus souvent pauvres et sans ambition commerciale et économique. Mais sous le règne de Justinien, les fondations de monastères se multiplièrent de façon extraordinaire, si bien qu'ils commencèrent également à jouer un certain rôle politique dans l'Église impériale et à la cour. Au VIIe siècle, les monastères les plus importants d'Égypte, de Palestine et de Syrie furent engloutis par l'islam, mais à Byzance même la position des moines devint de plus en plus inexpugnable.

La grande heure politique du monachisme sonnera aux VIIIe-IXe siècles. Ce sont des moines, en effet, qui joueront un rôle historique dans la grande querelle qui va ébranler jusque dans leurs fondements l'Église orthodoxe et l'État lui-même : l'« iconoclasme » ou « querelle des Images ». Une querelle des images ! On s'est toujours demandé en Occident comment on pouvait se quereller pour des images.

A-t-on le droit de vénérer des images ?

L'Occidental qui pénètre aujourd'hui dans une église orthodoxe orientale est immédiatement frappé par les nombreuses images de saints que les croyants saluent et baisent selon un ordre hiérarchique déterminé. Souvent, surtout en Russie, tout un mur d'images (iconostase) coupe le chœur et l'autel du reste de l'église. Effectivement, si les basiliques « constantiniennes » et leurs mosaïques étaient encore communes aux Églises d'Orient et d'Occident, les **icônes** (en grec *eikôn*, « image ») sont l'aboutissement d'un développement spécifiquement oriental. Ce développement eut lieu surtout aux VIIe-VIIIe siècles, quand les images ne jouèrent plus seulement le rôle d'un pieux mémorial, mais firent l'objet d'une **vénération cultuelle** : on attendait d'elles qu'elles apportent l'aide du saint concerné [206].

Rappelons qu'à l'époque de l'Empire romain toute vénération d'images était encore tabou dans l'Église. Même après Constantin, on y voyait d'abord un héritage de la pensée païenne. On se réclamait surtout de l'interdiction de représenter Dieu dans l'Ancien Testament. Les anciennes images du Christ (sous les traits du Bon Pasteur, par exemple, sur les sarcophages) et des saints n'avaient qu'un caractère purement symbolique. Elles n'entendaient pas représenter le Fils de Dieu, voire en faire le portrait, mais attirer l'attention sur les médiateurs du salut : le Christ, le Pasteur, le baptême ou l'Eucharistie. Ce n'étaient donc pas les images qui donnaient au croyant d'avoir part à la grâce, mais le Christ vivant, sa parole et ses sacrements. Eusèbe, par exemple, avait banni toute représentation imagée, même de l'humanité terrestre du Christ. Son être spirituel et divin ne pouvait de toute façon pas être représenté, et une représentation de Jésus homme seulement ne figurait pas le véritable Fils de Dieu. A la fin du IVe siècle, Épiphane de Salamine dénonçait encore le culte des images, où il ne voyait qu'une nouvelle forme du culte des idoles.

Les trois grands Cappadociens (Basile et les deux Grégoire), en revanche, ainsi que Chrysostome s'étaient faits les défenseurs des images. Jadis on portait bien l'image de chaque nouvel empereur dans toutes les provinces, pour rendre perceptible sa présence jusque dans les régions les plus reculées de l'Empire. La vénération dont on entourait **l'image** s'adressait à **l'original**, elle visait en réalité le Christ, Marie ou les saints... On expliquait maintenant cela en langage platonicien : l'image faite de main d'homme « participait » de son original divin. Quoi qu'il en soit, dès les Ve-VIe siècles, le monde chrétien oriental n'avait plus aucun scrupule à allumer des cierges ou des lampes devant les images, à l'église ou à la maison, à faire brûler de l'encens, à baiser les images, à les laver liturgiquement, à les habiller ou à s'agenouiller devant elles – comme il était d'usage jadis parmi les non-chrétiens. Qui baise l'icône, dit-on désormais, baise le Christ et les saints eux-mêmes, dont la puissance et la grâce sont présentes dans l'image. Comme dans le paganisme, on attribue maintenant dans le peuple chrétien un pouvoir protecteur et miraculeux à l'image chrétienne.

Ce nouveau culte chrétien des images relevait d'un mouvement parti d'en bas. La théologie, avec ses théories de l'incarnation de Dieu dans le Christ, qui permettait de peindre le divin (sous la forme du Christ), chercha rétrospectivement à justifier le culte des images et éventuellement à le corriger. Nier la possibilité de représenter le Christ, c'était aussi nier l'incarnation de Dieu dans le Christ. Ce furent surtout les moines qui firent écho à la **nostalgie**, aussi vieille que le monde, du **peuple** qui voulait **voir** et qui avait soif d'**aide**, qui voulait toucher du doigt la **grâce** et les **miracles**. Les lieux de pèlerinage surtout encourageaient puissamment tout cela. La conception monophysite du « Christ notre Dieu », largement répandue, et pas seulement parmi les moines pour qui le terrestre n'était que le revêtement du divin, renforça encore, sans aucun doute, ces tendances. Le culte des images fut aussi encouragé, ainsi qu'en témoignent les découvertes archéologiques, par les pèlerinages auprès de Siméon le Stylite. La croyance se répandit que certaines images du Christ (puis aussi de Marie) avaient une origine miraculeuse et donc également des pouvoirs miraculeux. On attribuait aux icônes des miracles de tous ordres : elles pouvaient guérir les malades, ressusciter les morts, chasser les démons, voire intervenir dans les guerres, renvoyer les flèches à leur expéditeur et perturber le fonctionnement des dispositifs du siège ennemi, tout comme elles pouvaient se venger de ceux qui les auraient profanées (en saignant, par exemple). Les modèles ne manquent évidemment pas pour tous ces miracles, avant le christianisme et en dehors de la sphère chrétienne.

Les **images** finissent ainsi par être **omniprésentes** dans le monde de Byzance; non seulement on leur fait place dans les églises, les maisons, les magasins et les cellules monastiques, mais on les promène dans les processions, on les emporte en voyage ou à la guerre. En 626, le patriarche de Constantinople confirme de façon très personnelle le pouvoir miraculeux des icônes et fait accrocher des images protectrices de Marie aux portes occidentales de la capitale, pour parer à l'attaque des Avars. Il n'est pas toujours possible de déterminer dans quelle mesure il ne s'agit que de « vénération » et non d'« adoration » (due, « en soi », à Dieu seul), dans quelle mesure on fait la différence entre l'image et la personne représentée, dans quelle mesure cette vénération procède d'une authentique ferveur, ou, au contraire, de la superstition et de la magie. La religiosité populaire passe souvent outre aux distinctions théologiques. Quoi qu'il en soit, seuls quelques partisans fervents des images des VIIe-VIIIe siècles, semble-t-il, ont vu dans les images tout bonnement une nouvelle forme d'incarnation : le Christ s'incarne ici et maintenant dans le bois et dans l'huile, comme il s'était incarné jadis dans la chair et le sang, une façon de voir qui n'a pas été élevée au rang de doctrine orthodoxe [207].

Que dit à ce propos la critique des images? Le scepticisme et la critique qui s'étaient exprimés très tôt, nous l'avons vu, face à ce nouveau culte des images ne s'étaient évidemment jamais tus. Nous en avons des témoignages bien au-delà de l'Arménie et de l'Asie Mineure. Souvent le contact matériel et physique avec les icônes (les baiser, par exemple) était plus important que la liturgie elle-même, et nous ne pouvons faire fi des récits qui témoignent d'une grossière superstition (il en va de même pour les reliques en Occident). Il y a un gouffre entre la théorie théologique des icônes, plutôt sur la réserve, et les pratiques exorbitantes de la ferveur. Les traités de théologie n'étaient pas de taille à rivaliser avec la littérature populaire légendaire, avec ses récits hauts en couleurs qui soulignaient le pouvoir et l'efficacité des icônes. Mais bon nombre de chrétiens ne purent s'empêcher de voir dans cet engouement pour les icônes, jusque dans leur matérialité, une idolâtrie sous habit chrétien. C'est ainsi seulement que l'on peut s'expliquer qu'ait pu éclater la grande querelle autour des images. Nous sommes au VIIIe siècle.

Une querelle fanatique au sujet des images

Cette querelle, où intervinrent la théologie, la discipline et la police, devait pendant plus d'un siècle plonger l'Empire dans des luttes plus graves que celles qui avaient précédé et suivi Chalcédoine. Il est frappant que cette querelle ait été déclenchée précisément par l'empereur **Léon III**, un soldat des marches orientales de l'Empire, qui avait déjà repoussé la deuxième offensive des Arabes contre Constantinople en 717/718 et mis fin à la menace immédiate, ainsi qu'au désordre intérieur dans l'Empire byzantin. Les historiens ont beaucoup discuté pour savoir quelles ont été réellement les motivations de Léon III pour appuyer un mouvement qui ne visait pas seulement à critiquer les images, mais à les **détruire** (c'est **l'iconoclasme**). S'agissait-il pour lui de conforter les troupes qui luttaient contre l'armée du calife (c'est une explication géopolitique) ? Voulait-il s'opposer à un mouvement qui se dessinait dans la classe moyenne des paysans et de leurs évêques dans les marches orientales de l'Empire (une explication sociopolitique) ? Ou était-ce la décision solitaire d'un homme qui, en 725/726, prononça les premiers discours iconoclastes et fit détruire l'image du Christ chère au cœur du peuple, sur la porte de bronze de son palais, donnant sur la ville (l'explication psychologique) [208] ? Quoi qu'il en soit, au vu de la forte tradition d'absence ou de critique des images, qui existait déjà dans l'Église, on ne saurait expliquer simplement l'iconoclasme par des influences « nouvelles », notamment des influences islamiques ou juives directes. Les partisans des images avaient déjà avancé cette explication au VIIIe siècle pour faire pièce à leurs adversaires en les accusant d'influences non chrétiennes. « Il y a peu d'arguments dans les sources en faveur d'une influence juive ou musulmane directe [209] », constate Stephen Gerö, le spécialiste de Byzance à Tübingen. Les adversaires des images se considéraient eux-mêmes comme les gardiens de l'ancienne tradition chrétienne contre les « innovations païennes ».

Peut-être n'a-t-on pas assez pris en compte que Léon III, le fondateur de la dynastie syrienne à Constantinople, était un réformateur religieux, issu de la tradition chrétienne sémitique [210], qui se montrait réservé d'entrée de jeu à l'égard de la culture grecque et de son enthousiasme pour les images. Comme les Arméniens, les Syriens avaient certes accepté les images pour illustrer les écrits bibliques, mais ils ne voulaient pas se rendre suspects d'idolâtrie néo-païenne en rendant un culte aux images [211]. Il serait insensé, au vu de l'interdiction des images dans la Bible [212], de parler ici de « spiritualisme » hellénistique, de « tempérament asiatique » (par opposition au caractère grec) [213], voire d'une « sorte de sécularisation de l'art » [214]. Hans-Georg Beck, l'un des meilleurs connaisseurs de l'histoire de l'Église byzantine, relève à juste titre que « les vénérateurs des images firent tout pour éviter les excès dans le culte des images, la véritable raison de l'iconoclasme », et il estime dès lors vraisemblable que « le trop-plein du culte des images était apparu antichrétien même à l'empereur, qu'il soit parvenu à cette conclusion par lui-même ou que d'autres l'aient poussé dans ce sens [215] ». Autrement dit, le mouvement d'opposition aux images n'est pas venu de l'extérieur : il est **né à l'intérieur de l'Église impériale** ! L'autorité impériale n'est manifestement intervenue qu'après coup. Et quand l'empereur interdit totalement les images, en 730, il pouvait compter sur l'appui non seulement de l'armée, mais aussi d'une bonne partie de la population.

Il avait contre lui, il est vrai, les moines et les monastères, qui devaient souvent leur notoriété et donc leurs moyens d'existence à une image miraculeuse, à la réalisation et à la vente d'icônes. L'empereur avait aussi contre lui le peuple sous la coupe des moines. En interdisant purement et simplement les images, il avait également contre lui les territoires occidentaux latins et le pape, dont l'opposition est attestée à partir de Grégoire III (731-741). Il avait enfin contre lui un théologien marquant (plus important ici que le pape), **Jean Damascène** (environ 700-753), le dernier des grands Pères de l'Église. Il est considéré comme le plus important théologien systématique de l'Église orthodoxe : sa *Source de la connaissance* fait toujours autorité dans toute l'orthodoxie. Jean, qui avait été un temps trésorier du calife et était devenu moine du couvent Saint-Sabas à Jérusalem, a rédigé paradoxalement ses

trois discours contre les iconoclastes sous la protection des autorités arabes. Il a développé une théologie très profonde des images : la réalisation et la vénération des images du Christ (*a fortiori* des saints) sont abondamment justifiées à partir de l'incarnation de Dieu, qui a conféré une signification nouvelle à toutes choses dans le monde et qui a aussi préparé la matière pour qu'elle soit sanctifiée. C'est pourquoi le « voir » surpasse l'« entendre », et l'image de Dieu (sous forme humaine) est plus claire que sa Parole. Donc le culte des images est une obligation.

Cependant, Constantin V, digne fils et successeur de Léon, poursuit la réforme militaire, économique et administrative de l'État, et le grand concile d'Hiereia, près de Chalcédoine, en 754, qui se veut le septième concile œcuménique, déclare l'**iconoclasme doctrine d'Église** de toute la hiérarchie orientale. On ne s'embarrasse pas de la condamnation explicite de l'iconoclasme par le pape. La théologie iconoclaste de ce concile souligne non seulement l'incompréhensibilité fondamentale de Dieu, ce qui rend impossible toute représentation sous forme imagée, mais aussi l'impossibilité fondamentale d'une représentation du Christ. Représenter le Christ reviendrait soit à dissocier ses natures humaine et divine, soit à réduire sa personne divine, puisque celle-ci ne peut pas être représentée.

Ce qui est maintenant promu au rang de dogme de l'Église impériale (Jean Damascène a été déclaré hérétique !) ne conduit pas immédiatement à des persécutions. On détruit ou badigeonne beaucoup d'images dans les lieux publics (mais pas dans les demeures privées !). C'est quelques années après seulement que l'on se met à persécuter les partisans des images, à détruire ou à séculariser les monastères. Les moines, qui s'opposent souvent par ailleurs à la suprématie de l'empereur sur l'Église, sont chassés, bannis, contraints de se marier, torturés, voire, dans quelques cas isolés, tués. A cette époque on ne trouve guère d'évêques ni d'autres clercs parmi ceux que l'on vénérera par la suite comme « martyrs » (en 766, l'empereur fait néanmoins exécuter également dix-neuf fonctionnaires et officiers supérieurs).

Les premières concessions ne vinrent qu'après la mort de Léon IV (fils de Constantin V), sous la régence de sa veuve Irène (780-802). Née en Grèce, elle était sous l'influence des moines. Elle institua patriarche son secrétaire d'État et, en accord avec le pape (qui ne permettait lui-même la vénération des images que dans la ligne de la « Bible des pauvres » illustrée), **autorisa à nouveau le culte des images** – au concile de **Nicée de 787**, considéré jusqu'à nos jours comme le septième concile œcuménique. Ainsi en décida le second concile de Nicée, qui ne voulait pas séparer image et Parole : celles-ci n'étaient à ses yeux que les deux faces d'une même réalité :

> En effet, plus on regardera fréquemment ces représentations imagées, plus ceux qui les contempleront seront amenés à se souvenir des modèles originaux, à se porter vers eux et à leur témoigner, en les baisant, une vénération respectueuse *[timetikê proskynesis]*, sans que ce soit une adoration *[latreia]* véritable selon notre foi, qui ne convient qu'à Dieu seul. Mais comme on le fait pour l'image de la croix précieuse et vivifiante, pour les Saints Évangiles et pour les autres objets et monuments sacrés, on offrira de l'encens et de la lumière en leur honneur, selon la pieuse coutume des anciens. Car « l'honneur rendu à une image remonte au modèle original *[prototypos]* » (Basile le Grand). Quiconque vénère une image vénère en elle la réalité qui y est représentée [216].

Tout cela se présente comme un plaidoyer en faveur des « traditions de l'Église » et une condamnation de toute « nouveauté ». Il reviendra à l'avenir aux évêques et au clergé de décider de ce qui peut être représenté. Les artistes seront de simples exécutants. C'est une décision lourde de conséquences pour l'art byzantin : « Pour la première fois dans l'histoire du christianisme », on décide « un contrôle de l'Église sur les arts plastiques », une décision qui implique que « la liberté de l'artiste chrétien doit être limitée » [217] (A. Grabar) ! On institue ainsi une réglementation théologique de l'art byzantin, même si, au début, ce contrôle ne concerne que le contenu.

Aujourd'hui, l'Église orthodoxe considère que le septième concile œcuménique (Nicée II) **a mis un point final au développement officiel de sa doctrine**. Les principales définitions dogmatiques de ce concile concernent toutes les thèmes de la Trinité et de l'Incarnation. Dès cette époque, on voit dans la décision en faveur des images la conséquence dernière de la doctrine de l'Incarnation.

LE PARADIGME ŒCUMÉNIQUE HELLÉNISTIQUE

Depuis lors, **c'est cette tradition qui est le critère de vérité** pour l'orthodoxie orientale. Concrètement, c'est moins la Bible que :
- la foi des sept conciles œcuméniques ;
- ainsi que le consensus des premiers Pères.

Le second concile de Nicée n'avait pas mis fin à la querelle. Au contraire : après la mort d'Irène, au IXe siècle, sous l'empereur iconoclaste Léon V et ses successeurs – ils n'étaient pas d'origine grecque, là encore, mais arménienne –, ce sera la **seconde phase de la querelle iconoclaste** (814-843), caractérisée par des intrigues de palais et des dépositions de patriarches. La hiérarchie ecclésiastique était manipulée par l'empereur (à quelques exceptions près), tandis que les moines se montraient fanatiques, jaloux de leurs privilèges. Après la déposition et le bannissement du patriarche Nicéphore, favorable aux images, l'higoumène (supérieur) du monastère Stoudios, restauré par le patriarche, Théodore Studite, qui pouvait compter sur une communauté monastique parfaitement organisée et pleinement obéissante à son supérieur, joua le rôle le plus important en faveur des images.

Mais ce fut à nouveau sous une femme, Théodora, veuve de l'empereur, favorable aux moines et aux images, que la querelle s'apaisa. Elle nomma un nouveau patriarche, le moine Méthode ; un synode réuni à Constantinople en 843 **prit définitivement parti en faveur des images** et destitua les évêques iconoclastes (comme on l'avait fait auparavant pour les défenseurs des images). En souvenir de cette victoire des partisans des images sur la dernière des grandes « hérésies », l'Église orthodoxe célèbre chaque année, le premier dimanche de carême, la **fête de l'Orthodoxie**. Tout semble désormais réglé : l'orthodoxie de la foi et celle des images. Mais là encore nous ne pouvons esquiver la question : quel fut le prix de la querelle des Images – le prix esthétique, théologique et politique ?

Questions critiques posées à la théologie des icônes

En réalité, depuis lors, les **icônes orthodoxes** ont encore évolué. Mais ont-elles évolué beaucoup plus que la **théologie** orthodoxe officielle, dont la doctrine est fixée depuis Jean Damascène ? La date et le lieu de leur réalisation ont évidemment influencé la technique et les motifs des icônes, comme la méthode et les thèmes de la théologie. Les historiens de la théologie distinguent différentes phases dans l'histoire de la théologie orientale, et les historiens de l'art différentes périodes dans la peinture et la mosaïque byzantines. Finalement, la Renaissance occidentale ou l'art baroque eux-mêmes ne sont pas demeurés sans influence en Russie et dans les Balkans. On en resta néanmoins, à part quelques exceptions non figuratives, au **style byzantin**, auquel se réfèrent toujours les ouvrages orthodoxes sur la théologie des icônes. Cette esthétique de Byzance et des Églises qui en sont issues explique pourquoi nombre de ces anciennes images orientales, alors même qu'elles reflètent souvent la parole de l'Écriture, paraissent plus d'une fois étranges, trop sévères, trop archaïques, aux yeux des Occidentaux. Cependant, ces dernières années, suite notamment à la multiplication des expositions et des publications, nombre de préjugés occidentaux à l'égard des icônes sont tombés. Nous savons aujourd'hui que les peintres d'icônes – à la différence des artistes occidentaux depuis la Renaissance – ne se soucient pas de la richesse d'inspiration artistique de tel ou tel créateur. Nous ne comprendrons rien à leur art si nous partons d'un principe occidental d'originalité et d'individualisme, tel celui qui s'est imposé aussi en Russie au XIXe siècle, dans l'art religieux (souvent anticlérical) d'un pays qui échappait déjà largement à l'influence de l'Église.

Dans l'orthodoxie d'aujourd'hui, non seulement la théologie dogmatique, mais la composition esthétique elle-même sont gouvernées par des règles canoniques, même si ce ne fut pas le cas pendant plusieurs siècles. Les sept conciles œcuméniques et le consensus des anciens Pères ont défini une fois pour toutes la doctrine de l'Église, même si par la suite – nous aurons l'occasion d'y revenir – la théologie et la spiritualité connaîtront encore d'importants développements, l'hésychasme, par exemple. En général, toute nouveauté – dans l'art comme en théologie – est suspecte de *neoterismos*, d'« innovation » (« innovation » = « hérésie »!). L'imagination créatrice est mal vue en art comme en théologie. Il faut se soumettre à des normes standardisées, transmises au long des siècles, même sans prescriptions légales. De plus, comme la théologie, les images doivent concorder exactement avec les textes liturgiques : par exemple, la nativité se situe dans une grotte (et non dans une étable). Il faut partout s'en tenir à certains modèles stylisés, ce qui peut se faire dans la peinture des icônes, même si l'un ne peint que les yeux, un autre les mains d'un personnage. Il y a plus encore : les icônes doivent **reproduire les archétypes célestes, les originaux divins**. Comme les vitraux multicolores du Moyen Age, elles doivent laisser transparaître la signification éternelle des figures humaines. Des philosophes russes du XXe siècle réfléchissant sur la religion (E.N. Troubetzkoï, P.A. Florenski) ont encore renforcé une théorie des images fortement marquée par le platonisme. Cette façon de voir explique le symbolisme relativement constant des couleurs et des formes, des habits et des gestes, surtout de l'or symbolique (jaune, ocre) qui constitue toujours le fond [218]. Cela explique aussi que l'on s'en tienne à une représentation à deux dimensions, qui peut refléter l'original, et, inversement, au bannissement de la statuaire, bannissement que l'art byzantin respecte scrupuleusement, sans doute parce que, au départ elle rappelait trop les idoles païennes. Ainsi la peinture d'icônes est devenue un acte religieux : non seulement on prie et on jeûne avant de commencer, on bénit les couleurs et les outils, mais l'image une fois terminée est consacrée au cours d'une cérémonie liturgique spéciale, et l'Église confirme l'identité de l'image peinte et de son modèle. Une icône n'est « valable » que si elle reproduit le nom du sujet représenté ou une scène biblique.

On comprendra donc que les icônes sont plus que de simples exercices esthétiques, plus aussi que des instruments pédagogiques pour la formation du « simple peuple ». Pour les orthodoxes, les icônes sont des sortes de « sacramentaux », aux côtés de la proclamation de la Parole et de la célébration eucharistique : une forme particulière de la **communication des croyants avec Dieu**. C'est ce que devrait comprendre l'Occident, au lieu de condamner. Mais le traditionalisme dans l'art et dans la théologie pose tout de même des questions que nous ne devons pas esquiver dans le cadre d'un dialogue œcuménique.

D'abord, sur l'**esthétique** néo-byzantine, on peut dire ceci : les œuvres d'art relevant d'époques antérieures ne perdent nullement leur valeur après un changement de paradigme – en Occident non plus. Les œuvres anciennes restent en principe valables, car l'art authentique a une valeur permanente, qui résiste à l'usure du temps.

Cependant, quelle que soit notre estime pour les « anciens maîtres » en matière d'art, un art qui reste bloqué à une époque déterminée et qui se contente pratiquement de copier (comme le fait aussi une théologie seulement transmise, plus ou moins formelle) ne serait-il pas tout de même le signe qu'une Église et une théologie données, et donc aussi un art donné, sont restés bloqués dans une époque antérieure, un paradigme antérieur ? Il n'est pas nécessaire que ce paradigme antérieur soit totalement « dépassé ». Personne ne veut plus aujourd'hui se débarrasser sans plus des images (pas plus que d'une théologie traditionnelle). Mais les images et les penseurs anciens ne risquent-ils pas de voir s'évanouir leur contenu ancien en des temps nouveaux ? Nous ne pouvons pas emprunter l'esprit de la vie et la vie de l'esprit à une époque antérieure.

La question ne vise donc pas les artistes ou les théologiens orientaux, à qui personne ne saurait dénier *a priori* la force créatrice (les Russes Kandinsky et Malevitch ont été les grands initiateurs de l'art abstrait moderne !), mais l'Église : l'Église ne réduit-elle pas ses grands artistes (et théologiens) à n'être que des copistes, en leur imposant ses normes esthétiques (et dogmatiques) ? Dans une nouvelle constellation globale, les **œuvres anciennes** peuvent, certes, garder leur **valeur artistique** pour la piété. Mais un **style ancien** ne saurait se maintenir dans la **production artistique** qu'au prix d'une fossilisation – c'est vrai du néo-gothique comme du néobyzantin. En matière d'art (et de théologie), en effet, la crise d'une époque conduit tôt ou tard à une crise du style, qui aboutit elle-même à un changement de style, ce qui n'exclut nullement l'intégration d'éléments anciens dans le nouveau style.

Mais des questions visent aussi, et directement, la **théologie** : d'abord la question générale de l'historicité de la théologie et du constant renouvellement qu'elle appelle. Les décisions qui mirent fin à la querelle iconoclaste signaient l'achèvement de l'édifice dogmatique de l'orthodoxie orientale ; elles donnèrent pour l'essentiel leur forme à la liturgie et à la théologie. L'orthodoxie orientale connut évidemment des développements intéressants par la suite, comme l'**hésychasme** dans la sphère monastique (surtout au mont Athos) [219]. Il s'agit d'une forme de mystique apparue au Moyen Age, repérable dans l'Église orientale à partir du XIIe siècle, qui fait appel à une technique respiratoire particulière et à l'invocation incessante du nom de Jésus, pour atteindre à l'*hêsykhia*, le silence et la quiétude parfaits, et la contemplation de la lumière incréée de Dieu. Au XVIe siècle, avec Grégoire Palamas, elle s'affina de points de vue psychologique et technique et, grâce à une technique de la vision extatique, pensée théologiquement, elle visa à la contemplation immédiate des énergies divines du Dieu-Trinité. Les écrits de Palamas ont été condamnés par deux synodes, mais depuis l'empereur Jean VI Cantacuzène (milieu du XIVe siècle), ils sont reconnus comme orthodoxes. Les vieux-croyants, dans leur opposition à la réforme liturgique, et les starets du XIXe siècle se sont inspirés de l'hésychasme. Celui-ci s'est avéré capable de revivifier le **paradigme de l'orthodoxie orientale désormais figé**, mais il n'a guère été en mesure d'apporter des changements décisifs.

Se pose aussi la question particulière de la *communio*. La théologie de l'Église orthodoxe attache une grande importance à la *koinonia* (« communauté »). Et, dans la pratique, le presbytre orthodoxe vit souvent beaucoup plus près de sa communauté que le clerc catholique célibataire. Mais l'iconostase, qui a pris place dans les églises orthodoxes dans les siècles qui ont suivi Nicée II, et qui est l'extension, comme le jubé gothique occidental, d'une simple barrière basse, a conduit à **couper le peuple de la table eucharistique du Seigneur**, et à séparer dans la liturgie – ce qui n'est pas biblique – les prêtres du peuple, les clercs des laïcs. Le seul laïc autorisé à recevoir la communion sous les deux espèces dans le Saint des saints, derrière l'iconostase, est l'empereur, considéré comme *isapostolos* (« l'égal des apôtres ») – bien que le synode *in Trullo* ait établi dans son décret 69 que c'était le droit de tout laïc.

Cependant, même si les croyants orthodoxes se sont habitués à des justifications théologiques particulières de cet état de fait – n'est-ce pas tout de même une idée plutôt vétérotestamentaire que de vouloir séparer le Saint des saints (considéré comme l'image du ciel sur terre) de la nef et du peuple (de l'Église dans son pèlerinage sur terre) ? Comme si pour le Nouveau Testament le voile du Temple n'avait pas été déchiré, Jésus-Christ, par son don de soi, donnant accès au Saint des saints à tous les croyants [220] ! L'Eucharistie est la célébration de la *koinonia*, de la *communio* des croyants avec leur Seigneur et entre eux. C'est pourquoi se pose ici la question des réformes qui mériteraient d'être abordées dans un synode panorthodoxe [221].

Questions pour l'avenir

• Une hiérarchie parfaitement ordonnée des saints sur l'iconostase sépare le peuple du clergé. Les Églises orthodoxes ne devraient-elles pas se poser elles aussi la question d'une **réforme liturgique** que les Églises de la Réforme ont eu de bonnes raisons d'entreprendre au XVIe siècle, suivies par l'Église catholique au XXe siècle (quatre cents ans trop tard)? Ne faudrait-il pas rapprocher à nouveau, selon l'ancienne tradition, la table eucharistique du peuple, célébrer de nouveau l'Eucharistie au vu de toute l'assemblée, le presbytre tourné vers le peuple – sur le modèle de la Cène de Jésus donc (et non sur celui du Temple de Jérusalem)?

• Ne faudrait-il pas aussi, dans cette perspective, réexaminer la **vénération des icônes**? L'iconostase, dira-t-on, fait apparaître le ciel sur terre. Mais toute œuvre faite de mains d'hommes (fût-ce la plus sainte) ne reste-t-elle pas toujours œuvre humaine? Pour les théologiens, une image sainte, qui remplit une fonction ecclésiale, liturgique même, ne reste-t-elle pas toujours un reflet, tout comme la plus belle mosaïque ou le plus beau vitrail ne peut être que le reflet et non pas la manifestation du saint lui-même, qui ne saurait, lui, être l'œuvre de mains humaines? Et l'Eucharistie elle-même, où l'Église orthodoxe célèbre avec une solennité particulière la manifestation du Christ avec tous ses anges et ses saints, ne reste-t-elle pas une représentation et non une incarnation? Un changement dans l'image terrestre équivaudrait-il à un changement dans l'original céleste?

• Même si en Occident l'art et la théologie ont connu plusieurs changements de paradigme, correspondant à des entrées dans une époque nouvelle, depuis le Moyen Age la chrétienté latine d'Occident est de plus en plus passée d'une religion de l'écoute et du suivre à une religion de la vue et du toucher : dans la sphère catholique romaine, des phénomènes de religiosité peu éclairés, comme le culte des reliques et le culte des images et statues miraculeuses, ne devraient-ils pas être soumis à un examen théologique et pastoral?

Dire cela n'est pas se mettre à la remorque du rationalisme des Lumières : il n'est évidemment **pas question d'abandonner la pensée de l'image** dans la théologie orthodoxe :
– La théologie et l'Église orthodoxes ont raison de souligner l'affirmation biblique selon laquelle l'homme est créé à l'image et à la ressemblance de Dieu, l'homme portant ainsi en soi l'icône de Dieu.

– Le monde de Byzance, à la différence de l'Occident, n'a pas développé – et c'est heureux – de doctrine du péché originel selon laquelle, du fait d'implications sexuelles, l'image de Dieu serait totalement salie et défigurée en l'homme.

– A juste titre, l'orthodoxie voit dans le Christ non seulement le *Logos*, mais l'image originelle de Dieu en laquelle doit se restaurer l'image originelle de l'homme. Aussi cette foi dans le *Pantocrator* divin a-t-elle survécu à juste titre à l'*Autocrator* impérial. Mais voilà qui pose la question du prix politique de la querelle des Images.

La victoire des moines

Peut-on parler d'un **vainqueur** dans la grande querelle des Images ? Le vainqueur, c'est incontestablement le **monachisme**. Il échappera de plus en plus à l'autorité du patriarche et des évêques et saura lui-même prendre place, le cas échéant, dans ces fonctions dirigeantes. D'abord un certain nombre de monastères que l'iconoclasme avait ruinés furent confiés pour restauration à des clercs ou des laïcs fortunés (« commendataires »). Ce qui était censé représenter une aide a tourné trop souvent en exploitation d'un bénéfice par le propriétaire. Mais aux IXe-Xe siècles, l'empereur et d'autres personnes fortunées fondent de plus en plus de monastères, surtout à Constantinople, puis sur le mont Athos. Sur cette « sainte montagne » s'est instituée à cette époque une « république des moines » plus ou moins indépendante, qui devint dès lors le centre spirituel, politique et ecclésiastique du monachisme byzantin, ce qui allait poser des problèmes spécifiques.

A Byzance, le nombre des moines s'élevait en effet à environ cent mille – un chiffre exorbitant compte tenu de la population globale et, naturellement, en raison de leur position privilégiée (exemption d'impôts), une lourde charge pour l'État byzantin qui ne parvenait guère à imposer sa législation. Les monastères s'enrichissaient et leurs propriétés s'étendaient de plus en plus, donnant lieu à des abus en tout genre. Les moines étaient désormais partout présents dans la société byzantine, comme conseillers, mentors, confesseurs.

Rappelons une nouvelle fois que le monachisme avait d'abord été un mouvement charismatique, individuel, privé, de laïcs, en marge de l'Église. Mais voilà qu'il se considère vraiment comme le centre, le cœur de l'Église (et donc aussi de l'État). Une nouvelle **idéologie monastique** s'élabore, propagée surtout par Théodore, le subtil et énergique higoumène du monastère de Stoudios. Ceux qui s'étaient jadis appelés eux-mêmes les « retirés » et les « fils du désert » deviennent maintenant les « nerfs » de l'Église, ils se considèrent même comme le « sel de la terre » ou la « lumière du monde ». Pour Théodore, en effet, ce qui est décisif au regard de l'Évangile, ce sont le renoncement et le retrait du monde. Et qui donc vivrait plus parfaitement ce retrait que les moines, alors que les autres signent des compromis avec le monde et se « distinguent » par leur minimalisme et souvent leur laxisme ? Bien que, fondamentalement, le salut soit offert à tous les croyants selon cette conception de la vie monastique, le monachisme est la norme de l'être chrétien.

Il n'est pas étonnant, dès lors, que les moines se considèrent comme les gardiens de la vraie doctrine et les directeurs de conscience du peuple, et que le monastère de Stoudios soit devenu pour Byzance une sorte d'instance de contrôle de la foi orthodoxe et une pépinière d'évêques. Comme tant d'autres moines, Théodore Studite est vénéré comme un saint, alors qu'il est presque impossible pour des laïcs de prétendre à cet honneur. L'hagiographie des moines, qui, le plus souvent, évoque à peine la querelle des Images, est à la mode, tandis qu'il n'y a pratiquement pas d'hagiographie de laïcs. Des groupes d'opposition, comme les pauliciens et les bogomiles, très pieux mais hostiles à toute hiérarchie, et révolutionnaires par rapport à leur société, n'y trouvent pas davantage place. Il ne faudrait pas oublier, cependant, qu'en Orient le monachisme s'est souvent montré fortement critique envers l'État ou du moins qu'il a pris ses distances à son égard.

LE PARADIGME ŒCUMÉNIQUE HELLÉNISTIQUE

Peut-on réellement parler de « symphonie » pour les relations entre l'Église et l'État ?

La victoire du monachisme ne représente évidemment pas un renversement de l'Église d'État byzantine. L'**empereur** conserve sa position de force – y compris à l'égard du patriarche : il se sent en effet confirmé dans sa fonction d'exécuteur de la volonté divine. Le **patriarche** – même si dans le contexte de son « synode permanent » à Constantinople il décide de toutes les affaires de l'Église – reste dépendant de l'empereur, ainsi que sa hiérarchie. La pieuse impératrice Théodora n'hésita pas, après la querelle des Images (847), à enfreindre le droit canonique (en ne passant pas par le synode) et à nommer patriarche un moine plein de zèle, Ignace ; cela conduisit à des querelles sans fin à Byzance et avec Rome, à un coup d'État contre Théodora (qui fut reléguée dans un couvent), à la déportation d'Ignace et à l'élection de Photius, un homme de grande culture. Mais Ignace fut installé une nouvelle fois sur le siège patriarcal (avant d'être déposé à nouveau). Et un patriarche aussi éminent « spirituel » que Photius eut à subir deux fois l'exil dans ce contexte difficile et embrouillé. Dans cette ambiance, il va presque de soi que les moines prennent la place des intellectuels, tout comme ils ont investi plusieurs sièges épiscopaux et le siège patriarcal. Parallèlement à ce « panmonachisme », la querelle des Images a une autre conséquence encore : des empereurs « hérétiques ». Ainsi apparaissent au grand jour le problème que pose le lien établi par Constantin entre l'Église et l'État, et celui créé par la « symphonie » définie avec précision par Justinien.

Quel jugement porter sur ce développement ? L'Église byzantine serait-elle sortie victorieuse de la lutte pour l'affirmation de sa spécificité, mais au prix de sa liberté ? Le processus engagé par Justinien a-t-il finalement abouti à une fusion totale ? Tel est le jugement de l'historien protestant de l'Église et des dogmes Adolf von Harnack [222], opinion partagée par nombre de chercheurs occidentaux. Ou, à l'inverse, serait-ce non pas l'Empire, mais l'Église qui serait sortie victorieuse de ce combat ? Tel est le jugement inverse porté par le théologien orthodoxe Alexandre Schmemann [223], une thèse déjà défendue par Georges Ostrogorsky [224] avant lui : la théocratie byzantine tardive relève de la définition des relations entre l'Église et l'État énoncée à la fin du Xᵉ siècle par Basile Iᵉʳ, le Macédonien, dans son *Epanagôguê* (qui devait servir d'introduction à un manuel de droit) – selon ce dernier, les positions de l'empereur et du patriarche sont parallèles. Au patriarche revient la fonction de gardien de l'orthodoxie et de l'interprétation de la doctrine ; on exige de l'empereur la fidélité à la foi orthodoxe ; l'Église et l'État n'ont pas besoin d'une délimitation légale de leurs sphères d'action, puisqu'ils sont liés tous deux par la foi orthodoxe. Mais Anton Michel a fait remarquer que ce schéma (un idéal trahissant manifestement l'influence de Photius) n'a jamais eu force de loi [225], et Schmemann lui-même sait bien qu'en pratique il subsistait bien peu de chose de la double souveraineté (dyarchie) de l'empereur et du patriarche : « La nature totalement arbitraire de l'autorité étatique reste de tout temps une écharde inguérissable dans la vie de l'Église ; pire encore fut l'acceptation quasi absolue de cet arbitraire par la hiérarchie ecclésiastique [226]. »

Il coule de source qu'une fois la doctrine de l'Église devenue doctrine de l'État, l'Église n'avait plus besoin, en fait, de poser des limites à l'autorité impériale. Et une fois l'empereur devenu pleinement orthodoxe, lui-même était encore moins tenu de respecter des limites à l'égard de l'Église. Plus l'État byzantin était cléricalisé (jusque dans l'armée et dans le cérémonial de la cour, tout se faisait au nom du « Christ *Pantocrator* »), plus l'empereur pouvait prendre des décisions, y compris dans les affaires de l'Église – pour autant qu'elles n'étaient pas déjà fixées par des dogmes. Si, pendant la querelle des Images, aux VIIIᵉ et IXᵉ siècles et pendant les démêlés avec Rome, au XIᵉ siècle, il y a encore eu des patriarches marquants, leurs successeurs – à quelques rares exceptions près – s'effacèrent de plus en plus derrière la splendeur impériale. En cette époque tardive, les frontières de l'Église et celles de l'Empire coïncidaient d'ailleurs d'autant plus que tous les territoires non orthodoxes avaient été perdus et que tous les dissidents non orthodoxes s'étaient trouvés éliminés.

Face à ce système orthodoxe, à cette Église d'État, dont on a parfois voulu définir l'unité dans la dualité en reprenant la formule christologique de Chalcédoine, « sans confusion ni séparation », se posent des **questions critiques**. Nous les présentons dans un esprit

> **Questions pour l'avenir**
>
> • Une harmonie entre l'Église et l'État – qu'elle soit de type byzantin, moscovite ou autre – ne conduit-elle pas quasi fatalement à une suprématie de l'État sur l'Église, et finalement à une capitulation de l'Église face à l'État ?
>
> • Une Église et une théologie qui sont inféodées à l'État ne perdent-elles pas la fonction prophétique qu'il leur revient d'assumer dans la société si elles se veulent fidèles à l'Évangile ?
>
> • Un État qui a toujours moins le souci de la vérité de la foi que celui de l'unité et de la paix de l'Empire ne sera-t-il pas porté à maintenir le *statu quo* et à éviter tout trouble ? Une orthodoxie de l'Église et de l'État ne fait-elle pas le lit du traditionalisme ?

non confessionnaliste, mais œcuménique – car elles ont un aspect œcuménique. En effet, nous verrons ultérieurement – en faisant l'autocritique de la tradition catholique romaine – les problèmes de la théocratie occidentale des papes, qui entendaient soumettre l'État à l'Église : cette attitude est aussi lourde de conséquences que la théocratie des empereurs orientaux, qui ont soumis l'Église à l'État. Ces questions ne relèvent pas de jugements anachroniques sur un système du passé – à maints égards, il était incontournable et il a rendu service –, il s'agit de questions pour l'avenir. Elles ne concernent pas seulement le système ecclésiastique byzantin, mais aussi bien le système russe et tout système ecclésiastique qui présuppose une harmonie avec l'État.

Cependant, l'histoire du paradigme hellénistique de l'Église ancienne ne se réduit pas à Byzance et au monde grec. Il nous faut parler de la mission historique universelle de l'Église byzantine.

9. LES SLAVES ENTRE BYZANCE ET ROME

La migration des Germains à partir de l'Europe de l'Est et l'expansion des **Slaves** à partir des territoires qu'occupaient les tribus entre les Carpates et le Dniepr se sont déjà produites du IVe au VIIe siècle. Ils se sont avancés en Occident jusqu'à la mer Baltique et dans le Sud jusqu'à l'Adriatique, aux Balkans et en Grèce, où ils mirent à mal l'organisation de l'Église. Ils passèrent cependant peu à peu au christianisme, et Byzance et Rome leur firent la cour – ce qui montre déjà que la christianisation est toujours une affaire à la fois religieuse et politique.

La christianisation, facteur d'inculturation :
la liturgie slave

La christianisation des peuples slaves du Sud et de l'Est est incontestablement **l'œuvre de Byzance**, une œuvre qui **fait époque**. Certains parmi ces peuples, que Byzance avait refoulés à maintes reprises au-delà du Danube mais qui avaient submergé la Grèce dès 580, s'étaient finalement établis, au VIIe siècle, dans les provinces romaines d'Illyrie, de Dacie, de Thrace et de Macédoine. Après la querelle iconoclaste, Byzance fut à nouveau suffisamment forte pour déployer, aux IXe et Xe siècles, une grande énergie missionnaire parmi les Slaves, qui étaient encore paysans et fermiers.

Aux yeux de ces « Barbares », Byzance, la nouvelle Rome, était la reine des villes et le centre de la terre, qui incarnait tout ce que l'on peut imaginer de richesse, d'art et de culture. Son hospitalité était célèbre, sa diplomatie avait fait ses preuves, son histoire et sa préhistoire n'avaient pas leurs pareilles. C'est ici, non dans l'ancienne Rome, que la culture gréco-romaine avait traversé les siècles : poésie, philosophie et science grecques, droit romain. Il n'est donc pas étonnant que cette Byzance se soit avérée attirante pour nombre de princes païens, surtout en raison du principe monarchique sacré qui régissait l'État. On ne dédaignait pas non plus les titres décernés par la cour impériale, même d'assez bas étage. Pour les princes et pour leurs sujets baptisés en même temps, la conversion au christianisme signifiait en effet le passage de l'état de « Barbare » à la culture mondiale et à l'unique Église œcuménique, avec, à sa tête, l'empereur, le représentant de Dieu sur terre.

C'est à partir de **Byzance**[227] que se fit la christianisation de ces **Slaves du Sud** qui, au VIIIe siècle, avaient envahi la Grèce, désertée à cause de la peste. Ils s'y hellénisèrent et au siècle suivant se convertirent au christianisme. La christianisation des **Bulgares** fut particulièrement importante. Ils reçurent le christianisme en 864, avec le baptême de leur tsar, Boris, qui, jouant de la compétition entre Rome et Byzance, travaillait pour avoir son propre patriarcat et une Église aussi autonome que possible, ce dont ne voulaient ni Rome ni Byzance. En 870, sur la lancée du concile de Constantinople, une réunion des représentants du patriarcat oriental convoquée par l'empereur, la Bulgarie fut attribuée au patriarcat de Constantinople, à l'encontre des protestations véhémentes des légats du pape.

Depuis 863, les deux frères **Méthode** et **Constantin**, originaires de Thessalonique, ville entourée de Slaves, étaient à l'œuvre en Moravie. Ils avaient appris la langue slave dès leur enfance et faisaient partie de l'élite intellectuelle de Byzance. Envoyés en mission par le patriarche Photius, ils obtinrent de considérables succès en Moravie parce qu'ils célébraient la liturgie non en latin comme les Francs, ni en grec comme les autres Byzantins, mais en slave – qui était encore à l'époque une langue de paysans, sans littérature. Prenant délibérément le contre-pied de la pratique byzantine d'alors, de l'orgueil linguistique grec et des prétentions impériales, les deux frères se firent les avocats de l'égalité fondamentale de tous les peuples devant Dieu, ainsi que de la liberté des pays et de leurs monarques, liés uniquement par la parenté spirituelle des princes européens.

A l'instar de l'Arménien Mesrop Machtots, pour promouvoir ce que nous appellerions aujourd'hui l'« inculturation » du christianisme, Constantin, érudit, philosophe et linguiste, fit preuve de créativité en inventant l'alphabet slavon ou vieux-slave (glagolitique), en fait la **première écriture slave**. Les Évangiles et les textes liturgiques furent traduits en slavon. Les deux frères fondèrent ainsi en Moravie et en Pannonie une mission indépendante des

Francs orientaux, avec une **liturgie slave**. Au début, ils reçurent l'approbation de Rome pour ces territoires, sous autorité romaine à cette époque [228].

Quand Constantin et Méthode, en route pour Constantinople, où ils allaient demander de l'aide, firent étape à Venise, le pape Adrien II les invita en effet à Rome et les prit sous sa protection contre l'opposition des évêques bavarois et francs orientaux et contre les représentants de la « tradition des trois langues », qui ne voulaient admettre dans la liturgie que les « trois langues sacrées » : l'hébreu, le grec et le latin. Constantin, gravement malade, entra en religion à Rome, prit le nom de **Cyrille** et mourut peu après. Méthode, ordonné prêtre à Rome et consacré archevêque de Moravie et de Pannonie, ne put retourner en Moravie à cause d'un changement de gouvernement ; il resta donc en Pannonie, où il se heurta à une violente opposition, notamment de la part de l'archevêque latin de Salzbourg, qui revendiquait la juridiction sur cette région. En 870, Méthode fut même arrêté et jeté en prison, jusqu'à ce que le pape Jean VIII obtienne sa libération, trois ans plus tard. La liturgie en slavon fut d'abord proscrite, puis de nouveau autorisée, mais avec des restrictions. Finalement, après la mort de Méthode, en 885, le pape Étienne l'interdit complètement.

Les successeurs de Cyrille et de Méthode furent expulsés de Moravie ; celle-ci continua à faire partie du royaume franc oriental, sous influence romaine et franque. Mais ils trouvèrent refuge en Bulgarie, nouvellement convertie, et c'est là que l'alphabet glagolitique fut modifié et remplacé par l'alphabet cyrillique, plus simple ; de là il allait se répandre rapidement parmi les Slaves du Sud. Cyrille et Méthode méritent donc bien le titre de « maîtres et apôtres des Slaves ». Leurs efforts pour asseoir un **christianisme slave**, dont tirera profit la Russie, auront des conséquences à l'échelle de l'histoire du monde. Ils posent les fondements d'une *oikoumenê* byzantine slave spécifique.

L'oikoumenê *byzantine slave*

Les **Bulgares** finirent par accéder à l'autonomie souhaitée, sous le tsar Syméon (893-927), un petit-fils de Boris. De formation grecque, il dota la Bulgarie d'une grandiose culture slave byzantine – slave par la langue et byzantine par l'esprit. Premier dirigeant slave, Boris ambitionnait de devenir empereur de Byzance, ce qui conduisit à la première grande guerre civile dans le monde orthodoxe. La concurrence entre Bulgares et Grecs se prolongea jusqu'à la reconquête de la Bulgarie, au terme d'une autre guerre cruelle de trente ans, par l'empereur Basile II, « le Bulgaroctone » (« le Tueur de Bulgares »), qui incorpora à nouveau la « province » de Bulgarie dans l'Empire byzantin. Mais à la fin du XIIe siècle celle-ci retrouva une force nouvelle et fit même temporairement alliance avec Rome – jusqu'à ce que, à la fin du XIVe siècle, le royaume bulgare tombe lui aussi sous le joug turc.

La christianisation des Bulgares conduisit aussi à la christianisation, par Byzance, des **Serbes**. Ces derniers avaient été longtemps sous influence culturelle et politique bulgare, mais ils réussirent à obtenir leur indépendance en 1077, sous le prince Mikhaïl Voyislav. Pour des raisons politiques, ils se tournèrent – provisoirement – vers Rome ; le pape Grégoire VII leur envoya même une couronne royale. Mais, par la suite, les souverains serbes aspirèrent à la couronne byzantine et après la quatrième croisade, en 1204, l'empereur byzantin accorda l'autonomie à l'Église puis à l'État serbes.

A la même époque eut lieu la christianisation des **Roumains**. Ils n'étaient pas seulement les descendants des Daces romanisés (comme le voudrait l'idéologie de Ceausescu), mais leur langue et l'histoire de leur installation dans le pays témoignent de leur parenté avec les Valaques (de « Valachie » !) et les Aroumains, qui se sont sans doute installés, pour la plupart, dans la vallée du Danube seulement aux XIIIe-XVe siècles, où ils étaient sous domination bulgare et où, en dépit de leur langue latine, l'Église adopta le slavon dans la liturgie et l'administration.

Un seul monde slave, mais deux paradigmes

Les Hongrois, les Slaves occidentaux (Bohême et Pologne) et les Slaves occidentaux du Sud (Croatie et Slovénie) connurent un autre sort. Ils ne s'orientèrent pas vers Byzance, mais vers **Rome** :
– Les **Hongrois** d'origine finno-ougrienne, qui vivaient en

nomades dans les steppes s'étendant entre le Don et le Dniepr, faisaient parfois des incursions jusqu'au centre de la Grèce. Après s'être sédentarisés et convertis au christianisme (des légats hongrois furent baptisés à Constantinople en 948), ils furent incorporés dans la chrétienté occidentale romaine. Étienne Ier, « le Saint » (997-1038), scella cette incorporation : il se fit couronner roi avec une couronne envoyée par le pape, en 1001.

– Les **Bohèmes**, Slaves occidentaux, furent christianisés au IXe siècle, sous les Premyslides, à partir de Ratisbonne, et obtinrent en 973/976 leur propre évêché à Prague. Ils adoptèrent l'alphabet latin et la langue latine dans la liturgie.

– Les **Polonais** sont également des Slaves occidentaux, entre Vistule et Oder. Ils conquirent leur unité sous la dynastie des Piast. Au Xe siècle, avec le duc Mieszko, ils rejoignirent la chrétienté catholique occidentale, par le baptême du duc et l'érection du siège épiscopal missionnaire de Poznan, en 966. Sous Boleslav Ier, « le Vaillant », la Pologne devint un pays membre de l'*Imperium romanum* d'Otton III, la première puissance au sein du monde slave christianisé (elle s'étendit un temps jusqu'à Kiev). Elle eut très tôt sa propre Église nationale, l'archevêché de Gniezno, fondé en 999/1000. Les Polonais eux aussi adoptèrent l'alphabet latin, la langue latine dans la liturgie et restèrent tournés vers l'Occident.

– Les **Croates** (et les **Slovènes**), enfin, étaient des Slaves du Sud. Dès le VIIe siècle, leur territoire, la province latine d'Illyrie, avait été affectée au pape, patriarche d'Occident, par l'empereur Héraclius. Mais l'Illyrie resta toujours une pomme de discorde entre Rome, Byzance, puis l'Église impériale franque (les évêques de Salzbourg et de Passau prétendaient eux aussi à la juridiction sur la Pannonie et l'Illyrie). Croates et Slovènes étaient désormais christianisés et latinisés, surtout depuis la domination franque, au IXe siècle. Sous le prince Tomislav (910-928), qui prit le titre de roi, ils se détachèrent définitivement de la souveraineté de Byzance et restèrent ainsi – à la différence des Serbes – dans la sphère d'influence de la culture romaine et germanique.

Au fil des siècles, on assiste naturellement à divers glissements de frontières et de sphères d'influence, ce qui ne nous intéresse guère ici. Mais le sort de la future « Slavie du Sud » (Yougoslavie) se décide pour l'essentiel dès le IXe siècle : ce sera une bipartition durable ! Et elle ne sera malheureusement pas de tout repos. Au contraire : l'entrée en scène de missionnaires grecs en Bulgarie et en Moravie conduit à une lutte d'influence entre l'Église latine et l'Église grecque ; elle aboutira à une violente querelle entre le pape (Nicolas Ier) et le patriarche byzantin (Photius) – dont il nous faudra reparler.

Conséquence : depuis lors, nous sommes confrontés au **partage du monde slave entre l'Église byzantine et l'Église romaine**, entre une culture grecque byzantine et une culture romaine germanique, où se dessinent déjà **deux paradigmes totalement différents** : le paradigme hellénistique de l'Église antique et le paradigme catholique romain du Moyen Age. L'aire missionnaire de Moravie et de Hongrie – malgré certains liens avec Byzance – restera sous l'autorité de Rome, tandis que la grande Église bulgare, avec son propre patriarche, restera liée à Byzance – tout comme, à la longue, l'Église serbe. Les effets de cette bipolarisation entre Rome et Byzance se font sentir encore de nos jours, et même avec une virulence toute particulière depuis la chute des régimes communistes. L'évolution différente des Églises – alphabet différent, langue liturgique et littéraire différente, et donc culture différente – s'est répercutée jusqu'à nos jours dans les identités et les antagonismes ethniques, politiques et culturels des Slaves du Sud. Les conflits nationalistes actuels ne peuvent se comprendre sans prendre en compte cette frontière presque millénaire entre la Rome d'Orient et la Rome d'Occident.

Mais l'évolution des **tribus slaves orientales**, qui s'étaient avancées jusque sur les rives de la mer Noire, qui avaient même attaqué Constantinople en 860 et qui édifieraient ensuite l'**Empire russe**, a été encore bien plus lourde de conséquences sur l'histoire du monde.

Kiev : la première phase de l'histoire russe

Dès le IXe siècle, sous les Riourikides – la première dynastie russe historiquement attestée, issue des Varègues scandinaves, eux-mêmes apparentés aux Normands –, les tribus slaves orientales de la **Roush** s'étaient rendues indépendantes des peuples orientaux des steppes, dans le **royaume de Kiev** [229]. La légende qui voudrait que l'apôtre André ait traversé la Russie en se rendant à Rome date de la fin du Xe siècle, mais (à l'inverse de ce qui s'est fait à Byzance, en réaction contre Rome) cette légende n'a donné lieu à aucune revendication ecclésiastique particulière [230]. Tout comme une première conversion de quelques nobles éminents vers le milieu du IXe siècle, le baptême de la princesse Olga de Kiev, en 955, ne fut d'abord qu'un épisode sans suite. Mais, en 988, son petit-fils, le prince Vladimir, qui, après sa victoire lors d'une guerre civile sanglante, cherchait un fondement idéologique durable pour son pays, fit entrer la Russie dans la communauté des peuples chrétiens : baptême du prince, mariage avec une princesse byzantine (« porphyrogénète » : « née dans la pourpre ») et baptême en masse de la population de Kiev dans les eaux du Dniepr [231].

Comme l'avait déjà été le baptême des Bulgares, celui des Russes fut une affaire politique mûrement réfléchie, qui visait à **faire entrer la Russie dans la tradition chrétienne du monde cultivé**. En Russie aussi, le christianisme ne se développa pas que d'en bas ; il fut finalement imposé d'en haut. Immédiatement après son baptême, Vladimir se préoccupa de construire des hôpitaux et des maisons pour les pauvres, et d'instaurer un système politique plus juste. Mais le christianisme resta longtemps plutôt l'affaire de l'élite politique et religieuse, tandis que le peuple demeurait souvent attaché à ses anciennes conceptions et à ses pratiques païennes. On comprendra dès lors que certains historiens russes aient adopté une attitude critique à l'égard de la chrétienté de Kiev, alors que d'autres, plus récents, comme G. Fedotov [232], ont essayé de compenser en présentant la période de Kiev comme l'« âge d'or de l'enfance », « comme un modèle sans pareil, une voie royale » pour le christianisme russe.

Au plus tard à partir du XIe siècle, la Russie entra elle aussi en relation avec Rome, et il lui fallut choisir entre le paradigme byzantin hellénistique et le paradigme latin romain. Elle choisit Byzance dans sa forme slave. Cela signifiait deux choses :

– D'une part, la Russie adopta la **langue liturgique et littéraire slave**, même si, contrairement à la légende, Cyrille et Méthode n'ont jamais été en Russie. L'influence de la Bulgarie fut forte à cet égard, sans aucun doute.

LE PARADIGME ŒCUMÉNIQUE HELLÉNISTIQUE

– D'autre part, la Russie **se soumit à l'organisation ecclésiastique byzantine**, sous l'autorité du patriarche de Constantinople. Celui-ci nommait le métropolite « de Kiev et de toute la Russie », dont l'Église s'étendait des forêts du Nord jusqu'aux Carpates et de la Baltique à la Volga inférieure. Pendant les deux cent cinquante premières années de l'histoire de l'Église russe, jusqu'au début de la domination tatare, il exerça une certaine influence sur la métropole russe, ce qui n'allait pas sans tensions. En effet, au cours de ces siècles, deux seulement des métropolites de Kiev furent des Russes [233] ; le reste du temps, ce furent toujours des Grecs, accompagnés le plus souvent de leurs propres clercs, artistes et diplomates. Mais à la différence des Bulgares et des Serbes, les Russes ne furent jamais formellement membres de l'Empire byzantin, si bien qu'aucune revendication d'autonomie politique ne venait troubler les liens religieux, affectifs et culturels qui attachaient la Russie à Byzance. Les légats que Vladimir avait envoyés à Constantinople en 987 avaient présenté Byzance sous un jour fascinant, soulignant la beauté de Sainte-Sophie et celle de la liturgie byzantine, qui évoquaient la présence de Dieu. Vladimir lui-même fit l'expérience de la supériorité de la « philosophie » byzantine en écoutant le discours d'un philosophe ou d'un théologien grec à Kiev. Et cette admiration resterait vivante en Russie.

La période de Kiev n'est pas qu'un préliminaire, comme on l'a parfois prétendu : c'est la première phase importante de l'histoire de la Russie et de sa chrétienté, que l'on a essayé de présenter – nous l'avons vu – comme un « âge d'or » : la période des saints (surtout Boris et Gleb, les deux fils de Vladimir assassinés par leur frère) et celle du fameux monastère des Cryptes de Kiev. Fondé par saint Antoine et saint Théodose († 1074), il organise la vie communautaire sur le modèle du monastère byzantin de Stoudios. Il devient le centre de formation du clergé russe (plus de cinquante évêques) et le centre spirituel du royaume de Kiev. On peut dire, sans risque de se tromper, que le christianisme russe a été fortement marqué d'entrée de jeu par le **monachisme** (on interrogeait plus la vie des saints byzantins que la théologie byzantine) et, dans l'esprit de la Byzance de l'époque, il avait aussi une orientation nettement **traditionaliste** ! Mais là aussi se jouait une « symphonie » entre Église et État, la direction revenant d'abord à l'Église, avec sa conception chrétienne du pouvoir, bien que les Slaves païens (comme les Germains) aient déjà connu une royauté sacrale.

Il est évident par ailleurs que cette évolution historique a puissamment contribué à étendre la sphère d'influence culturelle de Byzance. Des architectes grecs bâtissent maintenant de nombreuses églises, comme la cathédrale Sainte-Sophie de Kiev, décorée de mosaïques. Des Byzantins créent des écoles et fondent des villes en Russie, ce qui se traduit par un apogée culturel immédiatement avant le schisme entre Orient et Occident, sous le fils de Vladimir, Iaroslav le Sage, homme de grande culture (1019-1054). Iaroslav met toute une équipe au travail pour traduire de nombreux ouvrages byzantins : ainsi son règne marque les débuts de l'historiographie et de la littérature russes. A l'époque de l'invasion mongole (1240), la Russie compte déjà seize évêchés.

Bilan : au tournant du millénaire, le processus d'européanisation et de christianisation des peuples et des États slaves du Sud et de l'Est, qui fut surtout le fait de Byzance, est terminé, même si l'histoire de ces États – tantôt indépendants, tantôt non – reste extrêmement instable. Ainsi l'offensive des Mongols, au XIIIe siècle, qui, à partir de l'Asie, arrivent jusqu'aux confins de l'Europe centrale, ébranle fortement la cohésion culturelle de la chrétienté slave, tandis que l'Empire byzantin lui-même n'en est affecté que marginalement.

Ce n'est pas le lieu ici, dans le contexte de notre analyse des paradigmes, de retracer par le détail l'histoire très mouvementée des peuples slaves et de l'Empire byzantin tout au long de ces siècles : c'est un empire qui connut à plusieurs reprises un nouvel essor politique et culturel (efflorescence de la littérature et de l'art byzantins sous la dynastie macédonienne, de 867 à 1056, et surtout sous les Paléologues, de 1259 à 1453), mais il dut aussi faire face à d'incessants conflits sur ses longues frontières ; à partir du XIe siècle, il en fut réduit de plus en plus à se tenir sur la défensive face à la progression des Turcs musulmans à l'est et des Normands à l'ouest, aux soulèvements des Slaves et finalement aux croisades des Latins.

Mais pour comprendre les lignes de fracture actuelles, il nous paraît indispensable d'analyser de façon plus précise le conflit, à l'échelle de l'histoire du monde, qui va opposer l'ancienne et la

LE PARADIGME ŒCUMÉNIQUE HELLÉNISTIQUE

nouvelle Rome, la Rome des papes et celle des empereurs. En effet, tous les antagonismes politiques entre Byzance et les royaumes slaves (Bulgares et Serbes surtout) n'ont jamais détruit l'unité de l'orthodoxie de type byzantin, qui resta aussi le paradigme des Églises slaves. Mais le conflit entre Byzance et Rome, avec toutes ses implications politiques, relevait, en fin de compte, de l'élaboration de deux paradigmes extrêmement différents du christianisme. C'était un conflit en profondeur, qui brisa l'unité de l'Église et conduisit au schisme entre l'Église d'Orient et l'Église d'Occident, schisme qui dure toujours. Voilà ce qu'il nous faut essayer de comprendre.

10. COMMENT EN EST-ON VENU À CETTE SCISSION ENTRE L'ÉGLISE D'ORIENT ET L'ÉGLISE D'OCCIDENT ?

Si l'on veut comprendre l'aversion d'innombrables chrétiens orientaux à l'égard de Rome, aversion presque inextirpable, enracinée dans une longue histoire et redevenue plus virulente en 1989, il faut connaître les différents facteurs qui ont conduit au schisme entre Orient et Occident. Surmonter le passé entre Église catholique et Église orthodoxe n'est pas seulement un problème dogmatique et théologique, mais d'abord un problème historique et psychologique. Un survol de l'histoire – bien qu'elle soit familière aux slavistes et aux byzantinistes – s'avère ici nécessaire [234].

Les deux Églises deviennent de plus en plus étrangères l'une à l'autre

Quelque étrange que cela puisse paraître, le schisme entre Église d'Orient et Église d'Occident ne peut être daté. Il n'y a pas *une* date de séparation, mais une longue histoire de séparation. Ainsi Jean Meyendorff, théologien russe orthodoxe trop tôt décédé, professeur d'histoire de l'Église et de patristique au séminaire orthodoxe Saint-Vladimir, à New York, a écrit à juste titre : « Tous les historiens reconnaissent aujourd'hui que l'Orient et l'Occident se sont séparés par suite d'un éloignement **progressif**, qui les a rendus de plus en plus étrangers l'un à l'autre et qui coïncidait avec la montée, **progressive**, elle aussi, de l'autorité papale [235]. » L'historien catholique Francis Dvornik (Washington), qui est sans doute le meilleur connaisseur de la genèse du schisme entre l'Est et l'Ouest, constate : « Si nous considérons l'évolution byzantine concernant la papauté et sa position dans l'Église, nous devrons reconnaître que l'extension de l'autorité absolue et directe du pape sur tous les évêques et les fidèles, prêchée par les réformateurs [du XIe siècle], était, pour la mentalité byzantine, en contradiction avec la tradition qui était familière à Byzance [236]. »

En considérant l'histoire diversifiée des peuples slaves, nous avons déjà vu que leur scission est le résultat d'un changement de paradigme en Occident ! Effectivement, plus le temps passait, plus il était clair qu'entre Rome et Byzance il en allait de la constitution de **deux paradigmes du christianisme totalement différents** : un paradigme nouveau, latin, catholique romain (P III, qu'il nous reviendra d'analyser), à côté du paradigme hellénistique de l'Église antique (P II), dont Byzance peut être considérée comme l'héritière.

Il est, certes, incontestable que, du fait de sa **grécisation** croissante depuis Justinien, l'Orient a contribué à sa façon à une évolution particulière du paradigme jadis commun à l'Orient et l'Occident, et donc à leur éloignement mutuel. Les élites grecques – à la différence des apôtres des Slaves, Cyrille et Méthode – s'étaient toujours refusées à adopter le latin ou encore, en Syrie ou en Égypte, les langues orientales locales (qui plus est, désormais « hérétiques »). Elles alimentaient ainsi un peu partout des ressentiments antibyzantins. On peut retenir comme facteurs importants d'éloignement les faits suivants :

– Des **langues** différentes dans l'Église d'Orient et dans l'Église d'Occident : elles ont souvent conduit à un enkystement spirituel et culturel réciproque et, de ce fait, à de nombreux malentendus jusque dans la terminologie théologique elle-même. Même un pape de grande culture comme Grégoire le Grand (590-604), qui avait été ambassadeur à Constantinople, ne parlait pas le grec – tandis que les patriarches byzantins, de leur côté, ne maîtrisaient pas le latin. Pour communiquer ils devaient donc toujours s'en remettre aux traducteurs, aux secrétaires et aux experts.

– Des **cultures** différentes, avec des valeurs et des attitudes spirituelles différentes : les Grecs paraissaient hautains, chicaneurs et rusés aux yeux des Latins, auxquels les Grecs reprochaient leur inculture et leur barbarie. On était encore peu ou mal informé sur les évolutions chez le partenaire (le mouvement médiéval de réforme, par exemple, à partir de Cluny).

– Des **rites** différents : pour les Orientaux ils ne représentent pas seulement une différence de cérémonial liturgique, mais toute une forme de vie ecclésiale et de foi spécifique, tout aussi justifiée que l'autre ; elle englobe la théologie, le culte, la piété, le droit ecclésiastique, la constitution et l'organisation de l'Église. A partir du Ve siècle, on assiste à un développement différent de ces rites liturgiques, du calendrier liturgique, du culte des saints, des formes de piété et du sentiment religieux lui-même, si important – et tout cela en dépit d'un dogme commun. Dans l'Église d'Orient, le sacrement de pénitence reste le monopole des moines. Les clercs orthodoxes barbus, mariés, sont des bêtes curieuses aux yeux des Latins, tandis que les Orientaux, à l'inverse, n'éprouvent que répulsion pour les prêtres latins rasés, célibataires.

Mais ces facteurs culturels et religieux, puis également sociaux et psychologiques, devaient-ils nécessairement aboutir à une division ? Nullement. Certains **facteurs de politique ecclésiastique** furent **déterminants**. Certes, dans les démêlés souvent extrêmement embrouillés des Églises, Rome et Byzance ne se montrèrent que trop souvent provocatrices, engageant des manœuvres diplomatiques qui auraient pu être évitées. Mais ce qui fut déterminant, c'est sans doute ce que Meyendorff a appelé la « montée progressive de l'autorité papale », dans laquelle l'Église d'Orient voit toujours une menace, même si elle reconnaît en l'évêque de Rome le premier patriarche de la chrétienté. C'est ce que confirme, dans la perspective qui est la nôtre aujourd'hui, Francis Dvornik, qui a balayé nombre de préjugés occidentaux à l'encontre de Photius, le patriarche de Constantinople : « On peut dire à juste titre qu'aujourd'hui le seul obstacle sérieux au rapprochement des Églises orthodoxes et de l'Église catholique est la question de la primauté romaine. Les autres obstacles, en particulier les différences rituelles et liturgiques, qui ont joué un si grand rôle dans la littérature polémique grecque et latine du XIe au XVe siècle, peuvent être considérés comme surmontés [237]. »

Certes, l'Orient aussi (nous l'avons vu) a modifié son ecclésiologie sous influence hellénistique, plus qu'il n'en avait lui-même conscience, et c'est ainsi qu'il a progressivement acquis son indépendance. Mais l'Orient avait récusé dès l'abord une Église unitaire, monarchique, absolutiste, centralisée comme celle qui se constituait lentement en Occident : il y voyait une innovation inacceptable. La conception orientale (et africaine !) de l'Église trouve toujours son fondement non dans un évêque universel, mais dans la *koinonia*, la « communion » des croyants, des Églises locales et leurs évêques. On ne s'attache pas autant à l'aspect juridique que chez les Romains. Ce n'est pas le *jus canonicum* (le droit canon), mais les sacrements, la liturgie, les symboles de la foi qui sont au cœur d'une Église qui se considère comme une communion d'Églises fédérées, à direction collégiale.

Certes, le patriarche de Constantinople se comporte de plus en plus en détenteur d'une autorité canonique autonome, puisque l'Orient ne reconnaît pas de concile œcuménique postérieur au septième. Un droit byzantin reposant sur des décrétales (des articles juridiques) commence à se développer ; il donnera lieu ensuite, comme en Occident, à une science canonique (qui est le fait de juristes) très élaborée dans certains domaines. Mais il faut bien reconnaître que l'Église d'Orient, qui se considère justement comme l'**Église des sept conciles** (de Nicée I en 235 à Nicée II en 787), a bien mieux conservé le cadre de l'Église des origines que l'Occident. En matière de constitution de l'Église, la chrétienté d'Orient est plus fidèle au Nouveau Testament que l'Église romaine d'Occident. Et les Églises réformées d'Occident ont retrouvé plus tard plusieurs traits fondamentaux de cette organisation de l'Église.

A Rome, au fil du temps, on s'éloigna de plus en plus de cette constitution de l'Église. Mettant en œuvre toutes les ressources du droit canonique, de la politique et de la théologie, on visa à établir le primat romain sur toutes les Églises et à instaurer donc aussi en Orient un système ecclésiastique centralisé, taillé sur mesure pour Rome et le pape. Dans les relations entre les Églises d'Orient et d'Occident, le climat fut de plus en plus à l'incompréhension, à la tension et à la division. Le processus historique et psychologique de maîtrise du passé, plus urgent que jamais aujourd'hui, nous impose d'avoir présentes à l'esprit **trois phases de cet éloignement**, et de les aborder avec toute l'honnêteté et toute la loyauté historiques possibles.

*Phase 1 : la nouvelle Rome
contre l'ancienne Rome (IVe-Ve siècles)*

Si l'empereur romain n'avait pas quitté les rives du Tibre, les évêques de Rome n'auraient jamais pu asseoir et développer leur autorité d'une façon aussi « impériale ». Mais l'empereur, précisément, était parti pour la « nouvelle Rome », et l'« ancienne Rome », si longtemps invincible, allait d'abord être la victime de la nouvelle constellation politique du monde liée aux migrations des Germains. En 410, pour la première fois de toute sa longue histoire, Rome tombe aux mains des assaillants – les armées d'Alaric, chef des Goths de l'Ouest – qui la pillent trois jours durant. Quel événement monstrueux, proprement apocalyptique ! C'en est fait de Rome comme centre politique et administratif ! Les dieux châtient la Rome devenue chrétienne, disent les païens. Dieu châtie l'ancienne Rome païenne ou encore restée païenne, disent les chrétiens. Qui a raison ?

Ce qu'avait représenté Rome ne s'était-il pas trouvé remplacé depuis longtemps – conformément au sage plan de la Providence – par la nouvelle Rome, la seconde Rome, maintenant chrétienne ? Ainsi voyait-on les choses à Byzance. En Occident, il en allait tout différemment, ainsi que nous le verrons dans un contexte ultérieur (P III). Rome ignora de plus en plus, sciemment, les prétentions de Byzance. Les évêques de Rome mirent tout en œuvre pour remplir de leur propre pouvoir le vide créé par les migrations de populations et les troubles auxquels elles donnaient lieu.

Se targuant d'un « primat de Pierre », on travailla de plus en plus à légitimer et à défendre la prétention de Rome à diriger l'Église et la politique – jusqu'à percevoir l'impôt. Byzance, qui avait bien d'autres soucis, y voyait tout naturellement une obstruction... à

l'unique autorité légitime de l'empereur. En tout cas, on se comprenait de moins en moins entre Orient et Occident, et on commença à **se disputer mutuellement à propos de l'hégémonie politique et ecclésiastique** :
— L'**ancienne Rome** cherchait à faire prévaloir le **principe de l'Église papale**, ce qui avait déjà conduit à une première rupture entre Orient et Occident au synode de Sardique (nom latin de l'actuelle Sofia), en 342. Mais c'est à la fin du Ve siècle seulement qu'un pape comme **Gélase Ier** revendiqua une autorité absolument indépendante de celle de l'empereur, une autorité sacerdotale suprême et plénière sur toute l'Église.
— La **nouvelle Rome**, de son côté, défendait – en usant souvent de moyens tout aussi peu délicats – le **principe de l'Église impériale**, qui retrouva une vigueur nouvelle aux VIe-VIIe siècles, et on chercha à l'imposer sans compromis, y compris en Occident. Ainsi l'**empereur Justinien** (dans la querelle des Trois Articles, au VIe siècle) et **Constant II** (dans la querelle monothéiste, au VIIe siècle), s'appuyant sur la conception traditionnelle de leur fonction, se saisirent tout simplement du pape récalcitrant et l'emmenèrent à Constantinople pour le contraindre à se soumettre à leur volonté impériale en matière dogmatique comme en matière politique. Il n'y avait évidemment pas trace encore d'une infaillibilité du pape de Rome ! Le conflit atteignit alors un premier paroxysme.

Phase 2 : un Germain sur le trône impérial et le schisme de Photius (VIIIe-IXe siècles)

Trahison de l'Empire, trahison de l'État et de l'Église : tel était le grief formulé par nombre d'Orientaux au VIIIe siècle. Que s'était-il passé ? Le pape Étienne II s'était rendu à la cour de **Pépin, roi des Francs**, pour qu'il lui garantisse un État ecclésiastique aux dépens de territoires qui relevaient jadis de Byzance (c'est la « donation de Pépin », en 754). Mais ce geste était un outrage éclatant à l'unité politique du monde chrétien, unité que l'on avait maintenue jusque-là comme une réalité sacro-sainte. Le pape agissait en souverain politique d'un territoire qui relevait jusqu'alors de la seule autorité impériale. Et c'est pour des raisons purement politiques qu'il s'était tourné vers les « Barbares », ennemis de l'Empire. La rupture politique devint définitive quand, cinquante ans plus tard, le pape Léon III fit un pas de plus : de sa propre autorité, il conféra le **titre d'empereur**, réservé jusque-là à l'empereur de Byzance (et à ses représentants), à un prince barbare, **Charles, roi des Francs**, en l'inoubliable nuit de Noël de l'an 800, à Saint-Pierre de Rome. Essayons de voir avec les yeux de Byzance (P II) ce que nous verrons plus loin avec des yeux latins (P III) : l'évêque de Rome couronne empereur romain un prince barbare, comme s'il n'y avait plus d'empereur romain... Conséquence : un Occidental, un Germain, est devenu le nouvel empereur par la grâce du pape, et il fait face à l'unique empereur romain légitime en Orient ! Un État germanique sacralisé par la papauté est désormais en concurrence avec l'État byzantin, porteur du salut. Aux yeux des Byzantins, l'ancienne Rome a définitivement sombré dans l'hérésie, et c'est ce que pensent toujours nombre de chrétiens orientaux, y compris des théologiens.

La rupture politique sera suivie, quelques décennies plus tard, au milieu du IXe siècle, par la rupture ecclésiale. Inutile de décrire ici les événements très complexes qui ont suivi la querelle des Images, avec les deux patriarches déjà cités, Ignace et Photius[238]. Après la destitution du moine Ignace (successeur de Méthode), dont la nomination par l'impératrice Théodora n'avait de toute façon pas été canonique, on choisit finalement pour patriarche **Photius**, un homme cultivé, chef de la chancellerie impériale, un laïc à qui il fallut conférer tous les ordres en l'espace de cinq jours. Voilà qui allait servir de prétexte au pape **Nicolas Ier** (sans doute encouragé par les fausses décrétales dans l'idée qu'il se faisait de sa fonction) de faire valoir énergiquement ses prétentions sur l'Illyrie (que l'empereur Léon III, profitant de la faiblesse de Rome au VIIIe siècle, avait placée sous la souveraineté de Byzance) et sur toute l'Église orientale. Sans autre forme de procès, il fit destituer le patriarche byzantin par un synode romain en 867... A quoi un synode réuni à Byzance répondit par la destitution du pape : c'est le **schisme de Photius** !

Les travaux occidentaux les plus récents sur Photius – V. Grumel, F. Dvornik, H.-G. Beck et bien d'autres – ont mis en lumière la stature spirituelle de cet homme, souvent si vilipendé en Occident : Photius était un remarquable philologue, qui connaissait la patristique, et un exégète qui avait publié plusieurs commentaires de la Bible, des écrits théologiques et un lexique des auteurs antiques et de la Bible ; il ne cherchait nullement à diviser, et ses adversaires eux-mêmes reconnaissaient en lui un théologien et un homme d'Église. C'était aussi un évêque qui avait un grand sens pastoral, sans respect humain ; il avait pris une part décisive dans la propagation de la foi chrétienne parmi les Khazars, les Bulgares, les Moraves et les Russes, et il est toujours vénéré en Orient comme un saint. Photius reconnaissait le primat, par tradition, de Rome (sans juridiction sur les autres patriarcats) ; il travailla à la réconciliation avec les Arméniens et assura de son soutien la mission de son ami Cyrille et de son frère Méthode, ainsi que la mission en Bulgarie. Il serait en tout cas totalement déplacé de le présenter comme un adversaire illégitime du pape. Il n'a rien fait d'autre, au fond, que défendre résolument l'autonomie traditionnelle du patriarche de la Rome d'Orient – contre la conception nouvelle, juridictionnelle et totalement centralisée, de la primauté du patriarche d'Occident qui était en train de se développer et qui éclatait au grand jour avec les excès de la mission franque en Bulgarie et le mépris des usages grecs dont faisait preuve Nicolas Ier. Que se passa-t-il en réalité ?

Dans une lettre circulaire d'invitation à un synode devant se réunir à Constantinople, Photius avait résumé les points litigieux avec Rome. Outre le célibat ecclésiastique, il y était aussi fait mention, pour la première fois, d'une question dogmatique. Photius s'inquiétait d'un **ajout du Credo** de la part des missionnaires romains en Bulgarie. C'est en Espagne (surtout au synode de Tolède, en 675, qui entendait contrer les tendances ariennes de l'élite des Goths occidentaux [239]) que l'on avait en fait commencé à ajouter à l'article sur le Saint-Esprit, à l'encontre du texte original de la confession de foi de Nicée-Constantinople, la formule « et du Fils » *(Filioque)* : « l'Esprit qui procède du Père et du Fils ». Charlemagne avait déjà poussé le pape Léon III à accepter cet ajout, qui se répandit par la suite dans tout l'Occident, après le synode d'Aix, en 809. Mais il faudra attendre Henri II et son couronnement impérial à Rome (vers 1013) pour que le *Filioque* soit aussi adopté à Rome. Qu'est-ce qui se cachait derrière cette doctrine latine de deux principes ? Nous le verrons plus précisément dans le cadre du paradigme latin (P III) : il s'agissait ni plus ni moins d'une conception différente de la trinité de Dieu. En **Orient**, on restait attaché au principe de l'unité – l'unique Dieu et **Père** –, tandis que l'**Occident** parlait de l'unique **nature** divine, commune aux trois personnes [240].

Or, peu après le concile de 867, les événements dramatiques se précipitent : le pape Nicolas Ier meurt sans avoir eu vent de sa condamnation à Byzance. L'empereur Michel III est assassiné et son meurtrier, Basile Ier de Macédoine, oblige Photius à démissionner ; il le fait pour rallier à lui les cercles conservateurs de Byzance et le nouveau pape Adrien II, et pour réinstaller Ignace sur le siège patriarcal. En 869-870, un nouveau concile de Constantinople, qui ne compte que douze évêques au début et cent trois à la fin, entièrement sous le contrôle des légats du pape, excommunie et bannit Photius. Mais ce dernier garde l'appui de la grande majorité des évêques : il est finalement rappelé d'exil, nommé précepteur du prince et, face aux difficultés avec Rome, finit par se réconcilier avec Ignace. Dès la mort d'Ignace, en 877, Photius remonte sur le trône patriarcal, et le **concile de Constantinople de 879-880**, auquel prennent part trois cent quatre-vingt-trois évêques, le réhabilite avec éclat. Les décisions du concile de 869-870, hostiles à Photius, sont abrogées – c'est pourquoi, jusqu'à la fin du XIe siècle, ce concile n'est pas considéré comme un concile œcuménique, y compris en Occident. Le pape, qui est maintenant Jean VIII, reconnaît explicitement le concile de 879-880, favorable à Photius, et ses successeurs en feront autant pendant deux siècles – jusqu'à la réforme grégorienne, au IXe siècle. Dans le cadre de la querelle des Investitures, des canonistes grégoriens entreprennent alors d'exhumer le canon 22 du concile de 869-870 (convoqué contre Photius) et de l'utiliser contre l'empereur allemand : dès lors, l'Occident a intérêt à considérer ce concile comme le huitième concile œcuménique, ce que n'acceptera évidemment jamais l'Orient. Mais le concile de 879-880 a abouti à un sage compromis : reconnaissance de la primauté romaine traditionnelle pour l'Occident, mais refus de toute juridiction papale pour l'Orient ; confirmation, aussi, du texte original du Credo (sans le *Filioque*).

Ce qui est sûr, c'est que la confiance de l'Église byzantine en Rome, que l'on avait toujours traitée jusque-là avec déférence, en fut durablement ébranlée. Mais à Constantinople aussi l'ingratitude est la récompense des puissants : Photius lui-même s'était généreusement efforcé, pendant son deuxième patriarcat, de faire la paix avec tous ses adversaires, mais il fut contraint par l'empereur Léon V – qui avait été son élève et qui nommerait ensuite patriarche son propre frère, âgé de 16 ans ! – à démissionner en 886 ; il mourut en exil en Arménie, en 891. L'Église de l'ancienne Rome n'avait donc pas le monopole d'une politique autocratique, la nouvelle Rome n'hésitait pas non plus à imposer sa volonté et ne reculait pas devant les intrigues. Mais si l'on s'avise en Occident de critiquer le système de l'orthodoxie politique d'Orient, il faut critiquer aussi le système de la politique de Rome, élevée au rang d'une théologie qui s'épanouira pleinement au XIe siècle – après l'effondrement de la papauté au Xe siècle (le *saeculum obscurum*).

*Phase 3 : excommunication, scolastique
et croisades (XIe-XIIe siècles)*

Une papauté réformée et revigorée par les empereurs allemands était en état d'engager une nouvelle épreuve de force avec Constantinople. Face à la menace que les Normands, qui avaient pris le relais des Arabes, faisaient peser sur le sud de l'Italie, le pape de Rome et l'empereur byzantin avaient tout intérêt à conclure une alliance militaire et à s'entendre en matière théologique. La campagne du pape réformateur allemand Léon IX contre les Normands et les interventions romaines dans les provinces byzantines du sud de l'Italie (pour substituer la liturgie latine à la liturgie grecque) provoquèrent une violente réaction de la part du patriarche Michel **Cérulaire** de Constantinople (1043-1058), qui déclencha un nouveau conflit. Cérulaire incita Basile d'Ochride, l'archevêque de Bulgarie, à écrire une lettre virulente contre les usages liturgiques des « Francs » (les Latins), en particulier contre le recours à du pain non fermenté (azyme) pour l'Eucharistie, contre le jeûne des samedis de carême et d'autres différences rituelles de ce genre. Le *Filioque* n'est pas évoqué. Cérulaire menaçait en même temps de fermer les églises des Latins à Constantinople si elles n'adoptaient pas le rite grec.

Le malheur voulut que ce patriarche sans culture théologique et excessif dans ses prises de position eût affaire à un adversaire tout aussi excessif et tout aussi imbu de préjugés théologiques, en la personne du cardinal **Humbert** de Silva Candida, à la tête de la délégation romaine à Constantinople. Il avait déjà répondu avec une ironie mordante à la lettre contre les « Francs » dans un *Dialogue entre un Romain et un citoyen de Constantinople*. Le légat du pape était en effet un partisan acharné du mouvement de réforme clunisien et le principal théoricien d'un pouvoir absolu du pape ; les fondements de cette théorie, nous le verrons, étaient plus que douteux.

Dès son arrivée, Humbert conteste le titre de patriarche œcuménique, va jusqu'à émettre des doutes sur la validité de sa consécration et s'en prend publiquement au patriarche lui-même. Il insulte un moine stoudite qui prend la défense des usages orientaux : à l'en croire, ce dernier ne sort pas d'un couvent, mais d'un bordel. Il en vient aussi à parler du *Filioque*, comme si c'étaient les Byzantins, et non les Latins, qui avaient changé quelque chose au Credo. Quand Humbert, comme on pouvait s'y attendre, se rend compte qu'il n'arrivera à rien par des négociations, il rédige lui-même, bien qu'il ait appris entre-temps la mort du pape, une **bulle d'excommunication** de l'évêque Cérulaire et de ses auxiliaires. Il la dépose sur l'autel de Sainte-Sophie le 16 juillet 1054 et repart à la tête de sa délégation. Cette bulle est remplie d'affirmations erronées (sur l'ordination des prêtres et le port de la barbe, par exemple) et provoque naturellement une excommunication en retour portée par le patriarche contre le cardinal et sa suite (mais non contre le pape).

C'est donc la **rupture**, faute d'alliance entre Rome et Byzance ! On cherche aujourd'hui, notamment pour des motifs œcuméniques, à minimiser autant que possible ces événements fatals : ce ne sont pas vraiment les Églises, dit-on, qui se sont mutuellement excommuniées, mais des personnes isolées. Cependant, à partir de cette date il n'est plus fait mention du nom du pape dans la liturgie byzantine, et à Constantinople les églises des Latins restent fermées. La réalité est incontournable : alors même que l'on discutera souvent par la suite et qu'une paix pourrait être trouvée, la rupture entre les Églises d'Orient et d'Occident était irrémédiable ! L'antique prétention byzantine et la prétention nouvelle des papes s'excluent mutuellement. Depuis lors, les papes considèrent l'Église grecque comme séparée de Rome : elle est schismatique, et par suite aussi « hérétique ».

Depuis la fin de l'exarchat byzantin de Ravenne (751) et la « dotation de Pépin » (754), le pape ne se considérait déjà plus comme un sujet de l'empereur. La réforme grégorienne entreprise déjà avant Léon X avec les évêques allemands dans l'ancienne Rome (Léon IX avait fait venir à la cour de Rome Hildebrand, le futur Grégoire VII, en même temps que Humbert) et la théologie scolastique latine, toute différente de la théologie orientale, cimentèrent la séparation. En Occident, où régnait également une théocratie chrétienne, s'était fait jour un nouveau paradigme, totalement différent de celui de l'Église antique (pas seulement byzantine), un paradigme spécifiquement catholique romain (P III) (F. Dvornik [241]). On espérait cependant des deux côtés une réconciliation.

Le point le plus bas des relations mutuelles n'était pas encore atteint : il serait le fait des **croisades** qui débuteraient vers la fin du XIe siècle. Elles offraient l'occasion à Rome non seulement de repousser l'islam devenu menaçant, mais aussi de ramener sous l'autorité papale l'Illyrie (la plus grande partie des Balkans!) et l'insubordonnée Église « schismatique » de Byzance elle-même. Il y avait déjà eu des actes de violence des deux côtés. Mais maintenant l'occasion se présentait d'imposer l'unité, si nécessaire par la force armée, après l'échec de tous les appels à l'unité et de toutes les négociations. L'empereur byzantin, menacé à la fois par les Normands dans le sud de l'Italie et par les Seldjoukides turcs en Asie Mineure, était à la merci de l'aide du pape, mais voulait et devait cependant préserver l'autonomie de l'Église orthodoxe en matière de dogme, de rite et d'organisation ecclésiale (H.-G. Beck [242]).

Ainsi l'empereur Alexis Ier Commène coopéra avec le pape Urbain II pour organiser la première croisade (point de ralliement : Constantinople!), sans se douter que le système de l'orthodoxie politique s'en trouverait bientôt menacé de l'intérieur. En effet,

LE PARADIGME ŒCUMÉNIQUE HELLÉNISTIQUE

l'empereur et le pape perdirent rapidement le contrôle sur le cours des événements et, sous l'influence de la politique normande, les croisades contre l'islam ne tardèrent pas à s'en prendre également à Byzance, que l'on accusait faussement de trahison en Occident, sur la base d'une désinformation prenant des formes multiples. Soyons clairs : la chrétienté orientale ne peut pas oublier le traumatisme que représenta l'engagement du pape dans la « guerre sainte », avec les innombrables atrocités dont elle s'accompagna, une guerre contre l'islam qui devint aussi guerre contre l'Église sœur d'Orient. Ce fut un grand triomphe pour Rome – mais au prix d'une détérioration sans précédent des relations entre les Églises d'Orient et d'Occident. En 1204, **les troupes de la quatrième croisade, de l'Occident latin donc, prirent Constantinople et pillèrent la ville** ! Essayons de voir l'affaire, là encore, avec les yeux des Byzantins :

– L'empereur (le seul empereur légitime pour Byzance) et le patriarche de Constantinople (mis sur un pied d'égalité avec le pape, patriarche d'Occident) sont déportés à Nicée, sur le sol de l'Asie Mineure (« royaume impérial de Nicée »).

– Au mépris de tout droit, on installe à Byzance un empire latin (le comte Baldwin de Flandre est couronné empereur de Byzance !), en même temps qu'un patriarcat latin, avec une hiérarchie structurée à la latine.

– Tout le clergé grec se voit contraint de prêter serment d'obéissance à Rome, et les territoires orthodoxes conquis sont ainsi largement latinisés.

– Le pape Innocent III charge un cardinal romain de couronner Ivan Kalojan « empereur des Bulgares et des Valaques [Roumanie] ».

L'empereur byzantin, qui avait un besoin urgent d'alliés, conféra **l'autonomie à l'Église serbe** et lui donna pour archevêque Sava, un moine du mont Athos, frère du premier roi de Serbie. Saint Sava est toujours vénéré comme le père de l'orthodoxie et de l'État serbes. Mais l'État croupion byzantin de Nicée, totalement désorganisé des points de vue militaire et économique, ne put reprendre Constantinople qu'en 1261.

HISTOIRE

La réconciliation est-elle possible ?

C'est en 1204 que la rupture entre Rome et Byzance est devenue irréversible : l'idée d'une réconciliation des Églises chrétiennes était définitivement morte. Rome avait elle-même miné ses propres remparts en Orient. Les tentatives d'union ultérieures, qui furent le fait de papes et d'empereurs byzantins faibles – deuxième concile de Lyon en 1274, concile de Ferrare-Florence en 1438-1439 [243] –, n'ont pas reposé sur des motivations religieuses, mais politiques : elles étaient surtout le fait de l'empereur, face à la menace des Turcs et à la crise financière, tandis que le peuple byzantin et la grande majorité de la hiérarchie y étaient opposés. En Orient, on y voyait une capitulation complète devant Rome, et, du reste, l'on voyait aussi les choses ainsi à Rome. Ces tentatives d'union aggravèrent le schisme au lieu d'y mettre fin, elles plongèrent Byzance dans des conflits internes, et les compromis qu'elle avait acceptés ébranlèrent sa crédibilité dans tout le monde chrétien slave. On s'habituera si bien au schisme qu'on ne le ressentira plus guère comme une fissure de l'Église, mais comme le *statu quo* naturel permettant à chaque partie de voir dans l'autre une image caricaturale d'elle-même.

Après le « concile d'union » de Florence, personne ne pouvait se douter qu'il faudrait attendre plus de cinq cents ans avant que l'on se préoccupe à nouveau sérieusement du rapprochement entre Rome et les Églises orientales. La chrétienté de notre siècle est en effet redevable – après l'activité préliminaire infatigable et persévérante de théologiens œcuméniques, des côtés tant catholique qu'orthodoxe – d'abord au pape Jean XXIII et au deuxième concile du Vatican (1962-1965), puis au pape Paul VI et au patriarche Athénagoras de Constantinople d'avoir mis au jour l'histoire douloureuse de l'ignorance mutuelle séculaire et de la séparation de neuf cents ans et d'être arrivés au moins pour une part à une certaine compréhension et à un *modus vivendi*. Et précisément parce que le pape actuel, d'origine polonaise, après l'effondrement de la puissance soviétique, a ranimé de façon irresponsable – par sa « politique missionnaire » romaine à courte vue en Russie, en Bulgarie et en Ukraine – les oppositions, il nous faut ici, dans l'esprit œcuménique de la compréhension mutuelle, formuler quelques questions critiques, porteuses d'espoir pour un avenir meilleur.

Questions pour l'avenir

• Si, conformément à Vatican II, la diversité des Églises, loin d'affaiblir l'unité, la consolide, si les Églises d'Orient ont les mêmes droits que celles d'Occident, si elles ont le droit et le devoir de cultiver leur propre liturgie, leur propre droit et leur propre spiritualité, ne pourrions-nous pas trouver là le fondement d'une nouvelle communauté ecclésiale entre Orient et Occident ?

• Si, conformément à Vatican II, il faut restaurer les anciens droits et les privilèges des patriarches orientaux et notamment leur laisser le soin de nommer les évêques, ne faudrait-il pas discuter enfin du problème du primat romain, tellement sujet à controverses entre l'Orient et l'Occident, et lui apporter une solution œcuménique, en s'appuyant sur les sept conciles œcuméniques reconnus par les deux côtés et sur le consensus des anciens Pères ?

• Si le compromis du concile de Constantinople de 879-880 a été entériné par Rome plusieurs siècles durant, ne pourrions-nous pas lui reconnaître une fonction d'orientation pour le temps présent – l'Occident acceptant le primat de droit de l'évêque de Rome, l'Orient récusant toute juridiction papale, comme il l'a toujours fait, et se trouvant confirmé dans le texte originel du Credo (sans le *Filioque* ajouté plus tard) ?

• Quand, à la fin du deuxième concile du Vatican, le 7 décembre 1965, le pape Paul VI et le patriarche Athénagoras ont « effacé de la mémoire de l'Église » l'excommunication mutuelle et déploré le schisme de l'Église, n'aurait-il pas été logique, en levant les excommunications, de restaurer l'intercommunion ?

Mais, à l'époque, Byzance était condamnée à une mort lente. Et on peut se demander, après coup, si l'idéal byzantin d'une domination universelle de type néo-romain, conférée par Dieu lui-même, n'était pas excessif dès le départ et voué à l'échec face aux possibilités d'action limitées de cet empire.

La fin de Byzance, mais non celle de l'orthodoxie

Alain Ducellier, l'un des meilleurs connaisseurs de l'histoire et de la culture byzantines, note l'« insatisfaction latente qui traverse l'histoire de l'empire d'Orient comme un fil rouge » ; il la voit dans cette **tension entre un idéal démesuré et des possibilités politiques insuffisantes.** Mais lui aussi constate, non sans une certaine admiration peut-être : « En tant que personne chrétienne collective, l'orthodoxie voit son idéal de perfection terrestre presque toujours déjoué par une réalité contraire, sans pour autant jamais remettre en question ses buts de domination universelle, puisqu'ils sont ceux de Dieu lui-même. Dans ses plus noirs désastres, le pouvoir orthodoxe n'admet pas qu'une de ses prétentions puisse être devenue irréalisable, qu'un de ses territoires puisse avoir été à jamais perdu [244]. »

Quoi qu'il en soit, l'expression byzantine, sous forme d'une Église d'État, du paradigme de l'Église antique hellénistique a pu se maintenir plus de mille ans, bien que Byzance ait dû constamment s'adapter à des situations politiques changeantes, contrainte qu'elle a été de chercher sans cesse un nouveau centre et de nouvelles frontières à son pouvoir [245]. Si sous Justinien Byzance avait été une puissance méditerranéenne, à l'époque de son apogée elle devint une puissance eurasienne, pour se muer ensuite en puissance égéenne. Dans sa dernière phase, elle se réduisit à un royaume minuscule : Constantinople et le Péloponnèse.

En cette dernière phase, Byzance fut entièrement à la merci de l'aide de l'Occident. Mais cette aide ne vint pas – en dépit de l'union des Églises proclamée à Florence. L'Occident était trop désuni, Rome avait trop peur de s'engager, mais Byzance elle-même était trop exsangue, paralysée et grevée de ressentiments antilatins. Au vu des préparatifs de guerre manifestes de l'énergique jeune sultan Mehmet II, le pape envoya à Constantinople le cardinal Isidore : sa proclamation de l'union avec Rome, cinq mois avant la chute, dans Sainte-Sophie, et la messe romaine qu'il y célébra au grand dam du clergé et du peuple byzantin ne furent d'aucun secours à quiconque. Au mieux, ce geste s'adressait aux cercles qui préféraient une union avec Rome à une entente avec les Turcs. Le siège dura sept semaines ; l'armée turque était presque dix fois plus nombreuse, en possession d'une meilleure artillerie, de portée supérieure (due à des ingénieurs occidentaux !). Il faut lire le récit de la **prise de Byzance**, décrite en détail par un connaisseur éminent, le byzantiniste britannique Steven Runciman, et de la mort du dernier empereur byzantin dans la bataille – mort restée inexpliquée à ce jour – pour ressentir concrètement le caractère dramatique de cet événement de portée mondiale [246]. La seconde Rome, protégée par son site unique et ses fortifications, tomba le 29 mai 1453. Après onze siècles, l'œuvre de Constantin le Grand trouva une fin tragique en la personne de Constantin IX. Les incroyables richesses de la ville, ses trésors artistiques inestimables, ses vases liturgiques, ses icônes et ses manuscrits tombèrent aux mains des pillards, trois jours et trois nuits durant, avant que le sultan lui-même ne fasse son entrée triomphale.

L'Empire ottoman disposait maintenant d'un centre naturel, rebaptisé « Istanbul », qui reliait les possessions européennes et asiatiques, un empire turc qui s'étendait de la Mésopotamie à l'Adriatique et devait bientôt inclure aussi les autres pays balkaniques. Mais pour le monde chrétien, voilà qu'après la perte des pays d'origine du christianisme, au Proche-Orient et en Afrique du Nord, la grande forteresse orientale de Byzance était tombée elle aussi aux mains de l'islam. La politique antibyzantine du siège romain, des siècles durant, fut coresponsable de cette chute. On comprend que la méfiance et l'aversion des Orientaux à l'égard de Rome et des Latins aient été totales depuis la chute de Constantinople. Face au prosélytisme latin on ne cessera de répéter, au fil des siècles suivants, les slogans d'alors : plutôt la mort que Rome, plutôt le turban que la mitre !

Mais le plus étonnant, c'est que la fin de Byzance ne marque nullement la fin du paradigme hellénistique de l'Église antique. En effet, ce paradigme (P II) n'a pas sombré comme ce fut le cas du paradigme judéochrétien (P I). Au contraire, la foi orthodoxe et le christianisme oriental, si différents de ceux des Latins, ont fait l'unité des Grecs, des Slaves du Sud et du Nord en ces « siècles noirs » de la domination musulmane ; ils les ont préservés d'une dissolution dans l'islam (souvenons-nous des communautés chrétiennes du Proche-Orient et d'Afrique du Nord). Le paradigme hellénistique de l'Église antique, qui fut d'abord celui de l'ancienne Rome, est maintenant endossé, avec toutes ses traditions politiques et religieuses – et, comme toujours, des adaptations et des changements substantiels – par un empire nouveau, l'Empire russe de Moscou, qui se développe lentement mais sûrement, jusqu'à devenir la grande puissance protectrice de l'orthodoxie, surtout dans les Balkans. C'est là – pendant la deuxième période de l'histoire russe, la période moscovite – qu'il fera preuve d'une vitalité nouvelle.

11. MOSCOU, LA TROISIÈME ROME

La **Russie** [247], à l'exemple de Byzance, fera montre de la même haine à l'égard de Rome. On sous-estime souvent, à cet égard, le rôle de l'**ordre latin des Chevaliers teutoniques**, qui, sous les Tatars, couvrit militairement la mission parmi les tribus baltiques, ce qui aboutit à des querelles de frontières avec les principautés orthodoxes de Novgorod et Pskov. Plus graves encore, les invasions des **Polonais catholiques**, qui, à l'époque des « grands troubles » *(smuta)*, allèrent jusqu'à occuper Moscou, en 1605. Les Polonais aspiraient en effet à diriger l'Empire moscovite et à mettre la vieille Église russe orthodoxe sous domination polonaise, donc romaine. Il est tragique de constater que la « campagne de réévangélisation » de Jean-Paul II, les controverses autour de l'Église d'Ukraine et de l'installation d'évêques latins en Russie ont réveillé ces souvenirs et que le pape slave (ainsi que certaines sectes missionnaires américaines agressives) s'avère ainsi un lourd handicap, qui entrave la compréhension entre le catholicisme et l'orthodoxie slave.

LE PARADIGME ŒCUMÉNIQUE HELLÉNISTIQUE

Aux yeux de l'Orient, Rome a tout fait, au fil des siècles, pour miner et affaiblir les deux grands « murs de protection de la chrétienté » contre les Arabes, les Turcs et les Mongols : d'abord l'Empire byzantin, la deuxième Rome, puis l'Empire moscovite, la troisième Rome. Mais comment les choses ont-elles évolué en Russie ? Nous devons éviter de voir l'histoire russe uniquement des points de vue économique, social et politique – comme le voudraient maints historiens modernes. Quoi que nous retenions de la signification de l'idée d'une troisième Rome pour les débuts de l'idéologie d'État russe – d'inspiration de plus en plus nationaliste, il faut le dire –, n'oublions pas combien fut grande l'influence religieuse et culturelle de Byzance. Pendant près d'un demi-millénaire (988-1448), la Russie fut une province ecclésiastique du patriarcat de Constantinople. L'Église de Russie, marquée par Byzance, changea beaucoup moins que l'État russe (qui subit par ailleurs l'influence occidentale).

*Moscou, la deuxième phase
de l'histoire russe*

Pendant deux bons siècles, de 1240 à 1448, la Russie, christianisée depuis longtemps – souvenons-nous du royaume de Kiev – resta sous **domination tatare**[248]. Elle commença sous Batû, petit-fils de Gengis Khan qui, en 1206, avait soumis toutes les tribus mongoles, y compris les Tatars, et avait fondé un empire considérable s'étendant de la mer Jaune à la mer Noire. Batû était un neveu du grand Khan Ögödei et, à titre de souverain de l'Empire occidental, il avait pris sur lui d'exécuter la décision de l'Assemblée impériale mongole de 1236. Il s'agissait de conquérir la Russie, la Pologne, la Hongrie et toute l'Europe. Avec son armée de cavaliers, Batû réussit d'abord à anéantir les Bulgares de la Volga et à conquérir quelques principautés russes (y compris Moscou). En 1240 tomba Kiev, la capitale nominale de la Russie, ce qui permit des percées en direction de la Pologne, de la Silésie et de la Hongrie. Seule la mort subite du grand Khan amena Batû à se retirer, ce qui préserva le reste de l'Europe de l'invasion mongole – à la différence du fier empire islamique des califes de Bagdad, qui tomba en 1258.

Cependant la Russie même ne resta que deux siècles sous domination tatare. C'en était fait, il est vrai, de l'unité de l'ancienne Russie, mais l'Église subsistait. Aux XIIIᵉ et XIVᵉ siècles, il s'agit sans aucun doute surtout de l'**Église** orthodoxe, qui, en cette période de dissolution politique, de décadence économique et de délabrement culturel, garda vivante la conscience de l'**unité nationale de la Russie**. Depuis lors, « être russe » signifie « être orthodoxe » – et les effets de cette identification se sont fait sentir jusqu'à nos jours. La domination mongole, imposée par la force, n'était d'ailleurs, en général, pas trop exigeante, pourvu que l'on donne des preuves d'obéissance, que l'on paie les impôts et que l'on fournisse des contingents militaires. Ainsi l'Église fut en mesure au moins de poursuivre ses activités et de continuer à développer sa tradition spirituelle et théologique. Plus tard elle déploierait même une activité missionnaire sur le modèle de celle de Cyrille et Méthode ; ce serait notamment l'œuvre de **Stéfane**, évêque de Perm (environ 1340-1396), le plus remarquable missionnaire de l'Église russe, auprès des Finnois orientaux, après une bonne préparation à l'aide d'un texte runique. L'Église de Russie se considérait toujours comme faisant partie de l'*oikoumenê* byzantine, et l'admiration des Russes pour Byzance, déjà très affaiblie, restait intacte. Ce n'étaient plus seulement les grands-ducs de Kiev, mais aussi bien les petits princes russes sous domination barbare qui se considéraient comme de jeunes membres (« neveux ») de la famille impériale.

Mais pourquoi la Russie, en ces temps difficiles, ne se tournat-elle pas vers l'Occident, avec qui elle entretenait des relations par Novgorod et les villes hanséatiques de la Baltique ? Précisément parce que le grand-duc de Novgorod, **Alexandre Nevski** (1252-1263), l'ancêtre de la dynastie moscovite, préférait la domination païenne des Tatars à un rapprochement avec l'Occident catholique – pour des raisons religieuses. Alexandre craignait, en effet, que Rome ne profite de l'occasion pour soumettre à son autorité la Russie prétendument schismatique. Il suffit de lire la lettre que lui adressa le pape Innocent IV [249], un spécialiste du droit, pour comprendre que cette crainte n'était pas sans fondement. Alexandre, qui rendait des visites diplomatiques aux khans de la Horde d'or, se retourna dès le début contre les envahisseurs occidentaux et infligea de graves défaites aux Suédois, aux chevaliers teutoniques et aux Lituaniens. C'est pourquoi il est vénéré encore de nos jours comme un saint national russe et comme le symbole de la défense de la Russie contre l'Occident. Il mit en effet tout en œuvre pour bien marquer la démarcation entre monde orthodoxe russe et monde occidental, alors même que la Russie entendait toujours naturellement faire partie de l'Europe et non de l'Asie. Alexandre fut l'un des premiers princes de l'ancienne Russie à se faire consacrer moine avant sa mort.

Kiev ne se remit pas de sitôt de l'assaut des Tatars, et le centre de gravité de la Russie se déplaça vers le Nord-Est où – après une phase intermédiaire à Vladimir-Souzdal – les princes de **Moscou** installèrent un nouveau centre politique au XIVe siècle, non sans effusion de sang. Nous entrons ainsi dans la deuxième phase, la phase moscovite de l'histoire russe. La direction de l'Église, après des débats entre métropolites, quitta elle aussi Kiev pour s'installer à Moscou. Saint **Serge** de Radonège (1314-1392), le plus grand saint de Russie, joua un rôle important ici. D'abord ermite, il attira des compagnons et fonda finalement à bonne distance de Moscou, dans le « désert » russe et la solitude de forêts impénétrables, le monastère de la Sainte-Trinité (près de la future Sergijev Possad, rebaptisée « Zagorsk ») ; il allait rapidement devenir le plus grand monastère russe. Sa spiritualité ascétique servirait de modèle à beaucoup de monastères (environ cent quatre-vingts), qui, pendant les cent cinquante années suivantes, prendraient aussi en main les paysans qui commençaient à défricher très lentement les forêts russes. Serge, ami des grands-ducs de Moscou, se fit l'avocat d'une nouvelle unification du pays sous la direction de Moscou et contribua de façon décisive – par une lettre de bénédiction au grand-duc Dimitri – à la toute première victoire des Russes sur les Tatars au champ des Bécasses (Koulikovo), en 1380. Cette victoire ébranla la domination des Tatars que l'on croyait invincibles et rehaussa puissamment le prestige de Moscou, ainsi que la conscience nationale russe. Mais Serge récusa la dignité de métropolite. Il n'était pas un « homme politique », il demeurait un spirituel et un homme de foi ; même abbé, il vécut pauvrement et continua à travailler manuellement. Il se montrait ainsi un authentique *starets* (« vieillard »), un guide spirituel qui incarnait de façon exemplaire les idéaux de la sainteté russe : simplicité, humilité, compassion, engagement social et national.

Et la Russie avait le plus grand besoin de tels idéaux, car l'histoire russe avait aussi son côté sombre, un côté qui, à en croire les spécialistes russes eux-mêmes, n'a été que trop souvent occulté par les admirateurs orthodoxes et non orthodoxes de l'orthodoxie russe. Des temps les plus anciens avait en effet survécu dans le peuple russe, sous la culture et la liturgie byzantines chrétiennes, une « **seconde culture** », **issue de l'ancien paganisme slave**, comme l'explique George Florovsky, l'un des plus éminents théologiens russes contemporains : sous la « culture chrétienne de "plein jour" », culture de l'esprit et de l'intelligence, couvait une culture des « ténèbres », trop longtemps occultée, qui fuyait devant l'effort de vérification et de purification par la pensée et qui fut le principal responsable de la « part malsaine » des évolutions de l'ancienne Russie [250].

Il faut y ajouter les deux siècles d'asservissement par les Tatars, où les princes russes témoignèrent d'un dévouement servile à l'égard des khans tatars et où chaque Russe devait s'incliner en croisant un Tatar à cheval. Il s'ensuivit pour la société russe ce que Schmemann appelle un « "tatarisme" – une absence de principes, des rapports de soumission méprisables aux puissants et d'oppression des plus faibles – qui marqua d'emblée la croissance de Moscou et la culture des Moscovites [251] ». Et il ajoute : face à ce monde obscur de la superstition, de l'alcoolisme, de la débauche, de la barbarie et de la violence, c'est surtout le monastère (où l'on constituait aussi désormais de grandes bibliothèques) qui incarna une contre-réalité, celle de valeurs saintes et absolues, avec une possibilité de conversion, de purification et de renouvellement. « Le monastère n'est pas la couronne du monde chrétien, mais, au contraire, son tribunal et son procureur, la lumière qui brille dans les ténèbres [252]. »

Le nouveau bastion de l'orthodoxie

Moscou devient donc au XVe siècle le centre incontesté de la Grande Russie, centre aussi, désormais, d'un art russe trahissant également l'influence d'architectes italiens, qui s'expriment dans la construction d'églises (la cathédrale de la Dormition du Kremlin), dans la peinture (Théophane le Grec) et dans l'art des icônes (l'icône de la Trinité de Roublev). On adapte les formes et les normes byzantines à la spécificité russe. Mais surtout, Moscou devient le nouveau bastion de l'orthodoxie, qui ne tardera pas à se libérer de l'hégémonie de Constantinople.

L'heure en fut venue quand Byzance souscrivit une nouvelle fois à une union avec Rome, son ancienne rivale, au **concile de Ferrare-Florence**, en 1438-1439 – une union éphémère, comme nous l'avons vu (quatorze ans plus tard, Constantinople tomba aux mains des Turcs), et jamais vraiment acceptée dans l'Église byzantine. La Russie, cependant, à qui Byzance avait insufflé sa haine de Rome, fut profondément déçue et ne vit dans cette démarche qu'une pure et simple trahison de la cause orthodoxe [253]. Et quand le métropolite Isidore de Kiev et de toute la Russie, d'origine grecque et représentant éminent du parti de l'union, qui s'était rendu au concile contre la volonté du grand-duc, en revint, en 1441, qui plus est à titre de légat personnel du pape (Eugène IV [254]), et fit solennellement son entrée à Moscou porteur d'une croix latine pour lire les textes d'union dans le cadre de la liturgie, le grand-duc Vassili II le fit immédiatement arrêter et jeter en prison. A Moscou, on ne voulait pas entendre parler d'un « huitième concile » après les sept conciles œcuméniques. Isidore parvint à s'échapper, fut fait cardinal à Rome et mourut comme patriarche latin de Constantinople... à Rome. Mais en 1448, probablement pour répondre aux souhaits du grand-duc, un concile d'évêques russes choisit pour métropolite de Kiev et de toute la Russie l'évêque Iona de Riazan, sans en référer au patriarche de Constantinople, qui était partisan de l'union avec Rome. Depuis lors, la Russie élit elle-même ses métropolites.

Mais cette prise de distance par rapport à Byzance devenue « hérétique », Byzance qui, aux yeux des Russes, avait perdu son droit à diriger l'orthodoxie orientale du fait de sa « trahison » de la vraie foi, n'aboutit pas pour autant à un schisme. Dès que, après 1453, Constantinople-Istanbul se fut réorganisée, l'Église russe s'efforça de normaliser les relations. Il ne fait cependant aucun doute qu'elle se considérait désormais comme « **Église autocéphale** », c'est-à-dire qu'elle était à elle-même son propre chef. Cela se comprend en termes de politique ecclésiastique. Mais l'Église russe paya en même temps le prix fort pour ce pas : sa subordination définitive à l'État, qui ne resta pas à l'abri d'idées nationales occidentales. A la différence d'autrefois, où l'Église était sous l'autorité byzantine, une tête supranationale, elle serait désormais le jouet de toutes les manipulations politiques des souverains dans son propre pays.

Tout cela explique pourquoi Moscou (tout en restant encore cent quarante ans métropole et non patriarcat) avait non seulement intérêt, après la chute de Constantinople (1453), mais était aussi politiquement préparé, comme Église et comme État, à recueillir autant que faire se pouvait (sans prétention universaliste, toutefois) l'héritage de Byzance et à **prendre, avec le temps, la direction de l'orthodoxie en Orient**. Aux yeux des Russes, en effet, ce ne pouvait être un hasard si Byzance était tombée à ce moment de l'histoire où précisément la Russie s'était libérée des dernières traces de la domination tatare. Et on ne pouvait pas ne pas voir non plus qu'après l'assujettissement d'autres pays « orthodoxes » (Bulgarie, Serbie, Roumanie) aux Turcs musulmans, la Russie restait la dernière puissance politique indépendante de l'Orient chrétien – en cette seconde moitié du XVe siècle. La chute de Byzance n'était-elle pas le châtiment divin pour la tentative d'union avec Rome ? Moscou commença alors à comprendre, puis à accomplir sa « mission » historique [255].

C'est le grand-duc **Ivan III** (1462-1505) qui fit le pas décisif, en épousant Zoé (Sophia), la nièce du dernier empereur romain, celui qui avait été tué lors de la prise de Byzance. Elle s'était réfugiée à Rome, et le Vatican avait machiné ce mariage pour faire entrer la Russie dans l'union [256]. Le résultat fut exactement inverse. Les historiens discutent, il est vrai, pour savoir dans quelle mesure Ivan, déjà influencé par la conception occidentale européenne de l'État, recueillit dans les formes l'héritage byzantin, en 1472. Il fit en tout cas figurer l'aigle impériale byzantine (ou habsbourgeoise ?) sur le blason de l'État russe. Et Ivan se para aussi, dans son orgueil, du titre d'« autocrate », comme jadis les maîtres de Byzance. Le titre de « tsar [César, empereur] de toute la Russie » prend avec Ivan une importance particulière et se voit confirmé par le patriarche de Constantinople – bien que « tsar » ait déjà été utilisé longtemps auparavant comme synonyme de « roi/empereur » *(basileus)*.

En faisant tout cela, Ivan, l'unificateur de la Russie, ne pense certainement pas à une union avec Rome, même si la Russie estime toujours faire partie de l'Europe. Les artistes de la Renaissance italienne ont certes leurs entrées à Moscou (des architectes italiens reconstruisent le Kremlin), mais non les prélats catholiques. Au contraire, Moscou se considère de plus en plus comme la nouvelle Byzance ou la **troisième Rome** – c'est le moine Philothée de Pskov (vers 1510) qui l'appelle ainsi pour la première fois. Philothée, qui rapporte à Moscou la prophétie de Daniel sur le dernier des grands empires, voit l'histoire ainsi (avec des yeux russes) : « Tous les empires chrétiens ont tiré à leur fin et, conformément aux livres prophétiques, se sont fondus dans l'empire de notre souverain, c'est-à-dire dans l'Empire russe. Car deux Rome sont tombées, mais la troisième demeure. Il n'y en aura pas de quatrième [257]. » La première Rome ? Elle est tombée aux mains des « Barbares » et est devenue hérétique. La deuxième Rome ? Par le concile de Florence, elle a sombré dans l'hérésie et elle est maintenant aux mains des païens. C'est Moscou qui est désormais le dernier centre de la chrétienté orthodoxe et donc des seuls vrais croyants. Cette idée n'est devenue populaire que bien plus tard. Ce sont les slavophiles du XIXe siècle et surtout leurs « fils » politiques, les panslavistes, qui ont politiquement mis en œuvre l'idée de la troisième Rome. Sur cette idée, entre autres, repose le messianisme russe, qui ne cessera de refaire surface par la suite et ne se prêtera que trop facilement à une version laïque.

Et Constantinople ? Moscou aura tôt fait de s'assurer auprès d'elle la reconnaissance de son indépendance. En 1589, le métropolite russe Job est institué « **patriarche** de Moscou et de toute la Russie » – par le patriarche Jérémie II de Constantinople, qui s'est rendu à Moscou à cet effet. Il n'y a qu'une chose que Moscou n'obtient pas : la modification du rang des patriarches. Moscou ne devient pas, comme on le souhaitait, le troisième patriarcat (après Rome et Constantinople), mais restera toujours le dernier des six patriarcats. Cela n'empêchera pas Moscou non seulement de reprendre l'idéologie byzantine, mais même de l'accentuer [258]. D'un côté, en effet, l'idéologie byzantine de l'État et de l'Empire relie Moscou à Byzance, mais, d'un autre côté, l'idéologie moscovite reconnaît au **tsar**, représentant de Dieu, non seulement un pouvoir incontrôlé sur l'État, mais aussi (à la différence de Byzance) un pouvoir pratiquement incontrôlable **sur l'Église**.

A Constantinople le patriarche pouvait encore s'autoriser à faire des remontrances à l'empereur si celui-ci s'écartait de la doctrine ou des règles morales de l'Église. Et durant la période de Kiev, le métropolite de Kiev et de toute la Russie jouissait toujours d'une grande indépendance à l'égard des souverains locaux, du fait de sa nomination par le patriarche de Constantinople. Mais le métropolite de Moscou et de toute la Russie, choisi depuis 1448 par le synode local de Moscou, se trouva dès le début sous le contrôle direct des grands-ducs, puis des tsars. La critique de l'Église s'amplifia en même temps. Dès le règne d'Ivan III, dans la grande controverse entre l'abbé Joseph (Sanin) de Volokolamsk, partisan d'une règle stricte, défenseur des possessions terriennes des monastères (leader du parti des « possédants »), et Nil Sorski (représentant du parti des « sans possession »), s'affirma le lien étroit entre État et Église ; il mena jusqu'à l'exécution et à la torture des « hérétiques ». On souligne aussi, il est vrai, les limites de l'obéissance des sujets à l'égard du tsar [259]. Les tsars, qui avaient adopté certaines coutumes brutales des Tatars (la bastonnade, par exemple), présentaient aussi parfois des traits asiatiques mongols parallèlement aux traits byzantins. On assista dans le même temps à la ritualisation de toute la vie quotidienne par la répétition continue de formules, de gestes, de prostrations religieuses...

Face aux massacres, aux déportations massives, aux confiscations des biens et aux pillages d'Ivan IV le Terrible – seul Staline a pu rivaliser avec lui –, le métropolite de Moscou, Philippe, osa, il est vrai, protester officiellement pendant la célébration liturgique, en 1568. Conséquence ? Le tsar le destitua, le fit arrêter et finalement assassiner par un de ses sbires, ce qui vaut au métropolite Philippe d'être vénéré aujourd'hui encore comme martyr. Quand ses reliques furent solennellement transférées à Moscou, le tsar demanda pardon pour le péché de son prédécesseur. Plus tard on allait entendre encore des protestations officielles contre le souverain, dans un système désormais quasi totalitaire, auquel tout et tous étaient subordonnés et qui ne pratiquait guère l'autocritique. L'**Église** était devenue une **partie de l'État**, et ce dernier faisait tout pour centraliser également l'Église à Moscou, y compris pour ses textes liturgiques, ses chroniques et son administration, allant jusqu'à rassembler les icônes les plus célèbres de toute la Russie dans l'église du Kremlin [260].

Dès lors, la question se pose : le passage de la chrétienté byzantine à la chrétienté russe ne représente-t-il pas un changement de paradigme de grande portée ? Des historiens disent que la translation de l'Empire *(translatio Imperii)* ne va jamais sans les deux aspects complémentaires de la légitimité et du renouveau. Mais peut-on parler de renouveau à propos de la chrétienté russe ?

*Pas de changement de paradigme
du fait de la Russie*

Les changements politiques et culturels liés à la montée de la Russie et de son Église orthodoxe sont considérables, sans aucun doute. Mais dans la perspective religieuse qui est la nôtre – nous traitons du christianisme –, nous observons des continuités étonnantes. Si nous partons une nouvelle fois des trois composantes de la société byzantine mises en lumière par G. Ostrogorsky, nous obtenons le tableau nuancé suivant :

– La Russie n'a pas repris la **tradition politique romaine**. Elle n'a jamais fait partie de l'Empire romain byzantin. Certes, Ivan III s'est déjà attribué le titre de « César », il a mené une politique centralisatrice et absolutiste, et prétendu aussi à la domination de l'Église. Mais en tant que « tsar de toute la Russie », il n'a jamais affiché aucune prétention universelle, œcuménique. En ce sens il ne s'agissait pas d'une troisième Rome. Nous avons là une **discontinuité** manifeste : nous passons d'un **État romain byzantin universel** à un **État national russe**.

– La Russie n'a pas adopté **la langue et la culture grecques** (à la différence du royaume des Francs, qui a adopté le latin). On entreprit, certes, de nombreuses traductions de textes ecclésiastiques du grec en slave, mais la Russie n'a jamais fait sien le patrimoine culturel hellénistique « païen » (à part des recueils de proverbes), encore moins la philosophie classique grecque. Le grec et le latin étaient pratiquement inconnus en Russie jusqu'à l'aube des Lumières (seconde moitié du XVIIe siècle) en provenance de l'Occident. Là aussi la **discontinuité** est manifeste : la Russie n'a adopté que la **religion chrétienne byzantine**, sans la **civilisation grecque hellénistique**.

– En revanche, la Russie a bien repris de Byzance la **foi chrétienne orthodoxe**, avec, certes, un certain nombre de changements de détail, dus surtout à la langue slave. Mais, dans l'ensemble, **le dogme, la liturgie, la théologie, la discipline et la ferveur russes portent bien la marque de Byzance**. Dans la façon de comprendre la foi et la vie chrétiennes, on constate aussi une **continuité** fondamentale entre Byzance et Moscou : même tradition orthodoxe de l'Église ; même théologie des sept conciles œcuméniques et des anciens Pères ; même monde des monastères et des icônes.

C'est dire qu'en passant de Byzance à la Russie, le **christianisme** lui-même **n'a pas connu de changement de paradigme**. La Russie a repris, pour l'essentiel, le **paradigme byzantin hellénistique** (P II), en l'adaptant à ses propres conditions sociales et politiques, selon un développement plus ou moins organique.

Mais parce que, à Byzance, dès le début du IIe millénaire, le christianisme avait revêtu un caractère nettement traditionaliste – tout était parfaitement défini, des dogmes et de la prière jusqu'aux mœurs et aux images –, le paradigme orthodoxe a pris aussi en Russie, dès le début, un **caractère nettement traditionaliste et monastique** :

– les mêmes textes liturgiques qu'à Byzance ;
– des hagiographies byzantines servant de modèles pour les biographies de saints russes, dans l'esprit de Byzance ;
– une littérature ascétique et spirituelle de style byzantin ;
– des monastères qui sont partout les bastions du conservatisme.

Ce qui compte, c'est donc la fidélité à un passé qui a fait ses preuves et le maintien de ce qui est en place. Il s'agit d'observer des règles déterminées et de suivre toujours les mêmes rituels – tout cela est encore plus nettement marqué que dans le Moyen Age occidental, comme nous le verrons. On ne se soucie pas de créativité et de critique, d'une pensée et d'un savoir novateurs, dont livres et imprimeries seraient les médiateurs (la première imprimerie à Moscou a été fermée et les deux imprimeurs accusés d'hérésie). Des circonstances non encore pleinement éclaircies conduisent les imprimeurs à quitter Moscou après 1565 et à continuer leur travail dans l'État de Pologne-Lituanie.

Mais la question n'en a que plus d'urgence : pourquoi est-ce qu'en Russie personne ne s'est interrogé, comme en Occident, sur ce que l'Église avait été à l'origine ? Pourquoi en Russie personne n'a-t-il réclamé, comme en Allemagne à la même époque, une « réforme dans la tête et dans les membres » ? Pourquoi est-ce que personne n'a fait appel à la Bible comme norme critique pour la tradition chrétienne, dans le but de réformer cette dernière ? En un mot, pourquoi l'orthodoxie n'a-t-elle pas connu de réforme ?

Pourquoi pas de réforme dans l'orthodoxie ?

Pour nombre d'orthodoxes, la question même d'une réforme pourra paraître totalement déplacée, voire quasiment blasphématoire. L'Église orthodoxe n'est-elle pas l'Église ancienne, originelle, celle des apôtres ? S'est-elle permise des innovations et des aberrations comme l'Église papiste du Moyen Age (P III) ? Cependant, pour se faire une idée plus claire de la problématique actuelle, il peut être utile d'examiner d'abord, dans une perspective historique, la position de l'orthodoxie face à la Réforme protestante et de se demander pourquoi cette dernière (et la Contre-Réforme) s'est arrêtée aux frontières de la Russie et de l'Empire turc. Plusieurs considérations historiques sont à prendre en compte.

1. Une Église qui n'est pas libre et subit la mainmise de l'État peut-elle se réformer elle-même, surtout si l'autorité de l'État relève d'une autre religion ? En effet, à l'exception de la Russie, les Églises de l'orthodoxie étaient entièrement tombées **sous la domination d'une religion étrangère**, à savoir l'islam[261]. Le premier patriarche de Constantinople après la prise de la ville était un moine et théologien hostile à l'union, Gennadios Scolarios ; il fut bien élu par les évêques, mais avait été auparavant institué par le sultan – qui avait pris la place de l'empereur – en pleine conformité avec le cérémonial byzantin. Certes, il n'y avait pas que des inconvénients. Pour le sultan, en effet, qui, en bon musulman, ne séparait pas la religion de la politique, le patriarche, en tant que chef de tous les chrétiens de l'Empire ottoman, était en même temps un chef politique. Ainsi s'explique que le patriarche de Constantinople ait été non seulement le chef religieux de l'Église orthodoxe, de toutes les Églises orthodoxes sous domination turque (dont certaines avaient leurs propres patriarches), mais aussi le chef civil de la nation grecque. Les Grecs disposaient ainsi de leur propre organisation religieuse et politique, qui se maintiendrait en Turquie jusqu'en 1923. La nation grecque survécut à la souveraineté turque pendant quatre siècles. L'Église connut néanmoins de graves problèmes.

Certes, les musulmans étaient bien plus tolérants à l'égard des chrétiens que les chrétiens entre eux au temps de la Réforme. D'après le Coran, il ne fallait pas persécuter les chrétiens, « gens du Livre », qui avaient bénéficié de leur propre révélation par l'intermédiaire du grand prophète Jésus. Aussi les souverains musulmans laissèrent-ils l'Église tranquille dans la mesure où elle se montrait politiquement soumise. Mais dans la pratique, les abus et discriminations ne manquaient pas : les sultans demandaient à chaque nouveau patriarche une forte somme d'argent et nommaient patriarches les plus offrants ; ils instituaient et destituaient souvent ceux-ci pour des raisons purement financières. Les patriarches nouvellement élus cherchaient de leur côté à récupérer la somme requise auprès de leurs évêques, et ces derniers, à leur tour, auprès de leur clergé et de leur peuple. Les chrétiens, à qui on ne demandait pas de se convertir mais de payer une capitation et de porter des habits distinctifs, étaient manifestement des citoyens de seconde zone au regard du droit musulman : ils ne pouvaient pas épouser un musulman, ni faire des convertis, ni avoir des postes intéressants dans l'armée. Seule leur propre conversion à l'islam leur aurait permis de se soustraire à cette pression constante et d'améliorer considérablement leur statut social. N'est-il pas compréhensible qu'une Église qui doit ainsi lutter pour sa survie se concentre sur sa propre tradition et qu'elle répugne à un changement profond ? Les Églises de l'orthodoxie avaient réellement d'autres soucis que ceux d'une réforme interne.

2. Une Église (l'Église protestante) peut-elle amener à la réforme une autre Église (l'Église orthodoxe) si elle comprend elle-même si mal le paradigme tellement différent de cette autre ? **Du côté des réformateurs**, on se berça d'**illusions** au début quant à la possibi-

lité de transposer le nouveau paradigme protestant dans les Églises orientales. Luther et les réformateurs avaient en effet une grande sympathie pour les Églises orthodoxes – et pas seulement en raison d'une commune opposition à Rome. Comme d'autres humanistes, Melanchthon et Calvin surtout étaient marqués par un philhellénisme et mus par un sentiment de solidarité avec l'Église qui souffrait sous le joug turc. Melanchthon fit traduire en grec la *Confession d'Augsbourg* de 1530. Mais les relations entre Églises issues de la Réforme et Églises orthodoxes restèrent fragmentaires [262]. La plupart des Églises orthodoxes, dont le niveau de culture restait relativement bas, mirent tout en œuvre pour échapper à l'influence du grand bouleversement ecclésial en Allemagne et en Europe : les contacts restèrent réduits, se limitant à ceux, personnels, de quelques clercs ou érudits humanistes voyageurs, d'étudiants en Occident et de diplomates, surtout à Istanbul. On ne s'étonnera pas, dès lors, que les tentatives de rapprochement avec les Églises orthodoxes de Turquie (Anatolie) de la part des jésuites et du service *Propaganda Fide* de la papauté au XVIe siècle n'aient pas abouti. La correspondance des professeurs Jakob Andreae et Martin Crusius ne porta pas non plus ses fruits : en 1573, à l'instigation de la **faculté protestante de Tübingen**, ils entrèrent en contact avec le **patriarche Jérémie II**, par l'intermédiaire de Stephan Gerlach, le prédicateur protestant de l'ambassade, et lui firent parvenir la traduction grecque de la *Confession d'Augsbourg* dont nous avons parlé plus haut [263]. Ils ne réussirent pas davantage à persuader le patriarche de la nécessité de cette doctrine pour le salut. Au contraire, le patriarche se fit l'avocat de la tradition orthodoxe avec des arguments presque scolastiques – son appréciation différente est « la différence fondamentale entre Tübingen et Constantinople [264] » (D. Wendebourg) ; au terme de trois réponses écrites (1576, 1579, 1581), il mit fin à cette correspondance, en demandant de ne plus faire allusion aux doctrines, mais de s'en tenir tout au plus à des lettres amicales. Les deux dernières décennies avant la chute de l'Empire byzantin, on s'était déjà colleté à Constantinople avec la théologie de Thomas d'Aquin et l'influence de la pensée scolastique.

Les partenaires protestants du dialogue portaient toute leur attention sur les thèmes de l'Écriture et de la tradition, de la liberté de la volonté et de la grâce, des sacrements et de la prière aux saints, ce qui montrait à l'évidence que leur argumentation relevait d'un paradigme (P IV) entièrement différent, incompréhensible pour l'orthodoxie de l'époque (nous en traiterons explicitement plus loin). Le seul patriarche de Constantinople à avoir essayé de réformer l'orthodoxie en se réclamant de la doctrine de Calvin fut **Cyrille Lucaris** – et ce, face à la menace romaine (Union de Brest). En 1629, il envoya à Genève une « confession anatolienne de la foi chrétienne », considérée comme calviniste. Mais il fut finalement la victime d'une intrigue de grande envergure. Son futur successeur le dénonça faussement comme coupable de haute trahison à l'égard de l'État, et le sultan le fit étrangler en 1638 [265]. Le synode de Jérusalem de 1672, le dernier synode de l'Église d'Anatolie avant 1923, condamna cette confession de foi.

3. Une Église peut-elle procéder à un examen critique de sa propre tradition si elle ne dispose d'aucun critère pour cet examen ? L'Église russe de la période de Kiev – nous l'avons vu – avait déjà reçu de son Église mère de Byzance le paradigme orthodoxe sous une forme bien arrêtée, et l'Église russe de la période moscovite était, elle aussi, d'orientation très traditionaliste. Tout ce qui était **russe** (par exemple, le « dogme » de la barbe, lui aussi repris de Byzance) était considéré comme **orthodoxe**, tout ce qui était **étranger** était **hérétique**. Sous Ivan IV le Terrible, un synode interdit de couper la barbe : la sépulture religieuse serait refusée aux contrevenants.

Le moindre changement dans la liturgie était un sacrilège aux yeux du peuple et du clergé. Au XVIIᵉ siècle, l'énergique et actif **patriarche Nikon** aspirait à un retour radical non pas à l'Évangile, mais au modèle grec, et à une restauration des anciennes « lois grecques », pour que Moscou apparaisse clairement, ainsi que le souhaitait le tsar, comme la troisième Rome, la nouvelle capitale du monde orthodoxe [266]. Mais quand, au concile de Moscou de 1667, le patriarche entreprit de réformer certains textes liturgiques corrompus et de changer quelques usages liturgiques, il se heurta à une réaction passionnée du peuple russe – à la différence de l'Ukraine, par exemple, où les gens savaient lire et avaient l'habitude de l'imprimé, et qui accepta les réformes sans grandes difficultés. Bien que le patriarche Nikon, qui cherchait à mettre son autorité patriarcale au-dessus de celle du tsar, finît par être déposé, le peuple s'inquiétait, à travers des comportements quasi apocalyptiques, de l'**infaillibilité de l'ancienne tradition russe**. On pensait, en effet, que si la sainte tradition de Moscou, dernier rempart de l'orthodoxie, comportait erreurs et défigurations, l'Antéchrist ne devait pas être loin ! Non, personne ne pouvait penser qu'à l'origine les choses aient pu être totalement différentes dans l'Église du Christ. La vision russe de l'histoire ne cherchait pas à comparer d'une manière critique entre jadis et maintenant, mais à transfigurer et à pérenniser la tradition. **La Bible n'avait pas de fonction normative** pour une théologie innovatrice ou une réforme de la pratique ecclésiastique. Les réformateurs eux-mêmes ne disposaient donc d'aucun critère ultime pour une réforme de la tradition. Et les « vieux-croyants » *(staroverzy)*, hostiles à toute réforme, ne reculaient pas même devant un schisme [267]. Les dures persécutions de l'État, les exécutions, les conversions forcées – la mort sur le bûcher de leur champion, le protopope Avvakum – ne réussirent pas à avoir raison d'eux. Pour eux, qui pensaient en termes d'histoire du salut et non de critique historique, les mots et les rites russes n'étaient pas quelque chose de purement extérieur, mais s'identifiaient avec la foi orthodoxe elle-même, dont ils étaient prêts à témoigner, fût-ce, si nécessaire, en s'immolant par le feu. Il faut ajouter, il est vrai, qu'à cette époque le clergé russe engagé dans la pastorale était en train de devenir, dans l'ensemble, de plus en plus ignorant, c'est-à-dire que les popes, de moins en moins capables d'assumer leur responsabilité de direction spirituelle, n'étaient plus que des fonctionnaires des sacrements, même si, à partir du XVIIe siècle, on s'efforça d'améliorer leur formation.

Cette évolution n'était cependant pas inéluctable, ainsi que le montre l'histoire des orthodoxes sous domination catholique romaine en Pologne-Lituanie, en Ukraine et en Biélorussie.

Le rôle particulier de l'Ukraine

Après l'installation des métropolites à Moscou, les orthodoxes non rattachés à l'empire de Moscou avaient réussi à constituer leur propre **hiérarchie autonome** [268]. Contraints de lutter sans cesse pour obtenir l'égalité des droits auprès des dirigeants catholiques et du Parlement *(Sejm)*, les **laïcs** orthodoxes prennent ici une grande assurance. Pour atteindre leurs objectifs, ils s'associent avec les clercs dans des fraternités. Ils continuent à avoir leurs écoles et leurs imprimeries, surveillent le mode de vie de leurs membres et luttent énergiquement pour la préservation et le renouveau de l'orthodoxie. Ils participent à des synodes pour le choix des évêques et l'organisation de la vie ecclésiale.

On n'observe chez eux ni **traditionalisme rigide** ni peur de l'étranger, comme à Moscou. Ils fréquentent tout naturellement les universités catholiques et protestantes d'Europe occidentale et centrale, ils se frottent aux idées occidentales et ne craignent pas de prendre à leur compte ce qui leur paraît compatible avec leur foi orthodoxe. Ils révisent à plusieurs reprises leurs livres liturgiques – sans déclencher une réaction traditionaliste, comme en Russie.

Ils avaient aussi un bon niveau théologique. En dialogue continuel avec la théologie catholique romaine et la théologie réformée, ils apprenaient de l'une et de l'autre, surtout pour ce qui était de la forme et du style d'argumentation, mais restaient fidèles fondamentalement à la tradition orthodoxe. Ils discutaient de l'union des Églises aussi bien avec les catholiques qu'avec les réformés. L'**union** avec Rome conclue à Brest-Litovsk en 1596, dans la ligne du concile d'union de Ferrare-Florence, fut cependant surtout l'affaire des évêques et du clergé supérieur ; le peuple – notamment les fraternités – la rejetait en majorité. C'est plus tard seulement que cette union devint une sorte de « troisième confession », dans l'esprit du paradigme catholique romain. En 1699, en revanche, on en vint à une confédération des orthodoxes avec les réformés, sur la base d'un programme en dix-huit points, qui reconnaissait la primauté de la Bible ; les réformés ne demandaient pas d'autres concessions ou changements !

Le représentant le plus éminent de l'orthodoxie russe occidentale fut Petru Movila, en ukrainien **Petro Mohyla**, en russe *Petr Moguila* (vers 1595-1647) ; c'était le fils d'un prince roumain formé en Occident. Abbé du monastère des cavernes de Kiev, il fonda dès 1631/1632 une école supérieure. Métropolite de Kiev en 1633, il mit toute son énergie au service de la réforme de l'Église, tint des synodes annuels auxquels prirent part des clercs et des laïcs. Le synode général de Kiev de 1640 approuva son ébauche de catéchisme, qui serait reconnu par toute l'orthodoxie à Iasi, deux ans plus tard. Mais la **conquête par Moscou** des territoires de l'Ouest suivit de peu la mort de Mohyla : Biélorussie en 1654, est de l'Ukraine en 1659, Kiev et Smolensk en 1667, ouest de l'Ukraine (sauf la Galicie) en 1772. Moscou étouffa l'Église uniate et russifia l'Église orthodoxe, allant jusqu'à abroger l'autonomie de la métropole de Kiev. Des Ukrainiens et des Biélorusses jouèrent un rôle déterminant dans la modernisation de l'Église russe aux XVIe-XVIIe siècles. Ils apportèrent aussi à Moscou, il est vrai, des idées occidentales pour une Église d'État absolutiste.

Longtemps la politique de l'État russe ne fut certes pas dirigée contre le progrès technique, mais bien contre les avancées culturelles de l'Occident. Les Russes ne rejetaient naturellement pas les techniques militaires et les armes occidentales, que les tsars introduisirent immédiatement, dès les XVIe-XVIIe siècles, mais bien **la culture, la vision du monde et la religion occidentales**. Pourtant, la culture occidentale exerçait une fascination extraordinaire sur les Russes, qui avaient de plus en plus de contacts avec elle depuis la Renaissance italienne. Aux XVIe et XVIIe siècles, l'influence des Lituaniens et des Polonais se fit sentir bien plus fortement à l'ouest de l'Empire russe lui-même. Pour s'armer et se défendre contre les « Latins » et contre l'« union » avec Rome, il fallait bien lire des livres occidentaux (notamment allemands) et laisser entrer en Russie de nombreux « Occidentaux » (y compris des jésuites cultivés). L'influence occidentale s'accrut, beaucoup plus que n'en avait conscience la théologie russe, bien naïve à l'époque – bien avant que Pierre le Grand n'ouvre la porte à l'Occident et aux Lumières laïques, au lieu d'entreprendre une réforme religieuse.

Saint-Pétersbourg, ou la troisième phase de l'histoire russe

C'est une révolution que **Pierre le Grand** décréta pour la Russie – face à une situation sociale effrayante et un retard culturel énorme. Le jeune tsar (1672-1725), qui était entré très tôt en contact avec la communauté étrangère de Moscou et avait ensuite voyagé incognito, surtout aux Pays-Bas et en Angleterre, était fermement résolu, dans la ligne de l'absolutisme des États occidentaux, à mener à bien en Russie une **européanisation intérieure**, qui s'esquissait depuis longtemps. Autrement dit, le monde chrétien russe allait se trouver confronté pour la première fois à un paradigme nouveau, postérieur à la Réforme : le **paradigme moderne** (P V).

Ainsi commence la **troisième phase** de l'histoire russe, celle de **Saint-Pétersbourg**, qui aboutit à une sécularisation et à une rationalisation volontaires de l'État russe. L'abolition de la barbe, l'introduction du calendrier occidental [269] et la création d'écoles et d'instituts de formation spécialisés affectèrent profondément la vie quotidienne. Mais pour Pierre le Grand, le cœur de ses réformes fut la constitution d'une armée permanente, d'une flotte moderne et la création d'une nouvelle capitale (Saint-Pétersbourg, à partir de 1712). Il poursuivit par ailleurs la **réorganisation** de l'administration civile et celle **de l'Église** – une entreprise considérable, compte tenu du traditionalisme de l'orthodoxie russe [270]. Pierre bénéficiait des conseils de l'archevêque Feofan Prokopovic, un Ukrainien, qui avait même fait ses études à la Grégorienne de Rome et s'était fait l'avocat de la position des Lumières de l'époque sur la grâce divine. Pierre usa de son pouvoir absolu sur l'État et l'Église ; en 1721, il abolit de nouveau, avec l'assentiment des patriarches orientaux, le patriarcat de Moscou, si riche de tradition, qui aurait pu représenter un pouvoir rival. Il le remplaça, en référence au *synodos endemousa* (qui avait lieu dans le « palais impérial ») byzantin, par un organe collégial permanent, le « Saint-Synode ». Ce dernier prêtait serment au tsar, « le juge suprême de ce collège spirituel », à qui il devait obéissance en toutes choses [271]. Pour le reste, l'Église conserva sa structure hiérarchique et sacramentelle, se contentant en fait de copier l'organisation ecclésiastique des Églises princières protestantes allemandes.

L'Église orthodoxe, qui n'avait pas su se résoudre à une réforme religieuse, se trouva ainsi directement confrontée à un **mouvement des Lumières politique et profane**, qui faisait de l'administration ecclésiastique un « département de la confession orthodoxe » facile à contrôler. L'État exigeait désormais de plus en plus l'unité confessionnelle de la Russie : dans l'empire du tsar, les non-Russes eux-mêmes devaient devenir russes et se convertir à l'Église orthodoxe. Les luthériens des provinces occidentales, qui s'adaptaient plus facilement, eurent un peu moins à souffrir de cette politique que les Polonais catholiques romains, toujours enclins à la révolte. Loin de la capitale, à l'intérieur de ce pays gigantesque, l'Église orthodoxe était évidemment bien moins touchée par les idées modernes. Là, le monachisme continuait à marquer la vie spirituelle, y compris des laïcs, bien plus que la hiérarchie, qui suivait la ligne du tsar [272]. C'est au XVIIIe siècle que vit le jour, aux côtés du néo-hésychasme, le **mouvement des starets**, déjà cité.

Mais, s'interrogent depuis toujours les critiques ecclésiastiques de Pierre le Grand, le nouveau concept russe d'une « symphonie » entre État et Église n'a-t-il pas conduit à asservir totalement l'Église à l'État ? N'était-ce pas déjà le cas auparavant ? La forte dépendance de l'Église par rapport à l'État ne relevait-elle pas, depuis Constantin, du paradigme hellénistique et ne caractérisait-elle pas également Moscou depuis belle lurette ? L'**absolutisme de l'État moderne**, qui s'impose avec Pierre le Grand, n'en est-il pas un prolongement logique ? Il est incontestable que, dans l'esprit de Pierre le Grand, l'État absolutiste, administratif et policier (à la différence d'un État de droit constitutionnel moderne) entendait diriger de sa propre autorité toute la vie politique, économique et sociale de ses « subordonnés » – par l'intermédiaire de dispositions administratives et de mesures de contrôle répressives. Il entendait ainsi rationaliser, centraliser et discipliner non seulement l'administration de l'État, mais aussi celle de l'Église. Dans quel but ? Faire de l'Église un instrument de formation éclairé et moral.

L'**État** n'est donc plus le « protecteur » de l'Église, mais l'**autorité absolue** compétente en toutes choses. On confie aussi à l'Église et au clergé des tâches qui apparaissent indispensables pour promouvoir l'intérêt général – un concept clé pour les Lumières. C'est dans cette perspective que l'on réduit le nombre des monastères, que l'on confie leur administration aux autorités de l'État et que l'on met en avant leur finalité sociale et caritative (notamment pour les anciens combattants !). Les monastères doivent s'occuper d'écoles ou d'hôpitaux. Le choix de la vie monastique doit être réservé à des adultes mûrs. Ce sont là des directives « raisonnables ». Les critiques venues de l'Église à l'époque n'auraient-elles pas, comme toujours, trop sous-estimé les effets positifs, en dépit de leur ambivalence, des influences culturelles occidentales encouragées par le tsar – effets non seulement sur la vie littéraire, mais aussi sur la vie de l'Église ? Non seulement les étrangers étaient autorisés à pratiquer librement leur religion, mais on procéda à une révision de la traduction de la Bible en slavon ecclésiastique. Jusqu'en 1750 furent fondés vingt-six séminaires pour les futurs prêtres, et leur formation tira grand bénéfice, nous l'avons vu, d'influences « latines ». L'éducation et la formation, le savoir et la théologie firent l'objet d'une modernisation pendant la période pétersbourgeoise – dans d'étroites limites, il est vrai.

Mais ce qui crée néanmoins la néfaste **ambivalence de cette nouvelle « symphonie » entre État et Église**, c'est que deux paradigmes se chevauchent sans qu'on en ait pleinement conscience : le paradigme hellénistique byzantin traditionnel (P II) et le paradigme moderne issu des Lumières (P V). Au droit ecclésiastique théocratique byzantin se superpose le droit naturel et étatique moderne, selon lequel la volonté du peuple s'exprime dans celle du souverain. L'autocratie qui trouve son fondement dans le droit naturel n'a plus besoin de justification religieuse. D'où la situation hautement paradoxale d'un prince de mentalité moderne, qui se réclame du droit naturel, mais qui, tout comme jadis, entre dans le jeu théocratique de la consécration qui fait de lui l'« oint de Dieu », adoptant les fastes de la liturgie byzantine et se présentant pour un jour au moins revêtu des ornements sacrés, la croix sur la tête, comme l'icône de Dieu vénérée par le peuple ! Et l'Église continue à voir dans le tsar une personne sacrée et dans l'onction sainte une limite posée à son pouvoir absolu. Mais cette limite est une illusion, cette « symphonie » une fiction. Le tsar lui-même, en effet, considère l'onction comme une légitimation sacrée de son pouvoir ; rien ne saurait limiter ce dernier. Ainsi s'explique qu'un siècle plus tard, au temps de Metternich, le tsar « militaire » Nicolas Ier prenne pour devise de sa politique intérieure : « Autocratie, orthodoxie, *narodnost* [nationalité et piété populaire] [273]. » Dans le même temps, en ce qui concerne la politique extérieure, tous les orthodoxes vivant en dehors de la Russie doivent se montrer solidaires avec l'empire du tsar.

Ainsi l'**Église orthodoxe** ne pouvait qu'apparaître de plus en plus, aux yeux du peuple, non seulement comme la prisonnière, mais comme **la garante et le soutien du régime tsariste**, aux côtés de la noblesse, de l'armée et de la police – en dépit de tentatives de réforme isolées et d'une théologie du laïcat débutante [274].

Et les tsars, qui ne se considéraient plus seulement, à l'instar de Pierre, comme les administrateurs et juges suprêmes de l'Église, mais comme sa tête, laissaient toujours revenir sur le devant de la scène le parti vieux-russe (derrière lequel se tenait la hiérarchie ecclésiastique) et décevaient de plus en plus tous les espoirs de modernisation et de libéralisation. Ils frustraient non seulement les *raskolniki* et les sectes religieuses les plus diverses, souvent des mouvements de protestation sociale sous couvert religieux, mais aussi la jeunesse idéaliste (après l'insurrection polonaise de 1861).

L'Église d'État se trouva elle-même de plus en plus compromise dans cette politique tsariste. Et les libres penseurs (voltairiens), puis les **nihilistes** trouvèrent d'autant mieux audience. D'où l'apparition d'un parti révolutionnaire et terroriste, qui travailla à un renversement radical de toutes les valeurs et de toutes les institutions. Il fut à l'origine de la mort du tsar Alexandre II en 1881 et entreprit ensuite, avec d'autres courants critiques à l'égard de la société (les socialistes), pendant la guerre russo-japonaise de 1905, une révolution extrêmement dangereuse.

Quand, au terme de cette révolution, le tsar Nicolas II – il fut le dernier – promit enfin une Constitution pour l'État et la liberté de conscience individuelle, avant de décevoir à nouveau les espoirs qu'il avait fait naître, il contribua à la grande révolution de 1917, qui devint dès lors la suite historique logique du prélude de 1905 et fut tout simplement catastrophique pour le christianisme en Russie.

12. LA RÉVOLUTION RUSSE
– ET L'ÉGLISE ORTHODOXE ?

Au cours de l'histoire russe, la religion est souvent devenue un opium pour les masses, pour le « simple peuple » : voilà qui n'est guère contestable. Elle était, certes, une consolation dans une vie qui n'était souvent riche qu'en privations, mais cette consolation reposait trop souvent sur de fausses espérances. Après 1989 et la fin de l'URSS, nous sommes en droit de poser la question : quelles souffrances auraient pu être épargnées au peuple russe, mais aussi au monde entier, si l'Église orthodoxe russe avait pris fait et cause au XIXᵉ siècle pour les réformes sociales dont la Russie avait si cruellement besoin ? Les critiques sociales et les appels à la réforme ne manquèrent pas ; ils vinrent surtout de divers « théologiens laïcs » – un phénomène nouveau dans l'orthodoxie russe.

Critique sociale chrétienne avant la Révolution

Nous nous contenterons de citer trois des penseurs russes les plus célèbres du XIXᵉ siècle, tous **représentants d'une autre orthodoxie**. En premier lieu, le comte **Léon Tolstoï** († 1910)[275], l'utopiste social russe d'inspiration chrétienne le plus connu. Il fut le représentant d'un christianisme ouvert à tous les hommes, fortement influencé par l'Occident, qui met l'accent sur l'amour du prochain et la non-violence. Il entra en opposition de plus en plus marquée avec l'Église d'État, qui, aux yeux de ses critiques, abêtissait le peuple au lieu de l'éduquer, et qui excommunia Tolstoï en 1901 parce qu'il avait tourné en dérision – en se rendant donc coupable de blasphème – la liturgie orthodoxe dans son roman *Résurrection*. Vient ensuite **Fiodor Mikhaïlovitch Dostoïevski** († 1881), qui, dès sa première œuvre, *Les Pauvres Gens* (1846), avait choisi pour thème la situation sociale. Il fut condamné à mort comme membre d'un cercle terroriste ayant pour objectif une révolution sociale, mais juste avant l'exécution il vit sa peine commuée en quatre années d'exil en Sibérie. Dans son grand roman *Les Frères Karamazov*, il confronte avec tout son génie une Église devenue grande inquisitrice avec Jésus revenu sur terre, et il ouvre sur la vision pleine d'espérance d'une autre orthodoxie, où régnerait l'amour mutuel, en la personne d'Aliocha Karamazov[276]. Enfin, **Vladimir Soloviev** († 1900), qui n'a pas seulement développé des idées sociales et religieuses, mais tout un système d'éthique sociale chrétienne très bien argumenté. Son intervention en vue d'obtenir la grâce du meurtrier du tsar, en 1881, lui valut l'interdiction d'enseigner. Soloviev n'est pas moins radical que Tolstoï dans ses exigences d'éthique sociale, mais il témoigne d'un christianisme tout à la fois plus profond et plus plénier [277]. Sa philosophie de la religion, fondée sur l'amour et ouvrant sur l'unité universelle, une synthèse de religion, de philosophie et de science dans le sens d'une vie unifiée et plénière, rappelle Origène, dans le cadre de notre analyse des paradigmes.

En la personne de ces laïcs, l'**Église orthodoxe** s'exprimait pour ainsi dire **à partir de la base**. La pensée sociale réformatrice s'était aussi répandue parmi le **clergé paroissial** orthodoxe, surtout à partir du tsar Alexandre II, qui avait aboli le servage en 1861. C'est surtout dans les secteurs de l'éducation et de l'assistance que les communautés orthodoxes, notamment le clergé paroissial, avaient développé des activités fécondes, que venaient fortement entraver, il est vrai, la situation juridique de l'époque et la bureaucratie tsariste [278]. Le théologien protestant Ernst Benz, qui a porté une attention particulière à la problématique de l'éthique sociale et politique dans l'orthodoxie russe [279], constate lui aussi que les idées de réforme sociale étaient particulièrement virulentes dans le clergé et chez les laïcs – surtout chez les vieux-croyants et les slavophiles. Les **séminaires pour prêtres** surtout, qui offraient une possibilité de formation et d'ascension sociale à des jeunes souvent très doués issus de familles de prêtres et des couches inférieures de la société, étaient des foyers d'idées sociales réformatrices et même révolutionnaires. En sortaient aussi des adeptes du nihilisme et du communisme russes. Pourra-t-on jamais oublier qu'un des plus grands criminels du XXe siècle (aux côtés d'Adolf Hitler) a été séminariste à Tiflis : le Géorgien Joseph Vissarionovitch Djougachvili, qui allait prendre le nom de **Staline** ?

Mais une autre personnalité **critique envers la société**, le prêtre **Grigori Petrov**, malheureusement trop oublié en Russie même, était issu lui aussi d'un séminaire. Il était également le porte-parole d'une préoccupation sociale, largement répandue dans le clergé lui-même, et, bien avant la Révolution, il avait sorti une *pravda* (« vérité »), la *Pravda de Dieu*, dans la ligne d'un socialisme chrétien ; elle trouva un large écho dans le peuple orthodoxe et suscita la méfiance dans les cercles marxistes. Petrov, qui avait d'abord été précepteur dans deux familles de grands-ducs, devint celui d'Alexis, l'héritier du trône. Mais il entra en opposition avec le système en place et fut élu député indépendant dans la première Assemblée du peuple russe, la Douma.

Petrov ne ménageait pas ses critiques au clergé de l'Église d'État qui n'osait pas s'engager politiquement et socialement. En 1908, il avait écrit au métropolite Antoine :

> Il n'y a pas d'empereur chrétien, pas de gouvernement chrétien et pas d'ordre social chrétien. Les couches supérieures oppriment les couches inférieures, un petit groupe opprime tout le reste de la population. [...] Ils ont exclu les classes inférieures du pouvoir, de la science, de l'art et même de la religion ; ils ont mis la religion à leur service. [...] Mais l'Église n'a pas transfiguré l'État, elle a emprunté à l'État son éclat extérieur. [...] Le christianisme est devenu religion d'État, mais l'État n'en est pas moins resté païen. [...] C'est que le christianisme n'a exercé aucune influence sur l'ordre politique et social. Les Évangiles ont été détournés de leur vaste mission d'instauration du Royaume de Dieu dans la société et dans l'État, ils ont été réduits à l'étroit sentier de la vertu personnelle et du salut personnel.

Quelle conclusion Petrov en tire-t-il ? Il faut arracher l'Église chrétienne au système tsariste : « L'Église est une organisation pour tous les hommes, supranationale et supra-étatique. Pour l'Église, aucun des systèmes politiques existants n'est parfait, définitif et intouchable. Un tel système étatique est une réalité du futur. » Voilà ce que Petrov écrivait en 1908 [280].

Quelle fut la réaction de l'Église ? On excommunia le critique Petrov, comme on l'avait fait pour Tolstoï. La procession populaire du pope **Georges Gapone**, avec des icônes et des images du tsar, qui voulait rétablir le jour du « dimanche sanglant » de 1905 l'alliance religieuse du peuple russe avec le tsar orthodoxe, mise à mal, fut dispersée par les salves des soldats de garde ; il y eut de nombreuses victimes – et beaucoup y virent la dissolution définitive de cette alliance...

La Révolution éclata dix ans à peine après l'excommunication de Petrov. Cette **révolution de février 1917** (sans Lénine) conduisit à l'abdication du tsar, et tous les historiens y voient aujourd'hui la véritable révolution démocratique russe. Certains dirigeants de l'Église se réclament maintenant des idées de Soloviev, de Petrov et d'autres critiques, mais il était trop tard pour l'Église :

– Certes, depuis la révolution de 1905, l'Église orthodoxe russe avait connu une grande liberté de parole, avec de grandes **discussions** sur les réformes à entreprendre.

– Sous le gouvernement démocratique provisoire de Kerenski, un **concile** orthodoxe s'était tenu à Moscou, en août 1917, et il avait décidé des réformes intérieures : rétablissement du patriarcat aboli par Pierre le Grand, élection des évêques par les fidèles, représentation des laïcs dans les conseils paroissiaux, diocésains et patriarcaux.

– Mais ce concile ne se contenta pas d'édicter des **réformes sociales**. Il se prononça pour la poursuite de la guerre contre les Allemands et contre le traité de paix de Brest-Litovsk (qui ne serait malheureusement signé que le 3 mars 1918, par Lénine) [281].

La haine de la religion chez Lénine et Staline

On imagine difficilement ce qu'auraient pu produire la révolution de février 1917 et la démocratie dans ses premiers balbutiements – pour l'État et pour l'Église. Mais la **révolution d'Octobre** – en fait un **putsch antidémocratique** contre le gouvernement républicain provisoire – amena au pouvoir le leader des bolcheviks (des maximalistes), Vladimir Illitch Oulianov, dit **Lénine**. De retour en Russie depuis avril seulement, le 8 décembre 1917, il n'avait obtenu avec ses bolcheviks que 23,5 % des voix (62 % pour les socialistes, 13 % pour les partis bourgeois), mais à cette date il avait déjà créé la police secrète, la Tcheka. Le 18 janvier 1918, il dissolvait brutalement l'Assemblée constituante, qui s'était refusée à reconnaître inconditionnellement le « pouvoir des Soviets ».

Lénine vouait une haine indescriptible à tout ce qui pouvait évoquer la religion. L'État et la religion de la Russie tsariste lui avaient en effet valu de cruelles expériences. L'exécution de son frère Alexandre à la suite de l'assassinat du tsar Alexandre II, le 1er mars 1881, l'avait profondément bouleversé et il en resta marqué sa vie durant. Même si, à l'extérieur, en politicien avisé, il savait se retenir, dès qu'il arriva au pouvoir il lança une violente campagne contre la religion. Pour lui, elle n'était pas seulement, comme pour Karl Marx, « l'opium **du** peuple », mais « l'opium **pour** le peuple », celui que les dirigeants de l'État et de l'Église proposent consciemment au peuple : « Une sorte de tord-boyaux spirituel dans lequel les esclaves du capital noient leur visage humain et leurs revendications d'une vie un tant soit peu humaine ; mais [...] le travailleur moderne, qui a acquis une conscience de classe, rejette avec mépris les préjugés religieux, abandonne le ciel aux prêtres et aux bigots bourgeois, et lutte pour une vie plus vivable, ici-bas, sur terre [282]. »

Nous savons – et nombre d'entre nous en ont fait directement l'expérience – qu'il n'y avait qu'un tout petit pas du rejet massif en paroles à la persécution massive en actes. Celle-ci commença déjà sous Lénine, pour se poursuivre ensuite et surtout sous **Staline**. Les années les plus terribles de la terreur stalinienne pour l'Église russe furent 1927 à 1943, jusqu'au tournant nationaliste auquel le désastre de la Seconde Guerre mondiale conduisit Staline. Des milliers de clercs furent jetés en prison et déportés, des milliers d'églises furent dévastées ou fermées, des millions d'hommes, croyants et incroyants, furent envoyés dans l'« archipel du Goulag » (Alexandre Soljenitsyne).

Cependant l'Église orthodoxe russe a survécu à ces épreuves, au prix de nombreux martyrs, mais aussi d'opportunistes plus nombreux encore (qui collaboraient avec le KGB). D'innombrables gens du peuple lui sont néanmoins restés fidèles. Depuis 1988-1989, cette Église – mettant à profit la *perestroïka* de Mikhaïl Gorbatchev, du temps où il était secrétaire général du Parti communiste – peut à nouveau vivre et s'acquitter de sa tâche, sans représailles et discriminations permanentes de la part de l'État. Il est toutefois difficile de prévoir quel sera l'avenir de l'orthodoxie en Russie, au terme de la guerre froide et après l'effondrement de l'empire soviétique, dans quel sens évolueront une théologie, une spiritualité, voire une éthique sociale spécifiquement russes. J'espère pouvoir ouvrir des perspectives plus claires dans mon deuxième volume sur le christianisme.

LE PARADIGME ŒCUMÉNIQUE HELLÉNISTIQUE

Quels sont les atouts, les risques et les possibilités de l'orthodoxie ?

Au terme de cette longue section, une appréciation théologique du deuxième paradigme de l'Église ancienne (le paradigme hellénistique œcuménique) s'impose [283]. Le monde chrétien marqué par le paradigme hellénistique de l'Église ancienne (P II) mérite, fondamentalement, notre respect et notre **admiration**. A la différence des chrétiens du paradigme judéochrétien (P I), cette forme de christianisme a assuré sa survie – en dépit des diverses crises vitales qu'elle a traversées, en dépit de la conquête de la plupart des pays chrétiens orthodoxes par l'islam et de l'oppression communiste. Le sort qui fut celui des chrétiens d'Afrique du Nord a été épargné à ceux d'Europe orientale. Par comparaison avec le monde chrétien latin – je ne me lasse pas de le souligner –, le monde **orthodoxe** est à maints égards la **forme de christianisme la plus proche des origines**. Les acquis durables de l'orthodoxie sont les suivants :
– une théologie de grande valeur ;
– une liturgie qui en appelle et à l'intelligence et au cœur ;
– une *koinonia*, une communion, une communauté d'Églises jouissant toutes des mêmes droits, qui s'est toujours maintenue malgré l'oppression des États successifs et la persécution politique, et qu'incarne son chef suprême du point de vue spirituel (et non pas juridique), le patriarche de Constantinople.

Mais les **dangers**, les **risques** de ce deuxième paradigme du christianisme sont tout aussi évidents. Il faut tout d'abord mettre en garde contre le danger du **liturgisme**. Là où il s'est imposé, il a réduit de fait la vie de l'Église à la liturgie, laissant s'étioler une annonce de l'Évangile adaptée au temps présent et n'encourageant guère les réformes sociales et politiques. Nous n'avons aucune critique à élever contre la liturgie orthodoxe, mais que penser du liturgisme orthodoxe ?

C'est précisément la **liturgie orthodoxe** qui continue à séduire nombre de chrétiens, y compris en Occident [284]. N'oublions pas, cependant, que la liturgie orthodoxe a elle-même connu une importante évolution, dans deux directions : la simple **célébration de la**

Cène en mémoire de Jésus s'est métamorphosée au fil du temps en un **culte imposant**, calqué sur celui du **temple « salomonien »** (F. von Lilienfeld) ; ce n'est plus le Jésus terrestre ou ressuscité qui occupe la place centrale, mais – sur l'horizon de l'incarnation et de l'exaltation du Christ – le *Pantocrator*, tel que le représentent dans toute sa majesté les incomparables mosaïques, c'est-à-dire la toute-puissance du *Logos* divin. Même de nos jours, les évêques et prêtres aux longues barbes, avec leurs mitres, leurs croix, leurs icônes et leurs ornements dorés, font une forte impression sur les spectateurs occidentaux ; aujourd'hui encore, ils laissent transparaître quelque chose de la dignité et de la splendeur, du style et des goûts de l'ancienne Byzance.

En même temps, le simple **chant de psaumes et d'hymnes** des premières communautés chrétiennes s'est mué en œuvre d'art : un chant choral très élaboré, chatoyant, bien que toujours en harmonie, qui exclut toutefois, pour des raisons dogmatiques, toute musique instrumentale (parce que « païenne » ?). La louange de Dieu n'est pas le fait d'un bois ou d'un métal morts, mais de la voix humaine vivante ! Au contact et de la musique byzantine à l'unisson, et de la musique sacrée polyphonique, vénitienne surtout (Gabrieli), sur les îles de la Méditerranée occupées par les Italiens ou par l'intermédiaire de la Pologne-Ukraine, la Russie a fini par développer un **chant choral polyphonique** exigeant, qui parle aujourd'hui profondément aux Orientaux comme aux Occidentaux et qui peut les unir dans le culte rendu à Dieu.

Malgré ces changements importants, nous devrions reconnaître aujourd'hui, y compris dans l'Église occidentale, que la **liturgie orientale est restée plus proche, à bien des égards, des origines** que la liturgie latine du Moyen Age. En Orient :

– Il n'y a pas de fixation exclusive sur sept sacrements, comme en Occident, mais une **concentration** sur le **baptême** (qui inclut aussi l'« onction » ou la « confirmation ») et l'Eucharistie. Pour le reste, les Églises orientales restent ouvertes sur une grande diversité de gestes sacrés à des fins pastorales.

– Il n'y a pas de fixation dogmatique de la célébration eucharistique sur les paroles de la consécration ni de « transsubstantiation » du pain et du vin. Il y a **présence spirituelle du Seigneur exalté** durant toute la célébration, dès le début ; après le récit de la Cène, on invoque la descente de l'Esprit saint (épiclèse) sur les dons du pain et du vin.

– Il n'y a pas de célébration eucharistique du prêtre seul, sans présence de la communauté (donc pas de « messe basse ») comme en Occident (avant Vatican II), mais **la célébration du prêtre se fait toujours avec la communauté**, qui accueille elle-même le Christ qui vient, qui apparaît, et qui a droit à la communion sous les deux espèces du pain et du vin.

En Occident, on a souvent reproché à la liturgie orientale d'être « **pétrifiée** ». On peut répondre que la liturgie orientale, comme celle d'Occident, fait la différence entre les parties « fixes » (structure fondamentale) et les parties « variables », qui sont adaptées aux fêtes ou aux saints, et où il y a place, dans les lectures de l'Écriture, les prières et les hymnes, pour des modulations et de la diversification. Dans un passé récent, la liturgie orthodoxe, dans sa splendeur, représentait pour beaucoup une antithèse sympathique à la laide grisaille du quotidien soviétique ; elle posait des questions ouvrant sur un « tout autre », sur Dieu. En ce sens la liturgie orthodoxe remplissait et remplit aussi une fonction réellement missionnaire. C'est ainsi que les Églises orthodoxes ont survécu, avec un bonheur étonnant, non seulement à la domination étrangère, plutôt favorable aux Églises, des Mongols, à celle, relativement tolérante, des Arabes et des Turcs, mais aussi au régime totalitaire bolchevique (à l'époque de l'interdiction des livres religieux, beaucoup de fidèles connaissaient la liturgie par cœur) ; elles ont su ainsi préserver la spécificité chrétienne dans les différents systèmes d'Église d'État.

Mais le problème n'est pas liquidé pour autant. Il s'agit moins d'une pétrification que d'un isolement de la liturgie. Même un observateur occidental aussi bienveillant qu'Ernst Benz estime que l'une des principales faiblesses de l'orthodoxie est la fermeture de la liturgie sur elle-même : un « **isolationnisme liturgique** qui fait de la liturgie une coquille dans laquelle l'Église se recroqueville comme une tortue et d'où elle ne sort la tête que rarement [285] ». C'est ainsi que se posent des questions importantes pour l'avenir – face, notamment, à la société laïcisée en Russie et dans d'autres pays orthodoxes.

> **Questions pour l'avenir**
>
> Une liturgie qui se veut une liturgie authentiquement chrétienne :
>
> • Ne devrait-elle pas d'abord **trouver son fondement** dans l'**annonce du message chrétien** (prédication), qui se doit d'être conforme à l'Évangile et adaptée au temps présent ? On ne s'acquitte pas de ce devoir en faisant le panégyrique d'un saint à la fin de la liturgie, il devrait, au contraire, trouver toute sa place précisément quand les gouvernants ne sont que trop heureux de réduire l'Église à une liturgie aussi solennelle que possible...
>
> • Ne devrait-elle pas aussi porter des **fruits** dans la **mise en œuvre d'une éthique chrétienne** ? Celle-ci ne doit pas se limiter à la seule vie privée, mais, pour être réaliste, elle doit aussi comporter sa dimension sociale, pénétrer les sphères de l'économie, de la politique et de la culture, dès l'instant, précisément, où elle retrouve une nouvelle liberté. Les impulsions sociopolitiques ne devraient-elles pas naître à l'avenir non chez les adversaires de l'Église, mais en premier lieu dans l'Église elle-même ?

Un autre danger qui menace l'Église orthodoxe est celui d'une **Église d'État**, d'une époque où l'Église risquait de devenir un instrument docile de l'État ou du parti. Tout le développement du modèle « symphonique » que nous avons retracé montre clairement que la dépendance de l'Église orthodoxe russe à l'égard du régime politique en place (y compris dans maintes affaires spirituelles) – une dépendance dont elle ne s'est toujours pas départie aujourd'hui – repose sur une tradition sacralisée de longue date. Elle n'est pas seulement dans la ligne du système moscovite de l'Église d'État, qui s'est constitué aux XVe-XVIe siècles, mais elle a de profondes racines dans la tradition byzantine, qui remonte à Constantin. La tradition byzantine et slave d'une Église d'État explique aussi pourquoi la plupart des Églises orthodoxes se montrent méfiantes à l'égard des idées de 1789, des idées de démocratie, de séparation de l'Église et de l'État, de la liberté de conscience et de la liberté religieuse...

Ce danger prend une forme particulièrement aiguë dans le **nationalisme** moderne. Certes, sous la domination ottomane l'Église a constitué des siècles durant le meilleur bastion, celui qui permit aux peuples slaves de préserver leur propre identité et leur autonomie ; l'Église remplissait ainsi une fonction de constitution et de légitimation de la nation. Mais l'idéologie nationaliste qui en est issue n'a que trop souvent servi, dans l'histoire récente de l'orthodoxie, à attiser les rivalités ethniques, au lieu de les refréner et de les atténuer. La guerre civile dans l'ex-Yougoslavie a notamment pris une tournure aussi fanatique parce que, des siècles durant, les Églises ont encouragé le nationalisme au lieu de le contenir : l'Église catholique a attisé le nationalisme des Croates, l'Église orthodoxe celui des Serbes. Certes, le nationalisme est aussi à l'œuvre en Pologne, en Irlande et dans certains pays protestants. Mais si le monde de l'orthodoxie est confronté à une tentation et un danger particuliers, c'est moins, comme en Occident, ceux de l'autoritarisme (catholique) ou du subjectivisme (protestant) que ceux du nationalisme !

Ce danger d'un lien trop étroit entre nation et religion existe, il est vrai, par-delà les Églises orthodoxes, dans toutes les Églises chrétiennes, et, par-delà le christianisme, dans toutes les religions, notamment les religions monothéistes prophétiques. Aussi des questions se posent-elles ici aux trois religions de ce type (voir encadré page suivante).

Nous ne pouvons clore cette analyse du deuxième grand paradigme de l'histoire chrétienne, le paradigme hellénistique de l'Église ancienne, qui est devenu celui de l'orthodoxie orientale byzantine et slave, avec ses triomphes et ses défaites, sans formuler un souhait quant aux défis du temps présent et aux possibilités d'avenir (qui feront l'objet d'un deuxième tome).

Après l'effondrement de l'idole du « Parti communiste », les Églises vivant selon ce paradigme puissent-elles, sans peur de la modernité et de ses acquis authentiques, apporter leur contribution décisive à ce dont les États de l'ex-bloc de l'Est ont un besoin urgent, dans leur passage à une époque nouvelle :

Questions sur les relations entre religion et nation

☰ La religion juive a exercé une influence exceptionnelle sur toute l'histoire de l'humanité. Elle comporte en même temps un lien indissoluble entre une religion, un peuple et un pays. Mais le fondement religieux du pays ne risque-t-il pas, dès lors, de se muer en idéologie d'État, une idéologie qui dénierait à d'autres le droit de vivre sur une même terre ? L'idéologie de l'État ne risque-t-elle pas de devenir un succédané de religion ? La défense militaire ne risque-t-elle pas d'être viciée par le militarisme, la nation par le nationalisme et l'État par l'idolâtrie de l'État ?

† Des systèmes d'Église d'État existent aussi dans le protestantisme, dans l'anglicanisme et, pour une part, dans le catholicisme, alors qu'ils se permettent de critiquer l'orthodoxie à cet égard. Mais la critique du modèle oriental « symphonique » (P II) justifierait-elle le papisme (P III) occidental, les Églises protestantes liées à l'État et le synodalisme protestant (P IV) ? Un système d'Église étatique peut-il se justifier, peut-il se réclamer des origines chrétiennes et de l'Écriture ?

☾ L'islam se veut une religion universelle, sans limites de nation ni de culture. Et pourtant il n'a jamais su opérer une coupure nette entre religion et société. N'y a-t-il pas toujours danger, dès lors, à voir les souverains politiques utiliser l'islam à leurs fins propres et justifier leurs guerres par la religion ? La fonction prophétique de protestation de la religion à l'encontre des classes dominantes et possédantes reste-t-elle possible, à partir de l'islam, dans un pays musulman ?

– une **foi renouvelée** dans l'unique vrai Dieu, qui exclut tout culte de la personne, du parti et de la nation ;
– une **éthique renouvelée** face à trop de passivité, de paresse et de cynisme ;

LE PARADIGME ŒCUMÉNIQUE HELLÉNISTIQUE

– une **spiritualité renouvelée** face à un manque criant de spiritualité et à la décadence morale que l'on se plaît à déplorer ;
– une **liturgie renouvelée**, qui n'abolit pas l'ancienne, mais puise une vie nouvelle dans l'Évangile ;
– un **humanisme chrétien renouvelé**, en union avec les autres Églises chrétiennes, dans la paix avec les grandes religions du monde et en collaboration avec tous les hommes de bonne volonté.

III

Le paradigme catholique romain médiéval

Le Moyen Age, *Medium Aevum* de l'Europe occidentale et centrale, dont il sera question dans ce chapitre, est cette époque moyenne qui s'étend entre l'Antiquité et notre propre époque moderne. Elle reste mystérieuse pour nous aujourd'hui, plus mystérieuse à maints égards que l'Antiquité qui l'a précédée ! Longtemps les appréciations des historiens ont elles aussi été des plus contradictoires. C'est de nos jours seulement qu'un double consensus se dégage, que nous pouvons esquisser brièvement comme suit :
– Le Moyen Age **n'est pas simplement cette « époque obscure » de décadence**, que les humanistes de la « Renaissance » (de la « nouvelle naissance » de l'Antiquité, prise pour modèle dans la langue et dans les arts) méprisaient tant (quand ils parlaient du « latin des moines », du « gothique ») ; et à laquelle, dès lors, les historiens de l'Église protestants des XIXe et XXe siècles dénient toute fécondité pour l'Église et pour la théologie – à l'exception de quelques « préréformateurs », comme Wyclif et Hus [1].
– Il fut l'objet, *a fortiori*, de la condamnation des réformateurs, qui y voyaient l'époque papiste et cléricale où avait eu lieu l'abandon de la véritable foi chrétienne.
– Mais le Moyen Age n'est pas non plus cette **époque idéale et exemplaire de la chrétienté**, à laquelle on a voulu reconnaître une valeur quasi normative pour l'Église, la théologie et la société : comme l'a rêvé le romantisme, en réaction contre les idées des Lumières (Novalis et certains convertis au catholicisme) ; comme l'a aussi transfiguré ensuite l'historiographie nationale allemande du XIXe siècle, au moins en ce qui concerne les empereurs médiévaux (qui connurent leur apogée avec les Hohenstaufen) ; comme

ont espéré pouvoir le ressusciter le néo-romantisme, le néogothique, les préraphaélites allemands, de même que les néo-grégoriens et les néo-scolastiques, sous le signe de l'ultramontanisme et de la dévotion au pape ; tel que se le représente encore aujourd'hui la réaction romaine anticonciliaire, qui rêve de la vieille « Europe chrétienne » et qui s'en sert comme modèle pour sa « campagne de réévangélisation »[2].

1. LE CHANGEMENT D'ATTITUDE DANS LES RECHERCHES SUR LE MOYEN AGE

Les spécialistes ne s'accordent pas aujourd'hui sur la durée du Moyen Age. La division de l'histoire en « Antiquité, Moyen Age, époque moderne » n'est devenue courante en Europe qu'au XVIIe siècle. Les historiens ne sont toujours pas d'accord sur les dates de début et de fin, et l'on sait que ces divisions de l'histoire en **périodes** relèvent aussi de points de vue nationaux, confessionnels, parfois aussi personnels.

Début et fin chronologiques du paradigme médiéval

Quoi qu'il en soit des questions de dates, il ne fait aucun doute, aujourd'hui, que ce paradigme médiéval catholique romain, que nous nous proposons d'analyser ici (P III), est nettement différent du paradigme hellénistique de l'Église ancienne (P II) qui précède, mais aussi qu'il ne s'est constitué que progressivement. Tout **changement de paradigme** – y compris un changement relativement rapide comme la Réforme – se prépare dès le paradigme précédent.

Des **conditions** essentielles pour le paradigme médiéval se dessinent dès l'Antiquité tardive, qui reste pourtant encore largement déterminée par le paradigme hellénistique de l'Église ancienne. Ce que nous avons déjà vu se constituer pour ainsi dire de loin, à partir de Byzance et de l'Orient, il nous faut maintenant le regarder de

près, à partir de Rome et de l'Occident. On n'imagine pas un nouveau paradigme médiéval en Occident :
– sans le partage de l'*Imperium romanum christianum* de Constantin en empire d'Orient (Byzance) et empire d'Occident, partage devenu définitif après la mort de Théodose le Grand († 395) ;
– sans la théologie d'Augustin († 430), qui s'avérera le père de la théologie occidentale ;
– sans la politique des papes romains des IVe et Ve siècles, qui se réclament de l'apôtre Pierre pour s'attribuer de plus en plus de pouvoir dans l'Église, et finalement aussi dans l'État.

Pour comprendre la **constitution** de la nouvelle constellation médiévale, il faut ensuite prendre en compte les événements décisifs qui ont **inauguré** ce changement de paradigme :
– les migrations germaniques des Ve et VIe siècles ; la chute de l'Empire romain d'Occident en 476 et le baptême de Clovis, le roi des Francs, en 498 ou 499 ;
– l'entrée en scène de Muhammad (622 de l'ère chrétienne, début de l'ère musulmane) et la conquête arabe des territoires de l'Empire situés à l'est et au sud de la Méditerranée ;
– le nouvel *Imperium christianum* de Charlemagne († 814).

Mais, nous le verrons, c'est la réforme grégorienne du XIe siècle qui marqua le **triomphe** définitif du paradigme catholique romain dans l'Église d'Occident et qui **accomplit** donc le changement de paradigme – au prix d'une scission avec l'Église d'Orient. Le paradigme médiéval atteint son apogée aux XIIe-XIIIe siècles, qui marqueront aussi son point d'inflexion, si bien qu'aux XIVe-XVe siècles il sera déjà en pleine crise, alors que le début du XVIe siècle – avec la Réforme de Martin Luther, qui signera l'éclatement de l'Église d'Occident elle-même – révélera à quel point il est figé.

Mais – cela aussi, notre analyse le fera apparaître clairement – ce paradigme marque toujours profondément, consciemment ou inconsciemment, la pensée et la sensibilité non seulement de la Contre-Réforme catholique et de l'antimodernisme, mais aussi de nombreux catholiques traditionalistes aujourd'hui. C'est pourquoi il convient de l'analyser de plus près en ayant toujours à l'esprit les problèmes du temps présent – donc non comme une histoire qui nous serait totalement étrangère, mais comme une histoire qui nous concerne. Soulignons-le une fois encore : je n'ai pas l'intention de raconter ici en détail l'**histoire** du Moyen Age catholique, mais d'analyser le **paradigme** médiéval du christianisme – une analyse qui comportera nécessairement une part de narration historique –, de décrire la « **constellation d'ensemble** des convictions, des valeurs, des comportements... » qui subsiste encore de nos jours. Pour la mettre en évidence, posons une question préliminaire.

Un paradigme germanique ?

L'Europe chrétienne est-elle, comme on l'a affirmé depuis Leopold Ranke, un produit, un mélange « de christianisme, de germanité et d'Antiquité » ? Même en faisant abstraction des éléments byzantins et slaves, qui font eux aussi partie intégrante de l'Europe, l'opposition entre l'héritage allemand germanique et l'héritage romain antique, y compris dans l'histoire de l'Église et du droit ecclésiastique (une opposition sur laquelle l'historiographie nationale allemande du siècle dernier a mis l'accent), peut être considérée aujourd'hui comme dépassée.

Dans sa revue critique de l'état de la recherche médiévale, Arnold Angenendt, historien allemand de l'Église, montre comment, après la Seconde Guerre mondiale, la recherche historique « s'est libérée du complexe du germanisme » et comment « la recherche s'est internationalisée »[3] ; aujourd'hui en tout cas, personne n'oserait plus parler de l'« essence du germanique » – fondement historique d'un « homme allemand-germain », d'une « politique allemande » et d'une « manière de vivre allemande » –, le tout en opposition aux peuples de langue latine. Pourquoi ce germanisme historique est-il dépassé ? L'historien attire l'attention sur deux données de l'histoire.

D'une part, la germanité n'est pas plus une entité uniforme que la religion germanique. « Les Germains » sont apparentés par la langue, il est vrai, mais durant le haut Moyen Age cette parenté de langue n'a pas encore réussi à fonder une conscience sociale commune. L'« Église proprement germanique » (une Église qui est l'apanage du seigneur, à la fois pour le droit de propriété et d'un point de vue ecclésial spirituel[4]) n'était pas plus exclusivement germanique que le « caractère du peuple germanique » et la « religiosité germanique », prétendument caractérisés par des « vertus germaniques » comme l'honnêteté, l'indépendance, la fidélité, l'allégeance, l'intériorité, le cœur et le sens communautaire [5].

Mais, d'autre part, la culture de l'Antiquité tardive, au moins dans la mesure où elle marquait la vie quotidienne, a longtemps survécu durant le haut Moyen Age à l'effondrement de la superstructure administrative et organisationnelle – quelle que soit sa diversité selon les régions et les époques. Elle aura permis aux Germains, en dépit du formidable chaos qu'ils ont traversé, de se rattacher à maints égards au monde antique. La germanité et l'Antiquité tardive romane ne sont donc pas si facilement dissociables. Nombre de pensées, de représentations, de types de comportements et d'institutions – les souverains qui le sont par la grâce de Dieu, la pensée dynastique et les grandes propriétés avec leurs seigneurs – ont survécu. Mais durant le haut Moyen Age cet héritage s'est souvent mêlé **aux représentations et aux pratiques de la foi archaïque** des Germains, plus friands de rite que d'éthique, de mythe que de *Logos* : pensée magique, sorcellerie, croyance aux démons, culte des reliques, formules de serments, prestige quasi magique de ces derniers... Mais tout cela n'est pas spécifiquement germanique, pas non plus spécifiquement celtique (dans de vastes territoires d'Europe) : c'est tout simplement archaïque, caractéristique de la mentalité de peuples à ce niveau primitif de culture.

Un paradigme latin ?

Nous pouvons en conclure que, en dépit de l'apport essentiel des « Germains », le paradigme médiéval ne saurait se définir comme typiquement germanique. Plutôt que germanique, le paradigme occidental portait d'abord la marque **latine**, dans la mesure où le **latin** était et resterait pendant tous ces siècles la **langue officielle** de l'Église et de la théologie occidentales, du droit et de l'État.

Pendant les premiers siècles, comme on le sait, la langue de la chrétienté occidentale avait été la *koinê* grecque. C'était la langue internationale de la population citadine dans tout l'Empire romain, utilisée non seulement par les gens cultivés, mais aussi par les commerçants et pour le trafic, et c'était donc aussi tout naturellement la langue de l'Église et du culte. Non seulement la Bible, les confessions de foi et les premiers écrits théologiques étaient rédigés en grec, mais à Rome même la liturgie était célébrée en grec. C'est seulement après une période de transition assez longue, entre 360 et 382, que, à l'exemple de Milan, on introduisit partout et définitivement la **langue latine dans le culte**[6]. Après la fondation, par Constantin, de Constantinople, la nouvelle capitale de l'Empire, nous l'avons vu, plus peuplé, plus fort économiquement et militairement, l'Orient conserva naturellement le grec comme langue de l'État et de l'Église et abandonna de plus en plus le latin. En Occident, ce fut l'inverse : le grec disparut pendant les IIIe-IVe siècles au bénéfice du latin, qui prenait désormais une plus grande importance encore du fait de la christianisation.

Ce latin chrétien ecclésiastique s'est développé en Afrique du Nord ; c'est en Afrique du Nord qu'a aussi vu le jour la **théologie** spécifiquement **latine**. Celle-ci n'apparaît que près d'un siècle après la théologie grecque, avec **Tertullien** (environ 150/155-ap. 222). Juriste et théologien laïc de grande intelligence, il a encore écrit en grec, il est vrai, et, en raison des sujets abordés et de sa façon de poser les problèmes, on voit parfois en lui le dernier apologète grec. Tertullien nous offre néanmoins pour la première fois une théologie typiquement latine, comme l'a bien mis en lumière l'historien de l'Église Hans von Campenhausen : « Dans l'orientation vigoureuse, sobre et pratique de sa théologie, dans son intelligence réaliste, juridique et psychologique, dans l'intérêt qu'il porte aux réalités sociales, à la communauté et à l'Église comme corps politique solide, dans sa façon de mettre l'accent sur la volonté, la norme et la discipline, Tertullien apparaît bien comme le premier Père de l'Église latine[7]. » Mais la théologie latine reste d'abord entièrement tributaire de la théologie grecque ; l'Esprit souffle pour ainsi dire d'est en ouest, comme en témoigne déjà le nombre des traductions latines de textes grecs, alors qu'il n'en existe guère dans l'autre sens.

Dès le début, l'**intérêt théologique de la communauté latine** avait une orientation différente. En quel sens ?

– Le monde **grec**, d'orientation plus philosophique, s'intéressait surtout aux questions théoriques de la christologie et de la doctrine de la Trinité. Ses centres d'intérêt étaient les problèmes métaphysiques et spéculatifs : les relations entre le Père, le Fils et l'Esprit, ainsi que la possibilité de l'incarnation de Dieu et de la divinisation de l'homme.

– Le monde **romain**, d'esprit plus pratique, s'intéressait davantage aux questions pastorales de la discipline, de la pénitence, de la conduite de la vie chrétienne et de l'ordre dans l'Église. Ses centres d'intérêt étaient d'ordre psychologique, éthique, disciplinaire : la faute, l'expiation et le pardon, la constitution de l'Église, les ministères et les sacrements.

Cependant, malgré un évêque de Carthage aussi éminent que **Cyprien**, une génération après Tertullien, malgré ce grand leader spirituel de l'Église d'Afrique, défenseur de l'autonomie épiscopale par rapport à Rome et écrivain spirituel très apprécié, le monde chrétien occidental apparaît encore au milieu du IVe siècle comme un appendice du christianisme grec de l'empire d'Orient, qui assume la direction spirituelle de toute la chrétienté. Les conciles œcuméniques en témoignent éloquemment : ils se situent tous en Orient, avec une participation occidentale plus que réduite (les légats que s'attachait l'évêque de Rome). C'est au IVe siècle seulement que nous trouvons des théologiens qui se sont délibérément formés auprès des Grecs : pour l'exégèse pneumatique auprès de Philon, Origène et Grégoire de Nysse, pour la théologie spéculative auprès des Cappadociens. Tel est le cas d'Hilaire, de Rufin, de Jérôme et surtout d'**Ambroise**, évêque de Milan, qui sait comme personne fondre, dans un ensemble organique, les apports grecs et latins. Mais vers la fin du Ve siècle la théologie de l'Occident latin a rattrapé celle de l'Orient grec. Comment ? Elle le doit à l'œuvre de toute une vie d'un théologien qui va devenir « le » théologien de l'Église latine : *Aurelius Augustinus*.

2. AUGUSTIN, LE PÈRE DU NOUVEAU PARADIGME EN THÉOLOGIE

Entre Paul et Luther, aucune autre personnalité de l'histoire chrétienne n'a exercé une plus grande influence dans la théologie et dans l'Église qu'Augustin[8]. J'ai déjà parlé de la vie, de l'œuvre et du rayonnement de cet homme dans mon dernier livre, *Les Grands Penseurs chrétiens*. Je peux donc me concentrer ici sur la question : dans quelle mesure Augustin a-t-il posé les fondements théologiques du paradigme de l'Occident médiéval chrétien ? Qu'est-ce qui fait de lui le père du nouveau paradigme de la théologie ?

Un théologien latin

Deux thèses fondamentales me serviront de point de départ :
– Augustin a **marqué la théologie et la piété occidentales** plus qu'aucun autre théologien ; il est ainsi devenu le père du paradigme médiéval.
– Augustin est **rejeté par l'Orient** comme sans doute aucun autre Père de l'Église occidentale [9] – un autre indice confirmant le fait qu'avec lui débute le changement de paradigme qui fait passer le christianisme occidental du paradigme hellénistique de l'Église ancienne à celui du Moyen Age latin.

Il nous faut prendre au sérieux les deux constats : nous n'avons pas le droit d'ignorer Augustin, comme c'est largement le cas dans la théologie orientale, mais il ne faudrait pas davantage le soustraire quasiment à toute critique, comme dans un certain nombre de présentations occidentales. Il faut porter sur lui un jugement circonstancié, en tant qu'**initiateur d'un nouveau paradigme**. En effet, un changement de paradigme ne s'identifie jamais purement et simplement à un progrès, il se traduit toujours par des gains et des pertes. On en arriva effectivement à un nouveau paradigme en théologie quand cet homme d'abord mondain accompli, ce penseur incontestablement génial, dialecticien pénétrant, psychologue doué, brillant styliste et finalement chrétien passionné, entreprit d'élaborer théologiquement ses expériences les plus diverses pour en faire une puissante synthèse.

Origène, souvenons-nous, était **grec** jusqu'au fond de l'âme (avec quelques connaissances d'hébreu). Augustin, par ses origines et de tout son cœur, était **latin**.

– Né en 354, cent ans exactement après la mort d'Origène, il était citoyen romain et fils d'un fonctionnaire municipal de la province romaine de Numidie, l'actuelle Algérie.

– Sa langue, qu'il maîtrisait souverainement, était le latin ; il avait détesté apprendre le grec. Il était le seul philosophe latin marquant à ignorer à peu près totalement le grec.

– Il se sentait solidaire non de Carthage, encore moins d'Athènes ou de Byzance, mais de Rome, qui restait pour lui la capitale du monde et qui était aussi devenue le centre de l'Église.

– Augustin ne chercha guère à entrer en contact avec les grands Pères orientaux, avec les écoles de Cappadoce, d'Antioche et d'Alexandrie. Bref, « la culture intellectuelle d'Augustin est tout entière de langue latine [10] » (H.-I. Marrou). Il ne connaissait des textes grecs que ceux qui étaient traduits en latin [11].

Une autre différence avec Origène : dans un monde environnant encore païen et hostile au christianisme, Origène a fait son chemin, dès sa jeunesse, en chrétien convaincu et prêt à aller jusqu'au martyre, tandis qu'Augustin, dans un monde déjà largement christianisé, a récusé le christianisme au temps de sa jeunesse. C'est seulement au terme de nombreux atermoiements et errements qu'il trouve sa voie ; elle lui fait quitter le monde pour vivre son christianisme : en 391 il devient prêtre, en 396 évêque d'Hippo Regius (Hippone, dans l'actuelle Algérie). Mais il n'en a pas pour autant définitivement terminé avec les crises intellectuelles et spirituelles. En effet, au cours de sa carrière ecclésiastique, Augustin se trouvera mêlé à des controverses de grande portée, faisant époque. Voilà qui montre bien, une fois de plus, que tout nouveau paradigme, y compris ce nouveau paradigme latin, est issu d'une **crise** à plusieurs niveaux, qui conduit à une constellation inédite.

Crise de l'Église I : quelle est la véritable Église ?

Augustin resta évêque pendant trente-cinq ans. Jusqu'à sa mort, à la différence des autres évêques, mariés pour la plupart, il vécut dans le cadre d'une *vita communis* soumise à une règle stricte, avec ses prêtres, ses diacres et autres clercs. Même extérieurement, leurs vœux de célibat et de pauvreté, ainsi que le port de robes de bure noire, les séparaient du peuple. Cependant, son idéal monastique ne se définissait pas d'abord, comme chez les Grecs, par l'ascèse, mais par la vie commune dans la concorde et l'amour. Il annonçait ainsi le Moyen Age, avec ses communautés de chanoines sur le modèle augustinien. Augustin évêque allait devenir la figure de proue dans deux crises qui non seulement ébranlèrent l'Église d'Afrique du Nord, mais le contraignirent lui-même à des évolutions ; leurs effets se feraient finalement sentir dans toute l'Église latine d'Occident. C'est là, en Afrique, que se décida la forme qu'allait prendre l'Église en Europe.

Ce fut d'abord la **crise donatiste** : elle allait marquer la **vision augustinienne de l'Église, fortement institutionnalisée et hiérarchisée, qui deviendrait celle de tout l'Occident**[12]. L'arrière-plan de cette crise est celui d'une Église catholique déjà devenue, au IVe siècle, une Église de masse, fortement insérée dans la société ambiante. Mais, en Afrique notamment, certains milieux se souvenaient encore très bien de l'époque des martyrs et de la stricte discipline dans l'Église, ainsi que de la conception plus spirituelle de celle-ci et des sacrements d'un Tertullien et d'un Cyprien. A leurs yeux, les baptêmes et ordinations conférés par des ministres indignes, notamment par des évêques et des presbytres « tombés » lors des persécutions, étaient administrés sans l'assistance du Saint-Esprit, et donc invalidés ; autrement dit, il fallait les administrer à nouveau. Ainsi, avant même le tournant constantinien, on en était arrivé à un schisme rigoriste qui accusait la grande Église de laxisme – et ce schisme dura un siècle. Après la conversion de Constantin, la plupart des évêques d'Afrique du Nord faisaient partie des rigoristes, que l'on appelait maintenant **donatistes**, du nom de leur leader, **Donat** († 355).

Quand Augustin, quatre-vingt-cinq ans après le début de ce schisme, fut nommé évêque d'Hippone, les tensions à l'intérieur de l'Église restaient vives. Or l'**Église persécutée** allait maintenant devenir une **Église persécutrice**. Comment en arriva-t-on là ? L'empereur Théodose avait pratiquement fait de l'Église catholique la religion de l'État et établi l'orthodoxie. Son successeur, Honorius, décréta le retour forcé des donatistes dans l'Église catholique. Il interdit purement et simplement leurs célébrations liturgiques, menaça de confisquer leurs biens et de les exiler. Seule l'Église catholique devait bénéficier de la reconnaissance de l'État. Le monde chrétien latin allait cultiver la subordination de l'individu à l'Église comme institution, médiatrice de la grâce et du salut !

La preuve par l'exemple ne tarda pas, car, dans la ville d'Hippone à majorité donatiste, Augustin avait activement œuvré dès le début pour l'**unité de l'Église**. L'unité rompue de l'Église africaine troublait le chrétien qu'il était devenu : pour le néo-platonicien qu'il restait, l'idée d'unité était, plus que pour d'autres, le signe du vrai et du bien. L'unique vraie Église ne pouvait pas être représentée par une Église particulière qui se refermerait sur elle-même, mais seulement par l'Église universelle, en communion avec Jérusalem, Rome et les grandes communautés orientales : la grande *ecclesia catholica*, qui connaissait une extension croissante, touchait le monde entier, était richement pourvue en sacrements et dirigée par des évêques professant la vraie foi, l'Église qu'Augustin appelle la « mère » de tous les croyants. Le qualificatif « catholique », sur lequel Augustin met tellement l'accent, sera de la plus haute importance pour le paradigme du Moyen Age.

Augustin savait aussi, bien sûr, que cette Église catholique une et sainte ne serait jamais parfaite sur cette terre. Certains ne font partie de l'Église que par le corps *(corpore)*, non par le cœur *(corde)*. L'Église réelle est une **Église en marche**, c'est au Juge suprême qu'il reviendra de séparer le bon grain de l'ivraie. Mais, cela dit, la véritable Église est l'Église des saints, des prédestinés, des sauvés, une Église qui trouve place **dans** l'Église visible, mais qui reste cachée aux yeux des hommes. Et en ce qui concerne les **sacrements** de l'Église, il faut faire la distinction entre validité d'un côté, légalité et efficacité de l'autre. Ce qui est déterminant, ce n'est pas ce que fait l'évêque ou le prêtre (peut-être indigne), mais ce que Dieu accomplit dans le Christ. Les sacrements sont objectivement valides (même s'ils ne sont pas toujours légitimes et efficaces), tout à fait indépendamment de la dignité subjective de celui qui les administre, pourvu que cela soit accompli conformément à la réglementation de l'Église. *Ex opere operato*, dira-t-on au Moyen Age : un sacrement est valide par le simple fait qu'il est dispensé.

Cette grande controverse a indubitablement conduit à des clarifications fondamentales, et Augustin a largement doté toute la théologie occidentale des **catégories, solutions et formulations simples pour une ecclésiologie et une doctrine des sacrements élaborées** : l'Église est tout à la fois une entité visible et une entité invisible, qui ne se recouvrent pas entièrement ; comment penser à partir de là l'unité, la « catholicité » et l'« apostolicité » de l'Église ; quelles sont les relations entre parole et sacrement : la parole comme sacrement audible *(sacramentum audibile)*, le sacrement comme parole visible *(verbum visibile)* ; comment faire la distinction, dans la théologie des sacrements, entre le dispensateur principal (le Christ) et les dispensateurs intermédiaires (l'évêque, le presbytre), et comment répondre, à partir de là, à la question de la validité ?

Le recours à la force en matière religieuse

En dépit de nombreuses mesures coercitives, allant jusqu'à la peine de mort, la grande Église et l'État (toujours intéressé, depuis Constantin, à préserver l'« unité ») ne réussirent pas à éliminer totalement les Églises parallèles schismatiques et hérétiques qui se multipliaient. Finalement, Augustin, impressionné par le succès d'actions policières brutales, pensa devoir justifier théologiquement le recours à la force contre les hérétiques et les schismatiques. Il estimait pouvoir se réclamer de Jésus et de la parabole des invités au festin, avec la formule (dans sa traduction latine un peu forcée) *coge intrare* : « Contrains [au lieu d'"engage"] d'entrer ceux qui sont par les routes et par les jardins [13]. »

Résultat : l'évêque et le chrétien Augustin, qui savait parler de façon si convaincante de l'amour de Dieu et des hommes, va servir de caution au long des siècles, en raison de son argumentation fatale dans la crise donatiste. Caution de quoi ? De la **justification théologique des conversions forcées, de l'Inquisition et de la guerre sainte** contre les déviationnistes en tout genre. En effet, ces comportements vont devenir une caractéristique du paradigme médiéval, ce qui nous éloigne beaucoup des positions qu'avaient défendues les Pères grecs.

Peter Brown, à qui nous devons la biographie d'Augustin la plus documentée et la plus chaleureuse, remarque à juste titre : « Pour répondre à ces critiques obstinées, Augustin fut amené à écrire ce qui est la seule justification systématique que nous fournisse l'histoire de l'Église ancienne du droit de l'État à supprimer les non-catholiques [14]. » Certes, Augustin n'entendait pas éradiquer (comme procéderait plus tard l'Inquisition à l'égard des petites sectes) les non-catholiques, trop nombreux à Hippone ; il voulait seulement corriger et convertir. Peter Brown commente : « Augustin peut apparaître comme le premier théoricien de l'Inquisition, mais il n'était pas en mesure d'être le premier grand inquisiteur [15]. »

Crise de l'Église II :
comment l'homme est-il sauvé ?

Augustin, prédicateur et commentateur infatigable de l'Écriture, a profondément changé en devenant évêque – comme tant d'autres après lui. Plus qu'auparavant, il penche maintenant pour une pensée institutionnelle : il est aussi plus dur, plus intolérant, plus pessimiste. C'est encore plus net dans la deuxième grande crise dont il est à nouveau l'un des principaux acteurs : celle qui surgit autour de **Pélage**, un moine laïque très estimé, originaire d'Angleterre. Cette **crise pélagienne durcit la théologie augustinienne du péché et de la grâce** [16] ; cependant elle trouvera des défenseurs décidés, non seulement au Moyen Age mais également dans la réforme protestante et dans le jansénisme catholique [17]. De quoi s'agit-il ?

Pélage, qui était un ascète et un moraliste cultivé, profondément anti-arien, avait œuvré à Rome entre 400 et 411, surtout parmi les laïcs. Il s'attaquait passionnément au manichéisme et au paganisme immoral encore très répandu, mais il s'en prenait tout aussi violemment au christianisme purement nominal et laxiste de la société romaine aisée. Cependant, pour combattre ce mal, Pélage, qui s'inspirait d'Origène, mettait l'accent sur la **volonté** de l'homme, sur sa **liberté**. Ce qui comptait pour lui, c'était la responsabilité personnelle et la conduite dans les faits.

Pélage reconnaissait, certes, la nécessité de la grâce de Dieu pour tout homme, mais il avait une conception plutôt extérieure de la grâce ; il n'y voyait en tout cas pas, comme Augustin, une force intérieure à l'œuvre dans l'homme, presque à la façon d'un combustible. La grâce ? Pour Pélage, elle était dans le pardon des péchés, qui était, pour lui aussi, un don immérité de Dieu. Étaient également des grâces l'exhortation morale et l'exemple du Christ. Pour Pélage aussi, dans le baptême, l'homme est justifié sans œuvre ni mérite. Mais, une fois devenu chrétien, l'homme doit se frayer son chemin vers le salut par ses actes propres, grâce à l'épée de sa libre volonté – en suivant les commandements de l'Ancien Testament et l'exemple du Christ. C'est ce qui tenait à cœur à Pélage. N'était-ce pas une théologie parfaitement raisonnable ?

Mais l'enseignement de Pélage touchait Augustin au point sensible de son expérience personnelle, au cœur de sa foi. Pendant les longues années qui avaient précédé sa conversion, n'avait-il pas fait l'expérience des faibles capacités de l'homme livré à lui-même (ainsi qu'il le décrit dans ses *Confessions*), de la fragilité de sa volonté ? N'avait-il pas prouvé dans sa chair combien le désir charnel *(concupiscentia carnis)*, culminant dans l'extase sexuelle, pouvait détourner l'homme de l'accomplissement de la volonté de Dieu ? L'homme a donc continuellement besoin de la grâce de Dieu, dès le tout début – pas seulement par la suite –, pour soutenir sa volonté, et déjà pour la volonté même, qui peut être en elle-même mauvaise, dévoyée. Ainsi se comprend l'opposition massive d'Augustin à l'enseignement de Pélage.

Péché originel et double prédestination

Cette opposition est d'autant plus fondamentale qu'Augustin est convaincu que derrière la misère du monde se cache un grand péché, dont les effets se font sentir chez tous les hommes. Cette conviction était aussi très répandue parmi les païens de l'Antiquité tardive, mais Augustin lui donne une acuité toute particulière en élaborant une théologie de la première chute – en historicisant, psychologisant et surtout sexualisant cet « événement originel ». Pour Augustin, en effet, l'homme est profondément corrompu dès le début par la faute d'Adam. « **En lui** tous ont péché » (Rm 5,12). *In quo* : c'est ce qu'Augustin trouve dans la version latine de la Bible de son temps. Et il rapporte cet « en lui » à Adam. Mais l'original grec énonce simplement *eph' hô* : « **parce que** » (ou « en suite de qui ») tous ont péché ! Comment Augustin comprend-il donc cette phrase de l'épître aux Romains ? Il y voit non seulement le péché originel, mais un **péché héréditaire**, un péché dont chaque homme est porteur dès sa naissance et dont il a pour ainsi dire hérité. Voilà pourquoi, selon Augustin, tout homme, y compris le nourrisson, est empoisonné dans son corps et dans son âme. Sans le baptême, il serait voué à la mort éternelle. Cependant Augustin va plus loin encore : sa propre expérience du pouvoir de la sexualité et son passé manichéen l'amènent– à l'inverse de Paul, qui n'en dit mot – à lier cette transmission du « péché héréditaire » à l'**acte sexuel** et au désir « charnel » (égoïste) qui s'y rattache, à la concupiscence [18]. Augustin situe la sexualité au cœur de la nature humaine. Or, quel théologien comprenait mieux qu'Augustin ce qu'il en était et qui aurait été à même de décrire mieux que lui ce qui se passe dans le cœur de l'homme [19] ? Augustin surpasse tous les auteurs de l'Antiquité dans sa capacité d'auto-analyse réfléchie.

Mais cette tentative de solution ouvrait sur une autre question : si c'est Dieu qui produit tout le bien chez l'homme (corrompu), se pose le **problème de la grâce et de la liberté**. Que devient la liberté humaine si tout se fait par la grâce de Dieu et si la volonté elle-même bonne ne peut être qu'un don de Dieu ? Augustin est convaincu que ce n'est pas la liberté humaine qui motive la grâce de Dieu, mais bien l'inverse : seule la grâce de Dieu peut mouvoir la volonté humaine dans le sens de la liberté. La grâce n'est pas méritée, elle est pur don. C'est le don de Dieu, et lui seul, qui produit tout en l'homme et qui est le seul fondement de son salut. Ce don, librement consenti, l'homme en a besoin en permanence, jusqu'à sa mort, mais il appelle aussi la collaboration constante de l'homme.

S'il en est ainsi, pourquoi y a-t-il tant d'hommes qui ne sont pas sauvés ? Plus Augustin s'engage dans la controverse avec les pélagiens, plus sa position se durcit. C'est ce qui apparaît le plus clairement dans sa doctrine de la **double prédestination**, la prédestination à la béatitude ou à la damnation [20]. Cette doctrine aura des effets proprement terrifiants sur la chrétienté occidentale. Selon Augustin, pour combler la lacune consécutive à la chute des anges par la présence d'autres êtres raisonnables (représentation gnostique manichéenne !), Dieu a prédéterminé dès l'abord un certain nombre, relativement restreint, d'hommes à la béatitude, à l'inverse de la grande « masse en situation de damnation ». Mais cela est-il conciliable avec la bonté de Dieu ? Parfaitement, puisque :

LE PARADIGME CATHOLIQUE ROMAIN MÉDIÉVAL

– Le salut de l'homme manifeste la **miséricorde** de Dieu, qui nous fait don de la **béatitude** sans que nous ayons un quelconque droit d'y prétendre (même si c'est en prévision des mérites de l'homme).
– La **justice** de Dieu se manifeste dans le rejet du plus grand nombre : Dieu ne veut, certes, pas le mal, mais il le permet (en raison de la libre volonté de l'homme) et laisse donc aller le plus grand nombre sur le chemin qui conduit à la **damnation** éternelle. Quelle différence par rapport à Origène et à sa conception de la réconciliation générale ! Cette doctrine effrayante, Calvin la poussera à l'extrême. Des questions s'imposent cependant d'emblée.

*Répression de la sexualité
et chosification de la grâce ?*

Augustin a incontestablement eu le grand mérite de rappeler énergiquement à la **théologie occidentale**, qui penchait pour la justification par les œuvres, le **message paulinien de la justification**, qui avait perdu toute son actualité avec la disparition du judéo-christianisme, noyé dans le judaïsme hellénistique, et de souligner ainsi l'**importance de la grâce**. Tandis que la théologie orientale restait très fortement marquée par la pensée johannique, négligeant pour une bonne part la problématique paulinienne de la justification, avec ses antithèses, au profit d'un discours portant sur la divinisation de l'homme, Augustin, à partir du vécu de ses expériences personnelles et de son étude approfondie de Paul, a fait de la grâce le thème central de la théologie occidentale et a trouvé, là aussi, d'innombrables formulations latines bien frappées, faciles à retenir. Contre le moralisme largement répandu dans l'ancienne Église latine, qui fait trop fond sur les réalisations de l'homme, il montre clairement combien tout trouve son fondement dans la grâce de Dieu : « Qu'as-tu que tu n'aies reçu [21] ? » Aux yeux d'Augustin, le christianisme ne doit donc pas se présenter comme une religion des œuvres et de la Loi, mais bien comme une religion de la grâce.

Les mérites d'Augustin ont si souvent été vantés qu'il n'est pas nécessaire de les souligner davantage. Oui, son œuvre a fait époque, et tout ce qu'Augustin a écrit avec intelligence et profondeur, aussi brillant qu'émouvant, au sujet de l'aspiration de l'homme au bonheur en ce monde, un homme qui est à la fois sous l'emprise du péché et de la grâce, toutes ses pensées profondes sur le temps et sur l'éternité, sur la spiritualité et sur la piété, sur l'abandon à Dieu et sur l'âme humaine, tout cela surpasse n'importe quelle louange. Encore une fois, dans le cadre de notre analyse des paradigmes, notre premier souci doit être de faire ressortir la différence qui s'introduit progressivement, dans le christianisme, entre la spiritualité marquée par l'hellénisme et celle de l'Occident latin, différence génératrice du passage du paradigme hellénistique de l'Église ancienne au paradigme médiéval latin. Ce ne sont donc pas les contenus théologiques d'Augustin dans toute leur étendue et leur profondeur qui nous occupent ici, mais les axes de pensée paradigmatiques de ce grand théologien, dont les effets se font sentir du Moyen Age et de la crise de la Réforme jusqu'à nos jours. Le même Augustin, qui, face au primat grec de l'intellect, se fait si passionnément l'avocat de la volonté, de l'amour, qui a osé une phrase aussi audacieuse que « *Dilige, et quod vis fac*[22] » (« Aime, et fais ce que tu veux »), et qui a écrit des textes si magnifiques sur la grâce, est aussi responsable de développements très problématiques dans l'Église latine, en particulier sur trois points importants.

1. La répression de la sexualité dans la théologie et dans l'Église occidentales : plus que d'autres théologiens latins (Jérôme, par exemple), Augustin a certes souligné l'égalité entre l'homme et la femme, du moins sur le plan spirituel (en se référant à leur intelligence rationnelle), parce qu'ils sont tous deux créés à l'image de Dieu. Mais il restait en même temps prisonnier de la vision commune de son temps, selon laquelle la femme était physiquement subordonnée à l'homme – au deuxième chapitre de la Genèse la femme n'est-elle pas créée à partir de l'homme et pour l'homme[23] ? Sur tous ces points, la théorie de la sexualité et du péché d'Augustin reste problématique[24].

Il était en effet clair pour Augustin qu'idéalement la relation sexuelle ne doit avoir lieu qu'en vue de la procréation. Le plaisir sexuel voulu pour lui-même est coupable et il faut donc le réprimer ; il était impensable pour lui, *a fortiori*, que le plaisir sexuel puisse enrichir et approfondir la relation entre les époux. Quel lourd fardeau pour les hommes et les femmes du Moyen Age, de la

Réforme et bien au-delà que cet héritage augustinien de discrédit jeté sur la libido ! De nos jours encore, un pape n'a-t-il pas faite sienne, le plus sérieusement du monde, l'idée selon laquelle même dans le mariage un mari peut jeter un regard « impudique » sur son épouse, quand, justement, il en va de la seule jouissance ?...

2. La chosification de la grâce dans la théologie et dans la piété occidentales : tandis que l'Orient n'a jamais développé de représentation correspondant à la doctrine latine occidentale d'une « grâce créée » *(gratia creata)* et reste attaché à l'espérance de la « divinisation » de l'homme dans la totalité de son être et de son « immortalité », le latin Tertullien s'éloigne déjà de la conception biblique de la grâce comprise comme disposition de Dieu et pardon des péchés, pour voir plutôt dans la grâce une *vis* (force) à l'œuvre en l'homme − s'inspirant en cela de représentations stoïciennes. Une « force » plus puissante que la nature *(natura)* ; Tertullien est le premier à opposer nature et grâce.

Pour Augustin aussi, la « grâce du pardon » n'est que la préparation à la « grâce de l'inspiration », infusée à l'homme comme une substance dynamique, salvatrice et transformante : la *gratia infusa* devient une sorte de carburant surnaturel qui actionne la volonté, incapable de quoi que ce soit par elle-même. En parlant ainsi de la grâce, Augustin pense moins au Dieu vivant, qui se montre « gracieux » à notre égard, qu'à une « grâce créée », différente de Dieu même, qui jouit d'une certaine autonomie, le plus souvent liée au sacrement, et dont il n'est nulle part question dans le Nouveau Testament. C'est à cette grâce toutefois que s'attacheront la théologie et l'Église latines du Moyen Age − une Église de la grâce et des sacrements −, en complète opposition avec la théologie grecque.

3. L'angoisse de la prédestination dans la piété occidentale : tandis que les Pères grecs maintiennent la capacité de décision de l'homme avant et après la chute et ne connaissent pas de prédestination divine inconditionnelle au salut ou à la perte, certains, comme Origène et les origénistes, allant jusqu'à croire en une réconciliation finale générale, Augustin vieilli, dans un excès de réaction à l'égard du pélagianisme, fait sienne une représentation manichéenne et mythologique. Par ailleurs, il neutralise la signification univer-

selle du Christ et réinterprète de façon restrictive et individualiste
– qui n'est pas du tout paulinienne – les énoncés de Paul sur Israël
et sur l'Église [25]. Mais quel Dieu est-ce donc là, qui prédestine à la
damnation éternelle (fût-ce peut-être sous une forme adoucie) une
foule d'hommes, y compris d'innombrables nouveau-nés morts
sans baptême, au nom de sa « justice » ?

Jean Chrysostome, le contemporain byzantin d'Augustin, proclamait explicitement l'innocence des petits enfants, à l'encontre de certains membres de sa communauté qui croyaient qu'ils pouvaient être tués par sorcellerie et que leurs âmes étaient possédées par des démons. Par ailleurs, Augustin n'a pas peu contribué à la peur des démons dans l'Église occidentale. Sa doctrine de la prédestination, bien qu'elle ait déjà été récusée par Vincent de Lérins comme une nouveauté (contraire au principe catholique de « ce qui a toujours été cru partout et par tous ») et qu'elle n'ait donc pas été adoptée sans plus et comme telle par l'Église du Moyen Age, n'en a pas moins instillé dans la conscience de nombreux chrétiens, y compris Martin Luther, une profonde angoisse quant au salut de leur âme. Cette angoisse ne relève pas du message de Jésus et elle contredit la volonté de salut universel de Dieu. Même un auteur aussi disposé à interpréter Augustin de la façon la plus bienveillante possible, le patrologue français Henri Marrou, est bien obligé de le constater : « Si, comme le montre l'histoire de son influence, de graves contresens ont été si souvent commis sur sa véritable pensée, Augustin en est lui-même, pour une large part, le premier responsable [26]. » Depuis le synode d'Orange au plus tard (529) et son approbation par le pape (530), Augustin, suspect d'hérésie, est devenu le père incontesté de la théologie occidentale.

En revanche, il n'a guère contribué à développer la vie chrétienne des « laïcs » dans le monde, pas plus qu'une piété cosmique, mais il a encouragé les spéculations sur Dieu. Nous devons effectivement à Augustin des accentuations inédites non seulement en matière de morale sexuelle ou de théologie de la grâce et des sacrements, mais aussi dans la doctrine de Dieu : il a en particulier repensé de façon toute nouvelle la tradition chrétienne sur la Trinité, allant bien au-delà de ce que nous ont appris jusqu'ici les Grecs, surtout les Cappadociens, sur l'unité et la trinité en Dieu [27].

Changement de paradigme dans la doctrine de la Trinité

Les *Confessions* d'Augustin et son *De Genesi* montrent déjà qu'il a tout fait pour **penser ensemble la conception néo-platonicienne et la conception biblique de Dieu**, pour réconcilier la foi et la raison ; contrairement à la plupart des théologiens latins, de Tertullien à Jérôme, il a toujours fait le plus grand cas de la philosophie. Pour Augustin, dans la ligne néo-platonicienne, Dieu est le bien suprême, la vérité et la beauté en soi, la lumière éternelle, l'Être infini, mais il est en même temps, selon la perspective biblique, le Toi personnel qui s'adresse à nous et à qui nous avons le droit de nous adresser : Dieu m'est plus intérieur à moi-même que mon moi le plus intime, et il est plus élevé que ce qu'il y a de plus élevé en moi, « *interior intimo meo et superior summo meo* [28] ».

Augustin est-il un **mystique** ? On ne peut le qualifier de mystique qu'au sens plus large du terme : une religiosité de l'abandon personnel à Dieu, de l'immersion en Dieu et de la communion avec lui. Mais il n'est pas mystique au sens étroit d'une mystique d'unité, d'une véritable expérience et d'une doctrine de l'unité, comme c'est surtout le cas dans les religions d'origine indienne. Augustin ne parle jamais d'une union extatique, fusionnelle, avec l'Être divin. En ce sens, il reste fondamentalement, comme Paul et Jean, dans la ligne des religions prophétiques qui prennent au sérieux la différence qualitative entre Dieu et l'homme, entre l'absolument saint et le pécheur, et qui ne connaissent qu'un *devenir un* avec la « volonté » de Dieu. Augustin connaît aussi le sentiment enthousiaste de l'abandon à Dieu dans la connaissance, dans la volonté, dans l'amour, dans la prière, un bonheur fulgurant, qui ne saisit toutefois pas directement l'être de Dieu. La *fruitio Dei* (« jouissance de Dieu ») reste réservée à l'autre vie, à la vie éternelle. Et s'il a eu une vision très sombre de la prédestination, on ne comprendra sa conception de la Trinité qu'à condition de prendre au sérieux à quel point pour lui **Dieu lui-même est amour au plus profond de son être**. C'est ce qu'Augustin développe tout au long des quinze livres de son *De Trinitate*, rédigés entre 399 et 414, rédaction souvent interrompue par l'urgence d'autres devoirs.

Cependant, Augustin était conscient que cette grande œuvre spéculative, presque la seule dont il ait entrepris la rédaction sans instigation extérieure, représentait une **nouveauté**. Et ce n'est donc pas pure rhétorique quand, dès le début du premier livre, il s'adresse au lecteur en ces termes : « Que mon lecteur, s'il communie pleinement à ma certitude, fasse route avec moi ; s'il partage tous mes doutes, qu'il cherche avec moi ; s'il se reconnaît dans l'erreur, qu'il revienne à moi ; s'il m'y surprend moi-même, qu'il m'en détourne [29]. » Mais aucun lecteur n'aura sans doute suivi son conseil, tant est fascinante la profondeur spéculative des pensées sur Dieu de l'exposé d'Augustin, qui n'a pas d'égal avant lui dans la chrétienté.

Ce qui sous-tend la pensée d'Augustin, c'est sa volonté, en tant que Latin, de souligner avant tout l'**unité** de Dieu [30]. A ce titre il ne se satisfaisait pas de la théorie grecque des Cappadociens, inspirée d'Origène – dont Augustin n'avait qu'une connaissance superficielle, il est vrai –, qui partaient des trois « hypostases » différentes et qui mettaient trop l'accent sur la pluralité des trois « personnes » divines. En quoi consiste donc la véritable nouveauté de la doctrine trinitaire d'Augustin par rapport à la doctrine grecque hellénistique ? Peut-être en ce qu'il a pensé, repensé et approfondi de façon géniale, dans une perspective anthropologique et psychologique, la coordination logique et ontologique du Père, du Fils et de l'Esprit. Mais cela même présupposait quelque chose de plus fondamental :

– Le point de départ de la pensée d'Augustin n'est plus, comme chez les Grecs, l'**unique Dieu et Père**, qui est **le** Dieu : ce principe un et unique *(archê)* de la divinité, dont le Père fait également don au Fils (« Dieu de Dieu, Lumière de Lumière ») et au Saint-Esprit (les processions ne sont pas comprises comme actions, mais comme dons).

– Augustin part plutôt de l'unique divinité, uniques substance, essence, gloire et majesté divines, communes aux trois personnes. **Le point de départ et le fondement** de sa doctrine trinitaire, c'est donc l'**unique nature divine** qui est pour lui le principe d'unité entre le Père, le Fils et l'Esprit.

– Au sein de l'unité de l'unique Être divin, le Père, le Fils et l'Esprit ne se distinguent que comme **relations éternelles** (qui fondent la vie intradivine), qui se confondent avec Dieu et ne se manifestent d'aucune façon comme telles à l'extérieur.

Mais comment, dès lors, Augustin interprète-t-il anthropologiquement et psychologiquement l'être de Dieu ? Il n'entend évidemment pas se livrer à ces spéculations pour le seul plaisir d'en faire. Le fondement de cette spéculation ne saurait être que la Révélation biblique et – c'est important – la doctrine de la foi catholique *(fides catholica)*. Augustin traite ainsi dans les quatre premiers livres du donné scripturaire, dans les trois suivants du dogme, et dans les huit autres il livre le fruit de sa propre réflexion. C'est dire que pour Augustin la Trinité s'impose dès l'abord, indiscutablement, comme relevant de la doctrine de l'Église. Il ne s'agit pour lui que de montrer comment une trinité est possible dans le cadre de la présupposition philosophique et théologique de l'unité. Il n'est pas très facile de comprendre ce qui, à partir d'Augustin, s'est imposé jusque dans les dogmatiques catholiques et protestantes les plus récentes d'Occident (!). Essayons de dégager brièvement l'essentiel.

La psychologie de la Trinité

Selon le livre de la Genèse (où il n'est évidemment question que d'un Dieu unique et non de la Trinité !), l'homme a été créé à l'image et à la ressemblance de Dieu. Dieu – il est pour Augustin le Dieu trinitaire, ce qui n'est absolument pas juif ! – est donc le modèle originel de l'homme. Il reprend ici des idées de Marius Victorinus, un philosophe converti, et voit dès lors une analogie, une similitude (où le dissemblable est plus grand, certes, que le semblable) entre le Dieu trinitaire et l'esprit *(mens)* humain à trois dimensions : la mémoire *(memoria)* comme centre de la personne, l'intelligence *(intelligentia)* et la volonté *(voluntas)*.

A partir de là, Augustin utilise des catégories philosophiques et psychologiques pour construire la **Trinité comme autodéploiement de Dieu** :

– Le **Fils** est « engendré » de la substance du Père selon l'intelligence (dans l'acte de la pensée divine) ; il est la personnification de la parole et de l'image de Dieu.

– L'**Esprit** « procède » du Père (du Père aimant) **et** du Fils (aimé, d'où le célèbre *Filioque* !), selon la volonté, dans un unique souffle *(spiratio)* : l'Esprit est ainsi l'amour personnifié qui unit le Père et le Fils.

– Le **Père**, le **Fils** et l'**Esprit** représentent donc trois relations subsistantes, réellement différentes entre elles, mais coïncidant en même temps avec l'unique nature divine : la paternité, la filiation et la spiration mêmes. Dans cette triade s'expriment clairement non seulement l'unité de l'unique nature divine, mais aussi les relations mutuelles entre les trois personnes.

– Une conséquence importante émane de cette réflexion, qui prend pour point de départ l'unique nature divine : toute activité de la divinité « à l'extérieur » (qu'il s'agisse de la Création ou de la Rédemption) ne procède pas d'une des trois personnes, mais de l'unique nature divine et est donc commune aux trois personnes *(« opera trinitatis ad extra sunt unum »)*.

Telles sont, très brièvement résumées, les idées fondamentales qu'Augustin développe longuement dans son traité. Une comparaison même superficielle avec Origène et d'autres Pères de l'Église grecs fait apparaître que, dans le cadre de son nouveau grand paradigme latin, Augustin a opéré un **changement de paradigme dans la doctrine de la Trinité**, un changement de microparadigme ou de paradigme moyen, pour ainsi dire. Aussi les Grecs n'ont-ils jamais pu se rallier à cette théologie.

Au contraire, ils ont réagi vivement quand les Latins, se réclamant de la doctrine d'Augustin, ont progressivement introduit dès les VIᵉ-VIIᵉ siècles, puis définitivement sous le pape Benoît VIII, en 1014, la procession de l'Esprit du Père « et du Fils », dans la confession de foi de Nicée-Constantinople – contrairement aux intentions d'Augustin d'ailleurs. Augustin lui-même ne pouvait imaginer que sa doctrine trinitaire, bien qu'elle fonde clairement le *Filioque*, puisse en venir à dynamiter la confession de foi commune de Nicée-Constantinople et devenir ainsi un motif important de la rupture entre l'Église d'Orient et celle d'Occident. Mais l'introduction de ce *Filioque* – élevé ensuite au rang de dogme par l'Occident – revient toujours, aux yeux des chrétiens d'Orient, à travestir la confession de foi œcuménique et est donc une hérésie manifeste. En Orient, on s'en tient rigoureusement à l'énoncé originel – la procession de l'Esprit du Père (par le Fils) – et on réclame toujours la suppression de ce *Filioque* dans la

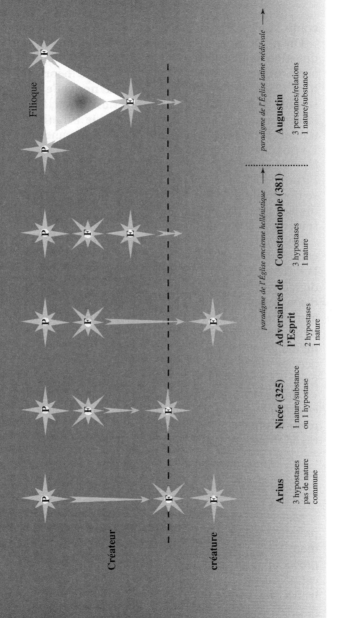

confession œcuménique. Tout cela n'est-il que querelle de mots ? On ne comprendra jamais en Occident l'importance de cette question pour l'Orient si on pense qu'il s'agit seulement d'une autre terminologie ou de subtilités d'une théorie théologique. Non, il ne s'agit de rien de moins qu'une **nouvelle constellation d'ensemble dans la façon de comprendre Dieu**. Pour les Pères grecs, le principe de l'unité entre le Père, le Fils (le Verbe) et l'Esprit n'était et n'est pas une nature divine commune aux trois personnes. Le principe de l'unité, c'est l'unique Dieu et Père, qui est « le principe de la divinité » *(tês theotetôs archê)*, la racine et la source du Fils et de l'Esprit, à qui il fait don de la divinité. Il est l'origine qui se révèle « par le Fils [Verbe] dans l'Esprit ». La divinité (la nature divine) n'est pas définie indépendamment des trois personnes, mais seulement avec elles et en elles.

Il y a un siècle, le jésuite Théodore de Régnon, un historien français du dogme trinitaire, proposait une image éclairante pour illustrer la différence entre le paradigme trinitaire occidental latin et le paradigme grec [31] : dans la constellation occidentale, on voit trois étoiles disposées en triangle, brillant d'un même éclat les unes à côté des autres (même si Augustin a protesté pour d'autres raisons contre l'interprétation trinitaire du triangle chez les Manichéens). Dans le paradigme grec, les trois étoiles se situent sur une même ligne, les unes derrière les autres, si bien que l'œil humain ne peut pas les distinguer. La première étoile donne sa lumière à la deuxième (Nicée : « Lumière de Lumière, Dieu de Dieu » !) et finalement à la troisième, ces trois étoiles n'en faisant qu'une au regard de l'homme – qui regarde pour ainsi dire d'en bas – et leurs rayons ne faisant qu'un rayon. Mais qui voit le Fils dans l'Esprit voit aussi le Père.

La Trinité comme dogme central

Mais, du côté oriental, on devrait aussi reconnaître que l'interprétation anthropologique et psychologique de la Trinité est clairement l'expression, à sa façon, de ce qui a toujours été la grande préoccupation de la théologie occidentale. Cette théologie, en effet, est préoccupée avant tout de défendre l'**unité de Dieu** contre tout trithéisme, contre toute foi en trois dieux, qui réapparaît sans cesse dans la piété pratique des deux Églises. Nous avons vu, dans le cadre du paradigme II, comment les Cappadociens avaient déjà apporté une solution claire et cohérente au problème « 1 = 3 » (posé par le développement du dogme), solution que l'on considère aujourd'hui comme la voie royale du juste milieu, entre modalisme et trithéisme, entre unité et trinité, entre monothéisme et polythéisme. Et pourtant, la question s'est déjà posée à nous plus haut : la contradiction entre unité et trinité est-elle réellement levée par la simple introduction d'une distinction conceptuelle : l'« un » renvoyant à la « nature de Dieu », le « trois » aux « personnes » ? Dans une telle trinité ne se contente-t-on pas d'affirmer simplement l'unité, parce que, en termes purement philosophiques, il ne doit y avoir qu'un seul Dieu, alors que la Bible paraît parler de trois entités divines ? Serait-ce une « solution » purement conceptuelle et intellectuelle qui, contre la volonté des Pères de Nicée, abandonne en fait le monothéisme malgré toutes les protestations en sens contraire, si bien que cette « solution », nous l'avons souligné, n'a jamais réussi à convaincre ni les juifs ni les musulmans ?

Mais, par comparaison avec les Grecs, Augustin a tout de même apporté une solution nouvelle, dans la mesure où il a essayé de comprendre le Père, le Fils et l'Esprit, non comme trois substances différentes, mais comme trois relations mutuelles différentes au sein de l'unique divinité. La relation est finalement la plus faible de toutes les catégories aristotéliciennes, elle n'est qu'un *esse ad*, un « être en relation avec » (par exemple du Père avec le Fils et du Fils avec le Père). Ainsi trois relations n'ajouteraient rien de substantiel à la nature divine, mais ne représenteraient qu'un être-en-relation des trois entités, au sein de l'unique divinité commune aux trois, fût-ce de façon différente : Dieu le Père comme engendrant, Dieu le Fils comme engendré et l'Esprit saint comme l'amour commun qui les unit tous deux.

Nous avons là, sans aucun doute, une théorie ingénieuse, que l'on ne peut qu'admirer encore davantage si l'on a bien compris sa logique interne, avec toutes ses implications. Mais là aussi, si on compare cette solution avec ce que le Nouveau Testament dit du Père, du Fils et de l'Esprit, on ne peut s'empêcher de poser quelques questions critiques. Nous n'en citerons que trois, qui s'appellent les unes les autres :

– Chez Augustin, le Père, le Fils et l'Esprit ne se volatilisent-ils pas en trois relations et ne sont-ils pas nivelés en une seule nature, si bien qu'au fond il ne s'agit que d'un Dieu unique avec différentes relations, différents aspects ou visages, alors que dans le Nouveau Testament le Père, le Fils et l'Esprit renvoient bien à des entités très différentes et parfaitement distinctes ?

– Chez Augustin, l'agir du Père, du Fils et de l'Esprit dans le monde n'est-il pas combiné et canalisé en une action unique de telle façon que la Création comme l'incarnation, la mort sur la croix comme la résurrection ne peuvent toujours être que l'action commune des trois personnes ? Mais l'Écriture ne parle-t-elle pas d'un agir spécifique du Père (dans la Création, par exemple), du Fils (dans la mort sur la croix) et de l'Esprit (événement de la Pentecôte) ?

– Cette doctrine n'est-elle donc pas, elle-même, en fin de compte, une construction conceptuelle éthérée qui ne fait pas droit à l'Écriture ? Karl Rahner lui-même, dont la réflexion théologique se situe résolument à l'intérieur du système, parle d'une « spéculation qui rappelle presque le gnosticisme sur ce qui se passe à l'intérieur de Dieu [32] ». Avec une logique apparemment imparable, il tire, certes, d'importantes déductions psychologiques des désignations « Père », « Fils » et « Esprit », mais elles ont peu de rapports réels avec ce que l'Écriture dit des différentes expériences de l'action du Père ou du Fils ou de l'Esprit. Nous avons là une théologie très subtile, qui a toujours fasciné les esprits subtils, mais peut-on vraiment la prêcher ? Ou bien une telle théologie ne contredit-elle pas aussi l'ancienne liturgie, où, de ses débuts grecs à la messe romaine elle-même, on n'adore jamais la « Trinité », mais le Père par le Fils dans l'Esprit saint, *« Deus pater omnipotens ... per Dominum nostrum Jesum Christum... in unitate Spiritus Sancti »* ?

Mais en dépit de toutes les objections, l'**Occident latin**, où le grec disparaît maintenant complètement, ne tarde pas à **considérer la doctrine trinitaire d'Augustin comme la doctrine catholique même**, en faisant d'une certaine façon le dogme central du christianisme. L'introduction catéchétique, qui ne sera rédigée que dans la seconde moitié du Ve siècle dans le sud de la Gaule ou en Espagne, qui commence par le mot **Quicumque** (« Quiconque veut être sauvé [33] »), est maintenant présentée et rendue populaire sous le nom de symbole de foi d'Athanase, et ce alors même que ce texte n'a pas le moindre rapport avec Athanase et les Grecs, encore moins avec le Nouveau Testament. Son origine reste obscure, mais la réponse à la question de Dieu est pleinement augustinienne en ce qu'elle met davantage l'accent sur l'unité de la nature divine que sur la Trinité. Puis, à partir du VIIIe siècle, se propage aussi en Gaule une **liturgie latine de la Trinité** (à laquelle Rome s'oppose d'abord fermement), et en 1334 le pape d'Avignon, Jean XXII, institue même une fête de la Trinité – la première qui ne célèbre pas un « événement de salut », mais un dogme de l'Église. La théologie d'Augustin l'emporte définitivement.

C'est ainsi qu'en Occident la doctrine trinitaire d'Augustin s'est imposée totalement et exclusivement. Thomas d'Aquin et les néo-thomistes, les réformateurs, comme Karl Barth et ses disciples, l'acceptent de fait comme étant le dogme central, se contentant d'y apporter de légères modifications, de l'affiner et de la traduire dans un autre langage (les uns dans le langage aristotélicien, les autres dans un langage plus moderne). Mais gagne-t-on beaucoup à parler de trois « modes d'être » (Barth) ou de « modes de subsistance distincts » (Karl Rahner) au lieu de parler de trois « personnes » ou de trois « relations subsistantes » (Thomas) ? En Occident, on considérait la doctrine trinitaire grecque comme dépassée – si tant est qu'on la connaissait – et on n'utilisait le Nouveau Testament que comme une carrière d'où l'on tirait la doctrine sanctionnée depuis longtemps par l'Église.

En quel Dieu le chrétien doit-il croire ?

Certes, comme Peter Brown le montre en détail [34], Augustin a composé les œuvres maîtresses du milieu de sa vie de prêtre et d'évêque – dont fait partie son *De Trinitate* – dans un « splendide isolement », comme un « cosmopolite "manqué" ». Ses relations avec la théologie grecque et la culture du monde grec étaient en quelque sorte de type « platonique ». Si, au début, Augustin avait soif de livres grecs, il n'était plus désormais en contact qu'avec les auteurs locaux nord-africains. On peut le regretter, car Augustin était le seul dont la puissance de pensée aurait pu faire le lien entre les deux cultures : la culture occidentale latine et la culture grecque orientale. C'est donc malheureusement à cause de l'horizon culturel limité d'Augustin que la théologie latine subséquente n'a plus su entrer en relation, de l'intérieur, avec le monde de la culture grecque. A partir des **sobres énoncés de foi ternaires de l'origine**, tels qu'on les trouve dans le Nouveau Testament, sur le Père, le Fils et l'Esprit, s'est ainsi construite une **spéculation trinitaire de plus en plus intellectualisée**, pour penser le 3 = 1. On aboutit à une sorte de mathématique trinitaire supérieure, qui n'a guère réussi à apporter des solutions durables, malgré tous ses efforts de clarification conceptuelle. On peut se demander si cette spéculation grecque et latine, qui s'est considérablement éloignée de son terreau biblique et élevée à des hauteurs vertigineuses pour tenter de percer le mystère de Dieu, n'a pas connu le sort d'Icare, le fils de Dédale, ancêtre des artisans athéniens : s'étant trop approché du soleil, celui-ci a vu fondre ses ailes de plumes et de cire.

Cette interrogation critique ne devrait cependant pas nous conduire à reléguer définitivement la doctrine trinitaire latine classique dans les oubliettes de l'histoire :

– Il ne saurait être question de faire fi, sans autre forme de procès, des doctrines classiques relatives à Dieu et à la Trinité, au Christ et à la Rédemption, à la grâce et aux sacrements. Mais il ne suffit pas non plus de les répéter sans plus y réfléchir et de les imposer, comme constituant le « noyau » et le « dogme central » de la foi chrétienne, aux hommes incapables de les comprendre. Qu'est-ce que Jésus et ses disciples y auraient compris ?

– Il nous revient au contraire d'apprécier les doctrines classiques dans leur expression paradigmatique ; elles portent aussi la marque de leur temps, et il importe de les soumettre à un examen critique à partir de leurs origines, et pas seulement de les moderniser en faisant appel aux connaissances sociologiques, voire gynécologiques, actuelles [35].

– Un chrétien doit croire dans le Père, le Fils et l'Esprit, mais il n'est pas tenu de croire à une **spéculation trinitaire**, pas plus occidentale et latine que grecque et hellénistique. Ces spéculations **ne relèvent pas de l'essence du christianisme**. Elles ne sont pas révélation divine, mais enseignement de l'Église, donc œuvre de l'homme, élaborée – nous l'avons vu – dans un contexte paradigmatique particulier.

Le Nouveau Testament n'appelle pas autre chose qu'une interprétation critique et nuancée, pour notre époque, des relations entre le Père, le Fils et l'Esprit. Le « cœur » (« dogme central ») de la foi chrétienne n'est pas une théorie théologique, mais, nous l'avons vu, la foi dans la Révélation, le salut et la libération que le Père opère parmi nous, par son Fils Jésus-Christ, dans son Esprit. Une théorie théologique ne doit pas embrouiller cet énoncé fondamental, mais rester un instrument permettant une compréhension sans cesse renouvelée de cet énoncé, en fonction d'horizons spirituels changeants.

Augustin, à la différence d'Origène, n'a pas construit de système global et totalisant; néanmoins, il représente une conception unitaire. Il n'avait pas encore mis la dernière main à son ouvrage sur la Trinité quand, évêque, il fut confronté à un événement qui annonçait clairement une crise, non seulement de l'Église, mais encore de l'Empire, et donc un bouleversement dans l'histoire du monde.

La crise de l'Empire :
quel est le sens de l'histoire ?

Le 28 août 410, Rome, qui se croyait « éternelle », fut prise d'assaut par l'armée d'Alaric, roi des Goths occidentaux, et pillée plusieurs jours durant. En Afrique du Nord, les réfugiés rapportaient des atrocités monstrueuses : incendies sans nombre, femmes violées, sénateurs assassinés, riches poursuivis, familles entières éradiquées, maisons pillées, chariots remplis d'objets précieux en tout genre emportés par les Barbares, le centre du gouvernement et de l'administration du monde occidental détruit... Insécurité et défaitisme se propageaient : si la « **Rome éternelle** » avait pu tomber, où trouver encore la sécurité ?

Augustin réagit avec une dernière œuvre, gigantesque, ***La Cité de Dieu** (De civitate Dei)*, où il cherche à surmonter spirituellement la catastrophe de la chute de l'ancienne Rome[36]. Comment cela ? Va-t-il faire état de la nouvelle Rome, la Byzance chrétienne restée intacte ? Il n'y songe pas. Dépassant l'occasion immédiate, il propose une grandiose interprétation de l'histoire. Il n'est pas d'argument qu'Augustin n'ait repris dans son ouvrage, pour aboutir à une **théodicée** imposante, une justification de Dieu face à toutes les énigmes insolubles de cette vie. Et il n'a qu'un seul objectif : aider à consolider la confiance inconditionnelle, la foi en Dieu.

Pour Augustin, il en va du destin de l'homme, du destin de toute l'humanité. Ainsi, dans les douze derniers livres, son apologie débouche sur une **interprétation de l'histoire** de grande envergure : un combat entre, d'un côté, la *civitas terrena*, l'État terrestre, l'État profane, les citoyens du monde, et, de l'autre, la *civitas Dei*, la cité de Dieu, l'État de Dieu, les citoyens de Dieu. Ce combat grandiose entre l'État du monde et l'État de Dieu est **le fondement et le sens mystérieux de l'histoire**, qui est indissolublement histoire du salut et histoire de l'échec. Augustin décrit sa naissance et ses commencements, puis sa poursuite à travers sept époques du monde, pour aboutir finalement à son achèvement et à son accomplissement.

Où se situe l'origine des deux communautés de citoyens ? Aux temps primordiaux, quand la chute d'anges orgueilleux, hybrides, conduisit à un deuxième royaume aux côtés de la **cité de Dieu** – la **cité du démon**. Mais il fallait combler la lacune résultant de la chute des anges : elle le sera par les prédestinés de la race humaine, jusqu'à ce que soit atteint à nouveau le nombre des citoyens de Dieu. Le péché originel d'Adam a répété le péché d'orgueil des anges, constituant ainsi parmi les hommes une **cité mondaine** de la terre, en opposition à la cité de Dieu. Ses premiers représentants sont d'abord Abel, le juste, ensuite Caïn, le constructeur de villes et le meurtrier de son frère, puis ce seront Israël et les peuples païens, puis Jérusalem, la ville de Dieu, et Babylone, la ville du monde. A la fin des temps, tout culmine dans le combat entre Rome, la nouvelle Babylone, et l'Église catholique.

La cité de Dieu et la cité terrestre sont donc **fondamentalement différentes**, dès le commencement :

– elles n'ont pas le même maître et chef : d'un côté, Dieu ; de l'autre, les dieux païens et les démons ;

– elles n'ont pas les mêmes citoyens : d'un côté, les élus, qui honorent le Dieu unique et vrai ; de l'autre, les réprouvés, les adorateurs des dieux et les égoïstes ;

– leur attitude fondamentale est différente : d'un côté, l'amour de Dieu, qui plonge ses racines dans l'humilité et qui va jusqu'au mépris de soi ; de l'autre, l'amour de soi, qui a ses racines dans l'orgueil et s'enfle jusqu'au mépris de Dieu. Augustin n'est évidemment pas un historien, au sens moderne du terme, mais un interprète de l'histoire dans une perspective théologique, qui ne s'intéresse pas en premier lieu au développement de l'humanité, mais au plan de Dieu [37]. Et pourtant, à la différence d'Homère ou de Virgile, il ne s'agit pas, pour lui, d'une mythologie de l'histoire, mais de l'histoire réelle et de son fondement le plus profond. En s'aidant de la Bible et des historiens antiques, Augustin entend atteindre un double objectif : la présentation d'innombrables détails historiques, avec tous les parallèles et toutes les analogies, toutes les allégories et toutes les typologies possibles, et par là même une **vision globale signifiante de l'histoire du monde**, comprise comme le grand conflit entre la foi et l'incroyance, entre l'humilité et l'orgueil, entre l'amour et la soif de pouvoir, entre le salut et la perdition – du tout début des temps jusqu'à aujourd'hui. C'est donc Augustin qui a élaboré, au sein de la chrétienté, cette première et monumentale **théorie de l'histoire** – dont le rayonnement se fera sentir dans toute la théologie occidentale du Moyen Age et même celle de la Réforme, jusqu'à l'aube des temps modernes avec leur sécularisation de l'histoire. Avant Augustin, l'Antiquité ne connaissait ni théologie ni philosophie de l'histoire. Augustin a pris au sérieux la conception judéochrétienne de l'histoire – à l'opposé de la conception circulaire hellénistique et indienne – qui y voit un mouvement dirigé par Dieu, orienté vers une fin : la cité éternelle de Dieu, le royaume de la paix, le Royaume de Dieu.

Refus de la politisation et de la cléricalisation de La Cité de Dieu

Mais l'hégémonie romaine s'est également effondrée en Afrique du Nord. La théologie d'Augustin fera l'histoire du monde sur un autre continent, le continent européen. Il n'est pas étonnant que la grandiose et dramatique *Cité de Dieu* soit devenue le livre de chevet du Moyen Age, bien plus que les *Confessions*, plus intimes, plus poétiques. *La Cité de Dieu* dépeint, en une sorte de fresque grandiose, les grands enjeux des luttes déconcertantes de l'histoire du monde. On dit que Charlemagne lisait quotidiennement *La Cité de Dieu*... Mais il n'est pas étonnant non plus que des courants et des puissances politiques divers aient tenté, par la suite, d'utiliser *La Cité de Dieu* au bénéfice de leurs propres luttes pour le pouvoir. Dans la grande querelle des Investitures, où le pape et l'empereur se disputaient le pouvoir dans la chrétienté, il n'était que trop tentant de discréditer l'empereur et l'Empire allemands comme représentant la « cité terrestre » et d'exalter le pape et l'Église romaine comme incarnant la « cité de Dieu ».

Nous ne sommes pas autorisés pour autant à en faire endosser la responsabilité à Augustin. Il pensait aux individus, non aux institutions. Cette **politisation** et cette **cléricalisation de la « cité de Dieu »** n'était pas son fait. Pour Augustin, tous les évêques sont fondamentalement égaux et tous les prêtres sont serviteurs de l'Église. L'Église, corps invisible du Christ, vivifiée par l'unique Esprit, unie dans le repas de l'Eucharistie, est plus importante pour lui que l'organisation ecclésiastique visible. Les critiques de l'Église, au Moyen Age, ne manqueront pas de se référer à l'« Église invisible » et aux réflexions plus spirituelles d'Augustin. Le papisme ne peut en tout cas pas se réclamer d'Augustin, il est le fait des seuls évêques de Rome.

Dans le paradigme latin du Moyen Age, l'**Église romaine** précisément prendra de plus en plus son profil particulier, si bien que ce paradigme catholique dans toute sa plénitude se présentera comme un paradigme catholique romain. Mais le chemin sera long du pape Damase, contemporain d'Augustin, qui a conscience de son importance, au pape Grégoire VII, qui, au terme d'une lutte à mort avec l'empereur allemand, imposera la vision romaine dans l'Église catholique et dans l'Empire allemand, même s'il échouera personnellement. Tournons-nous maintenant vers les développements ultérieurs de ce paradigme catholique romain.

3. LA PRÉTENTION À LA SOUVERAINETÉ DE L'ÉVÊQUE DE ROME

Ce n'est plus Jérusalem, mais Rome qui est maintenant le cœur et la tête de la chrétienté – voilà qui signe sans équivoque, nous l'avons vu, le changement de paradigme, le passage du judéo-christianisme (P I) au christianisme issu du paganisme (P II) [38]. **Le rôle de plus en plus actif de l'Église romaine** est déjà évident aux IIe-IIIe siècles, tout comme l'importance sans cesse croissante du droit [39]. Quel est le fondement de cette position de puissance romaine ?

*La promesse biblique à Pierre
vaut-elle pour un évêque de Rome ?*

L'Église de la capitale de l'Empire, aussi ancienne que puissante, s'est distinguée de tout temps par une bonne organisation, qui privilégiait le droit, et une vaste activité caritative. Mais, soumise à différentes persécutions, elle avait aussi fait la preuve de sa fidélité à la foi, et elle était considérée à juste titre comme le **refuge de la vraie foi**. N'avait-elle pas su préserver la rectitude de sa foi dans la lutte contre les gnostiques, les marcionites et les montanistes ? L'idée de la tradition et de la succession apostolique y avait pris pied très tôt et avait trouvé son expression dès 160, avec l'édification de monuments en l'honneur de Pierre et de Paul. L'influence de Rome avait été également d'un grand poids dans la formulation du symbole baptismal et dans la fixation du canon néotestamentaire. En matière doctrinale, l'Église de Rome se montra toujours avisée en adoptant une position moyenne, intermédiaire. L'on pouvait évidemment aussi s'attendre à voir s'exprimer en elle le génie du droit romain, le talent d'organisation des Romains et leur sens d'une politique réaliste. Bref, l'Église romaine jouissait d'une **grande autorité morale** et elle avait tous les atouts en main pour assumer une fonction dirigeante.

Mais une autre donnée est également incontestable : durant les premiers siècles, **il ne pouvait pas être question d'un primat de droit** – voire d'une prééminence qui trouverait son fondement dans la Bible – de la communauté ou même de l'évêque de Rome. Aux débuts de la communauté romaine, nous l'avons vu à propos de la prétendue « lettre de Clément », il n'y avait manifestement pas d'épiscopat monarchique. A part le nom, nous ignorons à peu près tout des évêques de Rome des deux premiers siècles. Aux yeux des historiens, la première date sûre de l'histoire de la papauté est celle de l'avènement du pape Urbain Ier : 222. Le premier recueil de biographies des papes *(Liber Pontificalis)*, qui collectionne toutes sortes de traditions anciennes, a sans doute été rédigé après 500.

Un simple constat, qui témoigne de la modestie romaine à l'origine : la **promesse à Pierre**, de l'évangile de Matthieu, si importante aujourd'hui pour les évêques de Rome – « Tu es Pierre, et sur cette pierre je bâtirai mon Église » (16,18s.) –, qui orne maintenant de gigantesques lettres noires sur fond doré la basilique de Pierre, n'est pas citée une seule fois en son entier dans toute la littérature chrétienne des premiers siècles – à l'exception d'un texte de Tertullien, qui n'applique toutefois pas ce texte à Rome, mais au seul Pierre.

C'est seulement au milieu du IIIe siècle qu'un évêque de Rome du nom d'Étienne en appelle à la promesse faite à Pierre dans la controverse avec d'autres Églises, pour savoir qui possède la meilleure tradition. Il n'hésite pas à traiter de pseudo-apôtre et de pseudo-chrétien Cyprien, le métropolite le plus important d'Afrique. Mais ce n'est que longtemps après le tournant constantinien, à partir de la seconde moitié du IVe siècle, que Matthieu 16,18s. sera utilisé (surtout par les évêques de Rome Damase et Léon) pour justifier la prétention romaine à la direction et à l'autorité. La chrétienté orientale n'a jamais suivi Rome dans cette utilisation du texte relatif à Pierre. Toute l'exégèse orientale, jusqu'au VIIIe siècle et au-delà, ne voit en Mt 16,18 que la **confession de foi personnelle de Pierre** et observe que le pouvoir de remettre les péchés (« lier et délier ») est également conféré aux autres apôtres en Mt 18,18. Elle n'y voit en tout cas pas une autorité personnelle de Pierre au sens juridique du terme – encore moins un primat en matière de juridiction, dont jouirait précisément un successeur de Pierre à Rome. Est-il dès lors fondé d'échafauder un pouvoir institutionnel reposant sur Pierre à Rome ?

*Politique de force de Rome
au nom de l'apôtre Pierre*

Des conflits se dessinent très tôt. L'**autorité morale**, parfaitement justifiée, de l'Église de Rome devient problématique dès lors qu'elle est comprise – et la situation ne fait qu'empirer avec le temps – en termes de **droit** et qu'elle cherche à s'imposer **autoritairement**, au mépris de la spécificité et de l'autonomie des autres Églises, en matière de doctrine, de liturgie ou d'organisation ecclésiastique. Avant même la période constantinienne, l'**autoritarisme** romain, qui ne pouvait pas encore s'imposer à l'époque, a donné lieu à deux conflits retentissants :

– Vers la fin du IIe siècle, **Victor**, l'évêque de Rome, excommuniait déjà toute l'Asie Mineure pour une question de datation uniforme (romaine !) de la fête de Pâques ; mais les évêques d'Orient et d'Occident, surtout Irénée de Lyon [40], qui jouissait d'une grande estime, protestèrent, et l'évêque Victor subit une défaite.

– Vers le milieu du IIIe siècle, **Étienne**, l'évêque de Rome dont nous avons déjà parlé, voulait exclure de la communauté ecclésiale de vastes secteurs de l'Église, à cause d'une appréciation du baptême des hérétiques, en appelant alors, pour la première fois, à la promesse faite à Pierre dans la Bible. Mais les évêques d'Alexandrie et de Césarée se rangèrent à l'avis de Cyprien et des Églises d'Afrique pour défendre, avec succès, l'ancienne pratique.

Ni Victor ni Étienne ne purent donc imposer leurs exigences. **A l'époque de Constantin**, c'était encore l'empereur qui continuait à porter le titre de *pontifex maximus* (pontife suprême) et à exercer l'autorité qu'il impliquait : il avait le monopole de la législation, y compris en matière ecclésiastique *(jus in sacris)*. Même à Rome, on **ignorait tout d'un primat juridique romain**. Certes, l'incorporation, par Constantin, de l'Église catholique dans l'organisation politique faisait désormais de la communauté romaine, comme de toutes les autres communautés chrétiennes, un corps constitué légalement reconnu, et les évêques des capitales des provinces (métropoles) devenaient des métropolites. Mais l'empereur, qui avait un conseiller occidental important en matière de politique ecclésiastique en la personne d'Ossius, évêque de Cordoue, avait lui-même le souci de l'unité de l'Église. Il ne traitait avec aucun « pape » de Rome (la *Donation de Constantin* est un faux ultérieur !) et convoqua de sa propre autorité, sans en appeler à quiconque, le premier concile œcuménique de Nicée. L'Église romaine n'y était représentée que par Ossius, l'évêque de Cordoue, et deux presbytres, qui ne jouèrent pas le moindre rôle au milieu de plusieurs centaines d'évêques. Certes, il y avait déjà, au sein du concile lui-même, des sièges métropolites prééminents, les futurs patriarcats, mais – comme dans l'*Histoire ecclésiastique* d'Eusèbe – il n'était pas question d'un primat de Rome sur toute l'Église. A Rome même, on ne trouvait encore aucune référence à un fondement biblique d'une position particulière de l'Église de Rome.

Il en va tout autrement **à l'époque postconstantinienne**, surtout après 350. On assiste désormais à cette évolution caractéristique du seul Occident : l'**accession** de la communauté de Rome et de **l'évêque de Rome à une position de force monarchique en Occident**, une position qui deviendra typique du paradigme latin médiéval. Qu'est-ce qui a contribué à cette position particulière de l'Église romaine ?

– Le **transfert de la résidence impériale** à Constantinople : la position de l'évêque de Rome, qui bénéficiait de cadeaux impériaux particuliers (palais du Latran et nouvelles églises de Saint-Pierre et du Latran), s'en trouve indirectement renforcée.

– La souveraineté de l'unique empereur y compris sur l'Église : avec le temps, elle appelle une **contrepartie ecclésiastique**.

– Les **tendances centralisatrices dans l'Église** : au-dessus des évêques, il y a les métropolites, au-dessus de ceux-ci les patriarches (supra-métropolites) – qui prennent une importance croissante. De leurs luttes pour le primat n'émergent finalement plus que Rome et Constantinople (Alexandrie pendant un certain temps).

– Les **tendances monarchistes dans l'Église catholique** : elles sont encouragées par le monothéisme philosophique et religieux, comme par la monarchie politique.

– L'adoption de structures d'organisation impériales : création

d'une chancellerie et d'un bureau des archives efficace, avec enregistrement de tout courrier à l'arrivée et au départ.
– **L'exemption d'impôts du clergé romain** et une juridiction ecclésiastique particulière en matière de foi et de droit civil.

Le développement de l'idée papale

Les évêques romains des IVe-Ve siècles étendent résolument les pouvoirs liés à leur fonction, pour imposer un patriarcat occidental, mais bientôt aussi pour affirmer leur primat sur toute l'Église. A cette époque commence un processus de développement institutionnel de la prééminence romaine qui aura d'importantes conséquences pour l'avenir, comme il ressort notamment de l'analyse de Walter Ullmann, historien de Cambridge [41]. Les postulats dont on fait état à cette époque, qui sont sans fondement biblique, entrent au fil des siècles dans le droit ecclésiastique. La Rome papale non plus n'a pas été construite en un jour.

Première étape : **Jules** (337-352). Rome devient l'**instance d'appel**. Un canon du synode fantôme de Sardique (Sofia) de 343 autorise les évêques déposés à faire appel à Rome. Rome ne tarde pas à présenter ce canon comme une décision universellement valable du concile œcuménique de Nicée et en étend la portée.

Deuxième étape : **Damase** (366-384). Rome s'applique à elle-même la **promesse faite à Pierre** dans le Nouveau Testament. Damase est le premier à utiliser Mt 16,18 pour justifier les prétentions romaines au pouvoir, et il les interprète dans un sens juridique. Le contexte est le suivant : lors de son élection tumultueuse, où il est opposé à Ursin, cent trente-sept membres de l'Église trouvent la mort. Il doit son intronisation au préfet de la ville de Rome, et un nouveau préfet l'accusera d'instigation au meurtre. Seule l'intervention d'amis fortunés auprès de l'empereur lui évitera la condamnation. Cet évêque de Rome, conscient de son pouvoir, qui donne des festins princiers et qu'on surnomme « le chatouilleur de l'oreille des dames », a intérêt à renforcer son autorité morale et politique plutôt fragile – en mettant l'accent, de façon nouvelle, sur la dignité de sa fonction de **successeur de Pierre**. Il parle maintenant à tout propos et exclusivement de l'Église romaine comme du

« **siège apostolique** » *(sedes apostolica)* et revendique pour l'Église romaine une prééminence sur les autres Églises, une prééminence qui reposerait sur la position de monopole que Dieu lui aurait conférée à travers Pierre et Paul. Ce n'est donc pas pur hasard si Damase fait richement décorer les tombes de Pierre et de Paul, ainsi que celles des évêques et martyrs romains ; il y fait graver de belles inscriptions latines en leur honneur, tout cela pour qu'il soit bien clair que la véritable Rome est maintenant la Rome chrétienne ! C'est cette même ligne politique qui le conduit à confier à Jérôme, lettré originaire d'Italie du Nord, la tâche de traduire la Bible en un latin facile à comprendre et « moderne » (pour remplacer l'ancienne traduction *Itala* ou *Vetus latina*). Jérôme traduit aussi, tout naturellement, beaucoup d'expressions, surtout de l'Ancien Testament, par des expressions du droit romain, et sa traduction deviendra ultérieurement la **Vulgate** ; celle-ci fera autorité dans l'Église, aussi bien en théologie que dans la liturgie et le droit. Quelle est donc la « performance » de Damase ? Comme tous les évêques de Rome au IVe siècle, il se préoccupe de la classe supérieure, qui garde la nostalgie de la grande Rome païenne. Avec Henry Chadwick, on peut la résumer ainsi : « Il a su amalgamer l'ancien orgueil civique et impérial avec le christianisme [42]. » C'est par là qu'il faudrait commencer une histoire des mentalités de la Curie romaine.

Troisième étape : **Sirice** (384-399). Rome adopte un **style officiel impérial**. Le successeur de Damase suit la même ligne. Cela lui est d'autant plus facile qu'en Occident (!) Rome est la seule fondation « apostolique » et que l'idée métropolitaine y est aussi moins élaborée qu'en Orient. Par ailleurs, l'Église de Rome a toujours été mieux organisée que les autres Églises de l'Empire. L'évêque Sirice – Ambroise de Milan, son contemporain, est plus important que lui comme théologien, homme d'Église et homme politique – est le premier à s'appeler « **pape** » : *papa*, du grec *pappas*, nom respectueux et tendre pour s'adresser au père, mais que les chrétiens d'Orient utilisent partout pour désigner leurs évêques respectifs. A partir de la fin du Ve siècle, les évêques de Rome se réservent ce mot. Le processus de la **monopolisation** romaine de **titres** se rapportant originellement à de nombreuses Églises et à de nombreux évêques (prêtres) est engagé [43]. Mais, plus important encore pour l'avenir, Sirice commence à appeler « **apostoliques** » sans plus ses propres **statuts**, et il est le premier à reprendre le **style officiel de la chancellerie impériale**, comme si les appels des différentes Églises à l'Église de Rome, pour demander conseil ou aide, émanaient de gouverneurs de provinces romaines auxquels l'évêque de Rome se devait de répondre par un rescrit impérial, des *decreta* et des *responsa* (« réponses »). Il en est toujours ainsi aujourd'hui.

Quatrième étape : **Innocent** (401-417). Rome pousse dans le sens du **centralisme**. Cet évêque, qui a déjà publié toute une série de décrets, veut que toute **question importante** traitée en synode **soit soumise pour décision à l'évêque de Rome**. Il prétend – c'est l'une de ces fictions historiques en faveur de Rome qui iront se multipliant – que toutes les provinces occidentales doivent à Rome, et à elle seule, d'avoir connu l'Évangile (il y a des exemples manifestement contraires : Afrique du Nord, sud de la France, Espagne). C'est pourquoi toutes les Églises occidentales doivent suivre la liturgie romaine – et cela nonobstant le fait que, tout près, la ville de Milan a sa propre liturgie. Ambroise, Augustin et, plus tard, Grégoire le Grand suivront une autre politique en matière de liturgie. Mais l'uniformisation liturgique reste un objectif à atteindre pour Rome.

Cinquième étape : **Boniface** (418-422). Rome interdit tout autre **pourvoi en appel**. Non seulement Rome est considérée par les autres Églises comme une instance d'appel et se constitue elle-même comme telle, mais elle se définit comme le « sommet apostolique » *(apostolicum culmen)*, et ses jugements et décisions obligent en dernier ressort. Il ne peut plus être question d'en appeler à une autre instance par-delà Rome. *« Prima sedes a nemine judicatur »* (« Le premier siège ne doit être jugé par personne ») : ce principe qui trouvera sa formulation générale plus tard se profile déjà ici.

Mais ce ne sont encore là que simples **prétentions et postulats romains**. **Augustin**, le grand contemporain des évêques Damase, Sirice et Boniface, qui est pourtant plus que favorable à Rome, ignore tout d'un primat de juridiction de Pierre. Fritz Hofmann, catholique et grand connaisseur d'Augustin, prend en compte les recherches les plus récentes quand il écrit : « La question du primat de juridiction de Pierre, qui ne trouvera sa justification théologique que plus tard, ne l'effleure même pas [44]. » C'est effectivement dans le Christ et dans la foi qu'Augustin voit le fondement de l'Église, et non dans la personne de Pierre (encore moins dans celle de ses « successeurs »). C'est ce que confirme aussi le jeune Joseph Ratzinger dans sa thèse sur l'ecclésiologie d'Augustin : « Si, donc, l'Église est fondée sur Pierre, ce n'est pas sur sa personne, mais sur sa foi [...]. Le fondement de l'Église, c'est le Christ. *"Non enim dictum est illi : tu es petra, sed : tu es Petrus. Petra autem erat Christus"* ("Il n'est pas dit de lui : tu es le rocher, mais tu es Pierre. Car le rocher, c'était le Christ"), cette phrase montre que la véritable pierre angulaire de l'Église, c'est le Christ *(petra)* reçu dans la foi (Pierre) [45]. » Pour Augustin, la plus haute autorité dans l'Église n'est pas l'évêque de Rome, mais, comme pour tout l'Orient chrétien, le concile œcuménique ; encore ne reconnaît-il pas à ce dernier une autorité infaillible [46].

En **Orient**, à plus forte raison, personne n'a jamais pris au sérieux les prétentions et les postulats romains. Qui pouvait bien s'intéresser (théologiquement et juridiquement), dans la deuxième Rome, à l'ancienne capitale impériale effondrée ? L'autorité suprême, aux côtés de l'empereur, n'était pas le pape, mais le concile œcuménique et universel, que l'empereur seul pouvait convoquer et auquel devait bien évidemment se soumettre l'évêque de Rome lui-même.

La protestation des conciles œcuméniques

La lecture attentive des décrets du premier concile œcuménique de **Nicée** [47], en **325**, montre que Rome, tout comme les autres grands sièges épiscopaux anciens d'Alexandrie, d'Antioche et de Jérusalem (patriarcats), jouit de privilèges, mais n'exerce aucun primat sur l'Église dans son ensemble. Cela vaut aussi des évêques et théologiens les plus marquants de l'Église d'Occident : outre Augustin, surtout Ambroise, qui, lui non plus, ne déduit aucun privilège pour l'évêque de Rome de Mt 16,18, et reste entièrement dans la ligne épiscopale de Cyprien. Leur contemporain, le pape Damase, dont nous venons de parler, a déjà l'impudence de prétendre, il est vrai, au mépris de la vérité, que Nicée ne jouit d'une autorité sans pareille que parce que son prédécesseur Sylvestre a approuvé les décisions du concile œcuménique.

LE PARADIGME CATHOLIQUE ROMAIN MÉDIÉVAL

Mais la tension ne fait que croître : tandis que le décret fondamental de l'empereur Théodose, en 380, qui fait du christianisme une religion d'État, déclare que la foi de l'évêque de Rome et celle de l'évêque d'Alexandrie sont les critères (anti-ariens) de l'orthodoxie, une décision du deuxième concile œcuménique de **Constantinople**, en **381**, reconnaît à l'évêque de la nouvelle Rome, siège de l'empereur et de son gouvernement, le deuxième rang après l'ancienne Rome. Le concile interdit en même temps à tous les évêques (pointe antiromaine !) de s'immiscer dans les affaires d'autres diocèses. Mais cela n'empêche pas un synode romain convoqué en 382 par l'évêque Damase de proclamer que l'Église de Rome n'a précisément pas été fondée par des décrets synodaux, mais par les apôtres Pierre et Paul. L'Église de Rome relève d'une disposition divine particulière, qui lui vaut la primauté !

Une triple délégation romaine tient un discours semblable au troisième concile œcuménique d'**Éphèse**, en **431** : Pierre est à la tête des apôtres et le pape actuel (Célestin) est son successeur. Mais ces grands discours romains demeurent sans écho parmi les pères conciliaires, d'autant plus que la contribution romaine à la discussion christologique n'est pas d'un grand poids. Naturellement, les archives papales conservent précieusement cette proposition romaine pour les temps à venir, même si elle est purement théorique. C'est un fait : toutes les tentatives des évêques de Rome des IVe-Ve siècles, qui voudraient déduire de la promesse faite à Pierre des conclusions relatives à une juridiction romaine voulue par Dieu sur toute l'Église et qui voudraient l'imposer, sont vouées à l'échec. La papauté source *(fons)*, origine *(exordium)* et tête *(caput)* de la chrétienté ? Tout cela restera longtemps un vœu pieux des évêques de Rome ! L'évêque de Rome le plus marquant du Ve siècle, Léon Ier, en fera lui-même l'expérience.

La première controverse entre le pape
et le concile : Léon le Grand

Nul n'était plus pénétré de la conscience que Rome avait de sa mission que **Léon**, un pape que l'histoire qualifiera de « **Grand** »[48]. Pendant les vingt et une années de son pontificat (440-461), cet homme s'avéra un solide théologien (*Lettre au concile de Chalcédoine*) et un brillant juriste, mais aussi un pasteur et un prédicateur. Sa réputation d'homme d'État devint légendaire. En 451, une délégation romaine (dont faisait partie Léon, à titre d'évêque) réussit en effet à détourner les Huns d'Attila, établis à Mantoue, qui renoncèrent à attaquer Rome – à la différence de 455, où Léon ne parvint pas à éviter la prise de Rome et son pillage par les Vandales.

C'est donc Léon qui a opéré la **synthèse classique de l'idée de primauté romaine** à partir des différents éléments préparés au IVe siècle [49]. Avec une grande clarté théologique et un sens juridique aigu, il combine les arguments bibliques, historiques et juridiques pour fonder la primauté de Pierre et donc de l'évêque de Rome :

– **Argument biblique** : une interprétation massivement juridique des passages du Nouveau Testament relatifs à Pierre [50] fonde désormais la **primauté de Pierre** sur tous les autres apôtres : le Nouveau Testament reconnaît déjà à Pierre une « **plénitude de pouvoir** » *(plenitudo potestatis)* pour diriger toute l'Église du Christ (qui sera appelée plus tard « pouvoir de juridiction », « pouvoir pastoral »). Mais Pierre avait-il désigné un successeur, un successeur à Rome ?

– **Argument historique** : une lettre du pape Clément à Jacques, le frère du Seigneur, à Jérusalem, atteste que l'**évêque de Rome** est bien le successeur de Pierre. Selon cette lettre, Pierre a transmis à Clément, comme par disposition testamentaire, le pouvoir de lier et de délier (*solvere* et *ligare*, dans le langage juridique romain). Il a ainsi fait de lui son seul successeur légitime – excluant les autres évêques. Mais nous savons aujourd'hui que cette lettre est un faux de la fin du IIe siècle, qui n'a été traduite du grec en latin qu'au tournant du IVe au Ve siècle. Or, depuis lors, elle sert toujours de justification aux prétentions romaines.

– **Argument juridique** : la position du successeur de Pierre est parfaitement définie dans le cadre de la **législation romaine relative aux successions**. L'évêque de Rome hérite de la position de Pierre – non pas de ses qualités et mérites personnels, bien évidemment (subjectivement le pape est un « héritier indigne »), mais de l'autorité plénière et de la fonction de Pierre (objectivement, le pape, qui n'est pas un « apôtre », n'en est pas moins « apostolique »). C'est dire que même un successeur totalement indigne de

Pierre – et l'histoire en connaîtra beaucoup – n'en reste pas moins son héritier légitime ; ses décrets sont valides indépendamment des qualités ou défauts moraux de la personne. Il s'agit, en effet, de la fonction, qui est donnée avec l'acceptation du choix, même si celui qui a été choisi (comme ce fut souvent le cas et comme c'est toujours légitime de nos jours) est encore laïque, s'il n'a donc pas été ordonné prêtre.

Au vu de tous ces arguments, Léon est convaincu qu'en sa personne Pierre parle et agit personnellement. Et c'est aussi dans cet esprit qu'il dirige l'Église occidentale, pour autant que c'est possible à son époque. Il recherche également des appuis politiques : sous l'influence de Léon et pour des raisons d'opportunité, Valentinien III, l'empereur d'Occident, confirme formellement par un édit de 445 la primauté juridique de Rome, mais cet édit n'aura jamais aucune valeur en Orient. C'est donc à juste titre que la théorie et la pratique de cet évêque de Rome lui valent d'être le premier dans l'histoire de l'Église à porter le titre de « **pape** » **au sens propre du terme**.

Au regard de l'ensemble de l'Église ces belles constructions n'en restent pas moins de pieux rêves romains. La solution proposée par Léon dans les questions christologiques âprement débattues au quatrième concile œcuménique de **Chalcédoine**, en **451** – d'où l'Église d'Occident était pratiquement absente – a certes été très bien accueillie (« Pierre a parlé par la bouche de Léon », ainsi s'exprime le concile) [51]. Mais le comité impérial du concile récuse catégoriquement la prétention des trois légats du pape – les seuls représentants de l'Occident, avec deux évêques africains – à présider le concile. Et malgré l'interdiction explicite de Léon, sa lettre est examinée par le concile pour vérifier qu'elle est conforme aux normes de l'orthodoxie. C'est dire qu'à Chalcédoine – tant les six cents membres de ce synode sont sûrs d'eux-mêmes –, personne ne songe à reconnaître quelque privilège ou prééminence que ce soit à la ville de Rome, qui est de toute façon menacée et désorganisée, et à son évêque. Et il ne sert pas à grand-chose à Léon de se parer – il est le premier à le faire – du titre du grand prêtre païen, *pontifex maximus* – un titre dont Tertullien avait jadis affublé par moquerie l'évêque de Rome et que l'empereur lui-même avait maintenant abandonné ! –, et de réclamer l'obéissance, y compris des Églises d'Orient, voire du concile œcuménique lui-même, en se fondant sur la promesse faite à Pierre.

Au contraire : le concile de Chalcédoine, dans son canon 17, déclare sans la moindre hésitation que la position ecclésiale d'une ville dépend de son statut civil – un constat douloureux pour Léon. En conséquence, dans le célèbre canon 28, le siège de la **nouvelle Rome (Constantinople) se voit reconnaître la même primauté** que l'ancienne capitale impériale [52]. Les légats romains s'indignent en vain. La vive protestation de Léon contre cette valorisation de la seconde Rome, qui s'accompagne d'une acclamation démonstrative de l'empereur Marcien, « nouveau Constantin », « roi et prêtre », résonne dans le désert. Profondément affecté, Léon fait traîner en longueur plus qu'il n'est permis la reconnaissance de Chalcédoine – jusqu'en 453. Même si telle n'est pas son intention, il favorise ainsi les visées des ennemis de la formule des deux natures, en Palestine et en Égypte, où la colère populaire est indescriptible, au point que Proterius, le patriarche d'Alexandrie, sera mis en pièces par une populace fanatisée. Léon, quant à lui, est le premier évêque de Rome à être enterré dans l'église Saint-Pierre – cela aussi est un symbole.

Vers la fin du Vᵉ siècle, la prétention de Rome au pouvoir atteint un sommet provisoire – sous **Gélase Iᵉʳ** (492-496) [53]. Déjà très influent comme secrétaire de son prédécesseur Félix III, qui, rempli du sentiment de son pouvoir, a pensé, en 484, pouvoir « déposer » et « excommunier » Acace, le patriarche byzantin (sans aucun effet, bien sûr), Gélase est entièrement sous la dépendance de Théodéric, roi des Ostrogoths. Mais cela même lui assure une large indépendance à l'égard de Byzance. Il peut non seulement rejeter impunément les interventions césaropapistes de l'empereur en matière de foi, mais encore développer la **prétention d'un pouvoir totalement indépendant de celui de l'empereur, un pouvoir sacerdotal suprême illimité sur toute l'Église.** Selon Gélase, l'empereur et le pape exercent des fonctions différentes dans une unique communauté : l'empereur ne jouit que d'une *auctoritas* séculière, le pape d'une *auctoritas* sacerdotale. Or cette autorité spirituelle l'emporte sur l'autorité séculière. Elle est compétente pour l'administration des sacrements et également responsable devant Dieu des détenteurs du pouvoir séculier.

LE PARADIGME CATHOLIQUE ROMAIN MÉDIÉVAL

Pas d'infaillibilité de l'évêque de Rome

Mais nous ne pouvons manquer de poser la question : dans cette lutte pour l'autorité du pape, s'agit-il déjà de l'infaillibilité de ses décisions ? Nullement ! A cette époque, même à Rome, il n'est pas question d'infaillibilité. Certes, les conciles œcuméniques de l'Église ancienne n'ont pas voulu prendre de décision en matière de foi sans ou contre l'évêque de Rome. Comment auraient-ils pu le faire ? L'évêque de Rome était le seul patriarche de la grande Église d'Occident et le premier patriarche de l'Église impériale. Mais, nous l'avons vu, les quatre conciles classiques tranchent de leur propre autorité. Il n'est jamais question qu'ils soient convoqués par l'évêque de Rome et dirigés par lui, et leurs décisions n'attendent pas d'être confirmées par Rome. La prétention de Rome à l'orthodoxie n'est pas comprise dans le sens de l'« infaillibilité », ainsi que le montrent à l'évidence – après la phase d'extension du pouvoir papal aux IVe et Ve siècles – **deux cas « classiques » de papes dans l'erreur, aux VIe et VIIe siècles**. Au premier concile du Vatican, on a d'ailleurs fait état de ces deux cas pour s'opposer à une définition de l'infaillibilité papale, mais la majorité n'en a pas tenu compte, non plus que de beaucoup d'autres faits [54] :

– Il y a les prises de position contradictoires du pape **Vigile** sur le monophysisme au cinquième concile œcuménique de Constantinople, en 553, sous Justinien. Sa lâche versatilité lui fait perdre toute crédibilité, au point qu'on ne l'enterrera pas dans l'église Saint-Pierre et que l'Occident lui-même n'aura que mépris pour lui au fil des siècles.

– Il y a ensuite la condamnation du pape **Honorius Ier** au sixième concile œcuménique de Constantinople, en 681 : condamnation reprise par le synode *in Trullo* de 692, ainsi que par les septième et huitième conciles œcuméniques. Le successeur d'Honorius, le pape Léon II, acquiescera à cette condamnation, que les papes ultérieurs confirmeront à leur tour.

Au moins deux papes manifestement hérétiques ! Infaillibles ? Une question ! Jusqu'au XIIe siècle, en dehors de Rome, l'importance de l'Église de Rome en matière de doctrine **n'est pas** comprise comme une véritable **autorité doctrinale au sens juridique du**

terme. Le théologien catholique Yves Congar, qui résume l'état de la recherche dans son livre très riche sur l'ecclésiologie du Moyen Age, constate :

> Dans l'autorité doctrinale que l'on reconnaît expressément au pape, il s'agit plutôt d'une qualité religieuse que Rome doit au fait qu'elle est le lieu du martyre et du tombeau de Pierre et de Paul. Pierre, c'est la foi. Paul, c'est le prédicateur de la foi. On aime affirmer que l'Église romaine n'a jamais erré dans la foi. Elle apparaît ici comme un modèle, étant l'Église de Pierre qui a le premier et exemplairement confessé le Christ. [...] Cela ne revenait pas à admettre ce que nous appelons, d'une façon impropre, l'infaillibilité du pape, ou, d'une façon plus exacte, l'infaillibilité des jugements qu'il peut porter, en dernière instance, comme pasteur universel et suprême. On conteste, à l'occasion, les prononcés doctrinaux des papes [55].

Congar s'appuie ici sur l'œuvre de J. Langen, qui a rassemblé tous les faits et tous les textes qui attestent que dans l'Église du VIIe au XIIe siècle (au moins) on n'a pas tenu les décisions du pape pour infaillibles [56]. Le chemin sera long encore jusqu'à Vatican I (1870). Ce chemin témoigne d'une inlassable volonté de puissance romaine, qui ne craint pas de recourir à des faux.

Les falsifications papales et leurs conséquences

Nous savons pertinemment aujourd'hui que depuis le Ve siècle les **faux** manifestes en faveur du prestige de Rome et de la papauté se sont multipliés : faux actes de martyrs et faux actes synodaux, ces derniers se prêtant particulièrement bien à une utilisation politique. La plus importante historiquement parlant est la « **légende** » **du saint pape Sylvestre**, dont les intentions sont manifestement politiques jusque dans les moindres détails et enjolivures [57]. Œuvre d'un auteur inconnu rédigée entre 480 et 490, elle n'a aucun fondement historique. En résumé, cette fable nous raconte que Constantin, persécuteur acharné des chrétiens, frappé par la lèpre, fut non seulement guéri à Rome par le pape Sylvestre, mais converti et baptisé par lui. Constantin, qui projetait de transposer de sa propre

LE PARADIGME CATHOLIQUE ROMAIN MÉDIÉVAL

autorité le siège du gouvernement de Rome à Constantinople, se serait jeté aux pieds du pape, plein de contrition, dépouillé de toutes ses parures et de tous ses insignes impériaux ; il aurait fait pénitence, puis, après la rémission de ses péchés, aurait procédé à ce transfert avec l'accord du pape. Tout cela pour faire croire que Constantinople, la grande rivale de Rome, la ville de l'empereur et des conciles, doit son ascension à la faveur de l'évêque de Rome ! Ne s'agit-il là que d'une histoire touchante ?

Non ! Ce pur produit de l'imagination, très tendancieux, a été amplement lu au Moyen Age et a inspiré au VIIIe siècle l'un des faux les plus lourds de conséquences dans l'histoire de l'Église : la ***Donation de Constantin***[58]. Avant son départ pour Constantinople, non seulement Constantin aurait conféré au pape Sylvestre Ier le droit de porter les insignes et les vêtements impériaux (la pourpre), de modeler la Curie papale sur la cour impériale – titres et hiérarchie – et de nommer des consuls et des patriciens, mais il lui aurait aussi légué la ville de Rome et toutes les provinces, les régions et les villes d'Italie, ainsi que du reste de l'Occident. Le pape se voit ainsi reconnaître une position proche de celle de l'empereur. Constantin aurait même reconnu au siège de Rome la primauté sur toutes les autres Églises, avant tout sur Antioche, Alexandrie, Constantinople et Jérusalem...

Ce faux est le fait de politiciens de l'entourage du pape, qui entendaient ainsi justifier « historiquement » l'indépendance de Rome à l'égard de Constantinople, ainsi que la fondation d'un État ecclésiastique. Au XVe siècle seulement, à la Renaissance, Lorenzo Valla, membre de la Curie, démontra l'inauthenticité de la *Donation de Constantin*[59], en même temps que celle des écrits de **Denys**, le **Pseudo-Aréopagite**, prétendu disciple de Paul. Ce dernier avait introduit le concept, sans aucun fondement biblique, de « hiérarchie » terrestre (« gouvernement sacré »), que des spéculations spécieuses mettent en parallèle avec une hiérarchie céleste aux nombreux degrés et qui célèbrent l'évêque comme investi de pouvoirs mystiques.

Mais cela ne suffisait pas encore. C'est du VIe siècle que datent également les « faux de Symmaque », eux aussi lourds de conséquences, rédigés par l'entourage du pape Symmaque, le deuxième successeur de Gélase. On a fabriqué les actes d'un concile de

Sinuessa (303) inventé de toutes pièces, où on lit notamment cette phrase : « *Prima sedes a nemine judicatur* », **« Le premier siège n'est soumis au jugement de personne »**. Autrement dit, à titre d'autorité suprême, le pape ne peut être jugé par aucune autre instance, même pas par l'empereur [60]. Quel était le sens de tous ces faux ? Réponse de l'historien H. Zimmermann : « Les faux élaborés à cette époque cherchaient à justifier historiquement les procédures du concile (un synode romain) et à soustraire pour toujours le porteur de la dignité pontificale à tout jugement séculier et spirituel. C'était l'aboutissement d'un long cheminement ; l'avenir devait montrer si l'affirmation juridique *"Prima sedes a nemine judicatur"* serait capable de s'imposer et d'être reconnue par tous [61]. »

En dépit de ces définitions juridiques et des prétentions sans cesse croissantes à une primauté de juridiction, l'histoire des papes, « des temps les plus anciens au xve siècle, compte toute une série de "**procès de papes**", où des titulaires du siège suprême sont accusés et souvent même déposés [62] ». Les procès concernant des papes aux vi^e et viie siècles plaident manifestement contre une reconnaissance générale du principe *« Prima sedes a nemine judicatur »*, quoique cette formule ait sans doute été connue. Et bien que ce faux du vi^e siècle se trouve dès le ixe siècle dans des compilations juridiques papales et serve souvent d'argument dans les discussions, on n'hésite pas à intenter des procès aux papes du milieu du viiie siècle jusqu'à la querelle des Investitures. A Rome même, l'ancienne organisation de l'Église était encore largement en vigueur : ceux qui avaient pris part à l'élection du pape, notamment le clergé et le peuple de Rome, de même que l'empereur, prononçaient également la sentence de déposition – notamment en cas d'hérésie ou d'*invasio* de la fonction.

En **Occident**, les choses se présentent donc historiquement comme suit : même si les prétentions de Rome et la réalité historique sont souvent largement divergentes, il n'en reste pas moins qu'avec Gélase, à la fin du ve siècle, le développement de la communauté ecclésiale en corporation autonome, auquel ses prédécesseurs ont travaillé pendant un siècle et demi, est achevé. En principe, se trouve maintenant posé le **fondement d'un nouveau paradigme d'Église**, non seulement sur le plan théologique (Augustin), mais aussi dans la **politique de l'Église** : à savoir le paradigme d'une **Église catho-**

LE PARADIGME CATHOLIQUE ROMAIN MÉDIÉVAL

lique centrée sur Rome (P III). Bien que se sachant en contradiction avec la doctrine orientale de l'empereur, protecteur et législateur y compris de l'Église, mais s'appuyant sur la doctrine augustinienne des deux royaumes, Gélase a déjà formulé cette doctrine des deux pouvoirs, le pouvoir séculier et le pouvoir spirituel, qui lui est supérieur. C'est à juste titre qu'on appellera la doctrine de Léon et de Gélase la *Magna Carta* (« Grande Charte ») de la papauté médiévale. Cette doctrine soustrait les clercs à l'ordre et à la juridiction séculiers (c'est le privilège de l'*exemption* pour les clercs), et fonde théoriquement l'autorité suprême du pape et sa prétention à une souveraineté absolue.

Mais pour l'ensemble de **l'Orient** ce nouveau paradigme reste **inacceptable** : comment l'évêque de Rome, un homme faillible, un successeur de Pierre, certes, mais pas davantage, peut-il pour ainsi dire s'identifier mystiquement à Pierre ? Quelle présomption pour un évêque parmi d'autres de vouloir s'attribuer la responsabilité et le pouvoir tout à fait personnels de Pierre ! Ce qui surtout est absolument inacceptable, c'est que l'on prétende déduire du pouvoir apostolique de Pierre toutes les conséquences juridiques imaginables dans le sens d'une prétention à un pouvoir absolu – en faisant appel, unilatéralement et toujours en faveur de Rome, à une combinaison raffinée d'arguments théologiques, prétendument historiques et surtout juridiques.

La primauté de direction revendiquée par Rome reste toujours – comme chacun sait et comme nous l'avons vu dans le cadre de P II – une question non résolue entre les Églises d'Orient et d'Occident. Elle n'a jamais fait l'objet de discussions entre Orient et Occident dans le cadre d'un concile œcuménique – et l'orthodoxie orientale, qui ne l'a jamais explicitement abordée, porte également sa part de responsabilité ; à plus forte raison n'a-t-elle jamais fait l'objet d'une décision s'imposant à l'Orient et à l'Occident, bien que la théorie et la pratique romaines de la primauté portent la principale responsabilité dans la rupture entre les Églises d'Orient et d'Occident.

Si nous voulons que la situation s'améliore à l'avenir, pouvons-nous continuer à éluder quelques **questions** trop longtemps ajournées ? Je pars ici du constat que le Nouveau Testament, quand il évoque des fonctions ecclésiales, évite à dessein et de manière tout

Questions pour l'avenir

Dans la perspective d'une réforme de la papauté (non d'une abolition) se posent les questions suivantes :

• La papauté est devenue de plus en plus une **institution de pouvoir**. Elle l'est restée – en dépit de Vatican II. Mais une telle institution de pouvoir se justifie-t-elle encore dans une communauté de foi qui doit se définir entièrement par le service, et dans une communauté démocratique qui récuse tout autoritarisme institutionnel incontrôlé ? La papauté peut-elle rester longtemps encore la dernière monarchie absolutiste d'Europe – prétendument par la grâce de Dieu – sur le modèle de l'Empire romain ? Ne doit-elle pas être plutôt une institution chrétienne au service de l'Église catholique et de l'*oikoumenê*, comme l'a préfigurée, en notre siècle, le pape Jean XXIII ?

• La papauté a développé de plus en plus de **structures de pouvoir**, en reprenant à son compte le droit romain, très élaboré, et la pratique impériale. Face aux structures des communautés dans le Nouveau Testament, totalement différentes, et face, là encore, à la société démocratique moderne, la papauté a-t-elle un avenir si elle reste une institution juridique et administrative centralisée et si elle continue à considérer la communauté de foi comme une entité qu'il faut essentiellement comprendre et diriger comme un corps juridique : « *Populus docendus, non sequendus* » (« Le peuple doit être enseigné, et non suivi »), comme on se plaît à le répéter à Rome depuis le XVe siècle ? L'Église doit-elle donc rester, quoi qu'il arrive, une communauté juridique qu'il faut diriger dans un esprit centralisateur ou doit-elle devenir une communauté de foi régie par le service ? Un *Imperium romanum* ou un *Commonwealth* catholique ?

• La papauté conserve jalousement ses **instruments de pouvoir** élaborés jadis : style impérial dans son administration et ses lettres, latin administratif et juridique, archives papales – un capital idéologique permettant de justifier toutes les pré-

LE PARADIGME CATHOLIQUE ROMAIN MÉDIÉVAL

> tentions du pape, fournissant citations et références aux déclarations de celui-ci ou du concile ; un *Codex juris canonici*, dont certains canons parmi les plus significatifs remontent à des faux du Moyen Age. Faut-il continuer à submerger l'Église catholique de *Decreta* et de *Responsa*, d'instructions et de déclarations, de *Motu Proprio* et d'encycliques, ou Rome, dans l'esprit du Nouveau Testament et de la démocratie moderne, doit-elle constituer un centre médiateur et inspirateur de l'unité ?

à fait conséquente non seulement le mot « hiérarchie », mais aussi bien tous les mots profanes désignant une « fonction », dès lors qu'ils expriment une relation de pouvoir. Au lieu de quoi est choisi un terme général qui n'évoque rien pouvant ressembler à un quelconque pouvoir, autorité, supériorité, dignité ou position de force : le mot *diaconia*, « service » (service à table). Jésus lui-même avait manifestement posé le critère irrévocable. Il n'y a guère d'autres dits de Jésus qui soient transmis dans des formulations aussi nombreuses (six !) que celle du **service** (dans le cadre de la dispute entre les disciples, de la Cène, du lavement des pieds) : le plus grand sera le serviteur de tous (le serviteur de la table) ! Un évêque de Rome ne satisfait évidemment pas à cette exigence de Jésus quand il se contente de se présenter comme « le serviteur des serviteurs de Dieu », tout en cherchant par ailleurs à dominer ces serviteurs en usant de tous les moyens et de toutes les méthodes à sa disposition. Non, ces paroles de Jésus n'autorisent pas, parmi les disciples de Jésus, une fonction qui ne reposerait que sur le droit et le pouvoir, et qui correspondrait à la fonction des détenteurs du pouvoir dans un État : « Les rois des nations agissent avec elles en seigneurs, et ceux qui dominent sur elles se font appeler bienfaiteurs. Pour vous, rien de tel. Mais que le plus grand parmi vous prenne la place du plus jeune, et celui qui commande la place de celui qui sert [63]. »

Ce n'est pas le lieu, ici, de développer une théologie du service de Pierre, dont l'Église a grand besoin. Nous l'avons fait ailleurs [64]. Un bon nombre de théologiens protestants reconnaissent aujourd'hui que l'Église du Christ a besoin d'un service de Pierre qui soit un médiateur, qui inspire, conduise et promeuve l'unité[65]. Nous devons nous contenter ici de poser quelques questions fondamentales pour l'avenir, qui devraient faire l'objet de discussions lors d'un troisième concile œcuménique du Vatican (ou d'un deuxième de Jérusalem).

Une chose est sûre : si le développement de l'institution pontificale a conduit à une énorme concentration du pouvoir entre les mains de Rome et à un trop grand légalisme dans l'Église, la papauté a cependant transmis de la sorte aux Barbares, rudes et sans culture, qui submergeaient à l'époque l'Empire romain de tous côtés, l'idée de l'antique État de droit. Aussi, après l'analyse de la théologie d'Augustin et de l'institution de pouvoir des papes romains, convient-il d'examiner un troisième élément du paradigme catholique romain médiéval : la nouvelle piété et la pratique ecclésiale des Germains.

4. CONSTANTES, VARIABLES ET GLISSEMENT DE L'ORIENT VERS L'OCCIDENT

Toutes les continuités évidentes entre l'Antiquité tardive, brillamment représentée en théologie par Augustin, et le haut Moyen Age ne sauraient cependant faire oublier un seul instant l'événement décisif que représente la **migration des tribus germaniques**[66], qui, juste avant la mort d'Augustin, étaient arrivées jusqu'à sa ville d'Hippone, en Afrique du Nord. Pour les chrétiens d'Occident, cette migration représentait un **bouleversement faisant époque**. Dès le IVe siècle, les Germains s'étaient infiltrés de plus en plus fortement dans l'Empire romain, les Romains les avaient fixés de force ou les avaient pris à leur service, car c'étaient de bons soldats. Poussés par les Huns qui venaient des steppes du sud de la Russie, les Vandales, les Alains et les Suèves avaient mis à profit le gel du Rhin, le 31 décembre 406, pour le traverser et s'étaient introduits en masse en Gaule, puis, deux ans plus tard, en quête de pâture et de nourriture, ils avaient franchi les Pyrénées et étaient entrés en Espagne.

LE PARADIGME CATHOLIQUE ROMAIN MÉDIÉVAL

La migration des peuples et ses conséquences

Qu'est devenue la « Rome éternelle », invaincue jusque-là, qui, nous l'avons vu, fut conquise pour la première fois en 410 par les Goths occidentaux, ou Wisigoths, qui s'établiraient plus tard en Espagne ? La ville de Rome, qui avait compté près de 1 million d'habitants, n'en comptait plus que 20 000 à peine à l'époque des Carolingiens. Au Ve siècle, les Germains, d'abord considérés comme un fléau passager, fondent des royaumes sur le sol romain : non seulement les Wisigoths, mais aussi les Alamans, les Burgondes, les Francs et les Vandales, qui, venus d'Espagne, ont envahi l'Afrique du Nord du vivant même d'Augustin, en 429 ; ils ont pris Carthage en 439 et ont constitué le premier État reconnu par les Romains sur territoire impérial. Mais cette reconnaissance n'empêchera pas ces hordes barbares de lancer une nouvelle campagne d'Italie, avec un nouveau pillage de Rome, en 455. Dès 476, Romulus Augustule, le dernier empereur d'Occident, encore un enfant, est déposé par le général d'armée germain Odoacre. Ainsi disparaît l'Empire romain d'Occident, depuis longtemps sous la domination des chefs d'armée barbares, ce qui, à la différence de la première chute de Rome, passe presque inaperçu à l'époque.

Mais il faut bien voir que le niveau de développement des peuples germains qui font irruption dans l'Empire est bien primitif – par comparaison avec la civilisation antique. Isolées, sans perspective universelle ou même sans sentiment d'appartenance à l'Europe, ces tribus, intellectuellement et culturellement sous-développées, ne voient pas plus loin que la vie de leur propre peuple. Cette invasion a pour conséquence non seulement un effondrement des structures extérieures de l'administration civile et militaire romaine, que ces nouveaux peuples n'ont pu reprendre qu'en partie, mais plus profondément un processus de dissolution de l'État et du droit romains comme tels – disons-le : un effondrement de toute la civilisation ancienne, à des degrés divers, bien sûr, selon les régions et les secteurs. Globalement, c'est un gigantesque **recul économique, social et culturel** ! Il faudra des siècles pour retrouver le niveau antérieur. L'historiographie la plus récente, qui entend intégrer les résultats des recherches dans les domaines les plus variés – structure sociale, histoire des religions et des mentalités – rend compte des effets impressionnants de cet effondrement [67] :

– **Perte de nombreuses techniques de production**, d'où un rendement agricole minimal ; souvent la nourriture, l'habillement, le logement et l'hygiène deviennent misérables.

– **Effondrement de l'infrastructure**, des voies de communication, des ponts, des conduites d'eau, d'où des conditions de circulation et de communication de plus en plus difficiles.

– **Baisse de la population** d'un tiers ou d'un quart, qui se poursuivra jusqu'au cœur du VIIIe siècle : d'où la dépopulation des villes, qui deviennent de gros villages, et le développement du monde agraire, avec des villages de petites dimensions.

– **Recul de l'alphabétisation** : ni Odoacre, ni l'Ostrogoth Théodoric le Grand, ni Charlemagne, ni Othon le Grand ne savent écrire. Tout au long du Moyen Age, la noblesse d'épée n'aura que mépris pour cet art. On assiste à un recul des capacités littéraires et de la culture supérieure comme telles.

– **Maintien d'une société de classes**, celles des hommes libres et non libres, et d'un esclavage que connaît encore l'époque carolingienne.

– **Recul de la sécurité assurée par la loi**, des institutions d'État, du droit public et de la justice. La vengeance par le sang, la justice qu'on se fait soi-même (en cas d'adultère, de meurtre ou d'atteinte à l'honneur, par exemple) sont à nouveau chose courante.

– **Rôle dirigeant de la noblesse** (au lieu d'une administration formée !) : les biens et l'argent de l'État deviennent propriété personnelle du roi et de la noblesse ; dans l'Église aussi, les nouveaux dirigeants font sentir leur domination (sauf pour ce qui est du sacerdoce sacrificiel proprement dit) et font usage des droits qui leur sont dus au titre de personnes sacrées. Ainsi, jusqu'à la querelle des investitures au Moyen Age, le choix des évêques et le contrôle des synodes sont aux mains de souverains séculiers.

– « **Provincialisation** » **générale**, d'où l'évolution locale du dialecte, qui s'éloigne du latin – souvent complètement défiguré dans l'écriture et dans le style ; elle aboutira aux différentes **langues nationales** (italien, espagnol, français, roman). Le latin devient une langue de culture qu'il faut apprendre comme telle, bien qu'elle soit par la suite utilisée partout en Occident dans l'État et l'Église.

LE PARADIGME CATHOLIQUE ROMAIN MÉDIÉVAL

Et l'Église catholique ? Au cœur des guerres, des destructions et des désordres consécutifs à la migration des peuples, elle n'eut d'abord d'autre recours que le **retrait**. Les tribus de Germains étaient encore païennes. Des villes comme Cologne, Mayence, Worms et Strasbourg, devenues franques, ainsi que d'autres villes sur le Rhin et le Danube, dans le nord de la Gaule et les Balkans, n'eurent plus d'évêque pendant plus d'un siècle. C'est plus tard seulement que le christianisme revint, d'abord chez les Ostrogoths de l'actuelle Bulgarie ; le christianisme – sous la forme de la foi arienne qui avait alors la faveur de Byzance – y avait fait son entrée dès le milieu du IVe siècle, grâce à l'activité de l'évêque Wulfila, à qui l'on doit une langue gothique écrite, une littérature et une traduction gothiques de la Bible. Mais par l'intermédiaire du **christianisme arien** des Ostrogoths, le christianisme pénétra également la plupart des autres tribus germaniques, jusqu'aux Vandales en Espagne et en Afrique.

Les Latins de la province d'Occident, dont le latin évoluait désormais vers les langues nationales, gardèrent la foi catholique dont ils avaient hérité. Mais plus important encore pour l'avenir, la tribu germanique dont l'unité monarchique s'était faite le plus tardivement et qui allait pourtant être à l'origine du plus important royaume d'Occident, le **royaume des Francs**, rejoignit aussi la **tradition catholique**[68]. A la différence du royaume éphémère des Vandales en Afrique du Nord, du royaume des Wisigoths en Espagne et du royaume des Lombards en Italie, dont nous n'aurons pas à traiter plus longuement ici, le royaume des Francs héritera de l'Empire romain. Le **baptême de Clovis, roi franc** de la dynastie des Mérovingiens, est une des grandes dates de l'histoire du christianisme médiéval. En 498-499, suite à un vœu après sa victoire sur les Alamans et dans l'idée aussi, sans doute, de rallier la population latine catholique, Anastase, l'empereur byzantin, a reconnu ce nouveau pouvoir ; exactement trois cents ans plus tard – nous l'avons déjà vu et nous y reviendrons –, ce pouvoir donnera naissance à un nouvel empire occidental, qui suscitera l'indignation des Grecs et auquel s'alliera opportunément la papauté.

Quelle était la différence entre le paradigme de l'Église ancienne (gréco-latine) et celui du Moyen Age latin, qui se dégage de plus en plus clairement ? Soulignons dès l'abord qu'il ne s'agit pas d'une autre substance de la foi.

HISTOIRE

*Ce qui est conservé en matière
de substance de la foi*

Les chercheurs discutent pour savoir s'il vaut mieux parler de christianisation des Germains ou de germanisation du christianisme. Nul ne conteste aujourd'hui que dans ce bouleversement, qui ouvre sur une époque nouvelle, l'**Église** a représenté un **facteur de continuité**, le facteur **décisif** même. A la différence des princes, les clercs savaient lire et, en général, aussi écrire, ce qui leur permit, avec le temps, de reconstituer une nouvelle culture écrite. Tout ce que le Moyen Age connaîtra en fait de littérature antique, de littérature profane et théologique, lui sera transmis par l'Église et surtout par les couvents, qui se multiplient aussi maintenant en Occident. Mais l'institution épiscopale, qui désormais assume de plus en plus de fonctions administratives et politiques, et la grande stabilité des sièges épiscopaux seront également très importantes pour cette continuité. Plus important encore : malgré le déclin et le silence de la théologie entre, d'une part, Grégoire le Grand († 604) et Isidore de Séville († 636), aux VIe-VIIe siècles, et, d'autre part, Anselme de Cantorbéry au XIe siècle, en dépit aussi du paganisme terriblement primitif qui affleure dans la piété populaire, on observe une **continuité fondamentale de la foi, des rites et de l'éthique chrétiens**.

C'est un fait : malgré les différences qui font époque, nous trouvons toujours dans le nouveau paradigme médiéval (P III) les **constantes** du christianisme que nous pouvions dégager dans le paradigme judéochrétien originel (P I) et dans celui de l'Église hellénistique ancienne (P II), et ce non seulement pour des « élites cléricales », mais tout aussi bien pour le « peuple ordinaire » :

– Même si la plupart des peuples germaniques convertis au christianisme sont des adeptes de l'arianisme, ils n'en croient pas moins tous en un seul et même **Dieu**, le Dieu d'Israël, en son Fils, Jésus-Christ, et en l'Esprit saint : c'est le même **Évangile** !

– Même si l'idée du Dieu le plus fort joue souvent un rôle déterminant dans la conversion au christianisme et si le baptême des princes donne souvent lieu à un baptême collectif, c'est cependant toujours le même **baptême** pour le pardon des péchés et pour l'intégration dans la communauté de foi chrétienne : il s'agit du même **rite d'entrée** !

– Même si, dans la célébration liturgique des mystères de la foi, une idée sacrificielle non biblique et le cléricalisme se sont de plus en plus imposés, on n'en célèbre pas moins fondamentalement toujours la même **Eucharistie** ancienne en mémoire de Jésus (le dimanche, jour de la résurrection, est jour férié depuis Constantin, en 321) : c'est le même **rite communautaire** !

– Et même si la croix – originellement un signe de la non-violence et du détachement chrétiens – est devenue de plus en plus, depuis la victoire de Constantin, un signe de défense contre les ennemis, un signe de victoire, y compris concernant la guerre, et même si la « cruauté barbare » est devenue proverbiale pour qualifier le haut Moyen Age, on n'a cependant pas abandonné l'idée fondamentale de la **suite du Christ**, qui prend même des dimensions nouvelles – on assiste à une activité sociale inouïe jusque-là, une organisation de l'aide aux pauvres et de la libération des captifs : on a la même **éthique** !

Cette continuité dans l'Évangile et dans l'éthique, dans les rites d'entrée et les rites communautaires, ne se réduit pas à quelques coutumes spirituelles, à quelques habitudes pieuses et à une piété irraisonnée ; non, elle définit la **substance de la foi chrétienne**, que la nouvelle constellation médiévale a su **préserver**. C'est cette substance de la foi que traduisent aussi pour l'essentiel le monde des images, les représentations intellectuelles, les diverses formes de vie et le comportement pratique d'innombrables hommes et femmes du Moyen Age – et pas seulement quelques « préréformateurs ». Cela, les protestants eux-mêmes, quelque justifiées que soient leurs critiques du Moyen Age, devraient aujourd'hui pouvoir le reconnaître : l'identité chrétienne a été préservée en dépit d'une formidable révolution dans les mentalités.

Les catholiques, quant à eux, ne devraient plus contester qu'au Moyen Age l'Église a connu en son propre sein un **bouleversement fondamental**, qui concernait tout – de la proclamation de la foi en la papauté, en passant par la façon de comprendre les sacrements. Josef Andreas Jungmann n'exagère pas quand il écrit : « Au long des deux millénaires de l'histoire de l'Église, on n'a jamais observé de plus grand bouleversement, dans la pensée religieuse comme dans les institutions qui lui correspondent, que celui qui s'est produit au cours de ces cinq siècles, entre la fin de la période patristique et le début de la scolastique [69]. »

Ce qui a changé dans la piété, dans la discipline et dans l'organisation

Il saute sans doute aux yeux que ce bouleversement dans le christianisme a moins pris la forme, comme plus tard, dans le cas de la Réforme, d'une rupture abrupte que celle de lents glissements et de progressives réinterprétations. Jusqu'ici, notre analyse des paradigmes a dégagé **trois éléments constitutifs** de cette nouvelle **constellation d'ensemble médiévale latine (P III)** :
– la **théologie latine d'Augustin**, différente de celle de la patristique grecque ;
– la mise en place de la **papauté romaine** comme institution ecclésiale centrale, détentrice du pouvoir dans l'Église occidentale ;
– la nouvelle forme de piété et de pratique ecclésiale des **peuples germaniques**.

Il convient de préciser ce point. Dès l'époque postconstantinienne s'annoncent dans l'Église d'Occident les accents et les configurations neufs, dont les effets se feront pleinement sentir au haut Moyen Age, par suite de la présence des Germains [70].
– Après le baptême de tribus entières, le baptême des adultes disparaît complètement de la conscience ecclésiale. Le **baptême du nourrisson**, qui lui est administré passivement et à son insu, devient la règle.
– Dès l'époque postconstantinienne, il est vrai, la célébration de l'Eucharistie devenait de plus en plus quotidienne (et non plus seulement hebdomadaire), mais la réception de la communion se raréfia de plus en plus. A la place de l'ancienne liturgie populaire se développa, en Occident aussi (y compris dans le chant), une **liturgie proprement cléricale**, un spectacle sacré, dans une langue sacrée, auquel le peuple n'assistait plus que passivement, ne prenant plus part au repas lui-même. C'est maintenant le prêtre qui offre le « sacrifice » « pour » le peuple. On favorise de la sorte une conception magique du sacrement.

LE PARADIGME CATHOLIQUE ROMAIN MÉDIÉVAL

– La **pénitence publique** et non renouvelable de l'Église ancienne, sous le contrôle de l'évêque, s'était vu reléguer dès l'Antiquité tardive – parce que compromettante – au lit de mort ; elle disparut désormais de plus en plus. Mais des moines itinérants missionnaires, originaires de la lointaine Irlande – qui n'avait jamais fait partie de l'Empire, qui n'avait reçu la foi chrétienne qu'au Ve siècle et qui était de structure plus monastique qu'épiscopale – apportèrent plus tard sur le continent une nouvelle forme de **pénitence privée**, pratiquée dans leurs monastères (nous l'avions déjà rencontrée chez les moines d'Orient). Les péchés quotidiens pouvaient aussi faire l'objet de cette pénitence, que l'on pouvait réitérer autant de fois qu'on le souhaitait. Elle relevait du prêtre et non plus de l'évêque. Cette confession, à l'origine monastique, se répandit dès lors rapidement, à titre de **confession auriculaire destinée à tout un chacun**, d'abord en Europe occidentale.

– La **vénération des martyrs** sur leur tombe, telle que la pratiquait l'Église antique, conduit au haut Moyen Age à une **vénération massive des saints et des reliques**. Dans le contexte de la polémique et de la piété anti-ariennes, l'« **unique** médiateur entre Dieu et les hommes, un homme, Christ Jésus [71] » est de plus en plus tiré vers Dieu, jusqu'à être purement et simplement identifié avec lui, dans la ligne d'un monophysisme pratique (le « Dieu Jésus » l'a emporté sur le « Dieu Wotan »). Aussi ne fait-on plus guère appel à lui dans la pratique de la piété, et il est refoulé à l'arrière-plan par d'autres médiateurs, plus proches de l'homme, qui ont presque tout pouvoir sur Dieu (et le Christ) : Marie et les saints.

– Du fait de leur mentalité archaïque, les Germains ont introduit dans le christianisme une masse de **superstitions**. Comme dans toutes les sociétés primitives, la piété populaire repose sur la croyance dans les esprits. On subodore partout leur présence, bons et surtout malfaisants, y compris derrière les phénomènes naturels, et on cherche à les éloigner ou à gagner leur faveur par toutes sortes d'actions, de dons et de pratiques. C'est ainsi que se constitue une **piété des œuvres primitives**, extériorisée, chosifiée, qui s'éloigne considérablement de la Bible.

– Tandis que les grands **théologiens** de la patristique grecque et latine s'efforçaient de pénétrer la vérité chrétienne en faisant preuve de pensée personnelle, corrigeant ainsi souvent la piété populaire, les théologiens de cette période de transition se contentent de répéter, de citer et de colliger des sentences. Il n'y a plus guère d'élite intellectuelle cultivée, qui suppose une vie urbaine et des écoles appropriées.

– Non seulement dans le clergé régulier, mais aussi, de plus en plus, dans le clergé séculier, au lieu de mettre l'accent sur la **formation**, on souligne l'**obligation du célibat** des diacres, des prêtres et des évêques, bien qu'au haut Moyen Age le mariage des prêtres soit encore d'usage courant. On abolit en même temps l'**ordination de femmes** au diaconat, chose encore courante au ve siècle, refusant ainsi à la femme tout service des autels. Mais dans le royaume des Francs, par exemple, l'Église ose à peine intervenir contre des coutumes manifestement païennes en matière de mariage (concubines des princes), de droit (recours à la cruelle ordalie, au lieu d'une enquête objective), esclavage (que l'on retrouve jusque sous les Carolingiens).

– Mais à côté de la structure hiérarchique des évêques et de leurs diocèses se développe un gigantesque **réseau de monastères** (environ cinq cent cinquante dans la seule Gaule à la fin du viie siècle), fruit du mouvement monastique irlando-franc déclenché en Gaule par le moine irlandais Colomban le Jeune († 615). Ces monastères, sous le signe de l'obéissance à l'abbé, suivent le plus souvent la règle de Colomban et celle de Benoît : ils répandent le système pénitentiel irlandais, mais développent aussi une culture écrite vivante, en bon latin. Ils obtiennent aussi un statut juridique particulier : à l'encontre des dispositions du concile de Chalcédoine (subordination des monastères à l'évêque), ils échappent maintenant à la juridiction de l'évêque : c'est le régime d'exemption en ce qui concerne la nomination de l'abbé et la correction de la discipline monastique, à laquelle s'ajoute souvent l'immunité par rapport aux interventions de l'État.

L'**épiscopat** surtout sort renforcé de l'ensemble de cette évolution. En ces temps troublés, sans organisation politique solide, l'évêque prend souvent en charge l'assistance sociale, la justice et la collecte des impôts. Ainsi, aux ve-vi^e siècles, il dispose souvent du pouvoir politique dans sa ville. La fonction épiscopale devient le monopole des familles dirigeantes et la plus haute fonction de la société. L'épiscopat gaulois et son primat, contrôlés par le roi, conscients de leur pouvoir et peu soucieux de Rome, s'opposèrent souvent, sous diverses formes, aux instructions papales ; si la chute de la royauté mérovingienne n'avait pas entraîné celle du primat et de l'activité synodale, l'épiscopat gaulois aurait pu constituer un véritable contrepoids face au centralisme romain qui se dessinait déjà clairement – après l'effondrement du christianisme en Afrique du Nord d'abord, en Espagne ensuite, sous les coups de l'islam.

L'évêque de Rome resta ainsi **sans concurrent dans l'Église d'Occident.** Après la chute définitive de l'Empire romain d'Occident, en 476, la communauté chrétienne évolua vers un corps autonome, une évolution encouragée par les évêques de Rome successeurs de Léon Ier – toujours sous souveraineté byzantine et souvent pas particulièrement remarquables, il est vrai. Leur objectif était de diriger non seulement l'Église romaine, mais toute l'Église, en raison d'un droit qui serait fondé sur la foi. Mais comment les choses se présentaient-elles réellement ?

La dépendance humiliante des papes de Rome

Une distance considérable subsistera longtemps entre la théorie du pouvoir du pape, très élaborée, et la faiblesse de son pouvoir réel. En effet, après la disparition du dernier empereur de paille romain et d'Odoacre, le chef germain de ses mercenaires (appelé « roi d'Italie »), les **Ostrogoths de Théodoric le Grand** (489/93-526), arrivés en Italie en 488, représentent le principal pouvoir politique d'Occident. Ainsi débute pour la papauté une période de dépendance humiliante à l'égard des souverains ostrogoths ariens. Ceux-ci s'établissent à Ravenne, où ils construisent des édifices splendides. Seuls détenteurs du pouvoir en Italie, ils mettent tout naturellement en place des papes qui leur sont dévoués. Théodoric, qui pratique une politique de tolérance en matière religieuse, y compris à l'égard des juifs, n'hésite pas à expédier le pape Jean Ier à Constantinople pour faire office de médiateur auprès des adeptes de l'arianisme ; à son retour, sa mission n'ayant pas abouti, il le fait jeter en prison, où il mourra la même année que Théodoric (526).

Après la disparition du royaume ostrogoth, les papes tombèrent sous une dépendance tout aussi étouffante, celle des **empereurs**

byzantins, pour qui l'évêque de Rome n'était ni plus ni moins que le patriarche de l'ancienne capitale de l'Empire et donc de l'Occident[72]. Dans la perspective de la restauration de l'unité de l'Empire romain, l'empereur Justinien était tout disposé à revaloriser l'ancienne Rome aux côtés de la nouvelle, non pas politiquement, certes, mais au sein de l'Église. Il était disposé à reconnaître à l'Église romaine un *primatus magisterii* (« primat de la fonction enseignante ») en matière de foi et de doctrine, qui demeura d'abord sans effet et ne se développa que durant le haut Moyen Age, avant de trouver son couronnement dans la définition de l'infaillibilité du pape par le premier concile du Vatican.

Mais l'empereur Justinien non plus ne pensait absolument pas à un primat de juridiction du pape. Au contraire, tout au long de son règne de quarante ans (527-565), où il exerça un pouvoir absolu sur l'État et sur l'Église (comme nous l'avons vu dans le cadre du paradigme hellénistique, P II), il consolida son pouvoir de tous les points de vue – politique, juridique, rituel, symbolique – et lui conféra une aura sacrée. Il ne lui serait jamais venu à l'idée qu'il puisse y avoir un pape infaillible à ses côtés. Justinien, qui s'estimait aussi éminent théologien qu'éminent souverain, agit en législateur autonome, se réclamant de la volonté et de l'inspiration de Dieu, y compris en matière de foi. Chaque fois qu'il le jugeait nécessaire, il convoquait les évêques de Rome à sa cour pour contrôler en bonne et due forme la rectitude de leur foi.

En Italie, ces Byzantins qui avaient reconquis le pays, qui se disaient romains et parlaient le grec, avec leurs exarques (résidant d'abord à Rome, puis à Ravenne) et leurs fonctionnaires hautains, furent bientôt aussi exécrés que l'avaient été les Ostrogoths. Après la mort de Justinien (565), quand les **Lombards** païens ou ariens pénétrèrent en Italie (568), et submergèrent totalement de vastes secteurs du système impérial, c'en fut fait définitivement du rêve de renaissance de l'Empire romain uni et d'une unique Église impériale, dans le cadre du paradigme hellénistique byzantin.

Mais la papauté chercha à mettre à profit la situation. Au milieu des duchés lombards, elle avait réussi à conserver le duché romain (*ducatus romanus*) – le sud de l'Italie seul restant nominalement byzantin. La papauté put dès lors servir d'intermédiaire politique et linguistique entre les Lombards et Byzance et jouir d'une indépendance politique *de facto*. En même temps, ses latifundia *(patrimonia)* bien gérés à la romaine et dont l'étendue ne cessait de croître, firent progressivement des papes les plus grands possesseurs terriens d'Europe occidentale : les revenus de ces terres profitèrent non seulement à la Curie romaine et à la ville de Rome, mais aussi à la population indigène. Le contrôle byzantin n'en subsista pas moins, s'imposant si nécessaire par la force et la terreur. En témoigne la présence d'une garnison byzantine à Rome. Ayons bien présent à l'esprit que depuis le décret de Justinien, en 555, il fallait, lors du choix d'un évêque de Rome, obtenir le *fiat* impérial (et plus tard, au minimum, celui de l'exarque de Ravenne) – cette procédure resta en vigueur jusqu'à la rupture avec le régime impérial, au VIIIe siècle. Mais en Occident la balance se mit à pencher – lentement, il est vrai – en faveur de Rome.

Le premier pape du Moyen Age : Grégoire le Grand

Le pape **Grégoire Ier**, dit « le Grand » (590-604), figure remarquable de cette époque, joua un rôle déterminant dans le glissement politique irrésistible qui se produisait sur le continent [73]. Il est dit « le Grand » ? Grégoire est officiellement mis au rang d'Ambroise, de Jérôme et d'Augustin, quatrième des *doctores ecclesiae* d'Occident. On a toutefois eu raison de ne pas lui faire place dans une série de « classiques de la théologie » [74]. Il n'était pas, en effet, un grand théologien, un théologien original, même s'il a sa place dans la série des *Grandes Figures de l'histoire de l'Église* d'un historien protestant, ne fût-ce que parce que tous les papes y ont trouvé place sans autre forme de procès [75]. En effet, son influence considérable sur l'histoire intellectuelle et religieuse du Moyen Age en fait un des « grands de l'histoire du monde [76] ».

La **théologie** de Grégoire – littérature théologique populaire, sermons et explications de la Bible – a déjà été soumise à une sévère critique de la part d'Adolf von Harnack : « Sous le couvert d'Augustin, Grégoire a redonné la parole à l'expression populaire du catholicisme, mais renforcée d'éléments superstitieux, et il a mis à jour l'ancienne conception occidentale de la religion comme ordre juridique [77]. » Harnack pense surtout aux *Dialogues sur la vie et les miracles des Pères italiens*, rédigés sur le modèle des *Apophtegmata patrum*, traduits depuis peu du grec, et à la diffusion d'une croyance grossière dans les miracles, les visions, les prophéties, les anges et les démons, croyance encouragée par Grégoire, mais il pense aussi à la justification théologique qu'il apporte à une vénération massive des saints et des reliques, du feu du purgatoire et des messes en faveur des défunts, à son intérêt exagéré pour les sacrifices, les réglementations pénitentielles, les classifications des péchés et de leurs sanctions, enfin à l'accent qu'il met sur la crainte du Juge éternel et sur l'espoir d'une récompense, au lieu de souligner la confiance en la grâce de Dieu dans le Christ et la foi en son amour...

Nous laisserons ouverte la question de savoir si Grégoire a ou non, plus que tout autre, créé « la forme populaire du catholicisme romain [78] ». Mais il a réduit, sans aucun doute, l'écart entre la culture élitaire de la Rome tardive et la culture populaire barbare. **Dernier des Pères de l'Église latine**, il **ouvre en même temps le Moyen Age**. Parce que simples et populaires, ses œuvres ont été plus lues que celles de son maître Augustin, dont il a adouci à juste titre la rigueur de la doctrine de la prédestination. Ulrich Wickert, historien des dogmes, un protestant qui a de la sympathie pour le catholicisme, estime lui aussi que Grégoire a transmis la grande tradition sous une forme plus simplifiée, et que le monde de ses pensées, comparé à celui de ses pères spirituels (surtout Augustin), est plus « terne, plus trouble, plus nivelé ». « Mais, ajoute-t-il, Grégoire était appelé à être tout de même le pionnier d'un âge nouveau, dans une atmosphère apocalyptique » [79]. Sa préoccupation, dit un connaisseur anglais, était celle de « la quête infatigable de ce qui ne passe pas [80] ».

De fait, si la théologie simple et souvent primitive de Grégoire fait l'objet de critiques, tout le monde reconnaît l'importance de son **pontificat**. Harnack lui-même exprime sa sympathie pour la personnalité de Grégoire : « C'était un moine avisé, énergique, un politicien habile et un pasteur aimable et imposant [81]. » Bien qu'issu d'une riche famille de l'aristocratie sénatoriale romaine et devenu préfet de la ville de Rome, il s'était engagé, la trentaine à peine entamée, trois ans après sa conversion – comme Augustin –

dans une vie d'ascèse. Il transforma son palais familial en monastère et sur ses *latifundia* de Sicile il en fonda également six. Grégoire ne s'était pas fait moine bénédictin, et il ne goûta pas longtemps, il est vrai, la quiétude monastique, car le pape le nomma diacre pour la région avant de faire de lui son plénipotentiaire (apocrisiaire) auprès de la cour impériale de Constantinople, comme en avaient tous les patriarches. Mais là se révélèrent les limites de Grégoire, homme de l'ancienne Rome : il ne sut guère mettre à profit les possibilités de médiation qui lui furent offertes. Au lieu de profiter de son séjour de plus de six ans pour apprendre le grec, il expliqua aux siens, dans cette ville splendide des rives du Bosphore, le livre de Job, avec toutes les applications morales que l'on peut imaginer, le tout en latin, bien sûr (sous le titre de *Moralia*, cet ouvrage deviendra le manuel de morale du Moyen Age). Sa confiance à l'égard des Grecs était de toute façon limitée : il partageait le sentiment romain traditionnel, qui voulait que les Grecs soient trop intelligents pour être honnêtes.

Grégoire est élu pape en 590 – encore par la communauté, mais en fait surtout par le clergé et l'aristocratie. Mais ce quinquagénaire n'a rien du prince de l'Église aristocratique et du « pape politique » auquel on aurait pu s'attendre. Sur sa tombe est gravé, il est vrai, le titre de *consul Dei*. Mais dans le fond de son cœur, Grégoire reste **un moine et un ascète**, dont la piété personnelle et missionnaire s'enracine dans la confiance en Dieu et comporte du même coup une intériorité, tournée vers la solitude et la contemplation.

Grégoire était, par ailleurs, un **évêque aux grandes capacités pratiques**, qui maîtrisait parfaitement l'appareil de la papauté déjà considérablement institutionnalisé. Il administrait aussi avec discernement et un sens aigu des réalités les gigantesques latifundia papaux, exploités pour la plupart par des colons, non seulement en Italie, en Sicile et en Sardaigne, mais aussi en Gaule, en Dalmatie et en Afrique du Nord. Il sut les réorganiser si magistralement qu'il put utiliser leurs productions pour soulager la misère de la population et nourrir notamment le peuple de Rome, vivant désormais dans des quartiers miséreux d'une ville redevenue agricole, comptant cent mille habitants à peine.

Pour éviter une nouvelle prise de Rome, il paya une rançon astronomique de 500 livres d'or aux Lombards, restés encore largement païens ou ariens, alors que le couple royal venait de passer au catholicisme. En toute circonstance, surtout en temps de guerre et de peste, Grégoire s'est montré le champion du peuple et de la paix avec les Lombards. Il n'est pas étonnant, dès lors, qu'il ait également assumé la **responsabilité de l'administration, des finances et du bien-être du peuple**, qui relevait en soi de la compétence des exarques. Pour la population italienne de langue latine, c'était Grégoire, et non l'exarque byzantin, qui représentait la plus haute autorité. Mieux encore, ses dons d'administrateur valurent à Grégoire, en ces temps apocalyptiques pour lui, de jeter insensiblement les **fondements du pouvoir séculier de la papauté**, qui n'était encore guère développé en son temps.

Par-delà sa politique concrète, ce pape n'oublia pourtant jamais de veiller au **bien spirituel** dans l'Église. C'est ce qui ressort notamment de la façon dont il promouvait et protégeait le monachisme. Comme Athanase l'avait fait pour Antoine, le père du désert, Grégoire relata, dans le deuxième livre de ses *Dialogues,* la vie et les miracles de **Benoît**, fondateur et abbé de Subiaco et du Mont-Cassin, dont on ne connaissait pas grand-chose. Grégoire fit de lui **le** modèle de l'abbé et le père du monachisme romain, introduisant là aussi – ce qui est typique du monde de sa foi – des histoires de miracles et de visions fantastiques et grotesques. Esprit pratique et pasteur, il rédigea dès son entrée en fonction une *Regula pastoralis* à l'intention des responsables de l'Église : une « règle pastorale » de type monastique, orientée vers le monde à venir, que l'empereur fit également traduire en grec. Cet ouvrage sur le pasteur des âmes idéal sera aussi important pour le clergé séculier du Moyen Age que la règle de Benoît de Nursie (environ 480-547) pour les ordres religieux.

Plus encore, Grégoire eut le souci des **activités culturelles** : ainsi, la bibliothèque du Latran, qu'ornait un portrait d'Augustin, et le chant liturgique – à cet effet, il fonda probablement, ou réorganisa, une institution spécifique qui s'appellera plus tard *Schola cantorum* (« École des chants »). Qu'il ait composé lui-même un sacramentaire et qu'il ait inventé le chant grégorien relève, certes, de la légende. Au IXe siècle, on utilisa toutefois habilement cette légende pour faire accepter dans le royaume de France une forme homogène du *Cantus romanus*[82].

Toutes ces initiatives bien intentionnées ne pouvaient cependant pas cacher la réalité : à Rome et en général en Italie, la **situation intellectuelle et culturelle était lamentable.** La grande culture de l'Antiquité était en plein déclin et sombrait de plus en plus dans l'oubli ; les connaissances philosophiques étaient rudimentaires, et il était difficile de trouver à Rome quelqu'un qui soit capable de traduire convenablement des textes grecs en latin. La culture littéraire s'était effritée, elle aussi. Le temps n'était plus où Augustin, dans son écrit *La Doctrine chrétienne*, devait pour ainsi dire recommander aux chrétiens l'étude de la Bible à titre de « correctif », en cette époque de floraison tardive de la culture classique. Tout se réduisait maintenant à l'étude de la Bible et aux sciences auxiliaires correspondantes. On assistait à la constitution d'une culture focalisée sur la Bible, réservée, de plus, aux clercs et aux moines, qui étaient seuls à savoir lire et écrire, une **culture cléricale** donc. Et c'est aussi aux clercs et aux moines que Grégoire, le pape moine, entendait surtout s'adresser. Et pourtant, cela suffit-il à faire de lui une grande figure de l'histoire du monde ? Non, il y avait autre chose encore, une autre donnée décisive.

*Débuts d'un glissement politique
de l'Orient vers l'Occident*

N'oublions pas, d'une part, que Grégoire, toujours sujet de l'empereur byzantin, avait compris lors de son séjour à Constantinople qu'il était **impossible d'imposer une primauté de juridiction romaine en Orient** et qu'une rébellion contre l'empereur pouvait toujours être sanctionnée comme haute trahison. C'est pourquoi il avait eu la correction d'attendre pendant sept mois l'assentiment de Byzance à sa consécration épiscopale. En effet, non seulement l'empereur, mais aussi les évêques considéraient tout naturellement que la position de l'évêque de Rome correspondait à celle d'un patriarche oriental. Sur les plans juridique et politique, Rome restait une ville byzantine, avec une garnison byzantine, et l'Église de Rome faisait partie de l'Église impériale justinienne. Quelques décennies plus tard seulement, le cas de Martin Ier, qui ne s'était pas opposé à une révolte antibyzantine à Rome, montra à quelles conséquences politiques s'exposait un pape non subordonné : il fut destitué, emprisonné, emmené à Constantinople, puis, au terme d'un procès spectaculaire, exilé en Crimée où il mourut (Maxime, appelé plus tard « le Confesseur », le plus grand théologien du VIIe siècle, favorable au pape, allait connaître un sort similaire).

Il est vrai aussi, par ailleurs, que Grégoire est le premier pape à avoir reconnu les possibilités de développement et la puissance créatrice des **peuples germaniques**, établis en Europe occidentale depuis la seconde moitié du Ve siècle. C'est ainsi qu'il étendit son **rayon d'action** surtout **vers le nord et vers l'ouest**. Grégoire se préoccupa :

– de redonner vie à l'Église de **France**, catholique depuis Clovis, en 498/499 (avec un succès mitigé, il est vrai),

– du **royaume wisigoth** d'Espagne, converti de l'arianisme au catholicisme sous Récarède, en 586,

– et surtout de la **Grande-Bretagne**, qui, fruit de la mission qu'y avait envoyée Grégoire en 597, fut l'un des pays les plus fidèles au pape.

César avait eu besoin de six légions pour conquérir la Grande-Bretagne, quatre moines suffirent à Grégoire – qui avait confié la direction de la mission à son disciple Augustin (le futur évêque de Cantorbéry), aurait dit Gibbon, l'historien anglais. Au VIIe siècle, la nouvelle Église anglo-saxonne, orientée vers Rome (avec les métropoles de Cantorbéry et de York), pouvait effectivement s'imposer face aux deux Églises celtes plus anciennes : l'ancienne Église monastique britannique et celle d'Irlande, qui avaient subsisté toutes deux sans lien juridique avec la Rome papale. Partant de Grande-Bretagne, les moines irlandais, écossais et anglo-saxons lanceront, de la fin du VIe siècle au milieu du VIIIe, les missions dont nous avons déjà parlé, surtout en Allemagne et en Europe centrale.

Grégoire a ainsi fait sauter définitivement l'étroit cadre d'action des évêques de Rome. Où qu'ils aillent, ses missionnaires répandaient tout naturellement **la foi chrétienne marquée du sceau de Rome** : l'Église romaine était la source et le fondement de cette chrétienté. Grégoire pouvait dès lors s'adresser très « paternellement » aux souverains « barbares » d'Occident, les appelant ses « fils », et il pouvait leur donner des directives comme il n'aurait jamais osé le faire à l'égard de l'empereur. En effet, comme en

Gaule et en Espagne, les Anglo-Saxons reconnaissaient dès l'abord la primauté romaine issue de Pierre, qu'ils considéraient comme une institution divine ! Par la suite, la papauté allait mettre de plus en plus à profit ces chances qui lui étaient offertes de faire valoir sa suprématie politique.

Du point de vue historique, il est donc vrai qu'en propageant la foi chrétienne marquée du sceau de Rome, Grégoire a jeté les fondements de l'unité spirituelle et culturelle de l'Europe : une Europe du Sud, de l'Ouest et du Nord. La Grèce et les pays orientaux ne répondirent toutefois pas à l'appel : on y récusait fermement, comme on sait, la croyance typiquement romaine en une primauté de juridiction et d'enseignement conférée par Dieu à Rome. C'est dire, inversement, que plus le pape était perdant à l'est, plus il était gagnant à l'ouest et au nord. Le fossé entre les deux Églises, qui aboutirait à la séparation, se creusait de plus en plus.

Grégoire serait-il « le Père de l'Europe » ? Non, car l'Europe ne se réduisait pas à l'Occident sous domination romaine. Avec sa politique ecclésiale à deux facettes, Grégoire était un père spirituel non de l'Europe, mais bien du nouveau paradigme spécifiquement catholique romain, qu'Augustin avait fondé théologiquement et dont les papes Léon et Gélase avaient posé les fondements juridiques et défini le programme. Ses efforts missionnaires transposèrent en réalité ecclésiale ce qui n'était qu'un simple programme pour l'Europe occidentale. Avec Grégoire, **un changement de paradigme devenait inévitable**, on passait du paradigme hellénistique byzantin (P II) au paradigme catholique romain. La séparation était-elle inévitable, elle aussi ?

Une autre image de la papauté

La **nécessité** d'un changement de paradigme n'impliquait nullement telle **configuration** définie du paradigme et n'impliquait donc aucunement une séparation entre les Églises d'Orient et d'Occident. Au début du VIIe siècle, deux possibilités concrètes s'offraient encore à l'Église pour constituer ce paradigme médiéval en gestation (P III) :
– sur le modèle de l'Église primitive (P I) et de l'Église ancienne

(P II), une communion catholique, de conception collégiale et démocratique, englobant à la fois l'Occident et l'Orient, avec une primauté romaine de service ;
— ou bien, sur le modèle des empereurs et dictateurs romains, une Église hiérarchique, de conception autoritaire et monarchique, avec une primauté romaine conçue comme une suprématie, ce qui devait conduire nécessairement à la séparation.

En ce sens, la papauté était maintenant à une croisée des chemins. Imaginons ce qu'aurait pu être l'histoire si la papauté avait pris modèle – dans la compréhension de sa fonction – sur Grégoire le Grand, en dépit de ses limites et de ses faiblesses, plutôt que sur Léon le Grand.

— Tandis que Léon avait la hantise d'une théologie de la primauté, Grégoire, qui n'était pas un doctrinaire, avait davantage le souci de l'**activité pastorale et missionnaire** de l'Église.

— Tandis que Léon misait tout sur la *plenitudo potestatis* (« plénitude du pouvoir »), concept central pour lui, Grégoire, dans la ligne du Nouveau Testament, se disait aussi officiellement *servus servorum Dei* (« serviteur des serviteurs de Dieu »). Ce titre, Grégoire l'avait déjà utilisé alors qu'il était moine et diacre, et il devait maintenant désigner le **pape**, le **serviteur suprême** dans l'Église – on pouvait aussi l'interpréter, cependant, dans le sens d'une prétention à l'universalité.

— Tandis que Léon incarnait une primauté hautaine et dominatrice, mettant sans cesse en avant la suprématie, les prérogatives, le pouvoir de Pierre, Grégoire incarnait une **conception humble et collégiale de la primauté**, qui mettait souvent en avant, dans un esprit de pénitence, les fautes et les manquements de Pierre. Une de ses phrases définit parfaitement cette attitude : « Celui qui détient la plus haute position gouvernera bien s'il règne davantage sur ses vices que sur ses frères [83]. » Grégoire ne faisait pas sienne la tendance de ses prédécesseurs à centraliser toute l'administration ecclésiastique. Les instructions qu'il donne à Augustin, en l'envoyant en mission, montrent aussi qu'il récusait toute tendance uniformisante en liturgie. Il ne voulait pas imposer aux autres Églises la liturgie et les usages locaux romains : « Les choses [les usages] ne sont pas dignes d'être aimées en raison de leur lieu d'origine, mais les lieux d'origine le sont en raison des choses [les usages] [84]. » Il réprimandait les évêques du sud de la Gaule parce qu'ils voulaient imposer le baptême aux juifs [85]. Il affirmait sa volonté de continuer à assurer à ces derniers la protection légale dont ils jouissaient...

Ce n'est pas dire que Grégoire n'ait pas été capable, lui aussi, de défendre autoritairement la primauté romaine. Ainsi ses bonnes relations, des années durant, avec Jean IV, le patriarche de Constantinople, finirent par se détériorer, parce qu'il crut devoir protester contre le titre de « patriarche œcuménique » utilisé depuis le début du VIe siècle. Prendre un titre avec l'attribut « œcuménique » signifiait une prétention à l'universalité et enlevait quelque chose aux autres patriarches. L'apôtre Pierre lui-même, si vénéré en Occident et en Orient, ne s'est jamais appelé « apôtre universel », il est vrai.

Aussi Vatican I fait-il preuve d'une lecture de l'histoire très manipulatrice quand il définit la primauté de juridiction d'un « pasteur suprême et **universel** », quand il cite précisément Grégoire, qui aurait dit aux évêques : « Mon honneur est l'honneur de l'Église universelle. Mon honneur est la force solide de mes frères. Lorsqu'on rend à chacun l'honneur qui lui est dû, alors je suis honoré [86]. » Le sens de ce passage pour Grégoire est exactement le contraire : dans cette lettre, adressée à Euloge, le patriarche d'Alexandrie, Grégoire récuse le titre de *papa universalis*, précisant d'ailleurs qu'il ne considère pas sa lettre comme une *jussio* juridictionnelle. C'est ainsi que nous lisons dans les phrases qui précèdent, intentionnellement omises par le concile : « Je n'ai pas ordonné, mais essayé d'attirer l'attention sur ce qui me paraissait utile [...]. Je ne tiens pas cela pour un honneur, ce dont je sais qu'il ravit leur honneur à mes frères. » Et dans cette perspective, il faut aussi lire les phrases citées par le concile : « Car mon honneur est l'honneur de toute l'Église... » Le concile s'est également gardé de citer cette autre phrase, relative aux titres nouveaux, qui suit celles citées : « Laissons tous ces mots dont s'enfle la vanité et qui blessent l'amour [87]. »

Tout le Moyen Age voit en Grégoire un **pape exemplaire**. Et Martin Luther lui-même a cette formule lapidaire : « Grégoire le Grand fut le dernier évêque de l'Église de Rome ; les suivants sont des papes, c'est-à-dire des grands prêtres de la Curie romaine [88]. » Est-il alors totalement vain de se demander si l'évolution ultérieure

> **Questions pour l'avenir**
>
> Dans la perspective d'un avenir œcuménique moins sombre, il nous faut poser les questions suivantes :
>
> • La primauté romaine doit-elle rester une **primauté de pouvoir**, qui prétend à une juridiction immédiate, donnée par Dieu, de l'évêque de Rome sur les autres Églises et sur chaque chrétien ? Est-il sans espoir de voir se réaliser l'*oikoumenê* chrétienne – ni dans l'orthodoxie orientale, ni dans le protestantisme, ni dans l'anglicanisme – dans un avenir plus ou moins lointain ?
>
> • Ou alors la primauté romaine doit-elle être une **primauté de service** qui, dans la ligne du Pierre biblique et sur le modèle de Grégoire le Grand (et de Jean XXIII), serait une primauté réellement pastorale, allant dans le sens d'une responsabilité spirituelle, d'une direction intérieure et d'un souci actif du bien de toute l'Église ? Une papauté qui pourrait servir de centre d'inspiration, d'instance de médiation ecclésiale ou éventuellement d'instance de réconciliation ? Une primauté donc du service désintéressé, dans la responsabilité à l'égard du Seigneur de l'Église et dans une humble fraternité ? Une primauté non dans l'esprit de l'impérialisme romain, mais dans l'esprit de l'Évangile ?

de la papauté n'aurait pas pu être très différente, si elle aurait pu se faire dans l'esprit évangélique et œcuménique de Grégoire ? Bien des choses, notamment la scission entre l'Église d'Orient et celle d'Occident, n'auraient-elles pu être évitées ? Comme toujours, il convient de nous arrêter au moins un instant sur ce point. La primauté de l'évêque de Rome – même si nombre d'orthodoxes, de protestants, d'anglicans et aussi de catholiques aimeraient la voir disparaître – repose sur une tradition certes ambivalente, mais porteuse d'une grande signification. Il n'est donc pas souhaitable de l'abolir, pas plus que nous ne devons nous attendre à la voir disparaître automatiquement au fil de l'histoire. Pour moi, le problème est moins dans le *fait* de cette primauté romaine que dans sa *réalisation concrète*. Certes, au début tout n'avait pas précisément l'apparence d'une primauté de souveraineté des papes. En effet, les successeurs de Grégoire – dans le siècle et demi qui va de 604 à 751, nous trouvons dix-huit Romains, cinq Grecs, cinq Syriens et un Dalmate – n'eurent guère l'occasion de faire entendre leurs prétentions à la primauté ou de les étendre. Ils étaient entièrement sous contrôle byzantin. Ce fut « **le temps de "la captivité byzantine" de la papauté**[89] », avec, une nouvelle fois, le cas d'un pape manifestement hérétique : celui d'Honorius Ier (625-638), déjà cité... Mais cela n'a pas nui à la dévotion croissante, surtout parmi les Germains, à l'égard de Pierre, de ses reliques et de son successeur à Rome (Pierre est le portier du ciel, il est toujours représenté désormais avec les clés), et cette dévotion prend maintenant toute son importance dans la piété du chrétien occidental. Au VIIIe siècle, la situation changera profondément en faveur de la papauté, au point qu'elle pourra bientôt se permettre de défier Byzance. Mais tout cela n'aurait pas été possible sans la grande puissance adverse soudain apparue sur la scène de l'histoire du monde et qui représenta une catastrophe politique surtout pour le christianisme oriental : l'islam.

5. LA GRANDE PUISSANCE ADVERSE : L'ISLAM

Dès le VIIe siècle, il s'avéra que les véritables adversaires du christianisme catholique médiéval n'étaient pas les Germains, païens puis ariens, mais une nouvelle religion d'une puissance inouïe : l'**islam**. Au début les chrétiens en prirent à peine acte ou essayèrent de s'en débarrasser rapidement en en faisant une hérésie chrétienne. Mais cela ne servit à rien, car le développement de l'islam en fit une puissante religion universelle, qui accumulait les victoires militaires, insuffla la peur à la chrétienté et la poussa vers une grande confrontation à l'échelle de l'histoire du monde. Le troisième tome de cette trilogie sur la situation religieuse de notre temps sera entièrement consacré à l'islam – je peux donc me contenter ici de quelques remarques.

Une marche triomphale, sans précédent dans l'histoire

Le prophète Muhammad était mort en 632, mais, bien que l'Hégire (*Hijra* en arabe : l'émigration de La Mecque à Médine) n'ait eu lieu que dix ans plus tôt, il avait fait l'unité de l'Arabie dans la foi dans le Dieu unique d'Abraham, dont Muhammad lui-même était le prophète définitif. Les Arabes mirent à profit le vide politique auquel avait conduit l'affaiblissement mutuel des deux grandes puissances, Byzance et la Perse.

Ils s'avancèrent d'abord vers le nord. En une **première vague de conquêtes**, en 634, sous les quatre califes « légitimes », ils amputèrent l'Empire byzantin de la Syrie avec Damas (635), et de la Palestine avec Jérusalem (638). Après la conquête de l'empire sassanide de Perse, ce fut le tour de l'Égypte, avec la prise d'Alexandrie en 642. Les coptes monophysites, en réponse à l'oppression dont ils étaient l'objet, furent les seuls chrétiens à soutenir les Arabes contre les Grecs abhorrés de Chalcédoine. Ils obtinrent en retour d'être reconnus comme le seul groupe chrétien légitime, ce qui leur valut la sécurité en Égypte jusqu'à nos jours. En Occident, les Arabes progressèrent ensuite le long des côtes jusqu'en Libye (647), puis se portèrent par mer à Chypre (649), à Rhodes (654) et – premières campagnes de pillage – en Sicile (652) : toute la Méditerranée orientale était maintenant perdue pour Byzance. Dans le Nord ils s'avancèrent enfin jusqu'en Arménie (653).

Une **deuxième vague de conquêtes**, sous les califes omeyyades, aboutit à une deuxième grande confrontation entre l'islam et le christianisme, mais cette fois-ci dans l'extrême Occident. En 683, les premiers Arabes, dans leur conquête de l'Afrique du Nord, avaient atteint l'Atlantique. En 711 suivit la conquête de l'Espagne, qui aboutit à la chute du royaume chrétien wisigoth. Mieux encore, en Orient aussi, la même année, les Omeyyades réussirent leur

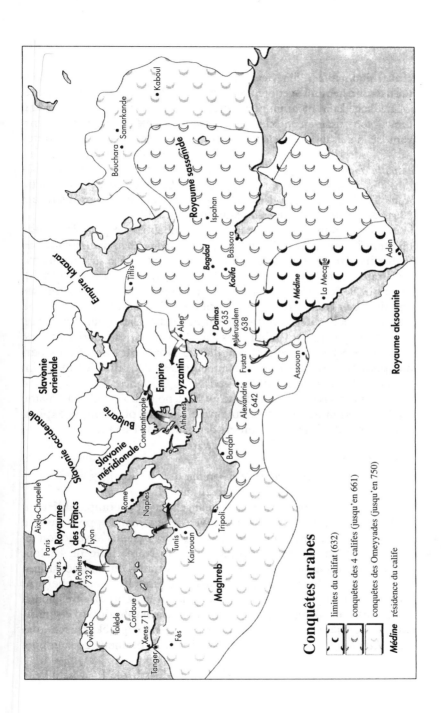

percée jusque dans la vallée de l'Indus. Peu après nous les trouvons en Asie centrale : à Samarkande et Boukhara – dans l'actuel Ouzbékistan. C'est ainsi que – même pas cent ans après la mort du Prophète – l'empire musulman s'étendait littéralement des Pyrénées en Occident à l'Himalaya en Orient, bien au-delà des limites de l'Empire romain, notamment en direction du sud-est. Seuls faisaient exception les pays au nord de la Méditerranée : ils échappèrent à la conquête. Byzance repoussa d'abord les assaillants à deux reprises (672-678 et 717-718), puis les troupes musulmanes furent aussi stoppées en Gaule par les Francs, en 732.

Mais que représente cette conquête musulmane pour le monde chrétien ? Sans aucun doute une **catastrophe aux dimensions de l'histoire du monde** ! Dans le nord de l'Afrique, le christianisme n'a plus aucune chance, et il finit par disparaître presque complètement – à l'exception des coptes d'Égypte. Les grandes Églises chrétiennes de Tertullien, de Cyprien et d'Augustin disparaissent. Les patriarcats d'Alexandrie, d'Antioche et de Jérusalem sombrent dans l'insignifiance. Bilan : les pays d'origine du christianisme (Palestine, Syrie, Égypte et Afrique du Nord) sont désormais perdus pour le christianisme – les conquêtes des croisades resteront des épisodes sans lendemain.

Nous ne pouvons éluder la question : pourquoi le christianisme – à l'exception de quelques îlots réduits à leur plus simple expression – s'est-il laissé si facilement absorber par l'islam ?

Pourquoi le christianisme a-t-il échoué ?

Par comparaison avec le judaïsme, pourtant incomparablement moins puissant, le christianisme n'a effectivement opposé qu'une faible résistance intérieure à l'islam. Si nous faisons abstraction de la puissance militaire, politique et organisationnelle de l'islam d'alors, ainsi que des facteurs culturels, économiques et géostratégiques, qui touchaient aussi le judaïsme, il faut sans doute chercher une des causes principales de la défaillance du christianisme dans le **manque de fondement des dogmes christologiques et trinitaires**. Le théologien catholique Hermann Stieglecker, dans son livre *Les Dogmes de l'islam*[90], rend admirablement compte des controverses théologiques entre chrétiens et musulmans, et considère à juste titre ce manque comme l'une des causes majeures de l'effondrement du christianisme dans les pays où précisément il avait vu le jour, le Proche-Orient et l'Afrique du Nord. La foi dans le Dieu unique et en Muhammad, son prophète après Jésus, était effectivement plus facile à accepter. S'y ajoutaient certes la déplorable déchirure intérieure de la chrétienté, ainsi que la peur et l'effet de choc que produisait partout la rapide progression des troupes de cavaliers musulmans.

Mais cette « **déchirure intérieure** de la chrétienté » renvoyait elle aussi aux dogmes hellénistiques : nous avons manifestement là une deuxième cause théologique du manque de résistance intérieure de la société chrétienne, où la Rome occidentale et la Rome orientale se distinguaient par leur soif de suprématie dogmatique et leur intolérance, notamment à l'égard des Églises du Proche-Orient et d'Afrique du Nord. Il est clair que l'islam – comme le judaïsme – n'éprouvait pas ce malheureux **besoin de tout « définir », délimiter, le plus minutieusement possible, en matière de foi**. Et si nous jetons aussi un regard sur les grandes religions d'origines indienne et chinoise, il devient plus manifeste encore que cette manie de tout dogmatiser en matière de foi, c'est-à-dire de décréter sous forme de loi, est une spécialité chrétienne, plus exactement gréco-romaine.

Est **grec** le sens de la philosophie et de l'esthétique, le sens d'une langue châtiée et d'une présentation harmonieuse de la doctrine ; mais est grecque aussi l'intellectualisation de la foi, qui trouve son expression dans la manie de dogmatiser et qui se perd souvent en spéculations saugrenues et en mystique stérile du concept. Est **romain** le sens de la forme, de la loi, du droit et de l'organisation, de la tradition et de l'unité, de l'utile et du pratique ; mais sont romaines aussi une politique du pouvoir efficace et des méthodes de gouvernement autoritaires, jusque dans la sphère religieuse ; sont romains le traditionalisme, le juridisme et le triomphalisme qui percent sans cesse dans la manie de définir.

L'islam considère la théologie comme une philosophie de la religion, elle est plutôt marginale, à peine nécessaire. S'il définit et dogmatise, c'est seulement dans la sphère juridique. Il se concentre sur l'**orthopraxie** plutôt que sur l'orthodoxie : de ce fait, il est vrai, la prépondérance du droit en islam est à peine moins problématique que celle de la dogmatique dans le christianisme. En tout cas, l'islam a bien mieux préservé son unité – en dépit de la grande scission entre sunnites et chiites, qui avait d'autres raisons. Dans la chrétienté, on vante les grands conciles christologiques et trinitaires, mais on oublie le plus souvent ce que nous avons mis en lumière : les noms de Nicée, d'Éphèse, de Constantinople et de Chalcédoine non seulement évoquent des controverses qui se prolongeront par la suite, mais ils sont liés à de graves scissions dans l'Église, des scissions qui se maintiendront jusqu'à nos jours en Égypte et au Proche-Orient, en dépit de la menace mortelle que représente l'islam.

Déplacement du centre de gravité de l'histoire mondiale

Il n'y a guère d'autres exemples, dans l'histoire du monde, d'une avancée victorieuse aussi rapide, aussi étendue et aussi durable que celle de l'islam. C'est dans ces expériences historiques des origines que s'enracinent aujourd'hui encore tous les sentiments musulmans d'orgueil (« une religion de la victoire ») et d'infériorité (« Pourquoi n'en est-il plus ainsi aujourd'hui ? »).

Henri Pirenne, historien belge spécialiste d'histoire économique et sociale, fut le premier à mettre en lumière l'importance de l'irruption de l'islam dans le monde antique de la Méditerranée et le déplacement du centre de gravité de l'histoire chrétienne européenne vers le nord qui en fut la conséquence (il le fait dans son livre *Mahomet et Charlemagne*, 1937 [91]). C'est peut-être discutable du point de vue de l'histoire économique, c'est indiscutable des points de vue politique, culturel et religieux. Pour comprendre la **mise en place du paradigme médiéval de la chrétienté**, il faut bien voir quelles furent les conséquences de la progression victorieuse de l'islam.

– L'**Empire romain d'Orient** se trouve considérablement affaibli face à l'Occident par la perte des pays du Sud et du Sud-Est ; c'en est fait définitivement du rêve de Justinien, rêve d'une restauration chrétienne de l'Empire romain réunifié.

LE PARADIGME CATHOLIQUE ROMAIN MÉDIÉVAL

– **L'unité du monde méditerranéen** est définitivement brisée ; la Méditerranée n'est plus une *mare nostrum* chrétienne.
– Le **royaume des Francs** voit s'ouvrir à lui la chance historique de constituer **le nouvel *Imperium christianum***. Selon la formule lapidaire de Pirenne : Muhammad a permis Charlemagne.
– Enfin, la possibilité est offerte à la **papauté**, avec l'aide des Francs, de se détacher définitivement de la Rome d'Orient et d'accéder à l'**indépendance politique** ; sans les Francs, pas d'État ecclésial, cet État dont le pape est le souverain spirituel et séculier. Sans État ecclésial, pas de démonstration de puissance prétentieuse de Rome à l'égard de Byzance.

En un mot, le **déplacement du centre de gravité politique vers le nord**, vers le nord de l'Europe centrale, est d'une importance décisive pour la constitution du paradigme médiéval occidental de la chrétienté (P III).

Les religions et les guerres

Mais il faut bien voir aussi que la progression victorieuse des Arabes musulmans n'avait pas d'abord pour objectif une islamisation des peuples conquis, du moins en ce qui concernait les populations non arabes. Autrement dit, il n'était pas question de leur imposer la religion musulmane, mais « seulement » de les soumettre politiquement. La plupart du temps, on ne les poussait pas à se convertir, mais on exigeait d'eux une capitation et une soumission politique inconditionnelle. Il est cependant incontestable que des motivations religieuses ont joué un rôle prépondérant dans ces campagnes de conquête. C'est pourquoi on parlait et parle encore des « guerres saintes » musulmanes. Cette expression est-elle justifiée ?

« Guerre sainte » est une expression occidentale dont nous ignorons l'origine ; elle n'existe pas comme telle en arabe. En effet, l'équivalent arabe, ***djihad***[92], ne signifie ni « guerre » ni « saint ». Ce mot en lui-même ne signifie pas autre chose qu'« effort, engagement ». Le cas échéant, il est vrai, cela peut prendre une signification non seulement morale (le « petit engagement »), mais aussi guerrière (le « grand engagement »). Dans le Coran même, le mot prend souvent une signification guerrière et il a pu justifier par la suite toute violence exercée à l'encontre des non-musulmans (les juifs notamment) aussi bien que des apostats et des rebelles. Quoi qu'il en soit, l'idée du *djihad* est sans aucun doute sous-jacente à la progression victorieuse de l'islam. Le partage fondamental du monde en « sphère de l'islam » *(dar al-Islam)* et la « sphère de la guerre » *(dar al-harb)* non musulmane encourageait certainement le principe selon lequel les musulmans ne se contentent pas d'une défense et d'une résistance passives contre les agresseurs, mais passent aussi à l'attaque, si l'occasion se présente, pour aider au triomphe de la Loi islamique. L'objectif reste donc la propagation victorieuse de sa propre religion dans le monde entier. Le mouvement de renouveau islamiste actuel proclame aussi la maxime : « L'islam domine, il n'est pas dominé. » L'islam est-il, comme on le prétend souvent, la plus agressive de toutes les religions, plus agressive en tout cas que le christianisme ?

Il nous faut, là encore, nous arrêter un instant pour glisser une réflexion critique et autocritique. « Campagne victorieuse », « marche triomphale » ? Qu'il s'agisse de l'islam ou du christianisme, ces mots expriment aujourd'hui un relent de fatalité. Souhaiterait-on ou s'offrirait-on aujourd'hui, dans la perspective actuelle et au vu des efforts de l'humanité en vue d'une paix globale, dans quelque religion que ce soit, une nouvelle « marche victorieuse », une « guerre sainte » musulmane ou une « croisade » chrétienne ? Une religion doit-elle s'engager dans des guerres, en a-t-elle le droit ?

Cette question se pose aux trois religions prophétiques souvent si agressives. C'est pour le **judaïsme** qu'elle se pose le moins : depuis la destruction du Temple (135) jusqu'à ces tout derniers temps, il n'avait absolument pas la possibilité d'engager des guerres à motivation ou d'inspiration religieuse. De plus, le judaïsme, dont la religion est tout entière centrée sur son peuple et son pays[93], n'a jamais eu de prétention à l'universalité.

Il en va tout autrement de l'**islam** et du **christianisme**. Les chrétiens, même les connaisseurs chrétiens de l'islam, oublient souvent ou ignorent que non seulement l'islam, mais aussi bien le christianisme ont manifesté une prétention agressive à l'universalité et qu'ils ont représenté une idéologie moins de la paix que de la

guerre [94]. Non seulement les armées de Muhammad, mais aussi celles de Charlemagne ont mené des années durant des « guerres saintes » d'une extrême cruauté. Historiquement, il est incontestable que le christianisme aussi bien que l'islam (surtout dans le paradigme médiéval) a souvent prôné les principes suivants :
– notre propre religion représente la meilleure forme de société entre les hommes, une société parfaite ;
– une « cité de Dieu » sur terre serait hautement souhaitable et notre propre façon de vivre, sanctionnée par l'autorité de Dieu, est universellement valable, donc obligatoire en principe pour toutes les sociétés et tous les États ;
– nous sommes dès lors dans l'obligation d'étendre autant que possible la sphère de notre propre pouvoir religieux, d'utiliser également à cette fin des moyens politiques et même, si nécessaire, militaires pour aboutir à une société religieuse unitaire, qui engloberait idéalement tous les hommes : l'objectif dernier est la victoire de notre propre religion dans le monde entier.

Mais en une époque où, à la différence de l'Antiquité et du Moyen Age, l'humanité dispose de moyens techniques modernes capables de la détruire elle-même, toutes les religions – notamment les trois religions prophétiques souvent si agressives – ne devraient-elles pas se mettre en quête de nouveaux moyens d'éviter la guerre et d'encourager la paix ? Une relecture, une nouvelle lecture critique de nos propres traditions religieuses s'impose pour ce faire. Et un double aiguillage herméneutique doit intervenir ici.

a. Il nous faut interpréter historiquement, à partir de la situation de l'époque, les paroles et les histoires **guerrières** de notre propre tradition :
– les cruelles « guerres de Yahvé » et les impitoyables psaumes de vengeance sont à interpréter dans le contexte de la conquête du pays et de la situation ultérieure de défense contre des ennemis surpuissants ;
– il faut restituer les guerres missionnaires chrétiennes et les croisades dans la situation de l'idéologie et de la théologie du Moyen Age (haut Moyen Age et apogée du Moyen Age) ;
– les appels à la guerre du Coran ont leur place dans la situation du Prophète au temps où il était à La Mecque et s'expliquent par le caractère particulier des sourates de La Mecque.

Questions pour l'avenir

✝ Par ses missions durant le haut Moyen Age, ses croisades en plein Moyen Age, ses guerres de religion au temps de la Réforme, par la colonisation et les missions à l'époque moderne, le christianisme a laissé dans l'histoire de gigantesques traces de violence, de sang et de larmes.

Une nouvelle prise de conscience ne s'impose-t-elle pas, avec le retour, notamment, au Sermon sur la montagne, qui loue les hommes qui prisent la paix et récusent la violence et la vengeance ? « Heureux ceux qui font œuvre de paix » (Mt 5,9). « Ne rendez à personne le mal pour le mal » (Rm 12,17).

☪ Dès le début, l'islam est apparu dans le monde comme une religion de la lutte et de la victoire militaires ; du vivant même du Prophète et sous les quatre « califes légitimes », les exemples de cruelle violence ne manquent pas.

Une nouvelle prise de conscience ne s'impose-t-elle pas, dans la ligne des paroles pacifiques qui ne manquent pas non plus dans le Coran ? « S'ils [les ennemis] penchent pour la paix, penches-y toi-même, sans cesser de faire confiance à Dieu » (sourate 8,61).

🕎 Le judaïsme, contrairement à ses origines où il était une religion de vainqueurs, a été plutôt une religion des souffrants pendant près de deux mille ans. Il s'est constitué, à juste titre, une nouvelle patrie dans l'État d'Israël, une patrie qu'il faut défendre avec tous les moyens militaires et politiques pour éviter de nouveaux pogroms et un nouvel Holocauste.

Mais là aussi une nouvelle prise de conscience ne serait-elle pas bienvenue, dans une perspective de paix pour tout le Proche-Orient et donc pour la sécurité de l'État d'Israël lui-même ? On renoncerait à une morale de la vengeance, « œil pour œil », et on se concentrerait sur le message de paix des prophètes et les paroles en faveur de la paix de la Bible hébraïque. « Recherche la paix et poursuis-la » (Ps 34,12). « Martelant leurs épées, ils en feront des socs » (Is 2,4).

LE PARADIGME CATHOLIQUE ROMAIN MÉDIÉVAL

b. Mais il nous faut prendre très au sérieux les mots et les actes qui **conduisent à la paix** dans notre propre tradition, pour y puiser force et lumière dans le temps présent. C'est pour les chrétiens que ce devrait être le plus facile, puisque leurs souvenirs fondateurs ne renvoient pas à des héros de guerre ou des rois ou des chefs d'armée, mais à quelqu'un qui a prêché la non-violence et à une communauté originelle qui s'est répandue dans l'Empire romain non par la force, mais par un message de justice, d'amour et de paix. Cependant, devant les menaces qui pèsent sur la paix mondiale des questions se posent manifestement à tous, des défis à relever, surtout pour les trois religions prophétiques.

Mais revenons au christianisme, à la suite de l'histoire du christianisme occidental et surtout à l'évolution de la papauté, qui, après une assez longue période de dépendance extérieure, a réussi à s'imposer comme la puissance religieuse et politique déterminante d'Occident. Deux éléments ont joué un rôle majeur dans cette évolution : l'existence d'un État appartenant en propre à l'Église et un empire d'Occident qui a la faveur de Rome, qui protège la papauté romaine contre Byzance et sous la protection duquel Rome pourra lentement mais sûrement accéder à la domination du monde. Les éléments constitutifs du paradigme médiéval catholique romain prennent maintenant forme concrète.

6. ÉLÉMENTS DU PARADIGME MÉDIÉVAL OCCIDENTAL

Au VIIIe siècle, le centre de gravité du christianisme s'était définitivement déplacé vers l'ouest. Les peuples germaniques faisaient preuve d'une dynamique extraordinaire, tandis que l'Orient se déchirait dans la querelle des Images, se recroquevillait de plus en plus sur lui-même et s'isolait de l'Occident. Un changement de paradigme faisant date dans le christianisme est aussi lié le plus souvent à un **déplacement du centre du pouvoir ecclésiastique** : à cette époque, il se déplaça d'Orient, qui régnait jusque-là politiquement, culturellement et religieusement sur l'*oikoumênê* hellénistique de la Méditerranée ancienne, en **Occident**, dont l'unité était d'abord ecclésiastique, puis aussi culturelle et politique [95].

On observe une véritable fusion entre les peuples germaniques de l'Occident catholique et l'ancienne population latine, épuisée, d'où sortiront les vigoureuses **nations romanes**. En même temps, sous l'influence surtout des moines d'Irlande et d'Écosse et des moines anglo-saxons, les missions sont actives auprès des **tribus germaniques à l'est du Rhin**. Dès avant Boniface, le christianisme était répandu un peu partout en Allemagne du Sud et du Sud-Ouest, même si l'organisation ecclésiastique n'y était encore guère développée. Dans le Nord aussi le paganisme recule de plus en plus.

L'Église se voit dotée d'un État

Il faut bien voir une chose : l'**Église catholique**, héritière de la culture et de l'organisation antiques, était la seule puissance culturelle subsistant en Occident. Sous la conduite de la **papauté** et avec l'aide des **moines**, elle était de fait la seule puissance culturelle capable d'influencer durablement les peuples germaniques et romans, primitifs à maints égards, que ce soit dans l'ordre culturel, moral ou religieux. L'Église devint ainsi tout naturellement, pour de longs siècles, l'institution dominant la vie culturelle, sans échapper pour autant aux influences germaniques : éléments polythéistes dans le culte des saints, croyance dans les esprits des morts et les démons, dans les messes pour les âmes des défunts et dans le purgatoire.

L'ordre de Benoît de Nursie [96], les **bénédictins**, apporta une aide au travail culturel de l'Église. Sa règle, qui reprend d'anciennes traditions monastiques dans un esprit romain militaire, à l'encontre des nombreux ascètes vagabonds impose la *stabilitas loci* (« stabilité de la résidence »), l'obéissance à l'abbé, le renoncement à la propriété et au mariage, ainsi que le travail manuel (agriculture, tâches domestiques, artisanat, mais aussi et de plus en plus enseignement et copie de manuscrits antiques et chrétiens). Cette époque, peu créatrice par ailleurs, lui est redevable d'un minimum de transmission culturelle.

LE PARADIGME CATHOLIQUE ROMAIN MÉDIÉVAL

Certes, malgré une prise de conscience religieuse commune croissante et malgré tout le prestige dont jouit le pape romain, les Germains catholiques ne parviennent pas, au début, à constituer une **Église universelle d'Occident**. En effet, dans les « Églises particulières » des tribus, des pays et des princes germaniques, ce n'est pas le pape, mais le roi (et la noblesse) qui a la parole. C'est vrai aussi, au VIIIe siècle, pour le **royaume des Francs** en pleine ascension : après la conquête du royaume des Wisigoths d'Espagne, plus développé, par les Arabes (711), il reste, avec le royaume des Lombards en Italie, le seul royaume de l'Europe de l'Ouest, entre les Pyrénées et l'Elbe. Mais dans l'Église impériale franque, c'est aussi le roi qui gouverne, non le pape.

L'ascension du royaume franc et la constitution d'un grand empire européen ne partaient donc plus des régions méditerranéennes et de leur culture antique tardive, mais du **Nord**, du nord de l'Europe centrale. C'est pourtant à cette époque que la **papauté** romaine prit, de son côté, la décision, lourde de conséquences, de sortir du cadre constitutionnel et juridique de l'Empire romain byzantin et de se tourner vers le royaume franc. Rupture, donc, avec l'empereur de Byzance et alliance avec la maison royale franque ! Pourquoi ? La papauté espérait se libérer ainsi et de Byzance et des Lombards, et elle spéculait sur un **État propre au pape** !

L'occasion s'avérait favorable : Byzance était entièrement absorbée par la querelle iconoclaste ; la souveraineté impériale byzantine dans le nord de l'Italie et à Rome était sur le déclin ; l'exarque byzantin avait été chassé de Ravenne par les Lombards ; en raison de l'opposition du pape dans la querelle des Images, l'empereur plaça les régions du sud de l'Italie et de la Sicile sous contrôle byzantin, sous l'autorité du patriarche de Constantinople, et fit confisquer les territoires appartenant au pape. Mais sous **Charles « Martel »** (un « marteau » militaire), le maire du palais (714-741), la papauté avait déjà cherché à établir et à cultiver des liens avec le royaume franc ; comme on sait, Charles avait infligé une défaite décisive aux Arabes près de Tours, assurant ainsi la sécurité des chrétiens au nord des Pyrénées et celle du cœur du royaume franc.

Sous les Mérovingiens, qui régnaient sur le royaume franc depuis la conversion de Clovis, les mœurs s'étaient considérablement dépravées. Mais du temps de Charles Martel déjà, le moine anglo-saxon **Boniface** (de son vrai nom Winfrid) avait commencé son activité missionnaire auprès des Francs de la rive droite du Rhin – comme l'avait fait l'Anglo-Saxon Willibrord (évêché d'Utrecht) parmi les Frisons. Finalement sacré archevêque par Rome et même nommé vicaire papal pour toute la Germanie, il créa toute une série d'évêchés allemands. Il se fit en même temps l'avocat de l'observance du droit canon romain dans le clergé, surtout du célibat, et après la mort de Charles Martel, en 741, il s'attaqua de façon efficace à la réforme du royaume franc, dont l'urgence s'imposait. L'« apôtre des Allemands », comme on l'appellera plus tard, a plus que quiconque préparé la voie à l'établissement du contrôle papal sur le royaume franc. Au synode de 744, Boniface avait même obtenu des évêques une soumission écrite à l'Église de Rome, avant d'être tué, à 80 ans, par des païens, à l'occasion d'une mission parmi les Frisons.

Tandis que Charles Martel avait encore refusé d'intervenir en Italie contre les Lombards qui menaçaient Rome, son fils, **Pépin le Bref** (741-768), était très intéressé par un rapprochement avec la papauté. Pourquoi ? Parce qu'il attendait du pape qu'il approuve officiellement son coup d'État contre les rois mérovingiens, des rois fantômes et décadents, et qu'il donne son aval à l'élévation du maître du palais au rang de roi des Francs : ce qui lui fut effectivement accordé en 751 par l'« autorité pontificale ». Nous avons là le **fondement de l'idée chrétienne de royauté en Occident** ; pour la première fois un pape (Zacharie) agit pour ainsi dire en faiseur de rois ! La qualification de la fonction (« idonéité ») prenait ainsi le pas sur la légitimité dynastique. Pour suppléer à l'absence de « sang royal », le Carolingien Pépin le Bref fut le premier roi franc à être oint de l'huile sainte (peut-être par l'archevêque Boniface). La « grâce de Dieu » – comme cela s'était déjà fait à Byzance – prenait ainsi la place d'une prétendue origine divine (descendance des dieux païens) et des liens du sang : *Gratia Dei rex*, on devient roi par la grâce de Dieu, dont le représentant sur terre, aux yeux de Rome, n'est nul autre que le pape.

L'élévation de Pépin à la royauté aura des avantages des deux côtés : pour les Carolingiens, parce que leur souveraineté bénéficie pour ainsi dire d'une légitimation divine ; pour les papes, car rien ne pourra désormais se faire sans leur bénédiction. Une coalition d'intérêts entre le royaume des Francs et la papauté se dessine, qui ne sera pas sans conséquences pratiques : la preuve par l'exemple ne tardera pas. Il s'agit du premier voyage d'un pape non à l'est, mais à l'ouest : le pape Étienne II, menacé par les Lombards et abandonné par les Byzantins, se rend en 753/54 à la cour franque pour demander de l'aide et il met Rome sous la protection durable du roi des Francs. Pépin, de son côté, s'engage à reconquérir les territoires tombés aux mains des Lombards, ainsi que de l'exarchat de Ravenne et d'autres territoires qui n'ont jamais appartenu au pape. Notons, là aussi, la première intervention d'une puissance extérieure à l'Italie en faveur du pape ! Au terme de deux campagnes, Pépin fait effectivement cadeau de ces territoires à « saint Pierre » : c'est la **donation de Pépin**.

Aux yeux de Rome, ce cadeau était plutôt une « restitution », puisque, en vertu de la *Donation de Constantin*, ces territoires appartenaient de toute façon au pape. Mais la *Donation de Constantin* étant un **faux romain**, qui n'avait été fabriqué que cinquante ans plus tôt – une falsification en venait ainsi à fonder une réalité : la donation réelle par Pépin. Quelle mise en scène ! On déposa solennellement le document de donation – qui garantissait pour toujours les droits de propriété du pape – auprès de la tombe de Pierre, dans l'église Saint-Pierre. L'empereur devait prendre le titre de *Patricius Romanorum*, c'est-à-dire quelque chose comme « protecteur militaire des Romains ». Ces derniers pouvaient ainsi récuser les prétentions politiques de Byzance. Pépin se refusa péremptoirement à restituer les territoires conquis à l'empereur de Byzance, dont l'émissaire spécial était arrivé à la dernière minute. Pour lui aussi, en vertu de la *Donation de Constantin*, ces territoires n'étaient pas la propriété de l'empereur, mais bien celle de l'apôtre Pierre.

Ainsi se trouvent également posés les fondements économiques et politiques de l'**État de l'Église** – après les fondements théologiques et idéologiques. Et cet État subsistera plus de onze siècles, jusqu'en 1870. Pendant un certain temps, les monnaies pontificales porteront encore l'effigie de l'empereur et les documents pontificaux resteront datés d'après les années de règne de l'empereur. Mais ces signes formels de la souveraineté byzantine ne tarderont pas à disparaître, quand Charles, le fils de Pépin, infligera un second grand coup à Byzance : la constitution d'un deuxième empire, un empire d'Occident.

Charlemagne, empereur chrétien d'Occident

En 798, le pape Léon III avait fui l'opposition de l'aristocratie de Rome à son encontre et cherché refuge dans la lointaine Paderborn, au milieu des territoires anciennement païens, pour obtenir l'appui du puissant chef des Francs – il se peut d'ailleurs que le pape et le roi des Francs soient déjà convenus à cette occasion du couronnement impérial. A la suite de quoi, **Charlemagne**[97] (768-814) mena campagne contre Rome. Nous sommes en l'an 800 – d'après la datation « après la naissance du Christ » devenue courante depuis Denys le Petit, au VIe siècle. A Rome, tout à fait dans le style des empereurs byzantins, Charles convoque un synode auquel participent aussi de nombreux laïcs romains et francs. Lui-même le préside et le dirige. Le pape doit se disculper, sous la foi du serment, de tous les crimes dont l'accusent ses adversaires. Mais il se disculpe en faisant appel – avec l'accord préalable du synode – à l'adage des faux de Symmaque, dont personne n'a encore usé jusqu'ici, selon lequel le pape ne peut être jugé par personne.

L'attitude de Charles se comprend si on se représente que le roi et l'Église des Francs acceptent, par intérêt propre, la conception du pape qui est celle de Rome, voyant en lui le successeur et mandataire de saint Pierre, choisi par Dieu même – en opposition manifeste à l'égard des empereurs et de l'Église d'Orient. Mais Charles n'avait certainement pas pensé tout d'abord à une sorte de contre-empire face à Byzance. En effet, quand ce même synode décida, le 23 décembre 800, d'élever Charles à la dignité d'empereur, ce dernier y vit évidemment un nouvel **empire d'Occident** : le roi des Francs devenant un roi au-dessus des rois occidentaux – non pas au-dessus, mais à égalité avec l'empereur byzantin.

Mais là aussi le pape poursuivait ses propres intérêts : deux jours plus tard, au début de la célébration de la fête de Noël de l'an 800, à Saint-Pierre, Léon III posa sur la tête de Charles, le Franc, une couronne précieuse, le couronnant tout naturellement et sans autre forme de procès « **empereur des Romains** », ce qui pouvait s'entendre « de tous les Romains », ceux d'Occident et ceux d'Orient. Le pape y gagnait en prestige et affirmissait sa position dans la ville de Rome, mais il infligeait en même temps un affront inimaginable à l'empereur de Byzance. Charles lui-même en fut irrité. C'est pourquoi il couronnera lui-même son fils et successeur, Louis, dit « le Pieux », dans la chapelle palatine d'Aix (813).

Léon se comportait logiquement, dans la ligne précisément de la *Donation de Constantin*[98]. A en croire cette donation, l'empereur Constantin aurait personnellement remis la couronne impériale au pape ; mais celui-ci aurait refusé de la porter, par simple modestie, et en aurait laissé l'usage à l'empereur, ce qui aurait décidé Constantin à s'établir à Constantinople avec l'accord du pape... Mais **un pape s'autorise ici pour la première fois à couronner un empereur** : cette couronne des Césars (qui lui appartient, en réalité !), en une période de prétendue vacance impériale (à Constantinople règne une femme, Irène !), il la remet à un prince barbare étranger, mal dégrossi, et tout cela sans cérémonie particulière, le cérémonial byzantin n'étant guère approprié dans ce cas. On ne tardera pas à réparer cette carence. Après la mort de Charlemagne, un pape se rendra lui-même à Reims, en 816, pour couronner Louis, le fils de Charlemagne – selon son cérémonial propre et avec une couronne qu'il aura apportée de Rome ! avec des prières et surtout une onction spéciale pour ce « fils privilégié de l'Église ». L'onction (vétérotestamentaire) devient donc également déterminante pour les empereurs d'Occident : puisqu'ils ne peuvent se réclamer d'aucune justification historique, la grâce que leur confère l'onction papale leur vaut une légitimation théologique. Lothaire, fils de Louis, est invité à Rome, en 823, pour son couronnement, et depuis lors l'église Saint-Pierre est le lieu des couronnements impériaux (avec remise de l'épée). Par la suite, les rois francs devront chaque fois solliciter humblement ce couronnement.

Depuis Charlemagne il y a donc un deuxième « empereur des Romains », qui n'est pas du tout un Romain. Pour Byzance, où il n'y a naturellement jamais eu de « vacance de siège », c'est là une mise en scène ridicule, qu'il ne convient pas de prendre au sérieux. Mais, plus vite qu'on ne pourrait le penser, elle jouera un rôle décisif dans l'histoire et conduira finalement à cette scission de l'Église déjà décrite, alors que l'Empire est partagé politiquement depuis longtemps. En 812, l'empereur romain d'Orient a, certes, traité le nouvel empereur des Francs en « frère », et ce dernier a eu l'intelligence de renoncer au caractère romain de son empire, se contentant du titre d'*imperator et augustus*, tandis que le *basileus* (« roi ») byzantin continue délibérément à s'appeler « empereur des Romains ». L'ancienne Rome est néanmoins définitivement détachée de la nouvelle, au terme d'un processus qui s'est enclenché cinquante ans auparavant.

En Occident, « chrétien » devient synonyme de « catholique » et de « romain »

Il y eut ainsi tout d'un coup **deux empereurs chrétiens**. Étaient-ils de même rang ? Nullement, puisque dans l'Occident marqué par la tradition latine le nouvel empereur germanique fut de plus en plus considéré comme l'empereur véritable et légitime en raison de son onction par le pape, tandis que l'empereur « grec » oriental fut de plus en plus regardé comme illégitime et, pour finir, schismatique. C'est ainsi que s'établit progressivement en Occident l'équivalence, si dommageable dans une perspective œcuménique, entre **chrétien**, **catholique** et **romain**, un nouveau pas décisif sur le chemin qui devait conduire à la constitution de ce que nous appelons le **paradigme catholique romain du christianisme** (P III). Ainsi les VIIIe-IXe siècles ne fondent pas l'unité, mais la **division de l'Europe**.

Charlemagne se montre généreux à l'égard des papes. Devenu aussi roi des Lombards, il confirme et étend l'**État de l'Église** et « restitue » au pape d'autres terres italiennes : Venise, l'Istrie, des morceaux des duchés de Spolète et de Bénévent, ainsi que l'île de Corse. Mais il rejette d'autres prétentions du pape qui vont encore plus loin, en s'appuyant sur des documents des archives pontificales. Il ne se sent nullement un sujet romain, mais plutôt une sorte de demi-pape. En effet, bien qu'au titre de souverain de l'Empire il privilégie le politique, il se considère aussi, pour cette raison même, dans une vision très théocratique, comme **chef de l'Église**. La politique impériale est politique de l'Église et la politique de l'Église est politique impériale. Il impose ainsi, sans aucun scrupule moral ni religieux, aux tribus assujetties (Frisons, Saxons, Slaves, Avars) sa forme de christianisme et ne recule pas non plus devant des guerres coûteuses, qui durent quelque trente ans dans le cas des Saxons et qui aboutissent à l'exécution et à la déportation de milliers de personnes. L'« unité de l'Empire » passe avant tout. Ce Franc voit dans le pape le gardien de la tradition apostolique, compétent en matière de foi, de dogme et de liturgie, mais il ne doit pas outrepasser ses fonctions spirituelles.

Dans le style des empereurs byzantins, Charles n'admet pas que Rome intervienne de sa propre autorité dans son empire. Quant à lui, il s'implique personnellement dans toutes les questions ecclésiastiques et même théologiques : il convoque ainsi son propre synode impérial à Francfort, en 794, pour s'opposer au culte des images, et fait de même au septième concile œcuménique de Nicée (787), sous l'impératrice Irène, favorable aux images ; dans un autre synode (Aix-la-Chapelle, 809), il requiert du pape qu'il introduise le *Filioque* dans le Credo, alors qu'à cette époque Léon XIII s'en tient encore au texte œcuménique originel, sans interdire toutefois en Occident la version franque, qui prévaut de plus en plus. Dans un *Corpus christianum*, Charles se présente, à l'instar de l'empereur byzantin, comme *rex et sacerdos* (« roi et prêtre »), comme *defensor* (« défenseur ») et *rector* (« dirigeant »), de l'Église, tandis qu'aux évêques et au clergé incombent surtout le sacrifice et la prière. C'est pourquoi on a vu en Charlemagne un « Justinien franc ».

Mais le souverain franc n'a pas une vision statique de la société. Bien qu'analphabète, il encourage les écoles et les bibliothèques et se considère lui-même comme un **rénovateur de la formation et de la culture**, de la langue latine et de l'historiographie, de l'architecture et de l'enluminure. **Fasciné par le mythe de Rome** (empire, langue, culture), Charlemagne entreprend sa propre « **Renaissance** ». Avec le soutien d'un groupe international d'hommes de culture, il encourage une renaissance sinon de l'Antiquité classique, du moins de l'Antiquité chrétienne tardive, avec pour conséquence d'imprimer une forte marque religieuse, en même temps que latine et romaine, à la première culture germanique européenne. Cette première « Renaissance » médiévale, encore rudimentaire, a son centre dans le palais impérial d'Aix-la-Chapelle, tandis que la deuxième, à l'apogée du Moyen Age, rayonnera à partir de Paris, et la troisième, à la fin du Moyen Age, de la Florence des Médicis.

Le roi-empereur se considère donc comme le **réformateur de l'Église**, qui entend mener à bien la réforme commencée par Boniface et poursuivie par Pépin :

– d'où une correction de la version latine de la Bible, correction due au moine anglo-saxon Alcuin, la personnalité la plus marquante dans le cercle des érudits qui entourent Charlemagne ;

– d'où l'obligation faite aux évêques (qui ne sont plus élus par le peuple, mais nommés par le roi !) de prêcher et de visiter leur diocèse sans s'entourer d'une cour ;

– d'où la création de paroisses, y compris à la campagne, et de communautés de chanoines dans les cathédrales et les églises collégiales ;

– d'où son souci d'une participation régulière au culte, de prédications fréquentes et de la mémorisation du Notre-Père et du Credo en langue vernaculaire, d'où aussi son souci de la construction d'églises ; revers de la médaille : la dîme (copiée sur l'Ancien Testament : un dixième du revenu annuel) est durement imposée pour l'entretien des évêques (maintenant le plus souvent des nobles) et du clergé, alors qu'elle est détestée et reste pour les Saxons l'une des principales raisons de leur rejet du christianisme.

Mais en dépit de ses mauvais côtés, Charlemagne apparaît comme le souverain idéal et le nouveau fondateur de l'Empire romain. Dans son **empire occidental universel** (du Schleswig-Holstein jusque bien au-delà de Rome, et de l'Èbre à l'Elbe), il y a une Église d'État franque sous l'autorité de l'empereur, mais **pas encore d'Église papale universelle** sous la conduite de Rome. En Occident pas plus qu'en Orient nous ne trouvons trace d'une primauté de juridiction pontificale. Sur un point seulement, Charlemagne, à la suite de Pépin, a ouvert le chemin de façon décisive à une Église pontificale universelle : en introduisant la liturgie romaine dans le royaume franc, dans une visée d'unité de l'Empire.

Après ce survol du changement de paradigme à l'extérieur de l'Église, tournons-nous vers le changement concomitant à l'intérieur de l'Église.

LE PARADIGME CATHOLIQUE ROMAIN MÉDIÉVAL

Changement de paradigme dans la liturgie

La célébration de l'Eucharistie, si simple dans la chrétienté primitive, consistait, nous l'avons vu, en une prière de commémoration et d'action de grâces (avec le récit de l'institution de la Cène), avec la communion de tous les participants et une liturgie de la parole qui s'y était adjointe très tôt, dans le style de la synagogue. Ce culte de l'Église primitive (P I) avait déjà fait place dans les superbes églises basiliques (la basilique est originellement un bâtiment profane !) de l'époque constantinienne à la **liturgie basilicale de l'Église antique** (P II) : l'évêque ou le presbytre continuaient à célébrer l'ancienne liturgie de commémoration et d'action de grâces sur la table, tournés vers le peuple, en tenue civile ordinaire.

Mais avec le temps, tout était devenu plus grand, plus long, plus **solennel**. On a introduit des **prières de demande** dans l'ancienne prière, très simple, d'action de grâces, des prières pour les vivants, les morts, différentes intentions, et on y a joint les noms de martyrs. Outre la prière d'action de grâces, on a introduit le **chant de psaumes**, à trois reprises surtout :
— au début, accompagnant l'entrée du clergé : chant d'entrée ou « introït » ;
— pour accompagner l'offrande du pain et du vin et d'autres dons apportés par les fidèles : chant d'oblation ou « offertoire » ;
— pendant la communion des fidèles : chant de « communion ».

Mais, dès cette époque, on a emprunté au **cérémonial de la cour** de Rome et surtout de Byzance toute une série de cérémonies, même de celles que les premiers chrétiens auraient récusées comme païennes : génuflexions, inclinations, baisers, avec aussi des substances et des objets comme l'encens et les cierges, et des insignes distinctifs comme l'étole, l'anneau, etc. S'y ajoutait le **chant** exécuté par des chanteurs entraînés, qui avait souvent pris la place du chant populaire de toute la communauté. Dès 250 environ, nous l'avons vu, la liturgie n'était plus célébrée exclusivement en grec, elle l'était aussi en **latin**, car le peuple de Rome ne parlait plus grec, mais à nouveau latin. Mais aux VIe-VIIe siècles, la formation théologique était tombée à un niveau si bas que les presbytres qui présidaient les communautés n'étaient plus capables de formuler eux-mêmes les textes liturgiques et réclamaient des formulations toutes faites : on collecta et uniformisa de plus en plus de textes liturgiques. La liturgie, originellement libre, devint ainsi de plus en plus une **liturgie livresque**, où l'on attachait beaucoup d'importance à la fidélité à la lettre et au rite. On se passait souvent de prédication. Le terme de « messe » (*missa* : « envoi, prière de bénédiction, bénédiction ») l'emporta pour désigner la célébration eucharistique.

Cependant, grâce à **Charlemagne** précisément, la liturgie connaît elle aussi un changement de paradigme : on passe de la liturgie œcuménique de l'Église ancienne (P II) à la **liturgie typiquement catholique romaine du Moyen Age** (P III). L'instauration d'une liturgie uniforme était en effet de la plus haute importance pour l'unification du royaume franc. Charlemagne réalisa ainsi ce que Pépin avait sans doute déjà décidé en 754. Cette **implantation de la liturgie romaine dans le royaume des Francs**, qui devait surtout servir les intérêts de l'Empire, aura de graves conséquences pour toute la liturgie du Moyen Age jusqu'à la Réforme, et même jusqu'à la veille de Vatican II. Les recherches historiques, résumées par Josef Andreas Jungmann, nous font connaître cette évolution jusque dans ses moindres détails [99] :

– Vers la fin du Ier millénaire, pour la première fois dans l'histoire de l'Église, les Germains (à la différence des Slaves !) célèbrent la liturgie non pas dans la langue du peuple, mais en **latin, une langue étrangère**, la seule langue reconnue, sous le prétexte qu'il n'y aurait que « trois langues sacrées » : l'hébreu, le grec et le latin. Le latin (d'abord la seule langue écrite) n'étant pratiquement plus compris que par le clergé, la compréhension de la langue liturgique devient la chasse gardée des clercs. Il n'y a pas de liturgie en langue germanique.

– Les Francs n'ont pas adopté la liturgie romaine paroissiale, relativement simple, mais la liturgie papale solennelle (marquée par le cérémonial de cour romain et byzantin) et, par excès de zèle, ils lui ont donné une forme **encore plus solennelle**, multipliant les génuflexions, les signes de croix, les encensements.

– La sensibilité et l'émotivité germaniques cherchent aussi à s'exprimer dans le culte par une prière ininterrompue du prêtre, mais, la langue n'étant plus comprise, on en arrive aux nombreuses prières silencieuses (là encore, surtout au début, au moment de l'offrande et pendant la communion), puis aux « **messes basses** » du prêtre, sans assistance, où la prière eucharistique (chantée en Orient) n'est plus que murmurée, comme s'il s'agissait d'une formule cabalistique ; le récit de la Cène n'est plus une proclamation pour la communauté, mais devient la « formule de consécration » des offrandes.

– Ainsi, progressivement, **l'autel et la communauté deviennent totalement étrangers l'un à l'autre**. On finit par pousser la table d'autel, dont les superstructures sont de plus en plus hautes, vers le mur d'abside (ce sera le « maître autel ») et l'Eucharistie du prêtre n'est plus célébrée « avec » le peuple, mais « pour » le peuple (c'est le « sacrifice de la messe »), non plus face à la communauté, mais face au mur de l'église.

– La célébration de l'action de grâces et du repas, originellement si simple, fait de plus en plus place désormais à un **spectacle sacré** (la « grand-messe »), que le peuple, qui ne comprend pas la langue, interprète de façon allégorique comme le drame de la vie de Jésus. Pas plus que les textes de la messe, la Sainte Écriture (hébraïque, grecque, latine) n'est traduite, à l'époque franque, dans la langue populaire, non sainte (« barbare »). Seuls le Notre-Père et la confession de foi sont traduits en haut allemand ancien au VIIIe siècle.

– **L'activité du peuple se réduit ainsi à regarder** : les vêtements liturgiques, qui datent de l'époque romaine tardive, prennent maintenant des couleurs différentes selon les temps liturgiques. Les saintes espèces, qui ne sont plus visibles derrière le dos du prêtre, sont élevées et honorées par des génuflexions. Depuis le haut Moyen Age, le « pain de la vie », jadis consommé comme le voulait la Bible, est surtout regardé et adoré (plus tard, on inventera même l'« ostensoir »). Le pain normal est remplacé par une hostie blanche comme neige, sans levain, qui ressemble à tout sauf à du pain et que les mains « pures » des prêtres déposent dans la bouche des laïcs au lieu de la leur donner dans la main (« impure »). La communion des fidèles devient d'ailleurs l'exception, elle est même si rare qu'au haut Moyen Age il faudra prescrire de la recevoir au moins une fois l'an, au temps de Pâques. La communion au calice finit par être totalement bannie pour les laïcs.

– Tandis que dans le paradigme de l'Église ancienne tous les presbytres célébraient une seule et même Eucharistie avec l'évêque, au Moyen Age chaque prêtre finira par célébrer sa propre messe (en étant rétribué sous forme d'« honoraires de messe »). Pour célébrer ces **nombreuses messes**, on multiplie les autels latéraux dans les églises afin de permettre la célébration simultanée des messes privées, payées par les fidèles (surtout des messes pour les défunts, des messes grégoriennes et des messes votives). « Sacrifice » de la messe donc, célébré le plus souvent possible – pour obtenir la « grâce » pour les vivants et pour les morts, pour répondre à toute détresse, pour accomplir vœux et prières, pour toutes les requêtes et tous les situations, de la stérilité de la femme à l'attente d'une abondante moisson. La messe est devenue **la** pratique de piété du Moyen Age, et quiconque peut payer peut « faire dire » des centaines de messes, pour lui-même ou pour d'autres, pour sa santé ou son salut éternel, sans être lui-même présent : un procédé quasi infaillible, supérieur à toute prière.

– Le **baptême** est exclusivement administré aux **nourrissons**, et le « je te baptise » du prêtre prend le pas sur le « je crois » du baptisé (ce dernier est prononcé maintenant par le parrain). Le chrétien devient le récipiendaire passif d'un sacrement, lui-même objet d'innombrables réglementations. L'onction, qui avait originellement sa place après le baptême, en est détachée parce que réservée à l'évêque ; elle finit par devenir un **rite de confirmation** autonome, et finalement un sacrement autonome, qui confère une grâce propre.

Le chant grégorien est-il romain ?

A l'époque franque encore se développe la **tradition de chant médiévale** du rite romain, celle que l'on n'appelle « **chant grégorien** » que depuis la restauration chorale, au XIXe siècle, par l'abbaye bénédictine de Solesmes, en 1833. Mais ce chant n'a rien à voir, nous l'avons déjà dit, avec Grégoire le Grand. En réalité, il ne s'agit pas – comme le proclamaient les restaurateurs du XIXe siècle, portés par une sorte de romantisme romain – de l'ancien chant romain (P II) et donc du chant « authentique » de l'Église romaine, du modèle le plus sublime pour toute musique d'Église (Pie X, *Motu proprio*, 1903). Il s'agit en fait d'une **transformation franque**

médiévale du chant de l'ancienne Église – un changement de paradigme (P III) dans la sphère qui est la sienne, que les représentants traditionalistes actuels de la *musica sacra* romaine ont longtemps nié.
Mais des chercheurs allemands et français ont étudié la question à fond. Ainsi, à la suite des travaux les plus récents de M. Huglo et E. Cardine, moines de Solesmes, le professeur Helmut Hucke (Francfort), éminent spécialiste du chant grégorien, constate :

> Le concept d'un *cantus romanus* ne vient pas de Rome, mais du royaume des Francs, de la décision de Pépin le Bref et de Charlemagne d'introduire la liturgie romaine « en vue de l'unité du royaume et de l'union avec le siège apostolique ». Ce qu'ils ont obtenu de Rome, c'était la liturgie de la cour papale. La plus ancienne attestation des chants eucharistiques de cette liturgie est celle des manuscrits francs du IXe siècle, qui ne comportaient toutefois que les textes, sans notation musicale [100].

N'existe-t-il aucun répertoire de mélodies dans l'Église ? Non, les mélodies et surtout la façon de les exécuter étaient transmises oralement. Le Moyen Age ne connaissait pas encore un chant liturgique uniforme ! Hucke écrit encore :

> Le chant grégorien a été considéré jusque récemment comme s'il avait de tout temps été transmis par écrit. En réalité, la transmission écrite des mélodies ne commence qu'au début du Xe siècle. Les livres de chants qui nous sont parvenus des IXe, X[e] et même XIe siècles, sans notation musicale, témoignent pourtant que l'extension du chant grégorien dans le royaume des Francs a commencé par la transmission orale ; Rome n'a consigné sa propre tradition, en adoptant une notation étrangère, qu'au XIe siècle [101].

Ce qui est vrai de la liturgie occidentale en général l'est aussi du chant liturgique : sa rédaction franque a fini par être adoptée à Rome même. En d'autres termes, ce que le XIXe siècle a considéré (et répandu) comme authentique création (ou inspiration) de l'« ancienne Rome » n'était en fait qu'une **re-création franque**, qui avait fini par devenir la **tradition romaine médiévale**. Il n'est pas étonnant dès lors que toutes les recherches, y compris les plus récentes, d'une « version originale » du chant grégorien « n'aient pas conduit à un *opus* musical ». Le chant grégorien s'est avéré « une tradition dont la compréhension a changé sans cesse, tradition qui est d'autant plus multiforme et insaisissable que l'on remonte plus loin dans le temps. Il n'y a pas eu de pratique d'exécution historiquement correcte »[102].

Dans ce contexte, il faut bien voir que le changement de paradigme dans la liturgie va de pair avec d'**importants changements de perspective dans la christologie.** Josef Andreas Jungmann constate à l'époque carolingienne un glissement non seulement de la liturgie communautaire à la liturgie sacerdotale, mais aussi du thème de Pâques au thème de Noël et aux fêtes mariales, à l'Incarnation et à la Trinité. Ce glissement, déjà repérable chez les Pères grecs dans leur lutte contre l'arianisme, se répercute aussi maintenant dans le royaume des Francs, sous l'influence de l'Église espagnole du royaume wisigoth : on assiste à une concentration sur le « **Christ, notre Dieu** », sur la « **Mère de Dieu** », la « **Très Sainte Trinité** ». On assiste donc, en Occident aussi, au « recul de la médiation du Christ, à l'omniprésence du thème trinitaire, à la montée du culte marial, et ne fût-ce que pour cette raison, nous sommes bien obligés de prendre en compte, en Occident aussi, la lutte contre l'hérésie arienne comme un facteur essentiel de l'évolution à laquelle nous assistons[103] ».

C'est ainsi qu'à l'époque carolingienne le **Christ** se trouve de plus en plus identifié à Dieu même *(ho théos)* et **absorbé dans la Trinité**, si bien que dans certaines prières (le *Confiteor*, par exemple) il ne trouve plus sa place de médiateur aux côtés de Marie et des saints. Mais du coup le *Heliand* (c'est le titre d'une épopée héroïque de Jésus, dans un habillage germanique) qui chemine sur terre devient la manifestation de Dieu même. C'est pourquoi les fêtes de l'Incarnation et de la Passion passent maintenant au premier plan et cherchent à susciter l'humble foi, l'étonnement et la compassion, la reconnaissance et la pénitence face au Dieu fait homme. En cette époque de grossiers abus et de transgressions morales, on attache précisément la plus grande importance à la pénitence, notamment en ce qui concerne la morale sexuelle.

Confession privée et rigorisme en matière de morale sexuelle

La nouvelle forme de **confession, privée et indéfiniment renouvelable**, faite à un prêtre sous le sceau du secret, ne venait pas de Rome, nous l'avons vu, mais de l'**Église monastique celtique** : elle fut introduite sur le continent par des missionnaires irlandais et écossais. Mais elle se répandit avec une rapidité étonnante dans toute l'Europe. Elle marginalisa la pénitence publique de l'Église ancienne et devint un **élément caractéristique de l'Église médiévale catholique romaine**. Elle témoigne elle aussi, très clairement, du changement de paradigme (P III). Pas de réception de l'Eucharistie sans confession des péchés, proclamait déjà Alcuin au temps de Charlemagne. Le quatrième concile du Latran, en 1215, fera obligation à tous les catholiques de se confesser avant la communion pascale, et Thomas d'Aquin élève définitivement la confession au rang de sacrement indispensable, en fait, au salut de tout chrétien ; il lui fait toute sa place dans sa doctrine des sept sacrements, en recourant à des catégories aristotéliciennes [104].

Pour les pénitences à accomplir, au début très dures, le prêtre s'en tenait le plus souvent aux **pénitentiels ou manuels du confesseur** *(libri paenitentiales)*, attribués aux saints irlandais (Patrick, Colomban), qui indiquaient la pénitence à imposer pour chaque péché (« tarifs pénitentiels »)[105]. Ces ouvrages fleurirent surtout entre 650 et 850, et ne tardèrent pas à entrer dans la bibliothèque professionnelle de tout prêtre et confesseur, bien qu'ils aient été souvent contradictoires et n'aient jamais été officiellement approuvés ; ils sont non seulement l'expression d'un esprit de pénitence très répandu, mais aussi des « documents d'une légalisation et d'une chosification de la pénitence poussées à l'extrême, ainsi que d'une volonté d'écraser le pénitent sous le poids de ses péchés[106] ». Depuis la fin du IXe siècle, les pénitences sont de plus en plus accomplies après la confession ; on finit par accepter qu'elles soient remplacées par des prestations financières, ce qui conduit fatalement à des injustices et de nombreux abus.

Les manuels des confesseurs attachaient une importance toute particulière aux **péchés sexuels**, en un temps qui n'était justement pas très à cheval sur ces écarts de conduite. La morale sexuelle de Charlemagne, par exemple, ne correspondait manifestement pas au « modèle chrétien » de l'époque. Suivant en cela le droit franc, il s'était marié plusieurs fois, mais avait aussi eu de nombreuses liaisons illégitimes aux yeux de l'Église. On connaît approximativement le nombre de ses enfants légitimes, mais lui-même ignorait sans doute le nombre de ses enfants illégitimes. Dans la noblesse et chez le peuple, tout comme chez les rois et les empereurs, un gouffre séparait les exigences morales de l'Église et les comportements réels. Mais une chose est sûre : **dans la morale sexuelle de l'Église** nous assistons également à un **changement de paradigme**.

Nous avons vu qu'à la différence des Pères grecs, encore mesurés dans leurs jugements (P II), **Augustin** (voir sa doctrine du péché originel !) témoigne déjà d'une **dévalorisation de la sexualité** : le péché originel est transmis par le plaisir sexuel inhérent à la relation conjugale. Josef Georg Ziegler, un théologien moraliste catholique, a passé au crible les pénitentiels à cet égard :

> Les effets dévastateurs du lien qu'Augustin établit entre le péché originel et le plaisir sexuel furent de rendre impossible, des siècles durant, une approche impartiale de la relation conjugale et de ce fait du mariage lui-même. Dans la foulée du maître africain, la première théologie scolastique considère que le péché originel est transmis par le plaisir sexuel de la relation conjugale [107].

Il est incontestable que, face à une alarmante dépravation des mœurs dès l'époque mérovingienne, s'affirme sous les Carolingiens un **rigorisme sexuel** où de nombreux tabous sexuels primitifs se mêlent à l'angoisse face à la sexualité [108]. Ce rigorisme est le fait moins de la doctrine officielle que de celle, non officielle, de la pratique pénitentielle de l'Église médiévale :
– Pour le **clergé**, dont, depuis la réforme ecclésiastique de Boniface, on exige la continence sexuelle, sous peine de sanctions sévères, cela signifie : pour toucher aux choses sacrées, il faut avoir les mains « pures », « immaculées » (d'où l'onction des mains dans le cérémonial de l'ordination). Tout ce qui relève de la sexualité, même ce qui est involontaire (émission de sperme) ou autorisé (dans le mariage), exclut du contact avec les choses saintes.

– Pour les **laïcs**, cela signifie qu'il ne leur est pas permis de préparer et de toucher les saintes espèces (pas de communion dans la main, donc), et que les femmes ne sont pas autorisées à s'approcher de l'autel. La semence masculine, le sang menstruel et celui qui accompagne la naissance rendent moralement impur et excluent donc de la réception du sacrement.

Imaginons quelle répression sexuelle entraînaient ces innombrables pénitentiels ou manuels du confesseur, avec leurs catalogues de péchés et de pénitences souvent contradictoires – tout cela au nom de Dieu et de l'Église ! La « continence », idéal de certaines élites dans l'Antiquité tardive, est maintenant imposée le plus largement possible comme idéal pour tout le peuple. Cette **morale ennemie du plaisir** se traduit en une impitoyable casuistique :

– Pendant leurs règles, les femmes doivent s'abstenir d'entrer dans une église et de recevoir la communion ; après la naissance, il leur faut une bénédiction purificatrice.

– Chez l'homme, l'émission de sperme, surtout provoquée, rend impur.

– Les époux devraient s'abstenir de relations sexuelles non seulement pendant les règles, avant et après la naissance, mais aussi tous les dimanches et jours de fête, y compris durant les vigiles (veilles) de fêtes et les octaves (les huit jours qui suivent les fêtes), certains jours de la semaine (le vendredi), ainsi que pendant l'avent (la période avant Noël) et le carême (les sept semaines avant Pâques). Ces prescriptions visent évidemment à **restreindre considérablement les relations sexuelles conjugales** : à l'intérieur même du mariage, le plaisir est plus que suspect. L'émoi sexuel comme tel, même involontaire, est un mal. C'est au cours du XIIIe siècle seulement que l'on dépassera au moins cette idée du caractère peccamineux de toute expérience du plaisir. Mais le rigorisme sexuel et la vision pessimiste du mariage subsisteront : le plaisir sexuel ne trouve sa justification que dans d'autres motivations – surtout la procréation [109].

Là aussi se pose un **problème interreligieux**, qui ne concerne pas seulement le christianisme, mais aussi le judaïsme et l'islam, et sur lequel il convient de réfléchir brièvement ici. On a pu parler, en se référant notamment à la morale sexuelle du Moyen Age

– souvent dans une perspective historique, mais aussi dans une visée polémique – d'un « **christianisme judaïsé** ». Est-ce justifié ? Il est incontestable, certes, que le christianisme des Carolingiens précisément, dont la cour saluait en Charlemagne le nouveau David, le nouveau Moïse, le nouveau Josué, et où les « intellectuels » se donnaient souvent entre eux des noms bibliques, présente des traits rappelant l'Ancien Testament. Il est incontestable aussi que le Décalogue, le repos du sabbat (du dimanche) et les prescriptions relatives au pain azyme figurent dans la Bible hébraïque, alors qu'ils sont absents du Nouveau Testament ; il est tout aussi incontestable que la Bible hébraïque abonde également en prescriptions relatives à **la pollution sexuelle et à l'impureté rituelle**.

Mais il est **faux** de parler ici sans plus de **judaïsation**. En effet, dans la Bible hébraïque, tout comme dans le Nouveau Testament et dans le Coran, nous trouvons deux séries de représentations et d'attitudes :

– Pour la Bible hébraïque, comme pour le Nouveau Testament et pour le Coran, la sexualité et l'amour humain sont un don du Créateur ; l'homme et la femme sont créés l'un pour l'autre, y compris dans leur corporéité, et ils sont appelés à devenir « une chair ».

– Non seulement la Bible hébraïque, mais aussi bien le Nouveau Testament et le Coran comportent différentes limitations des relations sexuelles. Le Coran les interdit également pendant la menstruation, pendant le Ramadan (de jour) et pendant le pèlerinage à La Mecque. Et si le Nouveau Testament ne prescrit pas de semblables limitations (certaines, héritées du judaïsme, vont de soi), c'est là que nous trouvons précisément (à la différence de la Bible hébraïque et du Coran) l'éloge, par Paul, de cette forme de vie particulière que représente le célibat – qui n'est toutefois jamais imposée.

L'anthropologie culturelle met en lumière aujourd'hui combien les coutumes et les expressions sexuelles sont devenues des normes et des modèles qui font partie intégrante de la culture et qui s'imposent comme telles. Ainsi, l'idée d'une impureté inhérente à l'émission de sperme et à l'effusion du sang menstruel n'est pas spécifiquement juive, mais traduit des représentations archaïques, prééthiques, largement répandues, et renvoie aussi, pour une part, aux conceptions d'une médecine naturelle antique, qui n'est pas plus spécifique du judaïsme que du christianisme ou de l'islam.

LE PARADIGME CATHOLIQUE ROMAIN MÉDIÉVAL

Face aux diverses traditions religieuses, **la question ne se pose-t-elle pas aujourd'hui aux trois religions** originaires du Proche-Orient : notre vision de la sexualité doit-elle, peut-elle aujourd'hui encore, même dans les religions, rester le reflet de représentations et d'attitudes dues à une conception archaïque de l'homme et de Dieu ? ou encore le reflet d'une médecine naturelle ancienne, qui croit à tort que le sang menstruel et le sang répandu lors de la naissance sont des excrétions toxiques et que les relations sexuelles pendant la grossesse seraient nuisibles à l'enfant ? Le christianisme est longtemps, bien trop longtemps, resté englué dans une pureté sexuelle rituelle, aussi bien pour les clercs que pour les laïcs. A la différence du judaïsme et de l'islam, la surévaluation du célibat à motivation religieuse a contribué à dévaloriser la sexualité et le mariage.

Jetons un regard en arrière : c'est seulement à partir de l'époque carolingienne que nous trouvons tous les éléments constitutifs de ce que l'on peut appeler une **piété typiquement médiévale**, une piété qui finit par embrasser visiblement toute la vie de l'homme, du berceau à la tombe, du matin jusque tard dans la nuit, et qui se trouve réactivée sans cesse, non seulement le dimanche, mais à l'occasion des fêtes de plus en plus nombreuses. On a pu parler d'une « époque de liturgisation », qui reposait sur des structures, des formes et des formules de l'Église ancienne, auxquelles venaient s'ajouter les coutumes, les rites et les usages germaniques, des plus anciens aux plus récents.

Mais une chose devrait aller de soi maintenant : tous ces développements du haut Moyen Age, surtout les **innovations et changements introduits par les Carolingiens** – la liturgie cléricale et le sacrifice de la messe, les messes privées et les honoraires de messe, le pouvoir épiscopal et le célibat presbytéral, la confession auriculaire et les vœux monastiques, les monastères eux-mêmes et la piété à l'égard des défunts, l'invocation des saints et le culte des reliques, les exorcismes et les bénédictions, les chants de supplication et les pèlerinages –, ne sont **pas des constantes du christianisme, mais bien des variables – médiévales précisément**. Tout cela, certes, occupait désormais la place centrale dans cette piété des œuvres et étouffait de plus en plus les valeurs chrétiennes originelles. Mais tout cela ne relève pas de la nature originelle du christianisme, ce n'est qu'une composante du paradigme médiéval. Il s'agit de variables que l'on peut encourager ou tolérer, en fonction de la situation pastorale, mais dont on peut aussi et précisément se débarrasser. Ce sont aussi ces développements du haut Moyen Age au sein du christianisme, de plus en plus hypertrophiés, qui ont été de plus en plus l'objet de critiques vers la fin du Moyen Age : la plupart ont été rejetés par les réformateurs protestants.

7. ROMANISATION AUX DÉPENS DE LA CATHOLICITÉ

L'empire de Charlemagne n'avait pas d'avenir. Si la forte personnalité de Charles avait su en assurer l'unité politique, militaire et culturelle, il éclata dès la génération suivante. Le conflit qui opposa son fils Louis le Pieux aux fils de ce dernier aboutit à la constitution de trois groupes de pays qui allaient être importants pour l'avenir de l'Europe (traité de Verdun en 843) : la **France**, l'**Italie** et l'**Allemagne**, qui eurent toutes à souffrir d'une dégradation économique et culturelle et de razzias dévastatrices. A l'ouest les Normands continuaient leurs incursions, à l'est c'étaient les Hongrois et au sud, passé à l'islam (après la conquête de la Sicile), c'étaient les Sarrasins.

Pour l'analyse du paradigme catholique romain, il n'est pas nécessaire de suivre l'histoire politique très changeante de ces groupes de pays. En effet, tandis que le tissu politico-militaire de l'Empire carolingien se déchire, son fondement spirituel et ecclésial survit, **le cadre catholique romain paradigmatique est maintenu** : à commencer par l'écriture et la langue latines, en passant par la liturgie, la dogmatique et la morale romaines, jusqu'à la conception de l'Église et à la papauté dans sa configuration médiévale. L'idée s'impose que c'est le pape qui confère la dignité impériale. En effet, dès l'époque du déclin des Carolingiens, au milieu du IXe siècle, on voit se profiler une romanisation totale de l'Église catholique, dans la mesure où, d'une part, une falsification à grande échelle vient encore renforcer, et de façon décisive, le pouvoir ecclésial de la papauté romaine, et où, d'autre part, les prétentions romaines au pouvoir, formulées dès le Ve siècle, sont maintenant reprises par un pape d'une audace et d'une détermination extrêmes – même si, à l'époque, il ne remporte pas un succès durable.

*Une falsification à grande échelle
en faveur de Rome*

Cent ans à peine après la mise en place de l'État ecclésiastique, le pape **Nicolas Ier** (858-867), profitant de l'effondrement des Carolingiens et pleinement conscient de son ministère pétrinien, ose, pour la première fois, déclarer anathème (exclus de l'Église) quiconque ne respecterait pas une décision doctrinale ou papale. Pour ce pape, en effet, la papauté est le fondement, voulu par Dieu, de l'ordre social et étatique. Il entend mettre en pratique la théorie pétrinienne. Il essaie déjà de supplanter l'administration autonome des Églises des différents pays, en usage jusque-là, au bénéfice d'une administration romaine centrale. Pleinement conscient de la plénitude du pouvoir qui lui viendrait prétendument du Christ, il traite les évêques, les archevêques et les patriarches, les rois et les empereurs comme s'ils n'étaient faits que pour recevoir ses ordres. Il menace inopinément de l'excommunication le roi des Francs, pris dans une situation matrimoniale difficile, et il dépose sans autre forme de procès les puissants archevêques de Cologne et de Trèves qui soutiennent le roi.

Dans la même ligne, Nicolas est le premier pape à faire siens – peut-être de bonne foi – non seulement la *Donation de Constantin*, mais d'autres **faux** encore bien plus incroyables. Certes, au IXe siècle, ils restent encore sans grandes conséquences sur la politique de l'Empire et de l'Église, mais plus tard, au XIe siècle, ils seront pleinement mis à profit. Il s'agit des ***Décrétales pseudo-isidoriennes***[110], un recueil de canons attribués à un certain Isidore Mercator, inconnu par ailleurs. Dans leur édition courante, elles comportent plus de sept cents pages serrées faites de décrétales papales, de décisions synodales et de lois impériales franques, y compris la *Donation de Constantin*. Elles commencent par la fausse lettre de Clément de Rome – dans une version encore augmentée – à Jacques, le frère du Seigneur [III].

Quelle est la **réalité historique** ? Elle se présente comme suit : cent quinze textes sont présentés comme des documents des évêques de Rome des premiers siècles, bien qu'ils aient été fabriqués, pour la plupart, en France, quelques années auparavant. S'y ajoutent cent vingt-cinq documents authentiques, avec des interpolations et des modifications ultérieures. Ces faux grossiers sont sans doute l'œuvre de tout un groupe qui s'y connaît, probablement des clercs (on pense au diocèse de Reims, cœur du territoire impérial franc) :

– Leur **objectif principal** ? Renforcer la position des **évêques** face aux puissants archevêques et aux synodes provinciaux, face aussi au roi et aux puissances séculières. C'est la première manifestation de cet épiscopalisme franc qui jouera un grand rôle tout au long du Moyen Age.

– Leur **argument principal** ? L'Église ancienne aurait été régie jusque dans les moindres détails par des décrets des papes.

– Leur **bénéficiaire principal** ? Ce ne sont pas les évêques, mais la papauté, encore faible à l'époque de la confection de ces faux et dont il n'y avait donc pas à craindre qu'elle s'érige en adversaire de l'épiscopat. En effet, ce qui, pour les faussaires, n'était qu'un moyen en vue de leur objectif propre – **exalter le pouvoir du pape**, appelé *caput totius orbis* – deviendra ultérieurement l'objectif des papes, une fin qui sanctifie bien des moyens.

– Leur **stratégie** ? On réserve au pape seul le droit de convoquer et d'approuver les synodes, un droit qu'ont exercé jusque-là les rois francs ; en cas d'accusation, les évêques peuvent faire appel au pape ; pour toutes les « affaires graves » *(causae majores)*, la décision dernière revient de toute façon au pape. Mieux encore, les lois de l'État qui entreraient en contradiction avec des canons et des décrets du pape sont frappées de nullité.

L'ouvrage de référence du Pseudo-Isidore ne tarda pas à se répandre dans toute l'Europe occidentale. Pendant des siècles, on considéra ces documents comme authentiques. Pourtant Nicolas de Cuse et Lorenzo Valla doutaient déjà de leur authenticité, et à l'époque de la Réforme les *Centuries de Magdebourg* (publiées par Matthias Flacius et d'autres, à partir de 1559, à Magdebourg) et le théologien réformé David Blondel († 1655) en démontrèrent l'inauthenticité. On comprend que ces réformateurs n'aient pas ménagé leurs critiques à l'adresse des faussaires et des papes, pour une part à tort. A l'inverse, de nos jours, des historiens du Moyen Age n'ont pas ménagé leurs efforts en vue de comprendre les innombrables faux « en les situant dans leur temps [112] » – ainsi le professeur Horst Fuhrmann, spécialiste des *Pseudo-Isidoriennes* et éditeur (jusqu'en 1993) des *Monumenta germaniae historica*, dans son *Invitation à visiter le Moyen Age* [113]. En résumé, il répond à deux questions fondamentales concernant ces falsifications :

– La question éthique : **le Moyen Age manque-t-il de morale ?** L'historien répond non, car, à l'époque, « ce qui confère sa validité à un droit, ce n'est pas l'acte formel de son institution, mais sa justice inhérente ». Ces faux auraient été au service de la justice, telle que la « percevaient subjectivement » leurs auteurs [114]. Mieux, ils étaient au service de l'ordre du salut, et maints faussaires « auraient effectivement servi le ciel [115] ». Cependant, quiconque se sentait dans son bon droit au Moyen Age ou entendait servir le « ciel » pouvait-il confectionner des faux sans le moindre frein moral ? En lieu et place de la « justice inhérente », l'enjeu n'était-il pas aussi, la plupart du temps, l'intérêt du clergé ou de la Curie, et n'est-ce pas eux que « servaient » les faussaires ? Et où donc se nichait la « justice inhérente » dans le cas des prétentions ecclésiales universelles de la papauté ? Les historiens de la papauté ne devraient-ils pas précisément pousser un peu plus loin leurs interrogations critiques ?

– La question intellectuelle : **Le Moyen Age manquait-il d'esprit critique ?** L'historien répond non, la faiblesse de la critique au Moyen Age ne témoigne pas d'une « déficience intellectuelle, d'une capacité intellectuelle réduite ». Les faux « ont souvent été reçus dans un tout autre esprit, qui n'attachait pas grande importance à l'authenticité formelle » [116]. Cependant, que signifie ici le qualificatif « formel » face à la signification matérielle des faux ? L'autorité ecclésiastique n'a-t-elle pas énergiquement défendu l'authenticité formelle quand on l'a mise en doute en s'interrogeant en même temps sur la structure de pouvoir de l'Église ? Ainsi ont fait des « hérétiques » au Moyen Age, notamment à propos de la *Donation de Constantin* et d'autres prétentions romaines au pouvoir...

Certes, il y a eu des faux à toutes les époques et dans tous les domaines, faux qu'il importe de comprendre en les resituant dans leur temps [117]. Et les *Décrétales pseudo-isidoriennes* ne sont peut-être pas des faux au sens moderne de « tromperie délibérée ». Le Moyen Age, réputé si profondément religieux, a cependant été une « époque de faux » plus que toute autre époque avant et après lui – de l'aveu même de ses défenseurs. Marc Bloch, le fondateur de la « nouvelle histoire » française que nous connaissons déjà, a même pu parler d'une « épidémie massive de la falsification » entre le VIIIe et le XIIe siècle. Suffit-il de constater pour excuser ? Ne pouvons-nous – fût-ce *a posteriori* – poser des questions critiques face à cette pratique, qui a eu des conséquences politiques considérables ? Un chrétien engagé aujourd'hui peut-il rester indifférent au vu de ce qui a été perpétré au nom de l'Église de Jésus-Christ à l'aide de ces faux, qui **ne sont pas une curiosité « d'alors », mais représentent un facteur de pouvoir jusqu'à nos jours** ?

« Historiciser » des faux ?

Le théologien chrétien d'aujourd'hui éprouve des sentiments mêlés face aux essais d'« historicisation » de ces fameux faux, surtout quand des historiens renommés font feu de tout bois pour les excuser et les minimiser en pratiquant une herméneutique de la compréhension. C'est ce qui s'est passé dans le discours de clôture de Horst Fuhrmann au seizième congrès international des sciences historiques à Stuttgart, en 1985. Je ne comprends pas qu'il ait pu polémiquer de la sorte contre les critiques historiques, contre les Lumières et la « démythification » moderne, le tout culminant dans un plaidoyer en faveur de la forme de pensée médiévale et d'une « remythification du monde » postmoderne. Dans ce contexte, l'historien reconnaît :

– que l'on ne confectionnait pas des faux impunément, même au Moyen Age ;

– que le pape Innocent III (immédiatement après son élévation au pontificat on avait découvert l'atelier d'une bande de faussaires) édicta des règles pour vérifier les documents et proclama que l'on ne pouvait tolérer des faux sous couvert de sainteté ;

– que, face aux faussaires professionnels, aux bureaux de falsification et aux réseaux de faussaires, la chancellerie pontificale essaya, dans son propre intérêt, de faire la chasse aux faux et de les empêcher.

Quelque justifiée que soit la réhabilitation historique de la « forme de pensée » du Moyen Age, le théologien engagé ne peut s'empêcher de demander à l'historien de le comprendre si ces constats historiques l'amènent à poser encore quelques questions supplémentaires, qui pourraient aussi, peut-être, intéresser l'historien [118]. Nous ne pouvons évidemment juger simplement le Moyen Age selon les critères de notre rationalité moderne et de notre critique historique. Il faut éviter les fausses accusations moralisatrices, mais poser des **questions critiques** au nom de la vérité :

– Pourquoi la chancellerie pontificale n'a-t-elle pas essayé de dépister les faux si tel était son intérêt ?

– Pourquoi, elle qui était mieux en mesure de le faire que quelque autre institution, n'a-t-elle pas veillé à contrôler les faux qui lui étaient favorables, surtout ces grossières falsifications, uniques dans l'histoire du monde, comme la *Donation de Constantin* et les *Décrétales pseudo-isidoriennes* ?

– Pourquoi le pape et la Curie n'en ont-ils pas tiré les conséquences au plus tard au tournant du Ier millénaire, quand l'empereur Otton III, pour la première fois au Moyen Age, déclara que la *Donation de Constantin* était un faux et proclama dans un document solennel que toutes les donations qui reposaient sur elle étaient nulles et non avenues, avant de conférer au pape, en vertu de sa propre autorité territoriale impériale, la souveraineté sur les pays qui constituaient l'État ecclésiastique ?

– Ou encore, question plus fondamentale : toutes les prétentions romaines relèvent-elles réellement d'une « vérité établie par Dieu » et a-t-on le droit d'« aider au triomphe de cette vérité » même par des faux [119] ? Les fictions deviennent-elles réalités parce qu'elles bénéficient de la reconnaissance par l'Église ? Le mensonge devient-il réalité quand on ment au nom de l'Église ou dans son intérêt ? L'art de la falsification a-t-il jamais « servi le bien commun et produit des actes agréables à Dieu [120] », a-t-il jamais été moralement justifié en raison de l'objectif qui sanctifie les moyens ? L'adage cynique, qui n'est sans doute devenu courant qu'à partir du XVIe siècle, « *Mundus vult decipi, ergo decipiatur* » (« Le monde veut être trompé, trompons-le donc ») peut-il être présenté comme la simple expression d'un « trait fondamental de l'existence humaine », « voire la nostalgie d'un espace libéré de la raison et donnant sens »[121] ? Doit-on justifier finalement les faux du Moyen Age (à la façon de la foi en Dieu !) en arguant que « tout croyant [...] occupe une sphère dans laquelle le dernier mot ne revient pas à la preuve rationnelle[122] » ? Semblable apologétique permettrait de justifier les pires escroqueries et crimes de l'histoire, pourvu qu'ils soient commis au nom d'une réalité non démontrable rationnellement[123].

Le contenu de ces faux est lourd de conséquences qui se font sentir aujourd'hui encore dans la façon dont l'Église se comprend elle-même. F.X. Seppelt, historien catholique de la papauté, note dès 1955, à propos des effets des *Décrétales pseudo-isidoriennes* :

> Ce qui leur valut leur mauvaise influence, ce fut la négation de l'idée de développement dans la vie institutionnelle de l'Église ; elle trouve son expression dans la manie d'antidater des dispositions bien plus tardives, comme si elles provenaient d'une époque plus ancienne, comme si les idées et les exigences d'un parti de l'Église du IXe siècle avaient déjà été présentes à l'époque post-apostolique[124].

Ce sont, effectivement, des **effets déterminants sur la façon dont l'Église se comprend elle-même**. Ces faux du IXe siècle :
– confèrent aux prétentions de pouvoir que les papes essaient de faire valoir depuis le Ve siècle l'aura de l'originel et l'auréole de la fidélité à la volonté de Dieu ;
– procurent à ces prétentions au pouvoir une assise théologique et juridique remontant aux trois premiers siècles chrétiens, qui leur faisait défaut jusque-là ;
– « perpétuent » une forme historique particulière de l'Église ;
– servent donc de ciment à une « vie institutionnelle » de l'Église qui n'a, en soi, rien d'immuable ni d'irréformable.

Il est incontestable que cette prétention de la papauté au pouvoir, qui aura pour conséquences la rupture avec l'Orient et la protestation des réformateurs en Occident, s'est imposée pour l'essentiel aux XIe-XIIe siècles grâce à ces faux. Si l'on songe qu'aujourd'hui encore Rome ne se fait guère scrupule d'utiliser ces fausses décrétales pour justifier légalement son autorité sur toute l'Église catholique, sur les Églises locales, régionales et nationales, sur les évêques, sur le clergé et sur chaque croyant, sur les conciles œcuméniques eux-mêmes[125], ce débat ne se réduit pas à une curiosité historique. Ses effets, aujourd'hui soigneusement occultés, sont repérables jusque dans le *Codex juris canonici*, révisé sous la supervision de la Curie et promulgué une nouvelle fois en 1983. Le système de pouvoir de la Curie – l'analyse que nous avons conduite jusque-là le montre bien – ne peut pas se réclamer du Nouveau Testament ni de l'antique tradition catholique. Il est le fruit d'usurpations répétées du pouvoir au fil des siècles et repose sur des faux qui prétendent le légaliser juridiquement *a posteriori*.

Les papes s'approprieront effectivement ces faux, leur conférant ainsi une apparence de légitimité. Pie IX, le pape de l'infaillibilité de Vatican I, qui n'avait rien à envier à nombre de ses prédécesseurs médiévaux en fait de conscience de sa souveraineté spirituelle et qui n'en perdit pas moins l'État pontifical, faisait encore l'éloge d'un recueil de textes sur le pontife romain reproduisant les fausses décrétales comme des témoignages authentiques de la papauté. A l'appui du principe juridique qui réserve au pape le droit de convoquer un concile œcuménique, le Code de droit canonique en vigueur jusqu'à Vatican II « cite six textes en provenance de documents juridiques anciens : trois viennent directement des faux pseudo-isidoriens, les trois autres en dérivent [126] ».

Que faire, dès lors, d'un tel Code de droit canonique ? Le situer dans l'histoire et l'accepter comme tel ? Non, ce serait renoncer à toute réforme fondamentale de l'Église catholique. Faut-il l'abroger ? Non, toutes ces considérations historiques ne signifient pas qu'aujourd'hui s'impose un renversement total plutôt qu'une réforme radicale. Simplement, ces considérations nous conduisent à penser que les dispositions susdites (comme je l'ai déjà montré ailleurs [127]) ne relèvent pas du droit divin, mais du droit humain, et qu'elles peuvent et doivent être modifiées dans l'Église à tout moment, dès lors que cela paraît justifié selon les critères de l'Évangile et les exigences de temps nouveaux.

Mais pour l'époque qui nous intéresse, les *Décrétales pseudo-isidoriennes* ont eu pour effet de **centrer entièrement l'image et le droit de l'Église sur l'autorité romaine**. Le pape apparaît maintenant directement comme la *norma normans*, la norme qui régit toutes les autres normes, pour toute l'Église. Yves Congar, dominicain français spécialiste de l'œcuménisme, a donc parfaitement raison de relever l'absence de toute tradition ici, contrairement aux apparences : « Le Pseudo-Isidore attribue au magistère et à l'autorité disciplinaire du pape un caractère autonome, non lié aux normes de la tradition. Il attribue à un pape contemporain de saint Cyprien, Lucius, l'affirmation que l'Église romaine, *mater omnium ecclesiarum Christi*, n'a jamais erré[128]. » En ce qui concerne les faux du Moyen Age, il nous faut donc déchanter : les faux de Symmaque ont préparé le terrain pour la *Donation de Constantin* et se sont trouvés repris et poussés jusqu'à leurs dernières conclusions dans le troisième faux, le plus important, les *Décrétales pseudo-isidoriennes*. Ils constituent ensemble **l'assise juridique d'une romanisation ultérieure totale de l'Église occidentale et de l'excommunication concomitante de l'Église d'Orient**. Ils ont contribué au développement de structures de pensée communes en Occident, plus juridiques que théologiques, plus médiévales et papales que chrétiennes et originelles, plus romaines que catholiques.

L'Europe s'identifie maintenant avec l'Occident latin : « L'idée et le concept d'Europe, écrit très justement l'historien Walter Ullmann, ne s'appliquent plus qu'à cette partie du continent édifiée sur des soubassements normatifs romains et sur la culture latine. L'Europe n'est plus seulement un concept géographique, mais une entité spirituelle et culturelle. Elle est unie par la foi chrétienne, telle que définie par la papauté. L'Empire romain d'Orient, qui n'accepte pas cette foi promulguée par le successeur du prince des apôtres, ne fait plus partie de l'Europe et est donc hérétique[129]. » En déposant impudemment le patriarche de Constantinople, qui répliqua en excommuniant et en déposant le pape, Nicolas Ier fut effectivement le principal agent du « schisme de Photius » (de Nicolas plutôt) – prélude au schisme définitif deux siècles plus tard.

Mais si les successeurs de Nicolas affichèrent les mêmes prétentions que lui, ils restaient encore faibles et étaient souvent moralement corrompus, tout comme les derniers empereurs carolingiens étaient faibles et décadents. L'Occident entier était en pleine décadence. Les idées maîtresses des Carolingiens – un unique empire universel, une unique Église impériale, une culture unique et unitaire, latine et ecclésiastique – restèrent toutefois en vigueur et elles allaient donner naissance à des choses nouvelles.

De la décadence à la réforme

Le IIe millénaire chrétien s'ouvre sur un désordre effroyable dans l'Église. Je ne m'étendrai pas ici sur le Xe siècle de l'histoire de l'Église (qui aura des résonances jusque dans le XIe siècle), de sinistre mémoire, un siècle que le cardinal et historien romain Cesare Baronius (1607) appela longtemps après le « **siècle obscur** » *(saeculum obscurum)*. Toute histoire sérieuse de la papauté rapporte longuement les intrigues et luttes, les meurtres et actes de violence dans lesquels furent compromis les partis aristocratiques de la ville de Rome, les papes et les antipapes. Rappelons seulement, à titre d'exemple illustrant toute la période, l'horrible exhumation du pape Formose par son successeur juste avant la fin du siècle [130]. Ce siècle n'apporte pas grand-chose de constructif pour le nouveau paradigme. Ce qui donne toutefois à réfléchir, c'est que tous ces crimes, ces turpitudes et ces abus n'ont pas vraiment ébranlé l'autorité du pontife romain. Pourquoi ? Depuis le temps d'Augustin on s'était habitué à faire la différence entre fonction et porteur de la fonction, entre mérite personnel et pouvoir lié à la fonction, entre personnalité et institution. Pour l'empereur et les princes, pour les évêques et le clergé, comme pour les pèlerins toujours nombreux à se rendre à Rome, ce qui comptait, c'était l'« objectif », non le « subjectif ». Si profonde qu'ait été la dépravation de tel ou tel pape, elle ne pouvait pas ébranler l'institution même de la papauté. Et les impressionnantes cérémonies de couronnement des empereurs germaniques ne manifestaient-elles pas aux yeux du monde entier que, sans la papauté, il n'y avait pas d'empire (occidental, latin) ?

A cette époque, la papauté se serait encore difficilement affirmée, c'est bien clair, sans un protecteur impérial. Vers le milieu du Xe siècle, le royaume franc de l'Est, premier des trois royaumes issus de l'empire de Charlemagne, se releva sous les rois saxons (Henri Ier) et devint la première puissance européenne sous **Othon le Grand** (936-973), le fils d'Henri. Cela valut à la papauté, elle aussi, d'échapper au moins temporairement à la décadence. Dans son royaume, Othon, au lieu de s'appuyer sur les ducs des tribus toujours prêts à se rebeller, s'appuya sur l'Église et fit des évêques et des abbés (sans visées dynastiques, puisque célibataires!) des princes du royaume. Tous nommés par lui, ils prêtaient serment de fidélité, s'obligeant à des prestations militaires, économiques et politiques. L'Allemagne médiévale devint ainsi un pays de principautés cléricales, qui subsisteront jusqu'à la sécularisation sous Napoléon, en 1803.

Fasciné par l'exemple de Charlemagne, Othon **rêvait d'un rétablissement de l'Empire,** sans se douter de la charge qu'il allait imposer à la royauté allemande. Son heure historique sonna quand le pape Jean XII demanda l'aide d'Othon – maintenant le souverain le plus puissant d'Europe – contre Béranger, qui s'était proclamé « roi d'Italie », et contre des troupes byzantines qui montaient vers Rome à partir du sud de l'Italie. Othon, puissant prince saxon, se souciait peu de la moralité d'un Jean XII, parce qu'il aspirait à être couronné empereur : pour cela, il avait besoin du pape, qui le couronna effectivement en 962. Mais Jean XII, sexagénaire dépravé au moment de son élection et premier pape à avoir choisi de changer de nom (Octavien) lors de son entrée en fonction, gouverna en souverain cynique et fit du Latran un lieu de débauche. C'est ce pape qui n'hésita pas à remettre à l'empereur, après le couronnement, une magnifique copie de la *Donation de Constantin*.

Othon avait accepté, il est vrai, de jurer fidélité au pape et au peuple de Rome lors de son couronnement, et c'est ensuite seulement qu'il entérina les donations de Pépin et de Charlemagne. Quand, peu après le départ de l'empereur, Jean XII rompit son alliance avec Othon, celui-ci revint à Rome, tint un synode dans l'église Saint-Pierre et déposa purement et simplement le pape, qui avait pris la fuite et qu'une lettre accusait de tous les méfaits, y compris d'inceste ; il lui choisit pour successeur Léon VII, un laïc, à qui on conféra tous les ordres le jour même. Ce n'est qu'une **déposition d'un pape** parmi bien d'autres, la première toutefois de la part d'un empereur germanique ! Toutes montrent bien que le prétendu adage de Symmaque, qui voulait que « le siège suprême ne soit soumis au jugement de personne », était loin de faire l'una-

nimité, même à Rome [131]. Au contraire, l'empereur étant souvent absent de Rome, les dépositions et nominations de papes, les papes et les antipapes, les papes assassins et les papes assassinés n'avaient rien d'exceptionnel...
La **réorganisation de la papauté** – sans laquelle le paradigme catholique romain (P III) n'aurait pas pu prendre sa forme définitive – fut la résultante de trois forces historiques venues de trois directions différentes : du monachisme français, de la royauté allemande et de la papauté romaine elle-même. Voyons cette évolution d'un peu plus près.

Sur la voie d'un nouvel ordre du monde

La première phase fut celle de l'instauration d'un nouvel ordre dans l'Église et dans la papauté sous l'influence du **monachisme**. Dès le Xe siècle on assiste à une renaissance des idéaux ascétiques de l'Église ancienne, surtout en France (Cluny), en Lorraine (Gorze, Brogne) et en Italie (Camaldoli, Vallombrosa). C'est le couvent bourguignon de **Cluny** [132] (fondé dès 910) qui devint le berceau d'une **réforme monastique** à orientation romaine (et, à la différence de Gorze par exemple, fortement centralisée), selon les idéaux originels : stricte observance de la règle bénédictine, réforme de l'économie monastique et, en réaction contre les Églises particulières germaniques, affranchissement de la supervision de l'épiscopat pour se mettre directement sous la protection du pape *(Petri)*. La papauté avait entrepris depuis longtemps d'accorder, à titre de « privilège » papal, l'« exemption » de la juridiction des évêques, sans se soucier du décret du concile de Nicée. Ainsi, dès la première moitié du XIe siècle, de nombreux couvents en Europe occidentale et en Italie se rattachèrent au cercle réformé de Cluny, obtenant ainsi le privilège de l'exemption, moyennant le paiement, il est vrai, d'un impôt *(census)* à Rome. C'était donc une affaire rentable pour Rome, car ces privilèges papaux continuèrent à se monnayer. La papauté finit par disposer ainsi d'un réseau serré de points d'appui, le plus souvent très bien dotés en biens matériels. Ce réseau allait s'étendre également dans les pays allemands et dans toute l'Europe. Le monachisme et la papauté se soutenaient mutuellement ; bien avant que la papauté n'ait imposé son centralisme, Cluny l'avait fait : soumission stricte des monastères à son gouvernement central, dont le pouvoir spirituel s'imposait [133]. On voyait en eux, et pas seulement à Rome, une armée d'orants sur le champ de bataille spirituel !

Plus l'idée de la réforme pénétra dans le clergé au XIe siècle, plus le mouvement de réforme des monastères devint aussi un mouvement de **réforme de l'Église**, qui se focalisait surtout sur trois points :

– discipline stricte du clergé : lutte contre le mariage traditionnel des prêtres, encore très répandu, et contre le concubinage (désigné sous le nom de « nicolaïsme » [134]) ;

– libération de l'Église de l'intervention non canonique des laïcs : lutte contre l'achat des offices (appelé « simonie » [135]) ; mais la papauté elle-même était toujours dans un état déplorable.

En une deuxième phase, la réforme de la papauté fut **imposée par la royauté allemande**. Henri II, roi profondément religieux, influencé par Cluny, s'était déjà employé à entreprendre des réformes. Confronté à la rivalité entre deux papes, il se prononça pour Benoît VIII, qui le couronna empereur et avec qui, en 1022, il tint un grand concile de réforme à Pavie, pour le renouveau du clergé et du peuple. Mais ce fut surtout **Henri III** (1039-1056), vers le milieu du XIe siècle, qui, face à trois papes régnant simultanément, parvint enfin à réformer définitivement la papauté en faisant déposer les trois papes rivaux aux synodes de Sutri et de Rome, en 1046 [136]. Nommé par le roi, l'évêque Suitger de Bamberg fut élu pape par le clergé et le peuple de Rome (Clément II). Les trois papes suivants – également allemands et hommes remarquables – furent eux aussi nommés par l'empereur : après les papes issus de la noblesse romaine, nous avons donc une série de papes impériaux. Aucun roi allemand n'eut sans doute une plus grande influence sur l'Église occidentale qu'Henri III. Mais en s'engageant dans le mouvement de réforme de la papauté, il mettait en selle, sans le vouloir, ce qui deviendrait le plus grand ennemi de l'Empire.

Troisième phase : **la réforme de la papauté est parachevée par la papauté elle-même**. En effet, sous le pontificat d'un parent d'Henri, **Léon IX** (évêque de Toul en Lorraine, 1049-1054), c'est le pape lui-même qui prend en main le mouvement de réforme. Ainsi se trouve posé le fondement d'un essor incomparable de la papauté et de l'Église occidentale. Certes, même au temps des papes dépravés, l'appareil administratif, avec ses différents offices et secteurs, avait fonctionné pour ainsi dire automatiquement, promulguant d'innombrables *decreta* et *responsa* dans toute l'Europe, dans un latin toujours aussi majestueux. Aucun nouveau secteur missionnaire (et il ne s'agissait pas seulement, à l'époque, de la Bohême et de la Moravie, mais aussi de la Scandinavie, jusqu'à l'Islande et au Groenland) ne pouvait trouver place dans l'organisation ecclésiastique d'Occident sans l'assentiment de Rome. Mais c'était pour ainsi dire la routine.

Pendant les cinq brèves années de son pontificat, au prix d'une activité fébrile, le Lorrain Léon IX non seulement réforma le clergé de la ville de Rome, mais encouragea aussi résolument la réforme en instituant des synodes réguliers. Mieux encore, par ses voyages en Italie, en France et en Allemagne, le successeur vivant de Pierre participa activement aux réunions du clergé et aux synodes. Il lutta partout contre la simonie et le mariage des prêtres. Il renforça et consolida le gouvernement central de la papauté en faisant des cardinaux (de *cardo* : « charnière », « pivot ») – originellement les représentants les plus importants des églises de la ville de Rome – une sorte de sénat papal ; il fit aussi place dans ce collège à des représentants éminents de la réforme au-delà des Alpes : parmi eux un Lorrain du nom d'Humbert (devenu cardinal évêque de Silva Candida), un théoricien érudit et averti de la réforme de l'Église menée par le pape, puis Frédéric de Lorraine, comme chancelier de l'Église romaine, le camaldule Pierre Damien et enfin, d'abord dans un poste mineur, Hildebrand. C'est ainsi seulement que la papauté put devenir une institution représentative pour l'Europe, qui, dans des affaires plutôt délicates, ne tarda pas à intervenir directement par ses « légats » (représentants personnels du pape).

Ces hommes nouveaux à Rome, très intelligents et très engagés, ne visaient à rien de moins qu'à **un nouvel ordre du monde**. Et cet ordre nouveau, c'est une révolution partie d'en haut (la restauration de l'ordre ancien de l'Église, à leurs yeux) qui devait l'instaurer. Leur conviction était faite, en effet, que seule l'insistance inébranlable, infatigable et conséquente sur le primat du pape pouvait rénover le clergé, l'Église, le monde entier et instaurer l'ordre du monde voulu par Dieu. Il fallait mettre en œuvre, à cet effet, tous les moyens dont on disposait : le fonds inépuisable des *Décrétales pseudo-isidoriennes*, l'appareil gouvernemental et administratif romain (on peut maintenant parler d'une véritable Curie), le collège des cardinaux, le nouveau système des légats – bref, c'est tout le système romain qui se constitue désormais.

A cet égard une nouvelle forme de polémique publique, magistralement mise en œuvre par **Humbert de Moyenmoutier** (vers 1006-1061), légat fougueux du pape déjà évoqué, joue un rôle fondamental [137]. Cet intime du pape est un styliste, un juriste et un théologien habile, souvent ironique et sarcastique ; dans le fragment *De sancta romana Ecclesia* et dans ses trois ouvrages passionnés contre les simoniaques, il propose en fait tout un programme de politique ecclésiastique. Humbert est pratiquement le deuxième homme de Rome, il est l'auteur d'innombrables écrits et bulles du pape, il est le théoricien qui ouvre des voies nouvelles à la politique papale, l'inspirateur dont le pape lui-même est l'élève fidèle. Humbert est le théoricien lucide et imaginatif du **principe romain**, au fondement du système romain qui se met en place :

– la papauté, premier siège et siège apostolique, est la source et la norme de tout droit ecclésiastique, la norme suprême qui peut juger tout un chacun mais ne peut être jugée par personne ;

– le pape est à l'Église ce que le gond est à la porte, les fondations à la maison, la source au fleuve, la mère à la famille ;

– l'Église est à l'État ce que le soleil est à la lune, l'âme au corps, la tête aux membres.

Au nom de l'autorité pétrinienne, ce représentant, le plus habile en même temps que le plus résolu, du nouvel ordre du monde revendique la **liberté de l'Église**. Qu'entend-il par là ? Libre choix de l'évêque et abolition non seulement du système des Églises locales germaniques, mais aussi de la simonie et du mariage des prêtres. Il met en œuvre une stratégie verbale extrêmement efficace, qui rend possible une extension fatale des concepts de simonie et de célibat :

– Il entend par « **simonie** » (originellement transmission d'un poste dans l'Église contre paiement en argent ou une autre contrepartie matérielle) toute transmission de fonction (« investiture ») par un **laïc**, contre paiement ou non, ce qui ouvre la porte à la querelle des Investitures.

– Pour lui est « **concubinat** » **tout mariage de prêtre** ; toute femme de prêtre est ainsi ravalée au rang de concubine et tout enfant de prêtre devient enfant illégitime, un enfant sans droit aucun. Sur ce point il se heurte à une opposition vigoureuse du clergé, surtout en Allemagne.

Cet inspirateur du pape et propagandiste inconditionnel du principe romain provoqua en 1054 la rupture avec Constantinople et imposa en 1059 une conception grossièrement réaliste de l'Eucharistie à Bérenger de Tours. A sa mort, en 1061, ce lutteur passionné fut enterré au Latran, avec tous les honneurs. Mais il avait toujours eu à ses côtés un administrateur plus jeune, financier avisé, politicien déterminé et intrépide, pénétré lui aussi de l'idée que le pape n'est rien d'autre que l'apôtre Pierre aujourd'hui. Nous voulons parler du légat, archidiacre puis pape, qui, douze ans plus tard, mettra en pratique le nouveau programme d'Humbert avec une énergie, une audace et une détermination incroyables : Hildebrand.

La mise en place du système romain

Si l'on pense au caractère dramatique de tous ces pontificats, la route aura été longue entre Léon Ier et Léon IX, mais elle aura été bien courte si l'on songe à la mise en œuvre du programme. Après bien des reculs et des humiliations, la papauté était enfin en mesure de réaliser le programme élaboré dès le milieu du Ve siècle et d'établir la souveraineté du pape dans l'Église en se réclamant de l'apôtre Pierre. Armée d'une masse de documents et de décrétales, Rome peut maintenant faire valoir effectivement le primat de juridiction du pape, étayé qu'il est par l'histoire et le dogme, et qui a pris forme légale et s'est organisé – face aux archevêques et aux évêques, aux Églises nationales et diocésaines et aussi à chaque chrétien : face au plus humble croyant comme aux rois et aux empereurs. C'est maintenant seulement – au terme de six cents ans – que le **programme romain, comme système politique et juridique**, forme d'organisation ecclésiastique définie par des dépendances à l'égard d'institutions et de personnes, peut s'imposer dans la chrétienté. C'est maintenant, au XIe siècle, que le paradigme catholique latin, dont Augustin et les évêques de Rome avaient posé les fondements au Ve siècle, est mis en place – et c'est le **paradigme catholique romain** à proprement parler.

Il faut immédiatement faire une réserve importante : le système romain n'a pas réussi à s'imposer dans toute la chrétienté, dans toute l'Église, mais **seulement dans l'Église occidentale**. Cette Église, en la personne des papes et de leur entourage, est de plus en plus consciente d'elle-même et de son pouvoir, et elle agit comme telle. Quant à la chrétienté orientale, elle n'a jamais fait appel à des *decreta* et des *responsa* du pape, les monastères orientaux n'ont jamais demandé l'exemption au pape, l'Orient a longtemps continué à vivre dans le cadre traditionnel du paradigme de l'Église ancienne, sans guère se soucier de Rome, si longtemps décadente – abstraction faite de périodes de crise, comme sous Nicolas Ier et sous le patriarche Photius. Mais les différences sont plus profondes encore.

Nous en avons déjà fait état dans le cadre du paradigme hellénistique de l'Église ancienne (P II) : quand, sous le même pape Léon IX, si friand d'organisation, et son légat fougueux et passionné, Humbert de Moyenmoutier, la chrétienté orientale s'est trouvée confrontée directement au primat de juridiction romain, pleinement élaboré maintenant sur les plans historique et dogmatique comme sur les plans juridique et politique (voir Humbert à Constantinople !), elle l'a tout naturellement récusé. Quand, par la suite, en 1054, Humbert prononce, au nom du pape, l'excommunication (déjà toute prête) contre le patriarche Cérulaire et les siens, la contre-excommunication byzantine suit immédiatement, et les autres principautés orientales (Bulgarie, Serbie, Russie) s'y rallient sur-le-champ. Résultat : la rupture, qui est maintenant accomplie et dont la blessure ne sera plus jamais vraiment cicatrisée, entre l'Église d'Orient et l'Église d'Occident, révèle au grand jour ce qui était en gestation depuis longtemps : le fruit d'un processus d'éloignement long et extrêmement complexe. **Le nouveau paradigme catholique romain (P III)** s'avère manifestement **incompatible avec le paradigme hellénistique de l'Église ancienne (P II)** ! Si le primat romain s'impose de plus en plus, c'est aux dépens des **structures épiscopales et synodales** de l'Église ancienne, qui sont mises à mal en Occident.

LE PARADIGME CATHOLIQUE ROMAIN MÉDIÉVAL

Comment la chrétienté orientale, forte de sa tradition millénaire, aurait-elle pu reconnaître ce primat de juridiction, énoncé depuis longtemps, il est vrai, dans l'ancienne Rome, mais jamais vraiment pris au sérieux dans la nouvelle ? Or, désormais, au XIe siècle, le pape et ses légats le propagent partout activement dans les centres de la chrétienté occidentale. Comment la chrétienté orientale aurait-elle pu accepter ce qu'avait défini un concile de Reims cinq ans avant la rupture (1049), sous la présidence personnelle de Léon IX, à savoir que la seule primauté apostolique universelle revient au pape ? La sévère défaite militaire subie par le pape aurait certes dû lui servir d'avertissement : il avait cherché, en effet, à imposer sa primauté dans le sud de l'Italie, contre les Normands qui s'y étaient établis depuis 1016, en prenant lui-même la tête d'une armée. Mais en ce qui concerne les Normands et les Allemands, un « renversement des alliances » était plus imminent qu'on ne pouvait l'imaginer alors. En effet, la mise en pratique de la suprématie de l'Église sous le slogan *libertas Ecclesiae* (« liberté de l'Église » en tant qu'institution papale, à ne pas confondre avec la « liberté du chrétien » ou avec la « liberté dans l'Église » !) avance maintenant à grands pas. La libération de la papauté de l'influence de la royauté allemande qui lui a valu son ascension et son **élévation au rang d'instance de pouvoir centrale** en **Europe** s'accomplit à une rapidité impressionnante. Quelques jalons dans ces années dramatiques :

– Léon IX meurt en 1054, et son successeur, Victor II, sera le dernier pape nommé par un empereur allemand ;
– l'empereur Henri III meurt inopinément en 1056, à l'âge de 39 ans ; son fils, Henri IV, n'a que 6 ans : il y a donc vacance du pouvoir ;
– en 1057, Étienne IX (Frédéric de Lorraine, un chancelier romain qui n'a pas une grande sympathie pour les Allemands et qui a accompagné Humbert à Constantinople) est élu pape, sur proposition de Humbert, quatre jours seulement après la mort de Victor, au mépris de tous les droits historiques du roi allemand, un fait accompli que Hildebrand, le légat du pape, porte à la connaissance de la cour royale ;
– en 1058, Nicolas II, un Lorrain lui aussi, est choisi pour succéder à Étienne : il est sans doute le premier pape à se faire couronner

comme les rois et les empereurs – symbole, aux yeux du monde entier, du caractère désormais monarchique de la papauté ;
– en 1059, un synode du Latran, sous l'influence de Nicolas II et de Humbert, décide ceci : il revient au seul **collège des cardinaux d'élire le pape** indépendamment des interventions de la noblesse romaine et du roi allemand (le clergé et le peuple de Rome sont appelés à donner leur assentiment *a posteriori*). Le collège des cardinaux fonctionne maintenant comme l'instance de délibération du pape (« Consistoire ») et il se voit confier les postes les plus importants de l'administration papale ; interdiction est faite aux laïcs de prendre part aux célébrations présidées par des **prêtres mariés**, et les prêtres qui ne répudient pas leurs épouses sont menacés d'excommunication ; interdiction faite à tous les prêtres d'**accepter un office ecclésiastique des mains d'un laïc** – contre paiement ou non.

A l'arrière-plan, un homme jouait un rôle déterminant depuis des années, un homme dont l'heure allait venir : l'archidiacre Hildebrand. En 1073, avant que ne soient achevées les cérémonies funéraires de son prédécesseur, il est élu pape de façon tumultueuse, au mépris du décret relatif à cette élection, et il prend le nom de Grégoire VII – en souvenir de Grégoire Ier, le pape modèle du Moyen Age. Le conflit structurel entre la royauté et la papauté, qui couve depuis longtemps, atteint son paroxysme.

Le pape au-dessus de tout pouvoir
dans le monde : Grégoire VII

Le lieu et l'année de naissance, ainsi que le milieu familial de **Hildebrand**, qui a maintenant environ 50 ans, ne nous sont pas connus avec certitude[138]. Nous savons seulement qu'il a grandi dans la sphère de l'Église romaine. Peut-être a-t-il été confié au couvent romain des aventins, où il a sans doute prononcé ses vœux religieux. Il est sûr, en tout cas, qu'il a accompagné à Cologne Grégoire VI, le pape destitué. Il a probablement vécu un certain temps à Cluny, avant de revenir à Rome avec le nouveau pape, Léon IX, en 1049. Là il devient de plus en plus la figure dominante : légat du pape, il a appris à bien connaître les centres européens ; archidiacre influent et administrateur efficace des biens de l'Église romaine (et de ses biens propres!) depuis 1059, il connaît mieux que quiconque la vie intérieure de l'Église. Au temps de Nicolas II et du synode du Latran de la même année, Hildebrand a joué un rôle tellement important que l'on disait déjà qu'il « nourrissait son Nicolas au Latran comme un âne dans son écurie [139] ». Il est aussi sans doute derrière le « renversement » en politique extérieure qui se produit alors, le changement de direction décisif : en cette même année toujours, intervient le traité de paix avec les Normands, auxquels sont concédés – acte sans précédent – à titre de « fief » papal, le sud de l'Italie et la Sicile, jusque-là terres impériales, pour s'affranchir ainsi de la tutelle des rois allemands.

Ce petit homme, plutôt laid, mais d'une conviction et d'une foi passionnées, et d'une dureté à toute épreuve, reste une figure controversée. Grégoire VII ne se souciait-il pas tellement des institutions, mais répartissait-il les hommes en deux catégories, selon qu'ils appartenaient à Dieu ou au diable, comme le pensent des historiens modernes (A. Nitschke, C. Schneider)? D'une franchise, d'une intrépidité, d'une impatience et d'une démesure rares, il pouvait se montrer bourru même à l'égard de ses amis, à plus forte raison sans pitié à l'égard de ses ennemis. Son collègue dans le cardinalat, Pierre Damien, lui-même à peine plus affable, qui finira par lui jeter aux pieds son diocèse d'Ostie, l'a appelé « saint Satan », mais même des historiens protestants de la papauté admirent en lui, à la suite de Thomas Carlyle, « le héros en tant que prêtre ». Quoi qu'il en soit, il est une des grandes figures de son siècle. A son nom restent attachées la « réforme grégorienne » (même si celle-ci, nous l'avons vu, avait déjà commencé avant son pontificat), ainsi que la querelle des Investitures, dont l'enjeu était bien plus vaste que la seule investiture des clercs par des laïcs.

Grégoire VII est le pape qui a **transposé en pratique politique, de façon radicale et irréversible, le paradigme catholique romain du Moyen Age**. La plupart des historiens acquiesceraient sans doute au constat du théologien français Yves Congar :

> La conception de l'Église des réformateurs du XIe siècle, de Grégoire VII et des canonistes, vers 1080 et plus tard, peut être esquissée d'un mot : elle est romaine. Elle n'est pas seulement romaine

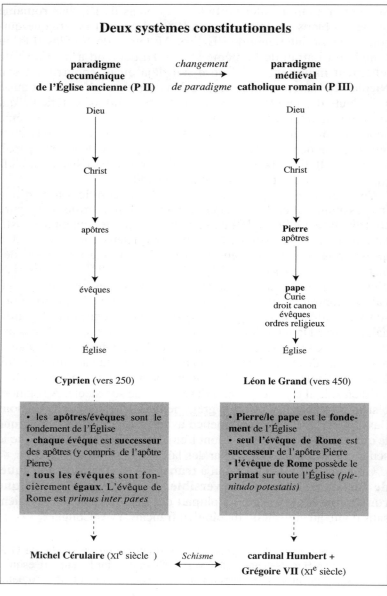

en ce sens qu'elle reprend le point de vue que Rome elle-même avait adopté au temps de Léon Ier, mais aussi en ce sens qu'elle fait de la prééminence du siège de Pierre, de l'Église romaine, l'axe de toute l'ecclésiologie, ce que résume très bien la formule chère à Humbert de Moyenmoutier, *caput et cardo*[140].

En effet, le **changement de paradigme** amorcé par Augustin et les évêques romains du Ve siècle **est maintenant définitivement accompli**, dans la mesure où **sa composante romaine** s'y trouve pleinement exprimée. Ce qui est souvent resté, jusque-là, un programme théorique et abstrait, qui n'était le fait que de Rome, devient maintenant une réalité concrète et pratique dans toute l'Église occidentale. Walter Ullmann, à qui nous devons l'analyse la plus perspicace, du point de vue de l'histoire institutionnelle, de toute l'évolution conduisant à Grégoire VII, remarque :

> Ce qui n'était jusque-là que considérations en forme de programme prend maintenant consistance dans l'espace et dans le temps. Sous sa conduite intrépide, la papauté devient une institution à la dimension de l'Europe. La papauté avait fait Hildebrand, et Grégoire VII fera d'elle, en retour, le cœur des institutions européennes. La conception développée au Ve siècle selon laquelle l'Église romaine est la mère de toutes les Églises commence à devenir réalité, même si parfois cette mère se révèle être une mère très dure et le pape, à titre de monarque, un père sévère[141].

Grégoire VII et le parti grégorien visent à établir partout en Europe une véritable « **mystique de l'obéissance** », qui « comporte des aspects tout à la fois spirituels et très institutionnels et juridiques ». On ne saurait, là encore, être plus précis et plus concis que Congar : « Obéir à Dieu, c'est obéir à l'Église, et c'est obéir au pape, et réciproquement[142]. » Congar touche là le point sensible. En effet, à cette époque au plus tard, l'obéissance de tous les chrétiens à l'égard de Rome devient une vertu essentielle, et Rome prend l'habitude de l'imposer à ses ordres (par quelque moyen que ce soit). Dès la deuxième année de son pontificat, Grégoire VII explique ce que signifient les équations « **obéissance à Dieu = obéissance à l'Église = obéissance au pape** », des points de vue théorique et dogmatique, mais aussi et surtout des points de vue juridique et disciplinaire : en 1075, il rédige son *Dictatus Papae*[143], vingt-sept **principes relatifs au primat de juridiction du pape**. Son objectif originel est discuté, il est vrai, et ce texte n'est guère connu d'abord en dehors de la Curie. En l'état actuel de la recherche, on peut penser que le *Dictatus* correspond peut-être aux titres des chapitres d'un recueil de textes juridiques ou de privilèges, resté à l'état de projet[144] ou perdu[145]. Quoi qu'il en soit, nous avons là un programme stratégique appelé à se réaliser progressivement !

Ce *Dictatus* témoigne ainsi éloquemment non seulement d'une conscience sans mesure de sa mission chez Grégoire VII, mais aussi du **renversement de la conception de l'Église ancienne** (P II) qui est maintenant devenu possible. Quels sont les témoins principaux auxquels en appelle Grégoire ? Ils n'ont pas lieu de nous surprendre : certaines conceptions d'Augustin dans sa *Cité de Dieu*, puis le pontificat de Grégoire Ier, mais surtout les *Pseudo-Isidoriennes* et la façon dont Nicolas Ier comprenait sa fonction. A l'instigation de Hildebrand sans doute, Humbert avait rédigé un recueil de droit ecclésiastique, dont les cinq sixièmes provenaient des *Décrétales pseudo-isidoriennes*; les droits du pape sont pour la première fois placés au sommet et tout le droit de l'Église s'appuie presque exclusivement sur les décrets des évêques de Rome (en ne faisant presque aucun cas des conciles). Le *Dictatus* de Grégoire, qui infléchit des formulations traditionnelles en les durcissant et qui énonce des principes entièrement nouveaux, ne fait que renforcer cette tendance[146]. Le conflit avec le pouvoir séculier se trouvait ainsi programmé à l'avance. Avec certaines idées d'Augustin en tête, Grégoire soupçonnait de toute façon ce pouvoir d'être celui du diable.

Trois idées fondamentales trouvent leur expression dans le *Dictatus Papae*, fondées toutes trois sur la *plenitudo potestatis* (Léon Ier) conférée par Dieu au pape, en tant que successeur de Pierre ; de ce pouvoir plénier découlent logiquement toutes les prérogatives juridiques :

– Le pape est le **maître souverain de l'Église** : il n'est pas seulement au-dessus de tous les croyants, de tous les clercs et de tous les évêques, mais aussi au-dessus de toutes les Églises, locales, régionales et nationales ; il est au-dessus de tous les conciles.

– Le pape est le **maître suprême du monde** : non seulement tous les princes lui sont subordonnés, mais l'empereur lui-même relève de son autorité (à titre d'homme pécheur).

– Le pape devient indubitablement **saint** dès qu'il entre en fonction (en raison des mérites de Pierre) : l'Église romaine, fondée par Dieu seul, n'a jamais erré et n'errera jamais [147].

Ce *Dictatus Papae* est la définition juridique la plus claire du primat de juridiction du pape avant la définition de Vatican I (1870), et il reconnaît au pape – en pensant notamment à Byzance, dans le cadre des projets de croisade et d'union de Grégoire – une **compétence illimitée en matière d'ordination, de législation, d'administration et de juridiction**. Mais parce que le *Dictatus* étend également le pouvoir de lier et de délier aux souverains séculiers (ce que Rome continuera à affirmer théoriquement jusqu'au XIXᵉ siècle) et parce que ses prétentions explicites au pouvoir chagrinent souvent les partisans du pouvoir papal eux-mêmes de nos jours, aucune mention n'en est faite – de la première à la dernière édition – dans l'*Enchiridion* de Denzinger, le recueil des définitions ecclésiastiques, y compris des lettres de circonstance des papes, alors que l'*Enchiridion* est par ailleurs si centré sur le pape [148]. C'est pourquoi nous le reproduisons ici intégralement [149]. *(Cf. page suivante.)*

Il est incontestable, bien sûr, que Grégoire VII a lui-même vécu un christianisme radical. Il est incontestablement porté par l'expérience profondément vécue de la pauvreté radicale de sa propre personne, qui doit tout à la force de Dieu, à son amour et à sa grâce miséricordieuse [150]. Mais il sait aussi se montrer un politicien roué pour l'Église, qui ne remet pas au lendemain l'application de son programme. Conformément au décret d'élection, d'après lequel même un laïc est immédiatement pape dès lors qu'il a accepté l'élection, Grégoire gouverne l'Église dès le premier jour de son élection comme s'il était la réincarnation de saint Pierre, en s'identifiant en tout cas mystiquement à lui. Convaincu que le monde entier, sur la terre comme au ciel, doit obéissance à « Pierre », il passe immédiatement à l'offensive à l'égard des pouvoirs politiques (« politique extérieure ») comme à l'intérieur de l'Église (« politique intérieure »).

Le programme d'un pape

1. L'Église romaine a été fondée par le Seigneur seul.
2. Seul le pontife romain est légitimement appelé « évêque universel ».
3. Lui seul peut déposer les évêques ou leur remettre un siège.
4. Son légat a prééminence sur tous les évêques dans le cadre d'un concile, même s'il est de rang inférieur, et il peut prononcer la sentence de déposition contre eux.
5. Le pape peut également déposer des absents.
6. Il est interdit, entre autres, de séjourner dans la même maison qu'une personne excommuniée par le pape.
7. Lui seul est autorisé, quand cela s'avère nécessaire, à édicter de nouvelles lois, à créer de nouveaux évêchés, à transformer des chapitres de chanoines en monastères et inversement, à scinder des évêchés riches et à regrouper des évêchés pauvres.
8. Lui seul a le droit d'utiliser les insignes impériaux.
9. Tous les princes se doivent de baiser les pieds du pape et de lui seul.
10. Son nom seul peut être cité solennellement dans les églises.
11. Ce nom est unique au monde.
12. Il est autorisé à déposer l'empereur.
13. Il est autorisé à déplacer des évêques d'un siège à un autre, si cela s'avère nécessaire.
14. Il peut ordonner des clercs à sa guise, dans toute église.
15. Un clerc ordonné par lui peut aussi présider une autre Église, mais il ne peut pas s'acquitter de services inférieurs. Aucun autre évêque ne peut lui conférer un ordre supérieur.
16. Aucun synode ne peut se déclarer synode général sans son ordre.
17. Aucune disposition légale et aucun livre de droit ne peut être considéré comme canonique sans son autorisation.
18. Sa décision ne peut faire l'objet d'aucune discussion de la part de quiconque, lui seul est autorisé à remettre en discussion les décisions de tous les autres.
19. Lui-même ne peut être jugé par personne.
20. Que personne ne s'autorise à condamner quiconque en appelle au siège apostolique.

> **21.** Les affaires les plus importantes de toutes les Églises doivent être portées devant le siège apostolique.
> **22.** L'Église romaine n'a jamais erré et ne pourra jamais errer, ainsi qu'en témoigne l'Écriture.
> **23.** Le pontife romain, dès lors qu'il est canoniquement consacré, est indubitablement sanctifié par les mérites de Pierre...
> **24.** C'est à son instigation et avec sa permission que des personnes subalternes sont autorisées à formuler des accusations.
> **25.** Il peut déposer et remettre en place des évêques sans qu'il soit nécessaire, pour ce faire, de convoquer un synode.
> **26.** Quiconque n'est pas en accord avec l'Église romaine ne saurait être considéré comme catholique.
> **27.** Il peut relever des subalternes de leur serment d'obéissance à des criminels.
>
> *Dictatus Papae* de Grégoire VII.

En **politique extérieure**, Grégoire s'efforce, dès le début, de soumettre à son autorité suprême, à la suite des Normands, d'autres royaumes, en faisant appel à tous les salmigondis historiques imaginables. A ce titre, les princes doivent évidemment des tributs annuels à Rome. En effet, la reconnaissance de la souveraineté du pape, l'hommage du vassal, l'acceptation d'un fief et le paiement d'un tribut annuel sont une seule et même chose. La politique papale aboutit en Sardaigne, en Corse et en Espagne, mais non en France, en Angleterre et dans d'autres États. Grégoire VII mène une « politique mondiale » comme aucun pape ne l'avait fait avant lui.

En **politique intérieure**, dès son premier synode de carême, en 1074, Grégoire VII s'attaque au **mariage des prêtres**. Il met en œuvre les moyens les plus énergiques pour imposer l'interdiction de ce mariage (le célibat), qui avait déjà été prononcée mais qui était très peu observée, surtout en Allemagne. Faisant fi du droit de l'Église ancienne, il déclare invalides les actes des prêtres mariés et appelle les laïcs à se rebeller contre eux. Dès avant son propre pontificat, pour faire aboutir des décisions papales, il n'avait pas hésité à s'allier, si nécessaire, avec les couches basses et inférieures, surtout avec les mouvements de masse prônant une révolution sociale dans les villes du nord de l'Italie, appelés « Patarins » (« brocanteurs » : racaille) : il avait essayé de s'appuyer sur eux et sur leur révolution armée pour imposer à Milan son candidat contre celui que le roi d'Allemagne avait choisi pour évêque.

On en arrive à l'épreuve de force historique quand Grégoire, bagarreur hors pair, voulut déplacer la ligne de démarcation entre politiques romaines intérieure et extérieure dans le sens de son programme. Dans la **querelle** dite **des Investitures**[151] il ne s'agit de rien de moins que de la définition de relations nouvelles entre pouvoir spirituel et pouvoir temporel, entre les clercs et les laïcs : il s'agit, au fond, de savoir à qui revient l'autorité sur le clergé. Le roi allemand et empereur (du moins futur empereur) était le représentant du laïcat. Et ce pape réclamait aussi l'obéissance du roi et de l'empereur. Le roi allemand était alors **Henri IV** (1056-1106). Il n'avait que 23 ans à l'entrée en fonction de Grégoire, mais, en dépit de son inexpérience, de sa légèreté et de son insouciance, il avait une vive conscience de la dignité royale. Après sa victoire sur les Saxons rebelles, Henri se sentait prêt, de son côté, à engager le combat : « La couronne allemande devait se soumettre aux ordres du pape. Mais c'était toucher un point sur lequel Henri ne pourrait jamais céder de son plein gré. La lutte entre le roi et le pape était donc inévitable : aussi fut-ce dès le début un combat à la vie, à la mort[152] » (J. Haller).

Lors du synode de carême de 1075, Grégoire VII ouvre les hostilités en renouvelant vigoureusement l'**interdiction de l'investiture par les laïcs**, c'est-à-dire l'installation d'un clerc dans sa fonction par un laïc, interdiction assortie d'un avertissement très clair au roi. Quand Henri IV continue à installer des évêques dans l'Italie impériale limitrophe de l'État ecclésiastique (Milan, mais aussi Spolète et Fermo), Grégoire adresse, dès décembre de la même année, un ultimatum au roi : il le menace d'excommunication et du sort de Saül s'il continue à nommer les évêques. Le roi Henri réagit par un Reichstag accompagné d'un synode royal à Worms, en 1076 : mal conseillé, il réagit en **déposant le pape**. « Hildebrand, lui écrit-il, n'est plus pape, mais un faux moine ! » Une réaction exagérée lourde de conséquences, qu'il accompagne d'injures personnelles ; elles ont l'effet contraire de celui escompté. C'était de toute façon une erreur que de vouloir déposer un pape à distance ; une erreur aussi de faire du pape, qui avait attaqué le premier, une victime aux yeux du monde, la victime d'un Allemand arrogant. Certes, Henri III, le père d'Henri IV, avait lui aussi institué et destitué une série de papes, nous l'avons vu. Mais Henri IV oublie qu'entre-temps la situation a profondément changé, en faveur d'une papauté rénovée. Le pape, en effet, dispose maintenant d'instruments idéologiques et surtout ecclésiastiques qui lui permettent de s'affirmer : notamment, un système de publicité efficace qui lui permet de mener le combat pour gagner l'opinion publique. Depuis l'effondrement du monde antique, il n'y a jamais rien eu de tel.

Quelques semaines plus tard, Grégoire VII réagit d'une façon dramatique, lors du synode de carême de 1076 : il **excommunie et dépose le roi**, et suspend tous les évêques impliqués dans la décision du roi (à moins qu'ils ne se rétractent) ; il **délie tous les sujets du roi de leur serment de fidélité** ! C'est un événement terrible, inouï dans le monde d'alors, si bien que les évêques et les princes soucieux de leur propre pouvoir, après avoir longuement hésité, laissent tomber le roi et décident, en octobre, de le destituer s'il n'est pas relevé de son excommunication dans l'année qui vient. Il ne reste pas d'autre solution à Henri IV que de se soumettre.

Pour prévenir un Reichstag et un jugement à Augsbourg, Henri IV traverse les Alpes avec son épouse, son fils de 2 ans et sa cour – au cœur de l'hiver le plus rigoureux du siècle, où le Rhin lui-même est gelé. Grégoire VII est déjà en route pour le Reichstag d'Augsbourg, qu'il doit présider sur proposition des princes ; craignant un coup de main, il cherche refuge à **Canossa**, au pied des Appenins, dans l'imprenable forteresse de la comtesse Mathilde de Toscane, amie du pape. Mais, le 25 janvier 1077, le roi, pitoyable, pieds nus, revêtu de la tenue pénitentielle traditionnelle, se présente devant la porte du château pour implorer son pardon. C'est seulement au terme d'une pénitence inouïe de trois jours – et cédant aux prières de la comtesse et d'Hugues, abbé de Cluny, parrain d'Henri, qui lui demandent une promesse écrite – que le pape fait grâce à Henri, dont il a exigé qu'il se prosterne à terre, les bras en croix. Il le relève alors de son excommunication. Henri retrouve certes sa dignité royale, mais elle est désormais dépouillée de son caractère sacré ; son fondement idéologique en est ébranlé. Canossa marque un tournant ! Il n'est pas étonnant qu'« aller à Canossa » soit devenu une expression proverbiale, et pas seulement en Allemagne, pour signifier l'orgueil d'un hiérocrate infaillible et la profonde humiliation d'un souverain allemand, qui se voit contraint de reconnaître dans le pape le juge suprême (Bismarck dira en 1872, dans le contexte du *Kulturkampf* : « Nous n'irons pas à Canossa »).

Mais Canossa marque aussi une césure dans le pontificat de Grégoire. En effet, Grégoire, politicien sans retenue, a manifestement présumé de son pouvoir ; la première période, très active et victorieuse, est suivie d'une deuxième, davantage en réaction et marquée par des **échecs**. Certes, le synode de carême de 1078 renouvelle l'interdiction générale d'une investiture par les laïcs, explicitement étendue aux rois. Mais l'excommunication d'Henri IV a précipité l'Allemagne dans la guerre civile. Pour la première fois, il y a un antiroi allemand, Rodolphe de Souabe, soutenu par Grégoire. Cependant il ne lui est pas d'un grand secours. La seconde excommunication et la déposition d'Henri IV (1080) par le pape partent en fumée, et la prophétie téméraire de Grégoire, qui annonçait la chute d'Henri avant la fête de Saint-Pierre-aux-Liens, ne s'accomplit pas. C'est l'antiroi qui meurt après avoir perdu au combat la « main maudite » (parjure). Henri fait élire pape l'archevêque de Ravenne (Clément III) et, en 1081, vient à Rome avec une armée. L'activité gouvernementale de Grégoire est bloquée, l'argent n'arrive plus, et les Romains finissent par se ranger aux côtés d'Henri. Mais c'est en 1084 seulement que les portes s'ouvrent : Clément III est solennellement intronisé dans l'église Saint-Pierre et le roi Henri est couronné empereur. Grégoire VII s'est déjà réfugié dans l'imprenable château Saint-Ange, d'où les Normands, ses féaux, qu'il a appelés à l'aide dans sa détresse, le libéreront. L'empereur est reparti en Allemagne. Les Normands (et les Sarrasins de Sicile) pillent et rançonnent la ville trois jours durant, si bien que les Romains, indignés, se retournent contre Grégoire, qui est contraint de fuir avec les Normands vers le sud de l'Italie. Il trouve refuge à Salerne, où il meurt l'année suivante, quasiment abandonné du monde entier, prononçant la phrase bien connue : « J'ai aimé la justice et haï l'iniquité, c'est pourquoi je meurs en exil. »

Malgré cet échec, Grégoire VII, le pape qui n'était guère aimé, dont aucun biographe médiéval ne s'est occupé et qui n'a pas eu les honneurs des autels, reste un personnage dont l'activité a marqué une époque. Il personnifiait l'idéal de ceux qui façonnaient l'Église du XIᵉ siècle, et en ce sens on a raison de parler de « réforme grégorienne », une réforme que Hildebrand avait déjà engagée dès avant son propre pontificat. C'est en 1606 seulement qu'un culte local a été autorisé à Salerne ; il fut étendu en 1728 à toute l'Église, mais resta interdit dans certains pays. Des historiens contemporains pensent pourtant avoir de bonnes raisons pour aller jusqu'à parler, s'agissant de la réforme grégorienne, d'une « seconde christianisation », parce que l'on « commençait enfin à prendre au sérieux les prescriptions de l'Église avec lesquelles on en prenait à son aise jusque-là [153] ». Mais semblable appréciation appelle une réflexion historique et théologique.

La romanisation plutôt que la christianisation

Un « Moyen Age chrétien » ? Dès mes premières réflexions sur le paradigme médiéval, j'ai tenté de saper à la base la vision d'un Moyen Age qui aurait été l'époque « sombre » de la chrétienté. J'ai montré, dans le détail, comment la substance du christianisme a été préservée, même lors du renversement que représente le passage de l'Antiquité tardive au haut Moyen Age. Je n'ai pas besoin de répéter ici, à propos du Moyen Age à son apogée, ce que j'ai dit du haut Moyen Age. Le concept de « nouvelle christianisation » apparaît d'autant plus étonnant, si on le compare à la réforme grégorienne. Des historiens écrivent un peu trop facilement que l'on commence maintenant à prendre au sérieux des prescriptions de l'Église avec lesquelles on en prenait à son aise jusque-là. Mais le théologien ne pourra pas se dérober à la question critique en retour : ces **prescriptions ecclésiastiques**, que l'on n'observait guère jusque-là, étaient-elles réellement des **prescriptions chrétiennes** ? L'historien aussi, à supposer qu'il manque de critères sérieux pour définir ce qui est chrétien, ne pourra pas sans plus faire comme si toutes les prescriptions ecclésiastiques étaient d'emblée des prescriptions authentiquement chrétiennes.

Grégoire VII lui-même ferait valoir, sans aucun doute, que les préceptes de l'Église qui lui tiennent si passionnément à cœur relèvent du droit divin et qu'il s'agit de lois, d'idées et de décrets chrétiens anciens, énoncés par des papes et des synodes antérieurs.

C'est pour cette unique raison qu'il a posé ses exigences avec une telle énergie, sans peur ni concession. Il s'agissait pour lui de donner forme nouvelle à la vie ecclésiale contemporaine de son temps, dans l'esprit du christianisme, il s'agissait de christianiser cette vie : la réflexion sur l'ancien devait déboucher sur un nouvel ordre du monde chrétien ! Pour reprendre la phrase si souvent citée de Tertullien, le Christ n'a pas dit qu'il était l'habitude, mais la vérité. Et c'est pour cette raison que, pape, il lui a fallu mettre en œuvre tous les moyens pour libérer surtout le clergé des habitudes et traditions – *libertas Ecclesiae* (« liberté pour l'Église ») – qu'une organisation sociale qui n'avait rien de romain, qui était une organisation germanique, lui avait imposées. Car Grégoire VII aurait certainement acquiescé si on lui avait dit qu'il s'agissait pour lui fondamentalement de la **romanisation** cohérente de l'Église et donc de la chrétienté. Il avait en effet fondu à ce point la *christianitas* dans la *romanitas*, il avait à ce point identifié le chrétien et le romain, qu'il était convaincu que l'Église romaine précisément n'avait jamais erré dans la foi et qu'elle n'errerait jamais...

Mais la recherche historique a montré, on ne peut plus clairement, que le conflit historique entre le pape Grégoire VII et le roi Henri IV était celui de **deux conceptions diamétralement opposées du droit** :

– Henri IV représentait le **droit coutumier germanique, qui reposait sur la fidélité et l'allégeance**. Depuis la conversion des Germains au christianisme, ce droit avait aussi acquis droit de cité dans l'**Église germanique** – c'était l'élément le plus choquant dans le système germanique aux yeux de Grégoire – et il était encore partout en vigueur en Europe occidentale. Mais comment un gouvernement pouvait-il être conforme à l'ordre si un roi ou un autre laïc ne mettait pas en place, par l'investiture, le détenteur d'un bénéfice, y compris clérical ? Sans cette investiture, les vassaux clercs échapperaient au devoir d'hommage et au serment de fidélité, les archevêques, évêques et abbés seraient des princes qui ne dépendraient pas du roi ! Ils seraient dispensés des prestations de service économiques, militaires et politiques, dont le roi et son royaume ne pouvaient se passer. Accepter de renoncer à l'investiture, comme le demandait Rome, c'était saper les fondements de la société en place.

– **Grégoire VII**, en revanche, représentait la conception typiquement romaine et latine de l'Église, celle d'une **hiérarchie monarchique instituée par Dieu**, dont les évêques romains avaient posé les fondements depuis le Ve siècle et que Grégoire VII rappelait une nouvelle fois, sous sa forme la plus concise, dans son *Dictatus Papae* : un nouvel ordre du monde fondé sur la justice et orienté vers Rome, devant lequel devaient céder les coutumes et traditions germaniques contraires. Dans la mesure où Grégoire avait entrepris, sans peur et sans concession, de faire passer dans la pratique, de façon radicale et cohérente, le principe romain et les idées romaines relatives à l'Église et à la société, qui avaient connu une longue maturation, il représentait lui-même, **en personne, l'incarnation radicale et conséquente du système romain** ; celui-ci, produit d'un développement historique déterminé (dans le contexte de P III), ne s'identifie cependant aucunement avec l'Église catholique, encore moins avec l'essence du christianisme.

En effet, dans une perspective théologique, la question se pose aussi pour les historiens de savoir si le système romain est autorisé ou non à se réclamer, comme il le fait toujours pour justifier ses prétentions au pouvoir dans l'Église et dans la société, de saint Pierre et de l'Église ancienne, voire de Jésus-Christ lui-même. Il se pourrait que l'usage que Rome fait de son pouvoir s'inspire davantage des Césars romains, des empereurs byzantins et des faussaires francs que de l'Évangile de Jésus-Christ... Illustrons cela, à titre de test, à propos de quelques caractéristiques du système romain qui sont toujours les siennes aujourd'hui. *(Cf. page suivante.)*

8. CARACTÉRISTIQUES DU SYSTÈME ROMAIN

Pour apprécier les conséquences historiques, il est plus judicieux de considérer la période de l'histoire de l'Église qui suit le pontificat de Grégoire VII jusqu'à son apogée, au tournant des XIIe-XIIIe siècles, c'est-à-dire jusqu'à **Innocent III** (1198-1216). Ce n'est pas le pontificat de Grégoire VII, mais celui d'Innocent qui fut « sans doute le plus brillant de toute la longue et mouvante

HISTOIRE

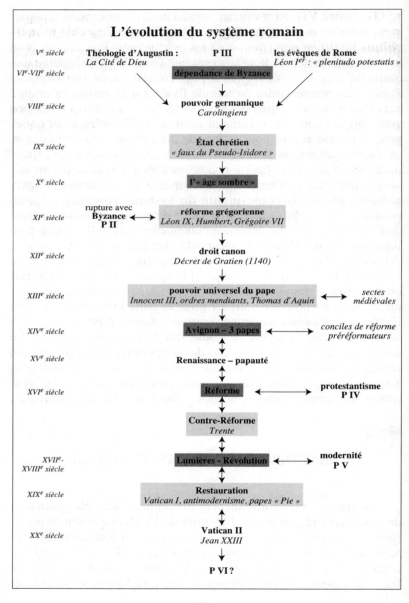

histoire de la papauté [154] », écrit l'historien catholique de la papauté, F.X. Seppelt. En sa personne, **les prétentions et la réalité de la papauté se recouvrent parfaitement**. Ce dont Augustin avait posé les fondements, mais qu'il n'avait certainement pas voulu, et ce dont Léon Ier n'osait pas rêver, paraît atteint : la double identification entre la cité de Dieu et l'Église d'un côté, entre l'Église et le pape de l'autre. Lothaire de Segni n'avait que 37 ans quand il succéda à Célestin III, mort à 92 ans : il était tout à la fois un juriste habile, un administrateur compétent et un diplomate raffiné. Fils d'un noble lombard et d'une patricienne romaine, il publia des écrits théologiques ; c'était un orateur accompli, un chef né, qui représenta incontestablement l'apogée, mais aussi le tournant de la papauté médiévale. Quels développements retrouvons-nous ici par rapport au paradigme de l'Église ancienne (P II) ? Je relèverai, dans ce paradigme III parvenu à maturité, cinq processus lourds de conséquences, qui resteront des caractéristiques durables du système romain [155].

Centralisation : l'Église papale absolutiste,
« mère » des fidèles

La romanisation signifie **centralisation**. La personne de **Grégoire VII** joue ici un rôle clé. Dès le début, avec Humbert, il s'est fait l'avocat fanatique de cette centralisation romaine qu'il a cherché à promouvoir, pour laquelle il a lutté et qu'il a conquise en concrétisant et en radicalisant des exigences déjà anciennes. Son objectif est une réorganisation totale de l'Église catholique, du monde chrétien européen, sur les plans de la foi, du droit, de la liturgie et de la discipline : tout doit converger vers le pape romain, successeur de Pierre et monarque spirituel absolu. C'est seulement maintenant – ce n'était pas encore le cas à l'époque des Carolingiens et des Othons – que l'on peut parler en Occident d'une **Église papale universelle**. Les évêques ne tarderont pas à se plaindre, un peu partout, d'un pape qui, comme tel, leur donne des ordres comme s'ils n'étaient que les administrateurs de son domaine : dès qu'ils font mine de s'opposer, il les convoque à Rome et les destitue. Au lieu d'une collégialité épiscopale, c'est l'autorité du pape qui s'impose envers et contre tous. La diversité catholique fait place à l'uniformité romaine.

Aux yeux de Grégoire VII, l'apôtre **Pierre** (c'est-à-dire le pape) est le **père** et l'**Église** romaine est **mère et maîtresse** (au sens de maîtresse d'école) de toutes les Églises. Michele Maccarrone, historien romain de la papauté, reprend la formulation de Grégoire VII dans l'appel de Salerne de 1084. Il y voit le « cœur » de la doctrine de Grégoire VII : « Le bienheureux Pierre, prince des apôtres, est le père de tous les chrétiens et, après Jésus-Christ, leur premier pasteur, et la sainte Église romaine est la mère et la maîtresse d'école de toutes les Églises [156]. » Nous aurons l'occasion d'en reparler : plus une Église à orientation monastique, faite de célibataires, s'isole de l'extérieur, s'enfermant dans son autorité et son rigorisme, plus fleurissent les sublimations et les projections psychiques relatives à « l'Église ». Un papalisme autoritaire et une idéalisation de l'Église vont très tôt de concert.

Mieux que tout autre avant lui, **Innocent III** montre jusqu'où les papes sont allés, en peu de temps, dans la conscience de leur mission supraterrestre [157]. Au titre de « représentant de Pierre », il préfère le titre de « **représentant du Christ** » *(vicarius Christi)*, utilisé jusqu'au XIIe siècle pour tout évêque ou tout prêtre, « parce qu'il peut s'appuyer sur lui pour revendiquer une autorité plus radicale et plus étendue » ; son successeur, Innocent IV, s'appellera même « **représentant de Dieu** » *(vicarius Dei)*, « ce qui permet d'étendre encore son autorité, même au-delà du cercle des croyants [158] ». Innocent III, passé maître dans l'idéologie papale, se fait une si haute idée de sa souveraineté religieuse que le jour de son intronisation il n'hésite pas à prêcher sur lui-même : « Représentant du Christ, il occupe une place centrale, entre Dieu et l'homme, au-dessous de Dieu et au-dessus de l'homme, plus petit que Dieu et plus grand que l'homme, juge de tous et jugé par personne (à l'exception du Seigneur) [159] ! » Un pape au-dessus et à l'extérieur de l'Église : il faudra attendre Vatican II et ses textes sur la collégialité des évêques pour relativiser cette vision de la papauté [160].

Il n'est pas étonnant qu'Innocent III, dont la pensée reste très patriarcale, ait aussi une prédilection pour le titre de ***mater*** (« **mère** »), que Rome applique volontiers à l'Église depuis Grégoire. Mais là encore, il pousse le symbolisme plus loin. Il n'applique guère ce titre de « mère » à l'Église en général, mais plus spécifiquement à l'**Église de Rome**. Pourquoi ? Pour « exprimer la primauté de l'Église romaine [161] ». Le titre de « mère » a l'avantage de pouvoir s'appliquer indifféremment à l'*ecclesia romana* et à la *sedes apostolica*. « Innocent semble distinguer une double maternité de l'Église romaine : elle est d'une part la mère de toutes les autres Églises, et donc leur tête. Mais comme *mater omnium Christi fidelium*, elle est en relation directe avec chaque croyant individuel et s'identifie donc, en fin de compte, avec l'*ecclesia universalis* [162]. »

Innocent III, qui est sans aucun doute un homme d'une piété sincère et d'un grand sérieux moral, s'y entend aussi, comme nul avant lui, pour mettre en scène la plénitude de pouvoir qui revient à Rome. L'occasion lui en est offerte par le **quatrième concile œcuménique du Latran** (1215). C'est, en fait, un simple synode papal, qui fait apparaître au grand jour toute la puissance et l'autorité centrale du pape sur l'Église, ainsi que l'insignifiance pratique de l'épiscopat. Convoqués par le pape et réunis sous sa présidence, environ deux mille évêques, abbés et souverains séculiers se retrouvent pour prendre des décisions qui soient exactement dans la ligne voulue par le pape – soixante-dix décrets témoignent de l'emprise du droit dans l'Église –, pour la réforme de l'Église surtout [163], mais qui resteront pour la plupart lettre morte (sauf ceux relatifs à un impôt que le clergé doit verser au pape et à l'obligation faite à tout croyant de se confesser et de communier au temps de Pâques).

Les décrets **contre les juifs** ne resteront cependant pas lettre morte. Bien que le pape leur garantisse la liberté de culte, ils annoncent, à maints égards, les mesures antisémites ultérieures : habillement distinct, interdiction d'occuper des postes officiels et de sortir pendant la Semaine sainte, imposition d'une taxe à payer au clergé local chrétien [164]. J'en ai traité explicitement dans mon ouvrage *Le Judaïsme* [165]. Comme chez Grégoire VII, qui avait promulgué les premiers décrets contre les juifs occupant des postes officiels, l'autoritarisme papal et l'antijudaïsme se donnent la main chez Innocent III. Dans cette tendance ne tardent pas à se situer aussi, malheureusement, les ordres mendiants, approuvés à cette époque (surtout les dominicains) comme exécuteurs de la nouvelle politique romaine antijuive. Celle-ci modifie fondamentalement la position juridique et théologique des juifs (considérés comme infidèles, ils deviennent « esclaves du péché », avant de devenir esclaves des princes chrétiens).

Le quatrième concile du Latran, un synode entièrement sous la coupe du pape, aurait été absolument impensable dans le cadre du paradigme byzantin de l'Église ancienne ! En ce qui concerne la centralisation, il y a effectivement une différence essentielle entre le paradigme byzantin de l'Église (P II) et le paradigme catholique romain médiéval (P III) :

– dans le paradigme de l'Église ancienne byzantine, l'Église constitue toujours une communauté *(koinonia, communio)* d'Églises, sans autorité centralisée régissant toutes les Églises ;

– l'Église catholique d'Occident représente, depuis le Moyen Age, une Église où tout converge vers le pape : sa foi, son droit et son organisation disciplinaire ; c'est une centralisation de l'Église fixée sur un monarque absolu, à qui seul revient la suprématie dans l'Église, une suprématie dont nous ne trouvons pas trace dans les sources néo-testamentaires telles que nous les connaissons.

*Juridisme : l'Église de droit
et sa science du droit ecclésiastique*

« Romanisation » signifie « **juridisme** ». C'est la réforme grégorienne qui transpose dans la réalité de l'Église les postulats juridiques des papes antérieurs et des faux pseudo-isidoriens. **Grégoire VII**, qui diffuse partout le manuel canonique papal de Humbert, s'est adjugé un droit de légiférer comme aucun autre pape ne l'a fait avant lui. Certaines de ses décisions prennent, en fait, force de loi, même si, étonnamment, ses décrets et ses lettres sont à peine cités dans le *Corpus juris canonici* (et dans le Denzinger). Au temps de Grégoire paraissent en tout cas à Rome des **recueils juridiques** rédigés dans l'esprit de Rome (ils sont plus soigneusement confectionnés que jadis et rédigés par des professionnels) qui s'avèrent nécessaires en cette ère de législation papale. On a en effet calculé que les papes du XIIe siècle ont promulgué plus de décisions juridiques pour toute l'Église que tous leurs prédécesseurs réunis.

LE PARADIGME CATHOLIQUE ROMAIN MÉDIÉVAL

Face aux différents recueils juridiques plus anciens, souvent obscurs et incertains, on se félicite généralement de l'initiative de **Gratien**, un moine camaldule qui enseignait à l'université de Bologne, haut lieu des études de droit au Moyen Age. Il publia vers 1140 son manuel *Concordantia discordantium canonum*, connu sous le nom de ***Décret de Gratien***, une dénomination qui peut induire en erreur [166]. C'est sans aucun doute un outil remarquable, qui rassemble le droit ecclésiastique en vigueur, use d'une méthode dialectique pour résoudre les nombreuses contradictions et sera aussi immédiatement utilisé pour l'enseignement, dans les deux écoles de droit les plus célèbres de l'époque, à Bologne et à Paris. On ne s'aperçoit pas, il est vrai – et la science du droit canonique s'en trouve obérée jusqu'à nos jours – que ce manuel de droit de Gratien, qui, par la suite, servira de base à l'enseignement, comporte un cinquième de faux ; trois cent vingt-quatre passages attribués à des papes des quatre premiers siècles sont cités à partir des *Décrétales pseudo-isidoriennes*, et trois cent treize sont manifestement des faux.

Il y a longtemps que les juristes laïcs sans formation, mais aussi de nombreux clercs, et même des évêques, ne sont plus capables de se servir du droit ecclésiastique. Or, de même que l'administration de l'État a besoin de « légistes » professionnels, qui s'attachent surtout au droit romain, au droit impérial, nous trouvons dans la sphère de l'Église, depuis le XIe siècle, les « **canonistes** » professionnels, qui se consacrent entièrement aux canons des papes et deviennent dès lors d'inestimables piliers idéologiques du système romain, à Rome et dans d'innombrables chancelleries et tribunaux [167]. Gratien lui-même, par ses cours à Bologne, a fondé l'école des canonistes (décrétistes), qui glosent le droit canon : à côté de l'école du droit romain, le plus souvent à orientation impériale, il y a, dès lors, les spécialistes du droit ecclésiastique qui sont, en fait, des spécialistes du droit du pape. La **science du droit ecclésiastique**, ou droit canonique, a acquis droit de cité comme branche séparée au sein de la scolastique [168].

Les textes à commenter ne manquent pas, loin de là. En effet, les spécialistes en droit ecclésiastique considèrent les multiples décisions papales comme étant toutes des compléments ou des amendements au *Décret de Gratien*. Ainsi en viennent à se constituer trois recueils officiels de décrets (et un non officiel), qui, avec le *Décret de Gratien*, constituent le **Corpus juris canonici**. C'est à partir de ce corpus qu'a été élaboré, sous la direction de la Curie, le **Codex juris canonici**, publié en 1917/1918 et objet d'une révision – qui ne portait pas sur l'essentiel – après Vatican II, publié sous cette forme en 1983 et toujours valable. Depuis le XIIe siècle, la qualification requise pour être pape (ou pour faire carrière dans la Curie) était d'ordre moins théologique que juridique, ce qui valait aux papes un avantage inestimable face aux dirigeants séculiers de leur temps. C'est grâce à sa connaissance du droit que la monarchie pontificale dispose de l'arsenal et du personnel juridiques lui permettant de traduire dans la réalité les prétentions romaines. Rome est submergée de requêtes en provenance du monde entier, sollicitant une décision même sur des questions de droit de troisième ordre. Bernard de Clairvaux, entre autres, faisait déjà de sévères remontrances à ce sujet au pape Eugène III, son élève, dans son célèbre écrit *De consideratione* : « En cela tu n'as pas suivi Pierre, mais Constantin [169]. » Mais Bernard, dans le même texte, est aussi le premier à avoir formulé la funeste théorie des deux glaives remis à l'Église par Dieu : le glaive spirituel pour son propre usage et le glaive séculier que l'empereur doit utiliser conformément à la volonté du pape [170].

Avec **Innocent III**, qui a étudié la théologie à Paris et le droit ecclésiastique à Bologne, qui est passé maître aussi en droit pontifical et qui s'est attelé à la réforme de la Curie, on atteint déjà pratiquement ce que Grégoire VII ne pouvait qu'appeler de ses vœux dans son *Dictatus Papae* : le pape est maintenant effectivement le souverain de l'Église, sur laquelle il règne sans partage ; toute influence des puissances séculières sur les affaires intérieures de l'Église est exclue. A Rome on n'a jamais connu le partage des pouvoirs et on s'y est aussi refusé quand il a pris forme dans les États modernes. Le pape est et reste **le dirigeant suprême, le législateur absolu et le juge suprême** de l'Église. Innocent III met tout en œuvre pour faire intervenir Rome à titre d'instance supérieure dans toutes les situations qui se présentent, y compris dans les affaires séculières. Rappelons qu'il est le premier pape à publier un recueil officiel de droit ecclésiastique. Mais, dès cette époque, les appels à Rome sont l'occasion des pires abus. Dès cette époque se fait jour la tendance que l'on peut observer aujourd'hui encore à Rome, qui se complaît dans les privilèges, dans l'arbitraire et dans l'esprit partisan, comme il en va de tous les régimes absolutistes et comme c'est toujours le cas dans la pratique vaticane [171].

A Byzance aussi, nous l'avons vu, on assiste à une emprise croissante du juridisme, mais elle est surtout le fait des empereurs (Justinien). Il subsiste néanmoins une différence importante, quant au juridisme dans l'Église, entre le paradigme de l'Église ancienne et de Byzance (P II) et le paradigme catholique romain médiéval (P III) :

— dans le paradigme de l'Église ancienne et de Byzance (P II), l'Église est dès le début et reste intégrée dans le droit de l'État, le droit impérial ;

— l'Église catholique d'Occident, quant à elle, développe, à partir du Moyen Age, son propre droit ecclésiastique (avec sa propre science de ce droit), qui peut rivaliser en complexité et en différenciation avec le droit de l'État, mais qui est entièrement centré sur le pape, souverain, législateur et juge absolu de la chrétienté, à qui l'empereur lui-même reste subordonné.

*Politisation : une Église de pouvoir
dont la domination s'étend au monde entier*

« Romanisation » signifie « **politisation** ». Et à cet égard aussi c'est **Grégoire VII** qui engage directement la lutte pour le pouvoir avec le souverain le plus marquant d'Europe, le roi et empereur allemand. Ce pape-moine s'était de plus en plus mis dans l'idée que si le successeur de Pierre est autorisé à délier et à juger en matière céleste et spirituelle, à plus forte raison en matière terrestre et séculière. Pierre a droit à la domination du monde ! Et en se réclamant des « titres légaux » plus que douteux que nous connaissons, ce pape cherche à persuader le monde entier, y compris Guillaume, le conquérant de l'Angleterre, à lui jurer fidélité, à lui payer tribut et à lui rendre hommage, ce à quoi Guillaume (parce que nouveau venu) se refuse catégoriquement. Aux yeux du pape, les empereurs et les rois lui doivent aussi soumission à titre d'« hommes pécheurs » ; *sub ratione peccati* (« du point de vue du péché » : de la morale) les papes ne se priveront pas, dans les siècles à venir, d'intervenir indirectement ou directement dans les affaires séculières. Et parce que l'issue de cette lutte pour le pouvoir reste d'abord indécise, les luttes et les propagandes politiques passionnées continuent encore pendant toute une génération après la mort de Grégoire VII, avec des résultats fluctuants.

C'est en 1122 seulement que l'on arrive à un compromis sur la question des Investitures (au concordat de Worms) : le roi renonce à l'investiture par l'anneau et la crosse, pour se contenter de celle par le sceptre. Désormais, **les évêques seront élus** par le clergé et la noblesse des diocèses, puis, à partir du XIIIe siècle, par le **chapitre de la cathédrale**, qui ne choisira pratiquement jamais un évêque qui n'aurait pas l'agrément de Rome. Ainsi, dans les décennies qui suivent le concordat de Worms, la position de pouvoir de la papauté n'est pratiquement plus remise en question. L'hégémonie de l'Église allemande avait de toute façon fait place à celle de l'Église de France. La personnalité spirituelle la plus marquante de la première moitié du XIIe siècle est **Bernard de Clairvaux** (1090-1153), conseiller des papes et des princes, qu'il n'hésite pas à rappeler à l'ordre ; il est surnommé l'« empereur secret de l'Europe » ; ce grand lecteur mystique du Cantique des cantiques joue aussi, malheureusement, le rôle de gardien de l'orthodoxie – une fonction qu'il s'arroge lui-même –, de fâcheux agitateur contre d'autres théologiens (surtout Abélard, le génial précurseur de la scolastique) et de prédicateur fanatique de la « guerre sainte »[172]. En Allemagne, dans la seconde moitié du XIIe siècle, le règne brillant, pendant près de quarante ans, de l'empereur **Frédéric Ier Barberousse** (1152-1190), très conscient de sa valeur, représente un apogée[173].

Mais la mort inopinée, à 32 ans, d'Henri VI, le fils de Barberousse, dont l'héritier, Frédéric (II) n'avait que 3 ans, déclencha la grande querelle du trône en Allemagne même, entre les Hohenstaufen et les Guelfes ; elle aboutit à une vacance du pouvoir. Voilà qui offrait une occasion politique unique à **Innocent III**, le pape jamais égalé jusqu'en notre siècle, au point que Léon XIII, qui avait choisi Innocent pour modèle, voulut être enterré au Latran face à lui. A la différence de Grégoire VII, il joignait à l'audace et à la détermination la froide objectivité de la réflexion, l'habileté de l'homme d'État et la souplesse tactique. Son habile politique, dirigée contre les Allemands, pour des « récupérations » (« reprises de possession »), fait de lui le **deuxième fondateur de l'État pontifical** (il va presque doubler de surface).

Au temps d'Innocent III, Rome est le centre incontesté de la politique européenne, tant au niveau du pouvoir que des affaires. Innocent est réellement le **maître du monde** – non pas dans le sens d'une domination absolue, mais comme arbitre et suzerain suprême. « Il a souvent signifié dans ses lettres et allocutions qu'il entendait se situer au-dessus des peuples et des nations [174] » (F. Kempf). Le dualisme entre le pape et l'empereur, entre l'Église et l'État, toujours présent bien sûr, est cependant entièrement subordonné à la « hiérocratie papale » : « La papauté et le droit canon voient l'unité dans une prééminence de l'Église sur l'État ; la souveraineté séculière prend alors place dans la hiérocratie de la papauté [175]... » (H.E. Feine).

Mais, en dépit de ses succès, ce pontificat triomphal marque non seulement un apogée, mais aussi un **tournant**. Plus qu'Innocent III ne peut le pressentir, avec sa politique du pouvoir qui ne craint pas de recourir aux moyens de coercition spirituels, à l'excommunication et à l'interdit, mais aussi à la ruse, à la tromperie et au chantage, il enterre définitivement pour l'avenir l'amour des peuples à l'égard du siège de Pierre. Innocent III, qui tient tant à l'institution d'un ordre légal et réunit les décrétales qui fixent le droit, essaie par l'excommunication, mais en vain, de faire abroger la *Magna Charta libertatum*, la Constitution que la noblesse et le clergé anglais ont arrachée au roi. Le même pape qui réorganise la Curie romaine selon des principes qui rappellent ceux d'une bonne gestion commerciale renforce l'impression, par sa façon de traiter des affaires et des taxes, que Rome se soucie moins de l'*Evangelium secundum Marcum* que de l'*Evangelium secundum Marcam* – l'Évangile du mark, de l'argent. A la fin du quatrième concile du Latran, chaque prélat présent laisse au pape, toujours à l'affût de ressources nouvelles, un « cadeau » substantiel ! Sous Innocent se font déjà sentir les terribles **signes de décadence** qui deviendront les principaux chefs d'accusation de la Réforme et de tous les réformateurs, mais qui, pour une part, marquent le système curial encore de nos jours :

– népotisme et favoritisme à l'égard des parents et employés du pape et des cardinaux ;
– cupidité, corruption, excuse et camouflage des crimes ;
– exploitation financière des Églises et des peuples par un ingénieux système d'offrandes et de taxes [176].

En ce qui concerne la politisation de l'Église, on observe aussi une différence significative entre le paradigme de l'Église ancienne byzantine (P II) et celui du Moyen Age catholique romain (P III) :
– dans le paradigme de l'Église ancienne, le pouvoir de l'Église prend place dans un système de « symphonie » et d'harmonie, où, en fait, le pouvoir séculier l'emporte sur le pouvoir spirituel ;
– mais en Occident, depuis le Moyen Age, l'Église se présente, à travers la papauté, comme une institution de pouvoir de tout premier ordre, totalement autonome, qui réussit par intervalles à se soumettre presque entièrement le pouvoir séculier.

Militarisation : une Église guerrière et ses « guerres saintes »

« Romanisation » signifie « **militarisation** ». Là aussi, **Grégoire VII** est sans aucun doute le premier à projeter sérieusement une grande campagne militaire en direction de l'Orient – pour contraindre Byzance à l'obéissance et pour reconquérir Jérusalem, et ce, vingt ans avant la première croisade ! Sous sa conduite personnelle, comme pape et comme général, le primat de Rome doit aussi s'imposer à Byzance, mettant ainsi fin au schisme. Grégoire VII, champion de la « guerre sainte », ne se contente pas d'envoyer le « fanion de Pierre » (la bénédiction de Pierre) aux parties en guerre qui ont sa faveur, bénissant ainsi la guerre elle-même, il est aussi le premier pape à accorder une indulgence en remettant les peines dues aux exactions des guerriers – c'est le cas pour la reconquête de l'Espagne, par exemple. Il se prévaut tout naturellement de ses « pleins pouvoirs » pétriniens. Aussi a-t-on pu dire à juste titre de Grégoire VII qu'il fut le pape le plus belliqueux qui ait jamais occupé le siège de Pierre. Il ne cesse de recruter des troupes, s'engage dans des entreprises guerrières et se rend lui-même sur le champ de bataille, à cheval et magnifiquement paré.

Il semble avoir oublié l'ancien axiome qui voulait que l'Église ne répande pas le sang. Il aime citer la phrase de Jérémie : « Maudit celui qui refuse le sang à son épée [177] ! »

Ce n'est donc pas par hasard que la première **croisade se met en mouvement** dix ans après la mort de Grégoire VII [178] – dans et pour la Terre sainte, pour libérer les Lieux saints des « infidèles » ! Une croisade est évidemment tout autre chose qu'un pèlerinage, un voyage d'aventures ou une émigration, même si l'aspect « pèlerinage » a joué un rôle essentiel et si la soif d'aventures (des représentations féeriques de l'Orient) et d'évasion (échapper aux dettes et autres réalités désagréables) a également joué. Une croisade est par nature une « **guerre sainte** » entreprise sous le signe de la croix victorieuse – souvenons-nous de Constantin ! Bernard de Clairvaux est le premier théoricien chrétien de la « guerre sainte », justifiant théologiquement le meurtre des « infidèles » [179]. Mais sans l'initiative et la bénédiction de la papauté, qui couvre les croisés de privilèges (indulgences, dispense de l'impôt et des taxes, remise des dettes privées), on n'en serait pas arrivé là. Dès le début, les croisades sont des entreprises papales, même si leur déroulement concret échappe ensuite souvent à la papauté.

Les croisades ne sont donc pas de simples accidents de parcours historiques ou des sous-produits fortuits de l'histoire de l'Église. Elles sont un **phénomène typique du paradigme catholique romain** [180]. On était en effet généralement convaincu en Occident qu'il s'agissait là d'une entreprise profondément chrétienne :

– La croisade est l'affaire de **toute la chrétienté** (occidentale), même si la première est dirigée par les Français, la deuxième par les Français et les Allemands et la troisième par les Allemands.

– Les croisades sont considérées comme **approuvées par le Christ lui-même,** puisque le pape, porte-parole du Christ, a appelé personnellement les chrétiens à les entreprendre. La papauté elle-même ne peut qu'y gagner en importance, puisque les croisades soulignent son primat à la tête de l'Occident [181]. Et plus un ennemi extérieur à la chrétienté se montre fort, plus les chrétiens se montrent solidaires sous la conduite de l'unique Pasteur suprême.

– Les croisades, qui conduisent les croisés à travers des territoires ennemis, sur des milliers de kilomètres et au prix de fatigues incroyables, sans base de ravitaillement, sont inimaginables sans un authentique **enthousiasme religieux**, sans la passion, proche de la psychose de masse. Les croisades sont donc présentées aux croisés comme une sorte de pèlerinage et certains y prennent même part en vertu d'un vœu de pèlerinage explicite. « Jérusalem », la Ville sainte des débuts et de la fin de l'histoire du christianisme, éveille des résonances quasi magiques à cette époque. Les souffrances, les peurs, les pertes indicibles et néanmoins l'étonnant succès de la première croisade semblent confirmer à leurs yeux que « Dieu le veut ! »[182].

Innocent III, peut-être préoccupé de réintégrer certains groupes hérétiques, joue un rôle difficilement compréhensible dans la politique des croisades. Il devient le **pape des croisades qui s'en prennent aussi à d'autres chrétiens**. Il prend au sérieux le principe de Grégoire VII selon lequel « quiconque n'est pas d'accord avec l'Église romaine ne peut être considéré comme catholique » : au regard du droit c'est donc une sorte de hors-la-loi. Innocent, qui prône la croisade comme un « moyen de salut », lance (comme nous l'avons vu dans le cadre de notre analyse de P II) la quatrième croisade (1202-1204), qui conduit au désastre de la conquête et du pillage de Constantinople, trois jours durant, et à la mise en place d'un empire latin avec une organisation latine de l'Église, qui réduit l'Église byzantine en esclavage. Certes, telle n'était pas l'intention première d'Innocent, mais devant le fait accompli il voit dans ce résultat l'œuvre de la divine Providence ! L'objectif poursuivi par les papes depuis le Ve siècle – la reconnaissance de la primauté papale, y compris à Constantinople – paraît atteint. Mais, en réalité, c'est exactement le contraire : ces événements scellent définitivement le schisme.

Dix ans après, lors du quatrième concile du Latran, en 1215, le même pape promulgue un décret appelant à une nouvelle croisade en Palestine, qu'il aurait lui-même conduite si sa mort n'était survenue l'année suivante (1216). Mais après le meurtre d'un légat du pape, une première grande croisade est menée contre d'autres chrétiens, en Occident cette fois : contre les Albigeois (des cathares « néo-manichéens ») du sud de la France. Cette horrible guerre de vingt ans contre les Albigeois, marquée par des atrocités bestiales des deux côtés, conduit à l'éradication de populations entières : elle fait insulte à la croix et constitue une perversion sans pareille de l'idée chrétienne. Elle fait néanmoins école [183]. Il n'est pas étonnant que du temps même d'Innocent l'idée ait germé, dans des groupes de protestation d'inspiration évangélique, que le pape est l'Antéchrist...

Il faut aussi, évidemment, situer les croisades dans leur temps, sans pour autant les excuser. Elles supposent la théologie d'Augustin, qui justifie le recours à la force par l'autorité légitime pour une juste raison. Il fallait défendre ou imposer la « cause du Christ », et on comprenait ce Christ, tout en lui reconnaissant désormais des traits très humains, comme un « Christ politique ». Aussi critiquait-on tout au plus les croisés dont les péchés étaient responsables des échecs, mais non pas les croisades comme telles, en tout cas on ne les critiqua pas aussi longtemps que l'on crut à leur succès [184]. Les croisades ont contribué indirectement, il est vrai, à l'élargissement de l'horizon spirituel de l'Occident, à l'essor économique du commerce en Méditerranée et des villes italiennes, à la constitution d'une noblesse (chevalerie) reposant sur des idéaux communs et à l'élévation du niveau de vie dans les villes (à l'avènement d'une bourgeoisie). Face à cette méconnaissance politique et militaire manifeste du message chrétien, des doutes se sont manifestés de plus en plus fortement quant à l'utilité des croisades, quant aux impôts élevés qu'elles entraînaient et quant à la prétention de la doctrine chrétienne à être la seule vérité. Mais en même temps – et cela devrait donner à réfléchir –, il ne s'est trouvé personne pour poser ouvertement, dès le début, les **questions critiques** qu'elles appelaient manifestement :

– Le Jésus du Sermon sur la montagne, qui s'est fait l'avocat de la non-violence et de l'amour des ennemis, aurait-il approuvé cette entreprise guerrière ?

– N'est-ce pas faire de la croix du Nazaréen son contraire quand, au lieu d'inspirer les chrétiens dans la croix quotidienne qu'il leur revient de porter, elle en vient à légitimer les guerres sanglantes des croisés qui portent la croix sur leur habit ?

– Le pape est-il vraiment le porte-parole du Christ quand il présente ces campagnes guerrières comme des actes de « pénitence » et d'« amour » chrétiens, comme une « œuvre méritoire » pour les laïcs et surtout les chevaliers, alors qu'il n'est pas permis aux moines et aux prêtres de verser le sang ?

– La persécution sanglante de communautés juives en France, en Rhénanie, en Bavière et en Bohême, qui accompagne déjà la première vague de croisades, n'aurait-elle pas dû être un signal d'alarme, révélant que la haine, la vengeance et la cupidité étaient plus à l'œuvre que la pénitence et l'amour ?

– La stratégie du massacre et de l'expulsion des non-chrétiens dans les villes importantes conquises (en l'attente de colons occidentaux) et l'horrible bain de sang perpétré à Jérusalem, contre les juifs et les musulmans, ne sont-ils pas en contradiction criante avec ce Jésus qui est entré à Jérusalem sur un âne, sans violence aucune ?

– Les États croisés nouvellement créés et les ordres de chevalerie (johannites, templiers) ne sont-ils pas désavoués dès l'abord par le prédicateur de Nazareth, qui promet la possession de « la terre » aux seuls non-violents ?

– Était-on autorisé, dès lors, à l'encontre de la tradition ancienne, à considérer les guerriers morts au combat comme des martyrs, directement admis au paradis ? ...

Non : cette militarisation de l'Église conduit elle aussi à renverser complètement le message chrétien originel (P I) dans le cadre du paradigme qui prévaut désormais (P III). Mais par rapport au paradigme de l'Église ancienne et de Byzance (P II) également, une différence saute aux yeux :

– les Églises orthodoxes d'Orient se sont aussi trouvées impliquées dans la plupart des conflits militaires et politiques du pouvoir séculier et ont souvent légitimé théologiquement, voire inspiré, des guerres ;

– mais c'est seulement dans le christianisme occidental que l'on trouve cette théorie (augustinienne) du recours légitime à la violence pour atteindre des objectifs spirituels, qui permet aussi, en fin de compte, le recours à la violence pour l'extension du christianisme : à l'encontre de toute la tradition de l'Église ancienne, il y a eu des guerres de conversion, des guerres contre les païens, des guerres contre les hérétiques, et même – perversion complète de la croix – des croisades contre des frères dans le Christ.

Cléricalisation : une Église d'hommes célibataires et l'interdiction du mariage

« Romanisation » signifie « **cléricalisation** ». Sous l'influence des moines Humbert et Hildebrand, Rome imposa à tout le clergé une sorte de « panmonachisme », avec une obéissance inconditionnelle, le renoncement au mariage et la vie communautaire. Les décisions du synode du Latran de 1059 **interdisant le mariage des prêtres** furent davantage suivies en France, berceau de la réforme monastique, qu'en **Italie**. Les évêques lombards ne promulguèrent pas l'interdiction du mariage des prêtres – à l'exception de l'évêque de Brescia, que ses prêtres rossèrent presque à mort. Mais cet attachement du clergé au mariage légitime des prêtres conduisit une nouvelle fois à une révolte des « patarins » (la « racaille »), encouragée par le pape, contre les clercs. On assista à de répugnantes chasses aux femmes de prêtres dans les maisons cléricales.

En **Allemagne**, l'interdiction du mariage suscita une indignation plus vive encore qu'en Italie : trois évêques seulement (ceux de Salzbourg, de Würzburg et de Passau) osèrent promulguer les décrets romains ; l'un d'eux (le dernier) fut presque lynché par son clergé le jour de Noël et chassé. C'était le bas clergé surtout que frappait la condamnation, et ils furent des milliers (trois mille six cents clercs du seul diocèse de Constance, réunis en synode) à protester contre la nouvelle législation et contre ceux qui encourageaient le peuple à se révolter contre ses leaders spirituels. Dans une pétition le clergé allemand fait valoir trois objections :

1. Le pape ne connaît-il pas la parole du Seigneur : « Comprenne qui pourra » (Mt 19,12) ?
2. Le pape contraint de force les hommes à vivre comme les anges, il veut interdire le cours de la nature. Cela ne peut que conduire à la fornication.
3. Sommés de choisir entre la prêtrise et le mariage, ils choisiront le mariage : que le pape aille donc recruter des anges pour le service de l'Église [185] !

Là encore, c'est **Grégoire VII** qui est à l'origine de la décision définitive en se ralliant, lors de son premier synode de carême, en 1074, aux *desiderata* de la *Pataria* et en confirmant les décisions de 1059. Il va jusqu'à suspendre tous les prêtres mariés (accusés de « concubinage ») en mobilisant en même temps les laïcs pour qu'ils n'acceptent pas de bénéficier de leurs services presbytéraux. C'était une nouveauté : un pape organisant lui-même le **boycottage du clergé** par les laïcs ! Néanmoins, canoniquement, c'est seulement le deuxième concile du Latran, en 1139, qui met un point final à cette affaire, en déclarant que les ordres supérieurs (à partir du sous-diaconat) constituent un empêchement de mariage dirimant, c'est-à-dire que le mariage des prêtres, qui était certes interdit jusque-là mais restait valide, est dès l'abord frappé de nullité. Toutes les femmes de prêtres sont considérées comme des concubines, les enfants de prêtres deviennent même propriété de l'Église, véritables esclaves ayant perdu toute liberté. Nous avons donc désormais une **loi universelle et obligatoire** imposant le célibat, bien que dans la pratique son observance reste limitée, même à Rome.

Mais plus que tout le reste, la loi médiévale du célibat, caractéristique du catholicisme romain – aujourd'hui à nouveau vivement contestée –, a contribué à éloigner le « clergé », la « hiérarchie », les « ecclésiastiques », l'« état sacerdotal » du « peuple » et des « laïcs », entièrement subordonnés à cette hiérarchie. L'état de célibataire est désormais considéré comme moralement « plus parfait » que l'état de mariage. La **cléricalisation** prend maintenant des dimensions telles que l'on en vient à identifier « clergé » et « Église » – un usage qui s'est conservé pour une part jusqu'à nos jours. En ce qui concerne les relations de pouvoir, cela signifie que :

– les laïcs sont désormais hors circuit dans une Église qui incluait jusque-là le clergé et les laïcs ;

– le clergé, administrateur des canaux de la grâce, constitue à lui « seul » l'Église ;

– l'Église cléricale a une organisation hiérarchique et monarchique, qui culmine avec le pape : l'Église catholique en vient à se confondre avec l'Église romaine ;

– le clergé (« l'Église ») et les laïcs (« le peuple ») constituent la « chrétienté » *(christianitas)*, qui, selon la conception romaine, doit une obéissance inconditionnelle au pape et au clergé.

Mais, à l'apogée du Moyen Age, le clergé comporte plus que jamais deux rameaux puissants : le clergé séculier et le clergé régulier. C'est précisément au temps d'**Innocent III** que l'importance du clergé séculier croît considérablement. En Occident, non seulement les moines sont désormais de plus en plus généralement des prêtres *(patres)*, mais les frères lais *(fratres)*, relégués aux tâches inférieures, sont à leur service. C'est Innocent III qui endigue habilement le mouvement de la pauvreté, au service de l'Église, et qui approuve ces ordres nouveaux dont l'idée-force est de suivre Jésus pauvre : les **ordres mendiants** des franciscains et des dominicains – nous y reviendrons.

En ce qui concerne la **cléricalisation**, on observe aussi une différence éclatante entre le paradigme byzantin de l'Église ancienne (P II) et le paradigme médiéval catholique romain (P III) :
– dans les Églises orientales, le clergé – à l'exception des évêques – reste marié et s'avère ainsi bien plus proche du peuple et plus imbriqué dans le tissu social ;
– le clergé célibataire d'Occident, quant à lui, apparaît surtout totalement détaché du peuple chrétien par son célibat : il constitue un état social autonome, dominant, supérieur comme tel à l'état laïc, lui-même totalement soumis à l'autorité du pape romain, qui peut maintenant, et pour la première fois, s'appuyer sur des troupes auxiliaires de célibataires, partout présentes, toujours disponibles et mobiles, pourvues d'une organisation centrale : les ordres mendiants.

Pertes et profits

La combativité de la papauté ne cessera de se manifester par la suite, de la dernière phase de la lutte mortelle avec les Hohenstaufen jusqu'à la disparition des États pontificaux avec le *papa-re* (« pape-roi ») à leur tête, en passant par la Renaissance italienne et la Contre-Réforme. Jusqu'au deuxième concile du Vatican, on se plaisait à Rome à parler de l'Église comme d'une *acies ordinata*, une « armée rangée en bataille » contre tous les ennemis réels ou imaginaires, le tout, bien évidemment, sous l'autorité suprême du souverain pontife, qui exige une obéissance inconditionnelle.

Si l'on veut faire le **bilan** des développements qu'a connus l'Église à l'apogée du Moyen Age, on s'interrogera : ce système clérical, centralisé, verrouillé de tous côtés par le droit, la politique et la force armée, pouvait-il encore craindre une menace sérieuse ? Mais, à y regarder de plus près, toute cette évolution n'est pas marquée que par des gains, elle se solde aussi par d'importantes pertes. Une dialectique de l'histoire se fait jour que le système papal, notamment, met bien en lumière. Quel est, en effet, pour la papauté, le **bilan positif** des luttes guerrières et des actes de propagande qui opposent les papes – à ceux déjà cités s'ajoutent Grégoire IX (neveu d'Innocent III) et Innocent IV – à Frédéric II, l'empereur Hohenstaufen, un souverain on ne peut plus brillant ?

– La **papauté** sort victorieuse, sans aucun doute, de sa lutte contre les **Hohenstaufen** : Conradin, à peine âgé de 16 ans, petit-fils de Frédéric II, dernier descendant des Hohenstaufen, est vaincu par l'allié du pape, Charles d'Anjou (frère de Louis IX de France, à qui le pape a donné en fief Naples et la Sicile). Bien qu'il ait demandé au pape d'intervenir, il est accusé de traîtrise et décapité à Naples avec ses compagnons. L'investiture par les laïcs est définitivement abolie, et la papauté, avec son système juridique, devient l'institution centrale de l'Europe.

– **L'Empire allemand n'est plus une puissance capable d'orienter l'histoire** : en Italie et en Allemagne l'Empire se disloque en une série de territoires indépendants.

– Au sein de l'Église latine, la **papauté**, **institution de pouvoir absolu** (législatif, exécutif et judiciaire), avec son système de gouvernement central, s'impose sans restriction face à l'épiscopat et aux structures synodales de l'Église ancienne.

– Le cadre du paradigme catholique romain a permis une **autonomie de l'Église face à l'État** et de la sphère spirituelle face aux autres secteurs de la vie, autonomie impensable dans le paradigme « symphonique » orthodoxe de la Rome d'Orient, de Byzance à Moscou. C'est cette indépendance qui permettra plus tard le processus de sécularisation de la politique, du droit, de l'économie et de la culture qui prendra naissance – ce n'est pas par hasard – dans le nord de l'Europe occidentale.

Mais ces **gains** sont contrebalancés par d'énormes **pertes et difficultés**, extérieures et intérieures :

– Plus les **croisades** se prolongent, plus elles s'avèrent un **fiasco** : Louis IX, roi de France, connaît la défaite et la captivité en Égypte, au cours de la sixième croisade, et en 1270, dans le cadre de la septième et dernière croisade, il meurt des suites d'une épidémie devant Tunis, en même temps que bon nombre de ses compagnons d'armes. L'**islam** reste la grande puissance opposée au christianisme.

– La papauté, qui se comporte en puissance juridique, monarchique et absolutiste, **a perdu pour toujours les Églises d'Orient**, de structure sacramentelle, collégiale et conciliaire, du fait de l'excommunication du patriarche, des exactions de la quatrième croisade et de la mise en place d'un Empire latin.

– En sapant l'Empire universel allemand, la papauté a miné en même temps sa propre position de papauté romaine universelle : elle ouvre la voie à la **constitution d'États nationaux modernes**. Entièrement fixée sur l'Allemagne, elle laisse les royaumes d'Angleterre et de France édifier leur pouvoir sans entraves. Mais, du même coup, elle tombe de plus en plus sous la coupe de la **France**, le pays des rois théocratiques « très chrétiens » (selon la légende, utilisée maintenant à titre de propagande, Clovis aurait été oint d'une huile venue directement du ciel), qui devient de plus en plus souvent la terre d'accueil des papes affrontés à des difficultés politiques ; mais, de façon d'abord imperceptible, elle devient aussi une menace pour la papauté.

Cependant, les périls intérieurs allaient devenir aussi dangereux pour la papauté que ceux de l'extérieur, venus des nouveaux États nationaux. Ces menaces de l'intérieur étaient celles d'une opposition organisée, telle que l'Occident n'en avait plus connu depuis la victoire sur l'arianisme germanique, un demi-millénaire plus tôt.

Opposition et Inquisition

Auparavant on pouvait rencontrer tout au plus quelques déviants, le plus souvent rapidement rappelés à l'ordre et isolés (par exemple, le pauvre moine Gottschalk d'Orbais, au IXe siècle, qui fut condamné à cause de sa doctrine augustinienne de la prédestination et emprisonné jusqu'à sa mort). Mais à partir des années 70 et 80 du XIIe siècle, on assista au développement de deux grands **mouvements de pénitence et de pauvreté non conformistes**, qui représentaient une menace pour le système romain[186]. Face à un christianisme figé dans son droit, face à des monastères regorgeant de richesses et un haut clergé vivant dans le luxe, qui négligeait son devoir de prédication, ils firent de leur programme un slogan : « prédication itinérante et pauvreté apostolique ».

D'abord les **cathares** (du grec *katharoi* : « purs », en italien *gazzari*, d'où l'allemand *Ketzer* : « hérétiques ») : ils se répandent en Europe à partir des Balkans (sous le nom de « bogomiles », que nous connaissons déjà) vers le milieu du XIIe siècle, grâce à une prédication itinérante de type apostolique et une ascèse rigoureuse : ils s'interdisent la viande, le mariage, le service armé, les serments, les autels, les saints, les images et les reliques. Ils trouvent surtout audience dans le sud de la France et en Italie du Nord et du Centre, y compris dans la noblesse, dans le clergé et parmi les moines. Depuis le concile de Saint-Félix-de-Caraman, près de Toulouse, en 1167, où un haut dignitaire cathare venu d'Orient, Papa Niquinta (Niketas), ordonna neuf évêques, les questions de doctrine et d'organisation passent au premier plan. Les cathares, également appelés « Albigeois », du nom de la ville d'Albi qui est un de leurs centres, professent désormais de plus en plus une doctrine à structure manichéenne : il existe un principe du bien et un principe du mal, un principe de Dieu, le créateur du monde bon, invisible, et un principe de Satan, le créateur du monde visible, mauvais. Il y a maintenant une différence tranchée entre deux niveaux d'appartenance : les « croyants », dont les exigences ascétiques sont plus modérées, et les « parfaits », seuls autorisés à dire le Notre-Père. Avec le temps se constitue ainsi une véritable contre-Église, avec sa propre hiérarchie et ses dogmes propres, et de nombreux adeptes, surtout dans les régions les plus développées, où les villes sont nombreuses.

Ensuite, les **vaudois** : ils sont un produit de l'Occident et sont issus d'une fraternité ascétique de laïcs, réunie autour du riche marchand lyonnais Pierre Valdès, ou Valdo. A la lecture d'une traduction provençale de la Bible, il s'était converti aux béatitudes et avait distribué ses biens aux pauvres. Les prédications et les écrits des premiers vaudois étaient parfaitement orthodoxes, directement dirigés contre les cathares. Mais ils entrèrent en conflit avec la hiérarchie à propos de la prédication assurée par des laïcs. En dépit des interdictions épiscopales et papales, les vaudois (souvent même des femmes !) sillonnaient le pays deux à deux, pour prêcher à la façon des apôtres. Ils proclamaient en langue vernaculaire la « Loi du Christ », l'Écriture sainte, dont ils savaient de larges extraits par cœur. Les nobles du sud de la France étaient nombreux à soutenir ce mouvement dans l'esprit de l'Évangile. Beaucoup n'adoptèrent une position plus radicale qu'en raison de leur exclusion par l'Église : un rameau la réintégra, du temps même d'Innocent III, et s'appela désormais les « pauvres catholiques ». Mais un autre rameau choisit une voie plus radicale après la mort du fondateur, une voie qui le rapprochait des cathares. Une véritable Église de laïcs se constitua, avec sa propre liturgie, son administration des sacrements, son Eucharistie célébrée par des laïcs, sa prédication assurée aussi par des laïcs (y compris des femmes) ; comme les cathares, ces vaudois rejetaient les serments, le service armé, mais aussi les autels, les églises et la vénération de la croix, le purgatoire et la peine de mort.

Quelle fut la **réponse de l'Église officielle**, des évêques d'abord, puis du pape, entièrement soutenu sur ce plan par l'empereur ? L'Église répondit en général par l'**interdiction de la prédication par les laïcs**, par la **condamnation des « hérétiques »**. Mais l'excommunication et l'application de la législation contre les hérétiques eurent pour seul effet d'en faire des mouvements souterrains, contribuant à leur renommée. Aussi se répandirent-ils jusqu'en Bohême, où ils allaient influencer les mouvements annonciateurs de la Réforme des hussites, des taborites et des frères du Libre Esprit. La première loi générale destinée à lutter contre l'hérésie (promulguée par le pape et l'empereur au synode de Vérone, en 1184) définit l'hérésie par le non-ralliement aux dispositions édictées par la papauté. Elle fait en même temps obligation au pouvoir séculier d'éradiquer l'hérésie par la force, sur ordre de l'Église.

Autrement dit, bien qu'un homme comme Innocent III se soit précisément efforcé d'adopter une position nuancée à l'égard de certains groupes « hérétiques » (des groupes d'« humiliés » et de vaudois déjà condamnés furent réintégrés dans l'Église[187]), les papes et les évêques réagirent dans l'ensemble à l'opposition venue de l'intérieur de l'Église par une persécution sans merci. Dans l'Église régna de plus en plus la violence, à l'abri de la théorie des « deux glaives », selon laquelle le « bras séculier » se devait de prêter son épée à l'autorité spirituelle contre l'hérésie et le schisme.

Les évêques et le pape, les rois et les empereurs avaient ouvert la voie à ce qui, sous le nom terrifiant d'**Inquisition**[188], remplirait nombre de pages parmi les plus sombres de l'histoire de l'Église : la persécution judiciaire systématique des hérétiques par un tribunal ecclésiastique de la foi *(inquisitio haereticae pravitatis)*, qui aurait l'appui non seulement du pouvoir séculier, mais aussi de larges cercles populaires, souvent assoiffés d'exécutions d'« hérétiques ».

L'Inquisition devient maintenant, elle aussi, une **caractéristique du paradigme catholique romain médiéval**. En effet, ce qui représentait un cas isolé dans l'Église ancienne (P II) est désormais une institution régulière de l'Église du Moyen Age (P III) : l'Inquisition pontificale, universelle et plus efficace, est instituée pour soulager, compléter et intensifier l'inquisition épiscopale (déjà mise en œuvre au haut Moyen Age). Ce qui répugnait à l'Église du IVᵉ siècle devient ainsi une obligation dans l'Église des XIIᵉ-XIIIᵉ siècles. Mais comment en est-on arrivé à l'Inquisition ?

Un pouvoir accru de l'Église avait également multiplié – on le comprendra aisément – les mouvements d'opposition venus d'« en bas », contre lesquels l'Église et l'État pensèrent ne pouvoir se défendre que par des représailles. Un exemple terrible est la croisade contre les cathares albigeois, proclamée par Innocent, qui conduisit à une guerre de persécutions durant vingt ans (1209-1229). Les conséquences en furent l'extermination de groupes entiers et l'annihilation des familles dirigeantes du sud de la France, avec pour corollaire le renforcement du pouvoir central de Paris sur cette région. Au milieu de la guerre, en novembre 1215, le quatrième concile du Latran (comme nous l'avons vu) édicta des mesures sévères non seulement contre les juifs, mais aussi contre les hérétiques : pour leur jugement, les constitutions du concile s'ouvrent sur une confession de foi explicite, et pour les réduire un long texte sur les hérétiques interdit aussi la prédication sans autorisation, considérée comme hérétique[189].

L'empereur Frédéric II exerça indubitablement une influence décisive sur la mise en place de l'Inquisition au Moyen Age : dans ses édits du couronnement (1220), il condamnait les hérétiques à la mort sur le **bûcher**. Il en fut de même du pape Grégoire IX, qui, par sa constitution *Excommunicamus* (1231), prenait en charge la lutte contre les hérétiques ; celle-ci relevait surtout, jusque-là, des évêques locaux ; pour dépister les hérétiques, le pape nommait ses propres **inquisiteurs**, choisis surtout parmi les ordres mendiants mobiles. Les hérétiques condamnés par l'Église devaient être livrés à la justice séculière – qui les faisait mourir sur le bûcher ou à tout le moins leur coupait la langue. Les laïcs ne devaient discuter de la foi ni en public ni en privé, mais dénoncer tous ceux qu'ils soupçonnaient d'hérésie (considérée comme une maladie contagieuse !). Seule l'autorité ecclésiastique était compétente en matière de foi et elle ne concédait aucune liberté de pensée ou de langage. Innocent IV, un grand pape juriste, fit un pas de plus : il autorisa l'Inquisition à faire appel à la torture infligée par les autorités civiles pour contraindre les prévenus à avouer. Les supplices que cela valut aux victimes dépassent toute description...

Tout cela est-il du passé ? Aujourd'hui, dira-t-on, le paradigme catholique romain ne connaît plus ni torture ni bûcher. Après la Réforme et les Lumières on a renoncé à ces procédés barbares. Oui, mais l'Inquisition créée au Moyen Age subsiste sous des noms qui ont souvent changé (« Saint-Office », devenu « Sacrée Congrégation pour la doctrine de la foi »), et pour l'essentiel elle obéit toujours aux principes du Moyen Age, au mépris des droits de l'homme universellement reconnus (et défendus en leur temps par la papauté face à d'autres) et des exigences les plus élémentaires de la justice[190] :

– la procédure contre un suspect est secrète ;
– personne ne sait qui sont les informateurs ;
– il n'y a pas d'interrogatoire des témoins ou des experts par les deux parties ;
– on n'a pas accès aux documents, on ne peut donc pas avoir connaissance des procédures préliminaires ;
– les accusateurs sont également les juges ;
– l'appel à un tribunal indépendant est exclu ou inutile ;
– l'objectif de la procédure n'est pas la découverte de la vérité, mais la soumission à la doctrine romaine, qui s'identifie toujours avec la vérité (« obéissance à l'Église »).

Une question : cette Inquisition, qui a très souvent conduit à la torture spirituelle et au bûcher psychique, qu'a-t-elle à faire avec le message et le comportement de Jésus de Nazareth ? Absolument rien, évidemment. Cette Inquisition est non seulement une insulte à l'Évangile, mais aussi au sens de la justice très répandu de nos jours, qui a trouvé son expression dans la Déclaration des droits de l'homme [191].

Mais ne faut-il pas aussi comprendre l'Inquisition en la resituant dans son temps (le Moyen Age) ? A cette époque, toute hérésie représentait une menace contre le fondement commun de la foi de la société médiévale, une rébellion portant atteinte à la « toute-puissance » du pape. L'individu qui mettait en doute un seul article de foi perdait tous les droits et il fallait éventuellement le sacrifier au bien de l'ensemble de la communauté, pour laquelle l'homme est fait.

Cependant, mesurée à l'aune de Jésus-Christ lui-même, l'Inquisition aurait pu être perçue, même à l'époque, comme profondément antichrétienne. Même au Moyen Age, on pouvait procéder tout autrement. Dans un cas extrêmement important, nous devons à un tournant dans la politique d'Innocent III contre les hérétiques qu'une personne et la cause qu'elle représentait n'aient pas été rejetées comme hérétiques, mais aient pu rester intégrées dans l'Église : nous pensons au mouvement de pauvreté évangélique et apostolique des ordres dits « mendiants ». Tandis qu'Innocent faisait exterminer, par le feu et par l'épée, des hérétiques obstinés, incorrigibles, comme les cathares, il donna une chance de survie à l'intérieur de l'Église aux mouvements nouvellement créés par Dominique [192] et François d'Assise (comme il l'avait déjà fait pour les vaudois et les « humiliés »), nonobstant l'interdiction, par le quatrième concile du Latran, de nouvelles formes de vie religieuse.

Une solution de remplacement ?
François d'Assise

A notre grand étonnement, ce fut le grand Innocent qui accepta la confrontation directe avec un homme aussi insignifiant que François d'Assise, en cette **rencontre proprement historique** de 1209 : François d'Assise devant Innocent III, le souverain du monde devant le *Poverello*, le « Petit Pauvre » ! Giovanni di Bernardone, fils d'un riche marchand de textiles d'Assise, qui avait connu une vie mondaine de plaisirs, n'incarne-t-il pas la grande solution de remplacement du système romain ? Mais peut-être la concession d'Innocent n'était-elle pas si étonnante. En effet, François, qui avait renoncé au « monde », c'est-à-dire à la famille, à la richesse et à la carrière, et qui avait restitué à son père jusqu'à ses vêtements, avait cherché refuge, dans sa nudité, dans le giron de l'Église. H. Grundmann voit très juste quand il écrit : « François a toujours fait preuve d'une confiance croyante en l'Église et en ses sacrements, d'une vénération inébranlable à l'égard de la prêtrise, à laquelle, laïc, il n'a jamais aspiré lui-même [193]. » Il faut ajouter qu'Innocent III était bien conscient des réformes qui s'imposaient dans l'Église, ce pour quoi il avait convoqué le quatrième concile du Latran. Il avait en effet suffisamment de sensibilité pour se rendre compte que l'Église, extérieurement puissante, était intérieurement faible, que les mouvements « hérétiques » dans l'Église s'étaient considérablement amplifiés et que l'on ne pouvait guère en venir à bout par la seule force. Ne vaudrait-il pas mieux alors les lier à l'Église et répondre à leur souhait de prédication apostolique dans la pauvreté ? François d'Assise ne pouvait donc dès l'abord lui paraître indésirable, et il ne lui était effectivement pas indésirable.

Mais que **voulait exactement le *Poverello*** ? Que signifiait cette « reconstruction de l'Église tombée en ruine » à laquelle ce jeune homme de 24 ans se sentit appelé lors d'une vision du Crucifié (1206) ? Pour le dire d'un mot : il en avait assez de l'existence bourgeoise et autosatisfaite qu'il menait ; il voulait commencer à suivre réellement le Christ dans la pauvreté et dans une prédication itinérante conforme à l'Évangile : conformons-nous réellement *(conformitas)* à la vie et aux souffrances du Christ, identifions-nous à lui *(alter Christus* : « un autre Christ »)!

Cette entrée en scène fracassante du jeune marginal, très peu conforme aux manières ecclésiastiques, n'a pas toujours eu droit à la lucidité et à l'autocritique qu'elle appelait de la part des chercheurs issus des branches de l'ordre franciscain, tels Hilarin Felder [194] et Kajetan Esser [195], comme si entre François et la Curie il n'y avait pas une opposition fondamentale et comme si de François aux franciscains il n'y avait eu que « développement organique », sans véritable contradiction. Tel n'est pas l'avis de Helmut Feld[196], théologien de Tübingen. Dans le prolongement des recherches de l'historien strasbourgeois Paul Sabatier[197] et d'Ernst Benz[198], un spécialiste en sciences religieuses de Marburg, non seulement il dégage, à partir d'une relecture critique des sources, **trois points essentiels de l'idéal franciscain**, mais il jette aussi un regard critique sur le développement ultérieur[199] :

– *Paupertas*, **pauvreté** : François d'Assise aspire à une vie d'une pauvreté sans compromission. L'impulsion lui est venue d'une parole de Jésus entendue en 1208, lors d'une célébration liturgique : « Vous avez reçu gratuitement, donnez gratuitement. Ne vous procurez ni or, ni argent, ni monnaie à mettre dans vos ceintures, ni besace pour la route, ni deux tuniques, ni sandales ni bâton, car l'ouvrier a droit à sa nourriture[200]. » Il en tire la conséquence, qui figure dans son testament : un rejet inconditionnel de toute possession propre, non seulement pour chaque membre de la fraternité (comme dans les ordres anciens), mais aussi pour la communauté en son entier ; interdiction de détenir de l'argent, mais interdiction aussi de construire de grandes églises et autres édifices, interdiction encore de solliciter quelque privilège que ce soit auprès de la Curie romaine. Mais les frères doivent travailler, travailler dur dans les champs : il ne s'agit donc pas d'un ordre mendiant (ils ne devraient mendier qu'en cas d'urgence !).

– *Humilitas*, **humilité** : François d'Assise entend vivre une vie de renoncement total à tout pouvoir et toute influence, un renoncement poussé jusqu'à l'extrême du reniement de soi et de la mort à soi-même. Il prêche la vertu de patience dans toutes les situations et une humeur fondamentalement joyeuse, qui sait supporter même les insultes, les injures et les coups. Ses modèles sont la souffrance et la pauvreté de Jésus : François s'identifie à Jésus souffrant[201].

– *Simplicitas*, **simplicité** : François d'Assise entend suivre le Christ en faisant preuve de la plus grande discrétion dans tout ce qu'il fait. Le savoir et la science lui paraissent plutôt des obstacles. Il plaide pour une relation nouvelle avec la Création, qui trouve son expression dans maints récits, légendes et surtout dans son *Cantique au soleil ou Des créatures* : c'est une relation nouvelle avec les animaux, les plantes et la nature inanimée, y compris avec « notre sœur, la mort corporelle[202] ». Il appelle toutes les créatures ses frères et sœurs, parce qu'il voit en elles, comme en l'homme, des êtres doués d'une âme et emplis de vie divine [203].

C'est ainsi que François, qui considère comme révélation divine son mode de vie « selon la forme du Saint Évangile [204] » et qui a conçu une petite règle, faite exclusivement de citations bibliques, arrive à Rome, en 1209, avec onze « frères mineurs » *(fratres minores)*, pour obtenir d'Innocent III l'**approbation ecclésiastique** de cette vie de pauvreté et de la prédication par des laïcs. C'est en conformité avec Jésus, sans cependant se confronter avec la hiérarchie, sans glisser dans l'hérésie, mais bien dans l'obéissance au pape et à la Curie, que lui-même et ses compagnons entendent mettre en pratique leurs intentions et proclamer partout, dans leurs prédications itinérantes, à l'instar des disciples de Jésus, l'idéal de la vie évangélique. Bien qu'il soit difficile, extérieurement, de les distinguer des « hérétiques », ils ne veulent pas vivre leur idéal de pauvreté en opposition à la doctrine orthodoxe, pas non plus, il est vrai, dans des couvents isolés, mais bien en proclamant l'Évangile au cœur des villes italiennes (qui deviennent de plus en plus florissantes et puissantes en cette époque des croisades).

Et la hiérarchie ? L'intervention du cardinal bénédictin Jean de Saint-Paul, un Colonna, qui connaît l'évêque d'Assise, est décisive en faveur de François à Rome. Convaincu de la nécessité de réformes dans l'Église, il héberge ces frères dans sa maison et a de longues conversations avec François. Certes, il ne parvient pas, lui non plus, à le persuader de choisir la vie conventuelle ou érémitique, mais Jean aura ensuite une influence positive sur le pape : Dieu pourrait réformer la foi de l'Église dans le monde entier grâce à cet homme qui agit conformément à l'Évangile. La relation se trouve ainsi établie entre François et le pape. Après une assez longue exhortation, le pape semble avoir autorisé François à prêcher la pénitence. Il émet seulement des réserves quant à la possibilité de vivre dans une pauvreté absolue, selon l'idéal proposé par la règle. Que François cherche, dans la prière, à connaître la volonté de Dieu, comme il le ferait lui-même. A la suite d'un rêve, rapporte-t-on – les visions jouent un grand rôle chez Innocent comme chez François –, dans lequel un petit religieux insignifiant réussit à empêcher la basilique pontificale du Latran de s'effondrer, le pape approuve finalement la règle de

François et la porte à la connaissance du Consistoire. Mais rien n'est fixé par écrit.

Tout cela signifie que François, quelque dangereux qu'il ait pu apparaître, s'en est entièrement remis à l'Église. Il promet au pape obéissance et respect, et il demande à ses frères le même engagement. A la demande du cardinal Jean, il accepte pour lui-même et ses onze compagnons la cléricature, marquée par la tonsure, ce qui facilite l'activité de prédication, mais encourage aussi la cléricalisation de la jeune communauté. En effet, des prêtres la rejoignent. Le processus d'« emprise ecclésiastique » sur le mouvement franciscain a commencé, et François, qui avait voulu se libérer de tout dans la pauvreté, se raccroche maintenant d'autant plus à la « sainte mère l'Église ». Et un autre paradoxe ne lui est pas non plus épargné : plus il s'abaisse, plus il est vénéré par le peuple.

Il nous faut ici, une nouvelle fois, aborder le problème de fond qui se pose avec l'entrée en scène de François d'Assise : était-ce *la* **solution de remplacement du système romain** ? Que serait-il arrivé si Innocent III, de son côté, avait à nouveau pris l'Évangile au sérieux, s'il avait fait siennes certaines idées fondamentales de François d'Assise ? Que serait-il arrivé si le quatrième concile du Latran (1215) avait entrepris la réforme de l'Église sur cette base ?

On aurait pu tranquillement faire remarquer que le discours de Jésus pour l'envoi en mission des apôtres était un discours pour des prédicateurs ambulants, que l'on ne peut pas appliquer sans plus à tout le monde. Dans nos réflexions sur la communauté primitive, nous avons vu comment ceux qui voulaient suivre Jésus dans sa vie itinérante sans contrainte devaient tout abandonner. Certes, Jésus n'exigeait pas (comme les communautés esséniennes de Qumrân, sur la mer Morte) l'abandon des biens à la communauté. Il avait consenti à ce que Zachée ne distribue que la moitié de sa fortune ; il n'avait édicté ni lois ni code juridique ; plusieurs de ses disciples, dont Pierre, avaient leurs propres maisons. Mais ce qu'exigeait surtout Jésus, c'était la modération des besoins, la confiance qui a raison des soucis, la liberté intérieure à l'égard des biens matériels. La communauté primitive, que l'on a idéalisée ultérieurement, ne réalisait pas une utopie sociale, mais bien une « communauté de solidarité sociale ».

C'est pourquoi nous posons une nouvelle fois la question : que serait-il arrivé si à cette époque on avait à nouveau pris au sérieux le message du Christ – non *in imitatione Christi*, mais *in correlatione cum Christo* ? Une seule réponse possible : les exigences évangéliques de François d'Assise, si on ne les interprète pas littéralement mais bien spirituellement, représentaient et représentent toujours une vigoureuse **remise en question du système romain** centralisé, juridisé, politisé, militarisé et cléricalisé, qui s'était emparé de la cause du Christ. Ces exigences allaient se faire entendre de plus en plus par la suite. François d'Assise représente une réflexion qui fait retour à ce que signifiait originellement la cause de Jésus-Christ, et ce retour devait se faire d'autant plus radical que le système romain s'était davantage éloigné du message originel.

Il suffit de deux décennies à peine, il est vrai, pour que le **mouvement franciscain**, qui se répand rapidement dans toute l'Italie, **soit presque entièrement domestiqué par l'Église**, au point de se mettre au service de la politique papale comme un ordre ordinaire. Ce fut essentiellement l'œuvre du neveu d'Innocent III, que nous connaissons déjà, le cardinal Ugolin d'Ostie [205], qui, du vivant même de François, s'était montré son ami intime et son protecteur et qui monta sur le trône pontifical un an après la mort de François, sous le nom de Grégoire IX. Comment y parvint-il ? Dès 1228, il canonisa François, déjà « canonisé » depuis longtemps par la base, faisant ainsi de lui un saint « ratifié d'en haut ». Il permit aussi au frère Élie de Cortone [206], le remplaçant de François désigné par lui-même, d'édifier une splendide basilique, reposant sur une puissante infrastructure, au-dessus du tombeau de François, avec une église supérieure et une église inférieure, en même temps qu'un couvent devant les murs d'Assise – tout cela à l'encontre de l'interdiction explicite du saint de construire de grands édifices et églises. Et, en 1230, il promulgua une bulle qui « interprétait » la règle dans le sens souhaité par la communauté franciscaine déjà organisée en ordre religieux et de plus en plus sédentaire : elle reconnaissait aux frères non pas, certes, le droit à la possession *(proprietas, dominium)* de biens, mais à leur usage, à leur jouissance *(usus)* – une distinction fictive que François lui-même avait aussi résolument récusée que l'usage indirect de la monnaie, que permettait également la bulle, sous forme de mandats de paiement.

C'est ainsi que, pendant plus d'un siècle, rigoristes et laxistes disputèrent dans l'ordre franciscain de la conception de la pauvreté (c'est la querelle de la Pauvreté). Mais plus les prêtres, les étudiants et les intellectuels, qui avaient besoin de culture, étaient nombreux à rejoindre les franciscains, plus les « frères mineurs » se tournaient eux aussi vers la connaissance : François lui-même avait déjà écrit dans son testament qu'il fallait tenir les théologiens en haute estime. La communauté des franciscains vit venir à elle de grands noms, comme le Portugais Antoine de Padoue, à Bologne, et, à Paris, un professeur aussi renommé que le Britannique Alexandre de Halès et son élève non moins célèbre, l'Italien Bonaventure, qui allait devenir ministre général de l'ordre et cardinal.

Innocent III était sans doute le seul pape qui, par ses qualités exceptionnelles, aurait pu montrer à l'Église une tout autre voie et, de la sorte, éviter l'éclatement et l'exil de la papauté, et, plus tard, la Réforme protestante. Cela aurait conduit l'Église catholique à un nouveau changement de paradigme dès le XIIIe siècle – sans attendre le XVIe –, un changement qui n'aurait pas divisé l'Église, mais l'aurait rénovée et aurait pu réunir à nouveau les Églises d'Orient et d'Occident. Les trois préoccupations fondamentales de François d'Assise, qui sont celles de l'Église primitive – *paupertas, humilitas, simplicitas* – restent toujours des questions pour l'avenir de l'Église, à condition de ne pas idéaliser sa personne, qui a évidemment ses partis pris et ses faiblesses. *(Ci-contre.)*

François d'Assise est mort le 3 octobre 1226, à l'âge de 44 ans seulement, aussi pauvre qu'il avait vécu, sans avoir trahi ses idéaux, mais aussi sans avoir ménagé son organisme affaibli par une ascèse excessive. Innocent III, qui avait su accroître le pouvoir, les possessions et la richesse du Saint-Siège plus que quiconque avant lui, était déjà mort inopinément, dix ans plus tôt, sept mois seulement après la conclusion du triomphal concile du Latran, à l'âge de 56 ans. Il était mort, lui aussi, dans un état de pauvreté et de misère humaine extrêmes. Le soir du 16 juin 1216, on le découvrit dans la cathédrale de Pérouse, abandonné de tous et entièrement nu, dépouillé par ses propres serviteurs : c'était le cadavre de celui qui, jeune théologien, au début de sa carrière fulgurante, avait écrit *Du mépris du monde ou De la misère de l'existence humaine*.

Innocent III était un théologien médiocre. Ses écrits n'ont guère contribué à ce *« Credo ut intelligam »* (« Je crois pour comprendre »)

Questions pour l'avenir

Quel visage l'Église doit-elle présenter ? L'Église de l'avenir doit-elle être une **Église dans l'esprit d'Innocent III ou dans l'esprit de François d'Assise** ? Même si on a conscience de la complexité des questions relatives à l'économie, à l'exercice du pouvoir et au droit, qu'une Église ne peut pas ignorer si elle ne veut pas s'abandonner à un idéalisme enthousiaste ; même si l'on accepte, donc, une forme légitime de transmission du pouvoir, d'exercice du droit et de transactions financières dans l'Église, la question fondamentale qui nous vient de l'Évangile, fondement de l'Église, reste toujours vivante : quel visage l'Église doit-elle présenter ?

• Une Église de la richesse et de son étalage, une Église du faste et de l'apparat, de la cupidité et des scandales financiers ? Ou bien une Église de la transparence en matière de politique financière, modeste dans ses prétentions, modèle de liberté intérieure à l'égard des biens et de générosité chrétienne, qui n'étouffe pas la vie évangélique et la liberté apostolique, mais les promeut ?

• Une Église de la puissance et du pouvoir, de la bureaucratie et de la discrimination, de la répression et de l'Inquisition ? Ou bien une Église qui fait preuve d'humanité, une Église du dialogue, de la fraternité et de l'hospitalité, y compris à l'égard des non-conformistes, du service sans prétention de la part de ses leaders et de la solidarité sociale, une Église qui ne bannit pas de son sein toute force ou idée nouvelle, mais lui permet de porter ses fruits ?

• Une Église marquée par l'immobilisme dogmatique, la censure morale et l'assurance juridique, par un droit canonique qui règle toutes choses, une scolastique omnisciente, une Église de la peur ? Ou bien une Église de la bonne nouvelle et de la joie, d'une théologie qui se nourrit du seul Évangile et qui se met à l'écoute des hommes, au lieu de se laisser endoctriner d'en haut, une Église non seulement enseignante mais qui ne cesse d'apprendre ?

énoncé un siècle plus tôt par **Anselme de Cantorbéry** (1033-1109), un père abbé bénédictin né à Aoste (Piémont), qui finira archevêque primat d'Angleterre après être passé par la Bourgogne et la Normandie [207]. D'abord entièrement tributaire de la tradition augustinienne, Anselme entendait rendre intelligible la foi chrétienne sans faire appel à la Bible et aux autorités – une exigence qui deviendra typique de l'époque. **Croire en quête de compréhension** : tel était désormais le programme. A cet effet, Anselme – outre une théorie juridique de la Rédemption comprise comme satisfaction à l'égard de Dieu – a contribué à la mise en forme d'une preuve de l'existence de Dieu, le célèbre argument « ontologique » : Dieu est ce au-dessus de quoi rien n'est pensable. Il ne peut pas n'exister que dans la seule pensée, il doit aussi exister en réalité, puisque celui qui existerait réellement serait supérieur à celui qui n'existerait que dans la pensée – un argument dont, dès le début, la force probante n'est pas apparue incontestable, mais qui a fasciné des penseurs théologiens jusqu'en plein XXe siècle [208].

Ce programme a valu à Anselme d'être appelé « le père de la scolastique ». Un autre homme, un siècle après Anselme, est devenu « le prince de la scolastique » : Thomas d'Aquin, qui récusa toute conclusion sur l'existence de Dieu à partir du concept de Dieu, qui critiqua le caractère systématique de la doctrine de la « satisfaction » et devint l'un des grands penseurs chrétiens.

9. LA GRANDE SYNTHÈSE THÉOLOGIQUE DE THOMAS D'AQUIN

Thomas d'Aquin (1225-1274) représenta le **troisième pouvoir** aux côtés de l'empereur et du pape, celui qui, au XIIIe siècle, relaya les monastères comme centres de transmission de la culture : les **universités** et donc la **science**, que les universités devaient servir par la recherche et par l'enseignement. C'est de leur cercle qu'allait émerger finalement un paradigme du christianisme vraiment nouveau, qui ne serait plus sous la coupe ni de l'empereur ni du pape. Le génie que fut Thomas aurait-il déjà élaboré scientifique-

LE PARADIGME CATHOLIQUE ROMAIN MÉDIÉVAL

ment cette nouvelle constellation d'ensemble, du moins en ce qui concerne la théologie ? Cette question sera au centre de notre analyse. Pour toutes les données biographiques, je renvoie à mon ouvrage *Les Grands Penseurs chrétiens* [209].

Thomas d'Aquin est le *Doctor communis* (« Docteur universel ») de la chrétienté. C'est ainsi qu'on le nomme toujours, au moins dans l'Église catholique. Mais ce ne fut nullement le cas au début. C'est seulement à partir du premier concile du Vatican, en effet, au tournant du siècle, que Thomas d'Aquin occupa cette position quasiment incontestée. Aujourd'hui les papes prônent moins le thomisme que le néo-thomisme, en mettant en œuvre tous les outils de pouvoir dont ils disposent : encycliques sur Thomas d'Aquin, Thomas élevé au rang de maître authentique de l'Église et de patron de toutes les écoles catholiques, nouvelles éditions critiques de son œuvre, obligation faite aux théologiens catholiques d'accepter vingt-quatre thèses philosophiques fondamentales normatives. Le *Codex juris canonici* de 1917/1918 lui-même fait une obligation juridique aux établissements catholiques d'enseigner la philosophie et la théologie « selon la méthode, la doctrine et les principes du Maître angélique [Thomas d'Aquin] [210] ». Jusqu'en 1924, on ne compte pas moins de deux cent dix-huit commentaires de la première partie de la *Somme théologique* et quatre-vingt-dix de celle-ci en son entier. Il est vrai qu'à Vatican II, dont l'enjeu était l'*aggiornamento* et les nouveaux problèmes et espérances de la chrétienté, Thomas d'Aquin n'a pratiquement joué aucun rôle. Depuis, il n'y a plus d'école thomiste. Mais le nouveau Code de droit canonique de 1983 le recommande à nouveau « tout spécialement [211] », et dans le catéchisme romain traditionaliste publié en 1993, c'est à nouveau lui qui est cité le plus souvent (63 fois), loin devant tous les autres auteurs ecclésiastiques – à l'exception d'Augustin (88 fois) et de Jean-Paul II (137 fois !) [212].

Mais cette fixation romaine outrancière – dans la ligne de la lutte contre la modernité – de toute la théologie catholique sur Thomas d'Aquin, considéré comme immédiatement actuel (fixation assortie de sanctions lourdes, comme il est d'usage depuis le Moyen Age, contre les déviants), montre deux choses :

– En dépit de la Réforme (P IV) et des Lumières (P V), le paradigme de la théologie médiévale (P III) a pratiquement pu se maintenir dans l'Église catholique jusqu'à Vatican II (1962-1965), mais il se trouve maintenant manifestement sur la défensive.

– Des « hérétiques », condamnés comme tels, peuvent néanmoins devenir des docteurs de l'Église. En effet, absolutiser « saint Thomas d'Aquin à titre de maître » ne peut pas faire oublier que le contexte historique originel de la théologie de Thomas d'Aquin n'avait rien d'orthodoxe, pas plus du reste que sa théologie dans sa visée fondamentale. Pourquoi ne fut-ce pas le cas ? Le problème est celui de l'acceptation de la philosophie d'Aristote, une philosophie « païenne » considérée comme dangereuse à l'époque.

Aristote, le nouveau défi à relever

Envoyé à Paris, centre intellectuel de son ordre, à l'âge de 20 ans, Thomas a eu la chance inestimable d'y rencontrer le Souabe **Albert**, dit « **le Grand** » (1200-1280), de vingt-cinq ans son aîné, un maître d'une culture sans égale, qui portait à bon droit le titre de *Doctor universalis*. Bien plus célèbre de son vivant que Thomas, Albert a fait doublement œuvre de pionnier. A titre de naturaliste, nous lui devons des écrits consacrés aux sciences et à la philosophie de la nature, qui ont apporté des données nouvelles, notamment dans les domaines de la biologie, de la physiologie et de la classification des plantes ; ses expériences chimiques (et alchimiques) lui ont même valu d'être suspecté de magie. Mais comme philosophe, Albert a fait œuvre de pionnier en publiant une encyclopédie de la pensée aristotélicienne à laquelle il a travaillé vingt ans, en répandant courageusement et en exploitant les écrits aristotéliciens, arabes et juifs, redécouverts au XIIe siècle, dont certains étaient encore interdits à l'époque. Albert n'a pas bâti de nouveaux développements sur ces textes, mais les a paraphrasés. Pour Albert faisaient autorité la théologie d'Augustin, l'astronomie de Ptolémée, la médecine de Galien et la philosophie naturelle d'Aristote. Il a en revanche laissé à son disciple Thomas, bien plus doué en philosophie, la tâche d'opérer une synthèse entre Aristote et la foi chrétienne.

Ce qui paraît aujourd'hui évident ne l'était pas du tout à l'époque. Beaucoup étaient en effet d'avis qu'un philosophe païen comme

Aristote était extrêmement **dangereux** et perturbateur. Et ils n'avaient pas tout à fait tort : au lieu d'une Création et donc de l'affirmation de la temporalité du monde, Aristote ne soutenait-il pas l'éternité du monde ? Au lieu d'une Providence divine, n'affirmait-il pas l'aveugle nécessité de l'histoire ? Il n'y avait pas d'immortalité, mais la mortalité de l'âme attachée au corps. Plus généralement, ce philosophe n'incarnait-il pas une telle attention portée au monde empirique que l'on pouvait se désintéresser, semblait-il, du ciel, de Dieu et de sa Révélation ? La science ne devenait-elle pas à elle-même sa propre fin ? En 1263 encore, Urbain IV avait renouvelé l'interdiction de traduire et d'étudier Aristote – en vain, il est vrai. En effet, dès 1255, la faculté des arts de Paris avait mis au programme l'étude de tout Aristote – c'est la date de naissance de la faculté de philosophie, qui ne voulait plus seulement être l'antichambre de la théologie, mais avoir son autonomie ; c'est aussi la date de naissance de l'universitaire, du professeur, de l'intellectuel [213].

Ce problème se trouva encore aggravé par le fait qu'Aristote n'avait pas été transmis à l'« état pur », mais qu'il était souvent passé par de nombreux intermédiaires, commenté et complété par la philosophie arabo-juive bien plus avancée, en provenance surtout d'Espagne. Le philosophe, théologien, juriste et médecin musulman de Cordoue Ibn Rushd, appelé **Averroès** (1126-1198) en Occident, joua un rôle clé à cet égard : il est le « commentateur » d'Aristote par excellence, l'un des plus grands défenseurs de l'autonomie de la raison et de la philosophie face à la religion. Averroès allait trouver plus tard un allié avisé à la faculté des arts de Paris en la personne de Siger de Brabant, qui, comme lui, reconnaissait un unique et même intellect en tout homme et proclamait l'indépendance de la philosophie face à la théologie.

Point n'est besoin d'expliquer longuement quel **défi** intellectuel formidable l'aristotélisme et l'arabisme représentaient **pour le jeune Thomas**. Il faut ajouter, même si Thomas ne le dit pas explicitement, que **l'augustinisme** traditionnel, sur lequel tout reposait jusqu'ici, **était en crise**. En ces temps nouveaux, on ne pouvait plus se contenter de citer les seules autorités du passé : la Bible, les Pères de l'Église, les conciles et les papes – qui se contredisaient souvent les uns les autres. Il fallait s'appuyer bien plus fortement que jusque-là sur la raison et l'analyse conceptuelle si l'on voulait clarifier certains problèmes. Thomas, en tout cas, s'y attaqua résolument et courageusement, avec une bonne dose d'objectivité et une grande acuité logique, tout en manquant souvent d'esprit critique et en réinterprétant les affirmations des autorités sans les situer dans leur cadre historique : il réinterprétait plutôt dans ce que l'on appelait l'*expositio reverentialis*, l'explication respectueuse habituelle à cette époque.

Une théologie universitaire rationnelle

Comprenons bien, cependant, que la théologie de Thomas – à la différence de la théologie plus monastique et contemplative des Pères de l'Église, y compris encore d'Augustin – est essentiellement une **théologie universitaire rationnelle**, élaborée donc par des professeurs dans la *schola* (« école »), qui n'est pas d'abord destinée au peuple et à la pastorale, mais aux étudiants et aux collègues théologiens. Toutes les œuvres de Thomas d'Aquin – qu'il s'agisse des sommes ou des questions disputées, des commentaires d'Aristote, du Pseudo-Denys, de Pierre Lombard, de Boèce ou des commentaires des différents écrits de l'Ancien ou du Nouveau Testament, ou, enfin, des divers opuscules – portent la marque de l'enseignement universitaire scolastique. Elles sont exclusivement rédigées en **latin** (Thomas n'a pas plus appris l'allemand à Cologne que le français à Paris !), toutes très claires, brèves et compactes. Quel fut le prix à payer ? Ces œuvres restent impersonnelles, monotones (par comparaison avec celles d'Augustin), parce qu'elles suivent toujours une méthode analytique, avec d'innombrables divisions et subdivisions, avec des définitions conceptuelles précises et des distinctions formelles, avec des objections et des réponses, utilisant toutes les ressources de la grammaire, de la dialectique et de la *disputatio*.

Ce formidable étalage de techniques scolastiques sophistiquées et souvent hyper-sophistiquées ne fait cependant pas oublier à Thomas la grande tâche de sa vie. Au début de sa *Somme contre les Gentils*, il la définit ainsi : « Je suis très conscient que je dois à Dieu, à titre de toute première tâche de ma vie, de le laisser parler dans tous mes discours et toutes mes réflexions [214]. »

Pour Thomas, professeur d'université, la « théologie » est donc, comme pour Augustin, le discours responsable sur Dieu. Il s'agit d'un « **projet de vie théologique** », selon la formule d'Edward Schillebeeckx [215], dominicain flamand : toute la vie de Thomas est comprise « comme **service ministériel de la Parole** sous une forme réfléchie et méditée, responsable, conforme aux exigences de son temps ». Il ne faut ni réduire ni évider la Parole de Dieu, ni la mutiler ni la rabaisser à la mesure de sa propre raison. Non, la Parole de Dieu ne se confond pas avec tel habillage humain ou telle invention humaine, elle n'est pas fonction de l'époque, qui exposerait les « articles de la foi » au *derisus infidelium*, à la « moquerie des infidèles ». Il s'agit donc pour Thomas d'un service de la vérité, qui « lutte toujours **simultanément sur deux fronts** » : « contre les différentes formes d'un intégrisme conservateur » (représenté par Bonaventure, le traditionaliste augustinien) et « contre les différentes formes d'un progressisme envahissant » (représenté par Siger, le progressiste aristotélicien et averroïste).

Le pouvoir de la raison et le tournant en théologie

L'influence d'Aristote se fait surtout sentir en ce que Thomas reconnaissait, devait reconnaître, à la connaissance acquise par la **raison humaine une tout autre valeur** que la tradition théologique ne l'avait fait jusque-là. Pour lui, en effet, il était incontestable que la raison avait sa propre autonomie, son droit, sa sphère d'intervention face à la foi. Il fallait prendre au sérieux la nouvelle soif de savoir, la nouvelle soif de science. La tâche était plus aisée pour les théologiens du passé : il leur revenait de justifier, pour ainsi dire, la place de la raison aux côtés de la foi. Mais Thomas se sentait obligé, comme il l'a écrit dans les introductions à ses deux sommes, de justifier la foi à côté de la raison *(rationem fidei)*. Il est confronté à un nouveau défi qui le conduit à repenser d'une façon totalement nouvelle les rapports entre la foi et la raison. Comment cela ?

Il part de l'hypothèse que la philosophie tient sa propre justification non de l'autorisation de l'Église, mais de la nature même de l'ordre de la Création. N'est-ce pas, en effet, le Dieu créateur lui-

même qui a doté l'homme d'intelligence et de raison ? La connaissance est « fille de Dieu », parce que Dieu est le « maître des sciences » *(Deus scientiarum dominus)*. La prise au sérieux de telles affirmations conduit à un **tournant libérateur de toute la théologie** :
— un tournant vers le créé et l'empirique ;
— un tournant vers l'analyse rationnelle ;
— un tournant vers la recherche scientifique.

On ne comprend donc rien à Thomas si on ne comprend pas d'abord sa décision fondamentale, herméneutique et méthodologique. Tandis que Bonaventure, son contemporain et célèbre collègue de l'université de Paris, fondateur de l'école franciscaine, plus ancienne, ramène en fin de compte toutes les sciences à la théologie [216], Thomas reconnaît une **différence** fondamentale entre les modes de connaissance, les niveaux de connaissance et donc les sciences :

— L'homme connaît deux **modes de connaissance** différents (directions de connaissance) : il faut analyser de façon précise ce dont est capable la raison naturelle et ce qui relève de la foi qui suppose la grâce.

— L'homme connaît deux **niveaux de connaissance** (perspectives de connaissance) différents : il faut bien faire la différence entre ce que l'homme connaît pour ainsi dire d'« en bas », dans le cadre de son horizon d'expérience, et ce qu'il connaît d'« en haut », dans la perspective même de Dieu, qui nous est donnée dans l'Écriture sainte ; ce qui donc relève, au niveau inférieur, des vérités naturelles, et ce qui relève, au niveau supérieur, des vérités révélées, surnaturelles.

— Il découle de là qu'il y a deux **sciences** différentes. Il faut bien faire la différence entre ce que peut connaître la philosophie et ce qui relève de la théologie. Que doit-on apprendre d'Aristote, « le philosophe » (d'où les commentaires d'Aristote) et que doit-on apprendre de la Bible (d'où les commentaires de la Bible) ?

Aux yeux de Thomas, la **raison** de l'homme dispose donc d'une vaste sphère dans laquelle elle peut faire œuvre de connaissance autonome. En effet, l'existence même de Dieu et ses attributs, l'œuvre du Dieu créateur et sa providence, l'existence aussi d'une âme immortelle et nombre d'intuitions éthiques sont des vérités naturelles, que l'homme peut connaître par sa seule raison, sans l'aide de la Révélation, qu'il peut même démontrer *(demonstrare)*. Et la **foi**? La foi au sens strict est requise pour accepter certaines vérités révélées supérieures, comme les mystères de la Trinité ou de l'Incarnation de Dieu en Jésus de Nazareth, mais aussi l'état original et l'état ultime, la chute et la rédemption de l'homme et du monde. Ces vérités dépassent la raison humaine. Elles ne peuvent pas être démontrées rationnellement, ce sont des vérités suprarationnelles, à ne pas confondre avec des « vérités » irrationnelles, que l'on peut réfuter rationnellement.

Deux sommes – un principe organisateur

En raison de cette double possibilité de connaître Dieu et de ce double mode de connaissance de la vérité sur Dieu, il ne faut certes pas séparer la **philosophie** (y compris la doctrine philosophique de Dieu) et la **théologie**, puisqu'elles parlent du même Dieu, mais il faut les distinguer, puisqu'elles parlent autrement de ce même Dieu. La philosophie part rationnellement d'« en bas », de la Création et des êtres créés, la théologie part d'« en haut », de Dieu, dans une démarche de foi. La raison et la foi, la philosophie et la théologie peuvent et doivent néanmoins se soutenir mutuellement. Face au « *Credo ut intelligam* » d'Augustin (« Je crois pour comprendre »), c'est un « *Intelligo ut credam* » (« Je comprends pour croire ») qui est au premier plan dans cette théologie.

La première partie de la *Somme théologique* – d'abord douze longs chapitres sur le Dieu unique [217], puis seize chapitres sur le Dieu trinitaire [218] ! – le montre clairement dès le départ. Il faut partir de deux sphères clairement distinctes mais non séparées, de deux niveaux de connaissance, de deux **étages** (pour prendre une image) : l'une est d'une certitude plus haute, évidemment supérieure à l'autre, fondamentale et rationnelle, mais, loin de se contredire l'une l'autre, elles sont fondamentalement en harmonie. C'est exactement en ces termes que, six siècles plus tard, Vatican I (1870) définira les rapports entre la foi et la raison, dans la ligne de la néo-scolastique néo-thomiste.

Avec Thomas, **le paradigme théologique médiéval, catholique et romain**, a ainsi trouvé sa **forme classique, parvenue à matu-**

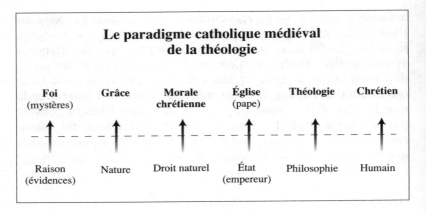

rité. Sa nouvelle structuration de toute la théologie implique une réévaluation :
– de la raison face à la foi ;
– du sens littéral de l'Écriture face à son sens allégorique et spirituel ;
– de la nature face à la grâce ;
– du droit naturel face à la morale spécifiquement chrétienne ;
– de la philosophie face à la théologie ;
– bref : de l'humain face au spécifiquement chrétien.

Et il est donc parfaitement logique que Thomas ait élaboré **deux sommes différentes**, deux présentations d'ensemble de la théologie, ce qui ne l'a pas empêché d'utiliser également dans les deux le **même principe d'organisation cyclique, d'abord compris en termes spatiaux**, de provenance néo-platonicienne. Les deux présentations d'ensemble de Thomas traitent dans la première moitié de l'*exitus*, de la façon dont toutes choses sortent de Dieu (Dieu comme origine), et dans la deuxième moitié du *reditus*, du retour de toutes choses à Dieu (Dieu comme fin) – tout cela, il est vrai, sans le déterminisme cosmique des néo-platoniciens. Toutes choses doivent se comprendre à partir de Dieu, qui est leur raison d'être ultime et leur fin dernière. Pourquoi donc, en dépit d'une même structure fondamentale, y a-t-il deux sommes ? Parce que ces deux sommes poursuivent des objectifs différents et peuvent opérer à des niveaux différents :

1. La *Somme contre les Gentils*. Elle fut écrite pour les chrétiens confrontés à des antagonistes musulmans (ainsi que juifs et hérétiques), qu'il s'agisse des musulmans d'Espagne, de Sicile et d'Afrique du Nord ou des juifs et des hérétiques dans l'Europe chrétienne. Au XIIIe siècle, l'islam, culturellement évolué, représentait un défi non seulement politique et militaire, mais aussi intellectuel et spirituel. Aussi fallait-il opposer une autre vision du monde à celle des Grecs et des Arabes. Tel est le dessein de la *Summa contra gentiles* : une présentation d'ensemble des convictions chrétiennes dans une visée apologétique, missionnaire et scientifique. Mais, puisqu'il s'agit de convaincre des non-chrétiens, elle en reste le plus souvent au niveau de la **raison naturelle** (sauf dans la quatrième partie, à visée apologétique [219]). Il cite tout au plus des paroles isolées de l'Écriture, à titre de confirmation. Thomas écrit dans l'introduction que l'on ne peut pas discuter avec les musulmans et les païens sur Dieu, la création et la vie morale (ce sont les trois thèmes des trois premières parties) en s'appuyant sur l'Ancien ou sur le Nouveau Testament : « Il faut donc faire appel à la raison naturelle à laquelle tous sont obligés de donner leur assentiment [220]. »

2. La *Somme théologique*. Elle est destinée aux théologiens, aux « débutants » en théologie (c'est une surestimation professorale typique des capacités des étudiants !). La *Summa theologiae* est un manuel, à visée clairement pédagogique et scientifique à l'intérieur de l'Église, qui doit permettre une vision d'ensemble de la « sainte doctrine ». Quels que soient les arguments rationnels auxquels il est fait appel, on présuppose toujours en principe le message biblique et donc la **foi chrétienne**. Mais Thomas réussit – et ce d'une façon impressionnante – à interpréter pour son temps le discours biblique et chrétien sur Dieu, sur le Père qui nous parle et à qui nous pouvons parler, en usant de concepts issus de la philosophie grecque : Dieu, « Être suprême » *(summum esse)*, « l'être même » *(ipsum esse)*, « la plus grande vérité » *(maximum verum)*, « la vérité même » *(ipsa veritas)*, « le bien suprême » *(summum bonum)*. La pensée de Thomas, dans ses deux sommes, n'est certainement pas anhistorique, comme on l'a parfois prétendu. Il ne saurait évidemment pas être question non plus de célébrer en lui le théologien de l'histoire.

Théologie de l'histoire ?

Augustin, nous l'avons vu, était un théologien de l'histoire. Un siècle avant Thomas, **Joachim de Flore** (1202), abbé et fondateur d'ordre, précurseur du messianisme politique moderne, fut lui aussi un théologien de l'histoire – sous une forme prophétique apocalyptique et trinitaire [221]. Il avait développé une vision grandiose de la Révélation progressive de Dieu dans l'histoire du monde : l'âge du Père (celui de la Loi ancienne d'Israël) est suivi de l'âge du Fils (la Loi nouvelle, sous l'Église de Pierre), qui sera relayé lui-même par un troisième âge dans un proche avenir, celui du Saint-Esprit (le « tiers état »). Il prédisait pour 1260 une Église de Jean, une Église monastique qui verrait la mort de la papauté et où on vivrait vraiment l'Évangile ! Pas étonnant que le mouvement franciscain ait fait sienne cette prophétie en se l'appliquant, bien que le quatrième concile du Latran, en 1215, l'ait évidemment rejetée, car elle représentait une menace pour la hiérarchie.

Thomas, qui n'a rien d'un exalté et qui, en cette année 1260, a quitté Paris pour se rendre à la Curie romaine, rejette cette vision des choses avec un mordant inhabituel chez lui : il n'y voit qu'« absurde non-sens » et « vaine espérance », en renvoyant au Christ, plénitude des temps. « L'état de la Loi nouvelle n'est suivi d'aucun autre état [du Saint-Esprit] [222]. » Le système organisateur de Thomas ne se réfère pas à des époques historiques, mais à des niveaux philosophiques d'être et de causalité.

Ainsi Thomas renonce dès l'abord à élaborer une théologie de l'histoire synthétique à partir des différents éléments de l'histoire du salut [223]. Cela ne signifie nullement qu'il néglige la Bible, comme en témoignent ses nombreux commentaires de l'Écriture, et sa *Somme théologique* comporte de longs chapitres sur l'« œuvre des six jours [224] », sur la Loi ancienne [225] et sur les mystères de la vie du Christ [226], des thèmes qui ne trouvent guère place dans les manuels des néo-thomistes. Rappelons aussi les chapitres à orientation plus biblique que philosophique sur les Béatitudes, les fruits de l'Esprit, le Décalogue et les charismes.

Avec ses deux sommes Thomas a placé très haut la barre de la théologie. Et aujourd'hui ses adversaires eux-mêmes ne contestent plus que Thomas d'Aquin a édifié une nouvelle synthèse théologique grandiose pour son temps. Une synthèse, assurément, mais sommes-nous aussi en présence d'un nouveau paradigme ? Non. Pourquoi ?

Thomas reste lié
à la théologie augustinienne dominante

Pourquoi Thomas – à la différence d'Augustin – n'a-t-il pas pu mettre en place un nouveau paradigme, pourquoi n'a-t-il pas rendu possible une constellation d'ensemble vraiment nouvelle pour la théologie et pour l'Église ? Pourquoi n'est-il pas devenu – comme plus tard Luther – l'initiateur d'un changement de paradigme (P IV), alors qu'il ne manquait ni d'un nouveau milieu (l'université), ni de savoir, ni d'acuité intellectuelle, ni de courage ? C'est que le système philosophique et théologique de Thomas d'Aquin a certes considérablement **modifié le paradigme latin d'Augustin** (P III), mais il ne l'a **pas remplacé** [227]. Il ne faut pas oublier non plus, en effet, qu'en dépit de sa grandeur encyclopédique (mais fragmentaire, en fin de compte), la théologie de Thomas a aussi ses **limites** et ses **lacunes**. Il reste généralement prisonnier de l'image du monde des Grecs de l'Antiquité, mais ces limites et ces lacunes relèvent aussi de sa dépendance problématique à l'égard d'Augustin.

En effet, si Thomas a corrigé, modifié et parfois ignoré Augustin sur nombre de détails, au niveau des vérités de la foi il restait attaché, pour l'essentiel, à la théologie augustinienne dominante. Certes, Thomas n'était pas un néo-augustinien (et néo-platonicien) comme Bonaventure. Thomas n'a jamais pu accepter que l'intelligence humaine soit en quelque manière en contact avec les vérités divines éternelles. En bon aristotélicien, il partait du sensible pour parvenir à la connaissance. Dans sa théorie de la connaissance et sa métaphysique, Thomas est un aristotélicien convaincu, même s'il conserve quelques idées platoniciennes. Ainsi il n'a rien écrit qui rappellerait la « montée mystique de l'esprit vers Dieu [228] » et il n'a pas été élevé au rang de cardinal (comme Bonaventure). Thomas a toujours refusé toute dignité ecclésiastique pour rester un homme de l'université. Il aurait aussi bien pu devenir abbé du Mont-Cassin qu'archevêque de Naples. Il n'a accepté ni l'un ni l'autre. Il est demeuré un intellectuel, un chercheur, jusqu'à son dernier souffle ou presque.

Néanmoins, si Thomas philosophe n'avait rien d'un augustinien, le théologien restait augustinien – fidèle à la différenciation de son système. Pour le deuxième « étage », l'« étage » théologique, la sphère du « surnaturel » et des « mystères du salut », Thomas demeurait pour une bonne part dans la tradition augustinienne néo-platonicienne. Il faisait toujours remarquer, il est vrai, que la théologie d'Augustin et des Pères de l'Église utilise des concepts platoniciens. Mais ni dans sa doctrine de la Trinité, ni dans sa christologie, ni dans sa sotériologie, ni dans sa doctrine de l'Église et des sacrements il ne remettait fondamentalement en question les positions des Pères. Il les pensait, certes, avec ses concepts aristotéliciens, pour les actualiser, les affiner et les confirmer. Mais il était rare – quand il le faisait, c'était plutôt tacitement – qu'il les corrige fondamentalement, comme dans le cas de la doctrine de la prédestination [229].

Le dominicain français Marie-Dominique Chenu, auteur d'une des meilleures introductions à l'œuvre de Thomas d'Aquin, écrit à juste titre : « Saint Thomas, là même où il accorde qu'Augustin suit l'opinion des platoniciens, se garde bien de récuser ses textes, et il leur applique respectueusement le procédé de l'exposition révérencielle [...]. Saint Thomas, dans la Renaissance médiévale, pourra opter contre certaines sources néo-platoniciennes d'Augustin, il restera, en doctrine théologique, son fidèle disciple [230]. » Et Chenu décrit « ce capital augustinien hors duquel on ne peut concevoir saint Thomas, et qui est d'ailleurs, dans la commune et tranquille possession de tous les maîtres du XIIIe siècle, le milieu homogène de toute la scolastique médiévale [231] ».

Mais Chenu, ce grand thomiste (injustement condamné par Pie XII), qui a tant fait pour le renouveau de la théologie et de l'Église de France, ne s'avance pas à porter un jugement critique à partir de ce constat [232]. Au contraire, Augustin représente pour lui (comme pour tout l'Occident) « la plus haute et la plus pure qualité chrétienne, en même temps que l'esprit le plus religieux, au sens radical du mot [233] ». Il n'a évidemment pas complètement tort :

nous avons montré nous-même qu'Augustin est l'initiateur du paradigme catholique romain et latin, et le père de la théologie occidentale.

Mais cette « canonisation » d'Augustin empêche Chenu de voir les **faiblesses** fondamentales de la théologie de Thomas d'Aquin, qu'il partage, sans en avoir conscience, avec Augustin :

– Thomas, bien qu'il ait lu quelques œuvres de théologiens grecs qui venaient juste d'être traduits à son époque, n'aperçoit ni les lacunes ni les insuffisances de la **doctrine « psychologique » de la Trinité** d'Augustin (quand il part de l'unique nature divine [234]), ni le caractère encore plus unilatéral de la **doctrine juridique de la satisfaction**, élaborée par Anselme de Cantorbéry [235].

– Il ne critique pas la conception augustinienne du **péché originel**, ce péché transmis à tous les humains depuis Adam, à travers l'acte sexuel, et défend, contre les Grecs, la doctrine d'un **purgatoire**, également développée par Augustin pour la théologie latine.

– Il pousse beaucoup plus loin la chosification de la **conception de la grâce** (en se concentrant sur la « grâce créée »), déjà présente chez Augustin, même si, heureusement, dans le cadre de sa doctrine de la grâce [236], il a une *quaestio* sur la « justification du pécheur » [237]. Mais il ne s'intéresse pas à la grâce comme disposition, bienveillance, bonté de Dieu [238], pas plus que son maître Albert le Grand. Il analyse, en revanche, à l'aide de la physiologie et de la psychologie aristotéliciennes, les différentes formes de cette *gratia creata* (dont il n'y a pas trace dans le Nouveau Testament), de cette « grâce créée » ou « don de la grâce » (comprise comme une sorte de « fluide ou de carburant surnaturel »), et de ses effets sur la substance de l'âme, sur l'intellect, la volonté – avant, pendant et après l'acte de connaissance et de volition : grâce agissante et concomitante, prévenante et subséquente, habituelle et actuelle. Ce sont là des distinctions très impersonnelles, hypercomplexes, déjà devenues obsolètes à l'époque de Luther [239].

Coupure problématique entre la raison et la foi

Une autre question se pose à propos du parallélisme entre **raison et foi, philosophie et théologie**, tel que nous le trouvons chez

Thomas, en pensant surtout aux conséquences de cette position sur l'**histoire ultérieure**. A son époque déjà, non seulement la distinction se justifiait, mais le risque était grand aussi d'une coupure fondamentale entre recherche et piété, entre intériorité et extériorité, entre spiritualité et corporalité, entre souci des âmes et souci du monde. L'époque moderne en tirera les conséquences : une foi en Dieu faisant abstraction du monde et un monde séculier sans Dieu, un Dieu irréel et une réalité sans Dieu. Telle n'était évidemment pas l'intention de Thomas, bien au contraire. Mais sa synthèse grandiose et si bien équilibrée entre raison et foi, nature et grâce, philosophie et théologie, pouvoir séculier et pouvoir spirituel, était-elle suffisamment à l'abri d'une telle dichotomie ? Plus précisément [240] :

— Le niveau inférieur, celui des vérités « naturelles » de la raison (sens de la vie, premiers principes de l'être, existence de Dieu, loi naturelle), brille-t-il effectivement d'une « évidence » aussi incontestable que le prétend Thomas ?

— Au niveau supérieur, celui des vérités « surnaturelles » de la foi (Trinité, incarnation) : faut-il effectivement les mettre à l'abri, à partir d'un certain point, au titre de « mystères », contre toute intrusion de la raison, voire contre tout questionnement à partir du Nouveau Testament, comme le fait Thomas ? Et la Bible, que Thomas a commentée avec tant de zèle, ne reste-t-elle pas trop enfermée dans la systématique rigoureuse de principes apparemment intemporels, et donc trop domestiquée ?

Certes, non seulement dans sa conception du monde, mais également dans sa manière de croire, Thomas d'Aquin demeurait un homme du Moyen Age : il allait de soi, pour lui, que la raison soit subordonnée à la foi, la nature à la grâce, la philosophie à la théologie et l'État à l'Église. Dans le monde inférieur, celui de la philosophie et des autres sciences, rien ne devait ou ne pouvait jamais contredire une vérité du domaine supérieur. Thomas ne voulait pas d'une philosophie ou d'une éthique complètement indépendantes de la théologie. Et pourtant, au vu de l'influence qu'elle exercerait par la suite, on ne saurait méconnaître que l'unité de cette synthèse parfaitement chrétienne et médiévale subissait une tension extrême et que, dans la dynamique de l'évolution historique, elle a déclenché des effets autodestructeurs. C'est ainsi que l'on en viendra, au

« niveau inférieur », à un **mouvement** inouï et généralisé **de sécularisation et d'émancipation**. Nous y reviendrons (P V).

*Une théologie qui reste malgré tout
une théologie de cour, à l'appui du papisme*

Une autre faiblesse est inhérente à la théologie de Thomas, faiblesse que l'on peut ne pas repérer si l'on met en lumière (à juste titre) avant tout la force innovatrice de la théologie de Thomas, en faisant même état de ses conflits avec le magistère de l'Église. Mais on ne saurait taire cette faiblesse, au risque de désenchanter les admirateurs de Thomas. En effet, dans sa conception de l'Église et surtout de la papauté, Thomas se distingue et d'Origène, qui resta un théologien critique de la hiérarchie, et d'Augustin, qui, même évêque, n'avait rien d'un papiste, qui, l'œil rivé sur le pape, était plutôt un épiscopalien à la Cyprien. Thomas devint envers et contre tout, en fin de compte – il ne faut pas avoir peur de le dire clairement –, le grand **apologiste de la papauté centralisatrice**, dans l'esprit de Grégoire VII et d'Innocent III, dont les effets se sont fait sentir jusqu'à nos jours. Sa théologie n'est pas une théologie de cour dans le sens d'une louange et d'une glorification serviles du détenteur du pouvoir, mais bien dans le sens d'une science théologique contribuant très efficacement à asseoir le système de pouvoir romain.

Certes, Thomas d'Aquin a revendiqué pour les théologiens une fonction enseignante **magistrale**, qui, à la différence de la fonction enseignante **pastorale** des évêques, ne repose pas sur l'autorité, mais sur l'argumentation et sur la compétence scientifique du maître. Mais il a intégré dans le système dogmatique de la théologie le développement politique et juridique d'un papalisme absolu tel que l'a connu cette seconde moitié du XIIIe siècle. Jusqu'où est-il allé ? Nous pouvons le comparer à Augustin à cet égard :
– tandis qu'Augustin ne pense encore nullement à un primat de juridiction de Pierre, ce dernier est au centre de la vision de l'Église de Thomas ;
– pour Augustin, c'est le Christ lui-même et la foi en lui qui constituent le fondement de l'Église ; pour Thomas, c'est la personne et le ministère de Pierre ;

– pour Augustin, le concile œcuménique reste l'autorité suprême ; pour Thomas, c'est le pape, seul autorisé à convoquer un tel concile.

– Bref, contrairement au paradigme de l'Église ancienne (P II) et d'Augustin lui-même, nous avons là **une vision de l'Église grégorienne, où tout découle de la papauté**.

Les pièces justificatives ? Nous les trouvons dans son opuscule ***Contra errores Graecorum***, que Thomas rédige en 1263, à Orvieto, sur l'injonction du pape Urbain IV, pour ses pourparlers d'union avec l'empereur Michel VIII Paléologue. Thomas, qui ne comprend pas le grec, mais qui étudie maintenant ponctuellement de nouvelles traductions latines de Pères grecs (celles, notamment, de W. von Moerbeke O. P.), démontre aux Grecs, alors politiquement affaiblis, leurs « erreurs », notamment en ce qui concerne le *Filioque* et le **primat de juridiction** du pape romain. Vers la fin de son opuscule, il consacre plusieurs chapitres, qui fourmillent de citations du Pseudo-Isidore et d'autres faux, à montrer aux Grecs, avec une logique péremptoire, que « le pape de Rome est le premier et le plus grand de tous les évêques », que « ce même pape a prééminence sur toute l'Église du Christ », qu'il « a tout pouvoir dans l'Église », que « dans ce même pouvoir conféré par le Christ à Pierre, le pape romain est le successeur de Pierre »[241].

En ce qui concerne **l'autorité suprême du pape en matière de doctrine**, Thomas démontre aussi qu'« il revient au pape de définir ce qui relève de la foi ». Et tous ses chapitres culminent dans cette phrase fatale : « La soumission au pape de Rome est indispensable au salut[242]. » Elle est manifestement élevée pour la première fois au rang de dogme par Thomas, avant d'être reprise par Boniface VIII dans sa bulle *Unam Sanctam*. Thomas reprendra ensuite également ces thèses dans sa *Summa theologiae*, qu'il commence en 1265 et qui aura une grande influence sur toute l'histoire de l'Église ultérieure[243]. N'est-il pas compréhensible que Thomas ne puisse pas être aux yeux des Grecs un représentant fidèle de la tradition de l'Église ancienne, un docteur de l'Église, et qu'il ne soit pas nécessairement un modèle pour notre situation théologique actuelle ?

L'ironie de l'histoire veut toutefois que peu de théologiens aient contribué autant, indirectement, à la déstabilisation de la papauté que Thomas d'Aquin – sans qu'il l'ait voulu, bien sûr –, du fait de sa philosophie politique [244]. Comment comprendre cela ? Thomas, qui a aussi commenté la « politique » d'Aristote, a non seulement **revalorisé** la raison face à la foi, la nature face à la grâce, l'éthique naturelle face à la morale chrétienne, la philosophie politique face à la théologie, mais aussi, de fait, **l'État face à l'Église**. C'est là un facteur particulièrement important pour le processus de sécularisation et d'émancipation dont les fondements sont posés à cette époque ! Certes, dans son *De regno*, Thomas présente non la démocratie, mais la monarchie (tempérée par des éléments aristocratiques et démocratiques) comme la meilleure forme de gouvernement. Mais il ne se fait pas non plus l'avocat d'une théocratie (« Un Dieu, un Christ, un pape, un empereur »). Il parle d'une « loi humaine [245] » autonome, de l'être naturel de l'homme, de la nature humaine. En reconnaissant au moins indirectement à l'individu des qualités, des droits et des devoirs innés, Thomas jette les fondements d'un humanisme qui se développera par la suite.

L'individu humain n'est pas simplement un être soumis à l'autorité – État ou Église –, il n'est pas simplement un sujet obéissant qui tient finalement tous ses droits du pape. Il est un citoyen libre avec des droits et des devoirs naturels. C'est surtout dans les villes et dans leurs classes montantes qu'une telle vision des choses s'impose : il faut considérer la ville, et aussi bien l'État, comme une corporation de citoyens autonomes, qui peuvent édicter leurs propres lois humaines, parallèlement à celles de l'Église surnaturelle. Cette conception de l'État et de la société contribuera autant, à long terme, au déclin de la papauté médiévale que le développement concomitant d'une conscience nationale. Jouent également un rôle important la langue populaire qui perce à l'époque (elle est entièrement négligée cependant par Thomas, au bénéfice du latin) et les sciences physiques et naturelles qui ne tarderont pas à s'épanouir.

Thomas d'Aquin a donc aussi relevé avec courage et grande ouverture d'esprit le défi de la pensée non chrétienne, celle de philosophes « païens » de l'Antiquité, comme Aristote surtout. Mais qu'en est-il des philosophes musulmans et juifs contemporains, Averroès ou Moïse Maïmonide, par exemple ?

Dialogue avec le judaïsme et l'islam ?

Thomas d'Aquin n'a pas craint de s'expliquer non plus, face au **défi du judaïsme et de l'islam**. Et il ne s'est pas contenté de l'ignorance et de la méchante polémique face à l'islam et au Coran, caractéristiques du haut Moyen Age [246]. Sa *Somme contre les Gentils* ne se comprend précisément pas sans la question lancinante que se posaient sans aucun doute nombre d'intellectuels chrétiens de l'époque : l'islam n'est-il pas très en avance sur le christianisme, culturellement et spirituellement ? N'est-ce pas lui qui détient la meilleure philosophie ? Comment se justifie l'option pour le christianisme face à l'islam, face au judaïsme ?

« Thomas n'est pas parti au Maroc, ni en pays mongol, et il n'a pas un mot sur les croisades », écrit M.-D. Chenu, qui continue : « Mais il a en permanence sur sa table les ouvrages des grands philosophes musulmans, et il mesure les dimensions d'une chrétienté qui, coulée jusqu'alors dans les formes géographiques et culturelles de l'Empire romain, prend aujourd'hui conscience de n'avoir touché qu'une partie de l'humanité, et découvre les immenses ressources profanes du cosmos [247]. » C'est admirablement dit, mais ce n'est pas tout à fait juste, sauf à signaler, sur ce point aussi, les limites de Thomas.

Ces limites ne tiennent pas tellement au fait que « Thomas ne se soit pas rendu au Maroc ni dans le pays des Mongols » (l'Espagne et la Sicile auraient suffi !). Ces limites tiennent, plus profondément, au fait que Thomas n'a connu personnellement aucun musulman et qu'il n'est entré en dialogue personnel avec aucun d'entre eux. Ce qui est plus inquiétant encore, c'est que Thomas n'a pas écrit un seul mot sur les croisades, alors que les frères prêcheurs étaient également à l'œuvre en Palestine et qu'il était clair, déjà, que les croisades n'avaient pas eu l'effet escompté sur les musulmans. Ce qui est le plus gênant, c'est que Thomas ne connaissait au mieux l'islam qu'à travers les œuvres des grands philosophes musulmans, qui étaient plus philosophes que musulmans, et non à partir du Coran lui-même, qui avait pourtant été traduit en latin à l'initiative de Pierre le Vénérable (1156), le dernier abbé marquant de Cluny – et l'on disposait maintenant de plusieurs traductions.

LE PARADIGME CATHOLIQUE ROMAIN MÉDIÉVAL

Thomas n'avait donc malheureusement qu'une **connaissance rudimentaire de l'islam**, il n'avait pas accès à la façon dont se comprenaient eux-mêmes les musulmans, qui voient dans le Coran la Révélation définitive de Dieu. Il tenait sans doute l'essentiel de ses informations de missionnaires chrétiens qui se trouvaient manifestement à court d'arguments face à l'islam. Tandis que les franciscains se contentaient de prêcher en toute simplicité et de donner l'exemple dans la pratique, les dominicains s'étaient engagés très tôt dans des discussions intellectuelles avec l'islam.

On comprend dès lors cette interpellation de Thomas par un cantor d'Antioche quant à la doctrine musulmane de l'unité et de l'unicité de Dieu, à la négation de la filiation divine de Jésus et de sa mort sur la croix, et au problème de la liberté des actes humains. C'est sans doute peu après l'achèvement de sa *Somme contre les Gentils* que Thomas répond à ce questionnement, avec son tranchant, sa concision et sa clarté habituels, dans son opuscule ***Sur les raisons de la foi** (De rationibus fidei)*. Mais il est significatif que dans son argumentation il ne remonte pas jusqu'à la Bible elle-même. Il présuppose les dogmes de la Trinité et de l'incarnation formulés dans le paradigme hellénistique (P II), tels que les comprenait Augustin (P III) et révélés par Dieu même à ses yeux. Il cherche ensuite non à démontrer positivement la rationalité de ces dogmes, mais à les soustraire, par la négative et la critique, à toute objection de la part de l'islam. La foi chrétienne n'est pas irrationnelle (contraire à la raison), elle n'est pas davantage rationnelle (elle ne relève pas d'une preuve rationnelle), mais elle est raisonnable (conforme à la raison)...

Il ne saurait donc être question aujourd'hui de prendre modèle sur cet opuscule, pas plus que sur sa *Somme contre les Gentils*, dans la perspective d'une apologétique chrétienne face à l'islam, bien que Thomas ait incontestablement essayé de s'adapter à l'horizon de compréhension de son partenaire de dialogue. A l'inverse de la quasi-totalité des apologistes latins et byzantins antérieurs, il récuse, heureusement, toute polémique, se contentant d'argumenter avec une grande rigueur. Cependant, tout cela n'est pas une *apologia ad extra*, mais, au mieux une *apologia ad intra*, c'est-à-dire que son argumentation s'adresse à des gens déjà convertis[248]. Seuls quelques individus isolés pensent à l'époque à un authentique dialogue interreligieux [249]. Le dialogue avec les juifs eux-mêmes, qui était encore d'usage courant dans le Paris du XIIe siècle, s'est interrompu suite aux croisades, aux expulsions de juifs, aux pogroms et à toutes leurs atrocités [250].

Notre analyse de la situation religieuse de l'époque nous conduit ainsi inévitablement à poser des questions fondamentales relatives au dialogue entre juifs, chrétiens et musulmans.

Questions pour l'avenir

† Suffit-il, à la façon de Thomas d'Aquin, de montrer que les dogmes de la Trinité et de l'Incarnation (P II) ne sont pas contradictoires, au lieu de faire retour au Coran, à la Bible hébraïque et au Nouveau Testament ? Ne faudrait-il pas précisément comprendre tout cela à partir du contexte sémitique (P I) commun aux juifs, aux chrétiens et aux musulmans, contexte qui témoigne d'un monothéisme sans faille ? En prenant en compte les nombreux points communs et les relations manifestes entre la Bible et le Coran, ne conviendrait-il pas d'aboutir à une relecture critique des définitions dogmatiques de l'Église, sans disqualifier dès l'abord ces règles de langage dogmatiques et magistérielles comme trahissant l'Évangile ?

☪ Mais, à l'inverse, la théologie musulmane est-elle convaincante quand elle s'appuie, de façon purement dogmatique, sur l'autorité absolue du Coran (le Livre révélé, incréé, parfait et donc immuable) pour accuser la Bible hébraïque et le Nouveau Testament d'avoir falsifié ou corrompu les textes ? Une simple comparaison ne permettrait-elle pas d'établir sans grande difficulté que la Bible hébraïque et le Nouveau Testament nous fournissent des données plus originelles et plus authentiques sur l'histoire d'Israël, ainsi que sur la personne et la cause de Jésus, que le Coran ? Cela ne devrait-il pas déboucher aussi sur une relecture critique des énoncés du Coran à la lumière de la Bible hébraïque et du Nouveau Testament, sans que cela contredise le message fondamental du Coran, sa confession du Dieu un et unique ?

Un dernier point, qui aura des conséquences fatales dans l'histoire de l'humanité, appelle notre réflexion : les idées de Thomas sur la place des femmes.

Une appréciation problématique de la sexualité

On a pu dire, à titre d'excuse, qu'en dépit de son universalité Thomas d'Aquin n'a rien compris à trois choses : l'art, les enfants et les femmes. Pour ce qui est des femmes au moins, cela peut se comprendre du fait de son cadre de vie monastique et son statut de célibataire. Mais Thomas n'a-t-il pas énoncé des propositions fondamentales et historiquement lourdes de conséquences sur la femme et son essence ? Les défenseurs de Thomas prétextent qu'il n'a traité de la femme qu'ici et là à travers toute son œuvre, comme en passant. On trouve cependant des énoncés tout à fait fondamentaux sur la femme en deux endroits décisifs de la *Somme théologique* : dans le cadre de la doctrine de la Création, il consacre toute une question, en quatre articles, à la « formation *[productio]* de la femme [à partir d'Adam] [251] » et, dans le cadre de la doctrine de la grâce, il consacre un article important au droit de la femme de prendre la parole dans l'Église [252].

Il faut reconnaître, tout d'abord, que pour Thomas d'Aquin, il ne fait aucun doute :

– que la **femme** comme l'homme est **créée à l'image de Dieu** ;

– qu'une même dignité revient donc fondamentalement à la femme et qu'elle est appelée au même destin éternel que l'homme ;

– que la femme n'a pas été créée par Dieu seulement en vue de la procréation, mais en vue de la vie commune.

Thomas d'Aquin n'est donc pas, sans plus, un misogyne moyen-âgeux et obscurantiste. Mais pouvons-nous pour autant minimiser ses autres énoncés ? En matière de « théologie du féminin », Thomas n'a-t-il pas renforcé et affiné nombre d'affirmations d'Augustin, contribuant ainsi non à réduire, mais à accentuer la mésestime de la femme ? En référence au récit biblique de la Création, n'affirme-t-il pas que l'homme est « le principe et la fin de la femme », que la femme a « **quelque chose d'insuffisant et d'accidentel** » *(aliquid deficiens et occasionatum)* [253] ? La femme ne serait donc qu'un homme raté, accidentel, déficient, un *mas occasionatus* (« mâle raté »)[254] ! Cette expression de Thomas a été souvent citée.

Cette donnée du récit de la Création ne suffit-elle pas à expliquer pourquoi, **dans l'Église** du Moyen Age, la **femme** n'a absolument rien à dire ? On ne pouvait pas, il est vrai, lui dénier fondamentalement tout don de prophétie (il y a des exemples dans l'Ancien Testament), mais peut-on imaginer des **femmes prêtres** ? Thomas n'a pas eu l'occasion de s'étendre sur ce sujet dans sa *Somme* inachevée. Mais le jeune Thomas avait déjà répondu par la négative dans son commentaire du livre des Sentences [255] ! Il déclarait qu'une telle ordination serait non seulement illicite, mais invalide, affirmation que l'on s'empressera de reproduire dans les compléments posthumes de la *Somme (Supplementum)*, comme représentant la véritable position de Thomas [256]. Il en va de même de la prédication par les femmes [257].

Mais avant de porter un jugement définitif − négatif − sur Thomas au vu de ces énoncés négatifs, il faut se souvenir de trois choses : 1) Thomas se contente peut-être de répéter ce qu'on (les hommes) pense alors communément ; 2) certaines de ses affirmations ne font que reprendre l'Ancien Testament (exemples : l'héritage ne revient aux femmes qu'en l'absence de descendant mâle ; il est interdit aux hommes de porter des vêtements de femme) ou le Nouveau Testament (exemples : la femme est créée pour l'homme ; la femme doit garder le silence à l'église) ; 3) « théologien progressiste », Thomas s'en tient, pour sa connaissance de la femme, à **Aristote**, la plus grande autorité de son temps en matière de sciences de la nature et de philosophie, à laquelle il est difficile alors d'échapper. Et c'est Aristote qui, dans son traité sur la procréation des êtres vivants, a jeté les fondements biologiques de cette « métaphysique et théologie des sexes » fatale.

Aux yeux d'Aristote déjà, la femme est un « homme raté ». Pourquoi ? En appliquant sa théorie de l'acte/forme et de la puissance/matière à la physiologie, Aristote prétend que dans la génération d'un nouvel être humain c'est **l'homme seul qui est actif, « procréateur »**, par le fait de son sperme *(virtus activa)*. La **femme**, en revanche, est purement **réceptive, passive**, elle est la « matière » réceptrice, qui ne fournit que le cadre nécessaire *(virtus passiva)* au nouvel être humain. C'est exactement ce qu'affirme aussi Thomas, qui répond, comme Aristote, à la question de savoir pourquoi dès lors c'est tantôt un garçon qui est engendré, tantôt une fille : cela pourrait tenir à une faiblesse de la puissance générative de l'homme ou de la disposition féminine, mais aussi relever d'une influence extérieure, le vent du nord pour les garçons ou le vent du sud (humide !) pour les filles, d'où dans un cas un homme accompli et dans l'autre seulement un homme « raté ». On imagine les effets dévastateurs de semblables affirmations, des siècles durant. Il faudra attendre 1827, en effet, pour découvrir l'existence d'un gamète femelle, l'ovule, et plus tard encore pour mettre en lumière l'intervention conjointe de l'ovule et du spermatozoïde dans la procréation. Tout cela n'excuse rien (Galien, le médecin le plus célèbre de l'Antiquité romaine, reconnaissait déjà un rôle biologique actif à la femme dans la formation du fœtus), mais permet de comprendre certaines affirmations.

Il faut toutefois ajouter, pour faire droit à l'histoire, que face à l'augustinisme dominant, Thomas d'Aquin a contribué plus que quiconque en son temps à la **revalorisation** générale, philosophique et théologique, de **la réalité créée matérielle** (la corporéité) et qu'il avait une vision plus positive de la sexualité que son maître Augustin. Cela ne modifie pas fondamentalement, il est vrai, l'anthropologie d'Augustin et de Thomas, qui a fait l'objet d'études approfondies de la part de Kari Børresen, historienne de la théologie et catholique norvégienne, qui lui a consacré divers travaux fondamentaux [258]. Elle en arrive à la conclusion qu'Augustin et Thomas représentent tous deux, sans aucun doute, une **anthropologie androcentrique, tout entière centrée sur l'homme**. Leur doctrine relative aux relations entre l'homme et la femme ne se situe pas dans la perspective d'une relation réciproque, mais dans celle du seul mâle. L'homme est considéré comme la créature exemplaire, et c'est à partir de lui que l'on comprend l'être et le rôle de la femme. Au lieu d'une complémentarité mutuelle, on a une supériorité et une subordination hiérarchiques ! Thomas a apporté diverses corrections à Augustin, sans toutefois prendre explicitement position contre lui [259].

A considérer l'ensemble de la théologie de Thomas, surtout son ecclésiologie et son anthropologie, on s'aperçoit que, abstraction faite de son infrastructure philosophique, le système de Thomas d'Aquin ne peut prétendre à la nouveauté théologique que jusqu'à un certain point. Il s'agit plutôt d'une reformulation systématique et spéculative, grâce aux catégories et aux raisonnements aristotéliciens, du **paradigme catholique romain** (P III), déjà inauguré par Augustin et Léon. Mais cette reformulation contribue aussi, malheureusement, à **consolider, renforcer et parachever** ce paradigme.

Thomas lui-même ne pensait à rien moins que « canoniser », sous une forme ou sous une autre, encore moins à conférer une valeur absolue à sa théologie. Jusqu'à un certain point il était parfaitement conscient du caractère contextuel, et donc relatif, de certains énoncés de foi [260]. Mais c'est la crise de la scolastique systématique et spéculative – dans le nominalisme du Moyen Age tardif (l'occamisme) elle s'était de plus en plus éloignée de la Bible et du monde et, à force de se perdre dans des conclusions rationnelles, elle avait négligé les vérités fondamentales de la foi et son caractère existentiel – qui allait préparer le terrain à un nouveau changement de paradigme : le changement de paradigme dans le sens de la Réforme (P IV).

Le problème du statut de la femme, que nous avons abordé dans une perspective critique, en relation avec Thomas d'Aquin, est d'une importance si fondamentale qu'il nous faut nous interroger encore sur le rôle de la femme au Moyen Age en général, ce Moyen Age que l'on qualifie volontiers de « chrétien ».

10. UN MOYEN AGE CHRÉTIEN ?

Le pape et l'empereur, les luttes pour le pouvoir et contre les hérétiques, les croisades et les ordres mendiants, l'excommunication et l'Inquisition, l'université et la théologie, est-ce là tout le Moyen Age chrétien ? Évidemment, non. Que de choses faudrait-il rapporter par ailleurs ! Rapporter comment, au faîte du Moyen Age précisément, à l'époque des Hohenstaufen et de l'apogée de la chevalerie, des *Minnesinger* (troubadours) et des épopées populaires, furent construites les cathédrales romanes tardives de Worms,

Mayence et Spire, avec déjà l'irruption du gothique (Notre-Dame de Paris, Chartres, Laon, Cantorbéry et Marburg). On a appelé ces cathédrales « scolastique de la pierre [261] », car en elles se rejoignent, de façon unique, la raison et la foi, avec leur technique raffinée de l'arc brisé et leur mystique de la lumière, avec l'extrême variété de leurs sculptures, de leurs vitraux et la stricte unité de l'architecture qui conduit vers les hauteurs... Cependant, le Moyen Age n'a pas seulement été l'âge lumineux des cathédrales, des universités et des châteaux, mais aussi l'âge obscur des grandes famines et épidémies, des pauvres en masse et des malades sans secours. Et surtout, il n'a pas seulement été un âge des hommes, mais aussi des femmes, des princesses, des religieuses et des madones.

Le quotidien chrétien

Peut-on parler de vie chrétienne au Moyen Age ? Le Moyen Age s'identifie-t-il au christianisme ? Il est indubitablement marqué par une image du monde uniformément chrétienne, comme l'a montré l'historien russe Aaron Gourevitch [262]. Il ne constitue cependant pas un bloc uniforme, et il ne convient pas de le noircir totalement, sous prétexte d'« obscurantisme », ni de l'embellir parce que « chrétien ». Le vécu du Moyen Age est celui d'une vie **multiforme et bariolée**. C'est vrai, déjà, de l'histoire de la **vie privée** pour les tendances, les structures et les milieux au cœur de cette époque – tels que les ont analysés et illustrés Georges Duby et son équipe, non pas chronologiquement, mais typologiquement, en fonction des différents liens de parenté, des habitudes de vie, des types d'habitation, des expressions de la piété et des expériences intimes chez les nobles, les paysans et les citadins, de l'époque féodale à la Renaissance (XIe-XVe siècles) [263]. Cela vaut pour les différents **types de l'homme médiéval**, des moines et des chevaliers aux artistes et aux marginaux, en passant par les paysans et les citadins, tels qu'ils ont été brossés par dix médiévistes contemporains éminents, sous la direction de Jacques Le Goff [264]. Cela vaut aussi pour la **culture de la noblesse** allemande, sous influence française, analysée par le médiéviste de Cologne Joachim Bumke à partir des œuvres littéraires : des habitudes alimentaires à l'amour courtois ou *Minne* [265].

Et cela vaut aussi, en fin de compte, pour les **intellectuels**, y compris des penseurs et des courants non universitaires, qu'il faut également prendre au sérieux, comme l'ont montré Ruedi Imbach [266] et Alain de Libera [267]. Oui, que le Moyen Age est complexe (il n'existe pas de culture chrétienne uniforme!), curieux (des pensées arabe, juive, grecque), innovateur (avec des projets audacieux et inédits; avec Thomas, également Raymond Lulle, Dante et Eckhart!). C'est un âge de la foi, certes, mais, comme on le voit dès le début de l'épopée de *Parsifal* de Wolfram von Eschenbach, c'est aussi un âge du doute, mis en lumière par le grand Abélard, auteur du sceptique « oui et non » et châtré de force à cause de l'amour qu'il portait à Héloïse, l'une de ses étudiantes, nièce d'un chanoine de Paris.

Oui, que ne faudrait-il pas raconter de ces « barbares, de ces hérétiques et de ces artistes », des « mondes du Moyen Age », comme l'a fait, dans des récits hauts en couleur, le médiéviste Arno Borst, spécialiste des cathares [268] et des formes de vie médiévales [269]. Il n'aborde pas seulement les explications de la langue, du pouvoir et de l'histoire, pas seulement les mouvements religieux, sociaux et intellectuels, mais aussi les expériences artistiques, scientifiques et ludiques du Moyen Age, les expériences de la nature et finalement celles de la mort... Tout cela fait évidemment partie de ce que nous appelons aujourd'hui le « Moyen Age chrétien ». Il nous faut aller plus profond encore dans notre autocritique : ce qui nous a surtout occupé jusqu'ici dans notre analyse du paradigme médiéval n'est nullement ce qui était au centre de la vie quotidienne. Le chrétien ordinaire de ce temps-là savait à peine lire et écrire, et ne disposait guère de nouvelles authentiques : que pouvait-il bien connaître des grandes querelles entre l'empereur et le pape, des décrets et des textes polémiques en tout genre? Et qu'avait-il à faire dans sa vie quotidienne de savoir qui, de l'empereur ou du pape, dirigeait le monde? Le pouvoir ou la supériorité de l'évêque du lieu lui était déjà beaucoup plus proche, et c'est contre lui que se rebellaient assez souvent les citoyens des villes médiévales qui avaient pris conscience de ce qu'il représentait.

Qu'est-ce qui ne faisait pas partie de la **vie chrétienne**, qui était très pratiquement et concrètement sous la **domination de l'Église**? Cette Église était déjà présente pour les **oreilles** par le carillon des cloches, qui scandait sans cesse le temps et annonçait les événements importants. Elle n'était pas moins présente pour les **yeux** : les églises et leurs tours (dans des villes comme Paris et Cologne, c'étaient de véritables forêts de tours) dominaient les maisons particulières et même les hôtels de ville encore modestes ; il n'y avait pas encore de maisons de divertissement. Longtemps l'Église domina aussi **intellectuellement** la vie médiévale, par ses écoles et ses réalisations culturelles imposantes : les portails des églises richement décorés, les vitraux et les fresques, véritables « Bibles des pauvres » *(biblia pauperum)* mettaient constamment sous les yeux les événements salvifiques les plus importants de l'histoire d'Israël et de Jésus-Christ – surtout l'Annonciation, la naissance, les miracles, la Passion et la résurrection du Christ. Et la liturgie, encore sans concurrence à l'époque, avec son apparat multicolore, ses vases en or et sa solennité insurpassable, ses processions, ses chants, puis également ses orgues – une véritable fête des sens et du cœur pour les jeunes et les vieux, les riches et les pauvres.

Les grandes fêtes de l'année liturgique représentaient un **vécu communautaire**, qui était le bienvenu pour oublier un instant la misère des masses dans les villes médiévales. Mais la célébration liturgique régulière, les dimanches et jours de fête, représentait aussi un **contrôle social**, qui intégrait en douceur chaque individu dans la vie collective, à laquelle il ne pouvait guère échapper en ces temps de mobilité restreinte. La société et l'Église étaient trop intriquées, la vie sociale était aussi vie d'Église et inversement. C'est l'époque moderne qui défera cet entremêlement de la religion et de la société, qui opérera une différenciation entre les divers secteurs de cette dernière, l'Église n'étant plus, en fin de compte, que l'un de ces secteurs. Au Moyen Age, en revanche, la société et l'Église n'étaient toujours pas séparées – comme c'est encore souvent le cas aujourd'hui dans l'islam.

Les grandes masses n'éprouvaient d'ailleurs pas le besoin de se dérober à l'Église. Pourquoi l'auraient-elles fait ? Ce n'était pas seulement la **joie collective** qui unissait les gens, mais aussi la **peur collective**. En un temps de pauvreté, de saleté, de manque d'hygiène et de soins médicaux, d'invasions, de guerres, de famines, d'épidémies, de mort précoce et de taux de mortalité élevés, n'était-il pas compréhensible que tout moyen apportant une certaine réponse à la détresse, à la culpabilité et à la peur fût le bienvenu ? Nous avons déjà fait état de toutes les pieuses superstitions, reprises, pour une part, des anciens Germains, et des œuvres pieuses représentées par les messes, la vénération des saints et des reliques, les exorcismes et les confessions auriculaires, les bénédictions, les rogations et les pèlerinages. A cette époque se développent notamment des représentations souvent abstruses du ciel, de l'enfer et du **purgatoire**. Jacques Le Goff raconte avec force détails la « naissance du Purgatoire » au XIIe siècle – à partir d'anciennes représentations de l'au-delà : à cette époque, qui constitue l'apogée du féodalisme et voit naître une nouvelle classe moyenne, apparaît le substantif *purgatorium* pour désigner un lieu entre le ciel et la terre, clairement localisé comme état intermédiaire où les défunts sont mis à l'épreuve – cette doctrine originellement augustinienne, que les conciles de Lyon (1274) et de Florence (1439) élèveront au rang de dogme, allant ainsi à l'encontre de la théologie grecque, trouvera son expression poétique inégalée dans *Le Purgatoire* de *La Divine Comédie* de Dante Alighieri († 1321)[270].

Mais il faudrait aussi parler – positivement – de l'***ars moriendi*** du Moyen Age, son art de mourir, et de la culture qu'il implique. On ne laissait pas les gens mourir seuls, ils rendaient l'âme au sein de la communauté, entourés de leur famille et réconfortés par la prière et les rites dont l'Église accompagnait les mourants[271]. La mort était très présente à l'homme du Moyen Age, elle lui était familière, elle était sa compagne de tous les jours, d'autant plus que le XIIe siècle était marqué par une expérience nouvelle de la mort personnelle, individuelle, et qu'aux XIVe-XVe siècles les épidémies de peste ont fait de la mort un phénomène de masse sans précédent. On connaissait le sens de la vie parce qu'on connaissait le sens de la mort. Est-ce pour cela qu'au Moyen Age non seulement l'athéisme, mais aussi bien le suicide étaient extrêmement rares ? Certes, la religiosité médiévale était très orientée vers l'au-delà, mais la présence permanente de cet horizon de l'au-delà ne faisait pas oublier pour autant l'ici-bas, avec toutes ses difficultés.

LE PARADIGME CATHOLIQUE ROMAIN MÉDIÉVAL

La charité chrétienne et la paix de Dieu

Face à cette piété des œuvres, tantôt joyeuse, tantôt pesante, on peut naturellement se demander ce qui, dans tout cela, est chrétien et ce qui ne l'est pas. Qu'est-ce qui est simple habitude et qu'est-ce qui est conviction intérieure, qu'est-ce qui est pure tradition et qu'est-ce qui est foi chrétienne ? Qu'est-ce qui est façade conforme à l'esprit du temps et qu'est-ce qui est substance chrétienne authentique ? Dans le cadre de nos réflexions sur le passage de l'Antiquité tardive au Moyen Age germanique, nous avions déjà observé [272] que ces formes de piété typiquement médiévales qui apparaissent à l'époque des Carolingiens ne représentent que des **variables**, qui, comme telles, ne peuvent et ne doivent pas être absolutisées et pérennisées. Mais il est aussi incontestable que l'on a préservé la **substance chrétienne** : le même Évangile, le même rite d'entrée (baptême), le même rite communautaire (Eucharistie) et le même *ethos* (suivre le Christ) – en dépit de tous les glissements, recouvrements et ensevelissements. Prétendre qu'il en fut autrement reviendrait à dénier toute vérité chrétienne au paradigme catholique romain.

S'agit-il vraiment du même *ethos*, qui consiste à suivre le Christ ? Les protestants ne seront peut-être pas les seuls à le mettre en doute, l'exemple des religieux et religieuses ne leur suffisant pas. Il est incontestable qu'au Moyen Age aussi on a pu mal comprendre ce que signifiait suivre le Christ. Au lieu de se mettre à l'unisson de la croix, on a trop souvent glissé dans un culte du crucifix, une immersion mystique dans la sphère du privé, une participation servile aux souffrances du Christ ou une copie de ces souffrances (mouvements de flagellants). Mais il y avait aussi d'innombrables chrétiens médiévaux qui entendaient **suivre authentiquement le Christ** dans leur vie quotidienne, sans prétention : non pas dans son imitation, mais en corrélation, en correspondance avec lui. Le Christ n'avait pas recherché la souffrance, pas plus qu'il ne s'était contenté de la supporter : il l'avait activement combattue en intervenant en faveur des pauvres et des marginalisés, dont notre histoire parle toujours beaucoup moins que des couches dominantes. Il s'était attaqué activement aux puissances du mal, de la maladie et de la mort dans un monde qui était loin d'être en si bonne santé. Et son message? Ne culminait-il pas dans le commandement de l'amour du prochain, immortalisé dans la parabole du bon Samaritain? N'y avait-il pas le récit du Jugement dernier (Mt 25) où le Christ qui revient juge les hommes en fonction de ce qu'ils ont fait pour ceux qui avaient faim et soif, pour ceux qui étaient nus, pour les étrangers, les malades et les prisonniers? D'innombrables chrétiens du Moyen Age ont vécu tout naturellement cette forme de christianisme, et tout cela fait partie d'une histoire du christianisme qui ne se réduit pas à une histoire de l'Église! L'**histoire de l'authentique vécu chrétien** et l'histoire d'une Église qui s'impose comme institution, comme puissance politique, sont deux choses tout à fait différentes!

En ce sens, il est incontestable que la chrétienté médiévale a considéré la *caritas* comme son devoir particulier, cette charité qui trouve son expression dans le souci des pauvres et de ceux qui souffrent [273]. Et on peut se demander si ce souci constant des malades, qui a été celui de Jésus lui-même, n'est pas devenu la spécificité du christianisme, qui le distingue d'autres grandes religions. Les évêques et les diacres organisent très tôt les **soins aux malades** des communautés chrétiennes. Dès le IVe siècle, on construit des hôpitaux. Et au Moyen Age les soins aux malades se développent partout à partir des couvents, surtout après la réforme clunisienne, mais aussi par l'intermédiaire des ordres hospitaliers de chevaliers et de civils. C'est à partir de là que se développeront par la suite les soins modernes apportés aux malades par les ordres et les congrégations catholiques et évangéliques. Et il est clair que c'est précisément là, dans les soins apportés aux malades, que les femmes témoignent d'un engagement tout particulier, des débuts du christianisme à nos jours [274].

Il ne faudrait pas oublier non plus le souci de la **paix** en une époque qui n'a rien de pacifique : les usages archaïques, très répandus au haut Moyen Age, comme la vengeance dans le sang et les guerres privées (souvent des années durant), restes d'un droit germanique d'autodéfense, ont été combattus par la suite d'abord par un mouvement chrétien de la paix dans le sud de la France, pour être finalement l'objet de mesures très restrictives, dans toute l'Europe, de la part des évêques, qui proclamaient la *treuga Dei*,

« **paix de Dieu** » : pour tous les temps saints, pour ceux de l'Avent et de Noël, pour le carême et le temps de Pâques, du vendredi au dimanche. Une paix de Dieu proclamée par l'évêque, dont le roi allait faire ensuite la « **paix du pays** ». La brutalité disparaissait, les mœurs s'affinaient, les chevaliers pillards de jadis avaient fait place, entre 1100 et 1300, aux chevaliers galants de la littérature courtoise et des tournois. L'attitude de mépris du monde disparaissait de plus en plus et l'art devenait plus réaliste.

Mais dans le cadre restreint de notre analyse des paradigmes, nous ne pouvons pas entrer dans les détails. Nous devons nous concentrer – nous le répétons – sur le christianisme (et non sur la culture en général), et même en ce qui concerne le christianisme nous ne pouvons pas faire droit à toute la diversité d'une vie haute en couleur, quelque important que puisse être tout cela pour le vécu chrétien individuel. Nous avons pour objectif de dégager les dominantes, les structures paradigmatiques fondamentales, présentes encore de nos jours. Quelques remarques sur le vécu chrétien quotidien, traduction concrète du changement de paradigme, devraient suffire. Ce changement de paradigme se traduit concrètement dans un domaine décisif, qui nous a déjà occupé dans le cadre de P I et de P II, et qui servira ici aussi, dans le cadre de P III, de test pour le changement de paradigme : la problématique de la femme, qui se pose de façon plus aiguë au Moyen Age. Au Moyen Age – même abstraction faite de la théologie – n'a-t-on pas nettement rabaissé la femme ?

Les femmes au Moyen Age

Les femmes au Moyen Age : plus encore que pour d'autres époques la recherche bat son plein ici – sous l'impulsion de chercheuses féministes convaincues que dans les Églises surtout la façon dont les femmes se voient elles-mêmes et leurs modèles de comportement restent toujours façonnés par le Moyen Age, qui, dans une perspective fondamentalement patriarcale, mesure les femmes à l'aune des hommes (le « sexe faible » !), même quand il chante leurs louanges. Il s'avère plus facile, certes, dans le cadre de la recherche sur les femmes, de reconstruire des théories, des discours et des modèles médiévaux que de redécouvrir les réalités du vécu des femmes [275].

Nous avons déjà vu pourquoi [276], en dépit des amorces dans l'Antiquité et dans le christianisme primitif, une véritable émancipation de la femme s'est trouvée empêchée très tôt dans l'Église. Y ont contribué notamment la mise en place de structures hiérarchiques et d'une domination masculine, dans le domaine du sacramentel précisément, puis une hostilité au sexe typique de ce temps, dans l'Église et dans la société, même hors des couvents, enfin la dévalorisation de la culture, qui était, pour une part, ouvertement méprisée s'agissant des femmes. Nous avons vu également [277] comment ensuite, à l'époque carolingienne, s'est imposé sur un large front un rigorisme en matière de morale sexuelle, aussi bien pour le clergé (interdiction du mariage) que pour les laïcs (interdiction de toucher les saintes espèces et exclusion des femmes du sanctuaire). Il ne faut pas oublier l'influence funeste des pénitentiels et autres manuels du confesseur, répandus sur le continent par des moines irlandais, écossais et anglo-saxons, qui cherchaient à réprimer les relations sexuelles. « Monde médiéval » ? Cela signifie – selon l'image idéale que s'en fait l'Église – **un monde régi par les prêtres, les moines, les religieuses et leur idéal de continence**. Non seulement ils sont les seuls porteurs d'une culture écrite, mais ils occupent aussi la position la plus élevée sur l'échelle des valeurs chrétiennes : célibataires et sans possession propre, ils incarnent déjà le royaume des cieux.

Mais pour les **gens mariés**, cela signifie que le corps, parce que considéré désormais comme un temple saint, ne doit s'unir à un corps de l'autre sexe, si tant est qu'il soit autorisé à le faire, qu'en vue de la procréation. Aussi la contraception est-elle condamnée au même titre que l'avortement et l'exposition des enfants. On comprend dès lors qu'un Jacques Le Goff voie là une des grandes « révolutions culturelles » (je dirais changement de paradigme) en matière de corporéité : après l'Antiquité et ses théâtres, ses thermes, ses stades et ses arènes (autant d'expressions de son culte du corps), nous passons maintenant à un Moyen Age qui méprise le corps (celui de la femme surtout), prison de l'âme. Il est le siège de la sexualité et de l'« infection de la chair » par le péché originel. Il parle de la « déroute doctrinale du corporel » [278] : défaite du corporel, et tout particulièrement du corps féminin, auquel on reconnaît une affinité particulière avec la tentation satanique. On sent pointer la hantise de la sorcière.

Vers la fin de l'Antiquité, où de grandes possibilités d'épanouissement s'ouvraient au moins aux femmes des couches supérieures, le droit et la culture romaine garantissaient encore des espaces de liberté. Mais on peut se demander si la femme germanique ou franque libre ne disposait pas également, à l'origine, de plus grandes possibilités d'autodétermination, d'une plus grande liberté sexuelle, d'une plus grande autonomie économique et si son consentement n'était pas davantage requis pour le mariage qu'on ne l'a longtemps pensé. Les spécialistes de l'histoire des femmes en discutent aujourd'hui en considérant le **haut Moyen Age**. Ces recherches devraient permettre de se faire une idée des véritables conditions de vie des femmes [279].

Les spécialistes contemporains de l'histoire des femmes ne se contentent plus de relever le fait bien connu qu'elles ont joué un rôle significatif comme **souveraines** : des femmes comme Adelheid, Théophanie, Agnès Constance, des abbesses aussi (par exemple Mathilde de Quedlinburg, sœur d'Othon II) et d'autres femmes de l'aristocratie déjà sous les Mérovingiens, les Carolingiens, puis aussi sous les Othon. C'est vrai surtout de la *First Lady* de l'Empire *(consors imperii)* dont la position était considérable, à commencer par la liturgie du couronnement, mais aussi par la corégence de fait ou même la régence plénière (en l'absence de descendant). Les sculptures du haut Moyen Age représentent le roi et la reine côte à côte, sur un pied d'égalité. Dans la société aristocratique laïque, les femmes étaient pour la plupart plus cultivées que leurs maris, qui étaient encore le plus souvent analphabètes jusque dans la seconde moitié du XIIe siècle (comme l'était l'empereur Barberousse lui-même). En France et en Italie aussi, ces femmes de la haute aristocratie pouvaient de fait (mais non constitutionnellement) exercer une grande influence politique en toutes circonstances, mais surtout au titre de **veuves** : souvenons-nous de la margrave Mathilde de Toscane, douairière de Canossa et alliée incontournable de Grégoire VII dans sa lutte pour le pouvoir, à l'échelle de l'histoire du monde. Cette veuve jouissait en effet d'une protection particulière du roi et elle était libre de toute tutelle. Les veuves pouvaient administrer en toute indépendance leur dot et les biens hérités de leur mari, et elles pouvaient décider en toute liberté de se remarier.

Mais que signifie tout cela quant à la position sociale de la masse des femmes de ce temps-là et quant à l'image qu'elles se faisaient d'elles-mêmes ? Pas grand-chose. Que des femmes de la haute aristocratie puissent dans certains cas prendre autant d'importance que les hommes, c'est précisément l'exception qui vient confirmer la règle. Il apparaît à l'évidence, en effet, qu'au **haut Moyen Age la structure sociale restait entièrement marquée par le patriarcat.** Certes, l'abolition de l'esclavage depuis les Carolingiens et son remplacement par le servage avaient eu des effets positifs. Mais dans la sphère chrétienne méditerranéenne, surtout dans des villes portuaires comme Gênes, il y avait encore de nombreux esclaves, hommes et femmes (en provenance notamment de pays musulmans). Ainsi donc, au Moyen Age, les femmes, ni esclaves ni serves, ne pouvaient pas pour autant disposer d'un fief ni prêter serment devant un tribunal, et par conséquent n'étaient pas non plus aptes à servir dans l'armée.

Dans la famille et au foyer, le maître de maison imposait sa volonté. La femme jouissait, il est vrai, de libertés civiques. Ces libertés n'étaient toutefois pas des libertés personnelles au sens moderne du terme, mais les libertés corporatives de la bourgeoisie, de la ville, des guildes et autres corporations. Et la ville à l'apogée de son développement offrait évidemment plus de possibilités de réalisation professionnelle aux femmes que jadis l'artisanat, le petit commerce et occasionnellement même le commerce en gros. Mais elle ne leur offrait pas les mêmes droits et les mêmes rémunérations, pas plus qu'elles n'avaient part aux **décisions politiques** – à l'exception d'un petit nombre de régentes et de femmes de la haute aristocratie. L'étude d'Edith Ennen, une médiéviste de Bonn, sur les femmes au Moyen Age, entre Seine et Rhin, ce deuxième centre de gravité du développement urbain médiéval à côté des villes d'Italie du Nord, fait apparaître que « la femme n'a participé que de façon passive à l'extraordinaire essor des villes aux XIIe et XIIIe siècles, comme compagne et aide de l'homme [280] ». Concrètement, cela signifie :

Elle ne fait pas partie des comités de jurés des villes du nord de la France, elle ne siège pas aux conseils de ville qui se constituent dans les cités allemandes au XIIIe siècle. Elle partage le sort du serf, de l'homme de rien, qui rejoint la ville pour y tenter une nouvelle existence avec l'argent qu'il a tiré de la vente de sa terre ou avec sa seule force de travail. Elle participe à sa montée sociale et le bénéfice commercial d'un marchand urbain lui permet de s'habiller avec un certain luxe, d'avoir des servantes, d'habiter et d'administrer une grande maison bien équipée. Elle participe sans doute déjà professionnellement à l'activité de la ville. Mais nous sommes très mal renseignés à ce sujet avant 1250 [281].

La situation pouvait évidemment être très différente selon les endroits et la date. Si nous ne nous contentons pas de l'explication par une cause unique, nous devons reconnaître que **le partage du travail en fonction du sexe**, qui aboutira à une répartition stéréotypée des rôles des sexes au détriment de la femme, a plusieurs causes :

– l'**accroissement de la population** à partir du VIIe siècle, favorisé peut-être entre le Xe et le XIIe siècle par un réchauffement du climat (le nombre supérieur des femmes à l'époque est sujet à discussion) ;
– le développement de **nouvelles techniques**, la charrue lourde, qui laboure plus profond, et l'introduction du fer à cheval et du harnais ;
– la renaissance des **villes** romaines d'Occident, atrophiées depuis les Ve-VIe siècles, et l'important afflux de populations venant de la campagne ;
– la naissance d'une **bourgeoisie** constituée juridiquement d'hommes (non socialement) égaux, qui ne sont plus sous la tutelle de l'autorité qui régit la ville (le plus souvent un évêque) ;
– le développement d'une **économie de marché**, commerciale et artisanale, qui fait perdre de son importance à l'agriculture, pourvoyeuse des biens indispensables à la survie ; mais l'artisanat et le commerce sont dans l'ensemble une affaire d'hommes, tandis que l'économie domestique est l'affaire des femmes ;
– l'**université**, et donc toutes les professions universitaires, reste fermée aux femmes pendant plusieurs siècles encore ; les intellectuels (hommes) formés à l'université entrent dans l'administration

du pays ou de la ville et se rendent indispensables comme médecins, notaires et procurateurs, ce qui relègue les femmes dans des fonctions subalternes, parce qu'elles n'ont pas accès à la formation universitaire. Ne pouvant pas devenir médecins, par exemple, elles seront assistantes médicales, infirmières, sages-femmes.

Nombre de recherches sur les femmes au Moyen Age, note l'historienne Annette Kuhn, tournent autour de « la question centrale des causes et des raisons de l'exclusion des femmes du développement économique capitaliste [282] ». A la suite de l'historienne américaine Martha Howell [283], Kuhn distingue deux systèmes connexes mais différents, qui se croisent dans le travail des femmes. Le premier système décrit une « sphère de travail dans laquelle la femme, en ses qualités de mère, de partenaire sexuelle, de croyante, de citoyenne, assure la subsistance (nourriture, vêtement) et travaille pour le marché ». Mais un second système croise ce premier système : « l'économie dans le sens du mouvement économique qui part du marché capitaliste et qui conduit, entre autres, à une hiérarchisation du travail et une appréciation différenciée du travail en fonction de sa productivité [284] ». Cette double réalité – l'économie domestique traditionnelle et le nouveau capitalisme commercial – éclaire certaines contradictions dans la vie des femmes. Voilà pour l'économie. Et l'Église ?

La mise sous tutelle des femmes dans l'Église

L'Église se montre elle aussi très ambivalente. Il faut reconnaître, il est vrai, que, par sa théologie et sa pratique du **mariage**, l'Église a contribué à **revaloriser** la femme dans la société. Elle a réussi à faire accepter au XIIe siècle que la déclaration mutuelle d'intention, c'est-à-dire le **consentement** des deux époux, fasse partie intégrante du mariage, ce qui présupposait une égalité fondamentale entre les deux partenaires [285]. L'Église a aussi veillé à ce que le mariage soit célébré officiellement, dans les formes – contre l'abus persistant du mariage clandestin. C'est à cette époque, où Pierre Lombard et Thomas d'Aquin développaient leur doctrine des sacrements, que l'Église a conféré au mariage ce statut ; le sacrement est devenu le fondement de l'indissolubilité du mariage et la confirmation de la dignité des femmes, renforçant leur propre prise de conscience.

Mais, d'un autre côté, cette même Église, où le pape apparaissait comme le « père » et « l'Église » (hiérarchique) comme la « mère » de la chrétienté, où le célibat était également imposé au clergé séculier et où la codification du droit ecclésiastique prenait des proportions dramatiques, cette Église a aussi renforcé le caractère **patriarcal** des structures du pouvoir et de l'autorité. On en arrive ainsi à une **répression de la femme** (pour une part juridique), qui reste, aujourd'hui encore, une des caractéristiques du paradigme catholique romain. Il est symptomatique de cette époque que la **souveraine** doive se placer à bonne distance derrière son époux, accompagnée des demoiselles de cour. Les **abbesses**, à qui était aussi dévolue une autorité spirituelle, ne jouissent plus désormais que d'une autorité de juridiction. On s'appuie sur l'Ancien Testament pour limiter le **droit** de succession à la lignée masculine (patrilinéaire) – sauf en cas d'absence de descendant masculin. Mais, plus important encore :

– Le **droit ecclésiastique** (déjà dans le *Décret de Gratien*) tire argument du droit naturel pour définir un statut de soumission de la femme à l'homme.

– L'**idéal ecclésiastique** de l'existence de la femme est d'abord celui de la **moniale**, libre de tout lien terrestre, qui peut mener de ce fait une vie de continence agréable à Dieu. La culture laïque et la poésie courtoise qui se développent au XIIe siècle présentent déjà, cependant, un nouvel idéal féminin séculier, qui trouve aussi son expression chez les trouvères hommes et femmes – dont on oublie souvent l'existence – et qui culminera dans la Renaissance italienne.

– La femme reste **exclue de toutes les fonctions ecclésiastiques** : la prédication elle-même lui est interdite à plusieurs reprises pour contrecarrer la séduction des cathares et des vaudois, favorables aux femmes.

Dans les ordres religieux, la situation n'est malheureusement pas plus reluisante. Plusieurs ordres monastiques s'opposent même à la fondation d'ordres féminins parallèles. Les **communautés religieuses féminines** nouvelles, fondées dans l'esprit de Dominique et de François, sont tout de même subordonnées, en fin de compte, aux ordres masculins correspondants (parfois à la requête des femmes elles-mêmes, le plus souvent par décret pontifical), pour les intégrer aux formes de vie religieuse établies dans l'Église. D'autres communautés « de vierges et de veuves consacrées à Dieu » et vivant dans le monde, issues des couches inférieures ou moyennes de la société, qui se sont d'abord constituées aux Pays-Bas pour des raisons religieuses et économiques et qui s'adonnent à des activités artisanales et caritatives pour gagner leur vie, sont même soupçonnées d'hérésie. Leur nom, « **béguines** », pourrait être une déformation d'« albigeois », qui en fait donc des « hérétiques » (elles sont condamnées par le concile de Vienne en 1311). Et c'est une nouvelle série de persécutions ecclésiastiques qui frappent aussi les communautés masculines parallèles, les bégards [286].

Il ne faut pas oublier pour autant, il est vrai, qu'au sein de l'Église des femmes disposaient à l'époque d'**espaces de liberté et de possibilités d'action** que ne leur offrait pas la société, espaces de liberté pour les femmes célibataires et les veuves qui trouvaient dans leur engagement religieux et ecclésiastique une existence assurée, bien remplie, avec de riches possibilités de formation et d'action et une nouvelle prise de conscience de leur féminité. Edith Ennen a sans doute raison là aussi : « En cette période d'éveil des XIIe et XIIIe siècles, des femmes entraient au couvent de leur plein gré, à seule fin de suivre le Christ [287]. » Les aristocrates, il est vrai, utilisaient souvent les couvents comme hospices pour leurs filles et leurs veuves, mais – et c'est plus important encore – si les filles de parents fortunés pouvaient également accéder dans les villes, en dehors des couvents, à une formation de base (lecture, écriture, catéchisme), elles ne pouvaient qu'exceptionnellement accéder à une formation spécialisée.

Cependant il ne faut pas confondre cette **ruée dans les couvents** avec un mouvement de libération politique des femmes. Cet engouement relevait d'un mouvement de piété qui saisissait aussi de plus en plus la base de la société : issu du monde médiéval masculin des bénédictins, des cisterciens et des prémontrés, puis des franciscains et des dominicains, il pénétra aussi le monde des femmes. Mais n'oublions pas qu'au haut Moyen Age il n'y avait pratiquement que des couvents pour dames de la haute noblesse. **Hildegarde de Bingen** (1098-1179) [288], la moniale la plus remarquable de l'époque, témoigne précisément de l'enracinement profond de cette pensée de classe. Au XIIe siècle elle voulait encore préserver ce privilège de la noblesse alors même que les monastères masculins les plus influents, comme Cluny, Hirsau et, plus tard, Cîteaux, avaient abandonné depuis longtemps toute idée de privilège de naissance. Cette discrimination de classe ne pouvait se maintenir longtemps. Les patriciennes des villes, les filles ou femmes de fonctionnaires et de simples citoyens étaient de plus en plus nombreuses à vouloir entrer au couvent – pour accéder à la perfection évangélique, mais certainement aussi pour trouver la sécurité et l'autonomie économiques et sociales en dehors du mariage –, alors que pour les femmes issues des classes moyenne et inférieure il était parfois difficile à cette époque de trouver ne fût-ce qu'une place dans un couvent – par manque de possibilités d'accueil ou parce qu'elles n'apportaient pas de dot.

Il est rare que les religieuses jouent un rôle actif dans la politique de l'Église. Les exemples remarquables de Hildegarde de Bingen, Brigitte de Suède, Catherine de Sienne et, plus tard, Thérèse d'Avila ne sont là encore que les exceptions qui confirment la règle. Il y a un domaine toutefois – abstraction faite de la poésie (comme celle de Roswitha de Gandersheim), du tissage et de la broderie – où les femmes du milieu et de la fin du Moyen Age ne se contentent pas d'égaler les hommes, mais font souvent preuve d'une créativité et d'une imagination plus fertiles : c'est la mystique. Hildegarde de Bingen, visionnaire mystique, était déjà l'auteur d'ouvrages variés. Elle avait non seulement publié des œuvres mystiques reflétant sa vision du monde, avec d'obscures prophéties et des hymnes poétiques – son célèbre *Sci vias* [Connais les voies] –, mais aussi rédigé des ouvrages portant sur les sciences de la nature et la médecine, qui représentent aujourd'hui l'une des plus importantes sources nous permettant de nous faire une idée des connaissances scientifiques du haut Moyen Age en Europe centrale. Elle a composé soixante-dix hymnes spirituels, elle a entrepris trois grands voyages de prédication : une femme singulière en qui se rejoignaient la spiritualité et la sensibilité empirique, un large spectre d'intérêts pratiques et une grande profondeur mystique. Examinons d'un peu plus près la mystique.

HISTOIRE

Défiance à l'égard de la mystique

Il est clair que **dans la mystique allemande** des femmes [289] ont joué un rôle particulier, dont l'importance a souvent été sous-estimée face à des hommes comme Maître Eckhart, Jean Tauler, Henri Suso et Jan Van Ruysbroeck. Mais tout comme le couvent des bénédictines de Bingen, sur le Rhin, représentait au XIIe siècle, sous l'abbesse Hildegarde, un centre de la mystique, de même, au XIIIe siècle, le couvent des cisterciennes d'Helfta (près d'Eisleben, où naîtra et mourra Luther) fut considéré comme la « couronne des couvents de femmes allemands ». Gertrude de Hackeborn, élue abbesse dès l'âge de 19 ans, dirigea ce couvent quarante et une années durant. Y vécut aussi sa sœur cadette, Mechthilde de Hackeborn, tout aussi douée pour la mystique, puis Gertrude d'Helfta (appelée « la Grande »), admise elle aussi très jeune au couvent. Y œuvra, enfin, Mechthilde de Magdebourg, déjà connue auparavant comme mystique par ses six ouvrages sur les « torrents de lumière de la divinité ». Béguine suivant la règle de Dominique, Mechthilde s'était fait des ennemis, précisément dans l'ordre des dominicains, à cause de ses récits d'expériences mystiques (une première en Allemagne !) et sa critique des clergés régulier et séculier. Elle avait tout lieu de se plaindre des injustices et des calomnies à son égard, ce qui la conduisit finalement à rejoindre le couvent de Helfta.

Quelle est donc la place de la **mystique dans l'Église** ? Il est certain qu'elle représenta souvent une réaction contre la sécularisation croissante de l'Église au Moyen Age tardif, contre une théologie qui se voulait de plus en plus scientifique et une piété de plus en plus extériorisée. Mais cette mystique, qui connut précisément de si riches développements durant le Moyen Age tardif, n'offrait-elle pas, en fin de compte, un nouveau paradigme de la théologie et de l'Église ? D'où venait la fascination qu'elle exerçait ? Beaucoup se sentaient sans doute attirés par :

– la tendance à l'intériorité, à la spiritualité et à la concentration sur l'essentiel ;

– la liberté intérieure à l'égard des institutions, des œuvres de piété, des contraintes de la dogmatique ;

– le dépassement du dualisme, du formalisme et de l'autoritarisme.

Le lecteur aura déjà compris qu'il n'est plus question d'identifier « **mystique** » à « énigmatique », « étrange », « mystérieux » ou tout simplement « religieux » (comme dans l'expression « mystique et politique ») – c'est encore trop souvent le cas dans le langage courant actuel. Il ne s'agit pas davantage de phénomènes de lévitation, de visions, d'extases et de stigmates, sur lesquels se sont penchés depuis la seconde moitié du XIXe siècle des médecins, des psychologues, des neurologues et des philosophes, du psychiatre parisien Charcot à Sigmund Freud, en passant par William James : ils voient dans les mystiques des cas anormaux extrêmement intéressants, relevant de soins psychiatriques. Des philosophes comme Henri Bergson et des théologiens comme Joseph Maréchal s'efforcèrent, en revanche, de les protéger efficacement contre cette vision réductrice.

Les spécialistes s'accordent au moins à reconnaître que le mot « mystique » – entendu en son acception originelle – vient du grec *myein*, qui signifie « fermer la bouche ». Les « mystères » sont des « secrets », des « doctrines secrètes », des « cultes secrets » dont on n'entretient pas les non-initiés. Dès lors n'est pas « mystique » toute forme de spiritualité, mais bien toute expression religieuse qui reste tue aux oreilles profanes à propos de ses secrets cachés pour chercher le **salut en son propre monde intérieur**. Cela suppose que l'on soit disposé à se détourner du monde, ce qui ne signifie pas nécessairement une fuite du monde, mais bien le détachement et la liberté intérieure dans l'esprit. Retour sur soi donc et, finalement, dans les moments extatiques, sentiment brûlant de l'union immédiate avec le Tout, l'Absolu – telles sont les caractéristiques de la mystique. Cela ne relève pas d'une démarche brutale ni arbitraire, mais d'une progression ordonnée et méthodique :
– d'abord par la **concentration** délibérée, souvent tendue à l'extrême, recourant à différents moyens physiques et psychiques ;
– puis par la **contemplation** détachée, relevant d'un saisissement passif et oublieuse d'elle-même ;
– enfin l'**extase** ravie ou profonde, où l'homme perd son moi dans l'incommensurable plénitude de l'absolu.

On peut définir l'expérience mystique de façon très générale – si l'on fait abstraction des phénomènes anormaux et pathologiques, des simulations et projections et de toutes les formes de pseudo-mystique où des succédanés remplacent l'Absolu – comme une **expérience immédiate et intuitive d'unité** : comme intuition d'une grande unité avec la nature ou le fondement absolu de l'Être, qui transcende et abolit la coupure entre le sujet et l'objet. Mais chez tous les mystiques, femmes et hommes, du Moyen Age, il ne s'agit pas seulement d'une quelconque mystique romantique de la nature et de l'unité avec la nature, du cosmos, de la « vie » ; il ne s'agit pas d'un vécu d'identité panthéiste. Il ne s'agit pas d'une expérience de l'immanence, mais de la transcendance, d'une expérience de ravissement, mais passagère et imparfaite. Dans les instants de l'extase, il en va de l'unité de tout l'homme avec le fondement dernier de la réalité, avec cette réalité première et dernière qui embrasse, englobe et détermine toutes choses, face à laquelle notre langage n'est plus que balbutiement, face à laquelle nos concepts défaillent et nos représentations s'évanouissent. Le « mystère » donc, le « mystère » de la réalité, les torrents de « lumière » de la divinité.

Les mystiques chrétiens ne cherchent donc nullement à diviniser les objets de la nature (divinisation de l'univers), ils ne cherchent pas non plus nécessairement à voir Dieu « de l'intérieur » (ses « processions » trinitaires). Mais souvent, par-delà la contemplation des scènes bibliques ou par-delà la nature, ils font l'expérience immédiate de l'Absolu : ils ne considèrent toutefois pas cet Absolu comme étant en quelque sorte produit par eux-mêmes, mais y voient un « don ». Ils y voient la **présence** de Dieu, la **communauté**, l'**unité avec Dieu**, qui est grâce et amour s'emparant de tout l'être.

Pour Thomas d'Aquin déjà, l'Absolu, l'Être même, est présent dans chaque grain de sable et dans chaque fleur, sans qu'il ait jamais eu l'idée d'une confluence entre le monde et Dieu, entre l'âme et Dieu. Cette idée ne surgira que plus tard, sous l'influence du néo-platonisme christianisé : chez les femmes mystiques, mais aussi chez Dietrich de Freiberg et chez son grand disciple **Maître Eckhart** et son école. On ne s'accorde toujours pas sur le point de départ d'Eckhart – Dietrich de Freiberg, Albert le Grand ou Thomas d'Aquin –, pas plus qu'on ne s'accorde sur le jugement à porter concernant le procès d'Inquisition en vue duquel cet éminent prédicateur, professeur à l'université de Paris, provincial et vicaire général de l'ordre, fut convoqué à l'âge de 67 ans à Avignon, où il fut interrogé et où il mourut avant que sa condamnation n'ait été prononcée [290].

Mais la « mystique allemande », à laquelle les ouvrages (ou traductions) en latin valurent une influence internationale, ne constitue pas un phénomène singulier. Au contraire. Même abstraction faite de la mystique aréopagite plus ancienne, plus intellectuelle, de l'école monastique Saint-Victor à Paris, sous la conduite du maître flamand (ou saxon) Hugues et de son disciple Richard, un Écossais, au XIIe siècle, le Moyen Age a vu se répandre de nombreuses **vagues mystiques** dans toute l'Europe ; elles se sont suivies à intervalles réguliers, comme le constate Otto Karrer [291], spécialiste compétent en matière de mystique :

– la mystique **italienne** au XIIIe siècle (François, Claire, Angèle de Foligno, Marguerite de Cortone) ;

– la mystique **allemande** aux XIIIe-XIVe siècles (avec ses trois étoiles, Maître Eckhart, Tauler et Henri Suso), ainsi que la mystique **flamande-hollandaise** de Jan Van Ruysbroeck et de son disciple G. Groote, auteur, avec Thomas a Kempis, de la célèbre *Imitation de Jésus-Christ* ;

– la mystique **anglaise** aux XIVe-XVe siècles (Richard Roll, l'auteur anonyme du *Nuage d'inconnaissance*, Juliane de Norwich) ;

– la mystique **espagnole** au XVIe siècle (Ignace de Loyola, François Xavier, Thérèse d'Avila, Jean de la Croix, Luis de Leon) ;

– la mystique **française** au XVIIe siècle (les oratoriens Bérulle et Condren, mais aussi des femmes et des hommes des écoles carmélitaine, ignacienne et dominicaine).

Il ne faut toutefois pas oublier que la **mystique n'est pas un phénomène spécifiquement chrétien**. Non seulement elle est plus ancienne que le christianisme, mais elle vient aussi de bien plus loin. L'**Inde** a connu très tôt une religion mystique – dans la période védique tardive. Les Upanisad présentent ainsi une « doctrine de l'unité » et transmettent des pratiques méditatives d'expérience immédiate de l'unité qui promettent aux hommes la libération du non-savoir par le savoir : par la connaissance de l'*atman*, le noyau d'être de l'individu, et de son identité avec *brahman*, le principe de l'univers qui pénètre toutes choses. Il se peut aussi (nous devons nous contenter de présomptions) que le large courant mystique grec hellénistique d'Asie Mineure, qui débouche finalement dans le christianisme, soit lui aussi d'origine indienne : à commencer par les métaphysiciens ioniens présocratiques, l'orphisme et les pythagoriciens, en passant par Platon et les cultes à mystères de l'hellénisme tardif, jusqu'aux autres néo-platoniciens. Ce philosophe mystique des Ve-VIe siècles, que nous connaissons déjà, qui a pris le masque de **Denys l'Aréopagite**, le disciple de Paul, pour rédiger son livre *Mustikê theologia* (d'où vient notre mot « mystique »), a en tout cas plus appris de Plotin et de Proclus que de Paul et de Jean. Traduit en latin par Scot Érigène (au IXe siècle), ce livre a exercé une profonde influence sur la piété mystique dans l'Occident chrétien. Jusqu'au XIXe siècle, on voyait en Denys un authentique disciple de Paul et on situait ses écrits au Ier siècle, les faisant donc remonter aux origines du christianisme. Mais la question décisive pour notre analyse des paradigmes est précisément celle qui suit.

La mystique remonte-t-elle aux origines chrétiennes ?

Jésus, ses apôtres et ses disciples étaient-ils des mystiques ? Certes, le christianisme primitif, chez Paul et chez Jean, comporte des éléments mystiques, puisqu'il est question, par exemple, de la possession de l'Esprit. Et nous avons vu que des Alexandrins, comme Clément et Origène, contemporains de Plotin, puis le Nord-Africain Augustin ont enrichi la religion originellement biblique et prophétique d'éléments et de tendances hellénistiques et mystiques. Mais on ne peut pas encore parler ici de mystique au sens strict. Il n'y a **mystique, au sens propre de mystique de l'unité**, qu'à partir du moment où on aspire à l'expérience d'une unité entre Dieu et l'âme humaine. Et nous ne trouvons encore cette unité ni chez **Paul** ni chez **Jean**. Ce qui compte pour eux, c'est la foi confiante en Dieu et l'amour effectif du prochain, et non la contemplation mystique ou la possession de Dieu, ce qui compte, c'est l'espérance orientée vers l'avenir, et non la béatitude présente. Augustin lui-même, tout en utilisant des matériaux issus de la pensée mystique, s'élèvera explicitement contre l'idée néoplatonicienne et panthéiste d'une confluence entre l'âme et Dieu, tout en soulignant pourtant la nostalgie de l'âme humaine qui ne trouve de repos qu'en Dieu. Il ne s'agit pas d'une fusion avec Dieu où l'âme s'anéantit, mais d'un repos en Dieu dans la liberté, la contemplation, la louange et l'amour sans fin.

Mais il importe de souligner que **Jésus lui-même n'était pas un mystique**. On ne rapporte à son sujet que deux états visionnaires (dont l'historicité n'est pas garantie), ce qui ne change rien au constat : pour Jésus, le monde n'était pas une futilité dont il conviendrait de se retirer en s'immergeant dans l'Absolu. Il est encore moins question de l'identifier purement et simplement avec l'Absolu. Le monde est la Création bonne, bien que sans cesse corrompue par l'homme. Qu'est-ce que Jésus demande aux hommes ? Des expériences extatiques extraordinaires, des spéculations sans fin sur l'être de Dieu, l'analyse de soi psychologique et la technique d'immersion dans le Tout, qui fait abstraction de l'histoire ? Non, il demande l'amour de Dieu et du prochain. Jésus se situe incontestablement dans la ligne des prophètes de l'Ancien Testament [292], et non dans celle des mystiques indiens, et la phrase si souvent citée : « Moi et le Père nous sommes un », ne vient pas de Jésus lui-même, mais du quatrième évangéliste ; elle n'exprime pas une unité mystique entre Dieu et son Christ, mais une unité de volonté, d'action et de révélation de l'homme Jésus avec Dieu, du Fils avec le Père : « Celui qui m'a vu a vu le Père [293]. »

On ne comprend donc vraiment Jésus que si on voit en lui **l'Envoyé, celui qui montre le chemin dans un esprit prophétique**, un homme passionnément saisi par Dieu, l'Oint de Dieu (le « Messie », le « Christ »). Pour nous délivrer de la faute et de tout mal, il n'enseigne pas une technique psychique, mais il appelle les hommes à se convertir. Loin de prêcher un abandon de la volonté, il en appelle explicitement à la volonté de l'homme, qu'il lui demande de mettre en accord avec la volonté de Dieu ; celle-ci n'a pas d'autre objectif que le bien, le salut de l'homme. Il proclame ainsi un amour de participation personnelle qui inclut tous ceux qui souffrent, les opprimés, les malades, ceux qui se sont rendus coupables, y compris nos adversaires, nos ennemis : ce sont un **amour** universel et une **bienfaisance** active qu'il exige.

C'est peut-être bien là que réside la raison théologique la plus profonde, celle qui explique pourquoi la mystique n'est jamais devenue paradigmatique dans le christianisme, à l'inverse de l'Inde. Il est frappant, en effet, de constater la place reconnue à la **mystique en Inde**, où elle est au centre de plusieurs des grandes traditions classiques : elle n'est pas seulement, comme dans le christianisme, un enrichissement, mais elle constitue l'être même de la religion. Ce sont des vécus extraordinaires, au-delà de la conscience normale, qui représentent le summum de la piété mystique : nouvelles dimensions de la perception et de la connaissance, extases, visions extatiques, paroles entendues dans l'extase, ravissements des sens accompagnant des expériences purement spirituelles. Ce vécu mystique n'est jamais purement naïf dans l'hindouisme, mais s'accompagne le plus souvent d'une profonde réflexion, qu'il s'agisse de réflexion philosophique spéculative comme dans les Upanisad ou d'une auto-analyse psychologique rigoureuse, comme dans la tradition du yoga.

Si nous en croyons le profil idéal typique dessiné par Friedrich Heiler[294], l'expérience fondamentale de la **piété prophétique**, qui est aussi caractéristique de Jésus, est toute différente. Elle est omniprésente dans la Bible. Elle se caractérise par un puissant vouloir-vivre : un besoin d'affirmation, une emprise des valeurs et des tâches à accomplir, des efforts passionnés en vue de réaliser des idéaux et des objectifs déterminés. La piété prophétique est donc d'abord orientée vers l'extérieur, elle se confronte au monde et entend s'imposer dans le monde. L'homme de type prophétique est un lutteur, qui se fraie un chemin du doute à la certitude de la foi, de l'incertitude à la confiance, de la conscience de son péché à l'obtention du salut par la grâce. Les Psaumes eux-mêmes, qui expriment le désir le plus ardent de Dieu, ne connaissent pas l'unité extatique, mais seulement une sécurité confiante dans le Dieu de la grâce et de la miséricorde.

Est-il dès lors surprenant que dans le christianisme la mystique se soit heurtée à une forte résistance, dès lors qu'elle n'était plus un enrichissement mais menaçait de devenir l'essentiel ? Les **conflits avec l'Église catholique romaine**, qui craignait de perdre son monopole sur la Parole et le sacrement, ont accompagné les manifestations mystiques comme leur ombre. Mais pourquoi ici (P III), à la différence de l'Orient (P II), la réaction est-elle toujours celle de l'excommunication, de la répression, de l'Inquisition ? Le concile de Valence de 855 avait déjà condamné, nous l'avons vu, Jean Scot Érigène, le traducteur des écrits du Pseudo-Denys, en raison de ses idées sur la prédestination. Les écrits des mystiques, femmes ou hommes, sont toujours suspects, et de grands mystiques comme Maître Eckhart, Thérèse d'Avila, Jean de la Croix et Mme Guyon (et son protecteur Fénelon) ont eu maille à partir avec l'Inquisition. Et il ne suffit pas à l'évêque de Cambrai de condamner comme hérétique, en 1306, Marguerite Porete, cette béguine qui composa vers 1300 *Le Miroir des simples âmes*. Son livre survécut à sa condamnation, en quatre langues et six versions, mais sans nom d'auteur, et il exerça apparemment une influence profonde sur Maître Eckhart [295] ; mais Marguerite fut accusée une nouvelle fois en 1308, transportée à Paris, soumise à un procès d'inquisition (où elle refusa de prendre quelque position que ce soit face à sa doctrine) et finalement brûlée sur le bûcher en 1310 [296].

Il n'est donc pas étonnant que la mystique n'ait pas davantage trouvé sa place lors du changement de paradigme de la Réforme (P IV), et que par la suite **presque tous les mystiques protestants se soient situés en dehors du protestantisme établi**, soit parce qu'ils y étaient contraints, soit de leur propre décision – en dépit de l'influence de Tauler et de la *Theologia Teutsch* (d'un prêtre séculier de Francfort, vers 1400) sur Luther. Aujourd'hui encore, dans la sphère du protestantisme aussi, la réaction face à la mystique va de la méfiance au rejet. La première « théologie dialectique » d'un Karl Barth, d'un Emil Brunner et d'un Friedrich Gogarten, au début de ce siècle, l'a radicalement rejetée. Les raisons de ce rejet sont, là encore, celles d'une semi-identification avec Dieu (« autodivinisation », « panthéisme », « justification par les œuvres »), d'une intériorité qui n'a que faire de l'Église (« subjectivisme »), d'une dépréciation de la Création (« manichéisme », « quiétisme »).

Même si ces reproches manquent souvent de tout fondement objectif, ils n'en expliquent pas moins pourquoi jusqu'à nos jours la mystique s'est située en marge de la théologie et de l'Église. Elle n'a jamais pu constituer un paradigme, une constellation d'ensemble pour la théologie et pour l'Église. Accueillie avec la plus grande méfiance, soupçonnée d'hérésie, parfois même réprimée, elle n'a pu survivre au mieux que dans les couvents et dans de petits cercles d'« initiés », sans vraiment renouveler profondément la vie de l'Église. Le **paradigme catholique romain**, définitivement fixé dès le Moyen Age, a tout au plus été **inquiété par la mystique ; celle-ci ne l'a jamais ébranlé**.

Ainsi, pour le Moyen Age tardif et pour la Réforme, la norme de la spiritualité chrétienne n'est pas la fusion mystique, mais la **prière**, expression de la foi confiante en Dieu. Dans la Bible, la prière apparaît étonnamment naturelle, simple – elle se pratique au sein de la vie et à partir de la vie : elle revient souvent à « vider son cœur », en toute naïveté et simplicité, et avec réalisme. Tout est radicalement orienté vers Dieu : c'est une prière qui demande à être entendue, qui appelle à l'aide, à la miséricorde de Dieu, pour obtenir la grâce, le salut pour soi-même, pour les autres, pour le peuple. Cette supplication s'exprime librement, comme un cri de révolte et aussi de protestation, mais surtout d'action de grâces, de louange et de glorification.

Même si, au fil de l'histoire, la prière biblique a été elle aussi fixée dans des formules, stylisée pour la liturgie, affinée et parfois même couplée avec des efforts ascétiques, il n'en reste pas moins vrai et remarquable que nous ne trouvons dans la Bible :

– ni méthode, ni système, ni technique psychologique de la prière ;

– ni étapes définies qu'il faudrait parcourir ; il n'y a pas d'uniformisation de l'expérience religieuse ;

– ni réflexion psychologique sur la prière, en dépit de la critique prophétique de la prière et du sacrifice ; il n'y a pas d'auto-analyse ni de performances ascétiques pour accéder à des états d'âme déterminés.

En lieu et place de tout cela, nous n'avons qu'une « conversation avec Dieu », naïve et spontanée : des expressions de la foi, de l'espérance, de l'amour, de l'action de grâces, de la louange et de la supplication – dans une grande diversité et une grande richesse individuelle.

C'est dire que l'attitude mystique dans la prière peut être importante pour le chrétien, mais elle **ne peut pas se prétendre normative**, comme si l'immersion mystique était la plus haute forme de prière ! Et quelle que soit notre admiration pour la grande **Thérèse** d'Avila, femme de génie, l'une des plus importantes figures mystiques de l'histoire des religions, il n'en reste pas moins que ni l'Ancien ni le Nouveau Testament ne nous présentent un idéal de prière intérieure ou de prière du cœur; ils ne nous convient pas à observer, décrire et analyser les vécus et états mystiques; ils ne connaissent pas d'échelle de la prière mystique conduisant à l'extase; ils ne mettent pas l'accent sur cette prière qui requiert un don religieux particulier. La prière mystique relève du charisme, elle ne représente qu'un charisme parmi d'autres, et pas même le plus haut. Elle peut servir l'imitation du Christ, qui culmine dans l'amour, mais elle peut aussi – si elle devient une fin en soi – en détourner.

Il est donc impossible de ramener toutes les grandes religions à la mystique, qui serait la « véritable » religion, l'« essence » de la religion, comme des philosophes et des psychologues de la religion sont toujours tentés de le faire. Les harmonisations artificielles entre les religions ne conduisent à rien, pas plus que les exclusivismes. Ce qui est possible, souhaitable, indispensable même en notre temps, c'est **l'interpénétration mutuelle de ces deux types fondamentaux de religion**, mystique et prophétique, et cela non seulement à la périphérie, mais au cœur même de la compréhension de Dieu. Exemple : la compréhension de Dieu qui est celle d'un Thomas d'Aquin a évidemment tout à gagner à être complétée par celle de son frère dominicain, **Maître Eckhart**, le mystique chrétien. Selon ce dernier, Dieu crée le monde et l'homme **en lui-même**, et l'être même de Dieu se déploie dans les choses, si bien qu'« au fond de l'âme » on peut faire l'expérience de l'unité de tout étant avec Dieu – non pas une unité substantielle, mais une unité « énergétique ». Selon **Nicolas de Cuse**, la surabondance de Dieu inclut tous les contraires en soi, si bien que Dieu est à la fois le plus grand et le plus petit, le centre et la périphérie, le passé et l'avenir, la lumière et les ténèbres, et même l'Être et le non-Être. Ces contraires sont un en Dieu, mais se disjoignent dans le monde, ce monde qu'il faut comprendre comme *explicatio Dei*, comme déploiement de ce Dieu qui est lui-même le multiple sans multiplicité et l'opposition dans l'identité [297].

La piété médiévale, nous l'avons vu, est inconcevable sans la mystique, la mystique féminine notamment, quoique cette mystique ne soit jamais devenue paradigmatique pour la théologie et l'Église. Mais la piété médiévale est aussi inconcevable sans l'essor de la piété mariale, qui met en lumière, là encore – dans la sphère du microparadigme, pour ainsi dire –, le changement de paradigme.

Essor de la piété mariale

Une remarque préliminaire s'impose ici : s'il est bien vrai que la piété mariale a connu un puissant essor dans le haut Moyen Age latin, non seulement dans les usages de l'Église, dans les fêtes et célébrations liturgiques, mais aussi dans la poésie et dans l'art, il ne faut pas oublier que la **vénération de Marie** s'est d'abord développée dans le **paradigme hellénistique et byzantin** (P II)[298].

En **Orient**, il y avait en effet une très ancienne tradition du culte des divinités mères de l'Asie Mineure, que l'on pouvait mettre à profit pour la piété mariale : sous la forme d'un culte à celle qui est restée « toujours vierge », à la « Mère de Dieu » et à la glorieuse « reine du ciel ». C'est d'abord en Orient que l'on invoqua Marie dans la prière (« Sous ton refuge... », IIIe-IVe siècles) et que l'on fit mémoire de Marie dans la liturgie. C'est d'abord en Orient que l'on raconta des légendes sur Marie et que l'on composa des hymnes en son honneur, que l'on introduisit des fêtes mariales et que l'on peignit des icônes mariales...

Sur ce fond s'expliquent les déclarations dogmatiques de l'Église relatives à Marie. Seul un concile oriental pouvait avoir l'idée d'obliger l'Église à voir en Marie celle qui a **enfanté Dieu** : c'est ce que fit le **concile d'Éphèse** en 431. Nous savons aujourd'hui que l'énoncé christologique, lourd de conséquences, servait surtout les intérêts politiques d'un homme – Cyrille d'Alexandrie – qui avait su mettre en œuvre une stratégie de grande envergure pour manipuler le concile. Avant même l'arrivée de l'autre parti, les représentants d'Antioche, qui disaient seulement de Marie qu'elle avait **enfanté le Christ** *(christotokos)*, il avait réussi à imposer sa formule : « celle qui a enfanté Dieu » *(theotokos)*[299]. Ce nouveau titre, inconnu de la Bible, allait donner naissance à des formules encore plus sujettes à malentendu, comme « Mère de Dieu ».

C'est donc en Orient seulement, à Éphèse, qu'il avait été possible d'imposer une telle mariologie, en une ville où le peuple honorait de toute façon la « Grande Mère » (originellement la déesse vierge Artémis, Diane) et qui, dès lors, accueillit avec enthousiasme, en la personne de Marie, la « déesse » de remplacement. Le prix théologique à payer comptait peu face à cet enthousiasme : la formule de la maternité divine de Marie était suspecte de monophysisme (elle sera corrigée par Chalcédoine) et conduisait à une chosification de la compréhension de la filiation divine et de l'Incarnation. Comme si « Dieu » pouvait naître, comme si ce n'était pas plutôt un homme qui, au titre de « Fils » de Dieu, est la Révélation de Dieu pour le croyant. Ce titre de « Mère de Dieu » est responsable, entre autres, de la méfiance des juifs à l'égard du christianisme et de l'interprétation erronée de la Trinité chrétienne par de nombreux musulmans, qui y voient une triade composée de Dieu (le Père), de Marie (la Mère) et de Jésus (l'Enfant).

En **Occident**, en revanche, les expressions de la piété mariale orientale rencontrèrent une certaine résistance. Chez Augustin, par exemple, le père théologique du paradigme latin médiéval (P III), nous ne trouvons ni hymnes ni prières s'adressant à Marie ; il ne fait pas non plus état de fêtes mariales. Ce silence est frappant. C'est au Ve siècle seulement que nous trouvons le premier exemple d'un hymne s'adressant à Marie en langue latine (*Salve sancta parens*, de Caelius Sedulius). Dès la fin du VIe siècle, nous voyons se développer une poésie mariale en latin, puis également en allemand, de plus en plus riche [300]. Rome suit : au VIe siècle, le nom de Marie (et le titre « Mère de Dieu ») est introduit dans le texte de la messe ; au VIIe siècle, les fêtes mariales orientales (Annonciation, Visitation, Nativité, Purification) sont introduites à Rome ; vers la fin du Xe siècle, les légendes illustrent le pouvoir miraculeux de la prière à Marie...

L'apogée du culte marial au Moyen Age prend place incontestablement aux XIe-XIIe siècles ; il n'est pas pensable sans l'influence de **Bernard de Clairvaux**, moine cistercien. Entre-temps, l'accent s'est de plus en plus déplacé en théologie. Ce n'est plus l'activité concrète de Marie, mère terrestre de Jésus, telle que la rapporte le Nouveau Testament, qui est au premier plan. L'accent est mis maintenant sur le **rôle cosmique de Marie**, Mère virginale de Dieu et reine du ciel, tout cela témoignant d'un processus d'idéalisation et d'exaltation. Si d'anciens Pères de l'Église ne craignaient pas de parler de fautes morales de Marie, on proclame désormais de plus en plus une perfection sans faille de Marie, une sainteté parfaite dès avant sa naissance même.

On comprend dès lors que des voix isolées se soient élevées depuis le XIIe siècle pour affirmer explicitement que **Marie a été préservée du péché originel** – qui était devenu depuis Augustin une sorte de dogme fondamental de l'Église catholique. Une telle exception par rapport au destin de toute l'humanité ne réussit pas d'abord à s'imposer, face à l'opposition des théologiens, et notamment de Thomas d'Aquin. Mais cela n'empêcha guère, plus tard, l'éminent théologien franciscain Duns Scot (1308) de chercher et de proposer une « solution spéculative » à la question : comment croire à l'universalité du péché originel tout en déclarant que Marie y a échappé ? Scot forgea à cet effet le concept de « rédemption par anticipation » *(redemptio praeservativa)* de Marie – une pure construction théologique. Mais plus rien ne pouvait arrêter désormais le processus d'exaltation de Marie. Formellement on s'en tenait encore à des distinctions entre la vénération générale des saints *(doulia)*, l'hypervénération de Marie *(hyper-doulia)* et l'adoration réservée à Dieu seul *(latria)*. Mais, dans la pratique, la condition de créature et l'humanité de Marie ne jouaient souvent plus qu'un rôle minime.

Cependant, la doctrine mariale était une chose, la piété mariale en était une autre. Comme à Jésus lui-même, la **piété populaire** conférait à Marie des traits plus humains – là encore sous l'influence de Bernard, mais aussi de François d'Assise. Maints chants, hymnes et prières, nombre d'images et de statues présentent Marie comme la personnification de la miséricorde, celle qui obtient tout de son Fils céleste en intercédant pour nous ; elle est la figure aimable, plus proche des soucis des hommes que le Christ divin, exalté et glorifié. Pour donner forme à cette piété, l'art gothique a créé l'impressionnante « Madone qui nous protège sous son manteau ». Elle exprime de façon unique ce que ressentaient manifestement des millions de croyants : elle est celle qui vient précisément en aide aux petites gens, à ceux qui sont opprimés, à ceux qui ont peur, aux marginalisés. On voit ici se développer une mariologie d'« en bas », qui contraste avec les théories dogmatiques d'« en haut », œuvres des théologiens, des moines et des membres de la hiérarchie. Voilà qui explique aussi la popularité, à partir du XIIe siècle, du biblique Ave Maria, qui, conjointement avec le Notre Père, devient la forme de prière la plus répandue – mais c'est depuis 1500 seulement qu'il a pris la forme que nous lui connaissons, avec la prière d'assistance à l'heure de la mort. D'où aussi la popularité de l'Angélus, qui sonne trois fois par jour, depuis le XIIIe siècle, celle aussi du rosaire, dont la pratique s'étend à partir des XIIIe-XVe siècles.

Une image œcuménique de Marie ?

L'Église du Moyen Age se garde toutefois de proclamer de nouveaux **dogmes mariaux**. Pour cela, il faudra attendre les papes des XIXe et XXe siècles : Pie IX et Pie XII. Pie IX surtout, dans la ligne de sa politique, charge l'Église de deux nouveaux dogmes. En 1854, dans un esprit de conservatisme antirévolutionnaire, d'opposition aux Lumières, à la science, à la démocratie et à la liberté religieuse, sans fondement biblique aucun, il élève formellement au rang de dogme l'Immaculée Conception (Marie préservée du péché originel). Puis, seize ans plus tard (1870), avec le concours de Vatican I, il impose également à toute l'Église le dogme de la primauté et de l'infaillibilité du pape. Après la Seconde Guerre mondiale, Pie XII continue dans cette voie. Dans la ligne de son triomphalisme romain, sans se soucier des réserves protestantes, orthodoxes et au sein même du catholicisme, il satisfait à son ambition en proclamant le dogme de l'Assomption (l'assomption corporelle de Marie dans la gloire céleste) en 1950 ; c'est le point culminant d'un « âge marial » qu'il a lui-même proclamé [301]. Dans ce « climat marial » se situent aussi les nombreuses apparitions de Marie qui prennent place, comme par hasard, aux XIXe et XXe siècles : Lourdes (1858) et Fatima (1917).

Ce qui n'était pas encore tellement clair au Moyen Age, les papes Pie l'ont donc pleinement mis en lumière : **papalisme et marianisme** vont la main dans la main, et c'est typique du paradigme catholique romain. Nous devons sans aucun doute cette conjonction à l'obsession du **célibat**, qui, nous l'avons vu, est profondément ancrée dans le monde médiéval. Face à ces développements, la première femme professeur de théologie féministe en Europe, la Hollandaise Catharina Halkes, est dubitative : « Marie est-elle un modèle qui a été exploité contre les femmes, sans critique à l'égard des hommes, destiné à légitimer le gouffre creusé par l'Église entre la sexualité [féminine] et la médiation du sacré [302] ? » C'est incontestable. Une hiérarchie catholique romaine médiévale, et restée telle jusqu'en plein XXe siècle (avec un pape comme Jean-Paul II qui, dans son blason, a écarté la croix du centre au profit du M), qui prône toujours le célibat du clergé alors même que des milliers de paroisses restent sans prêtre et qui, dans le mariage, entend lier le plaisir sexuel à la procréation, s'est forgé, en la personne de Marie, une figure compensatrice pour clercs célibataires ; auprès d'elle, on peut trouver, « sur le mode spirituel », intimité, affection, féminité et sentiments maternels. Eugen Drewermann a analysé et illustré par de nombreux exemples les effets psychiques catastrophiques de cette politique [303].

Pensons aussi aux effets de ce marianisme catholique romain sur l'*oikoumenê* chrétienne. Le théologien protestant Jürgen Moltmann constate, à juste titre :

> La mariologie – reconnaissons-le honnêtement et objectivement – a plutôt nui, jusqu'ici, à l'œcuménisme. La mariologie qui ne cesse de se développer a éloigné les chrétiens des juifs, l'Église du Nouveau Testament, les chrétiens protestants des chrétiens catholiques et les chrétiens en général des hommes et des femmes modernes. Mais la Madone de la mariologie ecclésiastique s'identifie-t-elle avec Myriam, la mère juive de Jésus ? Peut-on retrouver la seconde dans la première ? Les divisions et les séparations que les Églises ont perpétrées au nom de la Madone ne devraient-elles pas nous conduire à faire retour à Myriam, la mère juive [304] ?

Effectivement, dans la perspective d'un **avenir pour l'Église**, ce développement dans le cadre du paradigme médiéval amène à réfléchir. Il faut désencombrer la figure de Marie de certaines images – des fantasmes d'une hiérarchie presbytérale masculine et célibataire, comme de ceux d'une recherche d'identité compensatoire de la part de certaines femmes. Il ne s'agit pas pour autant d'escamoter, voire de détruire, la signification de Marie pour la théologie, l'Église et l'histoire de la piété. Il s'agit bien plutôt d'interpréter la figure de Marie pour notre temps à partir des origines, pour la débarrasser des clichés misogynes et des stéréotypes paralysants. L'objectif doit être d'ouvrir la voie à une **image véritablement œcuménique de Marie**, pour que puisse à nouveau prendre sens dans toutes les Églises la phrase de Luc : « Oui, désormais toutes les générations me diront bienheureuse [305]. » Marie peut-elle être une figure d'identification pour les féministes ? La question reste sujette à débats. Mais les lignes directrices suivantes me paraissent importantes en tout état de cause pour une image œcuménique de Marie :

– Selon le Nouveau Testament, Marie reste un **être pleinement humain**, elle n'a rien d'un être céleste. L'image de Marie que nous offre le Nouveau Testament est des plus sobres et pour une part contradictoire. L'évangéliste le plus ancien ne nous parle que d'un conflit entre la mère et le fils : comme les autres membres de sa famille, sa mère tient aussi Jésus pour fou [306]. L'évangile le plus ancien ignore tout d'une naissance légendaire, il ne dit pas un mot d'une naissance virginale ; Marie n'est pas présente à la croix, elle n'apparaît pas dans le contexte de la Résurrection. Seuls les évangiles plus tardifs, qui nous présentent une Marie croyante, obéissante, racontent tout ce dont la chrétienté s'est si profondément imprégnée à travers l'histoire de l'art chrétien [307]. Dans le Nouveau Testament déjà, il faut donc faire la différence entre la figure historique de Marie et sa figure symbolique [308] : vierge, mère, épouse, reine, qui intercède pour nous [309].

– Selon le témoignage du Nouveau Testament, Marie est essentiellement la **mère de Jésus**. Femme et mère, elle témoigne de sa véritable humanité. Et ce témoignage en faveur de l'être humain de Jésus ne contredit pas la foi, également représentée dans le Nouveau Testament, où l'existence de Jésus s'explique en dernier ressort à partir de Dieu, a son origine la plus profonde en Dieu : pour les croyants, Jésus est le Fils de Dieu, choisi par lui et envoyé par lui [310].

– Marie est l'exemple et le **modèle de la foi chrétienne**. Pour l'évangéliste Luc déjà, sa foi, à laquelle n'est pas épargné le glaive du scandale, du déchirement et de la contradiction et qui connaît la plus grande épreuve, celle de la croix, est effectivement exemplaire pour la foi chrétienne [311]. Marie ne fait donc pas preuve d'une foi spéciale, elle n'a aucune connaissance particulière des mystères de Dieu. Au contraire, sa foi connaît aussi l'épreuve et elle nous montre ainsi le chemin de la foi chrétienne comme telle.

– Marie renvoie à la cause de son fils, à la **cause de Jésus de Nazareth**. La cause de Marie n'est rien d'autre que la cause de Jésus, qui est la cause de Dieu. Là aussi, Luc a trouvé les accents qui conviennent. Les mots clés de Marie, *Fiat* et *Magnificat*, gardent sens aujourd'hui. Marie chante les louanges d'un Dieu qui « jette les puissants à bas de leurs trônes et qui élève les humbles [312] ». Jésus, le fils de Marie, ne présente pas de traits « typiquement masculins » ou « patriarcaux ». Le fils de Marie est plutôt l'ami des femmes, qu'il appelle à sa suite, dont il fait ses disciples et ses aides, et les premières communautés vénèrent en Marie de Magdala une amie intime de Jésus [313].

Les champions d'une discrimination des femmes dans l'Église, qui perdure depuis le Moyen Age, ne peuvent donc pas se réclamer de Myriam-Marie, ni de son fils. Pas un mot dans la bouche de Marie ni de Jésus réduisant la femme au silence ou à la soumission. Ils ne connaissent ni l'un ni l'autre de « mythe d'Ève », qui attribue à la femme la responsabilité de tout le mal dans le monde. Ils ne connaissent ni diabolisation de la sexualité ni dégradation de la femme comme objet de plaisir, mais pas davantage une diffamation de la femme comme la tentatrice universelle. Ils ne connaissent pas non plus de loi du célibat, bien que Jésus n'ait pas été marié – ce qui ne manque pas d'étonner –, mais on ne trouve pas non plus de fixation sur le mariage. En ce sens, l'apôtre Paul est tout à fait dans la ligne de Marie et de Jésus quand il dit du Christ, le Seigneur glorifié : « C'est pour que nous soyons vraiment libres que Christ nous a libérés [314]. » Et encore : « Où est l'Esprit du Seigneur, là est la liberté [315]. » Dans cette sphère de liberté, il n'y pas place pour une discrimination sexuelle, pour une dévalorisation de la femme, pour une sexualité taboue, pour une répression de l'émotivité et de la corporéité féminines, pour la subordination de la femme à une hiérarchie masculine. Dans la sphère de cette liberté qu'incarne le Christ, « il n'y a plus l'homme et la femme ; car tous, vous n'êtes qu'un en Jésus-Christ [316] ».

Mais la crise du papalisme, du marianisme et de l'obsession du célibat, que les catholiques traditionnels eux-mêmes ne peuvent pas ne pas voir, se dessine dès le Moyen Age tardif. C'est cette crise qu'il nous faut analyser maintenant.

11. LA CRISE DU PARADIGME CATHOLIQUE ROMAIN

Personne ne se doutait que la domination papale sur le monde s'effondrerait si rapidement – pour faire place à une papauté sans pouvoir ! Le XIIIe siècle, qui s'était ouvert sur le règne glorieux d'Innocent III, s'achevait sur l'emprisonnement de **Boniface VIII**, qui inspirait finalement la pitié ! Ce pape, qui adorait pavaner en grande pompe (c'est-à-dire avec couronne ou tiare) comme un seigneur du monde, n'avait pas conscience qu'il avait lui-même vidé de leur substance les prétentions de la papauté et qu'il luttait avec des armes émoussées. Le titre de la première bulle importante de Boniface VIII, *Clericis laicos infestos*, devait malheureusement s'avérer prophétique : « L'Antiquité transmet déjà à la ville les sentiments hostiles que les laïcs cultivent contre les clercs [317]. » Mais à qui la faute ?

L'effondrement du pouvoir papal

Il n'y a pas d'explication monocausale. Cette évolution relève d'un ensemble complexe de facteurs multiples. La **papauté hiérocratique** apparaît, comme l'a montré de façon convaincante Walter Ullmann [318], comme le « **système en déclin** », tandis que les puissances indépendantes, autonomes, qui deviendront les **États nationaux**, apparaissent comme le « **système en progrès** », dans la sphère du pouvoir et du droit. Concrètement :
– La papauté a mené un combat à mort contre les empereurs allemands et leurs prétentions à l'universalité. L'Empire médiéval, en tant qu'institution européenne à prétention universelle, touche donc

à sa fin. Mais la monarchie française, qui a depuis longtemps la faveur de la papauté et qui s'est hissée au rang d'État français national, portée par une nouvelle conscience nationale, est devenue la première puissance européenne. Elle en vient dès lors à mettre elle-même radicalement en question la papauté en tant qu'instance de pouvoir universelle en Europe. En vidant de sa substance l'idée de l'Empire universel, on a également vidé de sa substance l'idée de papauté universelle.

– La papauté cherche à défendre sa souveraineté avec des arguments théologiques et juridiques traditionnels, mais elle a de moins en moins d'intellectuels novateurs de son côté. Les rois français (et anglais), en revanche, avec l'aide de conseillers, de professeurs d'université et de propagandistes efficaces, développent et répandent des critères relatifs au droit de l'État et de l'Église qui conduiront par la suite au gallicanisme et à l'anglicanisme.

– La papauté vise à faire de l'Église universelle occidentale un État théocratique universel. Mais sa crédibilité morale se trouve profondément ébranlée, y compris parmi les laïcs, et son ancrage dans les convictions religieuses des peuples est durablement compromis.

– La papauté tente de sauver sa primauté universelle (de juridiction et de doctrine) par la diplomatie et les excommunications, les interdits, l'Inquisition et la « guerre sainte ». Mais des esprits critiques prennent de plus en plus leurs distances avec l'Église papale ; le clergé, qui avait la haute main sur la connaissance au XIIIe siècle, a été écarté de sa position intellectuelle dominante par la chevalerie et s'est réfugié dans le latin. On assiste à la naissance d'une culture profane laïque et aussi d'une opposition de plus en plus forte contre le clergé et la Curie.

– A l'apogée du Moyen Age, le grand problème théologique fut celui de la réconciliation entre la foi et la raison. Mais au Moyen Age tardif compte de plus en plus la nouvelle considération de l'homme – déjà inaugurée par Thomas – comme être naturel, la considération du droit naturel et de l'État comme corporation naturelle des citoyens ; c'est aussi l'époque du développement des sciences physiques et naturelles, de la langue naturelle et du chant en langue vernaculaire (en lieu et place du latin), enfin du développement de l'idée même d'« individu ». Face à l'ordre objectif institué une fois pour toutes par l'Église prend place un nouveau subjectivisme.

Comment la papauté évolue-t-elle sur ce fond ? Elle connaît une évolution dramatique à tous égards. Les événements se succèdent désormais à un rythme rapide.

1294. En juillet, après une vacance de siège de plus de deux ans, est élu pape, sous le nom de **Célestin V**, un moine bénédictin de 80 ans, originaire des Abruzzes ; il est pieux, animé des meilleures intentions, mais ne connaît absolument rien au monde. Dans une Église totalement sécularisée, celui en qui certains, animés d'un grand espoir messianique, saluent un « pape angélique », sera le premier pape de toute l'histoire de l'Église à démissionner de sa propre initiative, au terme de cinq mois de pontificat seulement.

1294. En décembre, on lui choisit pour successeur le cardinal Benedetto Gaetani, qui prend le nom de **Boniface VIII**. Juriste habile et homme de pouvoir sans scrupules, il semble avoir puissamment contribué à la démission de son prédécesseur. Après son élection, par mesure de sécurité, il a fait enfermer Célestin dans la forteresse de Fumone ; ce dernier attendra la mort dans une petite cellule triangulaire de quelques mètres. Les historiens décrivent Boniface comme un homme hautain, qui a le souci de ses intérêts, comme un politicien expérimenté mais malchanceux, qui travaillera de façon éhontée à accroître sa fortune familiale, avec des traits nettement pathologiques [319].

1296. Dans la bulle déjà citée, *Clericis laicos*, Boniface déclare que le pape seul est autorisé à prélever des impôts sur le clergé, conteste au roi le droit de juger les clercs et brandit les menaces d'excommunication et d'interdit, sans pour autant intimider ni la France ni l'Angleterre.

1300. Boniface met en scène en grande pompe la première **année sainte**, avec une indulgence jubilaire (les innombrables pèlerins constituent une importante source de revenus pour la Curie !). Le jubilé sera célébré à partir de là tous les cent ans, puis tous les cinquante et finalement tous les vingt-cinq ans.

1301. Confirmé dans le sentiment de sa propre valeur par l'« Année sainte », Boniface prend le risque d'un conflit avec le roi de France, **Philippe IV le Bel** (lui aussi un homme de pouvoir sans scrupules, mais entouré de brillants conseillers). Il publie contre lui la bulle *Ausculta fili* (« Écoute, fils très cher, les ordres de ton père ») et convoque des prélats et des intellectuels français à Rome pour leur demander conseil.

1302. Philippe, en bon propagandiste, prend l'offensive. Les arguments dérivés de l'idéologie papale et impériale (image du soleil et de la lune) ne peuvent pas s'appliquer directement à un « simple » roi (selon Grégoire VII, *regulus* égale « roitelet ») ; le « roi très chrétien » *(rex christianissimus)* de France se considère comme directement oint par Dieu par l'entremise de l'huile envoyée du ciel sans intermédiaire (l'« huile de Clovis »). Boniface réagit par la bulle *Unam sanctam.* Il ne fait que répéter la doctrine romaine du pouvoir spirituel suprême, en se réclamant, sous la forme la plus abrupte, de toutes les autorités théologiques possibles ; il définit, avec Thomas d'Aquin, l'obéissance au pape comme « absolument indispensable au salut de toute créature humaine [320] ». Le roi fait preuve d'une grande habileté tactique : il convoque les différents états du royaume, noblesse, clergé et représentants du tiers état (bourgeoisie citadine) ; sous l'effet d'une propagande parfaitement orchestrée, ils se rangent du côté du roi, dans un élan national unanime. Pour la première fois, la papauté se retrouve non pas face à un roi, mais face à tout un peuple. Philippe en appelle à un concile général.

1303. Boniface prépare pour le 8 septembre l'excommunication du roi et entend relever les sujets de leur serment de fidélité. Mais la nuit précédente a lieu un événement inouï. Une troupe d'hommes en armes, sous les ordres du conseiller du roi, Guillaume de Nogaret, et de Sciarra Colonna, qui connaît les lieux, se saisit du pape – le maître du monde – et le tient prisonnier en son château d'Anagni : c'est l'**attentat d'Anagni**. Sommé de revenir sur sa décision, le pape préfère sacrifier sa vie. Boniface est délivré par le peuple d'Anagni, mais, en homme brisé par cette humiliation, il meurt un mois plus tard, le 12 octobre, à Rome.

1309. Le deuxième successeur de Boniface, Clément V, auparavant archevêque de Bordeaux, est intronisé à Lyon ; il reste en France, avant tout pour des raisons de santé ; après de longues hésitations, il s'installe à **Avignon**. L'« automne du Moyen Age [321] » (J. Huizinga) a commencé, la fin de la souveraineté papale sur le monde est arrivée, mais les papes ne renoncent pas pour autant à leurs prétentions...

L'exil des papes et la propagande antipapiste

Ce que l'on appelle à Rome **la « captivité de Babylone » des papes à Avignon** dure soixante-dix ans [322]. C'est un fait en tout cas : les papes sont maintenant tous français et, politiquement, ils sont largement dépendants de la couronne de France, sans que cela perturbe le fonctionnement bien huilé de l'administration centrale. Au contraire, l'appareil des fonctionnaires pontificaux, l'administration financière, le cérémonial connaissent un prodigieux développement (tout comme le népotisme). Bien que politiquement dépendants de la France, les papes d'Avignon ne renoncent pas à leurs prétentions romaines. En Avignon culminent même – étant donné l'effondrement de l'État ecclésiastique, l'édification du nouveau palais pontifical et de la « chapelle » pour la liturgie du palais et finalement l'acquisition du comté d'Avignon – la centralisation et le légalisme papaux, avec une fiscalité curiale difficilement imaginable aujourd'hui : c'est une **exploitation de toute l'Église** sans précédent, en même temps que se creuse dangereusement le **fossé entre la papauté et de nombreux pays**. La papauté romaine – qui détenait jusqu'ici le pouvoir de direction religieux et moral – devient la **première puissance financière d'Europe** ; elle recouvre sans merci ses créances séculières, qu'elle justifie spirituellement, en recourant à tous les moyens à sa disposition : organes exécutifs de la papauté, excommunications et interdits.

Au XIVe siècle cependant, les papes doivent compter de plus en plus avec une **opposition** réfugiée dans les nombreuses universités (que l'on continue à fonder), dans les collèges et les écoles, ainsi que parmi la bourgeoisie des villes allemandes et italiennes florissantes, avec les gibelins en Italie et des **propagandistes influents qui critiquent la papauté** [323].

– **Dante Alighieri**, qui, dans sa *Divine Comédie*, condamne le pape Boniface VIII à l'enfer [324], déniant tout caractère de souveraineté mondiale à l'institution de la papauté dans sa profession de foi politique, *De monarchia* [325] (vers 1310) : ce n'est pas au pape, mais à Dieu seul que le monarque doit des comptes – aussi ce livre du créateur de la langue italienne figurera-t-il dans l'Index des livres prohibés jusqu'en 1908.

— Plus important, surtout pour les juristes de l'État et de l'Église, est l'ouvrage polémique de **Marsile de Padoue**, célèbre universitaire parisien et ancien recteur, le *Defensor pacis* [326] (1324). Il présente pour la première fois, en faisant appel à des arguments philosophiques, bibliques et patristiques, une théorie de l'État non cléricale, qui annonce les théories modernes de l'État, avec sa séparation entre le profane et le divin en matière de droit, de loi et de conscience : souveraineté du peuple, indépendance du pouvoir séculier à l'égard de l'Église, indépendance des évêques à l'égard du pape, mais aussi de la communauté à l'égard de la hiérarchie. Pour ce « défenseur de la paix », très habile dans le maniement des arguments, la principale cause des troubles et de l'absence de paix dans la vie politique est à chercher du côté de la « toute-puissance » *(plenitudo potestatis)* papale, dénuée de tout fondement biblique et théologique ; les questions litigieuses devraient être débattues dans le cadre de conciles généraux, convoqués par le souverain séculier.

— L'Allemagne est depuis près de deux décennies sous le coup de l'interdit, et la religion comme la morale sont bien malmenées en Europe. Aussi le philosophe et théologien anglais **Guillaume d'Occam**, défenseur le plus influent des droits impériaux face à la papauté, chef de file de la *Via moderna* (le nominalisme), se rallie-t-il aux idées de Marsile. Il nie toute possibilité de fonder la foi dans la raison et, à travers Gabriel Biel, il exercera une grande influence sur Luther. Il fustige les personnalités des papes contemporains et critique leurs « pleins pouvoirs » en matière profane [327].

Mais ce même Occam qui, en 1328, avec Marsile et d'autres, avait échappé à l'arrestation par le pape et trouvé refuge à la cour royale de Louis de Bavière à Pise (il mourra à Munich en 1347), fut aussi, curieusement, l'un des défenseurs de l'infaillibilité papale. Comment en vint-on précisément à cette époque à une telle doctrine, qui n'avait été enseignée nulle part dans les années 1200 ?

L'infaillibilité du pape
a d'abord été considérée comme hérétique

La situation était la suivante : Grégoire VII lui-même, qui n'excluait nullement que des papes puissent se tromper, s'était contenté d'affirmer que l'**Église romaine comme telle** ne pourrait jamais errer en matière de foi. Les spécialistes du droit canon eux-mêmes, pourtant des plus favorables à la Curie, s'en tenaient strictement à la doctrine catholique traditionnelle consignée dans le *Décret de Gratien*, selon laquelle **un pape pouvait errer en matière de foi**. Thomas d'Aquin lui-même, pas plus que les autres grands scolastiques, n'avait jamais affirmé explicitement l'infaillibilité du pape. Mais désormais cette doctrine en arrive à s'imposer. D'où vient-elle ? Quelles sont ses origines ?

L'historien américain Brian Tierney a résolu cette énigme [328]. Il fait un double constat à propos des origines de l'infaillibilité papale :

– L'**origine** de cette doctrine n'est précisément **pas orthodoxe** : les canonistes et les papes canonistes des XIIe-XIIIe siècles, souvent farouches défenseurs de la papauté, n'offrent aucun fondement pour une telle doctrine, contrairement à ce qu'on a pensé jusqu'ici. Au contraire, en stricte logique juridique ils ne peuvent que la récuser. Pourquoi ? Parce que, précisément, des décrets infaillibles et donc irréformables (des papes antérieurs) limiteraient le pouvoir ou la souveraineté absolue du pape (présentement en place) [329] ! Ses propres intérêts bien compris ne peuvent que détourner un pape de cette doctrine.

– L'**origine** de cette doctrine est même **hétérodoxe** : c'est un franciscain excentrique, accusé d'hérésie, Pierre Olivi (1298), sous la mouvance de l'apocalyptique développée par Joachim de Flore, qui, vers 1280, propagea l'idée de l'infaillibilité du pape. Pourquoi ? Pour qu'un décret de Nicolas III (1279) en faveur des franciscains lie définitivement tous les papes à venir. C'est pourquoi les catholiques dans leur ensemble doivent obéir au pape dans toutes les questions de foi et de morale, *tamquam regulae inerrabili*, comme à une « règle infaillible ». Et un pape qui manquerait à cette règle ? Pierre Olivi et beaucoup d'autres avec lui y voyaient le pseudo-pape attendu pour les temps apocalyptiques.

Mais ces premières formulations de l'infaillibilité et de l'irréformabilité des décisions papales – dès l'abord les deux vont ensemble – ne furent pas particulièrement prises au sérieux dans l'Église, y compris par les papes – et par eux moins que par quiconque. Lorsque, quelque quarante ans plus tard, les franciscains y firent appel contre un autre pape, la contre-réaction suivit logiquement : le pape avignonnais Jean XXII, dans la bulle *Quia quorundam* (1324), condamna la doctrine de l'infaillibilité, œuvre du diable, le « père de tout mensonge [330] ».

Qu'est-ce à dire ? Qu'il n'y a pas eu de lents « développement » et « déploiement » de la doctrine de l'infaillibilité papale, mais qu'il s'agit d'une création soudaine (cependant politiquement explicable) de la fin du XIIIe siècle – par un franciscain accusé d'hérésie. Et c'est seulement parmi les franciscains dissidents qu'elle allait être défendue par la suite, pour montrer que Jean XXII était un hérétique. En cette période de schisme papal en Occident, avec ses deux, puis ses trois papes, comme plus tard à l'époque de la Réforme, cette doctrine n'avait pas la moindre chance de s'imposer dans l'Église. Le concile de la Contre-Réforme lui-même (Trente) n'a pas osé aborder ce thème, par crainte des exigences de réforme qui auraient pu y être formulées. Il allait falloir attendre – nous l'avons vu – la papauté du XIXe siècle, soucieuse de restauration, pour conférer à cette doctrine originellement hérétique l'aura de l'hyperorthodoxie catholique...

Jetons encore un regard sur Avignon, la résidence des papes depuis la chute de Boniface VIII. Que s'y est-il passé entre-temps ? On en était arrivé à une rupture au sein de la papauté elle-même.

Que faire contre deux, voire trois papes, en même temps ?

En Italie, la situation était devenue de plus en plus difficile. Rome était tombée sous la coupe de Cola di Rienzo, un tribun démagogique et utopiste, qui rêvait de l'ancienne Rome. Et comme à Rome, on assistait un peu partout en Italie aux luttes partisanes les plus farouches. L'État ecclésiastique était même menacé de disparition. Aussi Urbain V retourna-t-il à Rome, en 1367, pour trois ans, avant de revenir à Avignon. C'est en 1377 seulement que Grégoire XI transféra à nouveau la résidence pontificale à Rome – sur les instances de Catherine de Sienne et de Brigitte de Suède, mais aussi et surtout, sans doute, pour des considérations politiques. Mais Grégoire XI mourut dès l'année suivante, en 1378.

Son successeur légalement élu, Urbain VI, fit rapidement preuve d'une telle incompétence, d'une telle mégalomanie et même de tels troubles mentaux [331] que toutes les conditions furent réunies, selon la conception canonique la plus traditionnelle, pour le démettre automatiquement de son ministère [332]. Plusieurs cardinaux y virent en tout cas un motif suffisant pour élire un autre pape en cette même année, le Genevois Clément VII, qui, après la défaite de ses troupes devant Rome, s'établit de nouveau à Avignon. Il y eut ainsi deux papes, Urbain VI n'ayant pas l'intention de renoncer à son ministère. Plus grave encore, les deux papes s'excommunièrent mutuellement.

Le **Grand Schisme d'Occident** est maintenant une réalité. Ce deuxième schisme dans la chrétienté, après celui de la rupture avec l'Orient, va durer près de quarante ans – jusqu'en 1415. Concrètement, cela signifie que l'Église d'Occident est divisée : outre la France, Aragon, la Sardaigne, la Sicile, Naples et l'Écosse, ainsi que quelques territoires de l'ouest et du sud de l'Allemagne sont d'**obédience avignonnaise**. L'Empire allemand, l'Italie du Nord et l'Italie centrale, la Flandre et l'Angleterre, les pays de l'Est et du Nord, sont d'**obédience romaine**. On imagine difficilement les cas de conscience créés par cette situation sur le plan individuel. Les « saints » eux-mêmes sont partagés : Catherine de Sienne, par exemple, est du côté d'Urbain VI, tandis que Vincent Ferrier, un ascète extatique, chef de file des célèbres flagellants, est du côté de Clément VII. Deux collèges de cardinaux, deux Curies, deux systèmes financiers redoublaient les abus économiques de la papauté.

Il n'est pas étonnant que le monde entier ait appelé de ses vœux une « **réforme de l'Église dans sa tête et dans ses membres** ». L'université de Paris, qui, au Moyen Age, faisait un peu fonction de magistère ordinaire dans l'Église, fournit les porte-parole les plus influents de cette soif de réforme : les professeurs Pierre d'Ailly, chancelier de l'université de Paris, et Jean Gerson. La *via concilii* finit par s'imposer. Seul un **concile général** pouvait sortir l'Église d'affaire, mais un concile qui ne serait plus sous l'influence de la *plenitudo potestatis* papale (comme l'avait été le quatrième concile du Latran, « sous » Innocent III), un concile que l'on voulait **représentatif de toute la chrétienté**.

A une époque plus récente, dans une vision plus étriquée du

dogme, on a essayé de se débarrasser à bon compte de toutes les idées conciliaires et de la théorie conciliaire qui s'est développée à l'occasion du schisme d'Occident, en les affublant de l'étiquette « conciliarisme » hérétique. Mais après les travaux de F. Bliemetzrieder [333], A. Hauck [334] et M. Seidlmayer [335], c'est encore Brian Tierney qui a montré que la thèse selon laquelle la théorie conciliaire serait originellement le fait de dissidents comme Marsile et Occam n'est pas défendable. Il n'y a absolument pas rupture avec la tradition, au contraire : les idées conciliaires se trouvent déjà chez les canonistes officiels les plus orthodoxes des XIIe et XIIIe siècles [336]. A la veille du deuxième concile du Vatican, j'ai moi-même montré que, dès la tradition patristique la plus ancienne, le concile œcuménique est considéré comme une authentique représentation de l'Église. Le premier récit de la littérature chrétienne qui nous parle de conciles de l'Église témoigne, avec une clarté étonnante, de cette façon de comprendre le concile. Selon Tertullien, « ... dans les pays grecs, en des lieux déterminés, se tiennent ces conciles de toutes les Églises qui traitent communautairement des problèmes importants et qui célèbrent avec grande vénération la **représentation de toute la chrétienté** [337] ».

Mais les papes ne songeaient nullement à démissionner, ni d'un côté ni de l'autre. Et quand les cardinaux des deux côtés se réunirent en concile général à **Pise**, en 1409, pour déposer les deux papes et en élire un troisième (Alexandre V), l'Église se retrouva avec **trois papes**. De « l'infamie de deux papes » on avait abouti, sans le vouloir, à la « malédiction de trois papes », surtout quand Jean XXIII succéda à Alexandre V dans la ligne de Pise [338]. Il devenait plus que jamais urgent de mettre fin à cette situation et de restaurer l'unité de l'Église. Ce fut l'œuvre du **concile de Constance** [339], le seul concile œcuménique qui ait jamais été tenu en Allemagne, mais peut-être le concile le plus impressionnant de tout le Moyen Age.

Les hommes ne prennent souvent conscience que plusieurs siècles après des chances historiques qu'on a laissé échapper, du capital que l'on a dilapidé et des orientations catastrophiques qui ont été prises. Je ne parle pas ici des années qui ont suivi le deuxième concile du Vatican, où Rome chercha de plus en plus à neutraliser les réformes, à bloquer les ouvertures œcuméniques et à canaliser la proclamation rénovée de la foi dans un catéchisme

mondial traditionaliste. Je parle – au sens où *historia docet* (« l'histoire nous instruit ») – de l'époque qui a suivi le grand **concile œcuménique et réformateur**, tenu à Constance de 1414 à 1418, durant quatre années, comme le concile Vatican II. Ce concile s'était déjà assigné une triple tâche :
– la *causa unionis*, la cause de l'unité de l'Église ;
– la *causa reformationis*, la cause de la réforme de l'Église, dans sa tête et dans ses membres ;
– la *causa fidei*, la cause de la proclamation de la foi par l'Église et de l'administration des sacrements.

Sans concile, pas de réforme ! Telle était la conviction générale en dehors de Rome. C'est dire que, fondamentalement, l'organe suprême de l'Église, ce n'est pas le pape, mais le concile ! Telle était la tradition de l'Église ancienne. Et, à tout bien considérer, le concile de Constance a effectivement été un **succès** – en dépit de graves compromis et de fatals faux pas historiques, que Luther critiquera (interdiction faite aux laïcs de communier au calice, honteuse condamnation au bûcher du patriote et réformateur de Bohême Jean Hus, malgré toutes les promesses de sauf-conduit). En effet, le célèbre décret *Haec sancta* de la cinquième session (6 avril 1415) définit solennellement que **le concile est au-dessus du pape**. Cette assemblée de l'Église se comprend elle-même comme un concile général, légitimement réuni dans l'Esprit saint, qui représente toute l'Église. Son pouvoir lui vient immédiatement du Christ et tous, y compris le pape, lui doivent obéissance, en matière de foi, en matière de réforme de l'Église et pour mettre fin au schisme. Quiconque – fût-ce le pape – refuserait obstinément d'obéir aux directives et décisions de ce concile et de tout concile œcuménique légitime sur ces points serait passible de châtiment.

C'était une défaite sans équivoque pour le système curial romain, qui avait conduit l'Église catholique occidentale au bord du gouffre. L'autorité dans l'Église n'est pas aux mains d'un monarque, mais elle est le fait de l'Église elle-même, dont le pape est le serviteur et non le maître. Puisque cette définition solennelle fondamentale (mais gênante pour la Curie romaine) de ce concile œcuménique n'a pas trouvé place dans l'*Enchiridion* officieux de Denzinger[340] (même dans ses éditions les plus récentes), nous reproduisons ici ses passages les plus importants[341].

> ### Le concile est au-dessus du pape
>
> « Ce saint synode de Constance, qui constitue un concile œcuménique, légitimement réuni pour mettre fin au schisme présent et en vue de l'unité et de la réforme de l'Église de Dieu, dans sa tête et dans ses membres, à la gloire du Dieu tout-puissant, dans l'Esprit saint : pour réaliser plus facilement, plus sûrement, plus complètement et plus librement l'unité et la réforme de l'Église de Dieu, il ordonne, définit, statue, décide et déclare ce qui suit :
>
> Il déclare premièrement que ce synode, légitimement réuni dans l'Esprit saint, qui constitue un concile général et qui représente l'Église catholique militante, tient son autorité immédiatement du Christ. Tout un chacun, quel que soit son état, quelle que soit sa dignité, fût-ce celle du pape, est tenu de lui obéir en ce qui concerne la foi, la fin du schisme susdit et la réforme générale de cette Église de Dieu dans sa tête et dans ses membres.
>
> Il déclare également que quiconque – quels que soient sa condition, son état, sa dignité, fût-ce celle du pape – refuserait obstinément son obéissance aux ordres, décisions, dispositions ou prescriptions de ce saint synode et de tout autre concile général légitimement réuni, en ce qui concerne ce qui a été dit plus haut et tout ce qui est arrivé ou arrivera à cet effet, s'il ne finit pas par comprendre, sera soumis à la sanction qui convient et sera châtié en conséquence, avec recours à d'autres moyens légaux, si cela s'avère nécessaire. »
>
> Décret *Haec sancta* du concile œcuménique
> de Constance, en date du 6 avril 1415.

Ainsi armé, le concile vient à bout du passé (déposition ou démission des trois papes) et regarde en même temps vers l'avenir, en institutionnalisant, pour tous les temps, le processus de réforme. C'est l'objectif du décret *Frequens* du 9 octobre 1417. Il préconise la « *frequens generalium Conciliorum celebratio* », c'est-à-dire la « **célébration fréquente de conciles généraux** », comme étant le meilleur moyen de réformer l'Église. Aussi décide-t-il de la tenue du prochain concile cinq ans seulement après la clôture de celui de Constance, du suivant sept ans plus tard, puis tous les dix ans [342]. Les votes se font par nation – comme dans certaines universités –, ce qui suggère sans aucun doute l'idée d'Églises nationales. C'est finalement Martin V qui sera élu pape – sur la base de ces décrets !

Le concile de Constance a-t-il toujours valeur normative ?

Le concile de Constance est le seul concile œcuménique de toute l'histoire des conciles qui a réussi, au prix d'efforts indicibles, à **mettre durablement fin à une grande division de l'Église**. N'oublions pas que la légitimité de Martin V, et donc de tous les papes qui ont suivi jusqu'à nos jours, suppose la légitimité du concile de Constance et de sa façon de traiter la question des papes. Pourtant, curieusement, ce concile n'a guère la faveur des traités dogmatiques de la théologie scolastique romaine – si ce n'est pour les condamnations du théologien d'Oxford John Wyclif et du professeur de Prague Jean Hus. Cette désaffection est sans doute moins le fait du concile de Constance lui-même que de l'orientation unilatérale de l'ecclésiologie romaine. Elle ne sait pas bien que faire des décrets de Constance et ne les cite souvent qu'à titre de « difficultés » élevées contre certaines thèses ecclésiologiques. Qui connaît le système romain de l'intérieur sait que **Constance a toujours gêné** – et gêne toujours – **une théologie papocentriste**.

Il n'est donc pas étonnant que des représentants d'une ecclésiologie curiale n'aient pas craint de mettre en cause le caractère normatif des décrets de Constance – avec souvent des arguments étranges, prétendument historiques. Le concile de Constance n'aurait pas été approuvé par le pape, ses décrets n'auraient donc pas formellement force de loi. Mais j'ai déjà montré dans *Structures de l'Église* (en 1962, avant Vatican II) que cette argumentation était cousue de fil blanc. Dans les conciles vraiment œcuméniques du Ier millénaire, la question d'une approbation formelle par le pape ne s'était jamais posée ; ce qui était déterminant, c'était l'approbation par l'empereur, et on se contentait d'un accord général de l'évêque de Rome, au titre de patriarche de l'Occident. Cette question ne s'est posée que pour les synodes généraux du Moyen Age, entièrement sous la coupe des papes. Mais le concile de Constance, qui se considérait à nouveau comme représentatif de toute l'Église, ne jugeait précisément plus nécessaire une approbation explicite du pape. En effet, c'est bien parce que le concile estimait que son pouvoir lui venait immédiatement du Christ qu'il se situait au-dessus du pape (des trois papes), et qu'**il ne saurait être question dès l'abord d'une approbation par le pape** : « Le 22 avril 1418, Martin V clôt le synode. Il n'est pas question d'une confirmation spéciale du pape et historiquement il serait totalement erroné de ne considérer comme œcuménique que les dernières sessions sous le nouveau pape [343] » (K.A. Fink).

Comment le nouveau pape lui-même se positionnait-il face au concile ? Si **Martin V** n'avait pas été, au moins dans une certaine mesure, un représentant de la théorie conciliaire, il n'aurait pas été élu pape, dans ces circonstances, par ce concile. Il était lui aussi « conciliariste », **représentant d'une supériorité du concile sur le pape**. Mais il n'était pas théologien de métier ni écrivain : il était un cardinal de la Curie et faisait plutôt partie de l'aile conservatrice. Certes, cette aile conservatrice elle-même acceptait une « supériorité » du concile, mais elle l'interprétait de façon restrictive. Tandis que les représentants **radicaux** de l'idée conciliaire entendaient transférer au fond le gouvernement ordinaire de l'Église au concile, les représentants **modérés** entendaient le confier à nouveau au pape et aux cardinaux. Aux yeux de ces modérés, le concile ne devait intervenir qu'en cas de crise. Ils entendaient eux aussi limiter et contrôler le pouvoir du pape. Cependant, à leurs yeux, ce n'était pas d'abord la fonction des évêques, mais celle des cardinaux.

Il est vrai qu'après l'élimination des trois papes, l'opposition entre « conciliarisme » modéré et conciliarisme radical s'était faite plus aiguë (si l'on tient à utiliser ce terme de « conciliarisme », qui a souvent été employé comme opposé à la théorie conciliaire orthodoxe !). Les radicaux entendaient d'abord introduire un gouvernement général conciliaire de l'Église et réformer l'Église avant toute élection du pape. Les modérés étaient surtout soucieux de préserver l'autorité et la légitimité papales. On en était ainsi arrivé dès 1417 à un **compromis**. Les radicaux réussirent à faire passer la publication des **décrets de réforme** (y compris le décret *Frequens*), tandis que les modérés réussirent à faire **élire un nouveau pape** pour toute l'Église, dont ils attendaient une canalisation du conciliarisme radical. Et ils ne furent pas déçus. En effet, le nouveau pape, très habilement, ne tarda pas à mettre tout en œuvre pour consolider à nouveau sa position et étouffer l'influence du conciliarisme radical.

Après le concile, on assista à une **restauration** étonnamment rapide **de l'absolutisme papal**. Et la réforme de la constitution de l'Église, dont la nécessité se faisait sentir de façon si urgente, fut repoussée ! Certes, les conciles suivants, ceux de Pavie et de Sienne, ne remirent pas en question le caractère normatif des décrets de Constance. Le concile œcuménique de Bâle reprit à son compte, immédiatement après son ouverture, en 1431, les décrets généraux des quatrième et cinquième sessions de Constance. Certes, le cardinal Julien Cesarini, à qui Martin V lui-même avait encore confié la présidence à Bâle, explique très clairement dans une lettre (du 5 juin 1432) au pape Eugène IV nouvellement élu que la légitimité de Martin V et celle de ses successeurs dépendent de la légitimité des décrets de Constance. Mais la Curie, instance ordinaire et autorité permanente, s'avère plus forte que l'institution extraordinaire du concile. On obéit à la devise : les conciles vont et viennent, la Curie romaine reste !

Rome fit preuve d'une habileté surprenante pour rétablir la théorie et la pratique médiévales de la constitution de l'Église. Mais le nouveau renforcement de l'absolutisme papal ne fut pas seulement un résultat de la politique romaine. **D'autres facteurs jouaient également en faveur du pouvoir central** (qui rappellent, là encore, ce qui s'est passé après Vatican II !) :

– Parmi les avocats les plus fidèles de l'idée conciliaire, et qui se faisaient le mieux entendre, certains rejoignirent le camp de la papauté par opportunisme (ainsi Enea Silvio Piccolomini, futur Pie II).

– Les cardinaux surtout (créés par le pape, qui ne les appelait pas « frères » comme les évêques, mais « fils ») préféraient souvent la Curie au concile.

– Mais les évêques et abbés aussi qui, au concile, se disaient les représentants de « l'Église » (*congregatio fidelium* : « la communauté des croyants ») ne songèrent plus, par la suite, à laisser le « bas clergé » et les laïcs (ceux qui étaient instruits, au moins) prendre part aux processus de décision dans l'Église.

– Enfin, certains souverains théocratiques, avec leurs conseillers et leurs propagandistes, estimaient également que les idées conciliaires (« démocratiques ») et le mouvement d'« en bas » auquel elles donnaient lieu pouvaient devenir sources de troubles et dangereux pour tous ceux d'« en haut ». Les monarques étaient plutôt pour le maintien du *statu quo* et n'étaient donc que modérément intéressés par une réforme de la papauté, disposée à leur faire d'importantes concessions. « Le pape et les monarques séculiers considéraient qu'ils avaient affaire à un adversaire commun, la bourgeoisie urbaine cultivée, en pleine ascension. D'où la disposition de la papauté et des monarchies à signer des concordats [344]. »

Avec ce pouvoir rénové et accru de la Curie, les papes font aussi valoir avec une énergie renouvelée leurs anciennes prétentions. C'est un partisan convaincu de l'idée conciliaire, Enea Silvia Piccolomini, quand il deviendra pape sous le nom de Pie II, qui **interdira officiellement**, dans la bulle *Execrabilis* (1460), **d'en appeler d'un pape à un concile**, sous peine d'excommunication – pour couper ainsi l'herbe sous les pieds à la théorie conciliaire. Y réussira-t-il ? Non, les interdictions papales **ne parviennent pas à s'imposer** dans l'Église [345]. On les considère pour ce qu'elles sont : des gesticulations d'intimidation de la Curie, et l'on continue par ailleurs à s'appuyer sur les décrets de Constance. En dehors de Rome, évêques et théologiens de toute l'Europe prennent énergiquement la défense de ces décrets. Ainsi, au XVe et même encore au XVIe siècle, en dehors de Rome, l'Église reste largement dominée par les idées conciliaires, même si le mouvement conciliaire a perdu de sa force depuis le milieu du XVe siècle.

Mais on continue **à ignorer et à étouffer les décrets de Constance** : bien que fortement affaiblie et ne représentant plus politiquement qu'une puissance parmi d'autres, la papauté travaille infatigablement au rétablissement de ses anciennes prérogatives. Au cinquième concile du Latran, en 1516, à la veille de la Réforme, Léon X déclare crûment : « le pontife romain en exercice, dont l'autorité s'étend sur tous les conciles [346]... ». Mais dès cette époque, l'œcuménicité de ce concile fut contestée : il ne réunissait pratiquement que des Italiens et des hommes de la Curie, et, comme les synodes généraux du Moyen Age, il était entièrement à la merci du pape et n'apporta dès lors aucune réforme [347].

Au cours des siècles suivants, on ne manqua pas de s'attaquer au concile de Constance. Des théologiens de la cour romaine du XVIIe siècle, le cardinal jésuite Robert Bellarmin en tête, mirent tout en œuvre pour disqualifier ce concile en contestant son œcuménicité[348]. On se montrait scandalisé que le concile de Constance ait pu ourdir des décrets de réforme gênants pour la Curie, et surtout qu'il ait pu proclamer la supériorité du concile sur le pape et préconiser la tenue régulière de conciles. Le premier concile du Vatican (1870) allait marquer finalement l'aboutissement d'une politique de prise de distance par rapport à Constance, et même d'une politique menée contre lui. A l'inverse de Constance, ce concile essaya en effet de proclamer comme vérité dogmatique éternelle la supériorité du pape sur le concile – en attendant que Vatican II (1962-1965) redonne force à l'idée conciliaire et, dans sa constitution sur l'Église, proclame la doctrine de la collégialité des évêques et du pape. Nous ne pouvons pas faire fi, pas plus aujourd'hui qu'hier, du **caractère normatif des décrets de Constance**. Aucun pape n'a osé abroger le décret *Haec sancta* ou déclarer qu'il n'a pas valeur normative.

Que retenir si nous estimons que l'événement décisif du concile de Constance n'a pas perdu sa signification pour nous aujourd'hui ? A une Église que ses papes ont entraînée en tant d'expériences malheureuses se posent des questions pour l'avenir, des questions concernant l'autoritarisme de la Curie au même titre qu'un radicalisme conciliaire.

Questions pour l'avenir

• Le concile de Constance **a défini une supériorité du concile**, au sens d'une théorie conciliaire au moins modérée : par-delà la situation de crise à laquelle le concile de Constance était confronté, le concile œcuménique ne remplit-il pas aussi, pour l'avenir, la fonction d'une sorte d'« instance de contrôle » au-dessus du pape ?

• Le concile **n'a pas défini un parlementarisme conciliaire** (dans la ligne du conciliarisme radical) : serait-il effectivement bon pour l'Église catholique que le gouvernement ordinaire habituel de l'Église soit purement et simplement transféré au concile, le pape se trouvant relégué au rang d'organe d'exécution subordonné au parlement conciliaire ?

Depuis le concile de Constance une chose est sûre, en tout cas : **la forme de direction que l'Église a connue au Moyen Age n'est pas la seule** valable. Depuis ce concile, l'ancien principe selon lequel « *Quod omnes tangit, ab omnibus approbari debet* » (« Ce qui concerne tout le monde doit être approuvé par tout le monde ») redevient actuel. Et bien des malheurs auraient pu être évités à l'Église après le concile de Constance si on s'en était tenu à sa position fondamentale : le primat du pape **et** un certain « contrôle conciliaire » ! Mais comme Martin V et ses successeurs mettent tout en œuvre pour reconquérir une primauté de pouvoir sans se soucier d'un quelconque contrôle, à Bâle les conciliaristes extrêmes, de leur côté, tendent à évacuer de plus en plus, dans la pratique, la primauté au bénéfice d'un gouvernement quotidien de l'Église par le concile. Le conciliarisme extrême, sans véritable primauté dans la direction de l'Église, a conduit (conjointement avec bien d'autres facteurs) au schisme de Bâle, tandis que le papalisme extrême, sans contrôle conciliaire, a conduit (avec beaucoup d'autres facteurs) aux abus de pouvoir de la papauté de la Renaissance et donc (indirectement) à la Réforme de Luther. La suite de l'histoire est éclairante à cet égard.

Renaissance – un nouveau paradigme ?

Rinascimento « Renaissance » : l'**Italie** prend maintenant le *leadership* de l'Europe en matière d'arts et de culture. Comment ne pas être rempli d'admiration devant le *Quattrocento* italien, les débuts de la Renaissance florentine (environ 1420-1500), le dôme d'un Brunelleschi, la statue de David d'un Donatello, les fresques de Fra Angelico, les peintures de Botticelli ?... Comment ne pas voir dans le *Cinquecento* italien, dans l'apogée de la Renaissance romaine, de 1500 au sac de Rome en 1527, un de ces rares sommets de la culture humaine, où viennent immédiatement à l'esprit les noms et les œuvres de Bramante, Raphaël, Michel-Ange et Léonard de Vinci, l'artiste peintre, le chercheur et le poète ? Comment ne pas évoquer également, en entendant le mot « Renaissance », le renouveau des études latines et grecques, qui précède l'essor des arts graphiques, et l'intérêt historique et critique, ouvert à la discussion, porté aux textes des Romains, puis des Grecs, un intérêt encouragé à Florence par le concile d'union avec les Grecs (1439), la fuite des intellectuels grecs après la chute de Constantinople (1453) et l'Académie platonicienne (1459) ? Retour, donc, aux traditions culturelles et artistiques gréco-romaines, à leurs représentations et à leurs interprétations, en prenant du recul par rapport à la scolastique et au gothique du Moyen Age ? Allait-on voir un mariage nouveau de l'art et de la philosophie avec l'humanisme ?

Dans **l'histoire artistique** de l'Italie, le *Rinascimento*, qui commence avec Giotto et se termine avec Michel-Ange, représente sans aucun doute une nouvelle époque, un changement de paradigme, le passage d'une peinture médiévale, encore fortement influencée par Byzance, à un style inédit, qui finira par rayonner aussi sur l'Allemagne, les Pays-Bas, la France et l'Angleterre ; là, il ne conduira cependant le plus souvent qu'à une purification et à une maturation du gothique tardif, avec la pénétration de nouveaux éléments formels. On comprend aussi que l'historien de l'art italien Vasari (1574), dans ses biographies d'artistes, ait été le premier à utiliser le concept de *rinascità* (« renaissance ») pour distinguer le nouvel art italien, qui trouve son orientation dans le monde antique, et s'intéresse aux formes naturelles, de l'art médiéval, « barbare », « gothique ». On comprend aussi, enfin, qu'au siècle des Lumières on ait généralisé le concept de Renaissance, issu de l'histoire des arts, pour en faire un concept historique désignant les XVe-XVIe siècles comme tels et qu'on ait vu dans la Renaissance un prélude à l'âge « moderne », celui des Lumières : dans le miroir du monde antique, l'individu y reconnaît sa propre valeur comme personnalité terrestre et historique ; on voit déjà apparaître une humanité libre, responsable d'elle-même, en progrès ; on assiste déjà à la découverte de l'homme naturel et du citoyen libre. Renaissance et **humanisme** deviennent dès lors des termes parallèles, des concepts apparentés.

Cette vision de l'histoire a été approfondie et concrétisée au XIXe siècle par Jules Michelet, dans le septième tome de son *Histoire de France* [349] (1837), et surtout par Jakob Burckhardt dans *Die Kultur der Renaissance in Italien* [350] (1860). La « Renaissance » ne désigne plus seulement un style qui a sa place dans l'histoire de l'art, mais devient un **concept désignant une époque dans l'histoire de**

la culture. Elle a pour caractéristiques un tournant, un regard nouveau sur l'homme, la nature, le monde. La Renaissance correspond à un âge nouveau, qui se distingue du « sombre » Moyen Age et de son monde étroit de la foi, d'une part, et de l'époque moderne, « éclairée », avec sa nouvelle vision de l'homme et du monde, d'autre part. Et il paraît donc tout naturel de considérer que nous avons affaire à une nouvelle ère temporelle, une nouvelle constellation d'ensemble de convictions, de valeurs et de types de comportements, bref un nouveau paradigme, non seulement dans la culture et dans l'art italiens, mais dans toute l'Europe, qu'il nous faut donc prendre en compte dans notre présentation du christianisme : le paradigme de la Renaissance européenne.

Et pourtant, ce qui paraît parfaitement clair à première vue devient bien plus complexe si nous y regardons de plus près. Le concept de Renaissance s'avère en fait l'un des concepts les plus **contestés** de toute la science historique. Pourquoi ?

– Le concept est contesté **dans son fondement** même : pour les uns, c'est un concept définissant une époque de l'histoire du monde, applicable à tous les secteurs de l'époque ; pour d'autres, c'est seulement le nom d'un mouvement, surtout littéraire et artistique (il y avait déjà eu la renaissance « carolingienne » ou celle d'Othon, il y a maintenant la Renaissance italienne).

– L'**extension** régionale de la Renaissance reste incertaine : pour les uns, il s'agit d'un phénomène spécifiquement italien (surtout du *Quattrocento*), qui a, certes, enrichi d'autres cultures, sans toutefois y donner naissance à un pur style Renaissance. Pour d'autres, c'est un phénomène concernant toute l'Europe ; il faut alors y inclure dès l'abord les grands peintres flamands du XIVe siècle (les frères Van Eyck), tout comme ceux de l'ancienne école de Cologne (Lochner) et, parallèlement aux grands Italiens de l'apogée de la Renaissance (et cependant différents d'eux), les maîtres allemands que furent Dürer et Grünewald.

– Les **limites dans le temps** ne sont pas mieux définies : pour les uns, la Renaissance commence avec Cimabue et surtout Giotto ; pour les autres, il faut déjà y inclure la « troisième période », celle de Joachim de Flore, François d'Assise et sa piété tournée vers la nature, l'intérêt renouvelé que Dante porte à l'Antiquité et la prise de distance par rapport au renoncement monastique et ascétique du monde, qui se dessine déjà dans la culture des cours du XIIIe siècle et qui marque le tournant vers une piété individuelle. Si, à l'inverse, on ne veut voir dans la Renaissance que le « berceau de l'époque moderne », on laisse échapper ce que Nietzsche, grand admirateur de César Borgia, a déjà constaté, pour le déplorer : la Réforme et la Contre-Réforme n'ont pas tardé à contrecarrer et même à interrompre la Renaissance. Il semble impossible de ramener la Renaissance à une synchronie européenne.

Pour notre analyse des paradigmes, trois points importants se dégagent de la discussion :

1. La Renaissance est inséparable du contexte médiéval : entre Moyen Age et Renaissance, **il n'y a pas de coupure comme entre le Moyen Age et la Réforme**. Quelque manifeste que soit la discontinuité, la continuité est plus importante encore avec la pensée médiévale. C'est pourquoi on peut parler de la Renaissance comme d'une époque de transition du Moyen Age tardif, d'un passage vers des temps nouveaux non encore définis, passage qui englobe une série de changements esthétiques, sociaux, économiques et politiques.

2. Le retour enthousiaste à l'**Antiquité**, à la littérature et à la philosophie (Platon !), à la science et à l'art gréco-latins y joue un rôle décisif, bien que non exclusif. On ne se contente pas de les étudier, on les imite, mais on travaille aussi à les développer résolument plus avant. La culture classique devient le bien commun des élites italiennes et refoule la scolastique médiévale. L'Antiquité est moins un objectif qu'un moyen, et elle fournit surtout un **critère**. On veut libérer l'homme de nombre de normes de vie médiévales, libération qui dote l'homme, surtout l'artiste, mais aussi l'individu pieux (le mystique !) d'une nouvelle conscience de soi.

3. Même si l'indifférence à l'égard de l'Église se répand et si l'on prend intérieurement ses distances par rapport à elle, la Renaissance, à quelques exceptions près, ne s'oppose pas simplement au christianisme comme un nouveau « paganisme ». L'opposition ouverte à l'Église reste l'exception. La Renaissance, encouragée par de nombreux papes et portée par de nombreux clercs (parmi eux le poète type de la Renaissance, Francesco Pétrarque) et membres de la Curie (Lorenzo Valla), se développe extérieurement **dans le cadre social du christianisme**, même si l'expérience artistique et scientifique nouvelle a pour effet la libération intérieure des attaches à la pensée chrétienne hiérarchique du Moyen Age. Les grands prédicateurs de la pénitence, comme Bernardin (de Sienne) et Savonarole (à Florence) ne sont pas seuls à trouver un profond écho dans le peuple, mais les plus grands humanistes, de Nicolas de Cuse à Érasme de Rotterdam et à l'homme d'État Thomas More à Londres, en passant par Marsile Ficin et son académie platonicienne de Florence, travaillent à la *renovatio Christianismi*, ainsi qu'à promouvoir une piété laïque dans l'esprit de l'humanisme réformateur et de la Bible. Cette dernière – de plus en plus accessible, depuis le XIVe siècle, dans la langue populaire – est devenue pour certains la véritable source d'inspiration. Nous y reviendrons dans le contexte de la Réforme.

Comment la Renaissance s'intègre-t-elle donc dans notre vision paradigmatique du christianisme ? Plutôt qu'une époque embrassant tous les secteurs de la vie, bien délimitée dans le temps, nous y voyons un important **courant spirituel et culturel au sein du Moyen Age tardif**. Elle témoigne de la crise profonde que traverse le Moyen Age, crise qui appelle des solutions nouvelles. En ce sens, on peut souscrire au plaidoyer de Jacques Le Goff, dans *Pour un autre Moyen Age* :

> Je propose que l'on réduise cette coupure à ses justes proportions, un événement brillant, mais superficiel. [...] Loin de marquer la fin du Moyen Age, la Renaissance – les Renaissances – est un phénomène caractéristique d'une longue période médiévale, d'un Moyen Age toujours en quête d'une autorité dans le passé, d'un âge d'or en arrière. Non seulement la « grande » Renaissance n'a pas d'origine chronologique relativement précise – elle flotte en Europe entre trois sinon quatre siècles – mais elle est enjambée par de nombreux phénomènes historiques significatifs [351].

*La papauté de la Renaissance
et son incapacité à réformer l'Église*

Pour l'Église et le christianisme, la Renaissance n'a en tout cas pas des conséquences générales faisant époque (sauf dans la sphère artistique), à moins de considérer comme telle l'**italianisation**

croissante de la papauté et de la Curie, dont les effets se feront sentir plus tard. Prenons les papes de Nicolas V – sous lequel eurent lieu le dernier couronnement d'un empereur par un pape (1452), puis l'abdication du dernier antipape et la terrifiante conquête de Constantinople (1453) – à Léon X – sous lequel s'est tenu le cinquième concile du Latran, sans effets réformateurs et suivi immédiatement de la Réforme : ces papes italiens furent de zélés promoteurs de l'esprit de la Renaissance. L'église Saint-Pierre de Bramante et de Michel-Ange, les peintures de Raphaël et la chapelle Sixtine de Michel-Ange sont suffisamment éloquentes !

Des anciennes ambitions de domination des papes sur le monde ne subsiste qu'un État territorial italien de taille moyenne, avec un gouvernement là encore totalement italianisé. Depuis la paix de Lodi, en 1454, cet État ecclésiastique n'est plus que l'une des cinq grandes principautés italiennes (des *Cinque Principati*), les quatre autres étant le duché de Milan, les républiques de Florence et de Venise et le royaume de Naples. Dans ces conditions, les papes cherchent à exprimer aux yeux de tous que la capitale de la chrétienté est aussi le centre de l'art et de la culture – d'où leurs **constructions gigantesques** et leur **mécénat artistique**.

Mais tout cela fut obtenu au prix d'un **refus de réformer l'Église**. Toute réforme aurait requis des papes et de leur Curie un changement profond de mentalité. Mais nul n'y songeait à cette époque, puisque les papes eux-mêmes – Machiavel ne manquait pas d'exemples contemporains – étaient de banals **princes italiens de la Renaissance**. Ils menaient, sans scrupule aucun, leur politique intéressée, ne reculant devant aucune intrigue ni bassesse, et gouvernant l'État ecclésiastique comme une principauté qui leur aurait appartenu : leurs neveux ou leurs enfants légitimés (les bâtards) bénéficiaient de toutes leurs faveurs ; ils essayaient de créer de véritables dynasties sous forme de petites principautés héréditaires pour les familles pontificales des Riario, della Rovere et Borgia.

Les Borgia eux-mêmes étaient évidemment conscients de la nécessité d'un programme de réformes. Mais avec une insolence croissante, ces « papes de la Renaissance » (l'expression est devenue proverbiale) menaient une vie d'un luxe effréné, s'abandonnant à leur sensualité, s'adonnant au vice au grand jour. Les historiens sont incapables de faire le décompte des enfants de ces papes, qui restaient évidemment accrochés dur comme fer à la loi du célibat pour « leur » Église. Une chose est sûre : Sixte IV, l'un des plus corrompus (franciscain et tenant de « l'Immaculée Conception » de Marie), entretenait aux frais de l'Église des armées entières de neveux *(nipoti)* et de favoris ; il éleva au rang de cardinal six membres de sa famille, dont son cousin Pietro Riario, l'un des débauchés les plus scandaleux de la Curie romaine, qui succomba à ses vices à l'âge de 28 ans.

Ce n'est pas le lieu ici d'étaler tout cela, pas plus que l'impudence d'un Innocent VIII, dont la bulle *Summis desiderantes affectibus* (1484) a fortement encouragé la croyance dans les sorcières et leurs procès, mais qui n'a pas craint, par ailleurs, de reconnaître officiellement ses enfants illégitimes et de célébrer leurs mariages en grande pompe au Vatican. Nous ne nous étendrons pas davantage sur la politique du rusé Alexandre VI Borgia (1492-1503), qui avait acheté sa charge en faisant preuve d'une simonie sans précédent et qui eut quatre enfants de sa maîtresse (et d'autres encore avec d'autres femmes, alors même qu'il était déjà cardinal) ; pour autant, il ne recula pas devant l'excommunication du grand prédicateur de pénitence que fut Jérôme Savonarole, et il contribua à le faire brûler sur le bûcher. On pourrait s'épargner de parler de tout cela si l'on n'essayait, jusqu'à nos jours, de minimiser les faits, d'excuser au nom de l'histoire, voire de « réhabiliter » cette figure ignoble, immorale et criminelle, en adoptant des critères politiques plus que superficiels [352].

Un proverbe circulant à Rome à l'époque suggérait que, sous le pontificat d'Alexandre VI, c'était en fait Vénus qui régnait. Sous son successeur, Jules II della Rovere, constamment en guerre, ce fut Mars. Et sous Léon X de Médicis, ce fut Minerve ! Ce fils de Laurent le Magnifique, qui n'avait absolument rien de religieux, était monté sur le trône pontifical en 1513. Dès l'âge de 13 ans (avec quatre autres neveux des Médicis) il avait été fait cardinal par son oncle dépravé Innocent VIII ; il aimait surtout l'art, savourait la vie et avait pour objectif politique d'acquérir le duché de Spolète pour son neveu Laurent. Aussi ne pouvait-il absolument pas comprendre, en 1517, un événement qui allait faire époque, en relation avec un moine du nom de **Martin Luther**, parfaitement inconnu jusque-là : un **changement de paradigme par excellence** avait été amorcé, qui allait mettre fin, en Occident, aux prétentions du pape à l'universalité, une prétention que l'Orient n'avait de toute façon jamais reconnue. Comment réagit Rome ? Elle ne réagit pas à la réforme luthérienne en procédant à sa propre réforme, mais par une contre-réforme. Des historiens catholiques contemporains n'apprécient cependant pas ce concept sans réserves, en raison de l'idée de recours à la violence qui lui est liée.

12. LA CONTRE-RÉFORME ?
UN RETOUR AU PARADIGME MÉDIÉVAL

Nous consacrerons un grand chapitre en son entier au paradigme réformateur protestant (P IV) (chapitre C IV). Dans le cadre de notre analyse des paradigmes (et en prenant en compte l'état actuel des discussions internationales entre historiens), les origines et le développement d'un paradigme nous intéressent davantage que ses phases tardives et l'éventuel durcissement dans lequel il en vient à se figer. S'il fallait traiter de la même façon toutes les étapes de l'histoire – je l'ai dit dans l'introduction –, ce volume n'y suffirait pas. C'est pourquoi, ici, dans le cadre du paradigme catholique romain (P III), nous devons surtout nous attacher à la question de la réaction de **Rome** à l'attaque luthérienne et aux processus de changement religieux et ecclésiastique du début du XVIe siècle ; celui-ci allait bouleverser non seulement l'Église et la théologie, mais toute la vie sociale et la texture du pouvoir politique. Faut-il parler de Contre-Réforme, comme il est d'usage depuis Ranke ? Dès 1946, Hubert Jedin, dont les quatre tomes d'histoire du concile de Trente ont conféré un nouveau statut à l'interprétation catholique de cette époque, a proposé, pour définir cette période, le concept double et inséparable de « Réforme catholique et Contre-Réforme [353] ». Cette distinction est utile à condition de ne pas oublier qu'après la Réforme toute réforme catholique prend aussi les traits d'une contre-réforme.

HISTOIRE

La Réforme au lieu des réformes

Rome avait longtemps bloqué toutes les réformes, d'où, maintenant, le surgissement de *la* Réforme comme telle. Aux côtés de l'Église papale, voilà qu'apparaissent tout à coup en Occident de nouvelles **Églises** chrétiennes, qui, dans leur première phase, seront porteuses d'un **puissant dynamisme religieux, politique et social**. Aux yeux de Rome, c'est une catastrophe. En effet, la Réforme protestante a en gros arraché à l'Église catholique la moitié nord de son *Imperium romanum* – des villes protestantes de Zurich, Berne, Bâle et Genève et de vastes territoires de l'Allemagne jusqu'à la Hollande, l'Angleterre, l'Écosse et la Scandinavie –, sans parler de l'Amérique du Nord, qui s'y adjoindra plus tard. A la fin de l'époque de la Réforme, à l'intérieur de ce paradigme réformateur, se sont constitués quatre grands types très différents de christianisme protestant : luthérien, anglican, réformé et celui des Églises libres. Nous en traiterons plus loin de façon spécifique.

Il est vrai qu'à cette époque le christianisme reste le cadre religieux, culturel, politique et social déterminant de l'Europe. Mais dans une perspective d'histoire mondiale, la papauté est sur la **défensive** et condamnée à la **réaction**. Le paradigme catholique romain, qui, à l'origine, s'était montré si novateur, s'est figé dans le corset médiéval. Nous devons nous contenter ici d'un survol à propos de sa façon de résister, de « préserver sa pureté », face aux forces puissantes, d'abord de la Réforme protestante, puis des Lumières modernes. En effet, malgré toutes les réformes ultérieures au sein de l'Église, la plupart des innovations et des « effets de la modernisation » qui font réellement époque et qui signent un nouveau paradigme, dans l'Église, la théologie et la société, ne doivent pas être cherchés dans la sphère d'influence romaine (P III), mais dans le cadre du paradigme réformateur (P IV), puis du paradigme moderne (P V). C'est là que nous en traiterons.

Certes, depuis les années 30 du XVIe siècle, il est apparu de plus en plus clairement aux protestants eux-mêmes que le paradigme médiéval catholique romain opposait une plus grande résistance que Luther et ses partisans ne l'avaient d'abord imaginé. C'en était fait, il est vrai, de l'Église catholique une et indivisible en Occident, mais **l'effondrement du système romain** auquel s'attendaient les réformateurs dans une perspective apocalyptique **ne se produisit pas**. Au contraire, on vit se constituer progressivement, en opposition caractérisée au christianisme protestant du nord et de l'ouest de l'Europe (et plus tard aussi de l'Amérique du Nord), **un catholicisme méditerranéen de type italien et espagnol**. Non seulement son influence allait se faire sentir très tôt dans les régions catholiques d'Allemagne, mais il fut aussi exporté en Amérique du Sud – avec toutes ses conséquences, qui appellent un examen approprié. Face à un mouvement réformateur d'abord très puissant, mais qui ensuite perdit souvent de son élan, nous avons un système et un instrument de pouvoir romain, réduit de moitié, il est vrai, mais qui a retrouvé une force historique ! Contrairement au protestantisme de plus en plus pluraliste, il tient sa cohérence d'une hiérarchie à l'organisation encore plus rigide, dans le cadre d'une monarchie absolue qui, nous le verrons, reste dotée d'un pouvoir autoritaire, d'une censure et d'une inquisition en matière de foi et de mœurs.

Comment s'est fait, dans l'Église catholique romaine, ce passage du Moyen Age tardif et de la Renaissance « à la Réforme catholique et à la Contre-Réforme [354] » ? Comme la Réforme, la Contre-Réforme eut également sa dimension politique, mais il serait erroné de la considérer comme première. La **motivation** non seulement de la Réforme, mais aussi de la **Contre-Réforme** fut d'abord **religieuse** : le renouveau de l'Église catholique à partir de sa propre substance.

Comment on en vint à la Réforme catholique

L'influence première dans l'Église catholique ne fut pas le mouvement de la Réforme, mais des **poussées réformatrices antérieures à la Réforme**. C'est leur influence qui se fit d'abord sentir dans l'Église catholique – surtout dans la ligne modérée, humaniste, d'un Érasme de Rotterdam, le « prince des humanistes », et de son programme de « retour aux sources » (l'Écriture et les Pères) ; cet « évangélisme » fut d'abord repérable en dehors de la Réforme, en Espagne et en Italie [355].

La réforme catholique n'est pas issue de Rome, mais d'**Espagne** ! L'Espagne, unifiée par le mariage d'Isabelle Ire de Castille-Leon avec Ferdinand II d'Aragon, avait achevé en 1492 la *Reconquista* chrétienne par la prise de la très musulmane Grenade. Dès lors, elle s'était mise à chasser sans pitié les musulmans et les juifs qui refusaient de se convertir ; en cette même année, la découverte de l'Amérique, puis la conquête du Mexique, en 1521, avaient jeté les fondements d'un empire colonial riche en métaux précieux. Cette Espagne était maintenant en concurrence avec la France, puissance dominante sur le continent, pour la possession de l'Italie, voire de la couronne impériale allemande. Immédiatement après l'irruption de la Réforme luthérienne, le petit-fils d'Isabelle et de Ferdinand, le jeune roi d'Espagne Charles Ier était devenu empereur sous le nom de **Charles Quint**. Ce Habsbourg de conviction catholique et conscient de sa mission européenne se trouva ainsi à la tête d'un empire – des Balkans à Madrid, au Mexique et au Pérou, en passant par Vienne – sur lequel, littéralement, le soleil ne se couchait pas. En cette époque décisive, de 1519 à 1556, Charles essaya de restaurer la monarchie universelle médiévale, à l'encontre de tous les particularismes nationaux et religieux. Ce faisant, il s'engagea dans un conflit durable avec la France, qui aspirait, elle aussi, à l'hégémonie européenne.

Mais qu'en est-il de l'Espagne et de la Réforme ? Le rude catholicisme espagnol, marqué par la *Reconquista*, n'évoque-t-il pas d'abord la désastreuse réorganisation de l'**Inquisition**, avec le grand inquisiteur Thomas de Torquemada, qui fut à l'origine de quelque neuf mille autodafés (*actus fidei* : « acte de foi », des exécutions, le plus souvent par le feu) ? N'évoque-t-il pas d'abord cette police et cette justice d'État secrètes qui ont surtout sévi contre les juifs et les Maures musulmans convertis (souvent seulement superficiellement) au christianisme et qui se retourneraient aussi, plus tard, contre les humanistes érasmiens ? C'est un aspect de la réalité.

Cependant il ne faut pas oublier non plus la **réforme** de l'Église, qui avait été puissamment stimulée par Érasme avant de conduire à un renouveau des couvents et du clergé, à la fondation des universités d'Alcala et d'autres villes, ainsi qu'à une admirable édition polyglotte de la Bible – tout cela avec l'appui du pouvoir séculier, sous la conduite de l'humaniste Francisco Ximénez de Cisneros, un franciscain ascétique, qu'Isabelle nomma archevêque de Tolède et primat d'Espagne. Le XVIe siècle sera « le siècle d'or » de l'Espagne, son *siglo de oro*, dont elle sera fière ! Dans la seconde moitié du siècle, sous le règne de Philippe II (1555-1598), le fils de Charles, l'Espagne (relativement indépendante de Rome grâce à la signature de concordats) devient la première puissance d'Europe, bien que la couronne impériale soit restée aux mains de Ferdinand, le frère de Charles, et des Habsbourg allemands.

Sous l'influence de l'Espagne, et davantage encore sous celle d'Érasme, les fondements de la réforme catholique furent aussi jetés en **Italie**, du temps même des papes de la Renaissance : d'abord dans de petits cercles insignifiants, d'inspiration évangélique, cultivant une profonde piété évangélique et humaniste. Ils allaient donner naissance – pour la réforme du clergé – à l'ordre des théatins de Gaétan de Thiene ; c'est de leurs rangs qu'est issu le futur pape « réformateur » Gianpietro Carafa, un aristocrate napolitain. Venise avait son cercle réformateur autour de Gasparo Contarini qui, ambassadeur de Venise, avait été témoin, en 1521, de l'entrée en scène de Luther à Worms et qui, à la différence de Carafa, était marqué par l'idéal de l'Église primitive.

Mais la catastrophe du pillage de Rome – le *sacco di Roma* (1527), qui dura plusieurs jours – par les troupes impériales, qui attendaient désespérément leur solde, marqua certes la fin de la culture romaine de la Renaissance, mais non la réforme de l'Église romaine. Charles Quint laissa passer l'occasion unique de l'emprisonnement du pape qu'il aurait pu mettre à profit pour convoquer un concile réformateur, comme le lui recommandait instamment son frère Ferdinand. La papauté ne fut pas réformée. C'est seulement sous le pape suivant, **Paul III** Farnese [356] (1534-1549), pape de transition, que la réforme devient aussi – enfin ! – l'affaire des papes. Sous son pontificat seulement l'on ne se contente plus de réformes partielles, mais l'on entreprend une réforme générale de l'Église. Paul III, encore pleinement homme de la Renaissance, avec ses quatre enfants et ses trois petits-enfants faits cardinaux entre 14 et 16 ans, inaugure la réforme à Rome par trois actes.

– Il appelle dans le **collège des cardinaux** les leaders du parti de la réforme, un groupe d'hommes très capables et profondément religieux (les laïcs Contarini, puis Pole, Fisher de Rochester,

Morone, Carafa), qui rédigent pour le pape un rapport de réforme, le célèbre *Consilium de emendanda ecclesia*, de 1537[357]. Rome et le Vatican retrouvent ainsi lentement leur sérieux moral et religieux.

– En 1540, Paul III approuve un ordre religieux d'un nouveau type, la **Société de Jésus** du chevalier et officier basque Ignace de Loyola, qui, après une blessure à la guerre, a fait l'expérience d'un éveil à une vie nouvelle : l'ordre s'astreint à une obéissance particulière à l'égard du pape[358]. Les jésuites, puissamment motivés, religieusement, par les *Exercices* d'Ignace, soigneusement choisis, bénéficiant d'une solide formation scientifique et d'une organisation rigoureuse, sous les ordres d'un « général », deviennent l'ordre privilégié et efficace de la Contre-Réforme. Comme les pasteurs protestants, ils sont, pour la plupart, d'origine citadine, issus des couches moyennes et supérieures de la société. Sans habit religieux distinctif, sans attachement à un lieu fixe, sans prière au chœur, soumis à une stricte discipline et faisant preuve d'une obéissance inconditionnelle à Dieu, au pape et à leurs supérieurs, ils doivent surtout travailler à la conversion des hérétiques et des païens, ainsi qu'au règne de l'Église catholique (par leur activité pastorale et pédagogique dans les collèges et les universités, au confessionnal, dans les cours princières, dans les missions). La prédication et la pastorale populaires deviennent encore davantage l'apanage des **capucins** et des **oratoriens**, qui, avec d'autres communautés religieuses nouvelles, témoignent d'un esprit neuf dans la vieille Église.

– Enfin, ce pape convoque, en 1545 – près de trois décennies après l'irruption de la Réforme et deux ans avant la mort de Luther – le **concile de Trente**, qui ne constitue pas un acte autonome de l'Église, mais représente un moment central dans le calcul politique des puissances européennes. Mais quelle direction prendra cette réforme ?

Renouveau ou restauration ?

Au début de la réforme catholique sous Paul III – les catholiques ne le savent pas assez –, la question restait posée : véritable renouveau ou simple restauration ? Un fort courant, y compris dans les rangs dirigeants de l'Église, aspirait à un renouveau positif. Ce mouvement voyait d'un bon œil certaines requêtes des réformateurs, il restait ouvert au dialogue et souhaitait un arrangement quelconque avec le protestantisme.

Le jeune **mouvement de réforme au sein du catholicisme** était manifestement influencé par les discussions autour du protestantisme. Mais pour l'essentiel, ses idées, en Italie notamment, nous l'avons vu, lui venaient des discussions suscitées par la Bible (surtout les lettres de Paul). L'Évangile était au centre. Au début, Érasme fut plus important que Luther. Des questions comme la justification, la théologie de la croix, l'Église invisible, etc., préoccupaient autant les tenants de ce mouvement que ceux de la Réforme. Mais la réforme au sein du catholicisme entendait s'en tenir résolument à l'Église sacramentelle et hiérarchique. Outre le cercle de Viterbe (avec Michel-Ange et Vittoria Colonna) et les deux camaldules Quirini et Giustiniani (qui avaient déjà adressé un rapport courageux en vue d'une réforme à Léon X!), appartenaient à ce groupe des évêques comme Giberti (Vérone) et Lippomano (Bergame), et surtout les cardinaux Contarini, Sadoleto, Cervini, Pole, Morone, ainsi que le prieur général des augustins, Seripando, qui étaient en relation avec des humanistes de l'autre côté des Alpes, surtout avec Érasme, des théologiens (Pighius, Gropper, Pflug) et des politiciens allemands (surtout de l'entourage de l'empereur). De ce groupe était issu le rapport *De emendanda ecclesia*. Leur leader était Contarini, qui, en tant que légat du pape à la Diète de Ratisbonne, en 1541, était parvenu, avec la doctrine de la « double justification », à une entente avec Melanchthon – entente qui resta problématique, il est vrai, pour les deux parties.

Mais l'évolution sera fatale : le groupe réformateur ne réussit pas à l'emporter. Érasme est mort en 1536 ; nous reviendrons sur son apport de réformateur, qui, souvent, n'est pas apprécié à sa juste valeur, dans le cadre du paradigme réformateur (P IV). L'année 1542 est funeste pour le renouveau catholique. Cette année-là, en effet (à l'instigation, semble-t-il, d'Ignace de Loyola), l'Inquisition est réorganisée avec l'institution, à Rome, d'un centre de l'Inquisition pour tous les pays : c'est le tristement célèbre **Sacrum Officium Sanctissimae Inquisitionis**, le Saint-Office [359]. Contarini est désormais suspect d'hérésie et meurt. La figure de proue dans ce jeu cruel est un conservateur zélé, le cardinal Gian Pietro Carafa

– de Naples (ville et principauté espagnole à cette époque) – qui publie le premier *Index des livres prohibés*. La même année, le célèbre prédicateur capucin et vicaire général de son ordre, Bernardino Occhino, cherche, désespéré, refuge auprès de Calvin. Avec lui font défection quelques-uns des représentants les plus ardents de la réforme catholique ; certains se tournent vers des hérésies radicales (antitrinitarisme, etc.). D'autres, menacés, sont condamnés au silence. Or Carafa est élu pape, sous le nom de Paul IV, en 1555, et il cherche à rétablir une théocratie médiévale inspirée de Boniface VIII [360] : la restauration s'impose alors définitivement. Un seul symptôme suffit à le montrer : Carafa, une fois pape, va jusqu'à intenter un procès d'inquisition au cardinal Pole, et le cardinal Morone, suspect d'hérésie lui aussi, est emprisonné près de deux ans dans la forteresse Saint-Ange, jusqu'à la mort du pape, en 1559.

Le concile de Trente, auquel Pole avait d'abord participé – il était l'un des trois présidents et légats –, avait pris, lui aussi, l'orientation la plus conservatrice. Il nous faut maintenant voir de plus près quel fut son rôle dans la grande controverse relative au paradigme de l'Église et de la théologie : fut-il un concile de la réforme catholique ou de la Contre-Réforme ?

Le double visage du concile de Trente

Le concile s'était réuni dans la ville impériale de Trente, dans le nord de l'Italie. Ouvert en 1545, il comporta trois périodes, avec des interruptions et des reports, pour ne s'achever qu'en 1563 [361]. Si longtemps attendu par la chrétienté, sans cesse réclamé par l'empereur, il avait toujours été remis par la Curie, par crainte des réformes et des implications politiques. Malheureusement, dès le début, les Italiens favorables à la réforme n'eurent guère voix au chapitre. A la différence des conciles réformateurs antérieurs, abbés, théologiens et laïcs, y compris princiers, s'en trouvèrent exclus. Seuls les légats du pape étaient autorisés à faire des propositions, et ils pouvaient donc par avance faire obstacle à toute décision qui n'agréerait pas à Rome. Bien qu'aux yeux de l'Église catholique ce concile soit le dix-neuvième concile œcuménique, ce n'était nullement un concile œcuménique à l'image des conciles de l'Église antique ou de celui de Constance. Il s'agissait une nouvelle fois d'un **concile papal**, comme l'étaient les synodes romains généraux du Moyen Age : au début, il fut presque exclusivement composé de prélats italiens et espagnols – aussi les protestants se refusèrent-ils dès le départ à y particper.

Quels étaient les sujets des discussions ? Il s'agissait – parallèlement – d'établir la doctrine véridique (telle que la souhaitait Rome) et de mettre en œuvre des réformes pratiques (demandées par l'empereur). Les **décrets doctrinaux** *(de fide)* traitent des sources de la foi, du péché originel, de la justification, des sacrements, du sacrifice de la messe, du purgatoire, des indulgences... Les **décrets disciplinaires** *(de reformatione)* concernent le mariage, la formation du clergé et l'institution de séminaires diocésains pour les futurs prêtres, le devoir de résidence et de visite pastorale des évêques, l'interdiction de cumuler plusieurs diocèses, bénéfices, prébendes, la nomination des évêques et des cardinaux et les devoirs liés à leur fonction, la tenue de synodes diocésains annuels et de synodes provinciaux tous les trois ans, la réforme des chapitres de chanoines et d'ordres religieux, les devoirs des missionnaires dans les territoires d'outre-mer [362]... Et la réforme de la papauté ? Pas un mot à ce sujet !

Ces **efforts réformateurs**, au sens étroit, du concile ne sont manifestement pas seulement l'expression d'une Contre-Réforme, mais bien d'une réforme catholique. Il suffit de penser à la mise en place de nouveaux protocoles de formation à la prêtrise, de vie religieuse et de prédication. Pensons aussi à l'organisation de la pastorale, des missions, de la catéchèse, du souci des pauvres et du soin des malades, puis au renouveau des usages religieux, de la culture, de l'art et de la mystique de l'Église. Mais tout cela ne représente pour ainsi dire que la face interne de la réforme tridentine. Le cadre extérieur, et donc aussi la frontière réelle de ce renouveau intérieur positif, est constitué par la démarcation d'avec le protestantisme et la lutte contre lui. Ce n'est d'ailleurs que sous la pression de la Réforme que s'est imposée la réforme catholique. Mais la Réforme ne fut pas seulement l'occasion du concile de Trente, comme le pensent maints historiens catholiques : elle fut son défi, son aiguillon et son adversaire permanent. Autrement dit, la Contre-Réforme ne commence pas seulement **après** le concile (avec Grégoire XV, 1621-1623, donc plus de soixante-quinze ans après la convocation du concile), comme le voudrait Jedin [363], historien catholique du concile : elle commence **avec** le concile ! Pourquoi, sinon, chaque énoncé tridentin doctrinal comporterait-il un anathème contre les réformateurs ? On n'aborde d'ailleurs pas du tout ce qui n'est pas contesté par les réformés (la doctrine de la Trinité ou la christologie).

Tout cela montre que ce concile **n'est pas le concile d'union** universel de toute la chrétienté, attendu depuis longtemps. Avec ses douzaines de menaces d'excommunication, il n'est pas non plus un paisible concile réformateur catholique, **mais** à tout prendre il est le **concile particulier, confessionnel, de la Contre-Réforme**. Il est au service de la recatholicisation (jamais perdue de vue) de l'Europe – sur l'horizon de violentes querelles, qui ont déjà commencé, pour délimiter les territoires « catholiques » et « protestants ».

C'est pourquoi le double concept historique de Jedin se prête facilement à un double jeu apologétique, et cela en deux étapes. Il n'y a pas eu d'abord une réforme du catholicisme par lui-même, puis une Contre-Réforme militante. Les deux vont main dans la main à Trente, du début à la fin ; elles sont comme les deux faces d'une seule et même médaille ! Aussi a-t-on proposé récemment de remplacer ce concept double [364], insatisfaisant à bien des égards, par un terme général pour l'époque, celui de « confessionnalisation catholique [365] » (H.R. Schmidt).

Il m'apparaît en fait incontestable que cette Contre-Réforme d'une Église confessionnelle, fondée et définie par le concile, allait engendrer presque inévitablement des heurts politiques et militaires, de véritables « guerres confessionnelles ». Certes, l'interprétation marxiste de la Contre-Réforme, qui voit en elle une réaction bourgeoise féodale ou une contre-révolution, ne rend manifestement pas compte de la réalité. Mais il est indéniable que la réforme catholique, malgré la nouveauté du baroque triomphant dans la sphère intérieure de l'Église, porte le sceau de la **restauration**. C'est un esprit médiéval sous un revêtement de Contre-Réforme ! Ce concile ne s'est de toute façon pas attaqué à la réforme *in capite*, c'est-à-dire du pape et de la Curie – point central pour tous les réformateurs catholiques. Aussi les plus éminents historiens catholiques de la papauté, Ludwig von Pastor et Josef Schmidlin, préfèrent-ils à juste titre l'expression de « restauration catholique ». Jedin lui-même souligne la continuité entre la réforme tridentine et l'Église papale médiévale (et la prise de distance par rapport à la Réforme). Il devrait donc, lui aussi, reconnaître que le concile de Trente et la Contre-Réforme dans son ensemble **restent dans le cadre du paradigme médiéval catholique romain (P III)**.

Nous ne pouvons que faire le constat suivant : si l'empereur et bien des gens avec lui en Allemagne souhaitent toujours un arrangement avec les protestants et n'ont pas encore renoncé à la *via media* de la réconciliation, le concile de Trente, tout comme la Curie romaine, adopte une attitude délibérément antiprotestante et ne prend en compte qu'exceptionnellement les impulsions positives en provenance de la Réforme. Certes, on reconnaît enfin le danger qui menacerait une Église totalement incapable de se réformer ; on reconnaît qu'on ne peut affronter le protestantisme qu'à condition de se réformer soi-même, c'est-à-dire à condition de remédier aux abus les plus criants. Mais on ne songe plus à un rapprochement avec les protestants. On met au contraire tout en œuvre pour empêcher l'expansion du protestantisme, pour reconquérir le terrain « perdu », pour s'adjoindre de nouvelles terres de mission dans les continents nouvellement découverts ! Bref, on cherche à stopper la force du protestantisme en mettant en œuvre une **double stratégie** de réforme et d'endiguement. C'est pour cela, précisément, que Trente est le concile de la Contre-Réforme : **la réforme intérieure du catholicisme n'est pas un moyen de réconciliation et de réunion, mais un instrument au service de la stratégie présidant au combat contre la Réforme.**

On comprend alors pourquoi l'Église catholique de ce temps – en dépit de ses efforts pour se purifier de l'intérieur dans certains secteurs – concentre toute son énergie sur le maintien de l'acquis et sur la reproduction du passé, au risque de ne plus faire droit à l'ouverture et à la plénitude réellement catholiques qui étaient les siennes autrefois, au risque d'un rétrécissement et d'un durcissement. Un exemple ? Il suffit de penser à la **célébration eucharistique**, qui appelait un souffle créateur pour lui donner forme nouvelle, prenant en compte de l'intérieur les requêtes des réformateurs : on se contente de la « rétablir dans sa pureté ». Mais pour ce faire on ne se tourne pas vers le modèle décrit, par exemple, dans l'Écriture sainte, vers la célébration eucharistique telle que la pratiquait l'Église apostolique : on préfère reproduire la liturgie du Moyen Age.

Au vu des revendications de Luther – parfaitement justifiées au nom de l'Écriture et de la tradition antique ! –, qui réclamait la langue du peuple dans une liturgie pour le peuple (avec l'accès des laïcs au calice !), cette continuité était tout simplement fatale. Jusqu'à Vatican II, la **messe latine médiévale** resterait l'expression fondamentale du culte catholique : en 1570, cette messe fut entièrement **restaurée** par le missel *(Missale)* romain, en conformité avec les décisions de Trente. Le concile de Trente a débarrassé la messe, il est vrai, des monstrueuses excroissances qui l'avaient défigurée, surtout vers la fin du Moyen Age. Mais, d'un autre côté, ce même concile définit le déroulement de la messe jusque dans les moindres détails, ce qui n'avait jamais été le cas auparavant. C'est pourquoi on appelle désormais cette messe « messe des rubriques », c'est-à-dire de ces innombrables petites annotations imprimées en rouge et introduites partout entre les textes propres de la messe. Tout est maintenant réglé officiellement jusque dans les moindres détails (jusqu'au dernier mot et jusqu'à la disposition des doigts du prêtre). Il n'y a plus la moindre place pour la spontanéité, l'émotivité et la créativité, il n'est plus question d'une participation active du peuple. Le peuple reste simple spectateur, muet devant le jeu sacré du clergé, un spectacle dont la musique baroque ne fait qu'accroître la splendeur : on est devant une **liturgie de clercs de plus en plus réglée et solennelle**.

C'est pourquoi la piété personnelle privée, avec sa sensibilité et sa vitalité, donne libre cours aux différentes **dévotions**, de plus en plus nombreuses, à tous les saints imaginables et en toutes occasions. Au cours des siècles suivants, la messe sera souvent considérée comme une dévotion parmi d'autres (au mieux, la plus importante). On brûle plus de cierges à l'occasion de ces dévotions que pendant la messe. Mais en fin de compte, se produira silencieusement en Europe ce que l'on appellera l'« exode », le désintérêt pour la messe dominicale. Dans différents pays d'Europe, l'on constate avec effroi que seul un tout petit reste de croyants continue à assister régulièrement à l'ennuyeuse messe dominicale, tandis que les célébrations des petites Églises et des sectes, qui en appellent tout autrement à l'émotion, attirent de plus en plus. Ce n'est pas seulement à propos de la célébration eucharistique, mais à propos des sacrements en général, auxquels est consacrée la plus grande partie des décrets doctrinaux, que des questions se posent, et elles sont encore plus fondamentales.

*Le système des sept sacrements :
des questions critiques rétrospectives*

Le concile de Trente a défini le septénaire sacramentel, qu'il faut reconnaître sous peine d'excommunication. Pour beaucoup, cette question apparaîtra marginale aujourd'hui. Mais étant donné que tout le **droit ecclésiastique** romain, qui est, au fond, un droit sacramentel, repose sur cette définition, celle-ci est d'une importance capitale pour le système catholique romain. Déjà, le baptême fait explicitement obligation au catholique, aux dépens de la liberté du chrétien, d'observer tous les commandements de l'Église (y compris ceux dont il n'est pas question dans l'Écriture) [366]. Doctrinalement, le concile de Trente a très clairement pour objectif de définir la foi catholique contre celle de la Réforme et d'en exclure les réformateurs. Mais en matière doctrinale, en dépit des énoncés antiprotestants (surtout antiluthériens), il ne faut pas perdre de vue non plus ce qu'avait de positif la réforme interne. Les véritables définitions dogmatiques fondamentales ont été le fait de la première session du concile (1545-1547). Il faut reconnaître que, formellement, elles sont marquées pour une grande part par le rejet des querelles d'école scolastiques et par l'effort, non totalement vain, de formuler la doctrine catholique dans un langage plus biblique que scolastique. Même des historiens protestants du dogme, comme Harnack, font gloire au concile de son décret sur la **justification**, qui prend à son compte un nombre étonnant de requêtes des réformateurs [367].

On s'est donné bien moins de peine pour les décrets sur les sept sacrements, les actes du concile en témoignent. Dans le décret précédent, sur l'**Écriture et la Tradition**, on avait déjà laissé passer l'occasion de présenter la tradition ecclésiale comme une norme, mais une norme normée *(norma normata)* par l'Écriture *(norma normans)* ; au lieu de quoi, on avait mis sur le même plan l'Écriture et la Tradition (qui appellent « le même sentiment de piété et le même respect [368] »). On affirmait ainsi, sans autre examen, de façon irréfléchie, le chiffre traditionnel de sept sacrements, prétendument institués par le Christ, dans le canon 1 du décret sur les sacrements, frappant d'« anathème » (exclusion de l'Église), quiconque oserait le nier [369]. N'aurait-on pas pu et dû travailler un peu plus sérieusement ? Luther avait soulevé le problème : le chiffre des sept sacrements ne vient pas de Jésus lui-même, c'est un **produit de l'histoire**. Inconnu pendant tout le Ier millénaire, il était apparu pour la première fois au XIIe siècle, sans prétention à l'exclusivité, puis il s'était imposé, avant d'être entériné dans un texte officiel de l'Église trois siècles avant la Réforme ; par la suite, les conciles eux-mêmes (surtout le concile d'union de Florence) l'avaient considéré comme relevant de la foi. Le concept de sacrement était donc non seulement un concept analogique, mais un concept très variable, différemment défini à diverses époques. Il aurait fallu en discuter.

Il est par ailleurs incontestable, d'un point de vue biblique et théologique, que les sept sacrements traditionnels ne se situent pas tous au même niveau. Ils **n'ont pas la même dignité**. Le Nouveau Testament fait toujours remonter directement à Jésus-Christ le baptême et l'Eucharistie, qui jouent un rôle déterminant dans toutes les communautés, dès l'origine. Il en va tout autrement de l'**ordination**, nous l'avons vu [370]. Les lettres dont la paternité paulinienne est indiscutable n'en disent rien, et ces lettres sont les témoignages les plus importants pour la conception primitive de l'Église. Seuls les Actes des apôtres, plus tardifs de trente ans, et les lettres pastorales, plus tardives de cinquante ans, mentionnent l'ordination de leaders des communautés. Et il faudra attendre plusieurs siècles pour que l'ordination prenne place parmi les sacrements, au même titre que le baptême et l'Eucharistie. Trente lui-même n'entend d'ailleurs pas situer tous les sacrements au même niveau – le canon 1 pourrait facilement induire en erreur à cet égard. Au contraire, le décret sur l'Eucharistie souligne sa prééminence sur tous les autres sacrements. Le décret sur la justification souligne l'importance fondamentale du baptême, sacrement de la foi, pour la justification. On peut considérer comme traditionnelle la distinction entre sacrements fondamentaux et sacrements plus secondaires.

Le nombre des sacrements dépend, en fait, de la **définition du concept** de sacrement [371] :

– Si (comme le fait le concile de Trente) on estime que l'institution par le Christ est un élément essentiel du sacrement, il faut éliminer dès l'abord la plupart des trente sacrements qu'admet par exemple Hugues de Saint-Victor ; d'ailleurs, on ne les appelle plus alors « sacrements », mais « sacramentaux ». Restent tout au plus sept sacrements.

– Si (comme pour Luther et les réformateurs) compte avant tout l'institution par le Christ au sens strictement historique (c'est-à-dire que le Nouveau Testament en témoigne explicitement), il faut en outre exclure plusieurs des sept sacrements du haut Moyen Age ; dès lors, on ne les appellera plus « sacrements », mais « usages de l'Église », ou autrement. Ne restent que le baptême et l'Eucharistie (peut-être aussi la pénitence).

Cependant le concile de **Trente** ne fait preuve d'aucune compréhension à l'égard des problèmes posés par la Réforme. Il reprend sans plus la définition conceptuelle du Moyen Age, et donc son **décompte des sacrements**. Le chiffre sacré sept est déterminant dans l'affaire. Mais le concile de Trente ne peut faire état d'une institution par le Christ, au sens historique strict, ni pour la confirmation, ni pour l'extrême-onction, ni pour le sacrement de mariage, ni, enfin, pour l'ordination. Cependant, sans plus s'en soucier, on continue imperturbablement, à l'aide de quelques distinctions et d'exégèses douteuses, à affirmer leur institution par le Christ et à en tirer d'importantes conséquences. Aujourd'hui pourtant, il est devenu impossible d'accepter tout cela sans critique, pas plus que la **solution des réformateurs**, qui, à l'époque, était éclairante à maints égards. Entre-temps, en effet, l'**exégèse historico-critique** a montré que, en dépit de l'importance fondamentale du baptême et de l'Eucharistie pour la vie du chrétien, leur « institution » formelle, comme sacrements, par Jésus est très discutable. Le Nouveau Testament ignore ces catégories institutionnelles. Il atteste seulement une « autorisation », une « délégation de pouvoir » par la parole et l'agir de Jésus, pour le baptême et l'Eucharistie.

C'est dire que la question d'une « institution » par Jésus, et donc aussi celle de la définition du concept de sacrement, et finalement aussi celle du nombre des sacrements se posent aujourd'hui de façon nouvelle et appellent une réponse nouvelle – qui prenne en compte l'état actuel de l'exégèse et de l'histoire des dogmes. Une démarche spéculative qui ramène finalement les sept sacrements à l'Église, « sacrement originel et fondateur », comme ont essayé de le faire quelques théologiens catholiques, avec une fixation arbitraire sur le chiffre sept, peut camoufler ces questions plus qu'elle n'y répond. Seule une critique constructive des définitions dogmatiques à la lumière du message chrétien lui-même éclairé par l'exégèse, s'intéressant plus à la chose même qu'à des concepts déterminés, pourra nous venir en aide ici. Mais cela sort du cadre de notre analyse [372]. Contentons-nous ici de poser quelques **questions critiques rétrospectives** fondamentales au concile de Trente.

Rétrospectivement il faut, **premièrement**, poser la question : compte tenu de sa faible représentativité (presque exclusivement des prélats et des théologiens en petit nombre, catholiques romains, d'origine italienne ou espagnole), le concile de Trente peut-il, dans ses décrets, prétendre **à la même qualité et à la même autorité théologiques** (il ne s'agit pas ici de la « validité » juridique au sens du droit canonique romain) qu'un concile représentant toutes les Églises, nations et orientations théologiques ? Il suffit de le comparer à Vatican II. La théologie des différents pays concernés, surtout d'Allemagne, la théologie réformée même y sont représentées – à Trente rien de comparable. Dans la perspective romaine, il s'agit dès l'abord non d'intégration, mais d'une condamnation des approches nouvelles de la Réforme.

D'où la **deuxième** question : le concile de Trente a-t-il **vraiment compris** les **réformateurs** qu'il a condamnés ? Ne s'est-il pas contenté de citer les réformateurs ? A-t-il compris leurs critiques dans leur approche fondamentale et leurs motivations positives ? La méthode défensive et polémique, qui procède le plus souvent par exclusion et par anathème, méthode mise en œuvre dans les décrets tridentins sur les sacrements, ne s'y prêtait guère. Et, à en juger par l'ensemble des débats et de leurs résultats, on ne saurait répondre positivement à cette question. Le concile n'a pas soumis à examen le nouveau paradigme réformateur comme tel. Compte tenu de sa composition, il est vrai que cette tâche dépassait ses possibilités.

Il faut enfin poser une **troisième** question : le concile de Trente a-t-il pris en compte le **développement historique dans la doctrine de l'Église et des sacrements**, développement si fortement mis en lumière par Luther et les réformateurs ? Le concile a-t-il vraiment interrogé l'Écriture ? Dans le décret sur la justification, il fait des efforts sincères en ce sens. Mais dans le décret sur les sacrements – thème central du brûlot de Luther intitulé *La Captivité de Babylone* (1520) –, il pose *a priori*, sans questionnement autocritique de l'Écriture et de l'histoire, l'institution par Jésus des sept sacrements, ce qui ne peut être affirmé sans nuances même pour le baptême et pour l'Eucharistie, comme nous l'avons dit – pour ne rien dire de la confirmation, de la pénitence, du mariage et de l'ordination. Il n'y a eu aucune discussion sérieuse des arguments contraires, parce que le chiffre sept a déjà été défini un siècle plus tôt – là aussi sans aucune réflexion historique, bien évidemment – par le concile de Florence, dans le décret sur les Arméniens (!)[373]. Le concile recourt ainsi à des douzaines de condamnations, souvent très problématiques à la lumière de la Bible et de la grande tradition catholique, pour défendre les sacrements pris individuellement contre les attaques des réformateurs, et pour consolider à nouveau, grâce à ces délimitations, et à l'usage de ses propres partisans, le système sacramentel menacé, qui devient le fondement théologique du droit ecclésiastique. Ainsi se pose, quant au statut historique et théologique de Trente, la question fondamentale : le concile de Trente fut-il un catalyseur du nouveau paradigme ?

Le bastion catholique romain

Sous la pression des attaques protestantes, le concile de Trente débarrassa l'Église d'un bon nombre d'abus criants (par exemple, la fonction de prédicateur d'indulgences, mandaté par le pape) et de nombreuses pratiques superstitieuses (ainsi les messes votives pour le bétail malade). Mais, ce faisant, le concile a-t-il sérieusement cherché à comprendre le nouveau paradigme évangélique réformateur ? Non, et la théologie protestante n'est pas seule à en juger ainsi. Qu'a donc fait le concile ? Tout compte fait, il a conduit à une **restauration du *statu quo ante* médiéval** ! Quelques questions posées par les réformateurs, notamment quant à la façon de comprendre la justification (« par la foi seule », la « justification gratuite »), ont trouvé place dans le paradigme médiéval – sans toutefois en tirer les conséquences pour la conscience individuelle, par exemple, ou pour la liberté du chrétien, ou pour la conception de l'Église, le sacerdoce commun des fidèles, le ministère ecclésiastique et son autorité. On confirma solennellement le **système médiéval des indulgences**, qui avait été à l'origine de la protestation de Luther, avec l'excommunication à la clé[374]. Même à l'égard de trois requêtes purement disciplinaires, mais extrêmement urgentes, qui étaient aussi le fait de nombreux catholiques et de l'empereur – la **langue populaire** dans la liturgie, le **mariage des prêtres** et la **communion des laïcs au calice** –, on ne fit preuve d'aucune compréhension, sans parler de requêtes théologiques plus profondes. On voulait absolument s'en tenir à toutes les particularités du paradigme médiéval, et on allait même au-delà : le **mariage** ne relève légalement que de la seule Église, et, pour être valide, il faut qu'il soit conclu devant le curé et deux témoins. Voilà qui confirme, s'il en était besoin, que sur les plans pastoral et théologique aussi le concile de Trente fut *le* concile de la Contre-Réforme.

Une seule chose **ne fut pas** obtenue par Rome : la reconnaissance par le concile de la **primauté du pape** ! Quoi qu'on dise, beaucoup, même parmi les catholiques, n'y voyaient qu'un « droit humain » (et non pas divin). On ne voyait pas non plus l'intérêt de reconnaître une **infaillibilité** du pape. Les trois papes se réclamaient simultanément du trône de Pierre et les décrets du concile de Constance, relatifs à la supériorité du concile sur le pape, étaient encore trop présents à la mémoire. Au sein même de ce concile de la Contre-Réforme, les évêques et théologiens « conciliaristes », plutôt opposés à la Curie, étaient trop nombreux : ils auraient pris position contre le parti de la Curie. Effectivement, lors de la réouverture du concile, en 1551, les évêques et les envoyés allemands les plus influents, issus des territoires protestants, réclamèrent tous que soient reprises les décisions du concile de Constance sur la primauté du concile sur le pape et que les évêques présents soient relevés de leur serment de fidélité au pape – en vain, il est vrai.

Parce que le pape avait toute autorité sur le concile par l'intermédiaire de ses légats, la Curie romaine se garda bien de mettre en discussion la question de la papauté. Elle aurait, dans le meilleur des cas, conduit à d'autres exigences de réforme. Mais, comme elle l'avait déjà fait au cinquième concile du Latran, à la veille de la Réforme, comme elle le ferait à Vatican I et II, la Curie romaine s'arrangea pour bloquer ces questions. Il valait mieux publier des décrets doctrinaux contre les « ennemis de l'Église »... Et Rome triompha, en fin de compte, quand le concile demanda au pape de ratifier ses décisions.

Mais même ainsi, les **conséquences** de cette petite assemblée ecclésiastique de Trente furent gigantesques, bien qu'il fallût un certain temps pour que ses conclusions soient reçues dans certains pays catholiques. Comme jamais auparavant, foi et théologie, liturgie et droit canonique ne faisaient plus qu'un : on avait droit à un **processus de confessionnalisation** à tous égards ! Que n'a-t-on pas décrété en se réclamant de ce concile, que n'a-t-on pas imposé du côté de la Curie romaine, dans une Église qui se présente comme **l'Église confessionnelle catholique romaine** (une confession parmi d'autres, contrairement à toutes ses prétentions théoriques) ou comme **catholicisme romain** ! On a ainsi :

– la **confession de foi** tridentine *(professio fidei Tridentinae*[375]*)*, avec le serment d'obéissance au pape et le **catéchisme romain** (*Catechismus romanus*, un manuel pour les curés) ;

– les **séminaires** destinés à former des prêtres strictement célibataires et les anciens ordres réformés, auxquels viennent s'ajouter les **ordres** catholiques nouvellement fondés (capucins, jésuites) ; aménagement systématique des instituts d'études ecclésiastiques de Rome à l'image du *Collegium germanicum* pour la formation de prêtres étrangers et de futurs évêques ;

– le **missel uniforme en latin** *(missale romanum)*, le **livre d'heures** ou bréviaire *(breviarium romanum)*, auquel sont strictement tenus tous les clercs séculiers, enfin une **traduction officielle de la Bible** en latin (« Vulgate »), révisée et déclarée « authentique » (mais doublement ratée) ;

– la revalorisation du **confessionnal**, du confesseur et de la morale à l'usage des confesseurs, qui donne lieu, désormais, à des ouvrages de théologie morale de plus en plus volumineux ;

– une **piété populaire** renouvelée, avec de nouveaux saints, de nouveaux miracles et aussi de nouvelles superstitions.

Mais il faudra attendre près d'un siècle – en Allemagne notamment, face à la résistance de nombreux évêques – pour voir la réforme tridentine passer dans les faits : « On peut dire, en somme, que la confessionnalisation catholique – si l'on réunit sous ce terme la réforme catholique et la Contre-Réforme – ne commence à devenir vraiment visible qu'à la fin du XVIe siècle et ne sera couronnée de succès qu'au XVIIe siècle [376]. » Ce fut le plus souvent l'État qui activa la réforme dans les principautés séculières ou ecclésiastiques. En réalité, c'est comme si les phases imaginées par Jedin se succédaient à l'envers : sans Contre-Réforme, pas de réforme. Les recherches les plus récentes portant sur les villes et les territoires allemands distinguent plusieurs « étapes dans la contre-offensive catholique : 1) épuration de l'administration, des conseils municipaux et des corporations, avec l'exclusion des protestants ; 2) serment de reconnaissance du concile de Trente imposé aux fonctionnaires, aux enseignants et aux diplômés ; 3) expulsion des prédicateurs et des enseignants protestants ; 4) acceptation des seuls prêtres catholiques qui ont fait leurs preuves ; 5) confiscation des livres évangéliques et interdiction de participer à des cultes protestants étrangers ; 6) visites rendues à la population pour la recatholiciser ; 7) exil des protestants notoires [377] ».

La restauration tridentine a pu s'imposer bien plus rapidement dans les pays latins qu'ailleurs. Il est difficile, il est vrai, de se faire une opinion fondée à ce sujet parce que le mode de vie du clergé et la façon dont il s'acquittait de ses fonctions, les prédications et la catéchèse, le célibat ecclésiastique et la piété populaire de ces pays n'ont pas encore fait l'objet de recherches historiques et sociologiques adéquates. Mais une chose est sûre : les évêques de ces pays étaient présents au concile et en rapportaient une volonté de réforme. Il faut ajouter que le renouveau religieux en Italie, en Espagne et en France aux XVIe-XVIIe siècles – auquel ont contribué les anciens ordres réformés et les ordres nouveaux – a donné naissance à beaucoup de grandes figures. Pour n'en nommer que trois qui ont le plus contribué au rayonnement de la réforme : **Ignace de Loyola**, dont les *Exercices spirituels*, avec leur spiritualité active, tournée vers le monde, a eu et a toujours un effet formateur bien au-delà de l'ordre des Jésuites ; **Thérèse d'Avila**, la réformatrice de l'ordre des Carmélites, qui, comme Ignace, a su allier mystique et capacité d'organisation ; **Philippe Néri**, le fondateur de l'Oratoire, à l'origine de nouvelles méthodes pastorales. Tous trois étaient par ailleurs des *alumbrados* (« enthousiastes »), hautement suspects aux yeux de l'Inquisition. Le contenu de leur prédication, de leur travail pastoral et de leur pédagogie n'était cependant pas d'une grande nouveauté (Ignace, qui suivait entièrement Thomas en théologie et qui était un homme très pratique, n'avait sans doute pas lu grand-chose de Luther). Seules leurs formes d'action et leurs méthodes étaient nouvelles [378].

De toute façon, quand les décisions du concile ne convenaient pas à la Curie romaine, elles n'étaient guère appliquées ; ainsi les dispositions du concile relatives aux synodes régionaux restèrent lettre morte. A l'inverse, on mit tout en œuvre pour renforcer le centralisme romain : l'**Inquisition romaine centrale**, déjà mise en place par Paul III avant le concile, resta d'abord relativement discrète, mais sous le pontificat de Paul IV Carafa elle intervint même contre des cardinaux et contre Philippe Néri. En 1564 fut publié l'**Index** tridentin des livres interdits à tous les catholiques, et en 1571 fut même nommée une congrégation spéciale de l'Index. En 1600, l'Inquisition romaine fit brûler Giordano Bruno sur le Campo dei Fiori de Rome ; en 1633, elle fit plier Galilée et intimida à tel point Descartes qu'il n'osa dans un premier temps plus rien publier. Ainsi furent jetés les fondements du rejet désastreux par l'Église catholique des sciences, et les œuvres de Copernic et de Galilée allaient rester à l'Index jusqu'en 1835. Mais cela paraissait moins important à l'époque que les plans de reconquête catholique, forgés surtout à Madrid et à Rome, mais aussi à Cologne, à Munich et à Vienne.

Guerres de Religion et culture baroque

La Curie vit ses pouvoirs renforcés, elle fut réorganisée en quinze ministères (« congrégations »), ce qui enlevait beaucoup de son pouvoir au puissant Consistoire des cardinaux. Les structures collégiales de l'Église furent démantelées, pour une part à l'encontre des dispositions du concile de Trente, et la **centralisation médiévale** se trouva incomparablement renforcée grâce à la mise en œuvre de moyens nouveaux. Partout où c'était possible, on installa des **nonciatures** permanentes – pour influencer les États et surveiller les Églises, leurs évêques et leurs théologiens. De plus, à la mort d'Ignace, en 1556, les jésuites disposaient déjà d'une centaine de maisons, totalisant environ mille membres, dans tous les centres catholiques importants. Trente n'avait pas prévu les « **visiteurs** apostoliques » envoyés par le pape, l'obligation faite aux évêques de **se rendre régulièrement à Rome** *(ad limina apostolorum!)* et les demandes de précisions à adresser constamment aux congrégations romaines – tout cela a toujours cours aujourd'hui. Pour les missions, Grégoire XV fonda la *Congregatio de propaganda fide*, en 1622 : en dépendaient également tous les territoires devenus protestants.

Partout où c'était possible, la restauration catholique fut imposée politiquement, et si nécessaire aussi militairement. Cette stratégie confessionnelle, faite de pression diplomatique et d'intervention militaire, conduisit, en Europe, dans la seconde moitié du XVIᵉ siècle, à un véritable déferlement d'actes de violence, de « combats pour la foi », de « **guerres de Religion** » (quel abus de la « religion » !) dont l'issue serait variable [379] :

– en **Italie** et en **Espagne** : les petits groupes protestants furent assez rapidement étouffés par l'Inquisition (à l'exception des vaudois dans le Piémont) ;

– en **France** : il y eut huit guerres civiles, le massacre de trois mille protestants à Paris dans la nuit de la Saint-Barthélemy (auxquels vinrent s'ajouter environ dix mille en province) ; Grégoire XIII, le pape du « calendrier grégorien », salua la Saint-Barthélemy en faisant chanter un *Te Deum* et célébrer une messe d'action de grâces – de cruels exemples pour la Grande Révolution ;

– aux **Pays-Bas** : il y eut la lutte pour la liberté des Pays-Bas protestants contre la terreur espagnole sous le duc Alba (environ dix-huit mille exécutions) et une guerre entre l'Espagne et les Pays-Bas qui dura plus de quatre-vingts ans, avant que la paix de Westphalie, en 1648, y mette fin.

– en **Allemagne** : la reconquête catholique de vastes territoires protestants eut lieu grâce surtout aux jésuites (avec un *Collegium germanicum* à Rome pour la formation de prêtres d'élite ; on créa des établissements d'enseignement en Allemagne, en France, en Espagne, en Italie ; le catéchisme de Pierre Canisius, chef de file spirituel des jésuites d'Allemagne, connut une grande diffusion) ; l'Autriche, à demi protestante, fut ramenée entièrement au catholicisme ;

– en **Pologne** : la Contre-Réforme finit tout de même par réussir, alors qu'elle avait échoué dans la Suède voisine ;

– en **Écosse** et en **Angleterre** : eut lieu la décapitation de la reine catholique d'Écosse Marie Stuart, à l'instigation de sa parente Élisabeth Ire d'Angleterre ; cet acte conduisit à la grande campagne militaire de Philippe II, leader du monde catholique, contre l'Angleterre ; celle-ci apporta son soutien aux rebelles hollandais et détruisit son « Invincible » Armada dans la Manche, en 1588.

Nous ne pouvons pas nous étendre ici sur tous ces événements. Ce qu'il importe de souligner, c'est que les antagonismes politico-religieux menèrent finalement, avec le soulèvement de la Bohême, à la terrible **guerre de Trente Ans** (1618-1648). L'Allemagne devint un champ de bataille et de ruines où s'affrontèrent non seulement les catholiques et les protestants, mais encore les Danois, les Suédois et les Français. Il s'ensuivit un appauvrissement extrême, une chute inquiétante de la population, une destruction de la culture, une dégradation des mœurs, la montée des superstitions et de la croyance aux sorcières. Les **traités de Westphalie**, signés en 1648, réglèrent la situation en Allemagne selon le principe de la parité des deux confessions (malgré les protestations du pape Innocent X et du nonce), avec, en outre, la reconnaissance des réformés (malgré les protestations des luthériens). La Suisse et les Pays-Bas se virent reconnaître le statut d'États indépendants de l'Empire. En Allemagne, chaque confession eut désormais ses territoires bien délimités, et cette situation allait rester pour l'essentiel la même, constitutionnellement parlant, jusqu'au XXe siècle – avec pour effet un système rigide d'Églises d'État confessionnelles, toujours en place !

La politique n'est pas la seule à être mise au service de la Contre-Réforme, c'est aussi le cas de l'**art**. C'est indubitablement dans les arts que la Contre-Réforme a fait preuve de l'originalité et de la créativité les plus puissantes – parce que les artistes disposaient d'une plus grande liberté. L'architecture, la sculpture et la peinture triomphales du **baroque** [380] en Italie (Bernini, Borromini, Pierre de Cortone!) – un cadre grandiose pour le « cérémoniel théâtral » de la liturgie baroque – reflètent parfaitement, dans leur gigantisme, leur richesse en mouvement et leur exubérance, la nouvelle confiance en soi et la prétention à dominer d'une Église militante et triomphante. Nombre de princes, d'évêques et d'abbés emboîtèrent le pas au pape Urbain VIII Barberini (la « cathédrale » du Bernin, la « confession » et la place Saint-Pierre) ou du roi Louis XIV (château et cour de Versailles), qui mettaient en scène, avec une outrance théâtrale, leur propre absolutisme tout en ruinant les finances de l'État.

Mais ce **style artistique** du *barroco* (du portugais *barucca*, « perle irrégulière »), qui se répand entre 1600 et 1770, représente encore moins un nouveau paradigme du christianisme que la Renaissance et le maniérisme italien dont il est issu. Bien que *barroco* ait désigné originellement tout ce qui était bizarre et étrange, il ne faudrait pas considérer ce style artistique – que les représentants du classicisme ont déjà en horreur – comme une simple dégénérescence de la Renaissance témoignant d'un goût fourvoyé (c'est ce que pense dans un premier temps Jakob Burckhardt lui-même). Il faut y voir le prolongement créateur de la Renaissance et l'une des grandes manifestations de l'histoire de l'art, comme Burckhardt le reconnaîtra par la suite et comme le mettra définitivement en lumière son grand disciple, Heinrich Wölfflin, dans son ouvrage *Renaissance et Baroque* (1888) [381]. C'est seulement depuis la seconde moitié du XIXe siècle que le mot « baroque » en est venu à désigner un style ou une époque.

Cependant ce mouvement artistique issu de la Contre-Réforme (l'exemple par excellence en est Il Gesu, l'église mère des jésuites à Rome, consacrée en 1584) ne reste pas limité, on le sait, à l'Italie, l'Espagne, le Portugal et les colonies sud-américaines. Il envahit aussi le sud de l'Allemagne, l'Autriche et les Pays-Bas, la France et même l'Angleterre ; s'y ajoutent des éléments de style classique avant qu'il aboutisse à l'art de l'absolutisme princier dans l'aire catholique comme dans l'aire protestante, s'étendant jusqu'en Europe du Nord et de l'Est. En ce sens, il faut mettre bien des nuances quand on oppose une culture latine (catholique) de la figuration à une culture allemande (protestante) de l'écrit.

En dépit de ses adaptations dans différentes régions, le baroque, y compris en littérature et en musique, est le **dernier style unitaire de toute l'ancienne Europe**, encore et toujours dominée par l'Église et la cour, avant de glisser, autour de 1720, vers le rococo raffiné, effervescent et asymétrique, pour disparaître quelques décennies plus tard dans le classicisme. En ce sens, on peut parler d'« âge baroque » ou de « culture baroque ». Il est difficile de cerner ce qui les constitue : à l'image de la Renaissance, le baroque est un concept ardu à définir en raison du chevauchement chronologique de plusieurs éléments stylistiques et de grandes différences géographiques. Dans l'histoire de l'art français, on préfère distinguer les styles des règnes successifs (Louis XIV, XV, XVI).

On peut toutefois dire que, dans la ligne de la Renaissance, le baroque allie le christianisme et l'Antiquité, il idéalise la réalité et la rehausse esthétiquement, il représente esthétiquement l'unité d'un ordre du monde divin, où la raison et la foi s'équilibrent, où se juxtaposent le monde sacré et le monde profane, la légende chrétienne et le mythe païen. A maints égards, le baroque est une **synthèse d'illusion artistique** : cinquante ans après la condamnation de Galilée (il suffit de penser aux gigantesques fresques d'Andrea Pozzo dans l'église Saint-Ignace de Rome), et même encore cent ans après, on présente toujours aux hommes une vision baroque du ciel, avec le Père, le Fils et l'Esprit, avec la Madone, les anges et les saints, comme si la révolution copernicienne n'avait pas eu lieu, comme si le télescope n'existait pas, comme si en astronomie, en physique et en philosophie ne s'était pas produit déjà un nouveau changement de paradigme lourd de conséquences[382], que nous analyserons plus loin (P V).

Il n'est pas étonnant que le dernier style commun à l'Europe n'ait pas réussi à unifier politiquement et religieusement ce continent divisé en confessions et en nations et qu'il n'ait pas été capable d'accueillir les impulsions qui lui venaient des débuts de la modernité. Pour l'Église catholique romaine aussi le baroque représenta plus un ravalement somptueux de la façade religieuse et une autoreprésentation cérémonielle, avec de nombreux éléments relevant de l'illusion, qu'un renouvellement de la substance religieuse, qui, nous l'avons vu, restait marquée de part en part par le Moyen Age. Partout, il y avait beaucoup d'artifice, de munificence, d'apothéose, de spectacle et de pathos gonflé d'illusions – même chez des peintres aussi remarquables que l'Espagnol Murillo, l'Italien Guido Reni et le Hollandais Petrus Paulus Rubens – et relativement peu de véritable intériorisation religieuse. Le « baroque » représente, il est vrai – un peu comme la Renaissance –, un nouveau style artistique dans l'architecture, la sculpture et la peinture, en littérature et en musique aussi, une nouvelle « œuvre d'art globale », sacrée ou profane, où se combinent et interfèrent sans cesse des éléments architecturaux, sculpturaux et picturaux. Mais représente-t-il une **nouvelle constellation d'ensemble pour la théologie, l'Église et la religion** ? Non : il n'offre pas de nouveau paradigme du christianisme.

Apologétique, querelles d'écoles, catholicisme populaire

Le grandiose développement des arts ne doit pas nous cacher la réalité, qui apparaît évidente aujourd'hui, même dans l'Église et dans la théologie catholiques : ce « nouveau » paradigme du christianisme, celui de la Contre-Réforme, est resté, au fond, l'« ancien » ! Le paradigme de la Contre-Réforme est le **paradigme médiéval catholique romain**, enrichi de divers éléments nouveaux et parfois brillamment **restauré** (P III) ; et maintenant que le Nord lui échappe pour une grande part, il porte d'autant plus la marque de Rome. L'Église catholique médiévale, encore indivise, ne s'était jamais montrée aussi autoritaire, aussi monolithique, aussi triomphaliste que le catholicisme de la Contre-Réforme. Par comparaison avec le protestantisme (P IV), ce catholicisme romain se présentait comme :

– la confession conservatrice ;

– ayant perdu son ouverture internationale et s'étant fortement romanisé ;

– de plus en plus hypnotisé par l'obéissance au pape ; devant ce dernier s'effacent l'Écriture et la Tradition, les Pères de l'Église et les conciles œcuméniques, qui sont surtout utilisés pour défendre le système ecclésiastique menacé.

LE PARADIGME CATHOLIQUE ROMAIN MÉDIÉVAL

Si la Contre-Réforme s'est révélée la plus originale (parce que la liberté y était la plus grande) dans la sphère artistique, elle s'est montrée la moins originale en **théologie** (parce qu'elle était la plus ligotée) : elle se présentait essentiellement comme une « **reviviscence de la scolastique** [383] » (H. Jedin) : à Salamanque surtout, avec le dominicain Francisco de Vitoria († 1546) (il remplace, comme texte de référence, les *Sentences* de Pierre Lombard par la *Somme théologique* de Thomas d'Aquin), puis au *Collegium romanum* (la future université pontificale grégorienne) des jésuites, avec Suarez, Maldonado, Vazquez (Rome devient pour la première fois un centre d'études théologiques ; une grande partie de l'élite cléricale y est formée), et enfin en Allemagne (Ingolstadt, Dillingen). Certes, le jésuite et cardinal Robert Bellarmin – dont la théorie de l'État, qui ne reconnaît qu'un « pouvoir indirect » au pape en matière profane, est condamnée par le pape ! – confère sa forme classique au nouveau genre théologique, la « **théologie de la controverse** », avec ses *Disputationes de controversiis christianae fidei*, en plusieurs tomes, dans la ligne de Trente. Mais cette polémique unilatérale et cette auto-affirmation pratiquement inaccessible à toute critique ont fortement contribué au durcissement des fronts confessionnels.

La théologie de la controverse a aussi parrainé l'« **essor de la théologie positive** [384] » (H. Jedin), qui ne franchissait pas certaines limites, il est vrai – à savoir les limites étroites de l'orthodoxie tridentine. Du côté catholique, on ne lésina pas non plus sur l'érudition historique. Mais, à y regarder de plus près, tous ces travaux scientifiques sont au service du système ecclésiastique en place, qu'il s'agit de défendre face à une recherche protestante plus avancée tant en exégèse qu'en histoire. Tout est orienté, finalement, vers une **apologétique historique** :

– les nouvelles éditions des conciles et des Pères de l'Église ;
– tout comme les *Annales ecclesiastici*, en douze volumes, de l'oratorien César Baronius († 1607) (le camp catholique y voit les débuts d'une histoire de l'Église à partir des sources) : elles doivent faire pièce aux *Centuries de Magdebourg*, une histoire protestante de l'Église ;
– l'histoire du concile de Trente du jésuite Pietro Pallavicino Sforza († 1667) – contre l'histoire du concile du Vénitien Paolo Sarpi, qui commence à dévoiler les dessous du concile [385] ;

– les études patristiques du jésuite français Denis Petau († 1652), contre les positions théologiques des protestants.

Quoi qu'il en soit, dès le milieu du XVIIe siècle, les bollandistes (jésuites) et les mauristes (bénédictins), en partant de l'étude critique des légendes des saints, développent les premiers outils et les méthodes scientifiques pour publier les premières éditions critiques des recueils de sources.

L'enseignement de Thomas d'Aquin, longtemps si peu prisé, devient, par un choix d'Ignace, la norme pour les jésuites, et finit par s'imposer largement à cette époque. En 1567, Pie V le déclare docteur de l'Église. Des dogmaticiens espagnols baroques, qui font maintenant figure de leaders dans la sphère catholique, produisent toute une bibliothèque dont les théologiens catholiques les plus traditionnels eux-mêmes ne font plus guère cas aujourd'hui. Le plus grand d'entre eux est le perspicace jésuite **Francisco Suarez** († 1617) – la dernière édition de ses œuvres comporte vingt-huit gros volumes [386] –, professeur à Rome, Alcala et Coimbra, qui intègre dans son enseignement des éléments d'Augustin et de Duns Scot. C'est en matière d'éthique coloniale, de **philosophie de l'État et de droit des peuples** que l'influence de Vitoria et de Suarez est la plus grande : Vitoria définit pour la première fois le droit des peuples non seulement comme « droit des peuples » *(jus gentium)*, mais comme « droit entre les peuples » *(jus inter gentium)*, fondant ainsi le droit international. Emboîtant le pas à Thomas, Vitoria et Suarez affirment le droit des peuples à l'autodétermination (nous y reviendrons dans le contexte de l'Amérique latine). Avec sa doctrine du **droit naturel** et de la souveraineté du peuple (allant jusqu'à la résistance contre des souverains injustes), Suarez a influencé durablement la conception du droit en Europe et même l'orthodoxie protestante.

Et la **mystique** espagnole ? Là encore, malgré toute notre admiration, il faut bien dire que la mystique de la grande réformatrice du Carmel, Thérèse d'Avila († 1582), et de Jean de la Croix († 1591) (jeté en prison par l'Inquisition), est restée en marge de la théologie et de l'Église, en dépit de ses observations psychologiques pleines de finesse et de la qualité littéraire de ses descriptions des sept degrés de la voie mystique. En face, la **bataille** fit rage, plusieurs décennies durant, entre deux écoles théologiques, notamment autour du problème de la **liberté de la volonté et de la grâce** : d'un côté, les **jésuites** (« modernes » et pélagiens aux yeux de leurs adversaires) mettaient davantage l'accent sur la liberté de la volonté ; de l'autre, les **dominicains**, dans la ligne traditionnelle d'Augustin, soulignaient l'efficacité de la grâce. Mais ils firent « match nul » : le pape ne voulait pas trancher entre les deux ordres et interdit finalement toute polémique aux deux parties (1611).

Le seul à ne pas obtenir le pardon fut le mouvement de réforme morale et religieuse extrêmement stricte des **jansénistes**. Leur doctrine augustinienne extrême de la grâce les rapprochait par trop des calvinistes, aux yeux de leurs adversaires jésuites qui n'y regardaient pas de trop près (nous aurons l'occasion de reparler de la figure extraordinaire de Blaise Pascal, mathématicien, scientifique et philosophe, dans le contexte de la modernité). Au terme de longues controverses et de plusieurs condamnations papales, les dragons de Louis XIV rasèrent finalement le centre janséniste de Port-Royal (1705). Mais toutes ces querelles – jusqu'à l'époque de Vatican II, on les répétait soigneusement dans les cours de théologie – ne sortaient pas du cadre de la scolastique médiévale. Malheur à l'étudiant en théologie qui aurait osé (encore de mon temps) chercher un autre fondement théologique que les thèses médiévales de la Contre-Réforme, inculquées selon des méthodes strictes, et la théologie morale casuistique, destinée aux confessionnaux, qui allait avec.

Il faut bien voir cependant qu'à cette époque la théologie pure était une chose, la **piété populaire** vivante en était une autre. En effet, si nous décrivons et jugeons de la sorte ce catholicisme de restauration, dans la perspective qui est la nôtre aujourd'hui, cela ne veut pas dire, évidemment, qu'un catholique de l'époque de la Contre-Réforme n'a pu se trouver parfaitement chez soi dans son Église « non réformée ». Au contraire, le catholique moyen ne comprenait de toute façon pas grand-chose aux querelles entre écoles théologiques. Bien des régions n'avaient rien perdu de la couleur, du mouvement et de la sensibilité du Moyen Age. Il n'y avait pas seulement, comme dans le culte protestant, la prière, la prédication et les chants (au mieux de la musique d'église). Il y avait le spectacle des messes pontificales, le faste de processions grandioses, les pèlerinages riches d'expériences vécues, le grand jeu des prédications missionnaires et contradictoires des jésuites et des capucins, éventuellement le théâtre baroque jésuite. Tout cela avait revêtu désormais un caractère confessionnel catholique, avec une forte tonalité antiprotestante. Il n'y avait pas de fête plus somptueuse durant toute l'année liturgique que la fête du Corps du Christ, la Fête-Dieu, où Église et État réunis montraient de quoi ils étaient capables pour confesser publiquement leur foi catholique.

Mais il y avait aussi quantité d'occasions moins voyantes de pratiquer sa piété. Le jubé, qui séparait le peuple du clergé dans les églises, avait de nouveau disparu (sauf en Espagne). Certes, le catholique moyen ne participait pas activement à la **liturgie de la messe**. Il ne « communiait » qu'une fois l'an, au temps de Pâques, fidèle aux prescriptions du pape Innocent III et du quatrième concile du Latran, de 1215. Il s'était d'abord purifié par le sacrement de la confession (que les protestants réprouvaient). Le confessionnal, autrefois ouvert et mobile, était devenu une pièce fixe du mobilier ecclésiastique et il était souvent richement décoré. Le catholique avait tous les jours l'occasion de vénérer l'hostie eucharistique (une vénération elle aussi réprouvée par le protestantisme). Au lieu de la petite armoire sacramentelle sur le côté, il y avait désormais le tabernacle, bien en évidence au milieu du chœur, le plus souvent surmonté d'une gigantesque peinture baroque. Devant ce tabernacle, une « lampe perpétuelle » appelait à l'adoration silencieuse du « Très Saint Sacrement », solennellement « exposé » en toute occasion, même pendant la messe. La « prière des quarante heures » devant le Saint Sacrement s'implantait.

Il faut y ajouter la **vénération accrue de Marie**, encouragée par les congrégations mariales des jésuites et des lieux de pèlerinage comme Lorette, à partir d'où se répandent les litanies de Lorette. Les fraternités du Rosaire et une fête du Rosaire nouvellement introduite après la victoire de Lépante sur les Turcs contribuent puissamment à la propagation du rosaire. Les nouveaux saints, issus surtout des pays latins (les jésuites Ignace et François Xavier, le franciscain Antoine de Padoue), ne manquent pas non plus. On trouve bientôt un peu partout de petites images pieuses, ainsi que des livres de prières et des sermonnaires... Le catholique peut véritablement être fier de tout ce que son Église lui offre pour sa piété et sa vie de tous les jours. Le Moyen Age connaît une floraison baroque ! Cette Église n'offre-t-elle pas une patrie spirituelle, une ferme orientation de vie, une sécurité en dépit des nombreuses défaillances personnelles ? L'Église et la culture, la religion et la société constituent encore une unité...

A quel prix, tout cela ? Au concile de Trente et par la suite, on se démarque une fois pour toutes des protestants, dans le dogme comme dans la morale, dans la liturgie comme dans le droit ecclésiastique, même si les décisions du concile n'ont abouti que partiellement dans les différents pays. Depuis Trente, on se retranche de plus en plus, spirituellement, dans la « **forteresse** » catholique romaine (*Il Baluardo* est le titre d'un livre du cardinal Alfredo Ottaviani, qui fut le chef du service de l'Inquisition encore pendant le concile de Vatican II) ; on y prend la défense – en tirant comme toujours sur tout ce qui bouge, mais **avec des armes devenues archaïques** (condamnations, livres interdits, excommunications et suspensions) – du paradigme catholique romain contre tous les « ennemis de l'Église » qui se découvrent et qui seront de plus en plus nombreux dans les siècles à venir.

Mais ces armes seront de moins en moins efficaces : quand, par exemple, le pape Paul V Borghèse (la nouvelle façade somptueuse de Saint-Pierre, achevée sous son pontificat, fait étalage de son nom), en conflit avec la république de Venise, excommunie le doge et les autorités et jette l'interdit sur toute la ville, le clergé n'en continue pas moins à administrer les sacrements. Depuis, plus aucun pape n'a osé jeter l'interdit sur tout un pays. Après quelques papes marquants de la restauration catholique, de Pie V (1566-1572) à Urbain VIII (1623-1644) pendant la guerre de Trente Ans, en passant par Grégoire XIII (1572-1585), la **papauté** se trouvera de plus en plus rejetée **dans l'ombre de l'histoire**. Et l'assaut de la Réforme au XVIe siècle apparaîtra bientôt inoffensif par comparaison avec celui de la modernité, qui débutera vers le milieu du XVIIe siècle et qui atteindra son paroxysme avec les Lumières et la Révolution du XVIIIe siècle, puis avec les conquêtes modernes du XIXe siècle.

HISTOIRE

13. DE L'ANTIPROTESTANTISME À L'ANTIMODERNISME

Les guerres pour la foi, les guerres confessionnelles et les guerres de Religion avaient épuisé les énergies religieuses, fortement mises à contribution dans la Réforme et dans la Contre-Réforme. Mais on assista alors au développement d'une culture profane nouvelle, dans le sillage de la Renaissance. Elle sut se libérer de la tutelle ecclésiastique tout en exerçant son influence, sous diverses formes, sur la vie et la doctrine de l'Église. Nous analyserons plus loin ce nouveau changement de paradigme, qui s'accomplit à partir du milieu du XVIIe siècle, surtout en France, en Hollande et en Angleterre : c'est le passage du paradigme de la Réforme (P IV) et de la Contre-Réforme (P III) au **paradigme moderne des Lumières** (P V). Il s'agit d'un processus qui modifiera aussi radicalement la politique et la doctrine de l'État que la philosophie, les sciences physiques et historiques, l'art, la littérature et la culture en général – avec des conséquences extrêmement importantes pour la religion et la morale, l'Église et la théologie. Dans le cadre de l'analyse du paradigme de la Contre-Réforme (P III), si fortement marqué par la culture méditerranéenne et médiévale, seule la question suivante nous intéresse pour l'instant : **comment l'Église catholique officielle**, comment Rome, en particulier, **a-t-elle réagi** à ce que nous appelons aujourd'hui la « **modernité** » (P V) ?

La réaction romaine

Le paradigme médiéval – mesuré à l'aune du paradigme byzantin de l'Église ancienne (P II) – avait marqué à maints égards un progrès : une nouvelle « réponse » à un nouveau « défi » de l'histoire du monde. Mais le sommet atteint avec Innocent III marqua aussi le tournant. Durant le Moyen Age tardif déjà, puis, de façon décisive, à l'époque de la Réforme, ce paradigme catholique romain était resté en retard sur son temps. A l'époque moderne en

Europe, on le considéra de plus en plus comme un reliquat du « ténébreux » Moyen Age.

L'esprit innovateur du Moyen Age s'est mué en un **esprit médiocre d'apologétique et de réaction** [387] :

– réaction contre les **théories conciliaires**, qui, dans le sillage de Constance, défendaient la supériorité du concile sur le pape ; on met au contraire l'accent sur la primauté du pape, y compris face au concile et à l'épiscopat ;

– réaction, en même temps, contre le **spiritualisme** des partisans de Wyclif, en Angleterre, et des hussites, en Bohême, qui soulignent le caractère invisible de l'Église contre le recours à la force sans ménagement ; on met au contraire l'accent sur le caractère ecclésiastique et extérieurement visible de la communauté chrétienne ;

– réaction aussi et surtout, et sans cesse renouvelée, contre les **réformateurs** et leur nouveau paradigme, qui va de succès en succès ; on met au contraire l'accent sur le caractère objectif des sacrements, sur l'importance des pouvoirs de la hiérarchie, du ministère du prêtre, du latin, du célibat et du rôle des évêques ;

– réaction contre le **gallicanisme**, qui mit une nouvelle fois l'accent sur l'autonomie traditionnelle de l'Église française (l'évêque Bossuet, sous Louis XIV, a été le dernier représentant d'une théologie de l'histoire augustinienne) et qui souligne la supériorité du concile en contestant l'infaillibilité papale (en l'absence de confirmation de cette dernière par l'Église) ; on lui oppose une théologie du pouvoir hiérarchique et surtout papal, une conception de l'Église qui fait d'elle un empire organisé et dominé par Rome, parallèlement au pouvoir des États (et même supérieur à eux en matière de morale) ;

– réaction contre le **jansénisme**, lié au gallicanisme, et contre son interprétation rigoureuse de la doctrine augustinienne de la grâce ; on met d'autant plus l'accent sur la « fonction enseignante » de la papauté *(magisterium)* ;

– réaction, enfin, contre l'**absolutisme de l'État** du XVIIIe, puis contre le « **laïcisme** » du XIXe siècle, qui activent d'abord indirectement, puis directement, la sécularisation ; on insiste d'autant plus sur la propagation de l'Église, « société parfaite » *(societas perfecta)*, qui a tous les droits et dispose de tous les moyens.

Les **Lumières** – dont nous aurons l'occasion de parler plus longuement (P V) – ne s'arrêtent évidemment pas aux portes, si bien gardées, de l'Église catholique. Il est vrai qu'en Allemagne elles n'ont pas pu porter tous leurs fruits, et pas davantage dans les régions protestantes plus libres – avec, de toute façon, de notables décalages dans le temps selon les régions. Leur influence s'est surtout fait sentir sur les clercs, les religieux, les fonctionnaires et les lettrés, et – outre les thèmes classiques de la superstition et des jésuites – ont surtout été concernées les questions de pastorale, de liturgie, ainsi que celles des relations entre les évêques et Rome. Le paradigme catholique romain traditionnel de la Contre-Réforme lui-même, qui n'est plus seulement vivement critiqué de l'extérieur, mais aussi miné de l'intérieur, connaît des tensions et des déchirures graves. L'« esprit du temps » moderne, si détesté, pénètre également l'Église. Si l'on y regarde de plus près, il est manifeste que le paradigme catholique romain est en pleine **crise** dès les XVIIe et XVIIIe siècles.

*Les facteurs d'ébranlement
du paradigme catholique romain*

Plusieurs facteurs ont contribué à ébranler le paradigme catholique romain :
– A l'époque de l'absolutisme politique éclairé des princes, les **papes** ont sombré dans l'insignifiance, à l'exception, digne d'éloge, de Benoît XIV Lambertini (1740-1758), un homme sociable et social, instruit et éclairé, qui a efficacement encouragé l'archéologie, l'histoire et l'étude de la liturgie, mais aussi la chimie, la physique et l'anatomie ; il fut estimé même par les protestants.
– Les **conversions** de princes protestants au catholicisme (Auguste II le Fort, de Saxe, pour pouvoir régner sur la Pologne) restent exceptionnelles, sans effet sur les territoires concernés.
– Les **persécutions des protestants** (en France, dans le Palatinat, à Salzbourg, en Hongrie et en Pologne) furent le plus souvent dommageables pour les pays concernés eux-mêmes : par exemple, il y eut d'abord l'exclusion de tous les non-catholiques de tous les postes publics en Pologne, puis la partition du pays, qui s'était

longtemps étendu très loin vers l'est, entre la Russie orthodoxe et la Prusse protestante.

– L'**Inquisition**, surtout la lutte des jésuites contre le « protestantisme » janséniste et contre la mystique, affaiblit fortement l'Église de France et d'autres pays aussi.

Autre facteur aggravant : le pilier idéologique qui soutenait le système de la Contre-Réforme est lui-même ébranlé sous la pression des Lumières :

– Le **papalisme** de la Curie romaine est soumis au feu de la critique, y compris dans l'Allemagne catholique, par l'**épiscopalisme** renaissant, dans l'esprit du paradigme de l'Église ancienne (voir P II – le principal représentant en est Febronius). Leurs exigences : que le concile à nouveau l'emporte sur le pape, comme dans la tradition ancienne ; il n'est pas indispensable que la primauté ecclésiale soit liée au siège épiscopal de Rome, le curialisme est le grand obstacle à l'unité de l'Église (d'où la résistance des archevêques allemands aux empiétements du nonce de Munich).

– Les **jésuites**, qui se sont fort éloignés des idéaux du fondateur, qui se sont empêtrés dans la politique et les affaires de ce monde après avoir été les champions idéologiques du paradigme médiéval de la Contre-Réforme, sont soumis eux-mêmes à la pression des Lumières. Détestés dans les pays latins à titre d'agents de la papauté et de représentants de l'antimodernité, l'ordre des Jésuites est banni par les régimes absolutistes (qui cherchent évidemment leurs propres intérêts) du Portugal (les jésuites sont chassés des remarquables réductions indiennes du Paraguay), de France, d'Espagne, de Naples, avant d'être finalement supprimés « pour toujours » par le pape Clément XIV (les jésuites ne trouvent asile que dans la Prusse de Frédéric II et dans la Russie de Catherine II).

– Des théologiens allemands abandonnent sans bruit la **scolastique** : ils se rallient à des interprétations plus « raisonnables » des dogmes, s'ouvrent à la critique historique, se désintéressent des antagonismes confessionnels et répandent les traductions allemandes de la Bible.

– Le **droit ecclésiastique** sous sa forme médiévale, que la Contre-Réforme n'a fait que renforcer, tombe lui aussi sous le coup de la critique, notamment l'obligation du célibat, la vie monastique et son intolérance en général. En Autriche surtout, l'empereur

Joseph II, prince éclairé (et qui veut rivaliser avec le roi de Prusse Frédéric II), intervient massivement dans les affaires de l'Église (c'est le « joséphisme ») – sans grande habileté, il est vrai, dans l'esprit de la suprématie absolutiste de l'État : édit en faveur des juifs, tolérance à l'égard des Églises protestantes et orthodoxes, fermeture de nombreux monastères, réforme de la formation des prêtres, purification du culte. Il aspire à une Église nationale largement indépendante de Rome.

Les **princes catholiques** – très intéressés par le maintien du *statu quo* politico-religieux – restèrent parfois presque les seuls soutiens de la papauté, mais du coup ils se prévalurent d'un droit de veto lors de l'élection du pape (il en fut ainsi de l'Espagne, de l'Empire allemand, de l'Autriche et de la France jusqu'en 1904). Si nécessaire, ils soutenaient le système romain en place en réprimant par la force l'opposition catholique à l'intérieur de l'Église (celle des jansénistes et de Port-Royal, par exemple), en persécutant et en chassant les protestants (dans le Palatinat, dans l'archevêché de Salzbourg, dans la Hongrie des Habsbourg et en Silésie, en Pologne et pour finir aussi en France). Cette attitude poussa Voltaire, qui plaidait avec l'esprit et l'ironie qu'on lui connaît pour la tolérance des confessions et des religions, à entrer en scène et à se faire le héraut d'un bouleversement révolutionnaire sans précédent.

Et **Rome** ? La plupart des historiens de l'Église d'obédience catholique pourraient sans doute faire leur aujourd'hui le jugement du Hollandais L.J. Rogier :

> Dans l'ensemble, l'influence réelle de Rome sur les événements fut extrêmement réduite ; ses confrontations avec le développement de la pensée s'épuisaient en protestations stéréotypées et stériles. A considérer l'histoire culturelle du XVIIIe siècle, on ne peut que regretter l'absence de participation de l'Église et de ses instances supérieures aux discussions sur les questions urgentes du temps. Quand Rome intervint, ce fut toujours de façon négative : par un *monitum* (un avertissement), un anathème, ou en imposant l'obligation du silence. Rome a malheureusement négligé d'entrer en dialogue avec une génération aussi fortement engagée dans le mouvement de son temps que celle du XVIIIe siècle, pour ne pas dire qu'elle l'a systématiquement évité. On peut se poser la question :

en cette époque de « crise de la conscience », et plus tard, vers le milieu du XVIIIe siècle, un concile n'aurait-il pas eu sa place [388] ?

Nous tenterons de dégager la signification, pour le christianisme, des Lumières, de la Révolution française, de l'emprisonnement du pape Pie VI et du concordat signé entre Napoléon et Pie VII, dans notre analyse du paradigme moderne (P V). En attendant, comment les choses évoluèrent-elles ?

Après la Révolution, une nouvelle restauration

L'Église catholique du XIXe siècle a connu, sans aucun doute, un réveil des forces religieuses, dans le clergé comme parmi les laïcs, dans les communautés religieuses comme dans le mouvement missionnaire, dans les œuvres de charité et dans l'éducation comme dans la piété populaire – nous y reviendrons. Mais dans le cadre de l'analyse du paradigme médiéval de la Contre-Réforme (P III), ce qui nous intéresse au premier chef, c'est l'attitude de la papauté, qui reste toujours en position dominante dans la sphère catholique. La Rome de la Contre-Réforme s'est élevée, dès le début, contre la philosophie moderne, contre les sciences modernes, contre la théorie de l'État moderne et naturellement aussi contre la devise « Liberté, égalité, fraternité ». Ce que l'historien de l'Église de Louvain Roger Aubert dit de Pie VI, le pape de l'époque de la Révolution, peut aussi s'appliquer aux papes de la Restauration :

> A l'instant où l'orage éclatait subitement en France pour s'étendre ensuite et entraîner dans son sillage la plus grande partie de l'Europe catholique, on aurait précisément eu besoin à la tête de l'Église d'un homme génial d'une énergie extraordinaire. Mais en cet instant le siège de Pierre était occupé par un homme qui était, certes, consciencieux, mais qui n'avait aucune des qualités absolument indispensables dans des circonstances aussi difficiles [389].

A Rome et dans l'**État du pape** – l'État le plus retardataire d'Europe au XIXe siècle, politiquement et socialement –, on était fondamentalement opposé à tous les développements modernes. Rome était :

– contre la souveraineté du peuple et la démocratie constitutionnelle ;
– contre la tolérance et les droits de l'homme, contre la liberté religieuse, la liberté de conscience, la liberté de se réunir et la liberté de la presse ;
– contre les nouvelles connaissances scientifiques, contre la critique historique et, par la suite, aussi contre la doctrine de l'évolution des espèces ;
– même contre les chemins de fer, qui étaient alors en construction, l'éclairage au gaz, les ponts suspendus, la vaccination...

Dans cet État peuplé de *monsignori*, on n'avait appris qu'une seule chose de l'histoire : qu'il fallait défendre ses propres positions de droit et de pouvoir avec diplomatie, et là où c'était encore possible en recourant à la contrainte (profane et surtout spirituelle). Comme on le sait, ces positions avaient été acquises dans des circonstances plus que douteuses (*Donation de Constantin*, faux pseudo-isidoriens...) ou montées de toutes pièces. Le catholicisme romain, qui avait particulièrement souffert sous la Révolution française, reprit force. On rétablit les structures hiérarchiques en partie détruites. *« Il trionfo della Santa Sede »*, avait proclamé Mauro Cappellari dès 1799, plus de trente ans avant d'être élu pape sous le nom de Grégoire XVI. La **« Restauration »**, entendu désormais dans un sens éminemment politique, après les bouleversements sans précédent de la Révolution, devint le grand slogan européen, porté par la « Sainte Alliance » des puissances qui avaient remporté la victoire sur Napoléon. Et quelle institution avait un plus grand intérêt à retourner à la situation autoritaire et prérévolutionnaire que la papauté, qui avait derrière elle l'exclusion de Dieu de Notre-Dame de Paris et le remplacement des États pontificaux par la République romaine ?

Mais une réponse sous forme d'autocritique constructive face aux bouleversements révolutionnaires – au lieu d'une réponse purement restauratrice – était-elle d'emblée et réellement impensable ? Souvenons-nous ici de trois dates significatives de la première moitié du XIXe siècle : 1806, 1830 et 1848 [390].

L'année **1806** marqua la fin du « Saint-Empire romain germanique » – comme conséquence de la fin des principautés cléricales en Allemagne par la sécularisation des diocèses, des fondations et des monastères allemands, trois ans auparavant.

LE PARADIGME CATHOLIQUE ROMAIN MÉDIÉVAL

Et **Rome** ? Au congrès de Vienne, le cardinal-secrétaire Ercole Consalvi mit tout en œuvre pour rétablir l'ancien « Saint-Empire romain » et la situation qui était celle de l'Église en Allemagne avant 1806 : sans succès. Il réussit simplement à rétablir l'État pontifical dans ses anciennes frontières. Était-ce un véritable succès ? L'attitude rétrograde et le manque de perspicacité du pape et de la Curie éclatèrent à nouveau aux yeux du monde entier : on abolit immédiatement le moderne Code napoléonien pour remettre en vigueur l'ancienne législation papale ; le Saint-Office examina sept cents cas d'« hérésie » et toutes les fonctions importantes de l'État furent confiées à des hommes d'Église. On **restaura la mauvaise gestion des *monsignori*** – c'était l'une des principales raisons pour lesquelles le pape ne pouvait prendre position en matière sociale avant la fin du siècle. Il aurait eu motif à se critiquer et à s'admonester lui-même plus que quiconque. En outre, sous le chancelier d'État autrichien Metternich, on réprima de toute façon, en Europe, tout mouvement en faveur de la liberté. Un romantisme habité par la nostalgie du Moyen Age, une religiosité traditionnelle qui se mit à refleurir et le rétablissement de l'ordre des Jésuites semblèrent étouffer à nouveau à tout jamais l'apport des Lumières et les idées démocratiques.

Cependant, en **1830**, la révolution de Juillet, à Paris, marqua la victoire de la bourgeoisie libérale sur les Bourbon réactionnaires, qui avaient repris le pouvoir après la chute de Napoléon (il y eut des prolongements révolutionnaires de la Belgique et de l'Italie à la Pologne russe).

Et **Rome** ? L'Église romaine (Grégoire XVI) récusa obstinément tous les changements opérés dans l'esprit du libéralisme politique, et le libéralisme devint ainsi radicalement anticlérical. Les mesures romaines antimodernes se mirent à pleuvoir : renouvellement de la congrégation de l'Index, condamnation de toutes les sociétés bibliques (y compris catholiques) ; on souligna une nouvelle fois les différences confessionnelles, on tâcha de détourner les clercs des universités éclairées pour confier leur formation aux séminaires tridentins... Il n'est pas étonnant qu'au lieu de faire l'unité dans la foi entre catholiques et protestants, comme le voulaient les partisans des Lumières, on aboutit à une **cassure entre cléricaux et anticléricaux** (conservateurs et libéraux/radicaux) ; celle-ci fut surtout désastreuse pour les pays latins. Cette cassure fut aussi exportée dans le Nouveau Monde, en Amérique latine, où elle persista pour une part jusqu'à nos jours (sous différentes étiquettes).

Mais, en **1848**, la vague révolutionnaire partie de la révolution de Février, à Paris, atteignit aussi l'État pontifical. Pie IX, élu deux ans plus tôt, s'était orienté d'abord vers des réformes libérales et il fut salué avec enthousiasme par le peuple. Cependant, ensuite, reculant devant des réformes plus radicales, il fut contraint de fuir à Gaète.

Et **Rome** ? Après l'écrasement de la Révolution italienne avec l'aide de troupes françaises et autrichiennes, Pie IX revint à Rome et devint l'adversaire invétéré de tous les courants politiques, intellectuels et théologiques libres (« libéraux »). C'est sous son pontificat que se propagea, dans le nord et dans l'ouest de l'Europe, l'« **ultramontanisme** », cette vénération émotionnelle et sentimentale du pape « au-delà des monts », une idéologie que n'avaient connue ni le Moyen Age ni la Contre-Réforme, mais qui avait prospéré au début du XIXe siècle en réaction contre les idées éclairées du gallicanisme et du joséphisme. Les nouvelles congrégations de femmes et d'hommes « fidèles à Rome » se multiplièrent, ainsi que les associations (comme la « congrégation de Pie ») et les organisations catholiques en tout genre ; dans la seconde moitié du XIXe siècle, elles se montrèrent de plus en plus actives, dans l'esprit de la restauration romaine et de l'obéissance inconditionnelle au pape, mais, de ce fait, elles durcirent la polarisation politique de la société au lieu de la surmonter, ce qui aboutit en Allemagne à un *Kulturkampf* (« combat de civilisation »).

La stratégie à courte vue de l'Église est alors celle d'une consolidation interne et d'un isolement extérieur ! Sous l'inspiration émotionnelle de Pie IX, que n'affecte aucun doute intellectuel mais qui incontestablement présente des traits pathologiques, on met toute son énergie à renforcer la forteresse catholique léguée par le Moyen Age et la Contre-Réforme, et on rejette **toute idée moderne**. Pour ce faire, face à une indifférence religieuse, une hostilité à l'égard de l'Église et une incroyance grandissantes, on renforce le papalisme, le dogmatisme et la dévotion mariale, qui se soutiennent et s'encouragent mutuellement. A l'intérieur de la forteresse, on trouve une chaleur affective sécurisante, et la piété populaire – des pèlerinages aux « mois de Marie », en passant par toutes sortes de dévotions à l'usage des masses – apporte un soulagement aux difficultés de la vie.

Le **catholicisme** devient, à cette époque, un **type de société spécifique**, que les sociologues catholiques des deux dernières décennies, surtout Franz Xaver Kaufmann [391] et Karl Gabriel [392], ont analysée. Dans une de ses dernières publications, Karl Gabriel caractérise ainsi cette société catholique :

> Elle présente trois ensembles caractéristiques :
> 1) l'intégration de différents milieux sociaux catholiques dans un groupe fermé, confessionnel, avec sa propre *Weltanschauung,* ses propres institutions et une ritualisation spécifique de la vie quotidienne ;
> 2) la centralisation et la bureaucratisation des structures officielles de l'Église, avec une sacralisation des formes d'organisation modernisées et une mise au pas du clergé, « séparé » du monde ;
> 3) la constitution d'un système idéologique clos, qui légitime tout à la fois la distance prise par rapport au monde moderne et la prétention au monopole quant aux interprétations dernières du monde [393].

Dans le cadre des démocraties modernes, cela signifiait pour les catholiques l'entrée dans un ghetto [394].

Les dogmes nouveaux tout comme les dogmes anciens étaient d'une importance capitale pour ce système idéologique clos. Le grand événement de l'époque se situa en 1854 : en pleine révolution industrielle, Rome fit preuve d'une nouvelle compréhension « créatrice » de sa fonction d'enseignement en définissant solennellement l'« **Immaculée Conception de Marie** » (Marie conçue par sa mère sans le péché originel), un « dogme de luxe », selon le mot ironique du futur cardinal Henry Newman. C'est effectivement la première fois qu'un dogme n'était pas défini dans le cadre d'un concile, en réponse à une situation conflictuelle, pour repousser une hérésie. Il était proclamé solennellement par le seul pape, qui se prévalait de ses pleins pouvoirs pour encourager une piété traditionnelle et pour étayer le système romain. Pour qui, pour quoi ? Dans le groupe fermé du catholicisme romain, des dogmes récusés depuis longtemps à l'extérieur n'en gardaient pas moins toute leur plausibilité, puisqu'on ne cessait de les répéter, et on les considérait tout naturellement comme les seuls valables. Que dit alors la théologie catholique devant tout cela ?

La répression de la théologie catholique moderne

La situation de la théologie catholique ne ferait qu'empirer dans le deuxième tiers du siècle dernier. Au début du XIXe siècle, du moins dans la théologie et dans le clergé catholiques allemands, sous l'influence des Lumières, on était encore relativement ouvert à un dialogue avec la modernité. Dans le sud de l'Allemagne s'étaient constituées des associations de clercs pour l'abolition du célibat ecclésiastique. La faculté de théologie catholique de l'**université de Tübingen**, fondée après les guerres napoléoniennes, première faculté catholique aux côtés d'une faculté protestante au même endroit, fait naître de grands espoirs[395]. Sous la direction de Johann Sebastian von Drey et de Johann Baptist Hirscher, on étudiait et discutait activement et sérieusement la philosophie idéaliste et on s'intéressait aux réformes pratiques préconisées par les partisans des Lumières. On demandait surtout – des demandes déjà formulées par Martin Luther – une réforme de la fonction ministérielle (l'abolition du célibat obligatoire) et de la liturgie (l'introduction de la langue du pays). On commençait aussi à appliquer la méthode historique à l'exégèse et à l'histoire des dogmes.

Mais dans le même temps, en Italie d'abord, puis en Allemagne, naît un mouvement néo-scolastique qui, face à la pensée moderne, tente, une fois encore, de ressusciter la philosophie et la théologie du paradigme médiéval légué à la Contre-Réforme. Parallèlement au **néo-romantisme** et au **néo-gothique** en architecture, au **néo-grégorien** dans la musique sacrée, voilà donc une **néo-scolastique** qui – abstraction faite de certaines recherches historiques – s'avère beaucoup plus fade que la scolastique baroque espagnole. Mais, après quelques hésitations, la Curie romaine reconnaît quels avantages elle peut en tirer et encourage puissamment l'essor de cette néo-scolastique. C'est un nouveau succès du centralisme de la Curie : le néo-thomisme devient la **théologie normale** du catholicisme romain, qui finit par être imposée légalement à toutes les écoles catholiques. Même au Moyen Age, on n'avait pas connu semblable fixation sur une école unique. Son principal représentant à Rome est le théologien jésuite Giovanni Perrone, qui prépare théologiquement la définition du dogme de l'« Immaculée Conception de Marie » par Pie IX, en 1854. Cette théologie catholique romaine reste totalement étrangère aux centres d'intérêt et aux questions de son temps et sera très vite totalement dépassée scientifiquement.

Depuis la révolution de juillet 1830, Rome intervient de façon de plus en plus décidée et méthodique contre les mouvements de renouveau théologique, surtout ceux d'Allemagne, moins vigoureusement, en revanche, contre le « fidéisme » conservateur en France. Face à la menace d'un changement de paradigme dans la théologie et dans l'Église catholiques, on s'engage résolument dans une **phase de répression**. Et malheur à ceux qui sont victimes de cette purge :

– La faculté de théologie catholique de **Marburg**, à peine fondée, est liquidée par l'Église elle-même, comme plus tard celle de **Giessen**.

– La faculté de **Tübingen** sent tourner le vent (on pourrait trouver des parallèles dans les événements les plus récents) et, sous l'influence pernicieuse de **Johann Adam Möhler** et des « möhlériens » présents dans la faculté, elle se rallie sans nuances à la ligne romaine (la « symbolique » de tendance confessionnaliste de Möhler paraît dès 1832), ce qui conduit à une scission dans la faculté et finalement à une profonde résignation [396].

– Dans les années 1830, l'anathème romain frappe aussi la faculté de **Bonn**, où le professeur **Georg Hermes**, profondément catholique, et ses étudiants se sont engagés dans une discussion constructive sur Kant et d'autres philosophes ; les écrits de Hermes sont mis à l'Index, et l'« hermésianisme » est brutalement réprimé à la faculté de Bonn par le nouvel archevêque de Cologne, qui est aussi le principal responsable de la querelle entre Cologne et le gouvernement prussien au sujet des mariages mixtes ; une demi-douzaine de professeurs sont interdits d'enseignement [397].

– Dans les années 1850, les « günthériens » de **Vienne** connaissent un sort semblable à celui de l'« hermésianisme » dans les années 1830 et 1840 : Rome contraint à se soumettre le très catholique prêtre séculier viennois, **Anton Günther**, ainsi que ses élèves.

– L'éminent historien allemand de l'Église **Ignaz von Döllinger**, qui s'est opposé très tôt à la répression romaine, est victime de suspicions et de dénonciations – comme il est encore d'usage maintenant – bien avant d'en arriver à la rupture à cause de la définition de l'infaillibilité.

La théologie catholique allemande est maintenant sur la défensive sur toute la ligne. En 1863 se tient à **Munich**, sous la direction de Döllinger, pour beaucoup le plus grand théologien de son temps, un **congrès d'intellectuels catholiques**, qui témoigne d'une tout autre tendance que la théologie normale néo-scolastique. Mais ce congrès des spécialistes catholiques allemands ne se tient qu'une seule fois, il ne se renouvellera jamais par la suite. Pourquoi cette seule et unique réunion ?

La condamnation générale de la modernité

Dès l'année suivante, 1864, Pie IX publie un *Syllabus errorum modernorum* [**Recueil des erreurs modernes**] – au nombre de quatre-vingts [398]. Il représente la défense, sans compromis aucun, de la structure doctrinale et légale du Moyen Age et de la Contre-Réforme, et il est aussi considéré partout comme une **déclaration de guerre générale au paradigme de la modernité** (P V). Des apologistes catholiques veulent minimiser aujourd'hui tout ce que le pape a condamné sous le sceau de l'infaillibilité papale *de facto*, mais les faits parlent d'eux-mêmes. Le pape ne condamne pas seulement en bloc – en pensant à Munich (Döllinger) – les associations libérales de clercs, les sociétés bibliques et les sociétés secrètes (les francs-maçons – l'Opus Dei n'existant pas encore à l'époque...). Il condamne aussi les droits de l'homme comme tels, la liberté de conscience, la liberté religieuse et la liberté de la presse, ainsi que le mariage civil. Il condamne encore – toujours sous des étiquettes qui ne souffrent aucune nuance – le « panthéisme », le « naturalisme » et le « rationalisme », l'« indifférentisme » et le « latitudinarisme », le « socialisme » et le « communisme ». La liste des erreurs, qui inclut aussi tout renoncement aux États pontificaux, culmine dans la condamnation de l'affirmation selon laquelle le pontife romain pourrait et devrait « se réconcilier avec le progrès, le libéralisme et le monde moderne » [399] !

LE PARADIGME CATHOLIQUE ROMAIN MÉDIÉVAL

Dans les milieux catholiques allemands, on est plutôt satisfait de ce règlement de comptes général, ce qui n'est pas le cas d'une fraction considérable du catholicisme français. Après l'émigration des réformateurs, puis des savants et des philosophes modernes, une **émigration des intellectuels** hors de l'Église catholique est devenue inévitable. Rome s'est en effet opposée à la modernité par tous les moyens idéologiques, politiques et inquisitoriaux à sa disposition – sans succès en définitive. Ce catholicisme n'a plus rien à offrir en matière de connaissance et de formation, si importantes pour l'homme moderne. Symptôme majeur de cette évolution funeste : une grande partie des esprits les plus représentatifs de la modernité européenne figurent désormais dans l'**Index des livres prohibés pour les catholiques**; aux côtés d'innombrables théologiens et de critiques de l'Église, on a des fondateurs de la science moderne comme Copernic et Galilée, les pères de la philosophie moderne, Descartes et Pascal, Bayle, Malebranche et Spinoza, des empiristes anglais comme Hobbes, Locke et Hume, mais aussi la *Critique de la raison pure* de Kant, évidemment Rousseau et Voltaire, plus tard Cousin, John Stuart Mill, Comte, ainsi que les grands historiens Gibbon, Condorcet, Ranke, Taine, etc. Il faut y ajouter Diderot et d'Alembert avec leur *Encyclopédie*, le dictionnaire *Larousse*, Grotius, le théoricien du droit de l'État et des peuples, von Pufendorf et Montesquieu, enfin toute la fleur des écrivains modernes : Heine et Lenau, Hugo, Lamartine, Dumas père et fils, Balzac, Flaubert, Zola, Leopardi et D'Annunzio – de nos jours, Sartre et Simone de Beauvoir, Malaparte, Gide et Kazantzakis...

Tout cela montre, de façon impressionnante, à quel point Rome, accrochée au paradigme catholique romain du Moyen Age, est totalement **sur la défensive**. En effet, le **monde moderne** s'est, pour une bonne part, mis en place **sans et contre Rome**, et il continue son chemin sans se laisser autrement impressionner par l'utopie retardataire, hostile à toute réforme, d'une bureaucratie attachée aux États pontificaux, qui a la nostalgie du Moyen Age. On n'essaie guère d'entamer une discussion critique et constructive avec l'athéisme moderne, qui arrive à son apogée avec des figures comme Feuerbach, Schopenhauer, Marx et Nietzsche. Tournées vers le passé, l'Église et la théologie, retranchées dans leur ghetto romain, se rendent à peine compte combien le monde autour d'elles a changé. C'est vrai pour la sphère de l'« esprit » comme pour les sciences de la nature, la technique, l'industrie, la société en général. Aux intellectuels en rébellion s'est joint, depuis 1848, le prolétariat. Et dans le dernier tiers du XIXe siècle, Friedrich Nietzsche, fils de pasteur, proclame la « mort de Dieu », tandis qu'Ernst Heckel, en scientifique moniste, pense avoir trouvé la solution matérialiste des « énigmes du monde » : c'est le point d'aboutissement logique d'une modernité qui commence à reconnaître une valeur absolue à la liberté, à l'autonomie, à la raison, aux progrès de l'homme.

Rome, désarmée, ne sait pas percevoir les signes du temps, se referme sur elle-même et se raidit. L'humilité, la soumission et l'obéissance à une hiérarchie de plus en plus arrogante et bornée sont maintenant considérées comme les principales vertus catholiques. L'Église se présente comme une *acies ordinata*, une « armée en rangs serrés », que des non-catholiques peuvent admirer et dont ils peuvent chanter les louanges, sans jamais envisager, bien sûr, fût-ce en rêve, de la rejoindre. Mais plus les jugements erronés du « magistère enseignant » romain – d'évidence bloqué intellectuellement – en matière de science et d'exégèse biblique, de démocratie et de morale publique se multiplient, plus l'opposition grandit et plus Rome, pour se consoler, s'accroche à sa propre infaillibilité. J'en ai déjà traité ailleurs [400], mais il me faut revenir ici sur certains points décisifs.

Le concile d'opposition aux Lumières

Écrasé sous le poids de toutes les « erreurs » de la modernité et toutes les attaques des « ennemis de l'Église », Pie IX ne pouvait résister à la tentation de convoquer, trois cents ans après le concile de Trente, un nouveau « concile œcuménique » qui serait encore beaucoup plus romain que celui de Trente. De même que Trente était sous le signe de la Contre-Réforme, ce concile – telle était la volonté du pape – devait être sous le signe de l'**opposition aux Lumières**. Le concile s'ouvrit en 1869. Pour le centralisme romain, de nouveau renforcé, il était plus que symbolique que ce concile se tienne non seulement à Rome, mais au Vatican. Dans ce « cadre » curial, pouvait-il jouir d'une quelconque liberté ? Beaucoup émirent des doutes à ce sujet avant, pendant et après le concile [401].

Ni à Trente, ni à Vatican II, quatre cents ans plus tard, une **définition de l'infaillibilité papale** n'aurait été pensable. Il est d'autant plus intéressant de se demander pourquoi, à Vatican I, un siècle plus tôt, on a pu aboutir à une telle définition. Plusieurs facteurs, mis en lumière par la recherche historique [402], y ont contribué :

1. La plupart des pères du concile avaient été formés à l'époque de la **restauration politique** et du romantisme de la **première moitié du siècle**, dans l'opposition aux Lumières et au rationalisme. C'est dire qu'après les désordres et les excès de la Révolution française et de l'époque napoléonienne les Européens étaient nombreux à aspirer à la tranquillité et à l'ordre, au bon vieux temps, voire au retour au « Moyen Age chrétien ». Qui donc pouvait mieux que le pape garantir le fondement religieux du maintien du *statu quo ante* politico-religieux ? La plupart des hommes d'Église en vue dans les différents pays étaient aussi de fidèles soutiens de la réaction politique et sociale, et certains étaient proches du « traditionalisme », le courant philosophique à la mode – il arrivait qu'on s'en glorifie à l'époque…

2. Dans la **seconde moitié du siècle**, ce travail de restauration s'était à nouveau trouvé menacé dans son fondement par le **libéralisme**, qui s'imposait rapidement avec l'industrialisation frénétique, et son rival, le **socialisme**, qui lui ressemblait sur nombre de points et qui était tout aussi moderne. Leur foi dans la raison et le progrès, en économie, en politique, dans les sciences et dans la culture, paraissait balayer toute autorité et toute tradition religieuses. Cléricalisme et anticléricalisme se renforçaient mutuellement. Le rationalisme des Lumières était de retour sous la forme du positivisme anti-idéaliste et antiromantique, de l'essor des sciences physiques et historiques. Voyant les autorités ecclésiastiques se cramponner non seulement au système politique établi, mais aussi à l'image du monde « biblique » traditionnelle, nombre de politiques et de scientifiques développèrent une violente agressivité à l'égard de tout ce qui était religieux.

3. Dans la Rome des **années 1860**, la « **question romaine** » étendait son ombre sur toute autre question : fallait-il abandonner

les **États pontificaux**, restaurés en 1849 mais déjà réduits à Rome et à ses environs par l'intervention du gouvernement piémontais en 1860 ? Pouvaient-ils se maintenir à la longue contre le mouvement d'unification de l'Italie, avec le seul appui de la France ? L'État italien, enfin unifié, n'avait-il pas besoin de Rome pour capitale ? Au Vatican, tout cela suscitait les plus grandes inquiétudes. Et on faisait cet autre calcul : oserait-on encore prendre Rome à un pape dont la primauté universelle et l'infaillibilité pontificale auraient été solennellement définies pour toujours, *urbi et orbi*, par un concile œcuménique ? C'était pratiquement la seule lueur d'espoir pour ceux qui, à l'apogée de la modernité, luttaient pour le maintien des États pontificaux du Moyen Age – en se réclamant d'un passage de l'évangile de Matthieu (16,18).

4. Plus le temps passait, plus **Pie IX** laissait entendre ouvertement que la définition de l'infaillibilité pontificale répondait à son **vœu le plus cher**. Si, lors de son élection en 1846, on avait salué en lui le libéral et le réformateur, il s'était mué en réactionnaire politique et théologique après ses échecs politiques et son exil en 1848. Voilà qu'il opposait désormais un « non » intransigeant au mouvement national d'unité italienne : Rome devait rester éternellement la ville du pape. En même temps, la presse ultramontaine et des évêques, des prêtres et des fidèles nombreux, surtout en France, menaient une violente campagne contre l'Italie, en faveur du pape menacé dans ses États.

Résultat : si Pie IX accula les catholiques italiens à de graves et inutiles conflits de loyauté entre l'État et l'Église, il n'en joua pas moins brillamment le rôle de la « victime de forces non chrétiennes », ce qui lui valut la considération attendue pour sa personne et sa fonction. Le lien dogmatique qui attachait déjà les catholiques au pape se doublait désormais d'un lien sentimental. On assista à un phénomène totalement nouveau : la « **vénération d'un pape** » qui en appelait aux sentiments et que venaient maintenant considérablement renforcer les audiences du pape et les foules de pèlerins qui affluaient à Rome. Pie IX lui-même voyait dans la crise traversée par les États pontificaux un nouvel acte dans la lutte à l'échelle de l'histoire du monde entre Dieu et Satan, et il espérait en sortir victorieux tant était grande sa confiance totalement irrationnelle en la Providence divine. Cet homme, qui savait, certes, se faire proche des autres hommes et qui ne manquait pas d'éloquence, était d'une émotivité dangereuse ; il n'avait qu'une formation théologique superficielle, ignorait tout des méthodes scientifiques modernes et était entouré de conseillers bornés...

C'est dans ce contexte seulement que peut se comprendre la pression du pape pour définir le dogme de sa primauté de pouvoir et de son infaillibilité. Seule la vénération dont Pie IX faisait l'objet comme pape permet de comprendre pourquoi une **définition de l'infaillibilité**, loin de susciter une réaction de rejet, a été **favorablement accueillie** par une bonne partie du clergé et du peuple catholiques. On accepta ainsi, sans grande résistance, le processus d'endoctrinement ultramontain et de centralisation administrative de l'Église, qui s'était accéléré et systématisé à partir du milieu du siècle. On accepta sans protestation le *Syllabus*, la condamnation de théologiens allemands, la mise à l'Index de tous les écrits sentant le gallicanisme et le fébronisme. On accepta sans protestation l'influence croissante de Rome sur le choix des évêques, ainsi que les interventions constantes des nonciatures dans les affaires intérieures des diocèses, la quasi-obligation faite aux évêques de renforcer leurs contacts avec Rome, la promotion délibérée des prêtres qui propageaient les idées de Rome, souvent à l'encontre de leurs propres évêques, et le rappel incessant aux fidèles de la doctrine de la primauté du pape, fondement de l'Église. Tout était donc prêt pour le premier concile du Vatican.

Deux dogmes pour le pape

Le concile, sous l'influence de Pie IX, n'hésita pas, d'abord, à ajouter encore des dogmes au paradigme antiprotestant et antimoderne de la théologie et de l'Église, depuis si longtemps défendu et au prix de tant de sacrifices. Ainsi s'explique la *Constitution dogmatique sur la foi catholique*, destinée à combattre le rationalisme et le fidéisme ; tout y est centré sur les rapports entre la foi (la Révélation) et la raison, définis dans une perspective entièrement thomiste [403]. Tout cela n'était guère controversé. Mais la **définition des privilèges du pape**, abordée par le concile à l'instigation directe de Pie IX, suscita une violente controverse qui dura plusieurs semaines. En effet, beaucoup de pères du concile étaient parfaitement au clair sur ce que cela signifiait : au lieu du concile œcuménique (conforme à la tradition conciliaire, dans l'Église ancienne et à Constance), c'est à l'évêque de Rome (comme au Moyen Age) que l'on devrait désormais reconnaître l'autorité suprême dans l'Église, voire l'**autorité infaillible**. Les représentants les plus en vue de l'opposition repartirent chez eux avant le vote décisif : outre les archevêques de Milan et de Saint Louis (Missouri), les représentants des sièges métropolitains les plus importants de France, d'Allemagne, d'Autriche-Hongrie, dont les successeurs à Vatican II, un siècle plus tard, allaient constituer le noyau de la majorité désormais progressiste.

Pie IX ne se laissa pas influencer par ces départs. En dépit de tous les efforts de l'opposition, le 18 juin 1870, la grande majorité des pères conciliaires (surtout italiens et espagnols) votèrent et proclamèrent en bonne et due forme **deux dogmes à propos du pape**, qui sont toujours l'objet de controverses entre les Églises et au sein même de l'Église :

– Le pape jouit désormais d'une **primauté** de juridiction – qui oblige en droit – sur toute Église nationale et sur chaque chrétien.

– Le pape a le don de l'**infaillibilité** dans ses décisions solennelles en matière de doctrine. Ces décisions solennelles *(ex cathedra)* sont « infaillibles », en raison d'une assistance particulière du Saint-Esprit, et, comme telles – non en raison du consentement de l'Église –, elles sont « irréformables ».

Pie IX obtint donc satisfaction, mais le prix à payer fut élevé. Par ailleurs, en dépit de ses efforts, il échoua sur un autre plan : il ne réussit pas à sauver les **États pontificaux**. Deux mois exactement après la définition de l'infaillibilité, ces États s'effondrèrent avec l'entrée à Rome des troupes italiennes, le 20 septembre 1870. Le pape avait perdu son pouvoir séculier. Une consultation populaire se prononça massivement contre lui, et le concile fut suspendu *sine die*. C'en était fait ainsi d'un autre héritage important du paradigme catholique romain du Moyen Age, alors que le pape avait essayé de le sauver à tout prix.

Politiquement, le pouvoir du pape se trouvait réduit à la souveraineté sur un État-croupion comptant environ mille habitants, une superficie à peine égale au quart de celle de la principauté de

Le pouvoir du pape

« En conséquence, Nous enseignons et déclarons que l'Église romaine possède sur toutes les autres, par disposition du Seigneur, une primauté de pouvoir ordinaire, et que ce **pouvoir de juridiction** du Pontife romain, vraiment épiscopal, est immédiat. Les pasteurs de tout rang et de tout rite et les fidèles, chacun séparément ou tous ensemble, sont tenus au devoir de subordination hiérarchique et de vraie obéissance, non seulement dans les questions qui concernent la foi et les mœurs, mais aussi dans celles qui touchent à la discipline et au gouvernement de l'Église répandue dans le monde entier. Ainsi, en gardant l'unité de communion et de profession de foi avec le Pontife romain, l'Église est un seul troupeau sous un seul pasteur. Telle est la doctrine de la vérité catholique, dont personne ne peut s'écarter sans danger pour sa foi et son salut [...].

« Le Pontife romain, lorsqu'il parle *ex cathedra*, c'est-à-dire lorsque, remplissant sa charge de pasteur et de docteur de tous les chrétiens, il définit, en vertu de sa suprême autorité apostolique, qu'une doctrine sur la foi et les mœurs doit être tenue par toute l'Église, jouit, par l'assistance divine à lui promise en la personne de saint Pierre, de cette **infaillibilité** dont le divin Rédempteur a voulu que fût pourvue son Église, lorsqu'elle définit la doctrine sur la foi et les mœurs. Par conséquent, ces définitions du Pontife romain sont irréformables par elles-mêmes et non en vertu du consentement de l'Église.

« Si quelqu'un, ce qu'à Dieu ne plaise, avait la présomption de contredire notre définition, qu'il soit anathème. »

Constitution Pastor aeternus
du premier concile du Vatican,
18 juillet 1870 [a].

---

a. Trad. G. DUMEIGE, *La Foi catholique*, Paris, Orante, 1975, p. 263-266. Les mots soulignés le sont par l'auteur. *(N.d.T.)*

Monaco. Mais au lieu d'admettre la situation, Pie IX choisit un rôle nouveau, celui de « prisonnier du Vatican ». La vénération du pape, chargée de tant d'émotivité, et les pèlerinages – qui ne se rendaient plus aux tombeaux des apôtres, comme mille cinq cents ans plus tôt, mais auprès du « Saint-Père » – bénéficièrent alors d'une impulsion nouvelle. Les grandes audiences populaires à Rome ne faisaient que commencer. *« Non possumus »* (« Nous ne pouvons pas [l'admettre)] »), répétait-on à l'envi, en se retranchant derrière les murs du Vatican, à l'encontre du nouvel État italien, sur fond de définition de la primauté et de l'infaillibilité. Les papes se refuseraient, de longues décennies durant, à accepter la situation nouvelle ainsi créée entre l'État et l'Église.

Ce *« Non possumus »* dogmatique devait-il exclure pour toujours toute réconciliation ? Non, car, comme par un fait exprès, c'est à l'instant même de la prise de pouvoir par le leader fasciste Mussolini que le Vatican se décida pour un *« Possumus »* (« Nous pouvons »). **Léon XIII**, successeur de Pie IX, plus avisé et plus libéral, avait déjà mis fin au *Kulturkampf* engagé par le chancelier Bismarck, ce qui avait aidé le catholicisme politique à se remettre sur pied en Allemagne. Léon XIII – tout en restant attaché aux dogmes pontificaux et en croyant à la nécessité d'un État ecclésiastique – avait déjà considérablement corrigé l'attitude négative de Rome à l'égard de la modernité, et ce en matière de démocratie, de libertés, pour une part même en ce qui concerne l'exégèse et l'histoire de l'Église modernes, mais surtout à propos de la question sociale. La perte des États pontificaux avait rendu enfin possible une encyclique sociale – qui s'imposait depuis longtemps. Ce fut *Rerum novarum*, en 1891. Dans l'Église catholique, les fidèles étaient déjà nombreux à espérer un changement profond. On les appelait les « catholiques réformateurs ». Mais le changement allait se faire attendre longtemps encore.

Au début et au milieu du XXe siècle, Rome procédera encore à deux **purges antimodernistes** dans le clergé catholique, avant que Vatican II ne réponde à des préoccupations essentielles de la Réforme :

– Ainsi, au début du siècle, **Pie X** condamne tous les théologiens réformateurs (surtout les historiens et les exégètes) en France, en Allemagne, en Angleterre, en Amérique du Nord et en Italie, en leur accolant l'étiquette diffamante de « **modernistes** », un mot créé par la Curie [404]. Ils sont frappés de sanctions diverses (Index, excommunication, destitution). Un nouveau *Syllabus*, une encyclique antimoderne (1907) et un *Serment antimoderniste* (1910) imposé à tout le clergé doivent éradiquer définitivement les « modernistes » et le « modernisme » de l'Église catholique.

– Après la Seconde Guerre mondiale, **Pie XII**, qui a gardé le silence sur l'Holocauste [405], destitue, ou frappe même d'interdit, cette fois sous l'étiquette de « **Nouvelle Théologie** », les théologiens réformateurs, surtout en France (les jésuites Teilhard de Chardin, Lubac, Bouillard, et les dominicains Chenu, Congar et Féret). D'autres, comme Karl Rahner, en Allemagne, sont soumis à une censure spéciale. Une nouvelle encyclique (*Humani generis*, 1950) condamne toutes les « erreurs du temps ». Cette politique culmine dans la proclamation d'un nouveau dogme marial, désormais déclaré « infaillible », l'assomption corporelle de Marie au ciel (1950). Ce dogme témoigne aux yeux du monde entier de l'orientation autoritaire de ce pape, le dernier représentant incontesté du paradigme médiéval et antimoderne repris par la Contre-Réforme, un pape qui essaie d'étouffer toutes les voix contraires, voire alternatives, dans l'Église – à commencer par celles des prêtres ouvriers en France.

C'est seulement une bonne dizaine d'années plus tard que **Jean XXIII** (1958-1963) et le **deuxième concile du Vatican** (1962-1965) conduisent à un véritable changement d'époque. Ce que représente ce concile à la lumière de la théorie des paradigmes n'apparaîtra vraiment qu'au terme d'une analyse des deux autres changements, celui de la Réforme et celui de la modernité. Cela va faire apparaître l'Église catholique sous un jour tout différent. Avec Vatican II – malgré les difficultés et les entraves en provenance du système romain –, l'Église catholique essaie de rattraper deux changements de paradigme, en intégrant des éléments fondamentaux de la Réforme (P IV) *et* de la modernité (P V). En traitant de ces deux autres paradigmes, il sera donc question aussi, indirectement, de l'Église catholique. Mais arrêtons-nous un instant pour un bref bilan intermédiaire.

Forces et faiblesses de l'Église catholique romaine

Une appréciation théologique de ce troisième paradigme catholique romain n'est pas facile, parce que, avec le temps, le système romain a de plus en plus recouvert le paradigme latin de l'Église catholique, il a adhéré à lui au point qu'en elle le romain en est venu à éliminer le catholique. En dépit des nombreuses interpénétrations, une distinction fondamentale s'impose cependant :

1) entre l'**Église catholique**, qui, depuis l'époque d'Augustin et de Léon Ier, a préservé la substance de la spécificité chrétienne même à travers les paradigmes du Moyen Age, de la Contre-Réforme et de l'antimodernisme ; avec Vatican II, cette substance est à nouveau apparue en pleine lumière ;

2) et le **système romain**, qui a fait sa percée au XIe siècle en conférant au pape et à sa Curie une suprématie de tendance absolutiste dans l'Église, et que récusent catégoriquement les Églises d'Orient et les Églises de la Réforme ; au fil des siècles, cet absolutisme a toujours fait l'objet de critiques de la part de mouvements réformateurs issus de son sein, et il s'est trouvé affaibli par la perte des États pontificaux, avant d'être définitivement ébranlé par Vatican II.

Il est indubitable que nous sommes redevables à la **papauté**, qui représente un élément essentiel de ce paradigme, d'avoir **puissamment contribué à garantir l'unité et la liberté** de l'Église d'Occident, surtout durant l'Antiquité, le haut Moyen Age et à l'apogée du Moyen Age. A l'époque des grandes invasions, qui ont abouti à l'effondrement de l'État romain et à la chute de l'ancienne capitale impériale, l'Église romaine a non seulement rendu un service culturel aux jeunes peuples germaniques en préservant l'inappréciable héritage antique, mais elle a aussi rendu un authentique service pastoral pour l'édification et la consolidation de ces Églises. Jusqu'à l'époque moderne, l'Église catholique doit aussi à la papauté de n'être pas tombée aux mains de l'État, mais d'avoir pu préserver sa liberté – non seulement face aux empereurs byzantins et aux princes germaniques qui considéraient l'Église comme leur propriété, mais aussi face aux ambitions absolutistes des États nationaux modernes. Dans la ligne d'une ancienne tradition romaine, qui a toujours eu le sens de la vie pratique, du droit et de l'ordre,

LE PARADIGME CATHOLIQUE ROMAIN MÉDIÉVAL

Rome n'a jamais cessé d'exercer une authentique autorité pastorale à visée universelle. Il apparaît incontestable aussi que le pape, en communion avec les évêques, a souvent rempli une fonction pastorale significative dans l'Église en prêchant l'Évangile – chaque fois qu'il l'a fait en conformité avec l'Évangile et en restant dans les limites de sa fonction face à la théologie scientifique et à la science.

Nous pouvons donc, sans nous laisser griser, faire nôtre l'admiration que beaucoup de non-catholiques portent à l'Église catholique : admiration de sa continuité historique, de sa présence supranationale et de son identité dans la foi. Admiration de l'efficacité de son organisation, de la structure bien ordonnée de ses fonctions, du culte riche d'une longue tradition et de la contribution séculaire de l'Église catholique au développement de la culture : sans elle, l'Europe serait bien pauvre. Admiration surtout de ces femmes et de ces hommes innombrables qui, partout dans le monde, vivent concrètement et activement leur christianisme, dans (et parfois malgré) cette Église : prêtres et laïcs, femmes et hommes au service des nécessiteux, des marginalisés et des laissés-pour-compte, chrétiens qui font malgré tout l'expérience de Dieu et du Christ dans cette Église : dans les sacrements, dans la vie de prière, dans le service du prochain...

Mais le développement du **système romain** a montré aussi quels **dangers** recelait ce troisième paradigme du christianisme : au lieu d'une authentique autorité chrétienne, il a trop souvent fait preuve d'un **autoritarisme ecclésiastique** qui – nous l'avons vu – aboutit au dogmatisme. Mais n'est-ce pas aussi bien le problème d'autres confessions et religions ? Nous aurons l'occasion de parler du biblicisme fondamentaliste dans le cadre du paradigme de la Réforme (P IV). Cependant le problème du dogmatisme ne se pose pas sous cette forme pour les deux autres religions prophétiques. Ni dans le judaïsme ni dans l'islam le dogme ne joue un rôle aussi central. Ces deux religions sont très loin d'avoir développé un système dogmatique comme celui du catholicisme, dont Vatican I a posé la dernière pierre. Les juifs peuvent se contenter de la simple confession de foi, du *Chema Israel*, la prière du matin et du soir, la prière aussi des mourants chez les juifs : « Écoute *[chema]*, Israël, Yahvé est notre Dieu, Yahvé l'Unique [406]. » Et la confession de foi très simple de l'islam *(shahada)* est connue même en dehors de l'islam : « Il n'y a pas d'autre Dieu que Dieu, et Muhammad est son prophète. » Il suffit de comparer ces confessions de foi lapidaires à la confession de foi tridentine (avec tous ses ajouts vaticanesques) – sans parler du Denzinger (avec ses 4 858 articles) et du catéchisme de l'Église catholique (avec 2 865 paragraphes).

Les autres religions ne connaîtraient-elles donc pas l'autoritarisme ? Il y a malheureusement une forme d'autoritarisme qui a aussi trouvé place dans le judaïsme et dans l'islam, le **juridisme**. Il est clair, en effet, que les trois religions prophétiques monothéistes ont de plus en plus soumis la réalisation de la relation entre Dieu et les humains au droit *(jus)*, à des lois. Toutes trois créent ainsi des problèmes similaires à leurs fidèles. Au droit ecclésiastique *(jus canonicum)* dans le catholicisme correspond, sous une forme encore plus pesante, le système des lois religieuses juives (la Halakha) et musulmanes (la Charia). En fin de compte, la vérité et les directives de Dieu se retrouvent dans les trois religions sous la forme de lois codifiées – un légalisme qui revient à défigurer la Révélation divine. C'est pourquoi des questions interpellent les trois religions.

Questions sur les rapports entre légalité et religion

🕎 Un juif croyant ne peut pas mettre fondamentalement en question la signification de la Loi comme expression de la volonté divine. L'homme seul a été créé à l'image de Dieu pour être le partenaire de son Alliance : il ne saurait donc être question, pour lui, d'autonomie anarchique ou de libertarisme individualiste. Les commandements éthiques de Dieu obligent toujours l'homme. Mais pouvons-nous exiger aujourd'hui de cet homme, partenaire de l'Alliance, une servilité pieuse et une obéissance aveugle à la Loi ? Les commandements éthiques de Dieu se confondent-ils sans plus avec le système de la Halakha, qui est l'aboutissement d'une longue histoire ? Ne faut-il pas, dans le judaïsme aussi, dire « oui » à l'éthique et au droit, mais « non » au juridisme et au légalisme ?

† Un chrétien croyant ne remettra pas sérieusement en question les commandements éthiques juifs (le Décalogue), confirmés par le Nouveau Testament, pas plus que les directives issues du message de Jésus. Les chrétiens qui suivent le Christ savent concrètement à quoi ils doivent s'en tenir en matière d'éthique. Mais dans le catholicisme, par-delà l'Écriture et la tradition, n'a-t-on pas idolâtré l'autorité ecclésiastique, n'a-t-on pas rejeté et réprimé toute critique de l'autorité au nom d'une orthodoxie catholique à laquelle on ne saurait échapper ? Au lieu de parler concrètement du pape et des évêques, n'en vient-on pas à parler, abstraitement et anonymement, du « magistère » – un terme qui n'a de fondement ni dans l'Écriture ni dans la tradition ancienne, qui présuppose la distinction sans autorité biblique entre l'Église enseignante *(ecclesia docens)* et l'Église enseignée *(ecclesia discens)* et qui n'a été réintroduite qu'au siècle dernier, dans le cadre de la doctrine de l'infaillibilité de Vatican I ? Et les commandements éthiques de Dieu se confondent-ils avec un système canonique ? Les chrétiens ne doivent-ils pas, eux aussi, dire « oui » à l'éthique et au droit, mais « non » au juridisme ?

☾ Un croyant musulman ne remettra pas profondément en question les directives éthiques fondamentales du Prophète, énoncées dans le Coran, qui concordent avec la tradition juive et chrétienne. Le Coran a lui aussi concrétisé la volonté de Dieu sous forme de commandements et d'interdits. Mais, au cours de l'histoire de l'islam, le message éthique et prophétique du Coran ne s'est-il pas trop souvent mué en un système légal accablant, en un autoritarisme juridique qui ne libère pas l'homme, mais le bâillonne dans sa vie quotidienne ? La Charia n'en vient-elle pas trop souvent à remplacer les directives originelles du Prophète ? C'est pourquoi, ne revient-il pas à tout musulman de dire « oui » à l'*ethos* et au droit, mais « non » au juridisme ?

HISTOIRE

L'avenir de la primauté romaine

Mais s'il en est ainsi, si le système romain a trop souvent absorbé la grande tradition catholique, si le paradigme médiéval, moderne et divers dans une première phase, est devenu progressivement réactionnaire, si donc le système romain a appauvri et uniformisé le paradigme de l'Occident médiéval – par juridisme, centralisation, politisation, militarisation et cléricalisation – et s'il porte sa responsabilité dans la division de la chrétienté entre Orient et Occident, entre Nord et Sud, la question se pose : pour combien de temps encore ? Jusqu'à quand ce système va-t-il continuer à fonctionner de la sorte ? Il est en effet incontestable que la **papauté absolutiste** a fini par devenir le **problème œcuménique numéro un**, ce que le pape Paul VI, dans son ouverture œcuménique, fut le premier à admettre lui-même : au lieu d'être un rocher de l'unité, la papauté est un « bloc rocheux » barrant le chemin du rapprochement œcuménique.

Confronté à cette situation du catholicisme romain, le théologien catholique n'a-t-il pas le droit et le devoir de **critiquer ouvertement l'Église** ? N'a-t-il pas le devoir, en présence d'une évolution historique sans précédent, de faire entendre sa voix dès que la prédication, la liturgie, la discipline et la pastorale officielles, consciemment ou inconsciemment, parlent autrement que la Bible, qu'elles ne respectent pas les équilibres originels, faisant de l'accessoire le principal et du principal l'accessoire ? Le théologien catholique ne doit-il pas protester aussi quand l'autorité ecclésiastique elle-même masque ou oublie la vérité chrétienne, quand elle ignore ses propres erreurs et ses demi-vérités, quand elle les dénie, voire continue à les propager ? Il ne se lassera pas de renvoyer toujours en toute radicalité à l'essentiel, au « cœur de l'Écriture », à la « hiérarchie des vérités », à l'« **essence du christianisme** ». C'est là sa tâche. Ce faisant, il ne mine pas l'autorité de l'Église, mais il la fait valoir, avec une crédibilité nouvelle, contre tout autoritarisme. C'est vrai notamment de la question de l'avenir de la primauté romaine. Que peut-il en dire en assumant sa responsabilité de théologien ?

Notre analyse des paradigmes a montré que, du point de vue de l'exégèse et de l'histoire actuelles, y compris catholiques, toute argumentation supposant l'existence d'une **primauté de juridiction de Pierre**, à plus forte raison une **continuité** dans cette primauté, et plus encore sa continuation en la personne de l'**évêque de Rome**, se heurte à des **difficultés** presque insurmontables. Après tout ce que nous avons dit plus haut, la possibilité d'une preuve convaincante d'une succession **historique** directe des évêques de Rome, sans rupture de continuité avec une primauté de Pierre, est plus que problématique.

Le caractère illusoire d'une preuve exégétique et historique d'une succession ininterrompue n'exclut cependant pas la **primauté d'un seul sur toute l'Église**. Aux yeux de nombreux théologiens orthodoxes et évangéliques eux-mêmes, non seulement elle ne contredit pas l'Écriture, mais elle peut même être considérée en conformité avec elle et **riche de sens**, dans la mesure, notamment, où il s'agit d'une **succession dans l'Esprit** (fondamentalement possible aussi sur le mode charismatique), dans la mission et la tâche de Pierre, dans le témoignage et l'esprit de Pierre, et de la succession donc d'une **primauté de service authentique en vue de l'unité et de l'édification de l'Église**. « La papauté moderne ne représente qu'**un** modèle possible de l'autorité de Pierre dans l'Église. Il y en a d'autres », écrit l'historien américain de la papauté Brian Tierney, dans un numéro spécial de la revue internationale de théologie *Concilium*; sous la direction de l'historien italien de l'Église Giuseppe Alberigo, ce numéro développe un certain nombre d'idées sous forme de programme à réaliser : « Renouvellement de l'Église et ministère de Pierre à la fin du XXe siècle [407]. » L'actuel évêque de Rottenburg-Stuttgart, Walter Kasper, a écrit :

> Même l'interprète prudent de l'enseignement de l'Église notera qu'il existe une notable différence entre l'origine biblique et le développement historique. On ne peut d'ailleurs saisir cette évolution comme étant le *simple* développement, déductif et évolutif, des données néo-testamentaires. Il ne faut pas sous-estimer les ruptures et les détours ; car s'il y a bien eu des développements enrichissants, il y a eu aussi des rétrécissements ; des contestations et des sous-estimations hérétiques se sont introduites, mais – non moins – de dangereuses surestimations, qui peuvent aller jusqu'aux formes blasphématoires de la papolâtrie [408].

Mais une telle primauté de service, en vue de l'unité, ne serait-elle pas simplement une primauté d'honneur ? Non pas : ce serait une primauté pastorale, dans l'esprit de l'Évangile (dans le sens des textes pétriniens classiques : Mt 16,18 ; Lc 22,23 ; Jn 21,15-17), sur le modèle, non des Léon Ier, Grégoire VII, Innocent III, des Pie ou de Jean-Paul II, mais de Grégoire le Grand et de Jean XXIII[409]. Un tel service de Pierre devrait donner la priorité à l'unité des Églises particulières et devrait en même temps servir de porte-parole non seulement à l'Église catholique romaine, mais à toute l'*oikoumenê*, comme une voix représentative de l'ensemble des communautés chrétiennes dans l'unique monde d'aujourd'hui. Beaucoup de théologiens orthodoxes et évangéliques eux-mêmes ne trouveraient rien à redire à une telle primauté pastorale de service[410]. Quiconque prend au sérieux l'*oikoumenê*, quiconque se préoccupe de la véritable catholicité ne pourra s'empêcher de soumettre à une critique responsable, à la lumière de l'Évangile, les auto-affirmations dogmatiques et juridiques du système romain. L'Église catholique a besoin d'un service de Pierre – l'*oikoumenê* elle-même en a besoin, à mon avis. Mais le système romain n'a pas toujours été et un jour il ne sera plus (comme les États pontificaux). Il n'appartient pas à la substance chrétienne, ni même catholique.

Il est donc superflu de reprendre ici toutes les questions historiques et critiques que j'ai formulées et justifiées en détail, en 1970, à l'occasion du centenaire des définitions romaines, dans mon livre *Infaillible ? Une interpellation*. Dans *Faillible ? Un bilan*, en 1973, j'ai passé en revue, avec d'autres théologiens, les résultats de vastes discussions internationales et interconfessionnelles. A Rome, on n'a pas estimé devoir répondre aux questions concrètes qui étaient ainsi soulevées, mais on pensa pouvoir une nouvelle fois les étouffer par des mesures essentiellement répressives (sans fondement théologique et contestables en droit)[411], ce qui a eu l'effet contraire[412]. Le seul effet de ces mesures répressives a été le rejet de l'infaillibilité pontificale – du moins dans les pays industrialisés – non seulement par les protestants, les orthodoxes et les non-chrétiens, mais par la grande majorité des catholiques eux-mêmes[413]. Au terme de cette clarification historique et systématique de la façon dont se posent les problèmes, il me suffit donc de reprendre ici, sous la forme de « Questions pour l'avenir », les requêtes que j'avais formulées en toute modestie à la fin de mon ouvrage récapitulatif *L'Église assurée dans sa vérité ?*, suivi, la même année, de la part de Rome, d'une réponse autoritaire au lieu d'une réponse argumentée. D'innombrables catholiques du monde entier – laïcs, pasteurs, théologiens et évêques – sont convaincus que l'on peut et que l'on doit déboucher sur une solution constructive sur ce point d'une importance capitale pour l'*oikoumenê*.

Questions pour l'avenir

• Sous un nouveau pontificat, ne peut-on pas et ne doit-on pas soumettre à un **nouvel examen** la **question de l'infaillibilité**, en toute objectivité, honnêteté scientifique, loyauté et justice ?

• Pour examiner cette question, ne pourrait-on instituer une **commission œcuménique** réunissant des spécialistes internationaux reconnus dans les différentes disciplines (exégèse, histoire des dogmes, théologie systématique, théologie pratique et disciplines non théologiques concernées) ?

• En procédant à cet examen, ne devrait-on pas mettre moins l'accent – comme ce fut le cas jusqu'ici – sur les aspects négatifs et critiques, mais davantage sur les aspects positifs et constructifs, en se demandant si le message chrétien et la grande tradition catholique ne fondent pas mieux la **persistance de l'Église dans la vérité en dépit des erreurs** commises et s'il ne serait pas possible ainsi de mieux vivre dans l'Église, encore aujourd'hui ?

Mon souhait le plus cher est que l'Église catholique réussisse, à l'intérieur du paradigme catholique romain, à témoigner à nouveau d'une **catholicité plus évangélique**[414] :
– catholicité dans le **temps** ; qu'elle fasse resplendir à nouveau, dans la lumière de l'Évangile, contre tout radicalisme destructeur, la **continuité** de la foi et de la communauté des croyants par-delà toutes les divisions ; il faut davantage d'authentique radicalisme évangélique, dans la confiance en la vérité indéfectible et indissoluble de l'Évangile ;

— catholicité dans l'**espace**; qu'elle réalise, dans la ligne de l'Évangile, contre tout particularisme destructeur, l'**universalité** de la foi et de la communauté des croyants, qui embrasse nations et régions, toutes les races et toutes les classes; il faut davantage de légitime diversité, de collégialité, de pluralité et de fraternité.

L'urgence de ces questions saute aux yeux. Mais l'analyse du paradigme réformateur (P IV) – après l'analyse du paradigme du Moyen Age, de la Contre-Réforme et de l'antimodernisme (P III) – en fera encore mieux apparaître l'extrême urgence.

IV

Le paradigme protestant évangélique de la Réforme

Depuis la réforme grégorienne du XIᵉ siècle et le triomphe du paradigme catholique romain, la chrétienté occidentale n'avait pas connu de coupure plus profonde et plus lourde de conséquences que la Réforme luthérienne. **Martin Luther** inaugure au XVIᵉ siècle une ère nouvelle : un changement de paradigme pour l'Église, pour la théologie et pour le christianisme en général, un passage du paradigme catholique romain du Moyen Age (P III) au paradigme protestant de la Réforme (P IV). Là aussi d'importantes recherches historiques sont en cours – c'est pourquoi j'introduis ce chapitre par quelques réflexions d'herméneutique historique.

1. UNE AUTRE IMAGE DE LUTHER

La question de savoir si ce sont les personnes qui font l'histoire, ou l'inverse, divise les historiens aujourd'hui. Qui a raison ?

Dialectique entre structures et personnes

La tendance actuelle est à l'**histoire sociale**, longtemps négligée, qui s'intéresse aux conditions structurelles et aux mutations historiques et relègue plutôt dans l'ombre de l'histoire les « individualités de l'histoire du monde » (Hegel), qui ont occupé si longtemps le centre de l'historiographie. Une histoire de l'Église et de la théologie sans histoire sociale manque effectivement d'un regard sur la base, l'histoire des simples fidèles. Les recherches portant sur l'histoire sociale de villes ou de territoires déterminés – règlements ecclésiastiques, comptes rendus de visites, actes des jugements en matière de mœurs, transmission du savoir scolaire – ont montré que la Réforme recouvre un phénomène social extrêmement complexe et que sa percée a pris bien plus de temps qu'on ne l'a longtemps pensé [1].

Dans le cadre d'une histoire sociale, la **religion** revêt une importance primordiale en un temps que l'on a pu qualifier d'« époque de cristallisation du christianisme » : elle ne se réduit pas encore, comme plus tard à l'époque moderne, à un « secteur » à côté d'autres (sciences, économie, politique, culture), mais elle représente une « dimension » de la vie sociale qui pénètre toute chose, dimension qu'une histoire sociale ne saurait donc pas négliger impunément. Dans le cadre du paradigme réformateur, il est précisément assez facile de montrer quel facteur mobilisateur, motivant et inspirant peut être la religion – avec des conséquences positives ou négatives.

La description des forces sociales à l'œuvre à long terme est donc de toute première importance. Mais il ne faudrait pas, à mon sens, qu'elle en néglige pour autant les hommes concrets. L'action de Martin Luther montre de façon éclatante combien l'**histoire factuelle** des événements contingents et des actions des personnes ne reste pas superficielle, combien au contraire elle est profondément enracinée dans le processus de l'histoire de la société. Certes, **Luther** ne s'identifie pas sans plus à la Réforme, il prend place parmi toute une série de réformateurs : Érasme, Karlstadt, Melanchthon, Zwingli, Bucer... Mais Luther a été et reste la figure qui, dès le début, a **incarné le programme réformateur** comme nul autre. Il est un modèle exemplaire de la dialectique, partout à l'œuvre en histoire, entre les structures et les personnes – c'était par exemple le cas de David pour le judaïsme [2].

C'est seulement depuis *L'Histoire allemande à l'époque de la Réforme* [3] (1839-1847) de Leopold von Ranke que le concept de « **Réforme** » – qui, jusqu'au XVIIIe siècle, n'était pas réservé à l'Église ni au mouvement luthérien – en est venu à définir une ère nouvelle, associée au nom de Martin Luther. Voilà qui doit nous faire réfléchir, dans une perspective d'autocritique : l'**image** des personnes d'importance historique n'est elle-même pas à l'abri des changements historiques, elle est souvent variable en fonction des modes successives. Tel est précisément le cas, à un degré étonnant, de l'homme de Wittenberg. Les faits historiques et l'historiographie, la personne historique et son image ne se confondent pas. L'image des personnes peut se modifier. Et l'image de Luther, aussi bien chez les protestants que chez les catholiques, s'est profondément modifiée au cours des siècles passés (bientôt cinq siècles en l'occurrence) [4].

L'image protestante de Luther

L'image protestante de Luther a bien évidemment varié en fonction des idéaux de chaque époque. Luther, prophète de l'Évangile originel, envoyé par Dieu : telle était la vision, tout à la fois existentielle et idéalisée, de ses contemporains protestants. Luther, restaurateur de la « pure doctrine » : telle était la vision plus intellectualiste de l'orthodoxie luthérienne. Luther, celui qui interpelle la froide et rigide orthodoxie, l'homme priant et le héros de la foi, modèle de la piété du cœur et de la confiance dans le don de miséricorde de Dieu : à ce titre, il a pris de l'importance pour le piétisme.

Les Lumières le voient sous un tout autre jour : Luther, celui qui a libéré les consciences des contraintes qui pesaient sur elles, le champion de la raison et l'adversaire de la superstition. Pour le *Sturm und Drang*, Luther est un génie de la langue. Pour le classicisme, le romantisme et l'idéalisme allemands, Luther est le précurseur de l'époque moderne, puis, lors de la Restauration, il apparaît comme conservateur... Au XIXe siècle, nous trouvons ainsi les interprétations les plus diverses, d'un Luther conservateur à un Luther libéral néoprotestant. Il apparaît de plus en plus comme le grand inspirateur culturel de l'Allemagne : ainsi à l'époque du nationalisme et du national-socialisme, on a pu célébrer en lui l'« Allemand éternel ».

Au début de notre siècle, les nouvelles perspectives ouvertes par Karl Holl et surtout Karl Barth ont dépassé l'opposition entre libéraux et conservateurs et forgé une image de Luther qui ne devait plus rien au mythe national. Depuis lors, dans une vision théologique, on voit à nouveau davantage en Luther l'homme de Dieu : témoin de la Parole, de la grâce et de la liberté de Dieu, représentant d'une *theologia crucis*, voire « événement de langage » (selon Gerhard Ebeling). La théologie évangélique doit aux travaux historiques de notre siècle de pouvoir édifier sa vision de Luther sur une étude précise des sources et non plus sur une transfiguration idéalisée. Notre siècle a mis au jour un matériau considérable : de la période de maturité de Luther (avec les notes de ses cours et ses sermons), et surtout du jeune Luther (avec les manuscrits de ses premiers cours).

Tout cela a permis une **appréciation nuancée de la personnalité complexe et de la théologie du réformateur**, dans ses différentes phases et polarités. La recherche historique constitue aussi le carrefour œcuménique où les images évangélique et catholique de Luther peuvent de plus en plus se recouvrir aujourd'hui.

L'image catholique de Luther

L'image catholique de Luther a longtemps été marquée par la haine ou au moins le ressentiment. Longtemps on ne lui a pas pardonné d'avoir divisé l'Église, comme s'il était le grand responsable. On s'en tenait ainsi à la présentation de Johannes Cochläus, un théologien résolument antiluthérien. Jusqu'au XXe siècle, toutes les présentations catholiques étaient directement, et encore plus indirectement, dépendantes de lui. Le chemin fut long de Cochläus, Eck et Bellarmin (XVIe siècle), en passant par Möhler, Döllinger, Janssen, Denifle et Grisar (XIXe siècle), jusqu'à Merkle et Kiefl, et enfin Herte, Jedin, Lortz et Iserloh (XXe siècle).

Concrètement, pour Cochläus et sa nombreuse descendance pendant quatre siècles, Luther est surtout le moine dépravé et le libertin démagogue, le révolutionnaire et l'hérésiarque par excellence, le fauteur de troubles dans l'Église et l'Empire ; pour Döllinger, il est encore un criminel et, en notre siècle, pour Denifle, un homme en qui il n'y a rien de divin ; pour Grisar, c'est un psychopathe ; pour Joseph Lortz, qui présente enfin une nouvelle image catholique de Luther, c'est un homme religieux génial, tragique, pris dans des difficultés intérieures et extérieures presque inextricables, un chrétien et réformateur authentique, dont la vie et la prière témoignent d'une foi profonde.

LE PARADIGME PROTESTANT ÉVANGÉLIQUE DE LA RÉFORME

Tandis que Janssen (en réponse à Ranke) avait essayé de présenter la Réforme comme une révolution politico-religieuse, dans le cadre d'un effondrement de tous les secteurs de la vie, avec des conséquences destructrices pour l'Église, la culture et la liberté, Lortz a déchargé Luther d'une bonne part de la responsabilité dans la division de l'Église en mettant en lumière sans ménagement les abus de l'Église du Moyen Age tardif. Il a abouti ainsi à une **image positive du réformateur, grande figure religieuse**, et il voit dans la Réforme un authentique événement religieux. Mieux encore, Johannes Hessen a décrit Luther non seulement comme un homme religieux, mais comme un représentant de ce « type prophétique » dont l'Église a toujours besoin, comme un homme qui a mené un combat justifié contre l'intellectualisme, le moralisme, l'institutionnalisme et le sacramentalisme dans l'Église. Aussi est-il important, pour une nouvelle image catholique de Luther, de ne pas l'accuser trop rapidement d'un subjectivisme qui ferait éclater l'unité et d'une vision théologique unilatérale, comme le fait encore Lortz.

L'intéressant essai du psychanalyste américain Erik H. Erikson, qui voudrait expliquer par la psychologie des profondeurs l'évolution théologique du *young man Luther* comme relevant d'un complexe du père, ne nous conduit pas plus avant quant à l'essentiel, même s'il complète utilement nos connaissances. L'étude de la théologie et la vie au couvent sont plus importantes que son enfance et sa jeunesse pour expliquer le tournant que prendra la vie de Luther. Et la question de Dieu, sur un horizon apocalyptique, a plus de poids que le problème du père, comme l'a bien mis en lumière dans son livre sur Luther l'historien hollandais de la Réforme Heiko A. Oberman. C'est dire qu'une explication simplement biographique et psychologique de la personnalité de Luther ne suffit pas : il faut, au contraire, essayer de le comprendre dans une perspective historique et théologique, à partir de ce qui est au cœur de son action. Quel est ce cœur? Tous les commentateurs s'accordent à reconnaître que c'est la théologie de la justification du pécheur.

On ne peut comprendre, il est vrai, ce qui constitue le centre de toute l'œuvre de Luther qu'en ayant présentes à l'esprit les causes générales de la Réforme. Nous les avons déjà passées en revue dans notre analyse de la crise du paradigme catholique romain à la fin du Moyen Age (P III) : je pourrai donc être bref ici. Pour les détails biographiques, je renvoie, là encore, à mon ouvrage *Les Grands Penseurs chrétiens*.

2. LA QUESTION FONDAMENTALE : COMMENT L'HOMME EST-IL JUSTIFIÉ DEVANT DIEU ?

Tant de choses pesaient depuis si longtemps dans le sens d'un changement en profondeur de la constellation d'ensemble existante ! Ainsi, aucune des préoccupations réformatrices de Luther n'était entièrement nouvelle. Mais, jusque-là, les choses n'étaient pas mûres. Le temps était désormais venu, et il suffit du génie religieux pour rassembler ces préoccupations, trouver les mots pour les exprimer et les incarner personnellement. Luther était cet homme, l'homme du moment [5].

Pourquoi en est-on arrivé à la Réforme luthérienne ?

Qu'est-ce qui, avant la Réforme, avait **préparé ce nouveau changement de paradigme à l'échelle de l'histoire du monde**, qu'est-ce qui avait conduit aux conditions structurelles sans lesquelles un changement aussi important n'aurait pu advenir ? C'était tout un ensemble de données témoignant d'une profonde crise [6] :

– l'effondrement de l'hégémonie mondiale de la papauté, le schisme de l'Église occidentale, avec deux, puis trois papes, en même temps que l'essor des États nationaux (France, Angleterre et Espagne) ;

– l'échec des conciles réformateurs (Constance, Bâle, Ferrare-Florence, Latran) en ce qui concerne la « réforme de l'Église dans sa tête et dans ses membres » ;

– le remplacement de l'économie naturelle par une économie monétaire, l'invention de l'imprimerie, la soif de formation et de bibles ;

– le centralisme absolutiste de la Curie, son avidité financière sans frein et son opposition obstinée à toute réforme, l'idéologie de la pompe et du prestige de la Renaissance, son immoralité et son implication dans les affaires économiques italiennes, enfin le trafic des indulgences pour la reconstruction de Saint-Pierre, considéré en Allemagne comme le comble de l'exploitation.

Certes, au nord des Alpes les abus étaient aussi révoltants :
– la prédominance de la noblesse dans le haut clergé et le gouffre qui s'était creusé entre ce haut clergé et le bas clergé, ainsi que la mondanité des riches princes-évêques et des couvents qui en était la conséquence ;
– les abus inouïs causés par l'obligation du célibat, la prolifération d'un prolétariat clérical, pauvre et sans formation ;
– le caractère rétrograde des institutions ecclésiales : interdiction du prêt à intérêt, exemption d'impôt pour les ecclésiastiques, qui échappaient à la justice civile, monopole scolaire du clergé, encouragement de la mendicité, jours fériés chômés trop nombreux ;
– l'envahissement de l'Église, de la théologie et de la société par le droit canonique ;
– les critiques radicaux de l'Église – Wyclif, Hus, Marsile, Occam, les humanistes –, ainsi que l'incertitude et le manque d'orientation en théologie ;
– enfin, une superstition et un culte des reliques effrayants dans le peuple, une effervescence religieuse qui prenait des formes souvent enthousiastes et apocalyptiques, une liturgie tout extérieure et une piété populaire légaliste, la haine des moines et clercs considérés comme des fainéants, un malaise parmi les hommes cultivés des villes, l'oppression et l'exploitation des paysans...

Cet ensemble de symptômes témoigne d'une **crise abyssale de toute la société**, en même temps que d'une incapacité de la théologie, de l'Église et de la société traditionnelles à la surmonter.

Tout était prêt pour un changement de paradigme, mais il fallait un homme capable de présenter le nouveau paradigme de façon crédible. L'histoire était mûre pour l'homme qui ensuite ferait aussi l'histoire. Un petit moine allait devenir la figure prophétique de la nouvelle époque : **Martin Luther** (1483-1546). Bien que ce jeune docteur en théologie ne se fût certainement pas senti au début la stature d'un prophète, car il entendait précisément n'être qu'un enseignant dans son Église, il a su – par intuition et par inspiration –

capter et faire siennes, pour les incarner dans sa personnalité géniale et profondément religieuse, la nostalgie religieuse exacerbée du Moyen Age tardif, les grandes forces positives que recelaient la mystique et l'humanisme, mais aussi le nominalisme et la piété populaire : tout cela, il l'a épuré, recentré, avec une grande perspicacité quant à l'objectif à atteindre, et il a réussi à l'exprimer dans un langage d'une force inouïe. Au grand « défi » *(challenge)* historique, pour reprendre la terminologie d'Arnold Toynbee, Luther a donné la « réponse historique ». Sans Luther, pas de Réforme [7] !

Mais posons-nous d'abord la question : en comprenant l'événement de la justification comme il le comprenait, Luther avait-il cessé pour autant d'être catholique ? Non ! Il faut voir ce qui, dans la théologie de Luther, est en continuité et ce qui est en rupture avec la théologie de la période précédente [8].

Le Luther catholique

Il y a **continuité de tradition**, quant à la doctrine de la justification précisément, entre Luther et l'Église et la théologie d'avant la Réforme. Indiquons rapidement quatre lignes de continuité historique qui sont toutes importantes pour la doctrine de la justification de Luther et qui, pour une part, se recouvrent : la piété catholique, telle que Luther l'a connue au couvent ; en relation avec cette piété, la mystique médiévale ; la théologie d'Augustin ; enfin le nominalisme du Moyen Age tardif sous la forme de l'occamisme.

La piété catholique ? Il est vrai que la piété catholique traditionnelle avait été à l'origine de la crise traversée par Luther au couvent. Aussi la voie monastique de la perfection resterait-elle pour lui, sa vie durant, le chemin du légalisme des œuvres et de la prétention à valoir quelque chose devant Dieu, une prétention qui ne lui apportait ni paix de l'âme ni sentiment de sécurité intérieure, mais angoisse et désespoir. Luther, au travers de sa crise, avait néanmoins sauvé ce qu'il y avait de meilleur dans la piété catholique. C'est le supérieur du couvent de Luther, Johannes von Staupitz, favorable aux réformes, qui l'avait distrait de ses ruminations sur sa propre justification en le renvoyant à la Bible, à la volonté salvifique de Dieu et à l'image du Crucifié, devant qui s'évanouit toute angoisse d'être élu ou réprouvé.

La mystique médiévale ? Certes, les tendances panthéistes de la mystique et sa propension à effacer les différences entre le divin et l'humain étaient totalement étrangères à Luther. Professeur d'exégèse du Nouveau Testament, il n'était pas un mystique. Luther n'en a pas moins mis a profit pour sa théologie des idées en provenance des mystiques. On sait que non seulement il connaissait la mystique de l'Aréopagite et de Bernard de Clairvaux, mais qu'il a aussi découvert l'œuvre mystique intitulée *Théologie allemande*, qu'il l'a étudiée avec enthousiasme et publiée en 1515-1516 (édition complète en 1518). Il considérait le mystique Tauler comme l'un des plus grands théologiens et en recommandait chaudement l'étude. Ses thèmes de prédilection : devenir humble, se faire petit, devenir rien devant Dieu à qui seul revient toute gloire, l'idée que la piété des œuvres conduit à l'orgueil et à l'autosatisfaction et détourne donc de Dieu, sa foi, enfin, dans le Christ souffrant, puisée surtout dans les Psaumes, tout cela, qui est au cœur de sa doctrine de la justification, est un apport traditionnel de la mystique médiévale.

La théologie d'Augustin ? La doctrine de la prédestination développée par Augustin vieillissant, antipélagien, et sa façon de comprendre l'amour de Dieu dépassant tout ont évidemment été, elles aussi, à l'origine de la crise de Luther. Certes, toute sa vie Luther a compris la grâce autrement qu'Augustin, de façon plus personnelle. Cependant, sa conception de la profonde corruption par le péché, où il ne voyait que recherche de soi et repli sur soi de l'homme, sa vision de la toute-puissance de la grâce de Dieu, qui lui venaient surtout d'Augustin, restaient déterminantes. Luther demeurait ainsi dans la ligne d'une des composantes essentielles de la théologie médiévale, la théologie d'Augustin, dont il avait déjà étudié dans sa jeunesse les *Confessions* et les grands traités sur la Trinité, ainsi que *La Cité de Dieu*. Non seulement Augustin avait dominé toute la théologie pré-aristotélicienne du haut Moyen Age, puis celles d'Alexandre de Halès et de Bonaventure, mais aussi celle de Thomas d'Aquin et ses disciples (bien qu'il ait été explicitement repoussé à l'arrière-plan), et finalement la théologie du Moyen Age tardif : on ne pouvait pas en faire l'économie. La continuité était plus forte que Luther lui-même n'en avait conscience, non seulement dans la doctrine de la Trinité et dans la christologie, mais aussi dans sa théologie de la grâce elle-même. En témoigne le fait que le passage décisif pour la percée réformatrice luthérienne – Rm 1,17 – ne parle pas de la justice impitoyable du Dieu juge, nul pécheur ne pouvant survivre au Jugement, mais de la justice, qui est grâce, don de Dieu. Telle n'était pas seulement la position d'Augustin, comme le croyait Luther, mais celle de la très grande majorité des théologiens médiévaux, comme l'ont montré des chercheurs catholiques [9].

L'occamisme ? Dans sa doctrine de la justification, Luther, on le sait, a réagi le plus violemment contre le pélagianisme de l'école franciscaine tardive, occamiste, qui se retrouve aussi bien chez Occam lui-même que chez son disciple le plus influent de Tübingen, Gabriel Biel et son élève Bartholomäus Arnoldi d'Usingen, le maître de Luther. Il y a toutefois là aussi un chemin qui conduit d'Occam et de Biel à la doctrine de la justification de Luther. L'école thomiste disqualifie à tort la théologie du Moyen Age tardif en général et celle d'Occam en particulier (le nominalisme), n'y voyant qu'une désintégration de la théologie médiévale. Les recherches protestantes sur la Réforme se trompent tout autant quand elles ne voient dans la théologie du Moyen Age tardif que le sombre arrière-plan qui met d'autant mieux en lumière la doctrine de la justification de Luther. Luther n'est pas seulement sous la dépendance de Paul et d'Augustin, comme le pense habituellement la théologie protestante, mais des liens positifs le rattachent aussi à Occam et à Biel : il en va ainsi pour certains aspects de son concept de Dieu par exemple (l'absolue souveraineté de Dieu), de sa conception de la grâce comme faveur, du péché, des aspects judiciaires de la justification, de l'acceptation de l'homme par libre choix divin, sans aucun fondement en l'homme.

Au vu de cet enracinement de Luther dans la tradition catholique, les catholiques peuvent-ils encore **condamner globalement Luther** ? Non, c'est **impossible** ! La doctrine catholique médiévale de la justification et la nouvelle doctrine de Luther ont trop de points communs. Cette prise de conscience a, certes, des conséquences des deux côtés : la doctrine de la justification médiévale n'est pas *a priori* contraire à l'Évangile ; inversement, la doctrine luthérienne n'est pas tout simplement contraire à la doctrine catholique ! Autrement dit, seul un jugement nuancé et lucide fait droit aux deux parties. Et ce jugement nuancé et lucide ne fera pas non plus œuvre d'harmonisation. Il devra faire droit et à la continuité et à la discontinuité, en mettant en lumière le nouvel apport, décisif, de Luther.

Le Luther réformateur

La discussion **théologique** décisive, qui revient en premier lieu aux théologiens et non aux historiens de l'Église, ne doit pas s'engager avec le seul Luther « catholique » – avec un Luther qui serait encore catholique ou serait resté catholique ; elle doit s'engager – le catholique Otto Hermann Pesch, bon connaisseur de Thomas et de Luther, a attiré l'attention sur ce point [10] – sur le terrain théologique, avec le **Luther réformateur** qui, en se réclamant de Paul et d'Augustin, s'est attaqué à la scolastique en général et surtout à l'aristotélisme. La doctrine proprement réformatrice de Luther mérite non seulement une explication psychologique et historique, en termes d'histoire de l'Église, d'histoire de la théologie et d'histoire personnelle, mais encore d'être prise au sérieux par les théologiens.

La question décisive peut s'énoncer ainsi : selon quel **critère** ? Une question que les historiens de l'Église catholiques eux-mêmes ont malheureusement posée rarement de façon réfléchie, quand ils portaient sur la théologie de Luther des jugements qui relevaient moins de l'histoire que d'une appréciation théologique. Ils ont souvent pris comme critère de leur jugement le concile de Trente, en oubliant ses grandes faiblesses théologiques – c'est le cas, nous l'avons dit, de Hubert Jedin. Ou bien ce critère est la théologie de la scolastique à son apogée (Bernard de Clairvaux, Thomas d'Aquin), dont on n'interrogeait pas avec un esprit critique la catholicité – c'est le cas de Joseph Lortz. Ou encore on se réfère à la patristique grecque et latine, sans voir, manifestement, combien elle s'écarte de l'Écriture – c'est le cas des théologiens français. Ou enfin on se réclame de la théologie académique, que les historiens précisément reprennent sans critique depuis leurs années d'études, et qui est, en fait, un conglomérat d'éléments néo-scolastiques, tridentins, scolastiques tardifs et patristiques, que l'on s'est contenté d'enrichir et d'arranger sur certains points en prenant en compte les résultats d'une théologie et d'une exégèse plus récentes.

Posons ici la question : si l'historien de l'Église ne veut pas suspendre son jugement **théologique** – ce qu'il est parfaitement en droit de faire et qui est respectable, puisque chaque discipline a ses limites –, peut-il faire l'économie d'un travail **exégétique** honnête sur la théologie de Luther et surtout sur sa doctrine de la justification ? La doctrine de la justification de Luther, sa façon de comprendre les sacrements, toute sa théologie et ses effets explosifs sur l'histoire du monde n'ont-ils pas une seule et même origine et raison d'être : le retour de l'Église et de sa théologie à l'Évangile originel de Jésus-Christ, tel qu'il est consigné dans l'Écriture sainte ? Peut-on engager une discussion vraiment sérieuse avec Luther en évitant précisément cette arène, que ce soit par superficialité, par confort ou par incapacité ? Voilà qui sera finalement décisif pour la division ou l'unité de l'Église !

Après Vatican II, la théologie catholique elle-même reconnaît que la théologie scolaire néo-scolastique ou le concile de Trente, la grande scolastique ou la patristique restent finalement des critères secondaires face à ce **critère premier, fondamental et obligatoire pour tous les temps : l'Écriture**, l'Évangile, le message chrétien originel. C'est de cette Écriture que se réclament les Pères grecs et latins, tout comme les théologiens du Moyen Age, les Pères de Trente et les professeurs de théologie néo-scolastiques. C'est devant elle, bien sûr, que Luther lui-même doit se justifier. C'est dire que ce qui est déterminant, ce n'est pas de savoir si tel ou tel énoncé de Luther se retrouve déjà sous cette forme ou sous une autre chez Thomas d'Aquin, Bernard de Clairvaux, Augustin ou chez un pape, mais s'il peut se réclamer de l'Évangile, du message chrétien originel.

En quoi Luther avait-il raison ?

Dans son approche fondamentale, Luther peut-il se réclamer de l'Évangile ? Je ne peux évidemment pas répondre ici de façon approfondie à cette question. Mais je peux dessiner une réponse qui prend appui sur tous mes travaux antérieurs relatifs à la doctrine de la justification [11]. Une chose m'apparaît incontestable : dans ses affirmations fondamentales sur l'événement de la justification, dans son *sola gratia*, son *sola fides*, son *simul justus et peccator*, **Luther est en accord avec le Nouveau Testament**, surtout avec Paul, dont l'enseignement est décisif en matière de justification. Je me contenterai d'esquisser une réponse à partir de quelques mots clés :

– Qu'est-ce que la « **justification** » ? Dans le Nouveau Testament il ne s'agit pas d'un processus de type physiologique, d'origine surnaturelle, qui prend place dans le sujet humain. La justification est le jugement gracieux de Dieu, par lequel il n'impute pas son péché à l'homme pécheur, mais le déclare juste à cause de Jésus-Christ.

– Qu'est-ce que la « **grâce** » ? Selon le Nouveau Testament, la grâce n'est pas un apport de force d'origine surnaturelle, une qualité ou un *habitus* de l'âme, ce n'est pas une série d'entités surnaturelles, quasi physiques, qui seraient successivement infusées dans la substance et les facultés de l'âme. La grâce de Dieu n'est rien d'autre que la faveur et la grâce vivante de Dieu, son action personnelle qui définit et transforme efficacement l'homme, telle qu'elle s'est manifestée en Jésus-Christ.

– Qu'est-ce que la « **foi** » ? Selon le Nouveau Testament, la foi n'est pas une adhésion intellectuelle à des vérités. La foi est l'abandon confiant de tout l'homme à Dieu, ce qui le justifie non en raison de ses œuvres pies et de ses performances morales, mais en raison de sa confiance croyante, par la seule grâce. Il peut ainsi faire la preuve de sa foi en faisant les œuvres de l'amour. C'est un homme justifié, qui se retrouve aussi toujours en même temps *(simul)* pécheur, qui a toujours besoin du pardon, qui est seulement sur le chemin de la perfection.

La théologie catholique peut aujourd'hui – bien plus impartialement qu'il y a quelques décennies encore – **prendre en compte les données de l'Écriture**, et donc aussi la doctrine de Luther. Pourquoi ?

1) L'exégèse catholique a fait des progrès considérables et il n'y a pratiquement plus de différences entre les confessions au sujet des passages – des épîtres aux Romains et aux Galates, notamment – qui ont fait l'objet de controverses au temps de la Réforme.

2) Le deuxième concile du Vatican a fait apparaître aux yeux de tous combien le concile de Trente était prisonnier de son temps.

3) La théologie académique romaine, dont l'hégémonie quasi exclusive dans la sphère catholique a terriblement entravé la compréhension œcuménique entre les deux conciles du Vatican, a fait preuve de son incapacité à résoudre les problèmes nouveaux qui se posent aujourd'hui (elle a montré une nouvelle fois cette incapacité dans son catéchisme de 1993, qui ne s'est attiré que des critiques).

4) L'atmosphère nouvelle qui s'est instaurée depuis le concile rouvre aujourd'hui d'immenses possibilités, à peine imaginables avant Vatican II, dans le sens d'un rapprochement œcuménique.

5) Les discussions sur la justification, engagées depuis le concile, ont certes fait apparaître de grandes différences dans l'interprétation, mais non pas des différences irréductibles capables de **diviser l'Église**, entre les doctrines évangéliques et catholiques de la justification. Plusieurs documents officiels d'entente l'ont confirmé des deux côtés [12].

Une dernière chose – qui n'a guère été dite jusqu'ici du côté catholique – mérite d'être relevée explicitement concernant la doctrine de la justification de Luther : il a trouvé une approche existentielle immédiate de la doctrine de la justification de l'apôtre Paul – qui, très tôt, ne fut plus comprise dans sa teneur originelle. Personne n'avait su le faire pendant les mille cinq cents ans qui l'ont précédé, pas même Augustin. Et cette **redécouverte du message paulinien originel concernant la justification**, sous les glissements et les ensevelissements, les replâtrages et les surimpressions, est un exploit théologique prodigieux, étonnant. Ne fût-ce que pour cette raison une **réhabilitation** formelle de **Luther** et une levée de l'excommunication par Rome apparaissent souhaitables. Mais cet exploit n'aurait pas été possible sans une expérience spirituelle fondamentale provoquée par la piété médiévale, une expérience que Luther lui-même n'attribuait pas à son génie, mais à une certitude plus forte que tout doute et tout désespoir, dont il avait été gratifié. Pourquoi est-ce lui précisément et non pas un autre qui en avait été gratifié ? Il ne nous revient pas de spéculer à ce sujet – mais peut-être était-ce tout de même pour rappeler à l'humilité une théologie devenue trop assurée de son orthodoxie.

Tout cela ne veut pas dire qu'il n'y a pas de différences entre la doctrine paulinienne de la justification et celle de Luther, ne fût-ce qu'en raison de leurs situations de départ dissemblables. Des chercheurs protestants eux-mêmes les ont souvent relevées, notamment une orientation trop individualiste chez Luther. Cela ne signifie pas non plus que certains écrits de Luther ne souffrent pas **de visions unilatérales et d'exagérations**. Certaines formulations du *solum*, certains énoncés sur la « putain raison » et sur la philosophie, des écrits comme *De servo arbitrio* ou *Sur les bonnes œuvres* pouvaient et peuvent conduire à des malentendus et appellent des compléments et des correctifs. Mais l'approche fondamentale n'était pas erronée ! Cette approche était correcte et sa mise en œuvre était correcte aussi – en dépit de certaines carences et visions unilatérales. Les difficultés et les problèmes (non insolubles) viennent des conséquences qui en sont tirées, surtout dans la façon de comprendre l'Église, les ministères et les sacrements. Voyons les choses d'un peu plus près : que signifie le retour à l'Évangile ? J'essaierai de clarifier cette question à partir des grands textes-programmes de 1520.

3. LE RETOUR À L'ÉVANGILE

L'année 1520 fut celle de la percée théologique pour Luther, l'année de ses grands textes réformateurs. Et si Luther n'était pas l'homme d'un système théologique méthodiquement construit, il était l'homme des initiatives théologiques en réponse à une situation, choisies avec sûreté en fonction du but à atteindre et énergiquement menées à bien ; il savait être l'homme d'un programme cohérent et conséquent.

Le programme réformateur

Le **premier texte** de cette année s'adresse aux communautés ; ce n'est pas un texte-programme, mais un texte édifiant en langue allemande : le long sermon *Sur les bonnes œuvres* (début 1520) [13].

C'est un texte fondamental dans la mesure où il traite de l'existence chrétienne : la **relation entre la foi et les œuvres**, les motivations les plus intimes de la foi, ainsi que les conséquences pratiques qui en découlent. S'appuyant sur les dix commandements, il met en lumière le fondement de l'existence chrétienne qu'est la **foi** confiante, qui réserve la gloire à Dieu seul. Seule la foi peut et doit ensuite produire aussi les bonnes œuvres.

Le **deuxième texte**, adressé à l'empereur, aux princes et autres seigneurs, reprend les *gravamina* (doléances) de la nation allemande, si souvent exprimées par ailleurs. C'est un appel passionné à **réformer l'Église**, également en langue allemande, intitulé *A la noblesse chrétienne de la nation allemande sur l'amendement de l'état chrétien*[14] (juin 1520). C'est l'attaque la plus violente jusqu'ici contre le système romain, qui empêche une réforme de l'Église au nom de ses trois prétentions (« les murs des romanistes ») :

1) le pouvoir spirituel l'emporte sur le pouvoir temporel ;
2) le pape seul est le véritable interprète de l'Écriture ;
3) le pape seul peut convoquer un concile.

Il développe en même temps un programme de réforme aussi global que détaillé, en vingt-huit points. Les douze premières requêtes concernent la réforme de la papauté : renoncement aux prétentions de suprématie sur la société civile et sur l'Église, indépendance de l'Empire et de l'Église allemands, abolition des nombreuses formes d'exploitation de la part de la Curie. Il en vient ensuite à la réforme de la vie ecclésiale et profane comme telle : vie monastique, célibat ecclésiastique, indulgences, messes pour les défunts, fêtes des saints, pèlerinages, ordres mendiants, universités, écoles, souci des pauvres, renoncement au luxe. Nous trouvons déjà ici le programme sur le sacerdoce de tous les fidèles et sur le ministère ecclésiastique, qui repose sur une délégation pour l'exercice officiel du pouvoir sacerdotal commun à tous les fidèles.

Le **troisième texte**, de la fin de l'été 1520, rédigé en latin, en langage savant donc, s'adresse aux universitaires et aux théologiens : *La Captivité de Babylone*[15]. Et ce texte de l'exégète Luther – qui est sans doute son seul écrit théologique strictement systématique – s'attache précisément à trouver un fondement nouveau aux **sacrements**. Pour Luther, les sacrements sont constitués par une promesse et un signe de Jésus-Christ lui-même. Si on prend pour critère l'« institution par Jésus-Christ lui-même », il ne reste que deux sacrements au sens propre du terme (le baptême et la Cène), au mieux trois (la pénitence). Les quatre autres (confirmation, ordination presbytérale, mariage et onction des malades) sont de pieuses coutumes ecclésiales, mais pas des sacrements institués par Jésus-Christ. Là aussi, Luther fait un certain nombre de propositions de réformes pratiques – de la communion au calice pour les laïcs au remariage des divorcés s'il n'y a pas faute de leur part.

Dans le **quatrième texte**, publié en automne cette même année, *Petit Traité de la liberté chrétienne*[16], Luther développe les idées du premier écrit et résume sa **doctrine de la justification**, en référence à 1 Co 9,19, en deux phrases paradoxales : « Un chrétien est [dans la foi, d'après l'homme intérieur] un maître libre régnant sur toutes choses et le sujet de personne. » Et encore : « Un chrétien est [selon les œuvres, d'après l'homme extérieur] un esclave soumis à toutes choses et sujet de tout un chacun[17]. » La solution du paradoxe est dans la foi qui fait de l'homme une personne libre, ayant le droit de se mettre au service de son prochain dans ses œuvres.

Dans ces quatre textes, nous avons la pierre angulaire de la Réforme. Nous pouvons dès lors répondre également à la question de l'intention dernière de Luther, de ce qui l'anime dans tous ses écrits, de la motivation profonde de sa protestation, de sa théologie et de sa politique.

L'impulsion fondamentale de la Réforme

Malgré l'énorme détonateur politique qu'il représente, Luther reste profondément un homme de foi, un théologien qui, dans sa détresse existentielle, lutte pour la grâce de Dieu face au péché de l'homme. Ce serait le comprendre de façon toute superficielle que de penser qu'il n'est préoccupé que par la lutte contre les abus indescriptibles de l'Église, notamment le trafic des indulgences, et, dans ce contexte, par la libération du joug de la papauté. Non, l'impulsion réformatrice personnelle de Luther, tout comme sa terrible force explosive dans l'histoire, n'a qu'une seule motivation :

le **retour de l'Église à l'Évangile de Jésus-Christ**, dont il a fait l'expérience vivante dans l'**Écriture**, surtout chez **Paul**. Cela signifie concrètement – et ainsi se dessinent déjà clairement les différences décisives entre le nouveau paradigme (P IV) et le paradigme médiéval (P III) :

– Contre toutes les traditions, lois et autorités qui sont venues s'ajouter au fil des siècles, Luther pose le **primat de l'Écriture** : « l'Écriture seule » *(sola scriptura)*.

– Contre les milliers de saints et les innombrables intermédiaires ministériels entre Dieu et l'homme, Luther pose le **primat du Christ** : « le seul Christ » *(solus Christus)* ! Il est le centre de l'Écriture et celui qui doit orienter toute explication de l'Écriture.

– Contre les pieuses performances religieuses et les efforts de l'homme (« œuvres ») prescrits par l'Église pour obtenir le salut de l'âme, Luther pose le **primat de la grâce et de la foi** : « la seule grâce » *(sola gratia)* du Dieu miséricordieux, tel qu'il s'est révélé dans la croix et la résurrection de Jésus-Christ, et la foi inconditionnelle *(sola fides)* de l'homme en ce Dieu, son absolue confiance.

Face à la « pensée réglée » de la scolastique, il s'agit, dans la théologie de Luther, d'une **pensée de la confrontation**, qui gagne en mordant, et donc les accentuations sont claires.

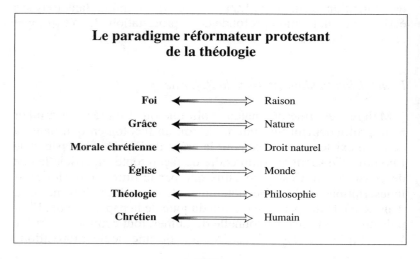

LE PARADIGME PROTESTANT ÉVANGÉLIQUE DE LA RÉFORME

Si Luther a connu la détresse de la conscience individuelle d'un moine tourmenté, son message de la justification va bien plus loin que la seule paix de la conscience individuelle. Sa théologie de la justification est le fondement sur lequel repose son **appel public à la réforme lancé à l'Église** dans l'esprit de l'Évangile, une réforme qui vise moins à la formulation nouvelle d'une doctrine qu'au renouveau de la vie ecclésiale dans tous les domaines. La situation étant ce qu'elle est, une **critique radicale de la papauté** est inévitable. Il ne s'agit toutefois pas, pour Luther, de la personne du pape, mais des pratiques et des structures institutionnelles établies et encouragées par Rome, et manifestement contraires à l'Évangile.

Tout dépend donc de la façon dont Rome réagira à cet appel à une réforme radicale. Mais Rome ne montre aucun signe de changement, au contraire. La Curie de Léon X pense pouvoir amener rapidement ce jeune moine hérétique des confins du Nord à se rétracter, ou alors à le brûler sur le bûcher avec l'aide de l'État (comme ce fut le cas de Hus, de Savonarole et de centaines d'« hérétiques » et de « sorcières »). C'est pourquoi – historiquement parlant – il n'y a aucun doute : ce n'est pas Luther, mais **Rome qui porte la principale responsabilité** d'avoir rapidement transformé la querelle au sujet de la véritable voie conduisant au salut et de la réflexion pratique sur l'Évangile en controverse fondamentale sur l'autorité de l'Église et l'infaillibilité du pape et des conciles. Martin Luther, quant à lui, nous apparaît indubitablement comme un chrétien qui, appelé en 1521 à comparaître devant la Diète de Worms, a le courage d'en appeler à l'Écriture, à la raison et à sa conscience, et de persister dans sa foi[18]. Il résiste à toutes les pressions du côté de l'État (l'empereur !) ou du côté de l'Église (le pape !). Mais une chose est maintenant claire à ses yeux : un tel pape ne peut être que l'Antéchrist annoncé dans le Nouveau Testament. Cette conclusion n'est pas seulement le produit de la polémique ou de la haine de Luther, mais elle s'impose à lui parce que la doctrine et la pratique du pape lui apparaissent contraires à l'Évangile[19].

> **Pourquoi Luther ne s'est pas rétracté**
>
> « A moins qu'on ne me convainque par des attestations de l'Écriture ou par des raisons évidentes – car je ne crois ni aux papes ni aux conciles seuls, puisqu'il est clair qu'ils se sont souvent trompés et contredits –, je suis lié par les textes scripturaires que j'ai cités et ma conscience est captive des paroles de Dieu. Je ne puis ni ne veux me rétracter en rien, car il n'est ni sûr ni honnête d'agir contre sa propre conscience. »
>
> Conclusion du discours de Luther
devant l'empereur et la Diète de Worms,
le 18 avril 1521.

Le paradigme réformateur

Après sa condamnation par la Diète, Luther, caché à la Wartburg, achève en dix mois – et entre autres – sa **traduction du Nouveau Testament**, chef-d'œuvre normatif en haut allemand – une traduction réalisée à partir de l'édition d'Érasme en grec et en latin. La Bible doit en effet être le fondement de la piété évangélique et de la nouvelle vie des communautés. Le paradigme réformateur de Luther, entièrement édifié sur la Bible, représentera désormais la grande alternative au paradigme catholique romain médiéval, qui est soumis à une critique radicale.

Le retour à l'Évangile, en protestation contre les développements et les attitudes aberrants dans l'Église et dans la théologie traditionnelles, a effectivement conduit au nouveau **paradigme réformateur, protestant évangélique, de l'Église et de la théologie**. La nouvelle compréhension de l'Évangile qui est celle de Luther et le statut totalement inédit de la doctrine de la justification ont, en fait, donné une orientation neuve à toute la théologie et une structure nouvelle à toute l'Église : c'est un **changement de paradigme** par excellence, comme l'a montré Stephan Pfürtner, en faisant la comparaison avec Thomas d'Aquin [20]. Dans la théologie et dans l'Église aussi, on en arrive ainsi à des **processus de changement de paradigme**, non seulement dans le domaine restreint – micro ou moyen – de questions et de traités limités, mais aussi dans la macrosphère : le passage de la théologie médiévale à la théologie réformatrice se fait un peu comme le passage de la conception géocentrique à la conception héliocentrique, par exemple.

– Des concepts consacrés et familiers se modifient : la justification, la grâce, la foi, la Loi et l'Évangile ; ou bien on les abandonne comme des concepts inutiles : les concepts aristotéliciens de substance, d'accident, de matière et de forme.

– Les normes et critères, qui décident de la recevabilité de problèmes et de solutions déterminés, se déplacent : la Bible, les conciles, les décrets des papes, la raison, la conscience.

– Des théories entières, comme la doctrine sacramentelle hylémorphique, et des méthodes, comme la méthode spéculative et déductive de la scolastique, sont ébranlées.

Gerhard Ebeling, insigne connaisseur de Thomas d'Aquin et de Martin Luther, l'a mis en lumière de façon impressionnante dans son ouvrage sur Luther [21] – fût-ce de façon par trop unilatérale, aux dépens du paradigme antérieur : dans la théologie de Luther, des concepts théologiques fondamentaux changent du tout au tout, à partir d'une nouvelle perception de l'Évangile. La théologie médiévale, dans la ligne de la tradition grecque, usait de catégories physiques et physiologiques : acte et puissance, forme et matière, substance et accident ; cause efficiente, matérielle, formelle et finale ; actualisation, croissance... Luther use de **catégories de la personne** : le Dieu miséricordieux, l'homme pécheur, le Jugement qui justifie, la confiance, l'assurance dans l'espérance. Tandis que la théologie antérieure contemplait un ordre statique, nous avons plutôt à faire maintenant à une dynamique historique. Alors que la logique aristotélicienne et le principe de contradiction avaient toute faveur (« auparavant pécheur, maintenant juste »), on préfère désormais une pensée dialectique et une formulation paradoxales (« pécheur et juste en même temps »). Ce qui est déterminant à cet égard, c'est que Luther – bien qu'il soit comme Origène et Augustin un commentateur infatigable de la Bible, toujours proche de l'actualité et véritable génie de la langue – récuse bien plus délibérément que Thomas l'explication allégorique de l'Écriture d'Origène et d'Augustin. Il jette les fondements – et c'est absolument déterminant pour son changement de paradigme – d'une **explication de l'Écriture strictement linguistique et grammaticale** [22].

La fascination théologique, esthétique ou linguistique du nouveau paradigme a fortement contribué à faire pencher la balance en sa faveur parmi les clercs et les laïcs. Beaucoup étaient fascinés dès l'abord par la **cohérence** intérieure, la **transparence** toute naturelle et l'**efficacité** pastorale des réponses de Luther, par la simplicité nouvelle et la puissance créatrice de la langue dont témoigne la théologie luthérienne. Ajoutons que l'imprimerie, l'afflux de sermons, de tracts et de chants religieux imprimés se sont avérés des facteurs importants de la popularité et de la diffusion rapides du nouveau paradigme.

C'est donc tout le modèle d'interprétation qui change, avec les concepts, les méthodes, la façon de poser les problèmes et les tentatives de solution que la théologie et l'Église ont faits leurs jusqu'ici. Comme les astronomes après Copernic, Galilée et Kepler, les théologiens s'habituent, après Luther, à une **autre façon de voir**, dans le cadre d'un autre macromodèle. C'est dire que l'on perçoit maintenant certaines choses que l'on ne voyait pas jusque-là, et naturellement on néglige et on laisse tomber certaines choses que l'on percevait auparavant. Bref, la façon nouvelle dont Luther comprend la Parole et la foi, la justice de Dieu et la justification de l'homme, la médiation de Jésus-Christ et le sacerdoce universel de tous les fidèles, conduit à sa **conception nouvelle**, révolutionnaire, **bibliocentrique et christocentrique** de toute la théologie. Sa redécouverte du message paulinien concernant la justification conduit Luther à :

– une nouvelle compréhension de **Dieu** : non pas un Dieu abstrait, « en soi », qui appelle la spéculation sur son être intérieur, mais un Dieu très concret, « pour nous », nous autorisant à faire fond sur sa grâce ;

– une nouvelle compréhension de l'**homme** : non pas selon le schéma nature/grâce, mais à partir de l'opposition entre la Loi et l'Évangile, la lettre et l'esprit, les œuvres et la foi, l'esclavage et la liberté ;

– une nouvelle compréhension de l'**Église** : non pas un appareil bureaucratique de pouvoir et d'argent, mais une Église renouvelée, une Église-communauté vivant le sacerdoce universel des fidèles ;

– une nouvelle compréhension de ses **sacrements** : non pas des rituels conférant quasi mécaniquement la « grâce », mais des promesses du Christ et des signes de la foi confiante dans le Dieu miséricordieux.

Ces nouvelles approches théologiques devaient immanquablement conduire à une **critique radicale de la forme médiévale du christianisme**. Critique d'une Église qui s'était éloignée de l'Évangile dans sa doctrine et dans sa pratique, qui était devenue une Église mondaine et légaliste. Au plus profond de son cœur, Luther était un conservateur : les excès réformateurs pendant son absence de Wittenberg l'épouvantèrent, et il s'était d'abord montré très prudent dans la réalisation pratique de ses propositions de réforme. Sa critique ne tarderait cependant pas à produire des effets révolutionnaires :

– la critique du **sacrifice de la messe en latin** et des **messes privées** ; il met au centre du culte la prédication et une célébration commune de la Cène (avec du pain ordinaire), débarrassée de toute idée sacrificielle, dans la langue du peuple, avec la communion des laïcs au calice ; en certains endroits, une prédication quotidienne remplace la messe quotidienne ;

– la critique du **ministère** ecclésiastique, qui a pratiquement évincé l'unique Seigneur et médiateur, Jésus ; il faut donc éliminer le concept de prêtre, celui d'une hiérarchie instituée par Dieu et d'éléments divins dans le droit ecclésiastique, et renforcer d'autant le souci de la communauté et la prise de conscience du service que représente le ministère ecclésiastique (le prêtre garde son costume noir à la table eucharistique, et il est tourné vers le peuple) ;

– la critique du **monachisme** et de la mendicité sanctionnée par la religion ; c'est pourquoi il met l'accent sur la vocation profane, en tant que vocation divine, et sur la dignité du travail même le plus humble, qui est tout aussi valable que le culte, qui *est* un culte ;

– la critique des **traditions** ecclésiastiques non justifiées par l'Écriture et des œuvres pieuses de la vie quotidienne catholique ; d'où son rejet de la vénération des saints, des jeûnes obligatoires, des pèlerinages, des processions, des messes pour les défunts, du culte des reliques, de l'eau bénite, des amulettes ; d'où l'abolition de nombreuses fêtes, notamment de la Fête-Dieu ;

– la critique enfin de la **loi du célibat**, loi antiévangélique qui déprécie la sexualité, la femme, le mariage et la famille et qui fait violence à la liberté du chrétien ; d'où l'acceptation de principe du mariage des prêtres et la revalorisation du mariage en général (non pas au titre de sacrement, mais comme « réalité profane sainte », solennellement célébrée dans l'église) [23].

Il est clair qu'aux yeux des catholiques romains traditionnels, la Réforme correspond à un abandon de la vraie forme du christianisme. Mais pour ceux qui ont une sensibilité évangélique, elle rétablit le christianisme dans sa forme originelle. Ils abandonnent avec joie le paradigme médiéval du christianisme (P III). Rome pourra excommunier le réformateur Luther, mais elle ne parviendra plus à arrêter le mouvement de Réforme qui s'étend et gagne toute l'Europe, et qui vise à une refonte radicale de la vie ecclésiale, selon l'Évangile. Le **nouveau paradigme**, le **paradigme réformateur de la théologie et de l'Église** (P IV), s'implante solidement. A partir de 1525, de nombreux territoires allemands mettent la Réforme à exécution, et, après l'échec de la réconciliation à la Diète d'Augsbourg de 1530 *(Confessio augustana)*, les princes protestants allemands concluent la Ligue de Smalkalde qui parfait le lien entre la Réforme luthérienne et le pouvoir politique.

A la grande division de l'Église entre Orient et Occident s'était ajoutée, en Occident, celle, non moindre, entre le Nord et le Sud – un événement historique de toute première importance, aux conséquences incalculables, y compris pour l'État et la société, l'économie, la science et l'art, et qu'il est difficile d'évoquer ici (y compris dans leur ambivalence). La question théologique, quant à elle, se pose toujours avec autant d'acuité : dans la Réforme de Luther ne s'agit-il effectivement que d'un autre paradigme, d'un nouveau paradigme ? Ne sommes-nous pas en présence d'une autre foi, d'une foi nouvelle ?

Une autre foi ?

Laissons un instant le cours de l'histoire qui s'accélère pour réfléchir un peu sur ce cas exemplaire d'un changement de paradigme, incarné en la personne de Martin Luther, qui représente une sorte de **révolution copernicienne en théologie** : assez de l'ecclésiocentrisme trop humain d'une Église du pouvoir ! Retour au christocentrisme de l'Évangile ! Le tout sous le signe de la liberté du chrétien, qui ne sera réalisée que de façon limitée dans la sphère protestante elle-même, il est vrai. Dans la théologie et dans l'Église nous pouvons donc aussi observer les lois historiques que Thomas S. Kuhn [24] a dégagées à propos des « révolutions scientifiques » dans les sciences de la nature, qui se préparent également à cette époque (Copernic, Newton, Lavoisier, Darwin, Einstein) – et que j'ai moi-même appliquées à la théologie en formulant cinq propositions tirées de l'expérience [25]. Ces bouleversements de la pensée apparaissent encore bien plus nettement ici que dans le cas d'Origène, d'Augustin ou de Thomas, car malgré tout ce qui les a préparés dans la société, dans l'Église et dans la théologie de l'époque précédente, ils ont été beaucoup plus rapides, plus radicaux et plus révolutionnaires. Dans le cas de Luther, nous pouvons aussi observer :

– **Une résistance de la science établie à l'égard de la nouveauté** : comme tous les « innovateurs », Luther eut maille à partir avec l'autorité et le pouvoir d'une science théologique établie (abritée derrière des institutions d'Église et d'État), avec ses auteurs consacrés, ses classiques et ses manuels, qui n'aiment pas les nouveautés. Comme si on ne savait pas où est la vérité !

– **Une crise est le point de départ d'un changement** : la théologie – comme les sciences physiques – ne procède pas seulement par « développement organique » continu, mais, dans l'Église et dans la théologie comme dans la société, on observe des crises radicales qui sont des points de départ pour la formation d'un nouveau paradigme. La théologie de Luther est d'abord une théologie de la crise.

– **Sans nouveaux candidats au titre de paradigme, pas de changement de paradigme** : il faut un successeur crédible au paradigme à remplacer pour que ce dernier puisse céder la place, un « nouveau candidat au titre de paradigme [26] » (Thomas S. Kuhn), une « nouvelle forme de parole et de compréhension de la foi en l'Évangile [...] d'une particulière originalité [27] » (O. H. Pesch), une « nouvelle compréhension globale du christianisme [28] » (H. Zahrnt). Il ne s'agit pas ici d'une légère correction dans l'orientation, mais d'un changement total d'orientation. C'est plus qu'une « révolution scientifique », plus qu'un « bouleversement du savoir », c'est un « changement d'époque ». La théologie connaît un profond renouvellement de ses concepts, de ses méthodes et de ses critères, de son vocabulaire, de l'horizon sur lequel s'inscrivent ses problèmes, de toute sa façon de voir.

– **Des facteurs extrascientifiques interviennent dans la conversion** : comme dans les sciences physiques, des facteurs extrascientifiques interviennent en théologie, à côté des facteurs scientifiques, dans l'acceptation ou le rejet d'un nouveau paradigme. Le passage à un nouveau modèle ne relève pas d'une démarche purement rationnelle, mais correspond à une conversion. Des facteurs rationnels et irrationnels, « objectifs » et « subjectifs », sociaux et individuels interviennent conjointement. L'histoire de la Réforme n'aurait-elle pas été toute différente si Luther n'avait pas été un Saxon, un Allemand, un moine augustinien, et si le pape, de son côté, n'avait pas été un Italien, un homme du monde, un Médicis (qui avait peur de voir surgir un nouveau Savonarole et de se trouver confronté à une conspiration des cardinaux) ?

– **Les controverses autour d'un paradigme peuvent avoir trois issues** : comme dans les sciences physiques, il est difficile en théologie de prédire, au beau milieu des controverses, si un nouveau paradigme va remplacer l'ancien, s'il va se trouver absorbé dans l'ancien ou s'il va simplement rester dans les tiroirs pendant un temps plus ou moins long.

Une seule chose est sûre : si le nouveau paradigme est **accepté**, l'innovation se fige avec le temps en tradition. Il en fut ainsi en tout cas pour Luther – non pas seulement dans le luthéranisme, mais dans tout le monde protestant. Une « orthodoxie » protestante ne tarda pas à s'instaurer, une théologie protestante normative qui ne jurait que par la lettre de la Bible et de Luther et qui se montrerait souvent tout aussi intolérante à l'égard des déviants et des hérétiques que le système romain.

Mais en dehors de cet espace protestant – surtout dans les pays du sud de l'Europe –, le nouveau paradigme se trouva **rejeté**. La conséquence inévitable fut une nouvelle scission de l'Église, qui traversa cette fois-ci l'Église universelle, qui traversa et traverse toujours l'Allemagne et l'Europe (et aussi le « Nouveau Monde » des deux Amériques). Et la question se pose tout aussi inévitablement : quel jugement porter sur ce changement de paradigme dans la perspective qui est la nôtre aujourd'hui ?

4. LA DISCONTINUITÉ N'EFFACE PAS TOUTE CONTINUITÉ

Le changement de paradigme de Luther représenta, à long terme, une « révolution scientifique » avec de formidables répercussions politiques sur l'Église et la société. Mais Luther **n'était pas un révolutionnaire politique**, et la Réforme n'était pas davantage une révolution bourgeoise avant la lettre, comme le voudrait une certaine historiographie marxiste. On peut s'en féliciter ou non : Luther n'a rien de comparable avec les grands révolutionnaires de l'histoire du monde, de Spartacus à Marx, Lénine et Mao, en passant par les puritains anglais et les jacobins français, qui avaient en vue, dès le départ, un renversement violent de l'ordre social, de ses valeurs et de ses représentants. On sait que Luther s'est violemment opposé à la révolution des paysans et à son instigateur, Thomas Müntzer. Non : Luther ne voulait être qu'un « **re-formateur** » de l'Église, qui pensait « revenir » à la « forme » originelle du christianisme. Ce faisant, il déclencha de fait une « révolution », parce que la société « chrétienne » d'alors s'était trop éloignée de l'Évangile. C'est donc seulement à contrecœur qu'il était devenu un rebelle politique qui s'était insurgé ; parce que sa conscience lui enjoignait d'obéir à la Parole de Dieu, il s'était dressé contre le système romain et contre le droit qui consolidait ce système.

L'Évangile, fondement de la continuité de la substance de la foi

Alors même que ce changement de paradigme de la théologie et de l'Église s'est opéré avec une rapidité surprenante, dans la première phase de la Réforme la discontinuité elle-même présuppose une **profonde continuité** : c'est une constatation décisive. Dans les

« révolutions scientifiques » elles-mêmes, il ne s'agit nullement d'une rupture totale, mais d'une continuité fondamentale sous-jacente à la discontinuité [29]. Dans le cas de Luther, il est particulièrement clair que pour la théologie le problème de la continuité se pose encore à un tout autre niveau de profondeur. Ici, en effet, il s'agit essentiellement de quelque chose que les historiens scientifiques, qui préfèrent parler de « faire ses preuves », esquivent le plus souvent, à savoir la « vérité [30] », la « vérité de la vie » ou – pour reprendre l'expression de Wittgenstein – les « problèmes de la vie [31] ». Les questions vitales portant sur l'origine et la fin du monde et de l'homme, autrement dit le sens ultime, les critères, les valeurs et les normes ultimes, et donc la réalité ultime. Ce ne sont pas les questions des sciences physiques, mais celles de la religion, les questions d'une confiance croyante ou d'une foi confiante – non pas irrationnelle, bien sûr, mais pleinement raisonnable [32]. Du point de vue scientifique, c'est la **théologie** qui en est responsable, la théologie comme discours réfléchi qui rend raison de Dieu. Elle en est responsable selon ses propres méthodes et présupposés.

Il n'y a pas de science sans présupposés. Et la théologie chrétienne n'a jamais laissé planer un doute à ce sujet : elle ne peut pas exister sans présupposés, moins encore que les autres sciences. Elle a **pour présupposés et pour objet le message chrétien**, tel qu'en témoignent originellement les écrits de l'Ancien et du Nouveau Testament, et tel qu'il a été transmis au fil des siècles et annoncé dans l'Église. C'est là, précisément, que s'enracine la **continuité** de la théologie chrétienne. Quelles que soient ses prétentions scientifiques, la théologie chrétienne est donc déterminée non seulement par ses rapports à l'histoire, son historicité, mais encore par ses rapports aux origines, par sa conformité aux origines. Non, la vérité de la théologie chrétienne n'est pas **anhistorique** et mythologique, pas plus qu'elle n'est **suprahistorique** et philosophique ; au contraire, elle est profondément **historique** : il en va pour elle de la vérité chrétienne des **origines**.

Cette continuité se retrouve-t-elle également dans la théologie de **Martin Luther** ? Cette théologie, tout autant que celle d'un Paul, d'un Origène, d'un Augustin ou d'un Thomas, entend rendre raison, de façon réfléchie, de la vérité de la foi **chrétienne**, de la cause de Jésus-Christ, qui est la cause de Dieu dans le monde et devient du même coup l'affaire de l'homme. Mais pour Luther, après un millénaire et demi d'une histoire de l'Église et de la théologie qui a connu bien des divisions, le témoignage originel de la foi en Jésus-Christ, l'**Évangile** donc, doit redevenir très clairement **le fondement et la norme de la théologie et de l'Église chrétiennes** : norme de toutes les normes, autorité au-dessus de toutes les autorités !

Nous pouvons nous poser la question rétrospective : les adversaires de Luther eux-mêmes, le cardinal Cajetan, légat du pape, son contradicteur Johann Eck, et les prélats romains n'auraient-ils pu donner leur accord de principe ? De principe, certainement. Mais, en cas de conflit, ils plaçaient toujours en fait la parole du pape et ses intérêts au-dessus de toute autre interprétation de l'Écriture : cette habitude s'était lentement mais sûrement installée, nous l'avons vu, dans le paradigme catholique romain. Seul le pape de Rome et le magistère enseignant qui régnait sous ses ordres savaient, de façon souveraine, comment il fallait réellement comprendre l'Écriture pour l'enseignement et la vie de chaque chrétien et de l'Église. Ainsi ce magistère enseignant disposait de fait de l'Écriture. Or c'est précisément cet **autoritarisme romain** que les Églises orientales avaient déjà récusé depuis longtemps, nous l'avons vu. Tel était aussi désormais l'enjeu dans la chrétienté occidentale.

L'exemple de Luther montre on ne peut plus clairement que la théologie chrétienne :

– ne se réfère pas seulement au **présent** (comme les sciences physiques) ;

– et pas davantage à la seule **tradition** (comme toute science historique) ;

– mais que, par-delà ces deux réalités (c'est de là qu'elle tient sa spécificité), elle se réfère aux **origines** – et l'événement originel est l'histoire d'Israël et de Jésus-Christ ; c'est pourquoi le témoignage originel, les documents originels de l'Ancien et du Nouveau Testament restent pour Luther, plus que pour d'autres, non seulement le commencement plus ou moins arbitraire de la foi chrétienne, mais son **point de référence normatif** constant.

Qu'est-ce à dire, sinon que **la Réforme**, tout en représentant une révolution radicale, **a préservé la substance de foi du christianisme** ? Par-delà le caractère radical des changements, n'en subsiste pas moins une continuité fondamentale de la foi, du rite et de l'éthique ! Malgré toutes les différences qui signent vraiment l'entrée dans une nouvelle époque, dans le paradigme protestant réformateur (P IV), nous retrouvons toujours les **mêmes constantes** du christianisme, présentes dans le paradigme judéochrétien de l'Église primitive (P I), dans le paradigme hellénistique de l'Église ancienne (P II) et dans le paradigme catholique romain du Moyen Age (P III) :

– le même Évangile de Jésus-Christ, de son Dieu et Père et de l'Esprit saint ;
– le même rite d'entrée : le baptême ;
– le même rite communautaire : l'Eucharistie ;
– le même comportement : celui de la suite du Christ.

La question se pose avec d'autant plus d'acuité encore : la Réforme de Luther ne fut-elle pas une révolution par rapport à ce qui précédait ?

L'Évangile, fondement de la discontinuité du paradigme

Le chrétien peut et doit à tout moment se réclamer du témoignage original de la Bible. Et parce que, en fait, même avant Luther les théologiens n'ont jamais cessé de le faire – dans une relation d'immédiateté médiatisée à l'Écriture –, il y a toujours eu, en même temps que les grandes écoles paradigmatiques, **des individus ou des groupes créatifs**, qui sont allés leur propre chemin dans leur interprétation de l'Écriture et dans leur théologie, et à qui on ne pouvait cependant pas refuser le titre de théologiens. A l'écart du grand courant de la théologie ils ont développé leur propre théologie en se réclamant du témoignage originel – d'où l'importance qu'ont prise pour Luther la mystique allemande, Jean Tauler et le livret (publié par Luther immédiatement avant la querelle des Indulgences) *La Théologie allemande* de l'anonyme de Francfort, qui se dit « l'ami de Dieu de la vie parfaite ». **Dans un même paradigme, des théologies différentes restent possibles** et elles ont aussi toujours leur place aux côtés de la théologie prédominante ou dominante.

LE PARADIGME PROTESTANT ÉVANGÉLIQUE DE LA RÉFORME

Autrement dit, le témoignage chrétien originel – jamais totalement rejoint par la théologie chrétienne – n'a jamais cessé de déployer une force inspiratrice qui inquiétait et surprenait la théologie. L'Évangile, source d'innovation ! C'est encore plus vrai pour Luther que pour Origène, Augustin et Thomas. Pour lui, le témoignage chrétien originel – face à la rigidification et la « pétrification » ecclésiale et théologique sans précédent – développe une véritable force explosive révolutionnaire. Dans ces conditions, des paradigmes anciens, oubliés, peuvent même faire office d'inspirateurs, les regards en arrière donnant alors lieu à des percées nouvelles. Augustin s'est surtout référé à l'épître aux Romains de Paul, Luther se réfère à Paul et à Augustin ; et Karl Barth, plus tard, avec sa « théologie de la crise », se réclamera tout à la fois de Paul, d'Augustin et des réformateurs.

L'**Évangile** lui-même – toujours en liaison, bien sûr, avec les développements de la société contemporaine – peut donc devenir le déclencheur direct de la crise théologique, le fondement de la **discontinuité** en théologie, et fournir l'impulsion conduisant à un nouveau paradigme. Mais parce que ce témoignage chrétien **originel** est aussi le témoignage **fondamental** permanent, il peut expliquer que la révolution théologique conduise certes à un nouveau paradigme, mais sans évincer et remplacer totalement l'ancien. La théologie de Luther n'en est-elle pas l'exemple même ? En principe, des éléments de l'ancien paradigme peuvent être repris dans le nouveau dans la mesure où ils ne contredisent pas le témoignage originel et fondamental. Ainsi, dès le début, c'est comme si quelqu'un veillait pour que – chez Luther comme chez Origène et Augustin – un bouleversement ne conduise pas à une rupture totale, pour que soit préservée une certaine communauté théologique avec les ancêtres en théologie. Par exemple, on trouve – des auteurs récents ont une nouvelle fois attiré l'attention sur cette donnée – l'affirmation de la « justification par la foi seule » non seulement dans le commentaire de l'épître aux Romains de Luther, mais déjà dans ceux de Thomas, Augustin et Origène.

C'est dire – cela vaut aussi pour nous aujourd'hui – qu'une révolution théologique ne peut jamais s'opérer autrement dans la théologie chrétienne, si elle veut être et rester chrétienne, qu'en prenant **appui sur** l'Évangile et en fin de compte si elle naît **à cause** de l'Évangile, mais jamais **contre** l'Évangile ou **abstraction faite** de l'Évangile ! C'est dire que le théologien ne dispose pas de la vérité de l'Évangile – même si les textes appellent une explication historico-critique –, moins encore qu'un spécialiste de la Constitution ne dispose de la Constitution ! L'**Évangile** lui-même apparaît toujours comme le **fondement** non seulement d'une éventuelle discontinuité, mais aussi de la **nécessaire continuité** en théologie : une « révolution théologique » par changement de paradigme a lieu en raison, précisément, de la permanence du message chrétien ! N'est-ce pas exactement cela que représente la Réforme de Luther ?

Changer de paradigme n'est pas changer de foi

Certes, les adversaires de Luther (puis de plus en plus Luther lui-même) ont poussé les choses à l'extrême, faisant de la décision dans le sens d'un nouveau paradigme une décision de foi au sens religieux, *stricto sensu* : pour ou contre les indulgences = pour ou contre le pape = pour ou contre l'Église = pour ou contre le Christ = pour ou contre Dieu ! Sur la seule question de la justification du pécheur par la foi, on aurait très bien pu s'entendre – comme notre siècle en fera la preuve. Mais on ne reconnaissait précisément pas qu'il s'agissait en premier lieu (dans le langage scientifique moderne) d'un **changement de paradigme** (avec, il est vrai, des conséquences pratiques radicales pour toute la société) et **non pas d'un changement de la foi** !

Le réformateur exige de Rome un « retour à l'Évangile de Jésus-Christ ». Rome, qui ne veut pas entendre parler de réforme, exige du réformateur un « retour à la doctrine de l'Église ». C'est là, dès le début – selon la stratégie constante de l'Église –, une mise en demeure de capituler. Ainsi l'**adversaire théologique** devient automatiquement un **hérétique,** voire un incroyant : dès lors, Luther ne sera plus pour Rome que l'hérétique, il sera même – compte tenu de l'histoire globale du protestantisme au fil des siècles – « l'hérétique par excellence ». Mais, inversement, Rome n'est plus pour Luther que « la putain Babylone », et le pape n'est plus que « l'Antéchrist », celui qui a usurpé la place du Christ dans le sanctuaire. On connaît les conséquences fatales de ce dénigrement réciproque :

LE PARADIGME PROTESTANT ÉVANGÉLIQUE DE LA RÉFORME

– **Rome** considère que les Églises de la **Réforme** ont abandonné la vraie « foi catholique », elle les considère comme schismatiques et hérétiques. Jusqu'à Vatican II, on ne leur reconnaîtra même pas le titre d'Églises.

– Pour **Luther** et pour la chrétienté réformée, l'Église de la foi **catholique** devient l'« Église papiste » romaine non réformée. Elle a manifestement décroché de l'Évangile, elle est hérétique, voire antichrétienne.

La confrontation entre Luther et la théologie catholique romaine jette aussi une vive lumière sur les trois issues possibles d'un changement de paradigme :

– Quand la théologie et l'Église **rejettent** un paradigme, ce rejet devient volontiers une **condamnation** et la discussion s'achève en **excommunication**. Il en fut ainsi dans le catholicisme romain : il identifia de façon erronée sa propre théologie avec l'Évangile, le système ecclésiastique avec l'essence du christianisme, l'expression de la foi avec le contenu de la foi.

– Quand un paradigme est **accepté** et que l'innovation devient tradition, une opinion théologique est facilement considérée comme **vérité de foi** : le *theologumenon* (« énoncé théologique ») devient un **dogme**, la tradition devient **traditionalisme**. Il en fut ainsi dans le luthéranisme : il développa un traditionalisme qui ne revêtait plus le manteau hellénistique byzantin, ni l'habit médiéval romain, mais précisément celui du protestantisme biblique.

– Si l'issue de la controverse reste indécise, le nouveau paradigme est provisoirement **archivé**, relégué aux oubliettes : dans les sciences physiques, cet archivage représente le plus souvent un processus scientifique prédominant, qui laisse les questions ouvertes. Il en ira tout autrement dans la sphère catholique au fil des siècles, face aux tentatives réformatrices de théologiens réformateurs : l'archivage est souvent **imposé de force**, puis ce qui est ainsi archivé est **tabouisé**. Ce tabou est ensuite maintenu par l'Inquisition, la persécution des dissidents – qui sont « brûlés » psychiquement, autrefois même physiquement ! – par la répression de la liberté de conscience et de la liberté d'enseignement, par l'étouffement fût-ce d'un début de discussion.

Exagération malveillante que tout cela ? N'avons-nous pas vu, dans le cadre de P III, comment, des siècles durant, dans la théologie et dans l'Église catholiques, il fut interdit d'aborder certaines questions (comme le sacerdoce des laïcs, la liberté du chrétien, l'*Ecclesia semper reformanda*, « l'Église constamment à réformer ») et certains appels à la réforme (langue du peuple dans la liturgie, communion des laïcs au calice, mariage des prêtres). Tout cela était considéré comme luthérien. Quiconque osait en parler quand même était humilié et châtié. Il fallut attendre plusieurs siècles avant de reconnaître à nouveau, **dans les différents paradigmes** (P IV et P III) de l'Église et de la théologie, le **même message chrétien** et la même Église chrétienne. C'est alors seulement que l'on a commencé à comprendre comment il convenait d'apprécier loyalement l'histoire de la Réforme :

– ni comme une redécouverte de l'Évangile lui-même (que l'on aurait presque totalement perdu depuis Paul, en tout cas depuis Augustin), comme le voudrait la vision protestante pessimiste de l'histoire,

– ni comme la grande désertion hérétique par rapport à l'Église catholique et à sa doctrine, qui connaissent, dans le principe, un développement organique – selon la vision catholique, organique et optimiste,

– mais comme un changement de paradigme annonçant une époque nouvelle; celle-ci modifia toute la constellation théologique, ecclésiale et sociale, tout en conservant parfaitement la substance de la foi chrétienne – comme il ressort de l'analyse que nous faisons ici.

Mais nous n'avons examiné jusqu'ici que la première phase du changement de paradigme réformateur. Il fallut cinquante, cent ans même, pour que se constituent les confessions actuelles. Plusieurs options resteraient longtemps ouvertes pour tels pays et telles régions. On s'interrogeait alors, comme on peut s'interroger aujourd'hui : n'y avait-il pas une troisième possibilité, une « troisième force » possible, outre la première (Rome) et la deuxième (Wittenberg), en l'occurrence l'humanisme et l'« évangélisme » catholique, qui se trouvent surtout associé au nom d'Érasme de Rotterdam ? Nous avons déjà abordé brièvement cette « réforme catholique » dans le dernier grand chapitre (P III). Examinons-la d'un peu plus près, afin de porter un jugement équilibré sur la Réforme (P IV).

5. LES RÉSULTATS PROBLÉMATIQUES DE LA RÉFORME LUTHÉRIENNE

Y avait-il une solution de remplacement à Rome et à Luther ? La question, qui se pose historiquement, n'est pas sans importance théologique, y compris pour notre temps : le programme de réforme humaniste d'**Érasme de Rotterdam** n'aurait-il pu éviter la scission de l'Église s'il avait été adopté à temps par le pape et les évêques ? Des historiens de l'Église des deux camps en doutent. Mais pouvons-nous toujours faire entièrement confiance à leur objectivité historique, compte tenu de ressentiments confessionnels dont on ne peut pas constamment se départir [33] ? C'est pourquoi, imperturbable, je pose une nouvelle fois la question : s'il avait été reçu à temps, le programme de réforme d'Érasme de Rotterdam n'aurait-il pu éviter la scission de l'Église ? Le thème central d'Érasme, qui se dessine très tôt, peut s'énoncer ainsi [34] : il s'agit pour lui – en réconciliant l'enseignement et la piété, la culture et la religion, l'Antiquité et le christianisme – d'être authentiquement homme en étant chrétien et d'être chrétien en étant homme.

Les pensées communes au réformateur Érasme
et au réformateur Luther

Dans des œuvres comme le célèbre *Enchiridion* [35] (1503), l'humaniste, sous l'influence de ses amis anglais (surtout du chancelier Thomas More), s'est manifestement tourné vers une piété biblique. Selon son biographe américain Roland H. Bainton, ce livre a contribué plus que tout autre à en faire le porte-parole d'un mouvement de réformes libérales dans le catholicisme, le conseiller des papes et le mentor de l'Europe [36].

De fait, dans les polémiques de son temps, Érasme s'est considéré comme le « défenseur de la vraie liberté, apportée par le Christ et empêchée par les pharisiens, la liberté défendue par Paul à l'encontre des juifs qui voulaient ramener l'Église des premiers temps vers le judaïsme [37] ». « Judaïsme » ne renvoie évidemment pas ici – le mot n'est pas sans danger – à un peuple ou à une communauté religieuse, mais à une attitude religieuse toute d'extériorité, qui ne se définit que par rapport à la Loi. Érasme était profondément convaincu de tenir là la substance même du message biblique, même si nombre de ses idées se retrouvent aussi chez les auteurs de l'Antiquité. Le **but** de son travail devient de plus en plus nettement le **renouvellement de l'Église, de la théologie et de la piété populaire**, un renouvellement qui trouve son fondement dans la Bible.

Avec ce programme, Érasme entendait rester un chrétien catholique ; il entendait réformer l'Église catholique de l'intérieur : c'était un programme de réforme d'avant la Réforme, un appel alors même qu'avait déjà éclaté la grande crise, qu'Érasme n'avait évidemment pas vue venir, pas plus que ses contemporains. Ce qui se trouve efficacement concrétisé dans l'*Enchiridion* et dans l'*Éloge de la folie* [38] sous forme de satire critique, Érasme, qui maîtrise parfaitement plusieurs « genres littéraires », le précise dans la nouvelle édition des *Adages* [39] (1515), ce recueil si populaire de proverbes classiques qu'il commente brillamment et où il s'élève vigoureusement contre la tyrannie des princes et les maux de la guerre, plaidant pour des changements dans l'Église et dans la société. Un peu plus tard, dans son émouvant plaidoyer en faveur de la paix, *Querela pacis* [40], la « Complainte en faveur de la paix opprimée dans tous les pays », il propose (en vain) un contrat de paix européen entre l'Empire allemand, l'Espagne, la France et l'Angleterre ; avec l'*Éducation du prince chrétien* [41] (1516), il offre un **miroir des princes opposé à Machiavel**, dédié au futur empereur Charles Quint. En cette même année 1516, il publie – entreprise audacieuse, qui n'est pas dédiée à Léon X par hasard ! – l'*Instrumentum Novi Testamenti*, une **première édition grecque imprimée du Nouveau Testament, avec sa propre traduction latine** et des textes d'introduction. Sa traduction corrige – au scandale des traditionalistes qui se réclament de l'infaillibilité de l'Église – la Vulgate latine en usage depuis des siècles ; cinq ans plus tard, Luther prendra appui sur elle pour sa traduction allemande de la Bible.

Il n'est pas étonnant que cette production considérable ait fait de l'érudit de Bâle – chétif et sensible, apparemment faible et toujours préoccupé de sa santé et de son hygiène – le savant le plus célébré de cette décennie d'avant la Réforme (on le surnomme « Lumière du monde ») et le centre du réseau d'humanistes chrétiens qui s'étend sur toute l'Europe (il est le « Prince des humanistes »). La substance de son programme de **réforme de l'Église** peut se résumer – en systématisant quelque peu – en cinq points.

Comme Luther, Érasme a le souci d'une **autre science de la Bible**. Il n'est pas fondamentalement opposé à une explication allégorique, spirituelle, du moins tant qu'elle ne dégénère pas – surtout chez les prédicateurs ! – en pur arbitraire et en absurdités. Mais, en ces temps nouveaux, peut-on se contenter de ressasser sans cesse les interprétations médiévales et ne jurer que par la Vulgate ? Non, la Bible est une œuvre littéraire, et son interprétation doit reposer sur la philologie, qui ne recherche pas d'abord une signification profonde, une signification spirituelle transposée, mais bien le **sens littéral de l'Écriture** prise au pied de la lettre. Voilà pourquoi Érasme propose une traduction plus exacte de la Bible, en latin d'abord, puis dans les langues vernaculaires : seul le laboureur, la main à la charrue, pouvait en chanter quelques versets, le tisserand les fredonner en cadence avec sa navette, le voyageur trouver la route moins longue en se racontant des récits de ce genre [42] !

Comme Luther, Érasme aspire à une **autre théologie systématique**. Les théologiens avec leur seule érudition, cette race étonnamment sourcilleuse et irritable, pensent pouvoir sonder les mystères insondables de Dieu et en arrivent à se poser les questions les plus saugrenues (Dieu aurait-il pu prendre la forme d'une femme, d'un diable, d'un âne, d'une citrouille ?). Ce ne sont là que vaines spéculations, totalement absentes de l'Église primitive des apôtres. Les apôtres ne savaient rien de la transsubstantiation eucharistique, de la conception virginale de Marie et d'autres *quaestiones disputatae*. **Retour aux sources**, telle doit être la devise du temps ! Le christianisme et l'Antiquité ne s'excluent pas ! Ces temps nouveaux ont besoin d'une théologie qui ne reconnaisse d'autre norme que l'Écriture, qui aborde l'Écriture non à partir de la scolastique, mais à partir des Pères de l'Église, traduisant ainsi le message chrétien originel en un langage compréhensible pour le temps présent. Dans une telle théologie, **l'exégèse devient la science théologique**

fondamentale : à partir du texte biblique, le dogme, le droit, la pratique ecclésiastiques sont soumis à la critique ; ce qui est au cœur de cette démarche ce ne sont pas les spéculations métaphysiques, mais l'œuvre de salut du Christ et le chemin de salut ouvert par lui aux hommes.

Comme Luther, Érasme a en même temps le souci d'une **autre piété populaire**. Qu'il s'agisse du rabâchage de prières ou de l'invocation des quatorze saints auxiliaires (Apolline pour les maux de dents, Antoine pour les objets perdus, etc.), de la multiplication des messes et des pèlerinages, des histoires de miracles qui rapportent gros, des abus de la confession ou d'indulgences coûteuses : ces superstitions, ces abus devraient-ils être à l'abri de son ironie, de sa satire et de sa critique fondées sur la Bible, parce que certains, clercs et moines surtout, trouvent sa critique subversive, voire destructrice ? La piété populaire elle-même doit se réorienter positivement sur le message biblique, plus exactement sur le Jésus des Évangiles, selon le cheminement qui a été le sien – qui reste un exemple pour nous – face aux faux docteurs de la Loi et aux prêtres hypocrites. Ses *Paraphrases* populaires des livres du Nouveau Testament sont surtout destinées à **faciliter la compréhension du véritable Jésus aux laïcs cultivés**[43]. Si Luther revient surtout à Paul, Érasme revient au Jésus des Évangiles. On appelle « évangélisme » ce mouvement de Réforme, surtout en Italie et en Espagne.

Comme Luther, Érasme veut un **autre clergé**. « Comme si hors de la clôture il n'y avait pas de christianisme ! » Voilà qui est dit à la fin de l'*Enchiridion*. Les critiques les plus acerbes d'Érasme sont pour les moines – ses propres expériences y transparaissent. Ces moines insolents et sots, qui se signalent par leur inculture, leurs superstitions, leur pathos ridicule dans leurs sermons ! Ils sont plus préoccupés de se remplir le ventre, de ramasser de l'argent, d'accumuler les honneurs que de suivre Jésus ; les règles de leur ordre leur sont plus importantes que l'Évangile, le nom de leur ordre plus déterminant que le baptême, ils mettent l'habit de leur ordre au-dessus de toute chose. Cette critique d'Érasme n'est déjà ni plus ni moins qu'une **remise en question radicale de l'idéal de la piété tel qu'il était conçu jusque-là**. En faisant état du seul et même baptême, Érasme efface la différence essentielle entre le clergé et les laïcs, il relativise toutes les apparences traditionnelles et les cérémonies sans âme, et il plaide pour une piété sobre de tous les jours, adaptée à son temps, valable pour tous, qui ne connaît que le Christ Jésus. Et le célibat ? Il ne le rejette pas totalement, mais en l'état actuel des choses il l'estime inopportun, tandis qu'il exalte le mariage dans l'*Encomium matrimonii* (1518) – au grand dépit des docteurs cléricaux de Louvain et de maints prédicateurs.

Comme Luther, Érasme aspire aussi à une **autre hiérarchie**. Il n'est pas difficile de montrer le fossé qui sépare les prétentions des « successeurs des apôtres » et la réalité de leur vie si peu apostolique. Chez les membres de la hiérarchie, tout tourne autour de leur propre gloire, de leur pouvoir et de leur splendeur, du droit ecclésiastique, de l'apparat et du luxe de l'Église... Quelle bureaucratie aux innombrables fonctionnaires ! Au lieu de la communion, l'excommunication, au lieu de l'annonce de l'Évangile, des anathèmes et des interdits ! Chez tous – dans le bas clergé comme au sommet de la hiérarchie – l'argent, rentrées et dépenses, est au centre de tout ! « Mais si les papes, les représentants du Christ, voulaient essayer de calquer leur vie sur la sienne, faisant leurs notamment sa pauvreté, son travail, son enseignement, sa croix, son acceptation de la mort [...] quel cœur en serait plus accablé que le leur [44] ? » Le dialogue anonyme, immédiatement attribué à Érasme, *Julius exclusus e coelis* – le pape Jules II, oublieux de Dieu, tout à ses guerres, qui a mis dans sa poche les fausses clés (celles de sa trésorerie) et qui se trouve refoulé aux portes du ciel par Pierre, le premier pape – a été compris par toute l'Europe cultivée, parce qu'il confrontait le pape et l'Évangile, non seulement comme une satire du temps, mais comme une critique théologique percutante.

En ces années décisives – les deux premières décennies du XVIe siècle –, Érasme prend de plus en plus conscience du gouffre béant qui s'est creusé entre les « successeurs des apôtres » et les apôtres eux-mêmes, entre l'Église triomphaliste de son temps et la simplicité des origines, bref entre le christianisme actuel et le Christ Jésus d'alors. L'Église et le pape ne sont plus une aide, mais un obstacle sur la route vers Dieu ! Érasme a pris de plus en plus clairement conscience de ce que signifie le véritable christianisme aujourd'hui : au lieu de s'attacher au dogme, au droit et au système ecclésiastiques, il faut se laisser saisir par la Sainte Écriture et par son Christ vivant. Au lieu d'une christologie sublime, dont se réclameront ensuite trop facilement les plus haut placés dans la hiérarchie avec leurs prétentions sans bornes, il faut un retour au Jésus humain, abaissé, des Évangiles, qui prend le parti, avec humilité et douceur, de ceux qui sont au bas de l'échelle et sont méprisés : le Christ n'a pas triomphé du monde grâce aux syllogismes, à l'argent et à la guerre, mais par sa disposition à servir et par son amour. Ce christianisme pratique dans l'humilité, la douceur, la tolérance, l'esprit pacifique, l'amour, voilà ce qu'Érasme appelle la « philosophie du Christ » ou la « philosophie chrétienne » – et, ce faisant, il est sans doute plus dans la ligne des Pères grecs (Louis Bouyer [45]) que dans celle de Plutarque et de Cicéron (Albert Renaudet [46]).

*Les réserves du réformateur Érasme
face au réformateur Luther*

Le programme de réforme d'Érasme – présenté ici de façon plus compacte qu'il ne l'a jamais formulé lui-même – n'a manifestement jamais été accepté à temps par les hommes dont l'influence était déterminante sur la politique, dans l'Église et dans l'État. Les événements se précipitent soudain. Du jour au lendemain pour ainsi dire, du fait de **Martin Luther**, les échanges entre humanistes cultivés et les vaines discussions des théologiens se muent en une **crise** où il en va pour chacun, qu'il le veuille ou non, de sa vie même, où l'on ne peut plus se contenter d'exhorter à la patience avec Érasme, de mettre en garde contre la susceptibilité du pape et des princes, où donc il faut se **décider** – pour ou contre.

Mais Érasme ne veut précisément pas se décider, **en aucun cas**. Sa devise : « *Nulli concedo* » (« Je ne m'incline devant personne »), peut aussi, si nécessaire, se traduire dans sa bouche à lui, le timoré, l'hyperprudent, qui aspire à l'harmonie et qui a horreur des conflits, par : « Je ne me décide pour personne »… Non, ce n'est pas seulement par faiblesse, voire par lâcheté qu'Érasme adopte cette attitude, comme on le pense souvent dès l'époque et plus tard, mais aussi, en fin de compte, par conviction et volonté de préserver son indépendance intellectuelle. Cette dernière est le fondement de son existence. N'a-t-il pas suffisamment souffert, écrit et lutté sa vie durant ? Ne vaut-il pas la peine de défendre cette indépendance – pour l'amour de la science et finalement aussi de l'Église ? Lui, le critique de l'Église et le théologien de l'Écriture, n'est-il pas officiellement considéré comme partageant les idées de Luther et même comme son père spirituel ? Il a pondu, dit-on, l'œuf couvé par Luther...

Érasme voulait (comme certains aujourd'hui) demeurer au-dessus des partis. Lui, l'esprit libre, désirait rester libre – y compris dans la controverse. Homme du milieu, ennemi de tous les extrêmes, il voulait écouter les deux côtés et faire office de médiateur. Il voulait le « et... et », le « ceci et cela ».

D'un côté, il refuse de **condamner Luther** sans enquête approfondie. Sur ce qui est en cause, l'humaniste chrétien de Rotterdam ne peut qu'acquiescer à une bonne partie des thèses du théologien de Wittenberg. Si l'on veut récuser tout l'enseignement de Luther, c'est une bonne partie de l'Évangile qu'il faudrait récuser, pense-t-il. Non, Érasme n'est pas prêt à qualifier Luther d'hérétique et il se refuse opiniâtrement à écrire contre Luther, comme on le lui demande à Rome et ailleurs dans l'Église. Il décline tout aussi opiniâtrement les invitations à se rendre à Rome pour y remplir une fonction – y compris celle d'Adrien VI, précepteur de Charles Quint et premier pape hollandais (et dernier pape non italien avant Jean-Paul II), qui considère, il est vrai, dès le début, les œuvres de Luther comme très dangereuses. Non, Érasme, le grand indépendant, ne se sent pas l'âme d'un théologien de cour et d'un cardinal.

Mais, d'un autre côté, il **ne s'identifie pas avec Luther**, ce lourd Hercule – c'est ainsi qu'il le voit – qui frappe de tous côtés dans la mêlée théologique et dans l'Église, à la façon des lansquenets allemands. Luther a renversé tant de choses qu'il aurait mieux valu laisser en place... Elle est terrible, la logique allemande ! Ce n'est pas parce que Érasme a d'abord approuvé Luther qu'il lui faut approuver tout ce qu'il a écrit depuis. Devrait-il acquiescer, par exemple, à ses affirmations sans nuances à propos de l'absence de liberté dans la volonté du pécheur et de son incapacité à accomplir de bonnes œuvres ? Non : Érasme ne peut ni ne veut s'identifier à aucun prix à ce fanatisme excessif de la foi. L'humaniste cultivé, réservé, sensible, est trop peu porté à se battre. Sur les points où Luther a raison, il l'approuve ; mais que l'on n'attende pas de lui qu'il l'approuve sur les points où il a tort ; dans ce cas, Érasme préfère finalement s'en tenir au pape et à l'empereur.

Avec une politique aussi ambivalente et une diplomatie aussi consommée, Érasme se retrouve pris **entre deux feux**. Pour beaucoup, l'initiateur du mouvement de réforme s'efface maintenant entièrement derrière Luther, qui est comme son exécutant. Le réformateur fait passer à l'arrière-plan l'avocat des réformes. Celui qui a semé le vent aurait-il peur de la tempête ? Pas étonnant qu'Érasme se voie accusé de duplicité, de dissimulation, d'opportunisme, une réputation qui lui collera à la peau. D'abord aimé et admiré, puis convoité et courtisé des deux côtés, Érasme devient objet de méfiance, suspecté, calomnié et tourné en dérision dans les deux camps.

Érasme n'en travaille pas moins infatigablement, par ses publications, au consensus, à la *concordia* entre les différents camps chrétiens. En 1533, il publie son dernier écrit sur la paix sous le titre *Sur l'unité de l'Église à rétablir*. Il lui reste une bonne année à vivre à Bâle – il a alors près de 70 ans. Et il ne cesse de s'interroger, autocritique et indépendant comme il l'a toujours été : a-t-il suivi la bonne voie ? N'aurait-il pas dû se dispenser d'écrire bien des choses ou les écrire autrement ? Mais aussi, que n'a-t-il pas fait, patiemment, plus que patiemment et jour après jour, pour apaiser les conflits par la compréhension, pour ne pas couper les ponts, pour maintenir les contacts en utilisant la correspondance, envoyant partout des réponses raisonnables (et apparaissant souvent contradictoires) sur différentes questions et situations, tâchant de concilier ainsi l'inconciliable et de convaincre les inconciliables par la Bible et la raison !

Érasme meurt dans la nuit du 11 au 12 juillet 1536, à Bâle, parfaitement lucide – il prie sur des versets de psaumes, puis dit, dans la langue de son enfance, en hollandais, « Mon Dieu ! ». Théologien catholique jusqu'au bout, il est solennellement enterré dans la cathédrale protestante de Bâle par le pasteur protestant de la ville, en présence du maire et du Conseil, eux aussi protestants, ainsi que des professeurs et des étudiants de l'université. Lui qui avait l'âme tendre au milieu des héros pas très tendres de son temps – Luther, Zwingli, Calvin, Ignace de Loyola – ne serait-il pas au fond le seul œcuméniste souverain ?

LE PARADIGME PROTESTANT ÉVANGÉLIQUE DE LA RÉFORME

La défaite de la troisième force

Dans la perspective qui est la nôtre aujourd'hui, nous sommes en droit de nous poser la question : Érasme, esprit prudent à qui répugnait tout étalage de son intériorité, n'avait-il pas raison de se faire sans relâche l'avocat de l'objectivité, de la plus grande tolérance possible, de la reconnaissance même, si nécessaire, des différences dans l'unité, de l'entente et de la paix envers et contre tout, contre l'emprise de l'émotion, de la haine, du fanatisme et du désordre ? N'avait-il pas raison quand on songe à tout ce que Luther, homme d'action déconcertant, chez qui la ferveur et la colère paraissent trop souvent tenir lieu d'arguments, a voulu imposer à son Église ? N'avait-il pas raison avec sa devise : « **Des réformes, oui, la Réforme à la Luther, non** » – au vu des conséquences effrayantes de la Réforme pour l'Église et pour la société ?

Il n'est alors pas vain de se demander : de grandes souffrances n'auraient-elles pu être évitées à l'Europe si on l'avait plus écouté, lui, Érasme, plutôt que Luther, si en Europe la **troisième force** qu'il incarnait, celle de la compréhension et de la tolérance, avait pu s'imposer, à Rome d'abord, mais aussi en fin de compte dans le camp de la Réforme où il avait tant d'amis ? Mais l'histoire emboîta le pas à Luther, à Rome (et à Machiavel) : elle semble avoir passé outre à Érasme, le perdant.

L'historien autrichien Friedrich Heer, qui a fait de la troisième force le thème d'un ouvrage aussi percutant qu'engagé [47], dresse le triste bilan qui suit pour les différents pays d'Europe, après l'échec de la troisième force :

> L'échec de la troisième force a eu pour conséquences : en Allemagne, un siècle de guerres civiles culminant dans la guerre de Trente Ans ; pour la France, pendant cent cinquante ans, la guerre civile, tantôt froide, tantôt sans merci, entre la « religion du roi catholique » et les huguenots, qui aboutira à l'élimination ou l'expatriation d'une élite noble et bourgeoise et d'une partie de l'intelligentsia françaises ; pour l'Espagne, la coupure intérieure d'avec l'Europe par l'extermination ou l'expulsion de ses humanistes érasmiens, de ses juifs, de ses marranes et de ses protestants ; en Italie,

l'expulsion des non-conformistes religieux, la vie muselée, du XVIᵉ au XIXᵉ siècle, dans des États-ghettos qui étouffent la vie intérieure, ou du moins la freinent désespérément, avec leurs polices d'État et leurs inquisitions ; pour l'Angleterre, l'éloignement définitif de l'Europe – elle devient une *alter orbis*, un autre « continent ». L'Europe tout entière se fige définitivement, jusqu'au XXᵉ siècle, en « Occident », en Europe occidentale qui se définit en opposition à l'Orient, à la Russie, à l'Église d'Orient, contre ses propres masses, contre le peuple, contre le soubassement de la personne [48].

Face à l'histoire monstrueuse de ces fautes, Desiderius Erasmus de Rotterdam ne pourrait-il se justifier au regard de l'histoire ? Certes se pose aussi la question : n'aurait-il pas dû choisir et manifester publiquement sa **ferme opposition** au système romain – face à l'alternative entre agressivité d'un côté, neutralité de l'autre ?

L'année de la mort d'Érasme (1536), **Reginald Pole**, que nous connaissons déjà, un cousin érasmien d'Henri VIII, est nommé cardinal, en même temps que le sinistre zélote que nous avons aussi déjà rencontré, **Gian Pietro Carafa**, fondateur du sévère ordre des théatins. Ils faisaient tous deux partie de la commission de neuf membres qui élabora le *Rapport sur la réforme de l'Église (Consilium de emendanda Ecclesia)*, un rapport étonnamment franc, comme nous l'avons vu dans le cadre de la Contre-Réforme (P III), et qui fut considéré par tous comme marquant un tournant au Vatican dans le sens d'un renouveau de l'Église. Mais ce qui aurait pu être la grande chance historique pour les réformateurs s'évanouit quand **Pole** l'érasmien se déroba lors de l'**élection d'un nouveau pape**.

Comment était-ce possible ? Lors de l'élection du pape, en décembre 1549, le cardinal **Pole** obtint 21 voix, et même 24 le lendemain. Mais parce qu'il fallait 28 voix et que Pole ne pouvait les obtenir à cause de l'opposition des cardinaux favorables à la France, ses amis du parti de l'empereur mirent tout en œuvre pour élire Pole dès la nuit suivante, *per modum adorationis*, par acclamation, ce qui aurait permis à ses adversaires d'accepter ce choix sans vote formel en sa faveur. Cependant, à la surprise de tous, Pole, à qui on demandait s'il accepterait le choix *per adorationem*, au milieu de la nuit, se tut et s'en retourna, « muet comme un bœuf » (comme il le dirait lui-même plus tard) dans sa cellule. Or, le lendemain, la voix décisive promise fit défaut. Pole était peut-être aussi érasmien – on peut se le demander – en se révélant comme un *cunctator* indécis, hésitant, en une heure décisive, laissant passer l'heure d'agir ? Il s'avéra en tout cas érasmien en cela qu'au lieu d'accepter l'élection et de prendre personnellement et pratiquement la Réforme en main, il s'enferma dans sa cellule pendant les deux mois pleins que dura le conclave – pour écrire un livre sur le pouvoir et le devoir du pape !

L'occasion manquée ne se présenta plus : au soixante et onzième jour du conclave, Pole obtenait toujours le même nombre de voix qu'au début. Mais celui qui empêcha le plus l'élection de Pole, âgé de 49 ans seulement, celui qui l'accusa publiquement d'hérésie – notamment en matière de justification – était lui-même candidat (des Français) : ce n'était autre que **Carafa**. Devenu le porte-parole du groupe conservateur, dans la ligne de la restauration, et le fondateur de l'Inquisition romaine centrale (*Sacrum Officium Sanctissimae Inquisitionis*, 1542), Carafa, on le sait, fut élu pape six ans plus tard, sous le nom de Paul IV. Il fut le premier inquisiteur à prendre place sur le siège de Pierre, et il fit même persécuter par l'Inquisition, nous l'avons vu, ses confrères les cardinaux Pole et Morone. La troisième force était hors jeu.

Le double visage de la Réforme

En décembre 1545 s'était tout de même tenue finalement cette modeste réunion d'Église à laquelle les « protestants » allemands (ainsi nommés depuis la « protestation » de Speyer, en 1529) avaient refusé de s'associer et qui, nous l'avons vu dans le cadre du paradigme catholique romain (P III), deviendrait le concile de la Contre-Réforme, le concile de Trente.

Entre-temps le mouvement luthérien avait connu une extension considérable, notamment dans le nord, l'est et le sud de l'Allemagne, mais aussi en Livonie, en Suède, en Finlande, au Danemark et en Norvège. Parallèlement à ces événements en Allemagne, Huldrich Zwingli avait été à l'origine, en Suisse – qui avait commencé à se détacher de l'Empire dès le milieu du XVe siècle –, d'une forme autonome, encore plus radicale, de la Réforme, sur

laquelle nous reviendrons. De son côté, Martin Luther avait réussi, dès les années 1520, à **consolider intérieurement le mouvement réformateur** :
– Pour le culte, il avait publié, en allemand, un *Livret pour le baptême*, une *Messe allemande* et un *Livret pour le mariage*.
– Pour la formation religieuse, il donna le *Grand Catéchisme* pour les pasteurs et un abrégé, le *Petit Catéchisme*, à usage domestique.
– Une nouvelle constitution de l'Église avait été promulguée par les princes. Plus tard, Luther rédigea aussi un formulaire liturgique pour l'ordination des pasteurs, lui-même ordonna des pasteurs, ainsi que deux évêques. Dans la sphère d'influence luthérienne, les messes privées et l'armée de la prêtraille à messes disparurent largement, ainsi que les innombrables fêtes de saints, la confession auriculaire, les couvents et l'obligation du célibat pour le clergé séculier. Luther lui-même s'était marié ; il avait épousé une ancienne religieuse, Katharina von Bora, dont il eut six enfants.

L'Allemagne se trouva donc **coupée en deux camps confessionnels**. Devant la menace des Turcs, qui avaient battu les Hongrois en 1526, près de Mohacs, et qui, en 1529, s'étaient avancés jusqu'aux portes de Vienne, Luther s'était aussi demandé qui était le plus dangereux pour la chrétienté : le pouvoir papal ou celui des Turcs – l'un et l'autre représentant pour lui la religion des œuvres et de la loi. Vers la fin de sa vie, l'avenir même des Églises réformées était loin de paraître aussi rose à ses yeux que l'année de la grande percée. Dans les dernières années de sa vie, Luther lui-même était de plus en plus sujet à des angoisses apocalyptiques, à une humeur sombre, à des accès maniaco-dépressifs et à des tentations spirituelles. Son pessimisme, qui croissait d'année en année, n'avait pas seulement des causes psychologiques, mais aussi des causes objectives [49]. En effet, il ne souffrait pas seulement de graves maladies, il éprouvait aussi de grandes déceptions.

1. L'enthousiasme réformateur originel était **retombé** : la vie des communautés était souvent effondrée, notamment par manque de pasteurs. Dans les années 1530, l'élan du mouvement évangélique était fortement retombé dans le peuple. Beaucoup, qui n'étaient pas mûrs pour la « liberté du chrétien », avaient perdu aussi tout appui ecclésial, et du coup moral, avec l'effondrement du système romain. Luther lui-même, qui se plaignait de l'ingratitude des Allemands, se demandait parfois si la Réforme avait vraiment rendu les hommes davantage pieux et moralement meilleurs. On ne pouvait pas non plus ne pas remarquer un appauvrissement artistique considérable – à l'exception de la musique.

Bien des choses qui auraient pu changer n'avaient pas changé [50]. Nombre d'abus du Moyen Age survivaient envers et contre tout [51]. Certes, on avait ouvert un peu partout des écoles pour former des chrétiens fervents qui sachent lire la Bible et le catéchisme. Mais les comptes rendus de visites pastorales montraient que l'ignorance et la superstition, les imprécations et les jurons, ainsi que des rites et des usages curieux, restaient encore très répandus, sous forme d'une religion mêlant catholicisme et protestantisme [52]. Certes, l'autorisation faite aux prêtres de se marier avait remédié à maints abus, mais elle n'avait évidemment pas éliminé tous les manquements sexuels et autres. Les pasteurs luthériens avaient perdu, il est vrai, de nombreux privilèges légaux et financiers – qui avaient été des motifs à anticléricalisme –, et la famille du pasteur devenait le centre social et culturel de la communauté. Mais le « sacerdoce universel » des fidèles n'était pas réalisé pour autant, et le gouffre entre le clergé et les laïcs subsistait en maints endroits. La formation universitaire des pasteurs, qui ne tarda pas à se généraliser, et les mariages entre fils et filles de pasteurs conduisirent – sur le modèle de la fonction publique – à un nouvel état clérical, plus intellectuel il est vrai, précurseur d'une religion intellectualisée qui s'éloignait d'autant de la culture populaire [53].

2. La Réforme se heurtait aussi à une **opposition politique croissante** : après l'échec de la Diète d'Augsbourg de 1530 (l'empereur avait rejeté la *Confession d'Augsbourg*, œuvre qui se voulait réconciliatrice, surtout inspirée de Melanchthon), la Réforme réussit d'abord, dans les années 1530, non seulement à se consolider dans les territoires déjà acquis, mais à s'étendre aussi à d'autres secteurs, du Wurtemberg au Brandebourg. Mais, dans les années 1540, l'empereur Charles Quint, qui avait toujours jusque-là cherché à faire œuvre de médiateur, en finit avec des guerres épuisantes contre la Turquie et contre la France. Il s'estima dès lors à nouveau assez fort pour reprendre en main l'Allemagne. Quand les luthériens déclinèrent l'invitation à participer au concile de Trente, enfin convoqué (parce qu'il se tenait sous la direction du pape – voir le texte ordurier de Luther *Contre la papauté de Rome fondée par le diable*[54], 1545), l'empereur saisit cette occasion pour mettre à genoux, militairement, la Ligue protestante de Smalkalde, devenue très puissante. Les forces protestantes essuyèrent une défaite dans cette première phase de guerres de Religion (1546-1547, appelées « guerres de Smalkalde »), et plus rien ne s'opposait désormais au rétablissement des conditions de vie catholiques romaines – avec des concessions, il est vrai, en ce qui concerne le mariage des prêtres et la communion des laïcs au calice...

Seul le changement de camp de Maurice de Saxe (vaincu, il s'est allié en secret avec la France), qui attaque l'empereur par surprise à Innsbruck en 1552 et le contraint à fuir, provoquant de la sorte l'interruption du concile de Trente, sauve le protestantisme d'un naufrage militaire total. Trois ans après, en 1555, la division confessionnelle de l'Allemagne entre les territoires qui restent attachés à l'ancienne foi et ceux de la *Confession d'Augsbourg* est définitivement entérinée (avec la paix d'Augsbourg). Il n'y a désormais plus place, sur le sol allemand, pour la troisième force *(via media)*, qui a toujours joué un rôle jusque-là dans les cours princières comme dans le peuple. Ce qui prévaut maintenant, ce n'est plus la liberté de religion, mais le principe « *Cujus regio, ejus religio* ». Ceux qui ne relèvent d'aucune des deux « religions » restent exclus de la paix, et ils sont nombreux.

3. Le camp protestant **n'avait pas pu préserver son unité**. Dès le début foisonnèrent les groupements, communautés, assemblées, mouvements, ainsi que les pamphlétaires isolés qui poursuivaient des objectifs différents et usaient de stratégies différentes dans la réalisation de la Réforme. A considérer les grands camps qui s'opposaient, le protestantisme allemand se partagea d'abord entre Réforme de « gauche » et Réforme de « droite », puis entre luthéranisme allemand, zwinglianisme suisse et calvinisme – pour finir, des divisions se firent jour au sein même du luthéranisme et du calvinisme. Toute cette évolution fut lourde de conséquences.

LE PARADIGME PROTESTANT ÉVANGÉLIQUE DE LA RÉFORME

L'« aile gauche de la Réforme » :
les non-conformistes radicaux

Luther avait libéré des forces qu'il ne pouvait plus maîtriser qu'en recourant à la violence. C'étaient les forces du **non-conformisme** (de l'« enthousiasme »)[55]; elles avaient, certes, des racines médiévales, mais elles avaient trouvé un encouragement extraordinaire avec l'entrée en scène de Luther. Avec l'« aile gauche de la Réforme » (« *left wing of the reformation* », selon R.H. Bainton), il s'agit de mouvements religieux et sociaux à tendance radicale, que l'on ne devrait pas chercher à comprendre à partir du Moyen Age ni à partir des Lumières modernes, mais comme des mouvements autonomes dans le cadre du paradigme de la Réforme (P IV). S'édifiant « à partir du bas », ce sont des mouvements de laïcs à orientation anticléricale, qui se tournent aussi contre le pouvoir de l'État quand ils sont persécutés. Mais ils présentent une si grande diversité de figures de proue, de groupes et de mouvements qu'une typologie est quasiment impossible.

Une multiplicité de révoltes et d'intérêts individuels commencèrent à se manifester, se réclamant de Luther, et le réformateur se trouva très rapidement confronté à un deuxième front, de « gauche ». Ces groupes radicaux (ils étaient chauffés à blanc par Karlstadt[56], qui s'en prenait aux messes, aux prêtres et aux moines; l'agitation et le mouvement iconoclaste gagnèrent Wittenberg, la ville même de Luther, dès 1522!) lui paraissaient au moins aussi dangereux pour son projet réformateur que les traditionalistes à orientation romaine. Si les « papistes » se réclamaient du système romain, les « enthousiastes » ou « exaltés » (*Schwärmer* – dénomination dénonciatrice qui leur est souvent restée jusqu'à nos jours, malgré les recherches historiques qui ont corrigé la vision que nous pouvions en avoir) lui paraissaient pratiquer un subjectivisme et un enthousiasme religieux fanatiques. Ils se réclamaient d'une révélation et d'une expérience personnelle immédiate de l'Esprit (d'une « voix intérieure », d'une « lumière intérieure »), à laquelle ils associaient des idées apocalyptiques et des projets de révolution sociale. Leur devise était la mise en œuvre radicale de la Réforme ici et maintenant, à imposer par la violence si nécessaire, sans égard pour le droit existant. Ils voulaient établir le règne millénaire du Christ sur terre – tel était déjà l'objectif de l'agitateur révolutionnaire et du concurrent radical de Luther Thomas Müntzer, un ancien prêtre catholique dont les racines puisaient dans la mystique et l'apocalyptique médiévales.

On sait que deux ans après la révolte des nobles, en 1523, éclata la **guerre des Paysans**, dans laquelle Müntzer pensait pouvoir reconnaître l'approche du Jugement de Dieu sur les impies et l'avènement de l'ordre nouveau ; c'était une explosion politique révolutionnaire plus que compréhensible, compte tenu de la situation économique des plus déplorables des paysans. Il ne s'agissait pas d'une « révolution bourgeoise » avant la lettre, comme l'ont longtemps prétendu des historiens marxistes : les bourgeois des villes, dans leur grande majorité, se tinrent du côté des puissances féodales dans cette guerre des Paysans. Mais pour légitimer leurs revendications politiques, sociales et économiques, comme leurs revendications religieuses et ecclésiales (le libre choix des pasteurs, par exemple), les paysans pouvaient maintenant se réclamer de façon nouvelle de l'Évangile – et ils ne s'en privèrent pas : un lien direct entre la guerre des Paysans et la Réforme est donc indéniable [57].

Mais **Luther** a peur qu'une telle révolution compromette sa Réforme aux yeux des gouvernants. Se présentant d'abord en médiateur et exhortant à la paix [58], il est de plus en plus terrifié par les nouvelles des atrocités commises par les paysans. Il réagit par un texte passionné et insultant : *Contre les hordes meurtrières et rapaces de paysans* [59]. Il appelle les **autorités** à **intervenir sans ménagement** (avec l'« épée ») contre cette révolte hautement répréhensible à ses yeux, il appelle les princes à frapper et à couper. Cette intervention vaut à Luther une forte baisse de sa popularité des débuts.

On a longtemps plus ou moins passé sous silence ces événements tragiques dans le luthéranisme, jusqu'à ce que, en 1848, Friedrich Engels rédige la première histoire de la guerre des Paysans [60]. Puis, après la Première Guerre mondiale, Ernst Bloch [61] a vu en Thomas Müntzer [62] le fondateur d'une tradition révolutionnaire en Allemagne. Mais ce silence renvoyait sans aucun doute à Luther lui-même. Manifestement prisonnier d'une vision politique et théologique d'« en haut », le réformateur **n'était pas prêt à tirer** des **conséquences politiques et sociales tout aussi radicales** de son exigence radicale de liberté chrétienne. Il n'était pas disposé à soutenir aussi clairement qu'il l'aurait fallu les revendications justifiées des paysans à l'encontre des princes et de la noblesse. En dépit de tous les excès auxquels donna lieu la révolte des paysans, certaines de leurs exigences étaient parfaitement raisonnables et justifiées : ils étaient de plus en plus menacés dans leur autonomie et de plus en plus exploités. Luther lui-même ne pouvait nier la détresse économique des paysans, lésés dans leurs droits. Un projet de réforme était-il foncièrement illusoire à cette époque ? Non. L'organisation fédérale de la Confédération helvétique, l'idéal d'un ordre nouveau pour les paysans du sud de l'Allemagne représentaient un modèle parfaitement réalisable. Mais cet idéal était étranger à Luther, qui ne voyait les choses qu'à travers la situation en Thuringe. Les Habsbourg avaient toujours craint que les principes politiques fédératifs déteignent sur le sud de l'Allemagne [63].

Ainsi les **paysans** subirent non seulement une écrasante **défaite** militaire près de Frankenhausen, mais furent aussi l'objet d'un châtiment terrible : Thomas Müntzer fut torturé avant d'être décapité. Les paysans, ce grand groupe social dans l'Empire, se trouvèrent exclus comme force « trans-régions » qui aurait pu jouer un rôle dans la politique de l'Empire. Les princes étaient une nouvelle fois les grands vainqueurs et Luther s'était fait leur allié : avec son accord, ils feraient office d'« évêques suppléants » et ne tarderaient pas à devenir les maîtres de l'Église.

Mais les courants réformateurs radicaux ne sont pas taris pour autant, au contraire. Sur fond de guerre des Paysans, le 21 janvier 1525, dans la Zurich de Zwingli, le laïc Konrad Grebel procède au premier baptême d'adulte, sans autre cérémonie, avec une louche, dans une maison particulière, sur la personne de Georg Blaurock, un moine en fuite [64]. C'est le signal de la « révolte » pour le **mouvement baptiste**, très multiforme par la suite, où des laïcs en viennent à prêcher, à célébrer la Cène et à baptiser (y compris des femmes). Ils critiquent aussi durement les Églises réformées nouvellement établies, où l'on entre de force puisqu'elles enrégimentent les nourrissons. S'appuyant sur l'Écriture, les baptistes exigent une décision consciente et personnelle en faveur de la foi et pratiquent donc le baptême d'adulte, le seul baptême chrétien authentique à leurs yeux – c'est pourquoi leurs adversaires les dénoncent sous le nom d'« anabaptistes » (« ceux qui re-baptisent »).

Ces baptistes, qui balançaient au début entre pacifisme et militance active, se détournèrent de la réforme de Zwingli et récusèrent l'intégration dans la communauté ecclésiale, politique et légale conférée par le baptême : aussi furent-ils persécutés, mais, du fait même de cette persécution, ils se firent prédicateurs itinérants, répandant leur message avec une rapidité étonnante à travers toute l'Allemagne, jusqu'en Moravie à l'est et en Frise au nord. Ils se considéraient comme les seuls vraiment renés à la vie nouvelle, les seuls justifiés et sanctifiés. Ils se fiaient à l'Écriture et davantage encore à la « lumière intérieure » dont ils étaient les heureux bénéficiaires. Ils attachaient la plus grande importance à la moralité, dans la ligne du Sermon sur la montagne dont ils faisaient leur loi. Ces groupes, à orientation souvent apocalyptique et communiste avant la lettre, se montraient méfiants à l'égard de l'État et des Églises d'État, et ils étaient disposés à supporter patiemment et héroïquement, en martyrs, toute violence et persécution dont ils pourraient être l'objet de la part des instances politiques, aussi bien évangéliques que catholiques.

Les recherches sur les mouvances baptistes ont pris une extension considérable ces derniers temps [65]. Elles ont montré que l'on ne fait pas droit aux baptistes :

– en les discréditant comme des disciples égarés, exaltés, incorrigibles, de Luther (c'est ainsi que les voient les historiens issus du luthéranisme confessionnel) ;

– ou, au contraire, en les idéalisant comme un mouvement unifié et cohérent en vue de restaurer l'Église primitive (ainsi les voit la recherche américaine issue de la tradition des Églises libres) ;

– ou encore en les réduisant à des mouvements purement sociaux, en faisant fi de leur fondement religieux (cela dans la ligne de l'historiographie réformée marxiste, notamment dans l'ancienne RDA).

Le mouvement baptiste représente une configuration autonome de la Réforme, même si, en Europe, il se situe en marge du spectre de la Réforme, et sa composition est très hétérogène. Son *« Sitz im Leben »* est un violent anticléricalisme de la part de laïcs qui aspirent à une amélioration de leurs conditions de vie, qui mettent donc fortement l'accent sur les conséquences éthiques de la foi, sur l'engagement personnel et sur la piété individuelle [66].

Les persécutions les plus brutales et les exécutions n'ont manifestement pas raison des baptistes. Dans un rapport de la faculté de Wittenberg de 1531, Melanchthon se prononce également pour l'exécution de ceux qui penchent en faveur des baptistes, et Luther se range à son avis. Il prend fait et cause contre ces « imposteurs qui prêchent dans les coins et recoins [67] ». Ils arrivent dans les communautés sans aucun mandat officiel, prêchent et arrachent ainsi bon nombre de membres à leur pasteur et à leur communauté. Luther ne voit que « rébellion » dans ces agissements. A Wittenberg même, on est encore manifestement à des lieues de la liberté religieuse au sens moderne du terme ; on en est même si loin que dans la Saxe électorale protestante on a pu **exécuter des anabaptistes** alors même qu'ils n'ont rien de rebelles et qu'ils sont seulement dans l'erreur quant à leur foi. Il arrive aussi, sporadiquement il est vrai, que l'enthousiasme religieux se mue en régime de fanatisme et de terreur, quand – comme en Hollande, puis à partir de là à Münster, en 1535 (Jan Beuckelssen, Bernt Knipperdolling) – il vise à instaurer par la force un « Royaume du Christ ». En se réclamant de l'Apocalypse et de l'Ancien Testament interprétés littéralement, non seulement on en vient à imposer légalement le nouveau baptême et à réprimer brutalement les opposants, mais on prône aussi la communauté des biens, voire la polygamie.

Cependant, dans l'ensemble, les baptistes sont des hommes tranquilles, pacifiques, disposés à accepter les souffrances qui les frappent – comme les **mennonites**, des baptistes modérés rassemblés par l'ancien prêtre catholique Menno Simons († 1561) en communautés qui ne tarderont pas à connaître de nombreuses ramifications. Mais en raison de la révolution baptiste de Münster, ils sont considérés comme des rebelles, et ils sont des centaines et même des milliers à subir le martyre. Plus tard, ils finiront par être tolérés en Hollande, en Suisse et dans quelques villes du nord de l'Allemagne et de la Moravie. Comme d'autres non-conformistes, ils ne peuvent vraiment se développer que dans une nouvelle patrie, loin de l'ancienne Europe. Inutile de souligner que les pays protestants voient aussi surgir ailleurs, à côté des structures et institutions dominantes, des figures et des courants qui, par opposition au nouveau clergé comme à l'ancien, se radicalisent : le spiritualisme d'un Caspar von Schwenkfeld ou d'un Sebastian Franck fait fi de toutes choses extérieures, les antitrinitaires mettent toute leur énergie à combattre la doctrine traditionnelle de la Trinité. Les communautés baptistes et mennonites donnent naissance aux premières **Églises libres**, des Églises qui exigent la libre adhésion de leurs membres, qui ont leur propre organisation ecclésiale et se réunissent dans leurs propres églises – sans aucun droit de regard des autorités séculières. L'une des caractéristiques de l'aile droite réformée est précisément que les autorités séculières ont plus qu'un droit de regard – ce qui nous ramène une nouvelle fois à Martin Luther.

L' « aile droite de la Réforme » :
une Église dépendant des pouvoirs publics
au lieu d'une Église papale

L'idéal de l'Église chrétienne libre, dépeint avec enthousiasme par Luther dans ses écrits-programmes à l'adresse de ses contemporains, **n'est pas devenu réalité** dans la sphère du luthéranisme. Certes, Luther a libéré de nombreuses Églises de l'emprise d'évêques mondains, hostiles à la Réforme, et surtout de la « captivité » où les tenait l'Église romaine. Mais quel en fut le résultat ?

Luther avait adopté, en principe, la doctrine des « deux règnes », celui de l'État et celui de l'Église. Mais, confronté aux difficultés avec Rome d'une part, aux « exaltés » et aux « rebelles » d'autre part, il fit un devoir aux princes (qui n'étaient malheureusement pas tous des « Frédéric le Sage » !) de protéger l'Église et de veiller à ce que l'ordre y règne. Cette attitude marqua le luthéranisme d'une estampille politique conservatrice. Les évêques catholiques n'ayant plus leur place dans la sphère luthérienne et leur juridiction n'étant plus reconnue, les princes, « **évêques de remplacement** », se muèrent en *summepiscopi*, qui s'attribuaient un pouvoir quasi épiscopal, prenaient en charge la législation, la juridiction et la discipline de l'Église et disposaient de ses biens, ceux surtout des couvents fermés – et cela pas seulement à des fins ecclésiales et éducatives... Leur pouvoir politique s'en trouva considérablement accru.

LE PARADIGME PROTESTANT ÉVANGÉLIQUE DE LA RÉFORME

Bref, la Réforme populaire se mua en **Réforme des princes et des magistrats**, ce qui eut pour conséquence que les Églises luthériennes, libérées de la « captivité de Babylone », ne purent mettre en place une organisation ecclésiale autonome, mais passèrent sous la coupe des princes ou des villes. Elles tombèrent en effet rapidement sous la dépendance presque complète et souvent tout aussi étouffante de leurs propres princes, de leurs juristes et de leurs organes administratifs ecclésiastiques (consistoires). Quant aux villes impériales, où c'était le plus souvent une opposition civile qui avait imposé la prédication évangélique et l'institution d'une Église évangélique, c'était le Conseil de la ville, le magistrat, qui avait souvent le dernier mot en matière ecclésiastique – avec une bien faible participation de la communauté [68].

Dès avant la Réforme, les princes avaient travaillé, contre les paysans et les citoyens des villes, à l'unification intérieure de leurs territoires, souvent des assemblages bigarrés, fruit des hasards de l'histoire, en vue de disposer d'un ensemble cohérent de sujets soumis ; ils bénéficiaient désormais d'un pouvoir exorbitant à la suite du retrait de l'Église dans la sphère religieuse. Le **prince local** devenait finalement une sorte de **pape sur son territoire** ! Le résultat était moins une sacralisation du prince qu'une domestication politique – et même, au début, une sécularisation – de la religion. La liberté de conscience et de culte était restée en chemin, le dernier mot revenait aux autorités civiles. Des oppositions se faisaient jour, il est vrai, dans les communautés, contre une recatholicisation par exemple, ou encore contre le calvinisme. Mais le luthéranisme n'avait pas élaboré de doctrine qui reconnaîtrait le droit de résistance contre le prince ; il évoquait tout au plus un droit de protestation des pasteurs ou des surintendants. Les chercheurs protestants eux-mêmes le reconnaissent souvent aujourd'hui : la Réforme, en Allemagne, n'a pas tellement ouvert la voie (comme l'a souvent prétendu l'historiographie protestante) à la pensée moderne, à la liberté religieuse et à la Révolution française (qui requerrait un autre changement de paradigme faisant époque) ; en revanche, elle a d'abord soutenu l'État autoritaire et l'absolutisme princier, posant ainsi l'une des conditions de la modernisation à venir.

Tout compte fait, l'Allemagne luthérienne n'a donc pas donné naissance à l'Église chrétienne libre ; elle a donné le **pouvoir sur l'Église aux magistrats et aux princes**, un pouvoir souvent exercé de façon peu chrétienne, qui ne prendrait fin – une fin méritée – en Allemagne qu'avec la révolution née de la Première Guerre mondiale. Cependant, encore à l'époque du national-socialisme, la résistance des Églises luthériennes au terrorisme d'État de Hitler se trouva affaiblie par la doctrine des deux règnes utilisée des siècles durant ; cette doctrine, commune depuis Luther, met en avant la subordination des Églises à l'autorité de l'État, elle met l'accent sur l'obéissance civile en matière profane. Je me contenterai de relever ici ce dont j'ai déjà traité explicitement dans le premier tome consacré au judaïsme [69] : Luther, qui, au début, avait eu des mots amicaux à l'égard des juifs, tint, peu avant sa mort, des paroles si haineuses et si peu chrétiennes **contre les juifs** que les national-socialistes purent le citer comme un témoin privilégié pour justifier leur antisémitisme.

Le 18 février 1546, dix ans après Érasme, Martin Luther meurt – à Eisleben, son lieu de naissance, où il est venu prêcher – au terme de quelques heures d'affaiblissement physique, entouré de ses compagnons de voyage et en faisant appel à l'*ars moriendi* du Moyen Age. Sa « cause », la cause de la Réforme, continue. Mais même après sa mort, le luthéranisme ne réussit à s'imposer durablement qu'en Allemagne et dans les pays scandinaves. Le protestantisme n'en constitue pas moins une puissance mondiale. C'est le mérite de cette autre Réforme qui n'est pas partie de Wittenberg, mais de Zurich et de Genève. Nous abordons ainsi une autre phase du changement de paradigme réformateur.

6. LE PROTESTANTISME PROPREMENT RÉFORMATEUR, « RÉFORMÉ »

Depuis ses démêlés avec les « enthousiastes », certains critiques de Luther sont d'avis qu'il n'est pas assez radical, qu'il faut en finir plus radicalement avec le paradigme catholique romain. Face aux « demi-mesures » de Luther, il faut suivre résolument jusqu'au bout le chemin de la Réforme, passer de l'élimination des crucifix, des images et des ornements liturgiques à la suppression de la messe. Il ne faudrait s'en tenir dans l'Église qu'à cela seul qui peut se réclamer de l'Écriture. Il revint à Huldrych Zwingli, le contemporain intransigeant de Luther, son concurrent, voire son adversaire, de jeter les fondements de cette Réforme plus radicale. Nous avons brièvement rappelé son attitude négative à l'égard des premiers baptistes. Il nous faut maintenant considérer de plus près son propre point de départ. Zwingli, en effet, est représentatif de cette forme de Réforme conséquente qui deviendra ensuite pour Jean Calvin le véritable **christianisme réformé** : non seulement une rénovation plus ou moins profonde, mais une construction nouvelle et systématique de l'Église, une réforme non seulement de la doctrine, mais de toute la vie.

La Réforme en Suisse : Huldrych Zwingli

A la différence de Martin Luther, le réformateur de la Suisse alémanique **Huldrych Zwingli** [70] (1484-1531) n'avait pas été un moine ni un ascète, mais un curé heureux de vivre, de formation scolastique : après avoir exercé son ministère à Einsiedeln, lieu de pèlerinage marial, il fut nommé prédicateur à la cathédrale de Zurich, à partir du 1er janvier 1519. Comme aumônier militaire, il avait été présent aux combats de ses compatriotes non seulement lors de la victoire des confédérés près de Novare et de la prise de Milan, en 1513, mais aussi lors de leur défaite écrasante près de Marignan, en 1515. Cette bataille signait la fin de la politique expansionniste – en direction de la Lombardie et de la Bourgogne – des Suisses qui, depuis leur victoire sur le duc de Bourgogne, Charles le Téméraire, avaient la réputation d'être les meilleurs soldats d'Europe.

Pour affirmer son autonomie face à Luther, Zwingli allait rétrospectivement faire intervenir très tôt – entre 1516 et 1519 – son **tournant réformateur**. Ses biographes les plus anciens (Myconius, Bullinger, Kessler) et quelques-uns plus récents (comme O. Farner) l'ont suivi sur ce point. Les recherches historiques les plus récentes de W.H. Neuser [71] et G.W. Locher [72] ont montré qu'au début Zwingli fut plutôt un homme du centre, un représentant de l'humanisme chrétien et un partisan d'une réforme catholique interne et modérée de l'Église, dans l'esprit d'**Érasme**. Zwingli avait rencontré une première fois Érasme à Bâle en 1515 et il l'avait félicité d'avoir libéré la théologie de la barbarie (le mépris de l'Antiquité) et des sophistes (les scolastiques). Quoi qu'il en soit, à partir de cette date Zwingli ne parle plus, dans ses prédications, du pouvoir du pape, des indulgences, du purgatoire, des miracles, des vœux et des châtiments de l'enfer, mais de la *Philosophia Christi*, de l'Évangile du Christ surtout interprété en termes éthiques. Ce faisant, il reste néanmoins tellement catholique qu'en 1518 il attache encore du prix à un titre honorifique attribué par le pape.

Mais, à l'inverse d'Érasme, Zwingli est un pasteur et un politique qui ne répugne pas à prendre des décisions. Aussi l'intervention courageuse de Luther dans le débat de Leipzig et ses premiers textes-programmes l'influencent-ils profondément. Zwingli – marqué par les expériences atroces de la guerre – s'élève d'abord contre la situation abusive qui est celle de paysans et de citoyens suisses engagés comme mercenaires à l'étranger *(Reislaufen)*. Mieux encore, Zwingli critique les « pensions » annuelles que les puissances étrangères paient aux aristocrates suisses pour permettre l'acquisition de mercenaires suisses. Mais, en même temps que la lecture des lettres pauliniennes, de l'évangile de Jean et d'Augustin, celle de *La Captivité de Babylone* de Luther (1520) est à l'origine de la théologie radicale de Zwingli. Ce **tournant pris par le réformateur humaniste, qui en fait le réformateur évangélique conséquent**, ne date sans doute que de 1521-1522 [73].

A partir de cette date, en tout cas, Zwingli se sent encouragé à **attaquer systématiquement le système romain** – après avoir d'abord hésité, au vu des menaces d'excommunication de la bulle romaine contre Luther. Les années 1522-1523 sont celles de la percée de la Réforme à Zurich :

– **interdiction** du *Reislaufen* par le Conseil de Zurich ;

– **violation publique de la législation sur le jeûne** (premier écrit réformateur de Zwingli, *Du choix et de la liberté dans l'usage des aliments* [74], qui conduit à des démêlés avec l'évêque de Constance) ;

– **libre prédication** de l'Évangile et autorisation du **mariage des prêtres** (*Supplicatio* et apologie *Archeteles* de Zwingli) ;

– premier **débat de Zurich** avec les « 67 thèses [75] » (le plus important écrit réformateur de Zwingli) ;
– le Conseil ordonne à tous les prédicateurs de **prêcher l'Évangile** ;
– **fureur iconoclaste** (contre la volonté de Zwingli) et deuxième débat de Zurich (sur les messes et les images) ;
– **instauration planifiée des réformes radicales** par une commission de pasteurs et de membres du Conseil : suppression de la messe, des orgues, du chant religieux et des autels, mais aussi des processions et des reliques, de la confirmation et de l'extrême-onction ; célébration de la Cène quatre dimanches par an seulement (avec participation obligatoire de toute la communauté) ;
– enfin, **gouvernement de l'Église confié au Conseil**, qui est désormais compétent en matière de législation matrimoniale, de discipline morale, d'aide apportée aux pauvres et de réorganisation du système scolaire.

A Zurich, les questions théologiques et ecclésiales n'étaient pas non plus seules en cause, les enjeux étaient également politiques et sociaux : en ville, le Conseil voulait aussi avoir son mot à dire dans l'Église, et dans les communautés rurales l'on aspirait à une réforme venant des communautés elles-mêmes ; on en attendait qu'elle abolisse la dîme abhorrée prélevée par l'Église, en même temps que la mainmise de la ville sur la campagne. Tandis que le baptiste Konrad Grebel, dont nous avons déjà parlé, et ses amis se situaient du côté des communautés rurales, nous trouvons Zwingli du côté du Conseil. Après ce premier baptême d'adultes, la rupture du baptiste avec la réforme de Zurich et un nouveau débat, en 1526, le Conseil condamna le « nouveau baptême » comme un acte de rébellion passible de la peine de mort – ce qui valut dès l'année suivante à un baptiste d'être noyé dans la Limmat. Sur ce point, Zwingli réagit comme Luther.

Le Suisse est cependant plus conséquent que Luther, théologiquement et politiquement. En homme de la raison claire et distincte, soucieux de résultats pratiques, d'une grande intrépidité, il travaille à éliminer non seulement – comme Luther – ce qui n'est manifestement pas chrétien, mais aussi tous les éléments qui sont sans fondement biblique. Cela signifie, en fait, une **conception entièrement nouvelle de l'Église**, qui n'aboutit pas, comme chez

Luther, à une Église régie par les autorités du *Land*, mais à une Église synodale gérée directement par les villes. Calvin édifiera sa propre construction sur ces fondations.

Cette réforme de Zwingli, qui a de nombreux amis théologiens hors de Suisse et qui se mue de plus en plus en homme d'État, l'emporte aussi rapidement à Bâle (où la figure principale est celle de Johannes Hausschein, dit Œcolampade), puis à Berne, Saint-Gall et d'autres villes suisses. Son influence est forte aussi dans le sud de l'Allemagne, sans aboutir pour autant à une collaboration politique et sociale active. Seule la population catholique traditionnelle de la Suisse rurale originelle (Uri, Schwyz, Unterwalden), ainsi que celle des villes de Lucerne, Zug et Fribourg résistent et refusent l'application de la réforme. Conséquence : dans la Confédération helvétique aussi, une ligne de fracture coupe maintenant le pays et la population en deux. Elle conduira, comme en Allemagne, à des alliances politiques et militaires, et finalement même à la guerre civile.

Zwingli n'a pas d'autre choix que de prendre les armes comme prédicateur des armées. C'est la première guerre de Cappel, qui est une guerre de Religion. Zwingli est tué durant la deuxième de ces guerres, en 1531. Des catholiques découpent son corps en quatre morceaux et les brûlent. Mais l'œuvre de Zwingli subsiste. Dix ans plus tard, sous la protection de l'Église réformée de la ville de Berne, le Français Jean Calvin peut édifier son Église à Genève. En 1549, il conclut avec Heinrich Bullinger, le successeur de Zwingli, le *Consensus tigurinus*, qui pose les fondements d'une union entre toutes les Églises réformées d'Europe. Après l'acceptation d'une union ecclésiale et théologique entre zwingliens et calvinistes, en 1566, dans la *Confessio helvetica posterior*, la Suisse réformée servira de rempart et de refuge au calvinisme mondial, et donc au protestantisme mondial. Mais qui est Calvin ?

Le parachèvement du changement
de paradigme réformateur : Jean Calvin

Il n'a que 8 ans quand éclate en Allemagne la querelle des Indulgences. Une génération sépare déjà Luther et Zwingli de **Jean Calvin** [76], « Cauvin » de son vrai nom, traduit par *Calvinus* en latin

(1509-1564). Les intentions réformatrices fondamentales sont restées identiques : pour Calvin aussi, il en va essentiellement d'un retour à l'Évangile, d'une obéissance sans compromis à la Parole de Dieu. C'est aussi pour l'amour du Christ que Calvin a tourné le dos à l'Église papiste, qui n'est plus pour lui l'Église du Christ : « Nous avons dû nous détourner d'eux pour nous tourner vers le Christ [77]. »

Comme Luther et Zwingli, Calvin est un homme d'une profonde piété, piété qui s'enracine dans la foi confiante en la justification par la seule grâce de Dieu. Mais, à la différence de Luther, Calvin n'a jamais été moine, et, à la différence de Zwingli, il n'a jamais été curé : c'est un juriste, fils d'un conseiller juridique de l'évêque. D'abord destiné à la prêtrise, Calvin quitte sa Picardie natale dès l'âge de 14 ans pour continuer ses études au collège Montaigu, à **Paris**, où l'Espagnol Ignace de Loyola, le futur fondateur des jésuites, est élève presque à la même époque. Il y étudie la philosophie et l'art de la discussion *(disputatio)*. Privé très tôt de sa mère et élevé dans une famille noble, Calvin étudie d'abord le droit civil et canonique – selon le vœu de son père, excommunié à la suite d'un conflit avec le chapitre de la cathédrale. A l'époque, cette étude suppose aussi de bonnes connaissances en théologie. Calvin apprend le grec, qui est aux yeux de certains la langue de l'hérésie. Il passe sa licence en droit (et devient donc « professeur extraordinaire ») à l'université d'**Orléans**.

Connaît-il une crise spirituelle comme Luther ? Cet homme austère, sûr de lui, aux manières aristocratiques, ne semble pas être passé par une telle crise. A la différence de Luther, il ne se livre guère, en tout cas. Rien ne permet donc de décider si Calvin s'est simplement et de plus en plus éloigné de l'Église romaine ou s'il a effectivement connu une « expérience de conversion » (que signifie sa *subita conversio*, dont il ne parle qu'en 1557, dans sa préface au commentaire des Psaumes ?). Ce qui est sûr, en revanche, c'est que, comme Zwingli, le catholicisme humaniste réformateur dans l'esprit d'Érasme (et en France de Lefèvre d'Étaples) le conduit à l'étude du grec, de la Bible et des Pères de l'Église, surtout d'Augustin – il commente le *Clementia* de Sénèque, qui restera un de ses livres de chevet. Il passe d'Orléans à l'université de **Paris**, où il entre en contact avec des gens d'esprit évangélique, qui amènent tout naturellement la discussion sur Martin Luther. A Paris aussi Luther est évidemment depuis longtemps un cas qui ne laisse pas indifférent. Parmi les théologiens de la Sorbonne il a des adversaires fanatiques, mais aussi de nombreux sympathisants parmi les humanistes parisiens, qui, de leur côté, ont déjà parlé de la justification par la grâce et la foi.

Le 10 novembre 1533 est sans aucun doute une date capitale, qui marque un tournant. C'est celle du discours inaugural du Bâlois Nicolas Cop, humaniste et docteur en médecine, ami de Calvin, qui vient d'être élu recteur de l'université de Paris. Dans ce discours (à la rédaction duquel Calvin a peut-être collaboré), Cop non seulement interprète les béatitudes du Sermon sur la montagne, mais se permet – dans une visée polémique contre la scolastique – de citer Érasme et même Luther. C'est courageux mais maladroit, car, à l'instigation de la faculté de théologie, on fait intervenir la police pour arrêter Cop et d'autres sympathisants, dont Calvin. Ce dernier réussit à fuir Paris et à échapper à la police – changeant souvent d'endroit et vivant sous des noms d'emprunt. Nullement « luthérien » encore, Calvin en vient maintenant à étudier sérieusement Luther, parallèlement à la Bible et aux Pères de l'Église.

La répression continue. L'« affaire des Placards » (des affiches qui tournent en dérision la messe) vaut à une vingtaine de sympathisants évangéliques, dont un ami et camarade de chambre de Calvin, de monter sur le bûcher au titre de « luthériens ». Et bien que partisan de l'ordre et de l'autorité, par ses origines et sa profession, Calvin se sent maintenant comme contraint de s'engager sur le chemin de la Réforme. Au début de janvier 1534, il s'expatrie à **Bâle**; ce théologien autodidacte est très rapidement capable de publier la première édition de son œuvre théologique majeure (encore bien imparfaite, il est vrai). Il la dédie au roi de France, François Ier – à qui il demande de se montrer tolérant à l'égard des évangéliques. Ce livre offre un bref résumé de la doctrine évangélique et ne connaît d'autre fondement que l'Écriture. Calvin l'intitule ***Institutio christianae religionis***. L'ouvrage paraît en latin en 1536, année de la mort d'Érasme et de la promotion au cardinalat de Pole et de Carafa. Luther, que Calvin admire et avec qui il correspond amicalement, n'a plus que dix années à vivre. Il y a déjà cinq ans que Zwingli est mort. Calvin ne tardera pas à prendre le pas, comme leader réformateur, sur ceux qui sont maintenant à l'apogée de leur influence : Melanchthon à Wittenberg et Bucer à Strasbourg.

Hasard de l'histoire ? Cette même année 1536, Ignace de Loyola quitte Paris pour Rome pendant l'hiver, avec ses premiers compagnons, alors que Calvin passe par **Genève**, où il rencontre Guillaume Farel, réformateur sous la protection de Berne, qui a aidé l'année précédente le mouvement évangélique à remporter la victoire sur la Savoie catholique et sur l'évêché de Genève, son allié. Farel conjure Calvin de rester à Genève ; Calvin y devient d'abord « lecteur public » pour le Nouveau Testament, puis aussi, sans aucune ordination ministérielle, prédicateur. Les biographes ont souvent oublié de relever que Calvin, sans aucun doute un grand théologien systématique, n'enseignera jamais la dogmatique, mais commentera sans cesse l'Écriture. Verset après verset, il traduit directement la Bible de l'hébreu ou du grec en latin, puis procède à une analyse grammaticale du texte, avant d'en arriver à une interprétation historique et théologique, qui s'accompagne de remarques philologiques et philosophiques.

Mais son premier séjour à Genève dure à peine deux ans. Pendant ce temps, il rédige un catéchisme obligatoire pour tous les habitants de la ville ; il fait prêter serment sur une confession de foi et, avec l'aide du Conseil, qui instaure un ordre ecclésiastique à Genève, il introduit une discipline morale tellement stricte que Farel et lui-même sont finalement bannis par une nouvelle majorité au Conseil : nous sommes en 1538. Calvin revient à Bâle, puis à **Strasbourg**, où l'appelle le réformateur Martin Bucer, pour s'occuper de la communauté de réfugiés français ; il peut maintenant accumuler de précieuses expériences pastorales et liturgiques. Calvin reste en contact avec des réformateurs allemands, surtout Melanchthon, pour qui il a la plus grande estime. Il participe même aux colloques religieux de Haguenau, Worms et Ratisbonne, où il apprend que les formules de compromis théologique avec une Église qui durcit en dogme sa théologie et sa conception de l'Église médiévales n'ont guère de sens. Il se marie à Strasbourg, a un fils qui meurt peu après sa naissance. Son mariage non plus n'est pas appelé à durer longtemps : neuf ans plus tard, la maladie lui ravit son épouse…

Entre-temps, de violents conflits partisans ont éclaté à **Genève**. Ils conduisent à rappeler Calvin au bout de trois ans, en 1541. Il ne revient qu'après avoir obtenu des garanties sans équivoque : il ne règle pas de comptes avec ses adversaires à Genève [78]. Mais ensuite il prend très au sérieux la mise en application de la Réforme à Genève : toute la vie officielle et privée de la ville, toute la vie quotidienne, scolaire, économique, politique, scientifique doit devenir un « culte ». C'est une christianisation totale de la vie commune ! Infatigable dans ses activités de prédicateur à la cathédrale, d'exégète biblique, de professeur de théologie et d'écrivain, Calvin réussit effectivement à instaurer et à maintenir à Genève une sévère discipline ecclésiastique (contrôles dans les maisons, tribunal pour juger les mœurs, bannissement de la danse et des jeux de cartes), et à réaliser son programme réformateur exposé dans l'*Institutio*, avec un engagement sans équivalent et une logique implacable – d'une sévérité inexorable même à l'égard de ses amis.

Ce faisant, Calvin obéit toujours aux autorités civiles et respecte les lois. Mais s'il y a mis le temps, il a d'autant mieux eu raison aussi du groupe qui lui était le plus violemment opposé au sein du Conseil : les « patriotes », hostiles, du fait de leur xénophobie, aux Français, aux Italiens et aux Hollandais qui cherchent refuge à Genève en raison de leur foi. On les appelle « libertins », parce qu'ils veulent confier la discipline des mœurs au Conseil et non au Consistoire de Calvin. Des années durant, ce dernier bataille avec eux en marge de son activité quotidienne ; souvent, cet homme froid, distant et sans humour (sous tous ces aspects, il est très différent de Luther) en impose à ses adversaires par sa détermination, sa sensibilité et son intelligence. Mais c'est en 1555 seulement, quatorze ans après son retour à Genève, qu'il a définitivement le dessus aux élections : après une manifestation (antifrançaise ?) réprimée, ils sont bannis et, pour une partie d'entre eux, impitoyablement exécutés.

« Notre histoire est celle d'un homme d'ordre et de paix, né dans un monde de violence », écrit l'historien anglais T.H.L. Parker ; dans sa biographie de Calvin à la lumière de Karl Barth et de Vatican II, il prend en compte de façon neuve l'infatigable activité de prédication et d'exégèse de Calvin : alors qu'il est « conservateur par nature, par éducation, par conviction, ses idées ont été parmi les plus révolutionnaires d'Europe. L'ordre de tendance aristocratique qu'il préconisait – consacrant sa vie à sa mise en place – deviendra l'une des plates-formes pour la démocratie au cours des siècles suivants. Sa théologie était au fond si démodée qu'elle paraissait une nouveauté »[79]. Il est indubitable que Calvin paracheva, pour l'Europe, dans la mesure où elle voulait bien l'accepter, la Réforme que Luther avait inaugurée pour l'Allemagne – même si l'homme et sa politique ecclésiastique présentaient de profondes ombres au tableau.

La synthèse réformée classique

L'*Institutio* est l'apologie, personnelle en même temps que très objective, de la décision de vie religieuse de Calvin ; elle est à mettre sur le même plan, comme œuvre systématique, que le *De vera et falsa religione* de Zwingli (1525) ou les *Loci communes* de Melanchthon dans leur deuxième édition (1535). Mieux encore, Calvin a produit une **introduction élémentaire au christianisme réformé**, qui va faire de lui le plus important dogmaticien réformateur ; de façon plus conséquente que tous les autres, il s'y entend pour fonder la foi chrétienne sur la Bible et les Pères de l'Église – une foi libérée de tous les schémas du système médiéval romain[80]. Le thème central est celui de la « connaissance de Dieu et de nous-mêmes[81] » ! Dans les six chapitres de la première édition, il traite, selon le schéma du catéchisme, des thèmes suivants :
- la Loi (le Décalogue) ;
- la foi (la confession apostolique) ;
- la prière (le Notre Père) ;
- les sacrements (le baptême et le repas du Seigneur) ;
- les cinq autres sacrements (qui ne sont pas de véritables sacrements) ;
- la liberté chrétienne, le pouvoir ecclésiastique et l'administration politique.

Mais pourquoi la « justification du pécheur » ne figure-t-elle pas dans ce survol ? Ce n'est pas un hasard. La structure même de la première *Institutio* montre que Calvin, à la différence de Luther, ne part pas de la quête très personnelle de l'homme pécheur, quête

d'un « Dieu qui fait grâce », ou de la **certitude individuelle du salut**. Il part de la culpabilité de la chrétienté décadente, qui appelle un meilleur **ordre du salut**. Les efforts réformateurs de Calvin sont orientés vers la pratique, mieux : vers l'ordonnance de la vie du chrétien. Dès lors, il n'est pas étonnant que :
– la doctrine de la justification, qui fonde tout chez Luther, ne soit abordée que dans le chapitre sur la **Loi**, à titre de réflexion finale, après l'explication des dix commandements [82] ;
– Calvin qualifie explicitement de **bonne** la Loi vétérotestamentaire résumée dans les dix commandements – l'homme, il est vrai, ne peut les accomplir que par la grâce de Dieu – parce qu'elle exige avant tout l'obéissance intérieure du cœur ; elle soumet tout l'homme à la seigneurie de Dieu et n'a d'autre objectif que l'amour de Dieu et de l'homme ;
– la Loi non seulement témoigne du péché et de la grâce et renvoie au châtiment, mais elle incite aussi à **progresser** ;
– les **bonnes œuvres** accomplies dans la vie quotidienne du monde en raison de la foi sont parfaitement louables et méritent d'être encouragées ;
– parallèlement à la justification par la foi seule, il faut donc souligner aussi, pour la vie chrétienne, la **sanctification** par les œuvres.

Les intentions fondamentales de la réforme de Luther avaient montré le chemin. Si l'on compare le texte-programme réformateur de Calvin, qu'il a déjà totalement remanié et enrichi à Strasbourg (1539) avec les textes-programmes de Luther, écrits vingt ans plus tôt, on regrettera sans aucun doute la chaleur, la passion réformatrice et la profondeur religieuse existentielle du théologien allemand. Mais le livre de Calvin, l'ouvrage systématique le plus concis de la Réforme (on devine encore à chaque ligne le juriste), est aussi séduisant à sa façon : par la clarté latine de l'exposition, par la stricte logique de l'argumentation et la ferveur inspirée par la Bible. Cette synthèse unique a permis à Calvin de convaincre des foules innombrables : l'*Institutio* ne tarda pas à être traduite dans toutes les grandes langues d'Europe, devenant ainsi l'un des ouvrages les plus lus du XVIe siècle. La traduction française de 1541 fait de Calvin l'un des classiques de la langue française. Appelé à fournir une réponse, la plus pondérée possible, à toutes les nouvelles questions théoriques et pratiques qui ne cessaient de se poser, cet ouvrage connut une croissance constante au fil des années. Si la première édition ne compte que 6 chapitres, la deuxième, en 1539, en compte déjà 17 et l'édition définitive, en 1559, s'élève à 80. La première édition ne prend que 248 colonnes dans le *Corpus reformatorum*, tandis que la dernière en compte 1 118. Calvin complète et retravaille son livre jusqu'à la dernière édition, celle de 1559, qu'il tient absolument à achever avant de mourir – il est en effet atteint d'une grave maladie.

Les adversaires de Calvin eux-mêmes doivent reconnaître que, dans sa dernière édition, l'*Institutio* a atteint une telle force et une si grande vigueur d'expression sur toutes les questions concernant la foi et la vie qu'elle représente **la plus importante dogmatique chrétienne entre Thomas d'Aquin et Schleiermacher**. Commencée sous la forme d'un oratorio, comme on l'a dit, elle s'accomplit en cathédrale de la théologie ; encore bien plus vigoureusement qu'au départ, elle est soutenue et portée par l'Écriture et les Pères de l'Église, mais aussi assurée sur les points critiques par les controverses théologiques surgies entre-temps. L'ensemble tourne, à la fin comme au début, autour de deux problèmes fondamentaux : la connaissance de Dieu et la connaissance de soi-même. Mais, à la fin, Calvin réordonne une nouvelle fois son *opus magnum*, en suivant, cette fois-ci, la confession de foi apostolique : d'abord la doctrine du Dieu créateur, puis celle du Dieu rédempteur dans le Christ, ensuite celle de la grâce qui nous est donnée dans l'Esprit saint, enfin celle de l'Église, des sacrements et du gouvernement civil. Chacun des quatre livres est clairement ordonné en chapitres, et chaque chapitre à son tour est subdivisé en paragraphes numérotés [83].

Cette œuvre reste ainsi, aujourd'hui encore, la synthèse classique et conséquente de la doctrine réformatrice, de la doctrine « réformée ». On est en droit de dire qu'elle est l'accomplissement théologique du paradigme réformateur (P IV) inauguré par Luther. A titre de comparaison, on pourrait peut-être dire que Calvin représente après Luther ce que Thomas représenta après Augustin. Les luthériens ne seront pas les seuls, cependant, à hésiter à suivre Calvin en toutes choses. En effet, tout en reconnaissant l'exploit théologique de Calvin, on ne peut pas ne pas poser des questions critiques. Celle-ci par exemple : qu'en est-il de la célèbre doctrine, spécifiquement calviniste, de la « double prédestination » ?

Tout homme est prédestiné

Tous les réformateurs mettent l'accent sur la souveraineté de Dieu, l'unicité du Christ médiateur entre Dieu et l'homme, et sur la Parole de Dieu, norme servant de norme *(norma normans)* à toutes les autres normes *(normae normatae)*. A partir de la deuxième édition, totalement remaniée, publiée à Strasbourg en 1539, Calvin se démarque toutefois de la doctrine de tous les autres réformateurs sur un point décisif : la question de la **prédestination éternelle de chaque homme au salut ou à la perte**[84]. Tandis que Luther a intégré la question très troublante de la prédestination (qui vient d'Augustin) dans la foi confiante en la justification, ce qui revient à l'édulcorer, tandis que son disciple Melanchthon l'a délibérément exclue du texte confessionnel luthérien fondamental, la *Confession d'Augsbourg* (1530), chez Calvin, suite aux démêlés avec ses adversaires, le problème de la prédestination passe au contraire au premier plan et se pose dans toute son acuité.

Mais la doctrine de la prédestination est-elle la « doctrine centrale » de Calvin, qui, à titre de principe matériel unitaire, marquerait toutes les autres doctrines ? On l'a prétendu – mais à tort. Il est vrai que nous avons là une **doctrine caractéristique** de Calvin. De son vivant même, dans le *Consensus Genevensis de aeterna Dei praedestinatione*[85], elle est formellement qualifiée de dogme – malgré les critiques, dont le porte-parole était le médecin Jérôme Bolsec, qui, de ce fait, fut condamné par le magistrat et banni[86]. Des synodes calvinistes postérieurs, comme ceux de Dordrecht et de Westminster, déclarent eux aussi obligatoire, en bonne et due forme, la doctrine de la prédestination.

Pour Calvin lui-même, c'est un simple fait d'expérience : l'humanité se partage manifestement entre croyants et incroyants. Les uns croient, les autres non. Pourquoi ? Calvin trouve la réponse dans l'Écriture – où pourrait-il la trouver sinon là ? On y lit (dans l'épître aux Éphésiens) : « En lui [Christ], il nous a choisis [les croyants] avant la création du monde » (1,4). Les « croyants »... Les autres, non ! Ce partage de l'humanité dans son histoire relève donc d'une décision du Dieu éternel lui-même – avant toute Création, dès l'origine. Dieu, dans sa souveraine liberté, par un

« décret » mystérieux (insondable pour nous, humains), a prédestiné les uns à la vie éternelle et les autres à la damnation éternelle ! Est-ce là pour Calvin une spéculation quasi gnostique sur un fondement caché du monde et ses rapports avec les créatures ? Non, c'est à ses yeux une conception de la seigneurie et de la souveraineté de Dieu sur le monde, bien fondée dans la Bible et que l'on ne peut donc pas abandonner. Aussi Calvin estime-t-il devoir reconnaître une **double prédestination** de l'homme : « Car les hommes ne sont pas tous établis avec la même destination, car les uns sont prédestinés à la vie éternelle, les autres à l'éternelle damnation. De même donc que chacun en particulier est créé pour telle ou telle fin, de même – disons-nous – il est prédestiné soit à la vie, soit à la mort [87]. »

C'est dire que la théologie de Calvin est **radicalement théocentrique**. Tout a été créé à la gloire de Dieu : toutes les créatures, l'homme, mais aussi Satan, sont des outils dans la main de Dieu, elles sont faites pour la gloire de Dieu, l'autoglorification de Dieu [88]. Et cela, Calvin l'entend très pratiquement : chaque membre de la communauté doit en effet contribuer à faire du monde un « théâtre à la gloire de Dieu ». Nous pouvons relever là un parallélisme frappant avec **Ignace de Loyola** et sa devise *« Ad majorem Dei gloriam »* (« Pour la plus grande gloire de Dieu »). Mais tandis que pour le fondateur de l'ordre des Jésuites l'homme est et reste dès le début totalement lié à l'Église institutionnelle et à ses moyens de salut – les sacrements –, chez Calvin l'individu se retrouve d'abord seul, objet de la décision éternelle et insondable de Dieu. Il faut qu'il fasse une confiance aveugle à Dieu, dans une attitude de crainte fervente. Les instruments de la grâce, en tant qu'œuvre de l'homme, sont vains ; ils diluent le premier commandement, que Calvin radicalise. Il faut donc récuser le presbytérat et la confession privée. « Gloire à Dieu seul » : telle est la devise de Calvin, qui nous permet de comprendre aussi pourquoi Calvin rejette tous les éléments sensibles et affectifs dans la religion et dans la culture (sauf le chant communautaire).

Ce qui est au premier plan chez Calvin, c'est le côté pratique, actif. Bien que Calvin lui-même ne prenne qu'un repas par jour, il ne récuse pas la jouissance, mais seulement l'esclavage des biens terrestres. Il prêche un **engagement pratique et actif dans le**

monde, mais en gardant l'indispensable distance critique intérieure – en cela aussi il s'apparente à Ignace. Cependant une chose est frappante : si le « Gloire à Dieu seul » de Calvin peut à tout instant se tourner contre les rois et les princes, le *« Ad majorem Dei gloriam »* d'Ignace ne se tourne jamais en critique des papes et des évêques, à l'égard desquels le livre des *Exercices* demande, au contraire, un *« sentire in Ecclesia »* (« sentir avec notre Sainte Mère l'Église hiérarchique »)[89].

On comprend alors pourquoi Calvin – suivant en cela Luther – attache une importance toute nouvelle au **travail quotidien** de l'homme pour la plus grande gloire de Dieu, et surtout à l'accomplissement du devoir d'état (*« Beruf ist Berufung !* », « La profession est vocation »), qui permet à l'homme d'acquérir la certitude de son élection. Les **bonnes œuvres** ne sont certes pas la cause du salut, mais elles n'en sont pas moins – Calvin y insiste tout autrement que Luther – les **signes** extérieurs, visibles, de l'**élection**. La conscience du croyant « est aussi renforcée par la contemplation des œuvres, dans la mesure où elles sont le témoignage que Dieu habite et règne en nous »[90].

La conduite ordonnée de la vie quotidienne de tous (et pas seulement, comme dans le catholicisme, d'une élite monastique) requiert avant tout le contrôle rationnel de soi-même ; dans l'**ascèse intramondaine**, celle-ci a pour seul objectif de conserver la foi et la vocation personnelle dans une vie professionnelle et économique profane, sans relâche aucune. Le nouveau paradigme réformateur a rarement pris aussi clairement une figure sociale : c'est maintenant l'aristocratie spirituelle des élus **dans** le monde qui remplace l'aristocratie spirituelle des moines de l'Église ancienne ou du Moyen Age **à côté** du monde. Dans la vie et la profession, ces élus dans le monde devront s'engager aussi activement que possible, faire souvent preuve d'héroïsme (malheureusement, ils se montreront aussi parfois implacables) dans le combat pour la gloire de Dieu. La méditation et la prière n'ont pas leur place à l'écart, dans un couvent, mais au sein de la vie quotidienne.

LE PARADIGME PROTESTANT ÉVANGÉLIQUE DE LA RÉFORME

L'éthique calviniste et le capitalisme

Faut-il s'étonner qu'un penseur aussi perspicace que Max Weber [91] ait pu voir dans cette **éthique calviniste** l'un des présupposés psychologiques les plus importants de l'« **esprit capitaliste** » typiquement moderne ? En réponse à Karl Marx, Weber a montré que non seulement les conditions économiques peuvent déterminer des conceptions religieuses, mais qu'à l'inverse des conceptions religieuses peuvent aussi déterminer des développements économiques. Weber ne conteste évidemment pas que bien avant la Réforme il y ait eu des formes de précapitalisme en Italie et aussi à Genève. Depuis, l'historien zurichois J.F. Bergier [92] a montré que l'essor économique de Genève est aussi une conséquence de l'indépendance politique de la ville-État à l'égard de la Savoie, indépendance qui est le fruit de la révolution de 1535 et de l'appui apporté par les villes suisses réformées. Par ailleurs, l'essor économique de Genève bénéficie de l'apport d'immigrés français et italiens, économiquement dynamiques, réfugiés à Genève en raison de leur foi : « Genève a eu la chance de tirer profit des trois facteurs extérieurs suivants : le capital, des travailleurs qualifiés et des possibilités d'écoulement ; et tout cela grâce au refuge protestant, c'est-à-dire à une circonstance qui était initialement sans rapport avec l'économie [93]. »

La thèse de Weber appelle donc, à bien des égards, des distinctions, des compléments et des corrections [94]. Des données religieuses et non religieuses sont intriquées et s'influencent réciproquement. Weber s'intéresse cependant moins à l'existence de possibilités capitalistes qu'au nouvel « esprit », au nouvel *habitus*, au nouveau style de vie qui permettent d'utiliser ces formes d'économie capitaliste. Le penchant calviniste pour l'activisme moral et économique a sans aucun doute joué un rôle important dans l'élaboration de la nouvelle prise de conscience que requéraient la nouvelle mentalité et la nouvelle normativité collectives.

La doctrine réformatrice pouvait aussi, certes, être interprétée autrement, et la sphère catholique tridentine a certainement connu des développements parallèles. Mais dans l'ensemble, la différence avec les pays marqués par le catholicisme est incontestable : tandis que la morale catholique (dans la ligne du Moyen Age) s'intéressait surtout aux agissements individuels et (en cas d'acte coupable) au soulagement de la conscience par le sacrement de pénitence, la doctrine calviniste de l'élection exigeait des élus la « sainteté » éthique systématique dans la conduite de leur vie. Tandis que les visions économiques de Luther étaient marquées par la situation peu développée des campagnes allemandes, celles de Calvin étaient marquées par la société et l'économie urbaines en plein essor. Au Moyen Age, de riches marchands restituaient souvent à l'Église, à des fins caritatives, l'argent qu'ils avaient acquis avec mauvaise conscience. Au contraire, l'homme d'affaires calviniste, confiant en son élection, pouvait mener ses affaires rentables avec bonne conscience, en homme discipliné évidemment, en « puritain », sans gaspillage. Calvin se révéla ici pleinement l'homme du sens pratique. C'est surtout dans ses homélies et ses écrits spirituels qu'il se présente en homme qui acquiesce pleinement au monde, en homme réaliste et proche de la pratique. Il approuve ainsi la propriété privée, la productivité du capital et du travail humain, et il accepte donc aussi le prêt à intérêt, sans le dénoncer comme de l'usure, à la façon (médiévale) de Luther.

Mais cela n'empêche nullement Calvin, en bon antiféodal et anticlérical qu'il est, de critiquer vigoureusement la pompe des princes de l'Église de son temps ainsi que le « capital mort » d'une caste noble qui ne veut pas travailler. Calvin procède délibérément à **une réévaluation et une revalorisation du travail** : il fait l'éloge du travail physique. Il n'a rien de déshonorant pour l'homme, il est au contraire honorable – pour la plus grande gloire de Dieu, précisément ! Il n'est pas étonnant que les adeptes de Calvin soient particulièrement nombreux parmi les artisans et les commerçants, qui seront les moteurs du capitalisme moderne. Tandis que la hiérarchie catholique se tient le plus souvent du côté de la noblesse et de l'ordre établi, le calvinisme est plutôt du côté des forces économiques, politiques et aussi scientifiques, à qui appartient l'avenir. Alors que Luther récuse lui aussi le nouveau modèle du monde de Copernic parce qu'il contredit la Bible, Calvin se libère d'une interprétation aussi littérale de la Bible : son véritable objet, c'est le salut, non l'ordre du monde, et son message s'exprime dans une langue adaptée à l'homme.

C'est, à maints égards, une éthique largement moderne que représentent Calvin, et, à sa suite, le puritanisme, le piétisme et le méthodisme. Cette éthique recèle cependant un **double danger** : ou bien il faudra stigmatiser comme « non élus » tous ceux qui ne réussissent pas dans leur vie professionnelle profane, en se rangeant soi-même dans la **classe des élus**, ou bien (comme ce sera le cas au XVIIe siècle), il faudra, par un engagement purement profane, renoncer à la motivation religieuse et la muer entièrement en motivation profane. La foi évangélique, la conscience d'être élu et l'idée de profession se trouvent alors transmuées, d'une façon qui n'a plus rien de théologique, en l'**idée purement profane du profit**. Il en sera souvent ainsi : nombre de calvinistes (notamment en Hollande, avec Jakob Arminius et ses nombreux disciples) en viendront même à jeter par-dessus bord la doctrine de la double prédestination de Calvin.

Qu'importe ? La réalité historique, c'est que ce sont précisément les pays sous influence calviniste, comme la Hollande, l'Angleterre et la France (et non le pays de Luther, par exemple, où le calvinisme ne s'acclimatera que dans le Palatinat et le bassin inférieur du Rhin), qui connaîtront au XVIIe siècle le plus fort développement culturel. La richesse et le bien-être seront considérés, en Amérique du Nord, comme des signes de l'élection divine. Les différences sociales et économiques entre le nord et le sud de l'Europe, le nord et le sud de l'Irlande, le nord et le sud de l'Amérique reflètent aussi, quoi qu'on dise, les différences religieuses. Le calvinisme ne signifie certes pas, dans ce contexte, une éthique économique spécifique, mais bien une conception éthique fondamentale de type théologique, qui marquera durablement la conduite de la vie économique et s'étendra du XVIe au XVIIIe siècle dans le « protestantisme ascétique ». Tout cela est très important, non seulement pour l'histoire de la théologie, mais aussi pour celle des mentalités.

Conception presbytérale et synodale
de l'Église, et démocratie

Avant Max Weber, Georg Jellinek, un juriste de Heidelberg, avait fait œuvre de pionnier en dégageant les racines religieuses des droits de l'homme et du citoyen ; il s'était référé au *Bill of*

Rights des États d'Amérique du Nord – où il faut, là aussi, reconnaître une importance spéciale au calvinisme [95]. Certes, il n'est pas facile de distinguer entre motivations et conditions intérieures et extérieures à l'Église. Calvin s'est concentré dès le début, c'est bien certain, sur un ordre communautaire largement indépendant. Tandis que Luther avait, pour une bonne part, abandonné l'organisation de la communauté aux princes, Calvin, qui ne tarda pas à devenir le leader des Églises évangéliques non luthériennes, mit tout en œuvre pour imiter l'ordre communautaire biblique [96]. Pour la communauté urbaine et les villages environnants (c'était là, pour lui, « l'Église visible »), il reprit au réformateur strasbourgeois Martin Bucer l'**ordre conféré pour quatre ministères** de type presbytéral :

– les pasteurs (pour la prédication et l'administration des sacrements) ;
– les docteurs (pour l'instruction de la jeunesse et la formation théologique) ;
– les anciens (pour la discipline de la communauté) ;
– les diacres (pour s'occuper des pauvres).

Les pasteurs (prédicateurs) et les docteurs (enseignants) constituent la « vénérable compagnie ». Une stricte discipline ecclésiastique doit régner, et elle est surveillée par le « Consistoire » des pasteurs et des anciens (laïcs). Ceux-ci doivent aussi bien contrôler la vie morale des citoyens que la doctrine des prédicateurs ; ils doivent avoir libre accès dans toutes les maisons et, avec l'aide du Conseil, ils peuvent aussi infliger de lourdes peines – en cas d'adultère et de prostitution, de blasphème et de moquerie ; ils pratiquent l'exhortation des pécheurs, l'exclusion de l'Eucharistie, si nécessaire la passation à la justice profane (avec emprisonnement, bannissement, exécution). Calvin maintient une distinction entre clergé et laïcs, entre les « ministres » et le « peuple ». Mais le fait que la supervision de la communauté revienne aux anciens, en union avec les pasteurs avec qui ils forment le Consistoire, donne aux laïcs une importance toute nouvelle dans les communautés. Cet ordre, qui se réclame de l'Église primitive (voir les Actes des apôtres !), constitue le point de départ d'une structure ecclésiastique entièrement nouvelle : le « **système presbytéral** ». Ce système n'exclut pas un président, un modérateur, un « évêque » à la tête du collège synodal, au niveau local ou régional, dans la mesure où celui-ci ne prétend pas à une « primauté » ou à un *dominium*, mais qu'il reste à sa place dans le collège [97].

Des milliers de réfugiés, de France et d'Angleterre surtout, où les évangélistes étaient persécutés, affluèrent à Genève. Mais là, **il n'était pas question de liberté religieuse.** La liberté religieuse aurait exigé ce que Calvin voulait éviter à tout prix : une séparation entre l'État, la société et la religion. Dans la ville de Calvin régnait au contraire une véritable contrainte sur les dogmes et donc les consciences ! En 1553 surgit à Genève l'antitrinitaire **Michel Servet** (dans ses écrits il avait qualifié la Trinité de monstre à trois têtes, faisant porter tout le poids de son discours sur l'unité de Dieu), une figure partout contestée, sans aucun doute. Dans la Vienne catholique, le médecin et théologien Servet avait déjà été condamné au bûcher (Calvin lui-même avait envoyé des documents accusateurs à l'Inquisition !), mais il avait pu prendre la fuite à la dernière minute pour se réfugier dans la Genève protestante. Peine perdue : à Genève aussi on fait son procès, et Servet mourra sur le bûcher comme « blasphémateur ». Calvin avait « seulement » préconisé la décapitation... D'autres Églises réformées suisses, et Melanchthon lui-même, à Wittenberg, approuvèrent cette condamnation à mort. Il y eut donc des réformateurs, qui n'avaient d'autre souci que l'Évangile, pour accepter la mort sur le bûcher d'un hérétique, des hérétiques en général ?

Même si l'on considérait à l'époque qu'il était du devoir de l'État d'établir et de préserver la véritable religion, la constatation suivante s'impose : **dans la Genève réformée, l'Inquisition, la torture et le bûcher** restèrent des réalités, tout comme sous la férule de Rome, *horresco referens*, on continuait à brûler les sorcières, malgré la répulsion de nombreux contemporains opposés à l'exécution des « hérétiques ». Tout cela – qu'il n'est pas question d'excuser, pas plus que l'Inquisition catholique romaine, sous prétexte de « mœurs du temps » – pèse lourd sur le souvenir du réformateur de Genève, même si son influence fut certainement en général plus pratique que légale. Le juriste Calvin, si préoccupé par l'ordre et le droit de l'Église, succomba trop souvent au danger de confondre sa propre conception de l'ordre d'une communauté avec l'ordre de Dieu même.

Constitutions des Églises
P II / P III

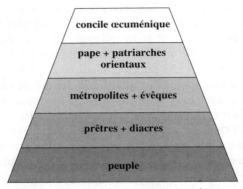

Communion (*communio*, *koinonia*) des Églises
(Ier siècle)

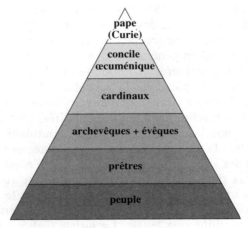

Église pontificale catholique romaine
(depuis le XIe siècle)

Constitutions des Églises
P IV

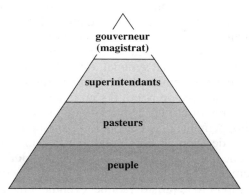

Églises luthériennes
(depuis le XVIᵉ siècle)

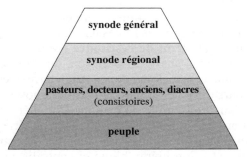

Églises réformées
(depuis le XVIᵉ siècle)

Et la tolérance ? Ce que les protestants avaient arraché au pape, ils ne l'étendirent pas même à leurs propres « ouailles », à leurs dissidents, aux déviants. Le temps de la tolérance n'était donc pas encore venu ! Effectivement, l'époque moderne à proprement parler (P V) n'adviendrait qu'après la Réforme de Genève (P IV).

Mais là aussi, ne l'oublions pas, tout comme la doctrine calviniste de la prédestination fut importante, indirectement, pour le développement du capitalisme moderne, la **conception calviniste de l'Église**, qui compléta bientôt l'ordre presbytéral de la communauté par un ordre ecclésial synodal, fut **indirectement** très importante pour le développement de la **démocratie** moderne – surtout, plus tard, en Amérique du Nord. Il s'en faut donc de beaucoup que Calvin lui-même ait été un démocrate-né ou qu'il ait voulu semblable développement. Il se considérait par trop comme le messager autoritaire de Dieu, il représentait par trop une autorité morale et intellectuelle qui s'imposait à tous ses contemporains. Il récusait catégoriquement le « gouvernement de la populace » et préférait une Constitution mixte (aristocratique, éventuellement aussi monarchique) avec une participation contrôlée et qualifiée du peuple.

Si le luthéranisme a favorisé involontairement l'ancien absolutisme de l'État, la conception presbytérale et synodale de l'Église mise en place par Calvin a favorisé autre chose, notamment la constitution d'une **communauté**, puis d'une société se donnant à elle-même son propre ordre, **se libérant du souverain et de l'État absolutistes**. Et cela aussi s'avérait porteur d'avenir. Ce fut surtout vrai là où le calvinisme était minoritaire et où il survécut avec une énergie étonnante, malgré les forces tendant à l'étouffer. Il redonna puissamment vie au **droit de résistance** (déjà reconnu au Moyen Age) et il se réclama aussi, à l'occasion, du droit à la révolution violente en France et en Hollande, en Angleterre et en Écosse.

Il est toujours difficile de faire la part des choses dans le détail. Cependant, dans l'ensemble, le catholicisme hiérarchique et centralisé (mais aussi bien les Églises princières luthériennes) pourrait bien montrer une affinité plus forte avec les systèmes sociaux et politiques de caractère hiérarchique et centralisateur, tandis que le calvinisme presbytéral et synodal se rapprocherait plutôt des systèmes corporatifs et fédéraux. On pouvait s'autoriser de la conception de l'Église presbytérale et synodale, considérée comme une

LE PARADIGME PROTESTANT ÉVANGÉLIQUE DE LA RÉFORME

institution voulue par Dieu – ce fut le cas en Amérique, à l'encontre de l'Église d'État en Angleterre – et développer ainsi dans ces pays, à long terme, un ordre politique qui pourrait se maintenir même lors de la laïcisation de l'État et donc rester présent sous la forme de la démocratie politique représentative. Les premiers colons calvinistes établis en Amérique (comme, plus tard, les Boers calvinistes en Afrique du Sud) ont pu lire leur histoire en parallèle à celle de l'ancien peuple d'Israël : l'Amérique est la Terre promise et les Américains sont le nouveau peuple de l'Alliance choisi par Dieu, peuple confirmé par ses succès et ses victoires. *« God's own country »* est chanté dans les hymnes nationaux comme *America* ou *America, the Beautiful*.

Le protestantisme comme puissance mondiale

Jean Calvin meurt à Genève le 27 mai 1564 – après avoir déployé une activité considérable comme prédicateur, professeur, écrivain et homme d'État ; il est physiquement épuisé par une grave maladie. Les gens sont si nombreux à venir rendre les derniers honneurs à son corps que, pour prévenir une nouvelle forme de vénération d'un saint, on l'enterre, dès le lendemain dimanche, dans le cimetière public, sans pierre tombale – conformément à ses propres vœux. Par ses réalisations, il restera de toute façon présent dans le souvenir non seulement des Genevois, mais du monde chrétien tout entier.

Il ne faut diminuer en rien l'importance fondamentale de Martin Luther pour la Réforme – il lui a donné son impulsion première, son programme, son nouveau paradigme. Mais ce fut incontestablement Calvin, le réformateur franco-suisse désormais célèbre dans toute l'Europe, qui fit du **protestantisme une puissance mondiale** grâce à sa piété profondément enracinée, sa logique imperturbable, sa volonté de fer, sa synthèse théologique limpide, claire, englobante – alors que le réformateur de Wittenberg était encore resté un provincial allemand. Ce que le protestantisme a pu sauver ou gagner en dehors de l'Allemagne et de la Scandinavie, c'est à Calvin qu'il le doit. Reconnaître cette donnée historique peut-elle excuser la mesquinerie des Genevois qui ont réussi, en notre siècle, à placer au centre du grand monument des réformateurs de leur ville la figure de Calvin sans faire la moindre place à Luther, que Calvin admirait pourtant beaucoup pour avoir posé des actes qui ont fait époque ? Sans Luther, il n'y aurait pas eu Calvin !

Oui, et pourtant la **carte catholique romaine de l'Europe (P III) s'est modifiée sous l'influence de Luther et de Calvin (P IV)** – signe extérieur du changement de paradigme qui s'est produit. Les régions où le pape n'a plus son mot à dire sont étendues – des îles britanniques à la Transylvanie, de la Suisse aux pays scandinaves. S'il y eut un réformateur qui n'a jamais pensé en termes nationaux, mais bien **européens** (et au moins en cela il pensait en « papiste »), ce fut Calvin. Genève, avec son emplacement géopolitique favorable entre la Suisse, la France et la Savoie, ville dont l'horizon était déjà international à cette époque du fait des réfugiés huguenots et anglais souvent économiquement puissants, était pour lui la capitale secrète de l'Europe. A partir de là, Calvin put exercer son influence comme conseiller, théologien et chef d'Église, de la France à la Pologne et à la Hongrie. Et Calvin était effectivement l'homme capable de créer un **réseau d'Églises international**. Comment cela ?

– Grâce à des **amis** et des **disciples** qui lui étaient tout dévoués dans tous les pays, mais surtout en France, où le terme « luthérien » fut désormais remplacé par celui de « huguenot » (peut-être par déformation de *Eyguenot*, *Eidgenossen* : « confédérés »), où s'étaient constituées des communautés protestantes sur le modèle de celle de Genève, mais aussi en Angleterre (avec l'archevêque Cranmer, le chancelier Somerset, le roi Édouard VI) et en Écosse (avec John Knox).

– Grâce à une **correspondance** internationale étonnante avec des théologiens et des Églises, des magistrats et de simples membres des communautés dans toute l'Europe (onze tomes dans le *Corpus reformatorum*).

– Grâce à l'**académie** théologique fondée en 1559 pour la formation de prédicateurs pour l'Europe de l'Ouest et de l'Est (là enseigna aussi, aux côtés de Calvin, son successeur, Théodore de Bèze), la future université de Genève.

– Grâce à l'**envoi de livres** (fondation de maisons d'édition à Genève) et de **pasteurs**, surtout en France, son pays, qu'il aimait.

LE PARADIGME PROTESTANT ÉVANGÉLIQUE DE LA RÉFORME

– Grâce à une **activité scientifique** infatigable (commentaires de presque tous les livres de l'Ancien et du Nouveau Testament, traités théologiques et écrits polémiques).

– Grâce à l'élaboration de documents de base comme le *Catéchisme* de l'Église de Genève (1542), la *Confession de foi* (1559) et la *Discipline ecclésiastique,* pour le premier synode national français des communautés calvinistes en France, en 1559[98].

C'est seulement avec les luthériens allemands que l'on ne parvient pas à une union : on aboutit, au contraire, à une nouvelle grande **querelle au sujet de l'Eucharistie**[99]. La façon de comprendre ce repas communautaire a déjà tragiquement divisé Luther et Zwingli (en 1929 encore, à l'occasion de la célébration du quatrième centenaire du colloque religieux de Marburg en 1529, les luthériens refuseront une célébration eucharistique commune). Maintenant, cette nouvelle querelle réunit Genève et Zurich, mais coupe Genève de Wittenberg. En effet, pour Luther la présence du Christ dans l'Eucharistie est « réelle » (y compris corporelle) ; au contraire, pour Zwingli elle n'est que « symbolique » (seulement spirituelle). Calvin a voulu prendre au sérieux les deux interprétations : présence « spirituelle » (par l'Esprit saint), présence bien « réelle », donc, mais seulement pour le croyant, pendant qu'il mange et boit *(manducatio spiritualis)* ! Cette interprétation rend possible un consensus entre les Églises réformées de Suisse et les disciples de Calvin (*Confessio helvetica posterior*[100], 1566), mais elle conduit à une coupure définitive entre les Églises calvinistes et les Églises luthériennes. Comme Zwingli, Calvin lui-même a coupé la liturgie eucharistique (qu'il ne célèbre, lui aussi, que quatre fois par an) de la liturgie de la Parole, ne conservant, aux côtés de la prédication, que la prière et le chant des psaumes. Il a balayé orgue, autel, cierges, crucifix et images : les luthériens, eux, voient là une sombre logique légaliste.

Mais les luthériens eux-mêmes ne peuvent le contester. C'est précisément quand le luthéranisme a atteint ses limites que le calvinisme s'avère être la grande force dynamique du mouvement réformateur, et qu'il est aussi devenu le **catalyseur** fondamental dans les deux conflits politiques les plus sérieux de cette époque : d'abord, les **guerres de Religion françaises**, où la politique de la couronne, même après les « noces sanglantes de Paris » (« nuit de la Saint-Barthélemy »), hésite entre l'élimination et la tolérance des huguenots (avec, finalement, en 1598, la signature de l'édit de tolérance de Nantes, qui reconnaît au 1,2 million de huguenots cent cinquante villes où ils seront en sécurité); d'autre part, la **révolte néerlandaise contre l'Espagne** et la guerre qui opposera plusieurs décennies durant la Hollande à l'Espagne, jusqu'à la paix de Westphalie (1648). Partout, le calvinisme se montre non seulement un christianisme réformé de plus grande vitalité que le luthéranisme, mais aussi un mouvement subversif, une force politique animée d'idées innovatrices [101]. Au pathos de la conquête spirituelle du monde s'est associé sans difficulté un engagement politique audacieux.

Ce n'est donc pas un hasard si c'est précisément dans la sphère d'influence du calvinisme que se sont également développés par la suite, par-delà l'Europe elle-même, des courants qui allaient conférer des traits nouveaux au visage du christianisme. Nous voulons parler des différents mouvements que Max Weber a désignés comme « **protestantisme ascétique** » et qui, en dépit de leurs différences dogmatiques (y compris relatives à la prédestination), se distinguaient par une stricte discipline morale. Outre les différentes Églises calvinistes, « réformées », « presbytériennes », il faut y inclure :

– le **méthodisme**, né dans le contexte de l'Église d'État anglaise vers le milieu du XVIIIe siècle, qui s'est surtout répandu en Amérique du Nord ;

– le **piétisme**, né dans le contexte du calvinisme anglais et surtout hollandais (le piétisme avait aussi, il est vrai, des racines propres dans le luthéranisme) ;

– le **baptisme**, bien qu'initialement rejeté par Calvin, se trouvait néanmoins fortement lié au calvinisme depuis le fin du XVIIe siècle en Angleterre et en France, et plus tard en Amérique (« baptistes ») ;

– le **puritanisme**, qui est le nom collectif pour désigner, depuis le XVIIe siècle, divers mouvements de « purs », c'est-à-dire des gens à orientation ascétique, en Hollande, en Angleterre, puis en Amérique (congrégationalistes, mennonites, quakers et autres).

LE PARADIGME PROTESTANT ÉVANGÉLIQUE DE LA RÉFORME

La quête de l'unité perdue

On attache plus d'importance que jadis à l'**esprit œcuménique**[102] – au moins en ce qui concerne le protestantisme – de Calvin, docteur du monde chrétien ; en effet, en dépit de sa rigueur et de sa sévérité, il avait la passion de l'unité de l'Église : il s'était fait l'architecte de l'unité des Églises réformées sur la question de l'Eucharistie. Unité de la foi seulement en ce qui concerne les principes inaliénables, pluralisme, en revanche, sur les questions secondaires : telle était son idée directrice. Aussi travailla-t-il infatigablement à une entente sur la question de l'Eucharistie, après avoir adhéré à la *Confession d'Augsbourg (Confessio augustana)* (1530). Il estimait préservé l'essentiel de la foi et pouvait donc accepter différentes écoles d'interprétation. A l'époque de Calvin, Genève était déjà devenue une sorte de centre œcuménique.

Calvin, cependant, n'avait pas pu préserver l'unité du protestantisme. Au contraire, on assista à un **éclatement croissant** en tendances, Églises et communautés opposées. Et cet éclatement, qui ne se réduisait pas seulement à des querelles entre personnes, Églises locales et groupes ethniques, mais relevait aussi d'une fragmentation théologique et ecclésiale, nous conduit malgré tout à poser un certain nombre de questions – tout en ayant présents à la mémoire les efforts de Calvin en vue de l'unité.

Il convient de souligner ici, comme par anticipation – avant de nous tourner encore vers un autre type de Réforme –, que les penseurs, les leaders les plus actifs du mouvement œcuménique au début de notre siècle venaient surtout des Églises à orientation calviniste. Ce n'est pas un hasard non plus si le siège du Conseil mondial des Églises ne fut ni Rome, ni Wittenberg, ni Cantorbéry, mais bien Genève. Le pasteur Willem Visser't Hooft, un réformé hollandais, l'une des quelques très grandes figures qui ont marqué l'histoire de l'Église du XXe siècle, en fut longtemps le secrétaire général, puis son président d'honneur – et il fut fait citoyen d'honneur de la ville de Genève. Ses efforts en vue de l'unité des Églises furent puissamment soutenus précisément par Cantorbéry, par cette communauté ecclésiale qui, à l'époque de la Réforme, avait choisi son propre chemin, entre le catholicisme romain et la

Questions pour l'avenir

• Dans l'analyse du paradigme catholique romain (P III), il nous est apparu de plus en plus clairement combien le centralisme et l'absolutisme romains se sont éloignés des origines (P I) et de l'unité dans la diversité de l'Église ancienne (P II); ce centralisme a préparé la coupure entre l'Occident et l'Orient, comme celle entre le Nord et le Sud. Mais se pose aussi la question en retour : l'accent mis si fortement sur l'individu croyant et sur sa conscience, puis le manque d'attaches ecclésiastiques et l'absence d'autorité suprarégionale n'ont-ils pas conduit, de leur côté, à une **fragmentation** progressive et finalement à une **atomisation** de la chrétienté protestante, qui enlèvera beaucoup de sa crédibilité au paradigme réformateur lui-même ?

• La Réforme a critiqué à juste titre le **sacrifice de la messe**, où les abus étaient particulièrement nombreux. Mais l'Eucharistie – le sacrement du souvenir et de la promesse, que les réformateurs se sont efforcés de renouveler en s'appuyant sur l'Écriture – n'est-elle pas devenue le principal objet de litige entre eux, un litige qu'il n'a pas été possible de réduire ? N'est-elle pas devenue le principal facteur de division entre les Églises de la Réforme, qui en sont venus à s'excommunier mutuellement pour la plus grande joie de Rome ? Dans les Églises de la Réforme et jusqu'à une époque récente, le repas eucharistique – une constante du christianisme, nous l'avons vu –, dont la célébration s'était raréfiée, n'est-il pas souvent tombé au rang d'accompagnement marginal, d'appendice de la célébration de la Parole, jusqu'à être complètement omis dans des cercles « spiritualistes » ? Les efforts œcuméniques ne devraient-ils pas se concentrer sur le dépassement des différences et le renouveau de la célébration eucharistique ? Ne faudrait-il pas promouvoir, en lieu et place des excommunications, une communion vivante entre les Églises ?

Réforme luthérienne et calviniste : les Églises de la communauté anglicane.

7. LA TROISIÈME VOIE : L'ANGLICANISME, ENTRE LES EXTRÊMES

Depuis l'époque de Grégoire le Grand, l'*Ecclesia anglicana* – au Moyen Age, cette expression désignait géographiquement l'Église catholique d'*Anglia*/Angleterre – se sentait liée à Rome par ses deux archevêchés de Cantorbéry et d'York. Durant le haut Moyen Age, avec sa culture monastique et son savoir, elle avait mené à bien son importante mission sur le continent européen, parmi les tribus germaniques. Avec Anselme de Cantorbéry, elle avait défendu la liberté de l'Église dans la querelle anglaise des Investitures, et inauguré la scolastique ! Or, c'est précisément dans cette Église que la protestation contre le système romain s'est fait entendre plus tôt et plus fort que sur le continent européen – avant Jan Hus en Bohême ou Martin Luther en Allemagne.

Rupture avec Rome, non avec la foi catholique

Dès le XIVe siècle, un professeur d'Oxford, traducteur de la Bible, puis prédicateur ambulant, du nom de **John Wyclif** (1328-1384), avait donné corps à une protestation d'abord nationale, puis religieuse fondée sur la Bible : protestation contre la papauté, « institution de l'Antéchrist », contre la hiérarchie, contraire à l'Écriture, contre les ordres mendiants auxquels la papauté avait accordé des privilèges, contre les usages non bibliques, de la vénération des saints et des images à la confession auriculaire et aux indulgences. Wyclif, qui voyait dans l'Église la « communauté des prédestinés », peut être considéré comme un « préréformateur » et à bien des égards un calviniste avant Calvin ! En ce sens, la législation ecclésiastique imposée par Henri VIII, en 1532-1534, représente seulement l'aboutissement d'une tendance à une Église nationale qui s'était fait jour à la fin du Moyen Age, mais elle allait marquer la **rupture de l'Angleterre avec Rome**[103].

Se demander si cette rupture aurait pu être évitée n'est que vaine spéculation. Que serait-il arrivé si le pape Clément VII avait annulé le **mariage d'Henri VIII** (1509-1547) (un mariage non canonique, qui n'avait pu être conclu qu'après dispense par le pape et que le roi avait en horreur) avec l'Espagnole Catherine d'Aragon, et s'il avait donné son assentiment au mariage du roi avec Anne Boleyn, une dame de sa cour ? Henri, qui avait jadis été destiné à la cléricature, n'avait laissé paraître jusque-là aucune tendance antiromaine. Au contraire, en théologien laïc qu'il était, il s'était fait une réputation d'apologiste catholique avec un écrit sur les sept sacrements, contre *La Captivité de Babylone* de Luther. Le pape Léon X l'en avait récompensé en lui reconnaissant le titre de « défenseur de la foi » *(defensor fidei)*.

Le pape Clément VII se trouva en fâcheuse posture quand les exigences d'Henri s'ébruitèrent. Il ne voulait se brouiller ni avec le roi d'Angleterre ni avec le puissant empereur catholique, dont la tante était Catherine d'Aragon. Il tergiversa si longtemps que le roi, qui régnait en réalité en roi absolu et qui était « homme de la Renaissance » jusqu'au bout des ongles, perdit patience et contraignit, par un acte de violence, la hiérarchie anglaise à le reconnaître comme **chef de l'Église d'Angleterre** *(Church of England)*. Nous sommes en 1531. Deux ans après, Henri obtint l'annulation de son premier mariage et son mariage avec Anne Boleyn. En 1534, il obtint enfin la reconnaissance formelle de son statut de « chef suprême sur terre de l'Église d'Angleterre ».

Deux ans après seulement, Henri envoie sur l'échafaud, pour haute trahison, sa deuxième épouse, qui lui a donné la princesse Élisabeth ; il épousera quatre autres femmes et supprimera tous les monastères, dont il confisquera les biens au bénéfice de la couronne : tout cela montre seulement que l'unique objectif d'Henri est d'étendre son pouvoir, non de réformer l'Église. Certes, sa « réforme » ne se ramène pas seulement à un problème de divorce, comme on la présentera souvent du côté catholique. Elle n'est cependant pas non plus, comme dans l'Allemagne protestante, un mouvement populaire, mais d'abord et surtout une décision du Parlement imposée par le roi. Le peuple anglais ressent beaucoup moins la nécessité d'une réforme que les chrétiens du continent [104].

L'**Église d'État anglicane** d'Henri VIII, dans sa doctrine et sa constitution, n'imite pas le modèle protestant allemand, mais reste largement catholique. Malgré quelques lubies protestantes, Henri ne songe pas à encourager des efforts réformateurs. Au contraire, la « Charte sanglante » de 1539 menace de cruels châtiments tous ceux qui s'en prendraient à la validité des vœux de chasteté, aux messes privées, à la transsubstantiation et à la confession auriculaire, ainsi que ceux qui prôneraient le mariage des prêtres et la communion des laïcs au calice. Henri rompt donc avec Rome, mais non avec la tradition de la foi catholique romaine ! La principale différence entre son Église et celle du pape est la suivante : la juridiction et le pouvoir jadis aux mains de Rome sont maintenant aux mains du roi, ou de l'archevêque de Cantorbéry [105].

Un catholicisme réformé

Les choses ne changeront que sous le successeur d'Henri, Édouard VI (1547-1553), un garçon souffreteux. **Thomas Cranmer** [106], l'archevêque de Cantorbéry encore nommé par Henri (et que nous connaissons déjà comme correspondant de Calvin) peut maintenant accomplir ce qu'aucun évêque n'a réussi à faire en Allemagne : une **réforme qui ne touche pas à la fonction épiscopale** ! Une réforme de la doctrine, de la liturgie et de la discipline – mais sans l'abandon des structures ministérielles traditionnelles.

Thomas Cranmer (1489-1556) a indubitablement joué un rôle théologique décisif dans ce processus. Il avait acquis très tôt la conviction que la primauté papale était contraire à l'Écriture : en référence à Rm 13, il voulait la remplacer par la primauté du roi. Mais, à la différence du réformateur radical que fut Calvin, Cranmer, subtil architecte de la réforme anglaise, était non seulement un évêque, mais aussi un lettré modéré, qui procédait avec circonspection. Ayant bénéficié d'une excellente formation théologique à l'université de Cambridge, il sut puiser dans différentes liturgies anciennes de la chrétienté et les adapter de façon à en faire une liturgie simple, en langue anglaise, qui permit aux laïcs, pour la première fois depuis des siècles, d'y participer activement. Ce fut l'introduction du **Book of Common Prayer** (1549), comme livre liturgique officiel, deux ans après la mort d'Henri seulement. Ce livre simplifiait considérablement la liturgie, concentrée sur l'essentiel, et il resta inchangé dans la communauté anglicane jusque dans les années 20 de notre siècle. Cranmer est aussi l'auteur principal des « **42 articles** » (1552), une confession de foi qui reprend la doctrine protestante de la justification et la doctrine calviniste de l'Eucharistie. Ces deux écrits sont restés jusqu'à nos jours la base de la foi anglicane, avec seulement de légères modifications.

Mais cette réforme intérieure à l'Église (qui s'accompagne, il est vrai, d'une mauvaise administration royale) sera bientôt suivie d'une **réaction catholique**. Elle sera le fait de Marie Tudor (1553-1558), issue du mariage d'Henri VIII avec Catherine d'Aragon ; elle est surnommée « la Catholique » ou « la Sanglante ». Son mariage avec Philippe II d'Espagne lui fournit un appui politique suffisant pour rétablir en Angleterre la juridiction papale et mener une dure politique de recatholicisation, en pourchassant tous ses ennemis ; environ trois cents protestants irréductibles sont même exécutés. L'archevêque Cranmer finit lui aussi sur le bûcher : c'est pourquoi l'Église anglicane le vénère comme un martyr. C'est une piètre consolation de savoir que le conseiller de Marie, le théologien dominicain Bartolomé de Carranza, nommé archevêque de Tolède après son retour d'Angleterre, est lui-même accusé par l'Inquisition espagnole : il est suspecté de luthéranisme surtout parce qu'il s'est fait l'avocat de la lecture de la Bible par les laïcs et de la théologie en langue vulgaire. Résultat : il passera dix-sept ans (presque jusqu'à sa mort) en prison [107].

La Réforme a en fait divisé l'Angleterre. Les protestants anglais furent nombreux à se réfugier en Hollande ou à Genève. C'est le cas du futur réformateur de l'Écosse **John Knox**, qui publia depuis Genève son pamphlet virulent *Premier Coup de trompette contre le monstrueux gouvernement des femmes*, où, au vu de trois reines régnantes (en Angleterre, en Écosse et en France), il « montre » que le gouvernement des femmes comme tel est contraire à l'Écriture et contraire à la nature. Knox, pour qui la célébration d'une messe catholique était pire qu'un verre de poison, ne pouvait deviner que la parution de son écrit coïnciderait avec un changement de règne et de religion en Angleterre – et que ce serait à nouveau une femme qui allait changer, une fois encore, de cap –, en faveur de la Réforme cette fois.

En 1558, en effet, **Élisabeth Ire**, la demi-sœur de Marie, fille d'Henri VIII et d'Anne Boleyn, monte sur le trône (jusqu'en 1603). Un an après, elle restaure l'indépendance de l'Église anglicane à l'égard de Rome grâce à deux lois votées par le Parlement, des lois que l'on appellera plus tard l'*Elizabethan Settlement*. Tandis qu'après le retour de John Knox (1560) l'Écosse se tourne radicalement vers le calvinisme et institue une Église presbytérienne, Élisabeth réussit à gagner à sa cause en Angleterre tous ceux qui aspirent à un **catholicisme réformé**. Concrètement, cela signifie une Église qui se réforme, certes, dans sa liturgie et ses mœurs, mais qui reste catholique dans sa doctrine et sa pratique. Ces lois sont les suivantes :

– l'*Act of Supremacy* : le roi (ou la reine) n'est pas la « tête de l'Église », mais le « gouverneur suprême *[supreme governor]* de l'État *in ecclesiasticis et politicis* », un serment de suprématie est exigé ; l'opposition de l'épiscopat dans sa quasi-totalité est brisée par la mise en place d'évêques fidèles au gouvernement ;

– l'*Act of Uniformity* : on réintroduit la liturgie réformée d'Édouard VIII et le *Prayer Book*. Mais on maintient les images, les crucifix, les ornements sacerdotaux et la musique sacrée.

Les « 42 articles » sont révisés par la suite dans le sens d'une édulcoration de la doctrine calviniste de l'Eucharistie. Le Parlement finit par approuver « **39 articles** », qui deviennent la confession de foi de l'Église anglicane et restent toujours l'expression autorisée de la foi. Élisabeth a ainsi mené une politique avisée, prudente à l'égard de l'Église, en prenant ses distances par rapport à Rome mais aussi par rapport au luthéranisme et au calvinisme (c'est plus tard seulement que la persécution s'appesantira sur les catholiques que l'on veut étouffer et sur les prêtres revenus en cachette : en quarante-quatre ans de règne, on ne comptera cependant « que » deux cents exécutions). Quand Pie V, sur la base de fausses informations sur les succès des rebelles, finit par excommunier la reine, en 1570, et la déclare déchue de ses droits au trône, il commet une erreur – tant politique qu'ecclésiastique – qui confronte les catholiques anglais à un conflit de loyauté et qui aggrave considérablement leur situation extérieure. Le règne d'Élisabeth reste présent dans les mémoires comme une époque de floraison de la littérature, du théâtre, de la musique et des arts plastiques.

L'Église anglicane se voulut dès le début une communauté catholique, mais catholique réformée, une **troisième voie**, une **voie moyenne entre les extrêmes**. Ce sont surtout deux théologiens anglais éminents qui montrèrent la voie : l'évêque **John Jewel**[108], le premier à fonder méthodiquement la position de l'Église anglicane face à l'Église romaine, et **Richard Hooker**[109], qui, dans la ligne de Cranmer, expose pour la première fois systématiquement la *Via media* de l'Église anglicane, face à un puritanisme calviniste et bibliciste étroit. Il subsista toutefois deux groupes dans l'Église d'Angleterre que l'*Elizabethan Settlement* n'avait nullement réconciliés : les uns voulaient le retour à Rome, les autres une réforme encore plus radicale sur le modèle de Genève. Les dés n'étaient donc pas encore jetés au pays des Britanniques...

Les trois options de l'Angleterre :
Rome, Genève, Cantorbéry

Les deux groupes qui s'opposaient avaient chacun ses atouts historiques et ils les utilisèrent à leur manière. Pouvaient-ils l'emporter ? Il n'est pas question d'entrer ici dans les détails de l'histoire et de la politique anglaises dans leur complexité : il s'agit seulement de mettre en lumière quelle place revient à l'Église anglicane dans le cadre de notre analyse des paradigmes. Une approche plus systématique s'impose donc. Analysons brièvement les trois options qui, au début, restèrent toutes trois envisageables.

Option 1 : le retour à Rome. C'est sous le règne de Jacques Ier (1603-1625), fils de Marie Stuart, d'esprit absolutiste, que William Shakespeare écrivit tous ses drames (qui n'étaient pas portés par des idéaux réformateurs). Il était roi à la fois d'Angleterre et d'Écosse, et il chercha à réintroduire l'épiscopalisme dans l'Église d'Écosse de constitution presbytérienne. Sous son règne, les catholiques purent une nouvelle fois espérer voir venir des jours meilleurs. Mais ils furent déçus. L'amertume de la déception aboutit en 1605 à la **conspiration des Poudres** : des catholiques extrémistes avaient projeté de faire sauter le Parlement et le roi, mais le complot fut déjoué. Les catholiques avaient ainsi manqué leur chance historique. Mais les puritains craignaient toujours que l'Angleterre finisse envers et contre tout par retourner au catholicisme. Une nouvelle tentative en ce sens eut effectivement lieu – mais seulement après la révolution presbytérienne et puritaine, dont il nous faut parler maintenant.

Option 2 : un gouvernement presbytérien républicain dans la ligne de Genève. Une révolution contre l'absolutisme des Stuart et contre l'Église d'État anglaise conduisit à une réforme radicale de cette dernière, sur le modèle de l'Église presbytérienne d'Écosse (John Knox !)[110]. Les agents principaux de cette révolution furent ces radicaux qui professaient, pour la plupart, une théologie calviniste presbytérienne et s'appelaient eux-mêmes **puritains, indépendants ou congrégationalistes**[111]. Ils récusaient toute forme d'Église d'État et prônaient la liberté religieuse. Ne comptaient pour eux que les communautés autonomes (indépendantes de l'État), les « congrégations ». Ces congrégations sont toutes fondamentalement égales en droits. Elles ne font pas de différence entre les clercs et les laïcs. La direction est assurée par les anciens (presbytres) et les pasteurs, élus par la communauté. Selon le Nouveau Testament, tous les chrétiens sont les « saints » et dans leurs assemblées communautaires tout un chacun est autorisé à parler, selon l'inspiration de l'Esprit. Il n'y a pas de prières ni de confessions de foi obligatoires.

Ce « congrégationalisme », qui existait depuis longtemps en Angleterre dans des cercles qui cultivaient une spiritualité puritaine et enthousiaste, s'imposa comme force politique seulement à partir du moment où le chef de la guerre civile, **Oliver Cromwell**[112] (1599-1658), s'engagea dans une révolution contre l'État et l'Église d'État. En 1642, il réussit à rassembler une armée d'indépendants mue par une piété enthousiaste et faisant néanmoins preuve d'une discipline puritaine. Ses succès militaires le confirmèrent dans sa foi calviniste en son élection divine. L'armée du Parlement se joignit à lui. Cromwell réussit même à occuper Londres, à s'emparer du roi et à « purifier », par la force des armes, le Parlement de ses membres fidèles au roi, alors qu'en 1648, sur le continent, était signée la paix de Westphalie ! L'année suivante, le roi Charles Ier, fils de Jacques Ier, finit sur l'échafaud (cent cinquante ans avant la Révolution française !). Peu après, la royauté fut abolie, ainsi que la Chambre des lords. L'Angleterre était une république !

Mais le « **Parlement des Saints** » de 1653, convoqué par Cromwell et nommé par des communautés indépendantes, n'était composé que d'indépendants qui parlaient et agissaient en « enthousiastes ». Il était totalement inefficace, si bien que Cromwell finit par le dissoudre personnellement. On a essayé, pour la dernière fois dans l'histoire de l'Europe, d'édifier tout le système social sur une base purement religieuse et de réaliser la quadrature du cercle : une sorte de théocratie à fondement parlementaire, un pendant parlementaire à l'État ecclésiastique ! Cela ne pouvait fonctionner longtemps, et la fin de cette république protestante était proche.

Oliver Cromwell a toujours refusé la couronne royale. Il n'en gouverne pas moins de façon monarchique, puis despotique même (en se réclamant constamment de la « volonté de Dieu »), comme *Lord-Protector* d'Angleterre, d'Écosse et aussi d'Irlande, un pays conquis au prix d'un terrible bain de sang, toujours présent dans les mémoires. Certes, Cromwell mène une politique extérieure à orientation délibérément protestante, il intervient en faveur de minorités protestantes opprimées (les vaudois en Savoie, par exemple) et travaille en Allemagne, en Hollande et en Suisse à regrouper toutes les forces protestantes. Mais il mourra en dictateur solitaire, sombre, entouré de conspirateurs, et son fils ne pourra pas préserver l'héritage. Le chaos dans lequel se retrouve le pays à sa mort conduit, en 1660, à la restauration des Stuart ; en 1662, ils rétablissent l'Église anglicane dans la situation qui était la sienne. L'expérience républicaine presbytérienne de Cromwell n'a pas duré quinze ans. Depuis lors, l'Angleterre vit dans la peur de la révolution et n'a plus qu'aversion pour les utopies politiques.

Les expériences vécues sous Cromwell marquent aussi un tournant pour les courants minoritaires, « enthousiastes » et mystiques, de la Réforme : au lieu de l'engagement militant, voire militaire, ils prônent le retour sur soi, l'intériorisation et la non-violence. La Société des amis, appelés par dérision **quakers** (« trembleurs » « enthousiastes »), en offre un exemple impressionnant. Elle doit son existence à un simple cordonnier du nom de George Fox (1624-1680). Après une courte période enthousiaste et parfois violente, ses membres se réclament, maintenant qu'ils sont eux-mêmes persécutés, de la « lumière intérieure » (« le Christ en nous ») et se consacrent entièrement à un christianisme pratique et philanthropique. Les sacrements, la liturgie, les confessions de foi les laissent indifférents, ils ne veulent pas de pasteurs professionnels, récusent le serment, le service militaire et même le rire. Ils se font les avocats d'une sincérité inconditionnelle et d'une extrême simplicité dans l'habillement et les formes de vie ; plus tard, en Amérique, ils seront même les premiers à se prononcer en faveur de l'abolition de l'esclavage.

Les puritains s'imposeront surtout dans les **colonies américaines** de l'Angleterre. Dès 1620, des puritains anglais persécutés se sont embarqués sur le *Mayflower* et ont fondé une communauté des élus dans la baie de Cape Cod (Massachusetts) ; d'autres saints *commonwealths* se trouvent en Virginie, au Connecticut, en Pennsylvanie... Il n'est pas étonnant que sur les treize colonies anglaises d'origine, 85 % environ aient été d'esprit puritain.

Option 3 : L'Église d'État épiscopalienne. Revenus au pouvoir en 1660, les Stuart (Charles II, Jacques II) non seulement ont rétabli l'Église épiscopalienne anglicane, mais ont poursuivi en même temps sans merci les dissidents protestants dans leur propre pays ; ces derniers ont été jetés en prison par milliers. Les catholiques, en revanche, étaient traités avec une sympathie d'abord déguisée, puis ouverte. La *Glorious Revolution* de 1688 a eu pour objectif de prévenir le danger d'une recatholicisation. Le gendre hollandais protestant de Jacques, **Guillaume III** d'Orange-Nassau, est monté sur le trône. C'est seulement maintenant que la Réforme prenait définitivement pied en Angleterre.

Dès l'année suivante, en effet, Guillaume, en accord avec le Parlement, promulgue l'**acte de Tolérance** (1689), qui, pour la première fois dans l'histoire de l'Europe, érige en loi la **liberté de conscience**. Celle-ci ne s'applique pas, il est vrai, aux catholiques et aux antitrinitaires, mais à tous les dissidents protestants. Ils ne sont toujours pas autorisés à devenir membres du Parlement, fonctionnaires de l'État ou de la communauté locale ; ils ne peuvent pas non plus avoir leurs universités et leurs écoles, mais ils ont au moins le droit de célébrer ouvertement leur culte. Ainsi se développent progressivement, au sein de l'Église d'État anglicane, à partir des partis d'opposition étouffés, des **dénominations autonomes à côté de l'Église d'État** : ce sont les **Églises libres**, qui rejettent toute forme d'Église d'État et réclament, en même temps que la liberté religieuse, l'autonomie de la « congrégation » ou de la communauté isolée. C'est à ces congrégationalistes – conjointement avec les baptistes et, plus tard, surtout les méthodistes – qu'appartiendra l'avenir aux États-Unis d'Amérique.

Comment l'anglicanisme associe deux paradigmes

Un bon siècle et demi après la mort d'Henri VIII, l'**Église anglicane** est définitivement consolidée ; elle a trouvé sa **structure fondamentale**, qui subsistera au cours des siècles suivants, non seulement en Angleterre, mais aussi dans les Églises épiscopaliennes des États-Unis (organisation séparée depuis 1789 !) et finalement dans la « communauté anglicane » *(Anglican Communion)* à l'échelle du monde. Celle-ci s'est constituée au XIXe siècle dans le monde non chrétien, par l'émigration d'Anglais dans les colonies nouvellement conquises et par suite du succès du travail missionnaire anglican (avec l'aide de grandes sociétés missionnaires).

Dès le début, l'Église anglicane avait **intégré**, de façon originale, des **éléments du paradigme catholique médiéval** (P III) **et du paradigme protestant réformateur** (P IV) : elle se présentait comme la « **troisième voie** », entre le catholicisme romain et le protestantisme. Toute l'Église catholique aurait peut-être pu se présenter ainsi si Rome ne s'était montrée dès l'abord inaccessible aux requêtes de Luther. L'anglicanisme, à sa façon bien anglaise, représente le type intermédiaire d'une Église ennemie des extrêmes. Ses structures les plus marquantes sont les suivantes [113] :

– **L'Écriture en même temps que la tradition** : les anglicans croient que la Bible contient tout ce qui est nécessaire pour parvenir au salut [114]. Mais ils sont également convaincus de l'importance d'une tradition continue, qui, en dépit des ruptures et des vicissitudes de l'histoire de l'Église, remonte à l'Église indivise des Pères et, par-delà cette dernière, à l'Église du Nouveau Testament elle-même. Richard Hooker avait déjà jeté les fondements d'une herméneutique spécifiquement anglicane : la vérité de l'Écriture s'impose dès lors qu'elle est claire et sans ambiguïté. Là où elle est moins claire, elle doit trouver son explication dans la tradition de l'Église, ou encore il faut faire appel à un troisième élément, la raison, pour y voir clair. En ce qui concerne l'objet central des controverses, la doctrine de la justification, les « 39 articles » confessent la justification par la foi seule, mais soulignent en même temps l'importance des œuvres.

– **L'ordre liturgique traditionnel en même temps qu'une réforme flexible** : la concentration sur l'essentiel et la simplification dans l'esprit de la Bible et de l'Église ancienne constituent les lignes directrices du *Book of Common Prayer* ; celles-ci permettent à la fois des révisions et des adaptations. Par fidélité à l'Écriture, la première place revient au baptême, à l'Eucharistie et à la prière. On laisse tomber ou, tout au plus, on maintient comme des usages ecclésiastiques des « sacrements » qui ne trouvent pas leur fondement dans la Bible. Peu d'Églises attachent autant d'importance que l'Église anglicane à la lecture publique et privée de l'Écriture sainte, mais cette Église encourage en même temps les fêtes, l'expression de la joie et la musicalité de la liturgie. Elle propose des cultes révisés dans l'esprit protestant pour le matin, le midi et le soir *(evensong)*, le plus populaire, sans uniformité liturgique excessive.

– **Une structure ministérielle épiscopalienne en même temps qu'une large tolérance** : on s'en tient à l'ordination des prêtres et à la succession apostolique des évêques. La loyauté à l'égard de l'archevêque de Cantorbéry est importante pour le sentiment d'appartenance communautaire anglicane dans le monde entier : il n'a pas de véritable pouvoir législatif ou exécutif en dehors de son propre diocèse, mais il représente de façon visible l'unité de toute l'Église dans l'espace et le temps, et tous les évêques anglicans restent en communion avec lui en tant que *primus inter pares* ; ils demeurent ainsi en communion entre eux.

En même temps, on repousse très loin les limites du dogme et de la doctrine : seuls les clercs doivent faire leurs les « 39 articles » et même eux doivent le faire dans un sens plutôt général. La liberté religieuse pour les dissidents est une conséquence de cette position, tout comme la place faite aux différents courants au sein de l'Église anglicane : la *High Church* (à caractère catholique), la *Low Church* (de tendance protestante et bibliciste) et la *Broad Church* (libérale éclairée). Ces courants existent toujours sous la forme d'anglo-catholiques (qui mettent l'accent sur la continuité avec l'Église médiévale et l'Église ancienne, ainsi que sur son unité dans le culte et la doctrine), de protestants (qui soulignent la nécessité d'un constant renouveau, aujourd'hui « méthodiste et individualiste », par l'expérience de la grâce de Dieu dans le Christ et dans l'Esprit), de libéraux (qui s'opposent à toute étroitesse et à tout gel dogmatique, préconisant l'ouverture aux exigences modernes, à la critique biblique et au travail social). L'Église anglicane se distingue toujours par une théologie solide (elle a des spécialistes reconnus, surtout en exégèse, en patristique, en histoire de l'Église, en dogmatique et en éthique), mais aussi par une bonne organisation, où les laïcs sont fortement représentés, et par un important travail éducatif et social.

Dans la foulée de l'empire colonial anglais, l'Église anglicane s'est implantée dans toutes les parties du monde, notamment en Amérique du Nord, en Australie, en Nouvelle-Zélande et en Afrique du Sud. Ce faisant, elle a fait habituellement preuve de plus de tolérance à l'égard des différents groupes et communautés d'Église que les Églises du continent européen. Certes, la structure complexe des Églises anglicanes donne aussi lieu à des frictions et à des tensions, surtout entre ceux qui mettent l'accent sur l'unité et les forces centrifuges, d'autant plus que l'Église anglicane n'a pas de centre incontesté qui permettrait de prendre les décisions appelées par des questions importantes. Le modèle anglican de l'Église n'est pas sans poser des problèmes intrinsèques qu'il faut oser formuler dans une perspective d'ouverture œcuménique.

Questions posées à l'anglicanisme :
Église d'État ou Église épiscopalienne ?

L'histoire même de l'Église anglicane montre que la position médiane entre catholicisme et protestantisme pose des problèmes spécifiques, qui ne sont pas entièrement résolus de nos jours. Ces problèmes relèvent surtout des deux problématiques générées par l'Église d'État et l'Église épiscopalienne.

a) **Église d'État pour toujours ? Perspectives constitutionnelles.** La problématique de l'Église d'État *(the Church established by law)* se profile déjà chez le grand architecte de la réforme anglicane, l'archevêque **Thomas Cranmer** : sa modération réformatrice fait, à juste titre, l'objet de toutes les louanges. Mais ne se conduit-il pas en instrument par trop docile de son roi ? A peine élu archevêque, il dissout le premier mariage d'Henri VIII et couronne sa deuxième épouse ; trois ans après, il dissoudra le deuxième mariage du roi et, de nouveau, quatre ans après, le troisième. Il est à ce point impliqué dans l'histoire personnelle de son roi qu'on l'estime seul capable d'avoir révélé au roi, de moins en moins maître de lui-même, l'adultère de sa cinquième épouse, une jeune femme insouciante de 25 ans, qui y laissera également sa vie. Cranmer accompagne fidèlement son roi jusqu'à sa mort. Mais précisément, quand il justifie sa docilité politique par des motifs religieux – l'obéissance à l'égard de l'autorité instituée par Dieu (Rm 13) –, sa faculté d'adaptation apparaît sous un jour d'autant plus fatal qu'elle ne saurait en aucun cas s'appuyer sur la théologie de Paul et celle du Nouveau Testament en général.

Il nous faut rappeler ici, par contraste, le souvenir d'un homme que l'Église et la littérature anglicanes oublient ou négligent le plus souvent, mais en qui tout le monde reconnaît aujourd'hui l'une des plus grandes figures de l'Angleterre, Sir **Thomas More**[115] (Morus). A l'époque d'Henri VIII, il était le porte-parole de la *House of Commons*, avant de devenir grand chancelier. Lui aussi était au début un ami du roi. Humaniste cultivé, il était aussi l'ami d'Érasme de Rotterdam, qui l'appelait *« omnium horarum homo »* (« un homme de toutes les heures », *« A man for all seasons »* dans le film de Robert Bolt, en 1960), c'est-à-dire un homme fidèle à ses convictions non seulement aux heures fastes, mais aussi aux heures sombres. Thomas More n'était pas aussi disposé à s'adapter que Cranmer, et ses convictions lui valent d'être exécuté par Henri VIII. Le cas de Thomas More pèse évidemment toujours assez lourd sur l'anglicanisme.

Des distinctions s'imposent toutefois. On peut, il est vrai, reprocher à Thomas More de s'être identifié, sans critique, à la cause de la primauté du pape, dont Cranmer avait perçu très tôt le caractère problématique. On peut attribuer la résistance qu'il opposa au roi – une résistance très réfléchie, passive et sans provocation aucune ! – à une absence de théologie critique du type de celle que le théologien Cranmer avait sans aucun doute élaborée pour lui-même, dans l'esprit du principe scripturaire de la Réforme. Cependant, peut-on nier que Thomas More, à la différence de Cranmer :

– a fait preuve de **liberté de conscience** face à la plus haute autorité politique, et qu'il est comparable en cela à Luther, dans sa lutte pour la liberté de conscience face à l'empereur et au pape ?

– s'est battu pour l'**unité de l'Église**, ce qui l'a amené, le 16 mai 1532, à démissionner de sa fonction de grand chancelier, quand l'assemblée de l'archidiocèse de Cantorbéry garantit par un document écrit qu'à l'avenir elle n'adopterait aucune loi ni même ne se réunirait sans l'assentiment du roi ?

– a su mettre en œuvre, contre un chef d'État despotique, une **force de résistance** ancrée dans la foi, ce qui lui permit de monter sur l'échafaud sans se départir de son sang-froid ni de son humour ?

En tout cela il apparaît en violent contraste par rapport à ces hommes d'Église certes capables de bien fonder théologiquement un autre type de relation entre l'État et les Églises que celui de Rome, mais acceptant sans un mot de protestation que leur chef politique suprême (que beaucoup considéraient de plus en plus comme un fou ou un monstre, ou les deux) fasse mettre à mort non seulement quelques-unes de ses femmes et quelques-uns de ses anciens amis, mais aussi cinquante autres « traîtres », et enfin des membres des familles Pole (d'où était issu le cardinal Reginald Pole) et Courtenay, simplement parce que leur sang royal aurait pu les rendre dangereux pour la dynastie des Tudor affaiblie ! Dans sa dernière plaidoirie devant le tribunal (parmi ses juges se trouvaient le père, le frère et l'oncle d'Anne Boleyn !), Sir Thomas More avait donné comme principal motif de sa dissidence l'unité de l'Église (« pour le soulagement de sa conscience »). Il mourut en restant maître de la situation jusque sur l'échafaud, s'adressant au public avec humour... Sa mort fut un choc pour toute l'Europe. C'est tout à l'honneur de la nation anglaise d'avoir récemment témoigné son respect à Thomas More par des monuments érigés dans le Parlement anglais et la *Tower*.

L'Église anglicane aurait dû prendre au sérieux, dans sa constitution, la **résistance de Thomas More contre l'arbitraire du roi et de l'État**, non pas comme constitutive mais à titre de correctif, pour offrir réellement une troisième voie. Résistance contre le pape, certes, dès lors qu'il néglige la cause de l'Évangile ou des droits de l'homme. Mais tout aussi bien résistance contre l'État dès lors qu'il en vient à faire fi de la liberté de conscience et qu'il foule aux pieds les droits de l'homme. Une telle résistance, dit-on, ne s'impose qu'exceptionnellement. Mais suffit-il de proclamer en général que l'on respecte l'autorité sans se soumettre à elle ?

Richard Hooker, le grand penseur systématique de l'Église anglicane, attachait déjà la plus grande importance à l'unité de l'Église et de l'État. De fait, la vie de l'Église est étroitement liée à celle de la nation anglaise. C'est toujours le roi ou la reine qui nomme formellement tous les évêques et doyens ; il n'est toujours pas possible de modifier en quoi que ce soit le droit ecclésiastique ou la liturgie sans l'accord du Parlement et du monarque ; certains évêques ont toujours leur place dans la Chambre des lords. Mais on pourrait s'interroger : une plus grande distance entre l'Église et l'État ne s'imposerait-elle pas si tant est que l'Église veuille s'acquitter de sa mission prophétique ? De toute façon, l'État anglais ne contribue pas au financement de son Église : depuis le Moyen Age, elle dispose de riches fondations et bénéfices. La *Church of England* reste l'Église du peuple anglais, même si certains citoyens ne la ressentent pas comme telle. La majorité des Anglais ne paraît pas souhaiter une séparation totale entre l'Église et l'État, qui serait lourde de conséquences pour l'Église d'État, pour l'Église et pour la société anglaises : non seulement pour des rites de l'État comme le couronnement, mais aussi pour la situation financière de l'Église et de l'État. Beaucoup d'anglicans pensent néanmoins qu'une plus grande distance (sans hostilité) et donc un certain désengagement réciproque seraient la meilleure solution à long terme.

b) Seulement des Églises épiscopaliennes ? Perspectives œcuméniques. L'acceptation de l'**Ancien** et du **Nouveau Testament** comme règle de foi, de la **confession de foi** des apôtres et de

Nicée, des sacrements du **baptême** et de l'**Eucharistie**, ainsi que de l'**épiscopat** historique : tels sont les quatre éléments indispensables à la vie de l'Église anglicane, qui doivent aussi être au départ de tous les efforts de la communauté anglicane en vue de l'unité avec d'autres Églises. C'est ainsi que cela fut avalisé, tout à fait dans la ligne de la tradition anglicane, d'abord à Chicago, en 1886, puis, avec de légères retouches, par la conférence de la Communion anglicane de Lambeth, en 1888, sous le nom de *Lambeth Quadrilateral*. Mais tandis que les trois premiers éléments font l'objet d'un large consensus, vouloir que l'épiscopat serve de fondement à la constitution de l'Église est le plus grand obstacle à une réconciliation avec les Églises protestantes qui n'ont pas d'épiscopat. Que penser sur ce point ?

L'appartenance sans ambiguïté des *Lords bishops*, représentés dans la Chambre des lords, aux classes supérieures est une conséquence directe de la constitution même de l'Église anglicane, mais sur cet horizon social justement s'est constitué le plus important mouvement d'opposition dans l'Angleterre du XVIIIe siècle, le **méthodisme**[116]. Ce fut là aussi d'abord un sobriquet (à cause de la vie et de la doctrine très méthodiques de ses adeptes). Le pasteur anglais **John Wesley**[117], suite à une expérience de conversion née à la lecture de la préface de Luther à l'épître aux Romains, s'adressa dans sa prédication, d'abord dans les Églises puis en plein air, aux *outcasts*, les laissés-pour-compte, exclus et humiliés. Avec George Whitefield d'abord, puis surtout avec son frère Charles, qui composait les hymnes, il constitua une *society* dans le cadre de l'Église épiscopalienne d'État. Les prêtres y étaient peu nombreux, contrairement aux laïcs et aux prédicateurs laïcs : en ces temps de dépression économique, ils aidaient le pauvre peuple à survivre spirituellement et socialement en prêchant le Saint-Esprit, qui affermit la foi et donne la certitude, ainsi qu'une vie transformée, bien ordonnée, « méthodique », qui en est la conséquence.

Aux yeux de John Wesley, son mouvement constitue un groupe au sein de l'Église anglicane sous la juridiction d'évêques anglicans, et c'est seulement en Amérique, en l'absence d'évêques anglicans, qu'il ordonne deux évêques pour les méthodistes, par nécessité et en se réclamant de la pratique de l'Église primitive. Après la mort de Wesley, en Angleterre, les tensions deviennent si fortes avec l'Église épiscopalienne qu'on aboutit à la **séparation**. Les évêques bien installés ne rejoignent pas le nouveau mouvement réformateur, pas plus qu'ils ne le firent jadis en Allemagne, pour le mouvement de réforme de Luther. Le mouvement de réveil méthodiste se trouve ainsi fortement organisé, avec une autorité centrale et une organisation locale efficace, mais en Angleterre, à la différence de l'Amérique, elle n'est pas de constitution épiscopalienne ; les évêques mis en place ne peuvent donc évidemment pas se réclamer de la « succession apostolique »[118]. Le méthodisme se répand cependant rapidement, surtout en Amérique du Nord, où les méthodistes prêchent aussi en plein air, sur la nouvelle frontière de l'« Ouest sauvage ». Ce dont un distingué prêtre ou évêque épiscopalien n'aurait jamais eu l'idée va ainsi devenir un « signe distinctif » de l'Église méthodiste. Et cette proximité avec le peuple est en même temps un brillant « investissement » porteur d'avenir. Dès le milieu du XIXe siècle, le méthodisme est en Amérique la plus importante de toutes les Églises chrétiennes.

Les méthodistes partagent toujours avec les anglicans le plus grand respect non seulement pour la Bible, mais aussi pour la tradition chrétienne, sans toutefois insister sur la conformité doctrinale et sans s'intéresser à des spéculations théologiques. Qu'est-ce qui s'oppose aujourd'hui à une **réunification** entre l'Église anglicane et l'Église méthodiste, à laquelle on travaille énergiquement des deux côtés ? L'absence, pour une part, de ministère épiscopal ou l'absence de succession apostolique ne devrait pas être un obstacle si, ainsi que le conçoivent les deux Églises, on prend exemple sur l'organisation de l'Église dans le Nouveau Testament. Cette Église primitive, nous l'avons vu, a aussi connu, parallèlement à l'ordination par imposition des mains, l'ordination par la communauté ou la libre manifestation d'un charisme. Si l'on accepte ces deux modèles fondamentaux, il ne serait pas question de demander, par exemple, à l'Église anglicane de renoncer pour elle-même au ministère épiscopal et à la succession apostolique, qui représentent, indubitablement, un important signe théologique de la continuité de l'Église au long des siècles, et dont le maintien procure un certain nombre d'avantages pratiques. Il serait seulement demandé à l'Église anglicane – dans une juste perspective biblique – de reconnaître également d'autres formes de ministère ecclésial comme théologiquement légitimes et canoniquement valides. La Communion anglicane pourrait ainsi renforcer sa position conciliatrice et favorable à l'unité, déjà très importante, au sein du Conseil mondial des Églises. Mais ce n'est là qu'un aspect du problème.

Les chances de l'anglicanisme :
questions aux catholiques

Il est évident que l'Église anglicane, avec sa doctrine et sa pratique, a toujours représenté un **défi pour l'Église catholique**, qui s'obstine dans son paradigme médiéval et s'efforce d'ignorer les requêtes justifiées de la Réforme. Cela aussi, il faut en parler en toute ouverture œcuménique. En effet, le système romain entrave toujours la solution des questions qui se posent et donne de plus en plus lieu en permanence à des irritations, des tensions et des oppositions, qui aboutissent à une véritable coupure souterraine entre une « Église d'en haut » (Rome) et une « Église d'en bas » (la base). A la lumière de la tradition anglicane, nous pouvons poser les questions suivantes au système romain :

– Pourquoi ne pourrait-on pas envisager que les diocèses catholiques romains **choisissent eux aussi leurs propres évêques** (comme cela se fait surtout dans les Églises épiscopaliennes américaines), par l'intermédiaire d'organes représentatifs du clergé et des laïcs ?

– Pourquoi ne suffirait-il pas que le choix d'un évêque soit **entériné** par la conférence épiscopale nationale ?

– Pourquoi l'Église nationale ou régionale ne serait-elle pas compétente en matière de formulation opportune de la **doctrine** et d'**éducation** religieuse (de « catéchisme ») ?

– Pourquoi ne pourrait-on procéder, dans le pays même, aux développements et aux adaptations **liturgiques** qui s'avèrent nécessaires ?

– Pourquoi chaque Église nationale ne pourrait-elle pas adapter sa propre **discipline** à la situation locale et aux conditions sociales ? Ainsi – s'il n'est pas possible, pour l'instant, de parvenir à un consensus universel – la « question de la femme » par exemple (celle de son ordination surtout) pourrait être résolue dans un pays avant de l'être dans les autres, après un travail sérieux de clarification théologique, en s'entourant de tous les conseils appropriés et en respectant les procédures de décision normales, bien évidemment.

– Pourquoi une Église ne pourrait-elle être autorisée, dans son pays, à accepter le **partage eucharistique** si elle estime, quant à elle, que les divergences sont suffisamment aplanies ?

Sur tous ces points, la Communion anglicane pourrait servir de modèle à l'Église catholique romaine. De plus grandes libertés peuvent évidemment constituer une menace pour l'unité, et on veillera prudemment (cela aussi fait partie de la tradition anglicane) à ne pas abandonner inconsidérément des éléments traditionnels précieux en période de mutation sociale accélérée. Sur ce point, l'anglicanisme peut aussi faire fonction de mise en garde à l'égard d'un **protestantisme individualiste**, plus exposé au danger de l'emballement fanatique que d'autres traditions chrétiennes, un protestantisme qui a fait l'expérience du désordre, de la piété terroriste de groupes puritains (Cromwell et sa succession). **L'histoire de la communauté ecclésiale anglicane peut précisément montrer aux catholiques :**

– que la Communion anglicane, en dépit de structures plus lâches, fait preuve d'une bien plus grande cohésion que d'autres familles confessionnelles protestantes qui n'ont créé des « fédérations mondiales » (luthériennes, réformées) qu'à une époque récente ;

– que des structures flexibles et des organes plus consultatifs, qui font fonction de conseillers, présentent de nombreux avantages par rapport à un système curial centraliste ;

– que de nouvelles confessions de foi (par-delà ou à la place des « 39 articles ») ne brisent pas nécessairement la communion ecclésiale, mais sont plutôt l'expression d'une diversité vivante dans la foi, parfaitement légitime au regard de la Bible ;

– que les révisions liturgiques conduisent certes à une diversité de formes liturgiques, mais qu'elles n'empêchent pas pour autant une célébration commune avec des membres d'autres confessions et un sentiment d'appartenance à une même communauté ecclésiale ;

– que sur des points litigieux, comme l'ordination des femmes, des initiatives régionales ou nationales isolées représentent souvent la seule possibilité de faire bouger les choses et de parvenir, avec le temps, à un nouveau consensus ;

– que les liens créés avec d'autres Églises dans un pays n'entravent pas nécessairement – et encore moins ne détruisent – les liens avec sa propre Église dans d'autres pays [119].

Sur tel ou tel point, on peut relever, certes, de nombreux écarts par rapport à l'idéal anglican. Mais cette structure ecclésiale complexe et relativement équilibrée s'est remarquablement bien maintenue au fil des siècles, c'est incontestable – y compris sur la question controversée de l'ordination des femmes. En effet, en dépit de grandes difficultés, la *Church of England* a enfin pris, en 1994, une décision positive à cet égard, prenant même son parti du passage d'une fraction infime, conservatrice, de son clergé à l'Église catholique romaine – entre autres, l'ancien évêque anglican de Londres, le docteur Graham Leonard. Qu'on ait pu l'ordonner prêtre catholique, *sub conditione* (« sous condition » qu'il n'ait pas déjà été ordonné validement auparavant) montre clairement qu'aux yeux mêmes de Rome l'invalidité des ordinations anglicanes, longtemps affirmée, ne va plus de soi. A l'inverse, la lettre apostolique de Jean-Paul II *Ordinatio sacerdotalis*, du 22 mai 1994, suite au courageux pas en avant de l'Église anglicane, lettre qui prétend exclure « définitivement », de façon quasiment inévitable, les femmes de l'ordination presbytérale, a surtout provoqué une avalanche de protestations au sein de l'Église catholique et donné lieu à de nouvelles discussions.

Mais il nous faut ici poursuivre plus avant l'examen des questions fondamentales ainsi soulevées. Dans le cadre de notre analyse des paradigmes, il nous faut nous interroger sur ce que le changement de paradigme réformateur a apporté à la femme dans l'Église et dans la société pour comprendre quel long chemin il a fallu parcourir, y compris dans la sphère anglo-saxonne, pour parvenir à une solution constructive.

8. LA POSITION AMBIGUË DE LA FEMME DANS LE SILLAGE DE LA RÉFORME

La paix religieuse d'Augsbourg de 1555 entre les princes catholiques et protestants (le concile de Trente lui-même se termine en 1563) marque la fin de la période de la Réforme proprement dite et ouvre pour les protestants le temps de l'orthodoxie. Les puissantes poussées réformatrices (P IV) et la réaction de défense du catholicisme (P III) en sont venues à se neutraliser, ce qui conduit en même temps à une stabilisation intérieure. Les princes locaux peuvent désormais définir la religion de leurs sujets. On n'aboutit pas à un nouveau changement de paradigme, on se contente de développer le paradigme reçu : le paradigme orthodoxe protestant – qu'il soit d'origine luthérienne ou calviniste réformée – se comporte maintenant à l'égard du paradigme de la Réforme comme le paradigme catholique romain de la Contre-Réforme se comporte à l'égard de celui du Moyen Age : il reste, dans l'ensemble, un **paradigme conservateur**. La question du statut de la femme dans l'Église et dans la société est symptomatique à cet égard.

La situation de la femme s'est modifiée

Martin Luther voulait un retour à l'Évangile. Ce retour allait-il avoir des conséquences aussi pour la situation et le rôle de la femme dans l'Église et la société ? L'égalité entre l'homme et la femme devant Dieu, soulignée par Paul dans son épître aux Galates (3,28), est-elle aussi une réalité dans l'Église et la société ? Autrement dit, la véritable mise sur un pied d'égalité de la femme par rapport à l'homme, dans l'esprit du Nouveau Testament, que l'Église ancienne (P II) a déjà entravée, nous l'avons vu, a-t-elle au moins trouvé place sous les auspices de la Réforme ? Les différences sont très grandes d'une femme à l'autre en fonction du pays, du statut, de l'éducation, de l'orientation de la foi et des conditions de vie personnelles. Aussi ne pourrons-nous répondre ici à ces questions que de façon très générale, dans le cadre de notre analyse des paradigmes.

Il faut d'abord reconnaître que le changement de paradigme introduit par la Réforme a modifié la situation de la femme non seulement dans l'Église, mais dans la société. Qu'est-ce qui caractérise, en effet, la **nouvelle constellation** (P IV) dans laquelle est amenée à vivre la femme dans les régions touchées par la Réforme ? Par comparaison avec ce que nous avons dit de la situation de la femme dans le paradigme catholique du Moyen Age (P III), on comprendra immédiatement combien les mutations sont importantes et témoignent d'un changement d'époque :

– L'exaltation médiévale du célibat fait maintenant place à la **valorisation du mariage**, la prééminence de l'ordination presbytérale fait place à la quotidienneté de la vie familiale, l'idéal de la religieuse cède le pas à celui de l'épouse et de la mère ; au lieu de diaboliser la sexualité, on reconnaît en elle une pulsion humaine naturelle, qui trouve sa satisfaction dans le mariage même quand elle n'est pas au service de la procréation.

– On abolit la vie monastique et le célibat ecclésiastique ; le **mariage des pasteurs** ouvre un champ d'activité totalement nouveau à son épouse, dans la communauté concrète (Catherine, l'épouse de Luther, peut servir de modèle).

– Le culte de Marie, qui a idéalisé en elle la Vierge-Mère aux dépens d'autres dimensions de la féminité, recule au bénéfice d'un **idéal de la femme dans le monde** – qui se profile déjà depuis la culture laïque (la poésie des troubadours) du XIIe siècle et de la Renaissance.

Autrement dit, dans toute la sphère de la Réforme, **le monde défini par les prêtres, les moines, les religieuses et leur idéal de continence s'est effondré** – définitivement. Les exceptions que nous pouvons constater aujourd'hui ne font que confirmer la règle. C'est là seulement un exemple qui plaide contre la vision insensée de l'histoire selon laquelle tout reste stationnaire, tout finit par aboutir au même point, et qu'il est possible de revenir en deçà de toute évolution. Il ne faut pas perdre de vue non plus la modification psychosociale de la structure de la communauté : du fait du mariage des pasteurs, l'attraction souvent à la fois consciente et inconsciente exercée par le « clerc » (curé ou moine) célibataire sur

la fraction féminine de la communauté, que l'on observe dans les communautés catholiques romaines, n'a plus lieu d'être, pas plus que la distanciation consciente-inconsciente de la fraction masculine. Ce fut l'un des nombreux mérites du théologien **Martin Luther** d'avoir mieux perçu que ses prédécesseurs l'**être humain dans sa corporéité et sa sexualité** : la communauté de vie de l'homme et de la femme et les relations entre la femme, son mari et ses enfants sont pour Luther une donnée fondamentale de l'existence humaine. La théologienne évangélique Gerta Scharffenorth définit ainsi la position de Luther :
– « L'homme et la femme comme créatures de Dieu sont créés tous deux comme image de Dieu ; leur corporéité et leur condition sexuée ne leur appartiennent pas ; elles sont des dons de Dieu, à respecter comme tels [120]. »

La mission assignée par Dieu à l'homme dans la Création comporte une « responsabilité commune de l'homme et de la femme », « pour la Création, pour l'unité de tous les domaines de la vie et pour des conditions de vie dignes offertes aux générations à venir » [121]. C'est surtout en tant que père et mère que l'homme et la femme assument ces responsabilités, et ce statut de parents jouit donc d'une priorité et d'une supériorité à l'égard de tous les autres états cléricaux et séculiers.

– Par le baptême, les femmes et les hommes sont appelés à « devenir amis dans le Christ [122] ». Luther écrit : « Toutes les femmes baptisées sont les sœurs spirituelles de tous les hommes baptisés, femmes et hommes ont le même sacrement, le même Esprit, la même foi, les mêmes dons et biens spirituels : ils deviennent ainsi bien plus proches amis dans l'Esprit qu'ils ne le sont par parenté extérieure [123]. »

Il est donc indubitable que Martin Luther a aussi contribué pratiquement à la **valorisation de la femme**, surtout par son plaidoyer pour l'instruction et la scolarisation des filles – Thomas More et Érasme avaient déjà plaidé en ce sens avant lui et plus clairement que lui, il est vrai – ainsi qu'en témoigne son dernier mémorandum scolaire de 1524 [124]. Nous savons aussi que des femmes ont collaboré de façon autonome au développement, à la diffusion et à la défense de la doctrine protestante, ainsi qu'à l'édification de communautés (Margarete Blaurer pour l'édification de communautés, Argula von Grunbach pour faire connaître Luther, Elisabeth

Kreuziger qui a composé des chants, etc.)[125]. Dès le Moyen Age, nous l'avons vu[126], des femmes avaient, à titre personnel, disposé de grands pouvoirs comme souveraines (surtout en cas de veuvage) et comme abbesses. En ce sens, le rôle joué par Élisabeth Ire d'Angleterre et par quelques autres régentes et nobles n'était pas nouveau. Tout cela, néanmoins, ne constitue malheureusement qu'une face de la réalité.

La structure de la société reste inchangée, patriarcale

Ne nous laissons pas abuser, en effet, par ces progrès incontestables : dans le paradigme réformateur, **la structure de la société reste entièrement patriarcale**[127]. Des idées-forces de Luther sur la fraternité et l'amitié entre hommes et femmes ne subsiste, dans la pratique, que l'obligation de se marier. Toutes les nouvelles possibilités d'action qui s'ouvrent aux femmes ne changent rien à leur subordination fondamentale aux hommes. La structure d'obéissance hiérarchique (homme – femme, parents – enfants, maître – serviteurs) est conservée. Comme avant, le mariage est arrangé par les parents. La femme reste économiquement, juridiquement et politiquement soumise à l'homme, et le choix de son époux obéit le plus souvent à des considérations pratiques. Le fait que les femmes soient constamment en surnombre ne leur facilite évidemment pas les choses. Et si, depuis le Moyen Age tardif, la femme a part aux libertés civiques et dispose de plus grandes possibilités d'épanouissement professionnel dans l'artisanat et le commerce (il y a même des femmes médecins), elle n'en jouit pas pour autant des mêmes droits ni ne bénéficie des mêmes rémunérations.

Le partage du travail en fonction du sexe et le rôle stéréotypé des sexes, au détriment de la femme, se trouvent ainsi maintenus dans la sphère sociale. Mais au sein des Églises réformées elles-mêmes (à la grande exception du piétisme de Zinzendorf), les femmes n'ont pas part au même titre que les hommes aux sacrements, aux dons et aux biens spirituels. Non, les femmes **n'ont toujours pas voix au chapitre, pas plus dans l'Église que dans l'État et en matière d'éducation**. Au contraire, sous l'empire de l'orthodoxie protestante du XVIIe siècle, les guerres, la récession économique et la multiplication des travaux rémunérés en dehors de la maison conduisent même à reléguer une nouvelle fois la femme dans l'étroite sphère domestique :

– La femme reste exclue de toutes les fonctions ecclésiales importantes ; seule la catéchèse et la sacristie lui sont accessibles.

– Normalement, il est interdit aux femmes non seulement de dispenser les sacrements, mais même de prêcher – contrairement à la pratique de certaines sectes du Moyen Age et à la requête de maints humanistes lettrés.

– Les espaces de liberté, les possibilités de formation et d'action dont disposaient jadis les femmes non mariées dans les couvents, où leur était assurée une existence qui ne manquait pas de sens, ont disparu, et la femme non mariée se voit ainsi retirer cette possibilité de vie autonome.

– En même temps, cependant, l'instruction religieuse et l'accès à l'écriture permettent à la femme de prendre davantage conscience de sa propre valeur.

Tout cela vaut aussi sur le principe – comme l'a montré dans une étude instructive l'historienne américaine Jane Dempsey Douglass (Princeton) – pour la sphère **calviniste** [128]. Calvin se situe lui aussi dans le prolongement de la tradition patristique et médiévale. Chez lui aussi, l'égalité spirituelle entre hommes et femmes (même âme spirituelle, même grâce en cette vie et même accomplissement dans la résurrection) va de pair avec l'inégalité sociale, la subordination des femmes aux hommes. En ce sens, chez Calvin non plus le christianisme ne fait pas œuvre d'émancipation au sens moderne du terme.

Cependant, à la différence d'Augustin et de Thomas d'Aquin, Calvin (suivant en cela Galien, le plus célèbre médecin de l'Antiquité) récuse l'opinion d'Aristote selon laquelle **la femme ne jouerait aucun rôle biologique actif** dans la formation du fœtus. Même si, au XVIe siècle, les médecins sont encore nombreux à douter de la robustesse physique et des capacités intellectuelles de la femme, un consensus s'établit néanmoins lentement contre Aristote pour ne pas réduire la femme à n'être qu'un « homme déficient ». Calvin, en tout cas, ne raisonne plus à partir de la nature physique quand il argumente contre une ordination de la femme. A la différence, là encore, de Thomas d'Aquin, pour qui la femme était par nature inapte à la prêtrise et qui tirait argument de la biologie et de la Loi divine pour refuser aux femmes l'exercice de fonctions publiques dans l'Église, Calvin se réclame « seulement » de l'ordre juridique humain, de l'Église ou de l'État. Le résultat, dans l'immédiat, est le même pour la femme (et, en ce sens, Calvin n'est pas un précurseur de l'ordination des femmes), mais ce raisonnement a l'avantage décisif de ne plus laisser place, du moins en principe, à des arguments biologiques dans l'éventualité d'une mutation de ces dispositions humaines. Il permettra plus tard une adaptation, quand les temps auront changé.

Émancipation dans les « sectes » ?

Un regard plus attentif montre combien le rôle de la femme pouvait être différent selon les pays, les confessions et la situation historique. Des monographies sur « les femmes dans l'histoire protestante » (baptistes, quakers, méthodistes !) l'ont bien mis en lumière [129]. L'historienne australienne Patricia Crawford l'a bien mis en évidence aussi dans son travail sur les femmes et la religion en **Angleterre** de 1500 à 1720 [130]. Sa recherche n'est pas seulement instructive parce qu'elle reprend dans une vision globale les études qu'elle a déjà consacrées aux femmes, et qui ont joué un rôle important dans le contexte de la Réforme anglaise : comme protectrice des évêques d'esprit évangélique, du clergé ouvert à la Réforme et des écrivains protestants, **Anne Boleyn**, la deuxième femme d'Henri VIII, fut, conjointement avec d'autres dames, une figure clé des réformateurs qui entouraient le roi et qui lui avait peut-être conseillé de supprimer les couvents; de l'autre côté, il y eut **Margaret Roper**, la fille mariée de Thomas More, femme de grande culture qui traduisit en anglais des ouvrages religieux grecs et latins [131] et publia aussi le commentaire, en latin, du *Notre Père* d'Érasme ; enfin, sujette à contestations, il faut signaler la jeune **Elizabeth Barton**, une religieuse aux dons prophétiques qu'il faut situer sur le fond de la longue tradition des femmes visionnaires [132]. Elle était à la tête de ceux qui s'opposaient au remariage d'Henri VIII et fut exécutée sans procès en 1534, devenant ainsi la première martyre pour la foi traditionnelle. Le sort des moniales, après la fermeture des couvents, fut de toute façon bien plus désastreux que celui des moines : ces derniers, parce que prêtres, purent trouver place dans le clergé diocésain. Sous Édouard VI aussi, des femmes comme les duchesses de Suffolk et de Richmond jouèrent un rôle important – sans même parler des deux reines à venir, **Marie la Catholique**, qui exigea le renvoi de toutes les femmes d'évêques et de prêtres, et **Élisabeth I**^{re}, qui rétablit l'Église anglicane dans son indépendance à l'égard de Rome.

Cependant, là aussi il faut voir le **revers de la médaille**. Richard Hooker, le porte-parole classique de la théologie anglicane, estimait, comme il était habituel à son époque, que les capacités de jugement de la femme sont réduites en raison de son sexe. Même la vieille rengaine d'une plus grande réceptivité de la femme à l'hérésie resta longtemps monnaie courante dans l'anglicanisme. Les femmes qui osaient défier le pouvoir masculin pouvaient être accusées à tout moment de contrevenir à l'ordre voulu par Dieu et de porter atteinte aux bonnes mœurs. Certes, des femmes ont joué un rôle singulier, précisément dans le **radicalisme religieux** de la phase presbytérienne et républicaine, entre 1640 et 1660, non certes parce qu'elles auraient manqué de jugement, mais au contraire parce qu'elles aspiraient, en toute clarté de jugement, à une Église réformée et qu'après l'effondrement du contrôle ecclésiastique de plus grandes possibilités d'action s'ouvraient à elles. Le continent européen avait connu un développement semblable un siècle plus tôt, lors de la guerre des Paysans et dans les mouvements baptistes[133]. Des femmes enseignaient, prêchaient, célébraient alors la liturgie et faisaient œuvre missionnaire. Beaucoup avaient rejoint les nouvelles communautés, comme les quakers (la plus remarquable d'entre elles fut Margaret Fell, « la Mère du quakerisme[134] »). Leur rôle était différent de celui des martyres protestantes et catholiques du XVIe siècle : « Les conflits des femmes du XVIIe siècle les opposaient aux autorités locales, aux pasteurs, aux juges. Elles jouaient un rôle officiel, mais n'étaient pas martyres, bien qu'elles aient été nombreuses à endurer la prison, les châtiments corporels et la violence au nom de leur foi[135] » (P. Crawford).

Mais là non plus, ne nous y trompons pas : il ne faut pas exagérer le rôle joué par les femmes dans le protestantisme radical. « Il serait anachronique de penser que les femmes ont pu trouver une "émancipation" dans les sectes. Rien d'étonnant à ce que les idées communément admises sur la nature et la place de la femme dans le monde n'aient guère changé pendant la période révolutionnaire des années 1640 et 1650[136]. » Non seulement les possibilités économiques de la femme restaient limitées, mais les idées sur le rôle de la femme, sur la sexualité et sur la maternité demeuraient inchangées[137]. Les Églises n'évoluèrent que lentement dans le sens de l'acceptation des femmes comme des partenaires égaux ; on se montra lentement « disposé à les laisser parler dans les églises, ce qui mena finalement, dans les toutes dernières décennies, à accepter graduellement leur ordination[138] ».

Sur un point, l'Angleterre s'en sort mieux : elle connaît aussi, jusqu'à la fin du XVIIe siècle, la croyance aux sorcières, mais par comparaison avec le continent européen (et l'Écosse), les personnes persécutées pour ce motif sont bien moins nombreuses en Angleterre. Dans le cadre de notre analyse des paradigmes, nous ne pouvons éluder la question : comment expliquer la funeste chasse aux sorcières en Europe ?

Qui est responsable de cette chasse aux sorcières ?

Nous ne sommes toujours pas parfaitement au clair sur l'explication de la chasse aux sorcières. Dans l'espace et dans le temps, elle survient par poussées. Il est assez significatif de constater qu'elle naît dans le sud de l'Italie et en Espagne, ne se répand guère en Angleterre, en Irlande, en Scandinavie, dans les plaines de l'Allemagne du Nord, en Bavière et en Europe orientale, alors qu'elle sévit surtout en France, dans le nord de l'Italie, dans les pays alpins, dans le reste de l'Allemagne, dans les États du Benelux et en Écosse[139]. Comment expliquer ce phénomène de masse, qui frappe 80 à 90 % des femmes ? Certes, le christianisme a toujours déclaré la guerre aux magiciennes. Et la phrase de la Bible hébraïque : « Une magicienne, tu ne la laisseras pas vivre » (Ex 22,17), a valu la mort à d'innombrables sorcières. Mais la « sorcière » (« jeteuse de sort », en allemand *Hexe* : « chevaucheuse de clôture ») est bien plus qu'une magicienne, et un procès pour sorcellerie est bien plus qu'un procès pour maléfice *(maleficium)*. Durant le haut Moyen Age on combattait encore, comme une erreur païenne, l'idée que des êtres humains puissent voler dans les airs, la nuit.

La question se pose donc ainsi : comment expliquer qu'à partir du XVe siècle, mais surtout à l'époque de la Réforme et de la Contre-Réforme, la plus grande partie de la chrétienté ait pu croire non seulement à l'existence isolée de magiciennes, mais – dans un amalgame de motifs divers – à une sorte de conjuration diabolique, à l'apparition d'une nouvelle secte, à un mouvement hérétique très dangereux constitué de sorcières, de femmes diaboliques et malfaisantes, menées par leurs instincts, mettant à profit, pour nuire, les forces de la nature ? Selon le modèle d'interprétation bien connu de ceux qui croyaient aux sorcières, un grand nombre de femmes sont censées :

– avoir conclu un **pacte avec le diable**, quasiment une alliance nuptiale avec lui, qui fait abjurer Dieu ;
– avoir eu des **relations sexuelles avec le diable**, des relations répétées, le plus souvent pour sceller le pacte ;
– s'adonner à la **magie diabolique**, une magie malfaisante, qui détruit les récoltes et cause d'autres dommages, y compris la mort d'animaux et d'hommes ;
– avoir pris part au **bal du diable** dans les orgies nocturnes (sabbat des sorcières), en compagnie d'autres sorcières.

Herbert Haag, exégète à Tübingen, a beaucoup fait pour combattre la croyance dans le diable qui sévit toujours de nos jours. Il constate, à propos de l'élimination des prétendues sorcières, que, « si l'on n'avait pas hypertrophié la croyance dans le diable et sa représentation, un tel appareil de destruction n'aurait jamais pu être mis en place, le raz de marée purificateur n'aurait pas trouvé un tel écho dans le peuple, tourmenté par la peur du diable. Le bûcher devenait ainsi le moyen le plus simple, en même temps que le plus efficace, pour avoir raison de la crise [140] ».

Les histoires de l'Église (sans parler des ouvrages de théologie dogmatique) ne traitent souvent de la chasse aux sorcières qu'en passant, accessoirement, quand même elles ne la dénient pas pour une large part. C'est à juste titre que le mouvement des femmes, dans les années 1970, en a fait l'un de ses principaux sujets de recherche, puisque la persécution des sorcières avait eu des conséquences si fatales pour toutes les femmes en général : destruction de la culture et du sentiment de solidarité qui étaient tout naturels pour les femmes, coupure dans la transmission d'un savoir féminin spécifique sur leur propre corps et subordination totale à la domination patriarcale. Encore une fois, peut-on trouver une explication probante à tout cela ?

Il ne suffit pas, pour **expliquer** la chasse aux sorcières, de faire état de l'usage de drogues (d'états seconds induits par les drogues), dont la consommation massive est loin d'être prouvée ; ou de parler de maladie mentale, qui n'explique pas non plus le phénomène de masse ; ou encore de penser à un culte de Diane (un culte de la fertilité) occulté, attesté tout au plus dans quelques localités ou quelques régions. Il est incontestable, d'autre part, qu'il n'y aurait pas eu de procès de sorcières en l'absence de superstition populaire, une superstition marquée par le paganisme, en l'absence d'hostilité à l'égard de la femme, en l'absence de l'Inquisition et de la torture. Mais la superstition, l'hostilité à l'égard de la femme, l'Inquisition et la torture existaient déjà avant les procès de sorcières, d'où la question : quel autre facteur déclenchant est venu s'y ajouter ? Qui porte la responsabilité de cette évolution funeste ? Un survol des recherches portant sur les sorcières montre qu'il n'y a pas d'explication unique de ces innombrables procès de sorcières ; la responsabilité, pour autant que nous puissions encore la déterminer, en revient aux théologiens et aux ordres mendiants, au pape et à la Curie, à l'empereur et au pouvoir d'État, et finalement aussi au peuple chrétien. Passons brièvement en revue ces responsabilités.

1. Face aux grands mouvements hérétiques du XIIIe siècle, les **théologiens scolastiques**, Thomas d'Aquin notamment, ont développé une abondante démonologie qui, dans la ligne d'Augustin, utilise la doctrine du pacte avec le diable pour fonder une théorie de la superstition[141]. Ce contre quoi on luttait jadis parce qu'on y voyait une superstition païenne se trouve désormais **intégré dans le système théologique**. Et ce sont encore deux théologiens dominicains, les inquisiteurs, pour l'Allemagne du Sud et la Rhénanie, Heinrich Institoris et (il a du moins prêté son nom) Jakob Sprenger qui furent les premiers à avoir raison des réticences très répandues parmi le peuple et le clergé à l'encontre de la croyance dans les sorcières et à l'encontre des procès de sorcières. Ils sont les auteurs d'un funeste manuel consacré aux sorcières, le **Malleus maleficarum**, *Le Marteau des sorcières* [142]. Pourvu d'une approbation falsifiée de la faculté de théologie de Cologne, il connut une diffusion considérable de 1487 à 1669 (environ trente éditions) et devint l'ouvrage de référence pour les théologiens, les juristes et les médecins, pour les tribunaux ecclésiastiques et civils. Dans la première partie, une série de citations de la Bible et des auteurs classiques (truquées pour une part) veulent montrer que la sorcellerie est essentiellement une affaire de femmes ; la deuxième partie détaille tous les méfaits des sorcières ; tandis que la troisième doit servir de fil conducteur pour les châtier comme elles le méritent.

2. La papauté et la Curie : depuis le XIIIe siècle, les papes, nous l'avons vu, ont institutionnalisé et intensifié la persécution des hérétiques et ont aussi établi un lien entre hérésie et sorcellerie, l'une et l'autre œuvres du démon. Mais ce fut ensuite le pape de la Renaissance Innocent VIII qui, dès 1484, à la demande des deux dominicains susdits, promulgua sa célèbre **bulle contre les sorcières**, *Summis desiderantes* (qui ne figure pas dans le Denzinger [143] !), donnant ainsi sa bénédiction à la nouvelle doctrine des sorcières. Sous menace d'excommunication, on enjoint aux chrétiens de ne pas entraver les « chers fils » dans leur inquisition. Cette bulle misérable servira de préface à l'édition du *Marteau des sorcières* de 1487. Le pape et la Curie ont donc joué un rôle déterminant dans la mise en route, la légitimation et la poursuite des procès de sorcières en Europe. L'**Inquisition papale**, moins occupée désormais à poursuivre les hérétiques, fournit l'**instrument** dès lors dirigé contre les femmes : n'importe quelle dénonciation met en route la machine, puis, au lieu de l'accusation publique *(accusatio)* par une personne privée, une enquête secrète *(inquisitio)* est diligentée par les autorités, enfin la torture est employée pour obtenir des aveux, et, pour finir, c'est la mort sur le bûcher.

3. L'empereur et les autorités civiles : le nouveau droit (romain) de l'empereur Charles Quint, publié en 1532 *(Carolina)*, fournit la base légale pour la mise en œuvre massive de procès de sorcières.

Le procès d'inquisition devient entièrement l'affaire de l'État. Les preuves à apporter dans les procès de sorcières sont tellement vagues et diverses que tout un chacun peut pratiquement se trouver broyé par l'inexorable machinerie de l'Inquisition. Une simple rumeur suffit souvent. S'agissant d'un « crime exceptionnel » *(crimen exceptum)*, on peut avoir recours à la **torture**, et cela sans avoir à se préoccuper de lois restrictives édictées par les juristes. Conséquence : on extorque, sous des tortures incroyables, les noms des prétendues complices (rencontrées au sabbat des sorcières) et une nouvelle spirale de procès est mise en route. Les plus cruelles ordalies (preuve par l'eau et l'aiguille) sont également de mise. L'aveu complet conduit le plus souvent à la mort, la rétractation à de nouvelles tortures (parfois par douzaines). On assiste à d'indicibles souffrances infligées à des humains. On **brûlera** longtemps les condamnées, puis, après 1600, on les **décapitera** le plus souvent. Cette terreur se prolongera des décennies durant, pour n'atteindre son apogée qu'après les premières guerres de Religion, entre 1560 et 1630.

4. Le **peuple chrétien lui-même** : les victimes étant pour la plupart des femmes des couches campagnardes inférieures (les nobles sont l'exception), on suppose que la **dénonciation** vint souvent des communautés elles-mêmes. Simple ragot villageois, la présentation ou le comportement anormal d'une personne, la haine, l'envie, l'hostilité ou l'avarice peuvent être à l'origine de ces « pétitions » adressées aux autorités pour demander leur protection contre les sorcières, et toute la machinerie se met en branle. Tout cela repose, certes, sur les **peurs archaïques** de connaissances et de pratiques magiques, si répandues dans le peuple. D'où la question : pourquoi la chasse aux sorcières ?

Pourquoi la chasse aux sorcières ?

Nous ne sommes pas en état, aujourd'hui, de déterminer avec exactitude quelles furent les **motivations psychologiques et politiques** déterminantes. Les chercheurs en énumèrent toute une série :
– réactions à l'animosité et aux malédictions de certaines paysannes parmi les plus défavorisées ;

LE PARADIGME PROTESTANT ÉVANGÉLIQUE DE LA RÉFORME

– peurs patriarcales des femmes solitaires et de leurs connaissances médicales et contraceptives souvent réelles ;
– hostilité des médecins formés (qui n'apparaissent qu'avec l'institution des universités) à l'égard de la médecine populaire et des sages-femmes et guérisseuses sans formation professionnelle, qui, tout au long des siècles précédents, se sont toujours mises à la disposition du peuple, avec leurs « savoirs secrets » traditionnels qui font plus d'une fois leurs preuves (surtout pour l'accouchement, le contrôle des naissances et les guérisons de toute sorte) ;
– le besoin de trouver un bouc émissaire en cas d'impuissance et d'infertilité, de mauvaises récoltes, d'épizooties et de catastrophes, de maladie et de mort ;
– une hostilité générale à l'égard de la femme, qui remplace l'hostilité à l'égard des juifs (celle-ci n'a souvent plus d'objet après tous les bannissements) ;
– les obsessions et fantasmes sexuels des inquisiteurs ecclésiastiques célibataires, qui s'intéressent fort aux prétendues perversions, obscénités et orgies (y compris avec des démons) de ces femmes aux désirs « insatiables » et qui diabolisent les sorcières : elles trouvent ainsi place dans la suite de Satan et incarnent le ténébreux principe féminin (que vient compenser l'idéalisation de la femme en Marie – sur qui les sens n'ont aucune prise, puisqu'elle est pure, conçue sans péché) ;
– la réaction de la hiérarchie ecclésiastique et de l'autorité absolutiste contre une culture populaire souterraine, incontrôlable ;
– la confessionnalisation, qui conduit à discipliner la pensée et le comportement des subordonnés.

Longtemps les procès de sorcières furent l'objet de discours apologétiques et de polémique confessionnelles ; chaque groupe cherchait à convaincre les autres qu'il avait moins de choses à se reprocher que ses adversaires. Entreprise vaine, puisque **la croyance dans les démons et sorcières fut largement partagée par les catholiques et les protestants**. Même si *Le Marteau des sorcières* fut souvent attaqué dans le détail, nous constatons malheureusement ceci : dans le cadre du paradigme réformateur (P IV) pas plus que dans celui du Moyen Age (P III) on ne songea à soumettre cette croyance dans les démons et sorcières à un examen critique, comme on aurait pu s'y attendre au vu des nouvelles approches de l'Évangile. Si l'Église catholique porte le fardeau de sa longue tradition de persécution des hérétiques et des sorcières, les Églises protestantes, de leur côté, n'ont pas su se révolter contre cette folie inhumaine et non chrétienne.

Même si aujourd'hui les chercheurs ne parlent plus de millions de victimes, mais de cent mille exécutions au moins (auxquelles il faut ajouter d'autres châtiments, comme le bannissement ou la mise au ban de la société), s'il est certain en tout cas (Gerhard Schormann [144]) qu'en dépit de toutes les dénonciations de femmes par des femmes, ce fut néanmoins « une tuerie massive de femmes par des hommes » (Claudia Honegger [145]) – puisque les spécialistes, les théologiens et les juristes, les juges et les bourreaux étaient des hommes –, on est en droit de s'interroger : pourquoi n'y a-t-il pas eu, au moins du côté protestant, une protestation énergique contre la chasse aux sorcières, contre les procès de sorcières et les bûchers sur lesquels on les brûlait – au nom de la liberté du chrétien et de la détresse morale ?

Ce fut surtout le courageux jésuite et confesseur de sorcières **Friedrich von Spee** qui, en 1631, avec son livre publié sans nom d'auteur, *Cautio criminalis, Des procès contre les sorcières* [146], s'éleva contre toutes ces manigances, sans grand succès, il est vrai. Au début du XVIIe siècle, dans la mouvance des Lumières naissantes, le juriste protestant **Christian Thomasius** s'en prit à l'idée du pacte avec le diable et à toutes les procédures contre les sorcières. Il trouva alors un assez large écho dans le public. Si les procès de masse prirent fin aux Pays-Bas peu après 1600 et en France avant 1650, ils ne s'arrêteraient en Allemagne qu'en 1775. La dernière sorcière à périr sur le bûcher – c'est du moins ce que l'on admet en général – fut Anna Schwägelin, en 1775, et ce dans la catholique Kempten. Mais, en 1786, le Brandebourg connut encore des exécutions massives par le feu. Tout cela signifie, en clair, que ce n'est pas la Réforme, mais le mouvement des Lumières qui a débarrassé l'Europe de la chasse aux sorcières, des procès de sorcières et des bûchers de sorcières.

9. LA RÉFORME CONTINUE

Après la mort de Luther, personne, dans le luthéranisme, n'était en mesure de prendre sa place : aucune personnalité n'avait émergé pour lui succéder avec une autorité comparable. Mais quel homme ou quel organisme pouvait dès lors arbitrer les conflits et prendre les décisions ? Une telle instance s'avérait absolument indispensable pour prévenir la maladie de naissance du protestantisme, qui le menaça dès le début de la Réforme : le morcellement sans fin.

La querelle de l'orthodoxie protestante

Dès avant le décès de Luther avaient éclaté çà et là les querelles qui allaient accaparer le luthéranisme et peser sur lui des dizaines d'années après sa mort. Ce fut d'abord et avant tout la **querelle entre philippistes et gnésioluthériens** : d'une part, les partisans de Philippe Melanchthon, qui, sur la question de la coopération humaine avec la grâce divine (synergisme), celle de la nécessité des bonnes œuvres et du caractère spirituel de la Cène, s'écartaient de Luther et se rapprochaient de Calvin ; d'autre part, les « authentiques luthériens », qui, sous la conduite de Matthias Flacius (« Illyricus »), défendaient fanatiquement des positions luthériennes prétendument « originelles ».

Si les **querelles d'école de la théologie de la Contre-Réforme** (P III) à propos de la grâce et de la liberté de la volonté n'ont pas trouvé place dans notre analyse, les querelles d'école de la **théologie réformatrice** (P IV) n'y ont pas davantage leur place : les querelles de l'antinomisme, de l'adiaphorisme, de l'osiandrisme, du majorisme, du synergisme... Écrits polémiques et prises de position pullulent sur des thèmes comme le péché originel et la liberté de la volonté, la justification et les bonnes œuvres, la Loi et l'Évangile, l'Eucharistie et la personne du Christ, la Providence et la prédestination éternelle – autant de thèmes à propos desquels on prétend souvent élever des questions de doctrine théologique au rang de questions vitales [147]. Dans le protestantisme aussi les querelles appelèrent l'intervention de l'État : sanctions, dépositions, emprisonnements même. Est-ce là la liberté du chrétien ?

La **confession** devait aider à vider les querelles et à décider avec autorité des sujets controversés : la *confessio*, signe de ralliement des différents camps de la chrétienté (y compris du camp catholique après le concile de Trente), était le plus souvent soutenue par le pouvoir de l'État. On en arriva ainsi à la **confessionnalisation**. Selon Ernst W. Zeeden, un historien de Tübingen qui a étudié le processus de la formation des confessions avant tous les autres et plus minutieusement qu'eux, il s'est déroulé, pour une bonne part, parallèlement, à la fois dans le camp de la Réforme et dans celui de la Contre-Réforme, même si ce ne fut pas au même rythme (cela confirme ce que nous avons dit à propos de P III) : il faut comprendre cette confessionnalisation comme « la consolidation spirituelle et institutionnelle des confessions chrétiennes, qui se sont éloignées les unes des autres depuis la rupture dans la foi commune, pour aboutir à une forme à peu près stable d'Église en termes de dogme, de constitution et de mode de vie religieux et moral [148] ». Consolidation ? Quelle était donc la fonction de la confession ? Elle était double : **à l'intérieur**, elle était « le signe de l'**unité**, qui imprimait même au culte, à la constitution et à la discipline interne son sceau » ; **à l'extérieur**, elle était « le signe de la **différence** par rapport aux autres configurations partielles, désormais vivement prises à partie » [149]. Résultat : « Dans le processus de confessionnalisation, les fissures dans le christianisme occidental se creusent et se durcissent. Jusqu'au milieu du XVIIe siècle, les confessions les plus importantes évoluent ainsi vers une telle stabilité que le retour à l'ancienne unité ecclésiale n'apparaît absolument plus possible [150]. »

L'État, l'Église et le peuple étaient donc pareillement concernés par ces nouvelles « structures ecclésiales ». Certes, au début, la formation de la population par les confessions resta souvent très superficielle dans tous les camps confessionnels, et la formation théologique du clergé local n'alla souvent pas très loin non plus. Mais le **pouvoir étatique** a en général puissamment contribué à la confessionnalisation, pas seulement dans la sphère catholique (P III), mais aussi bien dans la protestante (P IV) [151]. La confessionnalisation – catholique ou protestante – signifia, aux débuts de l'absolutisme, une **discipline sociale** (G. Oestreich) ecclésiale et étatique, qui atteignit jusqu'aux villages, y compris même des sphères jusque-là totalement privées, dans le sens d'un « comportement » chrétien uniforme, tel que le Moyen Age chrétien n'en avait jamais connu [152]. Cela signifiait : l'éducation des subordonnés à une stricte discipline ; aux côtés de l'« armée debout », la présence d'une « armée assise » (les « fonctionnaires ») ; et enfin, grâce à l'école, l'Église et la surveillance de l'État, le contrôle sur tout le peuple – une situation qui préparait, en fait, la rationalité moderne en fonction des objectifs à atteindre ! Dans le protestantisme, la discipline sociale était à maints égards – en ce qui concernait, par exemple, la danse, les jeux de hasard, la consommation d'alcool, le carnaval – nettement plus stricte que dans le catholicisme. En effet, la Contre-Réforme, dans une visée stratégique, s'adapta plutôt à la piété populaire ; au contraire, le protestantisme, dirigé par des pasteurs lettrés qui étaient en même temps des fonctionnaires de l'État, souligna sa distance par rapport à la culture populaire, si bien que la Réforme apparut de plus en plus comme la religion la plus rationnelle, mais aussi la plus marquée par l'État. On aboutit ainsi non seulement à une « institutionnalisation » et à une organisation différentes des confessions, mais aussi à un « mode de vie » différent, imprégnant toute la vie quotidienne.

Dans le même temps, du côté protestant, la **théologie de controverse** s'acharna à faire ressortir les différences entre les confessions ; elle était appuyée par une **prédication de controverse**, qui ne craignait pas de caricaturer les positions adverses et ne reculait même pas devant les mensonges et les affabulations. Les différentes confessions finirent par ne plus connaître les autres qu'à travers des clichés. C'est dire qu'il n'y avait trace ni d'un côté ni de l'autre de tolérance et de liberté de la conscience, mais les Églises et les États collaborèrent, là aussi, pour imposer leur propre confession et étouffer autant que possible les minorités.

Du côté protestant, on ne chercha donc plus le message vivant de la Bible, abordé sans idées préconçues. On rechercha au contraire, comme du côté catholique, les citations probantes *(dicta probantia)* appelées à confirmer la « pure doctrine » de sa propre confession – contre la doctrine des autres, fût-ce d'une autre confession protestante ! On appelait cela « dogmatique » et « polémique ». Du côté luthérien précisément, les **écrits confessionnels** eurent tôt fait de constituer un fort volume, qui ne le cède en rien au Denzinger, le recueil des textes catholiques romains (qui ne date que du XIXe siècle). Le *Livre de concorde* reprenait les trois confessions de foi de l'Église ancienne, la *Confession d'Augsbourg* et l'*Apologie* de Melanchthon, les articles de Smalkalde, le *Traité* de Melanchthon sur le pouvoir et la primauté du pape, le *Grand* et le *Petit Catéchisme* de Luther, enfin la *Formule de concorde (Formula concordiae)* de 1577, qui, laborieusement élaborée, abordait, dans des dizaines de pages, tous les thèmes controversés que nous avons cités plus haut et visait ainsi à mettre fin à toutes les querelles doctrinales entre luthériens[153]. Il s'agit d'un consensus doctrinal à mi-chemin entre les deux extrêmes des philippistes et des gnésioluthériens radicaux, un consensus qui « renforce de façon décisive l'**évolution vers une Église enseignante**[154] », qui rend irréversible la rupture avec les catholiques comme avec les calvinistes et clôt en même temps la formation de la confession luthérienne.

En 1580, quatre-vingt-six États de l'Empire et environ huit mille théologiens signent le *Livre de concorde* – cinquante ans exactement après la *Confessio augustana*, qu'ils confirment ainsi. Mais tous ne signent pas, précisément. En dépit des efforts de toutes sortes, le pays **où est née la Réforme** restera durablement **divisé** du point de vue confessionnel : il y a les territoires où l'emporte la *Formula concordiae*, les territoires luthériens sans *Formula concordiae* et les territoires calvinistes proprement dits, mais ces derniers, tout en restant attachés à Luther, se disent maintenant « réformés » (au sens de la Réforme de Calvin poussée jusqu'au bout).

Quoi qu'il en soit, sur le continent européen, dans la sphère protestante, c'est l'**orthodoxie protestante** qui règne environ un siècle après la mort de Luther. Cette théologie protestante de la « vraie foi » consacre de gros manuels dogmatiques aux objets de la foi (ce sont les *loci*) : on s'y réclame aussi de Bernard, de Tauler, de quelques scolastiques et surtout d'Augustin, et on essaie de concilier les doctrines radicales de Luther avec celles, plus modérées, de Melanchthon. C'est à **Johann Gerhard** (1582-1637) que nous devons l'ouvrage classique de l'orthodoxie luthérienne, *Loci theologici* (publié de 1610 à 1622), qui utilise tous les arguments exégétiques, historiques et philosophiques imaginables pour distinguer le luthéranisme du catholicisme et du calvinisme – en neuf tomes [155]. La foi luthérienne elle-même est devenue tellement compliquée...

En traitant des sujets dogmatiques, on peut, sans aucun doute, même en notre siècle, engager une discussion critique et constructive avec tous les théologiens orthodoxes luthériens ou calvinistes, comme Karl Barth n'a cessé de le faire dans sa monumentale *Dogmatique* [156]. Mais pour la traduction du message chrétien dans un nouveau paradigme, tous ces dogmaticiens orthodoxes pris ensemble peuvent tout au plus nous servir d'outils d'orientation et de différenciation – la théologie protestante contemporaine elle-même les traite du reste le plus souvent en parents pauvres. Quoi qu'il en soit, la stricte orthodoxie scolastique calviniste (qui prévalut longtemps, en Hollande notamment) attachait plus d'importance à une vie rigoureuse (à l'« exactitude »), évitant ainsi le heurt avec l'expression religieuse « piétiste », qui allait faire son apparition. Les luthériens orthodoxes, quant à eux, s'inquiétaient moins, dans leur quête anxieuse, d'une « vie pieuse » que de la **« pure doctrine » littéralement transcrite dans la Bible**, poussant jusqu'à prôner l'inspiration littérale (par exemple chez David Hollaz). Les prédicateurs et les théologiens étaient les gardiens et les interprètes professionnels de cette doctrine, si bien que l'Église luthérienne apparut encore davantage comme une **Église de pasteurs et de professeurs**, l'Église locale – sous la houlette des autorités – n'étant que l'**Église des campagnes**.

Ainsi, d'une façon générale, le fondement théologique de l'orthodoxie luthérienne comme de l'orthodoxie réformée ne résidait plus tellement dans le message biblique, dans l'Évangile, en Jésus-Christ lui-même, le critère suprême selon Luther, y compris dans la Bible elle-même. Il reposait plutôt sur des phrases reprises littéralement de la Bible, qui concernaient des points de doctrine bien déterminés et que l'on intégrait – en s'aidant même pour une part d'Aristote et en faisant de nombreux emprunts à la scolastique – dans un système philosophico-théologique fermé. Nous sommes donc en présence d'un **biblicisme**; en Allemagne, celui-ci remplaça l'infaillibilité de la personne du pape, tenue pour telle à Rome, par l'infaillibilité de fait du « pape en papier »; il ne jurait que par l'inerrance du livre inspiré par Dieu et donc sans erreur. Ce biblicisme verrait dans le développement de la critique historique de la Bible l'œuvre de l'Antéchrist.

Confessionnalisme et traditionalisme

Comme pour les autres paradigmes, par manque de place et parce que cela me mènerait trop loin, je ne peux pas décrire les phases ultérieures du paradigme réformateur (P IV) de façon aussi détaillée que je l'ai fait pour son apparition et pour les premières étapes de son développement. Les recherches, en notre siècle, ont en tout cas montré que dans le cadre de l'orthodoxie luthérienne existaient aussi une disposition à la réforme et des idées de réforme, quelque chose comme une « orthodoxie de la réforme », qu'il est difficile de distinguer du reste de l'orthodoxie. Cependant, au vu des nombreux documents doctrinaux que nous trouvons aussi dans le protestantisme, nous nous interrogeons : qu'a-t-on fait, dans la réalité, de la devise réformatrice *« Sola scriptura »* ? Le protestantisme s'intéresse-t-il effectivement encore à la seule Écriture ? A côté de l'Écriture, ne s'accroche-t-on pas aussi à sa propre **tradition protestante**, si jeune soit-elle ?

Les écrits de Luther et de Calvin ont effectivement été élevés très vite au rang d'écrits quasi canoniques, expliqués en long et en large dans les facultés de théologie. Tout comme les luthériens ont leurs écrits confessionnels (et les catholiques leur catéchisme et leurs décrets de Trente [157]), les réformés ont le catéchisme de Genève et de Heidelberg, ainsi que les différentes confessions réformées (*Confessio gallicana, scotica, belgica, helvetica posterior, Westminster Confessio*) [158].

C'est dire que le protestantisme lui-même, originellement si opposé à toute tradition, ne put faire l'économie d'une identification à sa propre tradition une fois que son administration, son droit, sa confession de foi et sa liturgie eurent pris forme. La phase de l'élan, de l'activité réformatrice et des initiatives, que nous avons longuement analysée, fut suivie d'une **phase de formation, de mise en place et de consolidation**, dont il suffit de dire quelques mots maintenant [159]. Le non-conformisme des réformateurs fit place à la conformité des épigones. Dans le protestantisme aussi,